MANUAL DE DIREITO TRIBUTÁRIO
VOLUME ÚNICO

O GEN | Grupo Editorial Nacional – maior plataforma editorial brasileira no segmento científico, técnico e profissional – publica conteúdos nas áreas de concursos, ciências jurídicas, humanas, exatas, da saúde e sociais aplicadas, além de prover serviços direcionados à educação continuada.

As editoras que integram o GEN, das mais respeitadas no mercado editorial, construíram catálogos inigualáveis, com obras decisivas para a formação acadêmica e o aperfeiçoamento de várias gerações de profissionais e estudantes, tendo se tornado sinônimo de qualidade e seriedade.

A missão do GEN e dos núcleos de conteúdo que o compõem é prover a melhor informação científica e distribuí-la de maneira flexível e conveniente, a preços justos, gerando benefícios e servindo a autores, docentes, livreiros, funcionários, colaboradores e acionistas.

Nosso comportamento ético incondicional e nossa responsabilidade social e ambiental são reforçados pela natureza educacional de nossa atividade e dão sustentabilidade ao crescimento contínuo e à rentabilidade do grupo.

GABRIEL SANT'ANNA QUINTANILHA

MANUAL DE DIREITO TRIBUTÁRIO
VOLUME ÚNICO

5ª edição revista, atualizada e ampliada

- O autor deste livro e a editora empenharam seus melhores esforços para assegurar que as informações e os procedimentos apresentados no texto estejam em acordo com os padrões aceitos à época da publicação, e todos os dados foram atualizados pelo autor até a data de fechamento do livro. Entretanto, tendo em conta a evolução das ciências, as atualizações legislativas, as mudanças regulamentares governamentais e o constante fluxo de novas informações sobre os temas que constam do livro, recomendamos enfaticamente que os leitores consultem sempre outras fontes fidedignas, de modo a se certificarem de que as informações contidas no texto estão corretas e de que não houve alterações nas recomendações ou na legislação regulamentadora.

- Fechamento desta edição: *14.02.2025*

- O autor e a editora se empenharam para citar adequadamente e dar o devido crédito a todos os detentores de direitos autorais de qualquer material utilizado neste livro, dispondo-se a possíveis acertos posteriores caso, inadvertida e involuntariamente, a identificação de algum deles tenha sido omitida.

- **Atendimento ao cliente:** (11) 5080-0751 | faleconosco@grupogen.com.br

- Direitos exclusivos para a língua portuguesa
  Copyright © 2025 by
  Editora Forense Ltda.
  Uma editora integrante do GEN | Grupo Editorial Nacional
  Travessa do Ouvidor, 11
  Rio de Janeiro – RJ – 20040-040
  www.grupogen.com.br

- Reservados todos os direitos. É proibida a duplicação ou reprodução deste volume, no todo ou em parte, em quaisquer formas ou por quaisquer meios (eletrônico, mecânico, gravação, fotocópia, distribuição pela Internet ou outros), sem permissão, por escrito, da Editora Forense Ltda.

- Capa: OFÁ Design

- **DADOS INTERNACIONAIS DE CATALOGAÇÃO NA PUBLICAÇÃO (CIP) DE ACORDO COM ISBD**

  Q7m Quintanilha, Gabriel
  Manual de Direito Tributário – Volume Único / Gabriel Quintanilha. - 5. ed. - Rio de Janeiro : Método, 2025.
  610 p.

  ISBN: 978-85-3099-712-0

  1. Direito. 2. Direito Tributário. I. Título.

  2025-858   CDD 341.39
                                              CDU 34:336.2

  Elaborado por Vagner Rodolfo da Silva - CRB-8/9410

  Índice para catálogo sistemático:
  1. Direito Tributário 341.39
  2. Direito Tributário 34:336.2

AGRADECIMENTOS

Primeiramente, agradeço a Deus, que sempre iluminou meu caminho.

À minha esposa, Ariana, pelo seu carinho, pela paciência e por toda a motivação que sempre me deu. Em todos os momentos, bons e ruins, seu apoio foi e será fundamental. Você é a mola propulsora da minha vida.

À minha mais nova inspiração, a pequena Duda, que sorri com os olhos e me emociona a cada momento. Meu mundo se ilumina quando olho para você, meu amor incondicional.

Aos meus pais, Jorge e Marilene, exemplos de seriedade e retidão.

Aos meus alunos, a quem dedico esta obra. Suas dúvidas e sua vontade de aprender foram estimulantes para este trabalho, que é resultado de 15 anos em sala de aula, por todo o Brasil.

NOTA À 5ª EDIÇÃO

Fico muito orgulhoso da comunidade criada em torno desta obra no estudo do Direito Tributário. A responsabilidade da 5ª edição é enorme, considerando as constantes mudanças no Brasil.

A Reforma Tributária foi aprovada, sua regulamentação avançou no Congresso Nacional, novas leis foram aprovadas e o Código Tributário Nacional foi alterado.

Como se não bastasse, a jurisprudência também produziu diversas soluções e entendimentos relevantes para o Direito Tributário, e, com isso, vamos evoluindo com a consolidação desse importante ramo do Direito.

Esta obra segue no mesmo caminho. Amadurecendo a cada edição para entregar ao leitor o que há de mais novo e completo no tocante ao Direito Tributário pátrio, para que os leitores possam aprender, aprofundar e aplicar os conceitos nela presentes.

Obrigado mais uma vez e ótima leitura!

Forte abraço!
Gabriel Quintanilha
www.gabrielquintanilha.com.br
@gabquintanilha
Professor Gabriel Quintanilha
@gquintanilha
Email: gabriel.quintanilha@gabrielquintanilha.com.br
YouTube: Professor Gabriel Quintanilha

SUMÁRIO

1. O SISTEMA TRIBUTÁRIO BRASILEIRO E SUA ESTRUTURA – O DEVER FUNDAMENTAL DE PAGAR TRIBUTOS 1

    1.1.   O conceito de tributo 4

2. ESPÉCIES TRIBUTÁRIAS 19

    2.1.   Imposto 21

        2.1.1.   Classificação dos impostos 26

    2.2.   Taxa 30

        2.2.1.   Taxa de polícia 32

        2.2.2.   Taxa de serviço 36

    2.3.   Contribuição de melhoria 46

        2.3.1.   Limites 50

    2.4.   Empréstimo compulsório 53

    2.5.   Contribuições especiais 56

        2.5.1.   Contribuições sociais 61

            2.5.1.1.   Contribuições sociais gerais 62

            2.5.1.2.   Contribuições sociais para seguridade social 65

            2.5.1.3.   Outras contribuições sociais 70

        2.5.2.   Contribuição de intervenção no domínio econômico 73

        2.5.3.   Contribuições profissionais ou corporativas 76

        2.5.4.   Contribuição de iluminação pública 79

3. AS LIMITAÇÕES CONSTITUCIONAIS AO PODER DE TRIBUTAR 87

    3.1.   Princípios constitucionais tributários 89

        3.1.1.   Princípio da legalidade 90

            3.1.1.1.   Exceções ao princípio da legalidade 96

        3.1.2.   Princípio da isonomia 103

            3.1.2.1.   Progressividade 106

            3.1.2.2.   Proporcionalidade 107

            3.1.2.3.   Seletividade 107

		3.1.2.4. Uniformidade geográfica	108
		3.1.2.5. Vedação ao tratamento diferenciado pela procedência ou destino	109
	3.1.3.	Princípio da irretroatividade	109
		3.1.3.1. Aplicação da lei a ato ou fato pretérito	110
		3.1.3.2. Retroatividade pró-Fisco	113
	3.1.4.	Princípio da anterioridade clássica ou de exercício	115
	3.1.5.	Princípio da noventena	120
	3.1.6.	Princípio do não confisco	122
	3.1.7.	Princípio da não limitação ao tráfego	125
	3.1.8.	Vedação à isenção heterônoma	128
	3.1.9.	Princípio da transparência tributária	130
	3.1.10.	Princípio da praticabilidade	131
	3.1.11.	Princípio da simplicidade	134
	3.1.12.	Princípio da cooperação	134
	3.1.13.	Princípios de sustentabilidade ambiental	135
3.2.	Imunidades		135
	3.2.1.	Imunidade recíproca	138
	3.2.2.	Imunidade das entidades religiosas e dos templos de qualquer culto	149
	3.2.3.	Imunidade dos partidos políticos, entidades sindicais, instituições de educação e entidades de assistência social sem fins lucrativos	154
	3.2.4.	Imunidade dos livros, jornais, periódicos e papel para impressão	160
	3.2.5.	Imunidade musical	165

4. DIREITO TRIBUTÁRIO NO CÓDIGO TRIBUTÁRIO NACIONAL — 171

4.1.	Legislação tributária	171
	4.1.1. Vigência da legislação tributária	179
	4.1.2. Interpretação e integração da legislação tributária	180

5. OBRIGAÇÃO TRIBUTÁRIA — 189

5.1.	Norma geral antielisão	194

6. SUJEITOS DA RELAÇÃO JURÍDICO-TRIBUTÁRIA — 207

6.1.	Sujeito ativo	207
6.2.	Sujeito passivo	209
6.3.	Solidariedade passiva	213
6.4.	Capacidade tributária	215
6.5.	Domicílio tributário	216

SUMÁRIO | XI

7. RESPONSABILIDADE TRIBUTÁRIA 223

    7.1. Responsabilidade por sucessão 231

        7.1.1. Responsabilidade tributária do adquirente na alienação de bens imóveis 232

        7.1.2. Responsabilidade tributária do adquirente e do remitente de bens móveis ou direitos e dos herdeiros a qualquer título........ 236

        7.1.3. Responsabilidade por transformação empresarial..................... 240

        7.1.4. Responsabilidade na alienação de estabelecimento empresarial 243

    7.2. Responsabilidade de terceiros... 250

        7.2.1. Responsabilidade subsidiária 250

        7.2.2. Responsabilidade pessoal e solidária 252

        7.2.3. Responsabilidade pela prática de infrações................................ 265

8. DENÚNCIA ESPONTÂNEA 271

9. CRÉDITO TRIBUTÁRIO 281

    9.1. Lançamento 281

        9.1.1. Irrevisibilidade do lançamento... 284

        9.1.2. Modalidades de lançamento... 288

            9.1.2.1. Lançamento por declaração.................................... 289

            9.1.2.2. Lançamento de ofício.. 289

            9.1.2.3. Lançamento por homologação................................ 291

    9.2. Causas de suspensão da exigibilidade do crédito tributário 292

        9.2.1. Moratória 297

        9.2.2. Depósito do montante integral 298

        9.2.3. Reclamações e os recursos, nos termos das leis reguladoras do processo tributário administrativo 302

        9.2.4. Concessão de medida liminar em mandado de segurança 304

        9.2.5. Concessão de medida liminar ou de tutela antecipada, em outras espécies de ação judicial.. 305

        9.2.6. Parcelamento... 307

    9.3. Causas de extinção do crédito tributário 309

        9.3.1. Pagamento 310

        9.3.2. Compensação.. 318

        9.3.3. Transação 328

        9.3.4. Remissão 329

        9.3.5. Prescrição e decadência 330

            9.3.5.1. Decadência 330

            9.3.5.2. Prescrição... 336

                 9.3.5.2.1. Prescrição intercorrente 339

	9.3.6.	Conversão de depósito em renda	344
	9.3.7.	Pagamento antecipado e homologação do lançamento	345
	9.3.8.	Consignação em pagamento	345
	9.3.9.	Decisão administrativa irreformável, assim entendida a definitiva na órbita administrativa, que não mais possa ser objeto de ação anulatória	351
	9.3.10.	Decisão judicial passada em julgado	352
	9.3.11.	Dação em pagamento em bens imóveis	353
9.4.	Causas de exclusão do crédito tributário		355
	9.4.1.	Isenção	356
	9.4.2.	Anistia	361

10. GARANTIAS E PRIVILÉGIOS DO CRÉDITO TRIBUTÁRIO ... 367

10.1.	Garantias	367
10.2.	Privilégios ou preferências	372

11. ADMINISTRAÇÃO TRIBUTÁRIA ... 385

12. DÍVIDA ATIVA ... 401

13. CERTIDÕES ... 417

14. IMPOSTOS EM ESPÉCIE ... 429

14.1.	Impostos de competência da União		433
	14.1.1.	Imposto de Importação – II	433
	14.1.2.	Imposto de Exportação – IE	443
	14.1.3.	Imposto de Renda – IR	446
	14.1.4.	Imposto sobre Produtos Industrializados – IPI	468
	14.1.5.	Imposto sobre Operações Financeiras de Crédito, Câmbio, Seguros e com Valores Mobiliários – IOF	482
	14.1.6.	Imposto Territorial Rural – ITR	489
	14.1.7.	Imposto sobre Grandes Fortunas – IGF	497
	14.1.8.	Imposto Seletivo – IS	498
14.2.	Impostos estaduais		499
	14.2.1.	Imposto sobre Transmissão *Causa Mortis* e Doação – ITCMD	500
	14.2.2.	Imposto sobre Circulação de Mercadorias e Prestação de Serviços de Comunicação e Transporte Interestadual e Intermunicipal – ICMS	514
	14.2.3.	Imposto sobre Propriedade de Veículo Automotor – IPVA	537
14.3.	Impostos municipais		543

14.3.1.	Imposto Predial e Territorial Urbano – IPTU	544
14.3.2.	Imposto sobre Transmissão Onerosa de Bens Imóveis – ITBI ...	554
14.3.3.	Imposto sobre Serviços de Qualquer Natureza – ISSQN	562
15.	Imposto de competência compartilhada: Imposto sobre Bens e Serviços – IBS	583

15. A REFORMA TRIBUTÁRIA 589

BIBLIOGRAFIA 591

O SISTEMA TRIBUTÁRIO BRASILEIRO E SUA ESTRUTURA – O DEVER FUNDAMENTAL DE PAGAR TRIBUTOS

Há registros de incidência tributária na história desde o Egito antigo, cerca de 10.000 anos a.C., pois existem registros de impostos sobre transmissão *causa mortis* cobrados àquela época.

Durante a evolução da história, o tributo continuou sendo instrumento necessário para a manutenção do Estado.

Preliminarmente, é importante destacar a autonomia do Direito Tributário com relação aos demais ramos do Direito. Durante anos houve o debate acerca do direito tributário ser parte do direito financeiro e não um ramo autônomo do direito.

Para Marco Aurélio Greco, o Direito Tributário é o único ramo do Direito que tem data própria de nascimento. Vejamos:

> Em primeiro lugar, é importante lembrar que o Direito Tributário é um daqueles ramos peculiares do Direito por ser um dos poucos que podem ter uma data de nascimento. Enquanto os outros não sabem muito bem quando nasceram, pois foram o resultado de uma constante construção de disciplinas, o Direito Tributário – estruturado como conjunto orgânico de regras sobre a tributação – pode receber como data de nascimento a edição do Código Tributário alemão de 1919. Não há dúvida de que muito antes deste documento existia o fenômeno da tributação, e também não há dúvida de que antes dele existia uma disciplina jurídica do exercício da atividade tributária do Estado, bem como existiam textos doutrinários relevantes a respeito. Porém, o Código Tributário alemão é, fora de dúvida, o grande marco histórico da construção, com identidade própria deste segmento da experiência jurídica.[1]

Assim, com a edição do Código Tributário alemão, o Direito Tributário se destaca do Direito Financeiro, regulando as relações entre Estado e contribuinte enquanto, o Direito Financeiro regula as atividades financeiras do Estado.

No Brasil, a autonomia do Direito Tributário foi reforçada a partir da década de 1960, com a edição da Emenda Constitucional 18/1965, e logo após, com a edição da Lei 5172/1966, o Código Tributário Nacional, que surgiu como lei ordinária, mas foi recepcionado com *status* de lei complementar. Esse foi o principal marco da separação do Direito Tributário com relação ao Direito Financeiro no Brasil.

---

[1] GRECO, Marco Aurélio. *Planejamento Tributário*. 3. ed. São Paulo: Dialética, 2011. p. 57-58.

Luciano Amaro aborda a segregação do Direito Tributário com relação ao Direito Financeiro:

> O direito financeiro, como sistema normatizador de toda a atividade financeira do Estado, abarca, por compreensão, as prestações pecuniárias exigidas pelo Estado, abrangidas no conceito de tributo. Com efeito, o direito financeiro tem por objeto a disciplina do orçamento público, das receitas públicas (entre as quais se incluem as receitas tributárias), da despesa e da dívida pública. Dado o extraordinário desenvolvimento do direito atinente aos tributos, ganhou foros de autonomia o conjunto de princípios e regras que disciplinam essa parcela da atividade financeira do Estado, de modo que é possível falar no direito tributário, como ramo autônomo da ciência jurídica, segregado do direito financeiro.[2]

Dito isso, é necessário discorrer sobre o dever de pagar impostos e como esse dever influencia o direito tributário brasileiro, pois, para alcançar a consecução do bem comum, o Estado necessita de receita, que pode ser dividida em receita originária e derivada.

As **receitas originárias** são obtidas a partir da exploração estatal dos seus próprios bens, tais como aluguéis, ações, vendas, serviços, entre outras formas não compulsórias de obtenção de recursos.

Em contrapartida, as **receitas derivadas** são aquelas oriundas da capacidade do poder estatal de retirar do contribuinte uma parte do seu patrimônio para a execução dos seus objetivos, com o escopo de atingir o bem-estar coletivo, já que elas advêm da atividade indireta do Estado.

Entre as receitas derivadas, a principal fonte de arrecadação pecuniária são os tributos, que, no entanto, não constituem a única fonte de receita derivada, uma vez que figuram neste rol as multas e as penalidades pecuniárias, por exemplo.

Atualmente, com a desestatização e a redução da atuação do Poder Público na economia, a receita pública, que é o ingresso de dinheiro aos cofres do Estado para atendimento de suas finalidades em face da realização dos gastos públicos, é primordialmente composta por receita derivada. Para tanto, quanto mais obrigações tem o Estado mais precisa tributar, pois a receita originária, gerada pela atuação estatal, passou a ser irrisória. Com isso, qualquer novo benefício, cargo público ou empresa estatal, refletirá no aumento da carga tributária caso não esteja prevista a redução de despesas.

A **obrigação tributária** decorre da lei, ou seja, é uma obrigação *ex lege*, isto é, independe da vontade das partes, pois, sendo obrigação de natureza pública, o seu cumprimento é compulsório. Em outras palavras, com a prática do fato gerador da obrigação tributária, seu nascimento é inevitável e independente da vontade do contribuinte.

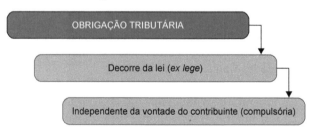

---

[2] AMARO, Luciano. *Direito Tributário Brasileiro*. 20. ed. São Paulo: Saraiva, 2014. p. 23.

Ocorre que esse poder de tributar do Estado, que advém do seu poder de império, de impor obrigações pecuniárias à sociedade, é **limitado**. Não obstante os cidadãos tenham o dever de pagar tributos com a finalidade de financiar a atuação estatal voltada para a consecução de determinados fins sociais, a tributação está limitada por **princípios constitucionais**, entre eles o princípio da legalidade, o da anterioridade e o do não confisco, por exemplo.

Pagar tributos é um dever a que todo cidadão está submetido pelo simples fato de viver em sociedade, e que permite que ele usufrua de uma gama de direitos fundamentais que o Estado lhe assegura via Carta Constitucional, pois todo direito traz consigo um dever, tem um custo e, para usufruir deles, faz-se fundamental contribuir. Esse é o preço que se paga pela liberdade, uma vez que a proteção da liberdade pelas autoridades públicas exige recursos financeiros.

Nesse sentido, dispõe o Ministro Joaquim Barbosa, do Supremo Tribunal Federal (STF), no voto a seguir transcrito:

 JURISPRUDÊNCIA

> Ainda do ponto de vista do modelo do pacto federativo, a instituição e arrecadação de tributos é elemento essencial do equilíbrio das contas públicas que, por sua vez, representa fator intrínseco à capacidade do Estado de cumprir com os objetivos e missões que a Constituição e o restante do sistema tributário jurídico lhe impõem. Sem a observância dos parâmetros que orientam a gestão fiscal responsável de recursos públicos, não haverá meios paradigmáticos para a garantia de direitos caros à Constituição, como a saúde, a educação, a proteção da propriedade, a defesa nacional.[3]

Essa ideia de pagar tributo como um dever do cidadão consiste na tese formulada por José Casalta Nabais, *in verbis*:

> Como dever fundamental, o imposto não pode ser encarado nem como um mero poder para o Estado, nem como um mero sacrifício para os cidadãos, constituindo antes o contributo indispensável a uma vida em comunidade organizada em estado fiscal. Um tipo de Estado que tem na subsidiariedade da sua própria ação (econômico-social) e no primado da autorresponsabilidade dos cidadãos pelo seu sustento o seu verdadeiro suporte.[4]

Ocorre que a arrecadação estatal, contudo, não pode representar a perda ou restrição de direitos fundamentais, ela tem por desígnio retirar parte da riqueza da sociedade para financiar o Estado, observando determinadas balizas, de forma que a tributação seja justa e eficiente.

Historicamente, o **poder de tributar** revela um aspecto da soberania do Estado, consubstanciado na capacidade de exigir **coercitivamente** do indivíduo a prestação de recursos financeiros.

---

[3] Trecho do voto do Ministro Joaquim Barbosa. Brasília, sessão plenária de 12.08.2010. BRASIL. Supremo Tribunal Federal. Recurso Extraordinário 576155/DF. Relator: Ministro Ricardo Lewandowski.

[4] NABAIS, José Casalta. *O Dever Fundamental de Pagar Impostos*. Coimbra: Almedina, 1998. p. 679.

Contemporaneamente, não mais se admite por parte do Estado o autoritarismo na instituição e cobrança de tributos. O poder de tributar deve ser compatibilizado com o postulado da segurança jurídica, do direito individual de propriedade e da capacidade contributiva. Trata-se de um poder de grande amplitude, mas não de um poder ilimitado. Conforme disposto no trecho *supra*, não pode ser um mero sacrifício para os cidadãos, e o Estado deve em contrapartida cumprir com suas obrigações estipuladas na Carta Magna.

A existência do Estado tem como objetivo a manutenção da ordem, propiciar a execução de objetivos sociais e satisfazer interesses da sociedade, por meio de obrigações e direitos recíprocos.

Assim, tendo em vista a importância do tributo e o fato de se tratar de uma obrigação a todos imposta, associada à alta carga tributária brasileira, o domínio da gestão tributária, com a aplicação dos conhecimentos técnicos no cotidiano empresarial, gera resultados positivos para as empresas e os contribuintes de modo geral.

Sob essa ótica, repita-se, o Direito Tributário é o **ramo do Direito** que trata das relações entre o **Estado** e o **contribuinte**, que são as pessoas sujeitas às imposições tributárias de qualquer espécie.

Após anos de relação de dependência com o Direito Financeiro, o Direito Tributário se firmou como **ramo autônomo** do Direito e tem como principal **finalidade** limitar o poder de tributar do Estado e proteger o cidadão contra os abusos do poder estatal.

O **objeto** do Direito Tributário é a relação jurídico-tributária impositiva, que consiste na relação jurídica entre o Fisco (**sujeito ativo**) e o contribuinte ou responsável (**sujeito passivo**) envolvendo um tributo.

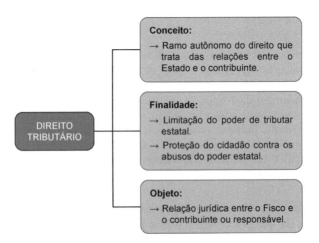

1.1. O conceito de tributo

O tributo é fonte de **receita derivada** do Estado e tem seu conceito previsto no art. 3º do Código Tributário Nacional (CTN):

> É toda prestação pecuniária compulsória, em moeda ou cujo valor nela se possa exprimir, que não constitua sanção de ato ilícito, instituída em lei e cobrada mediante atividade administrativa plenamente vinculada.

Tal conceito merece atenção e tratamento específico.

Trata-se de **prestação pecuniária**, cujo conteúdo é expresso, de forma ordinária, em moeda. Com base nesse conceito, não se pode admitir o tributo *in natura*, que consiste na expressão do conteúdo do tributo em bens.

Nesse mesmo diapasão, não se admite no direito pátrio a adoção do pagamento do tributo por uma prestação de serviços, que seria o caso de tributo *in labore*. Assim, o serviço militar obrigatório não pode ser classificado como espécie tributária, apesar de ser uma obrigação a todos imposta e obrigatória. Dessa forma, o tributo deve ser uma prestação em dinheiro ou outra forma de expressão de valor prevista em lei.

Frise-se que não devem restar dúvidas de que não caberá o pagamento do tributo *in labore*, ou seja, em nenhuma hipótese será admitida no ordenamento jurídico brasileiro a possibilidade de pagamento do tributo pelo trabalho, mesmo porque a Administração Pública contrata seus funcionários por meio de concurso público. Assim sendo, nenhuma prestação de serviços à Administração Pública poderá ser considerada como uma prestação tributária ou pagamento de tributos

Em outras palavras, o tributo deve ser expresso em moeda ou em valor que nela possa se exprimir. Assim, a prestação tributária é pecuniária, admitindo-se como **exceção** a entrega de bens cujo valor possa ser expresso em moeda, como é o caso da dação em pagamento de bens **imóveis** e o pagamento em cheque, que são categoricamente autorizados pelo CTN, por exemplo.

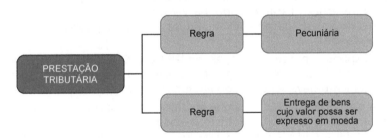

No que diz respeito à dação em pagamento de bens imóveis, foi somente com o advento da Lei Complementar 104/2001 que passou a ser possível para a satisfação da obrigação tributária.

O art. 156, XI, do CTN, trazido pela citada lei complementar, é claro no sentido de que a **dação em pagamento** de bens imóveis **extingue** o crédito tributário. É importante destacar que a norma é clara no tocante à dação em pagamento de bens imóveis somente, não sendo permitida a dação em pagamento de bens **móveis**. Na esfera federal, a dação em pagamento de bens imóveis foi regulamentada pela Lei 13.259/2016, que prevê essa possibilidade caso a dação seja precedida de avaliação do bem ou dos bens ofertados, que devem estar livres e desembaraçados de quaisquer ônus, e a dação abranja a totalidade do crédito ou créditos que se pretende liquidar com atualização, juros, multa e encargos legais, sem desconto de qualquer natureza, assegurando-se ao devedor a possibilidade de complementação em dinheiro de eventual diferença entre os valores da totalidade da dívida e o valor do bem ou dos bens ofertados em dação.

O STF posicionou-se sobre o assunto ao julgar a ADI 1917 do Distrito Federal, não deixando dúvidas quanto à impossibilidade de utilização da dação em pagamento de bens móveis como causa de extinção do crédito sob dois importantes fundamentos. O primeiro é no sentido de que as aquisições de bens pelo poder público somente são cabíveis após a realização de processo licitatório. Com isso, ao permitir a dação em pagamento de bens móveis como causa de extinção do crédito, resta violado o objetivo da Lei de Licitações, uma vez que o poder público vai adquirir bens sem o respectivo certame, podendo causar danos ao erário.

Ademais, o próprio CTN, no art. 141, deixa claro que as causas de **extinção** do crédito são somente aquelas presentes no próprio diploma legal, de modo que os demais entes federados não podem ultrapassar o poder regulamentar e criar uma causa de extinção do crédito além daquelas previstas no CTN, que é, inclusive, uma lei materialmente complementar.

Frise-se que é possível a **quitação** de tributos com títulos da dívida pública, o que não pode ser caracterizado como dação em pagamento, mas somente como **compensação**, causa de extinção do crédito específica, prevista no art. 156, II, do CTN. Vejamos:

JURISPRUDÊNCIA

PROCESSUAL CIVIL. AGRAVO REGIMENTAL. AÇÃO ORDINÁRIA. DAÇÃO EM PAGAMENTO. EXTINÇÃO DE DÉBITO TRIBUTÁRIO. INDICAÇÃO DE TÍTULO DA DÍVIDA PÚBLICA. ORDEM PREVISTA. ARTS. 156 C/C O 162 DO CTN, 655 E 656 DO CPC.

1. Agravo regimental oposto contra decisão que apreciou o presente feito como se fosse de execução fiscal, quando, na verdade, cuida de ação ordinária com pedido de dação em pagamento de títulos da dívida pública. Revogação da decisão agravada.

2. O CTN explicita, em seu art. 156, as modalidades de extinção do crédito tributário, sendo a primeira delas o pagamento. Mais adiante, o art. 162, I, determina que o pagamento deve ser efetuado em moeda corrente, cheque ou vale postal.

3. Dispõe o art. 655 do CPC: "Incumbe ao devedor, ao fazer a nomeação de bens, observar a seguinte ordem: I – dinheiro; II – pedras e metais preciosos; III – títulos da dívida pública da União ou dos Estados; IV – títulos de crédito, que tenham cotação em bolsa; V – **móveis**; VI – veículos; VII – semoventes; VIII – imóveis; IX – navios e aeronaves; X – direitos e ações".

4. Não há nenhuma referência de se efetuar primeiramente a quitação com TDPs em detrimento da ordem que prevê "dinheiro". Aplicação do art. 656 do CPC, que dispõe: "Ter-se-á por ineficaz a nomeação, salvo convindo o credor: I – se não obedecer à ordem legal".

5. Embora não se cuide de execução fiscal, e sim de ação ordinária, a discussão jurídica, em ambas as hipóteses, é a mesma (pagamento por meio de títulos da dívida pública). Não tendo a parte obedecido a ordem acima prevista – dinheiro em primeiro lugar, não Títulos da Dívida Pública –, é lícita ao credor e ao julgador a não aceitação da nomeação para quitação (por meio de compensação, *in casu*) desses títulos.

6. Agravo regimental provido para revogar a decisão de fls. 885/887. Na sequência, por outra fundamentação, nega-se provimento ao agravo de instrumento (AgRg no Ag 740546/SC, Min. José Delgado, *DJ* 15.05.2006, p. 169).

Como se pode ver, é admitida a **quitação** de tributos com títulos da dívida pública, mas não se trata de uma hipótese de dação em pagamento de bens móveis, mas, sim, de **compensação**, que é hipótese autônoma de extinção do crédito, e é caracterizada pelo encontro de contas que acontece quando o contribuinte e o fisco têm créditos e débitos entre si.

Outras **formas de pagamento** do tributo estão previstas no art. 162 do CTN, e, entre elas, é possível, como forma de quitação do tributo, a utilização do cheque. No entanto, nessa hipótese, o pagamento é possível, mas o crédito tributário somente será considerado extinto com a compensação do título.

Além do cheque, o vale postal e a estampilha consistem em formas de pagamento do tributo autorizadas pelo CTN, mas são hipóteses que caíram em desuso com a modernização dos meios de pagamento.

O vale postal é um sistema de remessas financeiras utilizado pelos Correios que permite a transferência de dinheiro dentro do Brasil e remessas ao exterior.

A estampilha e o papel selado são espécies de selos adquiridos, por meio de entrega de dinheiro ao Fisco, sendo utilizados pelo contribuinte para comprovar a quitação dos tributos devidos. Em outras palavras, o contribuinte efetua o pagamento e recebe os selos e as estampilhas, cabendo sua apresentação como forma de comprovação do pagamento do tributo. Já o processo mecânico significa a autenticação promovida pela Fazenda Pública, atestando o recolhimento do tributo.

Atualmente, um dos meios mais utilizados para o pagamento do tributo é o débito automático, que, apesar de não estar previsto no CTN, pode ser utilizado como forma de quitação tributária, pois o próprio código prevê o pagamento em moeda ou valor que nela possa se exprimir.

DICA

> As embarcações e aeronaves não podem ser objeto de dação em pagamento para quitação do tributo, pois, apesar de poderem ser objeto de hipoteca, sua natureza jurídica é de bens móveis sujeitos a registro.

Importante frisar que o STF entendeu que o rol das causas de extinção do crédito tributário pode ser complementado pelos estados e pelos municípios, sendo cabível a instituição de outras causas, como a dação em pagamento de bens móveis, por exemplo.

Tal posicionamento foi adotado pelo STF no julgamento da ADI 2405 do Rio Grande do Sul. O Ministro Alexandre de Moraes, em seu voto, deixa claro que os entes federados detêm competência para a criação de novas causas de extinção do crédito. Vejamos:

> (...) entendo também aplicável ao presente caso a teoria dos poderes implícitos, segundo a qual "quem pode o mais, pode o menos". Dessa forma, se o Estado pode até remir um valor que teria direito, com maior razão pode estabelecer a forma de recebimento do crédito tributário devido pelo contribuinte.
>
> A partir dessa ideia, e considerando também que as modalidades de extinção de crédito tributário, estabelecidas pelo CTN (art. 156), não formam um rol exaustivo, tem-se a possibilidade de previsão em lei estadual de extinção do crédito por dação em pagamento de bens móveis.

Assim, na esfera federal não será possível a dação em pagamento de bens móveis, tendo em vista a ausência de previsão expressa. Todavia, os demais entes federados, ou mesmo a União, poderão criar leis próprias ampliando as causas de extinção previstas no CTN, conforme entendimento adotado pelo STF. Entretanto, não poderá ser violado o entendimento adotado pelo STF no julgamento da citada ADI 1.917, tendo em vista a necessidade de procedimento licitatório para contratação de bens e serviços pela administração pública. Assim, os entes federados podem criar novas causas de extinção do crédito tributário, mas não é cabível a contratação direta de bens e serviços, devendo ser respeitada a contratação por licitação.

Outra **característica** do tributo é a sua **compulsoriedade**. O tributo é **compulsório**, ou seja, o contribuinte não pode se eximir da imposição legal. O dever de pagar o tributo **independe da vontade** de quem figura como obrigado, pois se trata de uma obrigação oriunda da lei. Assim, ao praticar o **fato gerador** da obrigação tributária, o sujeito passivo deve recolher o tributo aos cofres públicos, sendo essa sua vontade ou não.

Fica clara, nesse ponto, a diferença entre a obrigação tributária e a obrigação civil, uma vez que aquela decorre da lei (*ex lege*), enquanto essa decorre da vontade das partes envolvidas (*ex voluntatis*). Com isso, não há influência dos contratos no Direito Tributário, uma vez que o surgimento da obrigação se dá com a prática do fato gerador, não cabendo aos contratos determinar os elementos da obrigação tributária, uma vez que são reservados à lei.

Tomemos como exemplo o contrato de locação. Nessa modalidade de acordo, o proprietário recebe o aluguel do locatário e muitas vezes lhe transfere o ônus do pagamento do imposto sobre a propriedade de bens imóveis (IPTU), como cláusula contratual. Nessa hipótese, caso o IPTU seja inadimplido, a cobrança judicial e administrativa do crédito tributário deve recair sobre o proprietário, e não sobre o locatário, pois é aquele que pratica o fato gerador da obrigação tributária, não sendo possível a imposição do tributo por cláusula contratual, conforme previsto no art. 123 do CTN, uma vez que os contratos particulares não podem ser opostos ao Fisco.

Paulo de Barros Carvalho trata do assunto: "(...) prestação pecuniária **compulsória** quer dizer o comportamento obrigatório de uma prestação em dinheiro, afastando-se de plano, qualquer cogitação inerente às prestações **voluntárias**".[5]

Assim, ao praticar o fato gerador da obrigação tributária, é inevitável o nascimento do tributo, ao passo que sua única fonte é a lei, independentemente da vontade do contribuinte.

Com isso, resta clara a compulsoriedade, ao passo que, com a prática do fato gerador, o contribuinte não poderá se esquivar da incidência tributária.

Ademais, o tributo somente poderá ser **instituído por lei**. Tal conceito tem como objetivo garantir o **princípio da legalidade**, garantia fundamental do contribuinte. No entanto, apesar de ser cristalina a norma constante do art. 3º do CTN, o **STF** firmou posicionamento no sentido de que a **medida provisória** também é um instrumento hábil à criação do tributo, uma vez que tem força de lei.

O princípio da legalidade, insculpido no art. 150, I, da Constituição Federal (CRFB) é uma forma de garantir a vontade popular, ao passo que aqueles que elaboram as leis são

---

[5] CARVALHO, Paulo de Barros. *Curso de Direito Tributário*. 16. ed. São Paulo: Saraiva, 2004. p. 25.

os representantes do povo. Por esse motivo que o tributo somente poderá ser criado por lei, pois essa criação representa a vontade popular. Tal conceito é endossado no art. 97 do CTN, que prevê o princípio da tipicidade no Direito Tributário, de modo que todos os elementos necessários à incidência tributária devem estar em lei. Tal princípio é de suma importância para manutenção da segurança jurídica, pois, como já dito, a lei emana do povo.

Ademais, o STF entende que a medida provisória é um instrumento hábil para a criação de tributos, não violando o princípio da legalidade. Tal posicionamento adotado pelo STF viola o objetivo fundamental do princípio da legalidade, qual seja, resguardar a tributação à vontade popular, ao passo que a adoção de um posicionamento trazido ao ordenamento jurídico por uma medida provisória representa a vontade do chefe do Poder Executivo, estando a vontade do povo em segundo plano, somente quando da votação da medida que, se rechaçada, já terá produzido efeitos por tempo suficiente para causar prejuízos à sociedade.

Apesar disso, o STF firmou posicionamento no sentido de que a medida provisória poderá tratar dos assuntos que sejam atribuídos à lei ordinária, não podendo invadir a reserva de lei complementar, conforme vedado pela própria Carta no art. 62, § 1º, III, da CRFB.

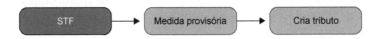

Com isso, desde que atendidos os requisitos de **relevância e urgência** e a situação não esteja reservada à lei complementar, é possível que um tributo seja objeto de medida provisória.

JURISPRUDÊNCIA

Legitimidade, ao primeiro exame, da instituição de tributos por medida provisória com força de lei, e, ainda, do cometimento da fiscalização de contribuições previdenciárias à Secretaria da Receita Federal (ADI 1417-MC, Plenário, Rel. Min. Octavio Gallotti, j. 07.03.1996, *DJ* 24.05.1996). No mesmo sentido: RE 479134-AgR, 1ª Turma, Rel. Min. Sepúlveda Pertence, j. 26.06.2007, *DJ* 17.08.2007.

DICA

O tributo somente poderá ser instituído por lei ordinária ou medida provisória.

Visto isso, podemos verificar até aqui que o tributo é prestação pecuniária, compulsória, em moeda ou valor que nela possa se exprimir, e instituída por lei ou medida provisória.

Ponto relevante do conceito é que o **tributo** também não pode constituir sanção por ato ilícito. O tributo não é sancionatório, e o **fato gerador** será sempre um **ato lícito**. O tributo não tem caráter punitivo, como é o caso das multas, objetivando atacar a capacidade contributiva do cidadão, ou seja, a capacidade de contribuir para a manutenção do Estado, e não gerar qualquer punição.

A **multa** nunca terá natureza jurídica tributária, nunca será um tributo, e o tributo não poderá ser uma sanção, uma punição por um ato ilícito, pois ele é um dever social do cidadão de contribuir com o Estado de modo que este tenha receita para a entrega do mínimo existencial.

No entanto, deve-se destacar que, apesar da ausência de natureza jurídica tributária, a multa, inscrita em dívida ativa, pode ser objeto de execução fiscal, pois será dívida ativa não tributária.

O professor Ricardo Lobo Torres tece a distinção com maestria:

> São inconfundíveis o tributo e a penalidade. Aquela deriva da incidência do poder tributário sobre a propriedade privada. A penalidade pecuniária resulta do poder penal do Estado e tem por objetivo resguardar a validade da norma jurídica.[6]

Em suma, o poder de tributar não deve ser confundido com o poder de punir, de modo que o direito tributário não permite a criação de fatos geradores que considerem condutas ilícitas.

No entanto, se de um ilícito for praticado o fato gerador de um tributo, ele será devido, como é o caso da incidência do imposto de renda sobre riqueza auferida por prática de ilícitos. Hugo de Brito Machado discorre sobre o assunto:

> A hipótese de incidência é um fato econômico ao qual o direito empresta relevo jurídico. Assim, quando a lei tributária define determinada situação como hipótese de incidência do tributo, leva em consideração que essa situação serve de medida da capacidade contributiva do sujeito passivo. Em outras palavras, o que interessa para a lei tributária é a relação econômica ínsita em um determinado negócio jurídico, como preceitua o art. 118 do CTN. Desse modo, não interessa na interpretação da definição legal da hipótese de incidência do tributo a natureza do objeto do ato, se lícito ou ilícito, tendo o nosso direito positivo agasalhado o princípio do *pecunia non olet* para não ferir o princípio da isonomia fiscal e levar em conta o princípio da capacidade contributiva.[7]

O Superior Tribunal de Justiça (STJ) demonstra o mesmo posicionamento ao abordar a tributação do produto de ilícitos. Vejamos:

> PENAL. *HABEAS CORPUS*. ART. 1º, I, DA LEI Nº 8.137/90. SONEGAÇÃO FISCAL DE LUCRO ADVINDO DE ATIVIDADES ILÍCITAS. "NON OLET".
>
> Segundo a orientação jurisprudencial firmada nesta Corte e no Pretório Excelso, é possível a tributação sobre rendimentos auferidos de atividade ilícita, seja de natureza civil ou penal; o pagamento de tributo não é uma sanção (art. 4º do CTN – "que não constitui sanção por ato ilícito"), mas uma arrecadação decorrente de renda ou lucro percebidos, mesmo que obtidos de forma ilícita (STJ: HC 7.444/RS, 5ª Turma, Rel. Min. Edson Vidigal, DJ de 03.08.1998). A exoneração tributária dos resultados econômicos de fato criminoso – antes de ser corolário do princípio da moralidade – constitui violação do princípio de isonomia fiscal, de manifesta inspiração ética (STF:

---

[6]   TORRES, Ricardo Lobo. *Curso de Direito Financeiro e Tributário*. 12. ed. Rio de Janeiro: Renovar, 2005. p. 236.

[7]   ROSA JUNIOR, Luiz Emygdio F. da. *Manual de Direito Tributário*. Rio de Janeiro: Renovar, 2009. p. 46.

HC 77.530/RS, Primeira Turma, Rel. Min. Sepúlveda Pertence, DJU de 18/09/1998). Ainda, de acordo com o art. 118 do Código Tributário Nacional a definição legal do fato gerador é interpretada com abstração da validade jurídica dos atos efetivamente praticados pelos contribuintes, responsáveis ou terceiros, bem como da natureza do seu objeto ou dos seus efeitos (STJ: REsp 182.563/RJ, 5ª Turma, Rel. Min José Arnaldo da Fonseca, DJU de 23/11/1998). *Habeas corpus* denegado (HC 83292/SP, Ministro Felix Fischer, *DJ* 18.02.2008, p. 48).

Como se pode ver, não importa a licitude da conduta, sendo cabível a incidência tributária, como forma de instrumentalizar a isonomia. Entretanto, jamais poderá ser criado um tributo que tenha como fato gerador uma conduta ilícita.

A distinção entre o tributo e a sanção também é relevante para fins de interpretação da legislação tributária que, muitas vezes, afasta a punibilidade de eventual crime praticado pelo pagamento do tributo. Tal entendimento não deve, por exemplo, ser estendido às multas de ofício pelo descumprimento de obrigações acessórias.

A jurisprudência anda no mesmo sentido:

RECURSO ESPECIAL. DIREITO PENAL TRIBUTÁRIO. DELITO CONSISTENTE EM DEIXAR DE ATENDER À DETERMINAÇÃO DE AUTORIDADE FISCAL (ART. 1º, V, E P. ÚN., DA LEI 8.137/90). NÃO EXIBIÇÃO DE LIVROS E DOCUMENTOS FISCAIS. PAGAMENTO DA PENALIDADE PECUNIÁRIA. EXTINÇÃO DA PUNIBILIDADE. IMPOSSIBILIDADE. 1. O pagamento da penalidade pecuniária imposta ao contribuinte que deixa de atender às exigências da autoridade tributária estadual quanto à exibição de livros e documentos fiscais não se adequa a qualquer das hipóteses previstas no parágrafo 2º do artigo 9º da Lei nº 10.864/03. 2. Recurso provido (REsp 1630109/RJ, Ministra Maria Thereza de Assis Moura, *DJe* 22.02.2017).

Por fim, temos que a cobrança do tributo é **uma atividade plenamente vinculada**, ou seja, é aquela em que não cabe ao intérprete da lei qualquer margem de discricionariedade, sendo compulsória a sua prática sob pena de responsabilidade funcional.

Em outras palavras, não cabem análise de conveniência e oportunidade, devendo praticar o ato, conforme a determinação legal. Assim, o comando legal não permite que a autoridade responsável pela administração do tributo preencha campo de indeterminação algum com seu juízo pessoal, subjetivo, posto que a atividade tributária é plenamente vinculada.

Tal vinculação está prevista no CTN, art. 142, parágrafo único, que é expresso no sentido de que o lançamento deve ser praticado sob pena de **responsabilidade funcional** do agente, e o lançamento consiste no procedimento administrativo de apuração do crédito tributário.

O **lançamento** constitui o crédito tributário, liquidando a obrigação tributária, e é **obrigatório**, de modo que o fisco é obrigado a cobrar, sob pena de responsabilidade funcional, o que será analisado no capítulo respectivo.

Assim, tributo é toda prestação pecuniária, compulsória, em moeda ou cujo valor nela possa se exprimir, instituído em lei, que não constitua sanção por ato ilícito, e cobrada mediante atividade administrativa plenamente vinculada.

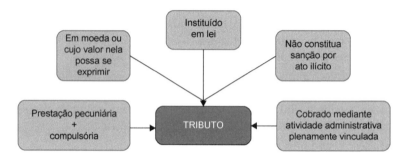

Agora que já analisamos o conceito do tributo e suas peculiaridades, cabe a análise da sua natureza jurídica.

O CTN determinou, em seu art. 4º, que a **natureza jurídica** do tributo é determinada pelo **fato gerador** da obrigação tributária, que seria, em razão do artigo *supra*, elemento suficiente para distinguir as espécies tributárias. Com isso, surge o conceito de vinculação no Direito Tributário. Os tributos passam a ser diferenciados pelo fato gerador. Tributos não vinculados são aqueles que têm como fato gerador uma atividade do contribuinte, enquanto tributos vinculados são aqueles que têm como fato gerador uma atividade estatal dirigida ao contribuinte.

Assim, ao dividir os tributos em vinculados e não vinculados, já teríamos um importante elemento para a distinção entre as espécies tributárias. Todavia, somente o fato gerador não seria suficiente para a distinção entre as espécies tributárias. Acerca do assunto discorre Paulo de Barros Carvalho:

> (...) no direito brasileiro, o tipo tributário se acha integrado pela associação lógica e harmônica da hipótese de incidência e da base de cálculo. O binômio, adequadamente identificado, com revelar a natureza própria do tributo que investigamos, tem a excelsa virtude de nos proteger da linguagem imprecisa do legislador.[8]

Como se pode ver, somente com a análise do fato gerador da obrigação tributária não há elementos suficientes para que possamos reconhecer a natureza jurídica do tributo, que consiste em sua essência no mundo do direito.

Devem ser analisadas outras características, como a **base de cálculo** e a **finalidade do tributo**, como é o caso das contribuições especiais, que têm fato gerador de imposto,

---

[8] CARVALHO, Paulo de Barros. *Curso de Direito Tributário*. 21. ed. São Paulo: Saraiva, 2009. p. 28-29.

CAP. 1 • O SISTEMA TRIBUTÁRIO BRASILEIRO E SUA ESTRUTURA | **13**

ou seja, uma conduta do contribuinte, mas se afasta e muito dessa classificação, pois as contribuições são reconhecidas pela destinação da receita auferida.

Ademais, importante destacar que o *nomen juris* adotado não influencia na natureza jurídica do tributo. Assim, caso seja instituído um tributo com o nome de imposto sobre coleta de lixo domiciliar, que tenha como fato gerador o serviço específico e divisível de coleta de lixo dos indivíduos residentes em determinado território, apesar do nome adotado, será, em verdade, uma taxa, cuja constitucionalidade já fora reconhecida pelo STF, conforme a Súmula Vinculante 19.

Como se não bastasse, em seu art. 4º, II, o CTN determina que a destinação do tributo não interessa para o Direito Tributário e não influencia na determinação da natureza jurídica do tributo. Tal posicionamento resta superado pelo sistema constitucional atual, uma vez que as contribuições especiais, por exemplo, se diferenciam dos impostos em razão da destinação da sua receita, sendo tributos finalisticamente classificados. Sobre o assunto, Luís Eduardo Schoueri:

> Aquele conceito, que existe em matéria tributária, de que é irrelevante a destinação (art. 4º, II, do Código Tributário Nacional) agora é negado. Negamos tal conceito ao dizer que o destino é extremamente relevante: a destinação dos recursos é fundamental para saber-se o que é serviço técnico, até onde vai a referibilidade. Mas não a destinação fática, e sim a destinação legal, o que é muito importante. Há quem negue a possibilidade de cobrar a CIDE, considerando que os recursos não têm a destinação que deveriam ter. O fato de os recursos não possuírem a destinação determinada pode implicar uma responsabilização do administrador. Se for criada uma CIDE voltada a uma determinada atuação, se os recursos são desviados, não significa que a CIDE tornou-se inconstitucional. O desvio é que gerará a responsabilidade daquele que o provocou. Então, não estamos aqui pregando que se deve examinar para onde foi o recurso. Não é examinar o produto da arrecadação nesse sentido, e, sim, a destinação legal, para a qual foi criada a CIDE; a fundamentação desta contribuição é que se torna relevante.[9]

Não devem restar dúvidas, então, de que os tributos são divididos em espécies, de acordo com o fato gerador, base de cálculo e também pela destinação da receita.

Outrossim, apesar de o CTN prever no art. 5º que existem somente três espécies tributárias, quais sejam, impostos, taxas e contribuições de melhoria, para o STF são cinco as espécies tributárias, diferenciadas pelas características supracitadas. Assim, no próximo capítulo iremos abordar os impostos, as taxas, as contribuições de melhoria, o empréstimo compulsório e as contribuições especiais.

---

[9] SCHOUERI, Luís Eduardo. Exigências das CIDE sobre *Royalties* e Assistência Técnica ao Exterior. *RET*, 37/144, jun. 2004.

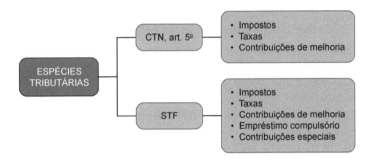

Tendo em vista o narrado *supra*, não restam dúvidas de que o tributo é o gênero, existindo, atualmente, cinco espécies tributárias distintas.

PARA REFORÇAR

Compulsório	Art. 113 do CTN	A obrigação tributária decorre de lei, de modo que independe da vontade das partes. Assim, ao praticar o fato gerador nasce a obrigação tributária, em razão da sua compulsoriedade.
Em moeda	Arts. 162 e 156, XI, do CTN	O tributo deve ser pago em moeda ou valor que nela possa se exprimir, cabendo o pagamento em cheque ou dação em pagamento de bens imóveis, por exemplo. Mas nunca a dação em pagamento de bens móveis.
Instituído em lei	Arts. 150, I, da CRFB, e 97 do CTN	O tributo somente poderá ser instituído por lei ou medida provisória, pois, de acordo com o STF, elas têm força de lei.

QUESTÕES DE PROVA

1. (Juiz Federal Substituto – 2018 – TRF-3ª Região – TRF-3ª Região) Indique a afirmação INCORRETA:
   - (A) Tributo é toda prestação pecuniária compulsória, em moeda ou cujo valor nela se possa exprimir, instituída em lei, que não constitua sanção por ato ilícito.
   - (B) Medida provisória pode estabelecer a extinção de tributo.
   - (C) Lei que disponha sobre outorga de isenção deve ser interpretada literalmente.
   - (D) Os decretos restringem o conteúdo e o alcance das leis em função das quais são expedidos.

2. (Titular de Serviços de Notas e de Registros – Remoção – 2018 – IESES –TJAM) Tributo é toda prestação pecuniária compulsória, em moeda ou cujo valor nela se possa exprimir, que não constitua sanção de ato ilícito, instituída em lei e cobrada mediante atividade administrativa plenamente vinculada. São consideradas espécies de tributos, EXCETO:
   - (A) Contribuições de melhoria.
   - (B) Tarifa.
   - (C) Taxas.
   - (D) Impostos.

CAP. 1 • O SISTEMA TRIBUTÁRIO BRASILEIRO E SUA ESTRUTURA | **15**

3. (Analista Judiciário – Judiciária – 2018 – CESPE – STJ) Julgue o item que se segue, a respeito das disposições do Código Tributário Nacional (CTN).

O imposto se distingue das demais espécies de tributos porque tem como fato gerador uma situação que independe de atividades estatais específicas.
( ) Certo ( ) Errado

4. (Procurador do Estado – 2018 – CESPE – PGE-PE) Considerando-se o que dispõe o CTN, é correto afirmar que, como regra geral, os tributos

(A) são compulsórios, podendo a sua obrigatoriedade advir da lei ou do contrato.

(B) podem ser pagos em pecúnia, *in natura* ou *in labore*.

(C) são cobrados mediante atividade administrativa, a qual pode ser vinculada ou discricionária.

(D) podem incidir sobre bens e rendimentos decorrentes de atos ilícitos, embora não possam ser utilizados como sanção.

(E) têm por fato gerador uma situação jurídica abstrata, não sendo possível vincular um tributo a qualquer atividade estatal específica.

5. (Auditor Fiscal de Tributos Estaduais – 2018 – FGV – SEFIN-RO) De acordo com a definição de tributo, segundo o Código Tributário Nacional, assinale a afirmativa incorreta.

(A) A compensação financeira pela exploração de recursos minerais não é tributo, por ausência do caráter compulsório.

(B) A concessão de desconto ao contribuinte do IPVA, que não tenha cometido infrações de trânsito, viola o conceito de tributo, pois o tributo não é sanção por ato ilícito.

(C) O serviço militar obrigatório não é tributo, por ser uma obrigação compulsória não pecuniária.

(D) O acréscimo no valor do IPTU, a título de multa administrativa por ausência de inscrição imobiliária, viola o conceito de tributo, por se tratar de sanção por ato ilícito.

(E) Os agentes públicos envolvidos na cobrança do tributo não podem agir motivados por pressupostos de conveniência e oportunidade, devendo cumprir o que determina a lei, pois a cobrança do tributo é atividade administrativa plenamente vinculada.

6. (Fiscal de Rendas e Tributos – 2017 – FEPESE – Prefeitura de Criciúma – SC) É(São) relevante(s) para determinar a natureza jurídica específica do tributo, de acordo com o Código Tributário Nacional:

(A) a base de cálculo e a alíquota.

(B) a denominação adotada pela legislação.

(C) o fato gerador da respectiva obrigação.

(D) as características formais especificadas pela lei.

(E) a destinação legal do produto da sua arrecadação.

7. (Titular de Serviços de Notas e de Registros – Provimento – 2017 – CONSULPLAN – TJMG) A partir da definição legal de tributo, considerando-se o art. 3º e outras disposições constantes do Código Tributário Nacional, é correto afirmar:

(A) Tributo é toda prestação pecuniária, podendo constituir sanção de ato ilícito.

(B) Tributo é prestação em moeda ou cujo valor nela se possa exprimir, sendo vedado o uso de unidades fiscais para indexação.

(C) Tributo é pagável em dinheiro, mas também em bens imóveis, nos termos da lei.

(D) A característica de ser prestação compulsória denota a natureza de receita originária do tributo.

8. **(Técnico de Nível Superior II – Ciências Contábeis – 2017 – FGV – Prefeitura de Salvador – BA) Tributo é toda prestação pecuniária compulsória, em moeda ou cujo valor nela se possa exprimir, que não constitua sanção por ato ilícito, constituída em lei e cobrada mediante atividade administrativa plenamente vinculada.**

Os tributos podem ser classificados em vinculados e não vinculados.
Assinale a opção que indica um tributo não vinculado.

(A) Taxas.

(B) Impostos.

(C) Contribuições de melhoria.

(D) Contribuições sociais.

(E) Empréstimos compulsórios.

9. **(Procurador Autárquico – 2018 – VUNESP – PauliPrev – SP) Segundo o Código Tributário Nacional, a natureza jurídica específica do tributo é determinada**

(A) pela destinação dos recursos arrecadados, sendo relevantes para qualificá-la a denominação e as demais características formais adotadas pela lei.

(B) pelo fato gerador da respectiva obrigação, sendo irrelevante para qualificá-la a destinação do produto da sua arrecadação.

(C) pela destinação dos recursos arrecadados, sendo irrelevantes para qualificá-la a denominação e as demais características formais adotadas pela lei.

(D) pelo fato gerador da respectiva obrigação, sendo relevantes a denominação e as demais características formais adotadas pela lei.

(E) pela denominação e pelas demais características formais adotadas pela lei de criação do tributo, sendo relevante para qualificá-la a destinação do produto da sua arrecadação.

10. **(Titular de Serviços de Notas e de Registros – Remoção – 2017 – CONSULPLAN – TJMG) A partir da definição de tributo, é correto afirmar:**

(A) O tributo é compulsório, mas essa característica não possui nenhuma relação com a garantia constitucional segundo a qual ninguém é obrigado a fazer ou deixar de fazer algo senão em virtude da lei.

(B) A orientação jurisprudencial do Supremo Tribunal Federal firmou-se no sentido da possibilidade de medida provisória ser veículo idôneo para a instituição de tributo.

(C) Admite-se a edição de medida provisória sobre matéria reservada a lei complementar.

(D) Medida provisória não pode instituir imposto

Gabarito	
1	D
2	B
3	Certo
4	D
5	B
6	C
7	C
8	B
9	B
10	B

2
ESPÉCIES TRIBUTÁRIAS

A Teoria das Espécies tributárias evoluiu no Direito Tributário brasileiro, ainda que com algumas divergências doutrinárias. Partimos da teoria bipartite, na qual eram reconhecidas somente duas espécies tributárias para a teoria pentapartite, hoje adotada pelo STF, que reconhece a existência de cinco espécies do gênero tributo. Alfredo Augusto Becker, adotando a teoria clássica, entendia pela existência de duas espécies tributárias. Dizia o autor que "da análise da regra jurídica tributária apenas Impostos ou Taxas podem ser inferidos".[1]

A evolução das espécies tributárias ocorreu na própria legislação e na Carta Constitucional, com a adoção da teoria tripartite, no art. 5º do CTN e no art. 145 da CRFB, que reconhecem a existência de três espécies tributárias: impostos, taxas e contribuições de melhoria.

Roque Antonio Carrazza discorre sobre o assunto: "Os tributos são impostos, taxas e contribuições de melhoria". Essa é a teoria **tripartite,** que reconhece a existência de três espécies tributárias no direito brasileiro. Nesse sentido, para o professor Roque Antonio Carrazza foram atribuídas "às pessoas políticas, competências para que criem impostos, taxas e contribuição de melhoria".[2]

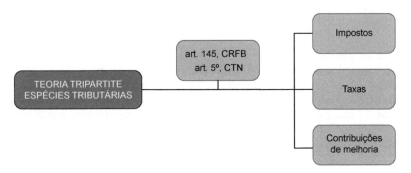

Para Luciano Amaro a classificação é **quadripartite,** ou seja, o direito tributário deve considerar a existência de quatro espécies tributárias: **imposto, taxa, contribuições** e **empréstimo compulsório,** reconhecendo esse último como espécie tributária autônoma.

---

[1] BECKER, Alfredo Augusto. *Teoria Geral do Direito Tributário*. 7. ed. São Paulo: Noeses, 2018. p. 345.
[2] CARRAZZA, Roque Antonio. *Curso de Direito Constitucional Tributário*. 27. ed. São Paulo: Malheiros, 2010. p. 558.

A característica peculiar do regime jurídico deste terceiro grupo de exações está na destinação a determinada atividade, exercitável por entidade estatal ou paraestatal, ou por entidade não estatal reconhecida pelo Estado como necessária ou útil à realização de uma função de interesse público. Aqui se incluem as exações previstas no art. 149 da Constituição, ou seja, as contribuições sociais, as contribuições de intervenção no domínio econômico e as contribuições de interesse de categorias profissionais ou econômicas, que são três subespécies de contribuições.[3]

Ao adotar o conceito genérico de "contribuições", o autor condensa em uma única espécie tributária as contribuições de melhoria e as contribuições especiais, sendo possível a adoção de quatro espécies tributárias. Ademais, o autor reconhece que o empréstimo compulsório, apesar de ser restituível, não perde sua natureza jurídica tributária, pois se enquadra nos requisitos previstos no art. 3º do CTN, analisado no capítulo anterior.

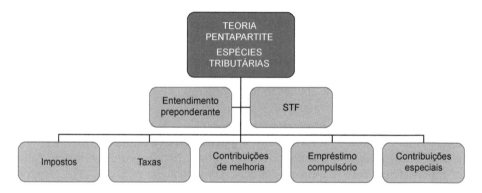

Humberto Ávila reconhece, também, a natureza jurídica tributária das contribuições especiais:

> Embora se encaixem no conceito de tributo, as contribuições se diferenciam dos impostos, taxas e das contribuições de melhoria. Com efeito, a conjugação dos vários dispositivos que preveem a instituição de contribuições permite concluir que as contribuições possuem característica que as diferenciam das outras **espécies tributárias**. O que existe no regime jurídico constitucional das mesmas e que lhes confere identidade específica é a circunstância de serem instrumento para a promoção de finalidades constitucionalmente postas em caráter permanente.[4]

Assim, não devem restar dúvidas de que, apesar do disposto no art. 145 da CFRB e no art. 5º do CTN, o **empréstimo compulsório** e as **contribuições especiais** devem ser reconhecidos como espécies tributárias **autônomas**, com características próprias,

---

[3] AMARO, Luciano. *Direito Tributário Brasileiro*. 9. ed. São Paulo: Saraiva, 2003. p. 84.
[4] ÁVILA, Humberto. *Sistema Constitucional Tributário*: de acordo com a Emenda Constitucional n. 42, de 19.12.03. São Paulo: Saraiva, 2004. p. 253.

submetendo-se ao arcabouço de normas gerais do Direito Tributário brasileiro, de modo que tal posicionamento foi pacificado pelo STF no julgamento do RE 138284/CE.

Outrossim, a teoria **pentapartite** é a que **prepondera** no Direito brasileiro, sendo aquela adotada pelo **STF**, reconhecendo a natureza jurídica tributária ao **empréstimo compulsório** (RE 111954/PR) e às **contribuições especiais** (AI-AgR 658576/RS), de modo que se enquadram no conceito de tributos os impostos, as taxas, as contribuições de melhoria, os empréstimos compulsórios e as contribuições especiais.

Por fim, mas não menos importante, devemos destacar que, após a edição da Emenda Constitucional (EC) 39/2002, foi introduzido na CRFB o art. 149-A, autorizando aos municípios e ao Distrito Federal a possibilidade de criação das contribuições de iluminação pública. Apesar de a doutrina majoritária e a própria jurisprudência enquadrarem essa contribuição na classificação das contribuições especiais, elas não possuem a mesma característica. Em verdade, as contribuições especiais têm como marca a destinação da receita e são de competência da União. A contribuição de iluminação pública tem como finalidade o fomento e desenvolvimento da iluminação pública, serviço *uti universi*, sem qualquer referibilidade a grupos específicos. Com isso, apesar de a jurisprudência majoritária adotar o posicionamento de que se trata de uma modalidade de contribuição especial, entendemos que é uma espécie tributária diversa, em que se misturam a não vinculação dos impostos e o atendimento a um serviço público genérico, podendo ser caracterizada como uma sexta espécie tributária, uma vez que se afasta, em sua essência, das contribuições especiais.

Em verdade, as contribuições de iluminação pública têm como fato gerador uma atividade estatal, portanto, são tributos não vinculados, com destinação ao fomento da iluminação pública, para todos os contribuintes de determinado município ou do Distrito Federal.

Ademais, a Emenda Constitucional 132/2023 alterou a redação do art. 149-A da CRFB para prever a possibilidade dos municípios e Distrito Federal instituírem, além da contribuição de iluminação pública, a contribuição para custeio de sistemas de monitoramento para segurança e preservação de logradouros público.

Assim, os municípios e o DF poderão instituir essa contribuição por lei própria, podendo alterar a legislação que rege a contribuição de iluminação pública ou mesmo editar nova lei somente para a criação desse tributo. Importante frisar que o parágrafo único do art. 149-A da CRFB não foi alterado, podendo essa nova contribuição também ser cobrada na conta de consumo de energia elétrica.

Agora, passemos a análise de cada uma das espécies tributárias.

2.1. Imposto

O imposto é a **espécie tributária** mais conhecida do ordenamento jurídico brasileiro, muitas vezes confundida pelo leigo com o próprio conceito de tributo. Tal confusão é inadmissível para o operador do Direito, porque o imposto é uma das cinco espécies do gênero tributo, conforme abordado no capítulo anterior.

DICA

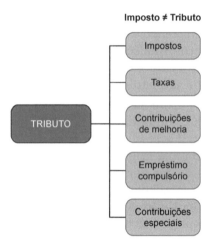

O imposto é uma imposição estatal e espécie tributária que independe de qualquer contraprestação específica pelo estado, ou seja, o contribuinte, ao pagar o imposto, não gera para o estado a obrigação de contraprestacioná-lo de forma específica. O imposto tem como objetivo a manutenção do estado e dos serviços genéricos como saúde, educação e segurança pública, por exemplo. Em outras palavras, o imposto é a espécie tributária mais importante para o funcionamento da máquina estatal, afinal, é por meio dos impostos que os serviços genéricos são mantidos.

Segundo Harada:

> Impostos (art. 145, I, da CF) são exações **desvinculadas** de qualquer atuação estatal, decretadas exclusivamente em função do *jus imperii* do Estado. Seu fato gerador é sempre uma situação independente de qualquer atividade estatal específica relativa ao contribuinte. O imposto sempre representa uma retirada da parcela de riqueza do particular, respeitada a capacidade contributiva deste.[5]

Em razão do exposto *supra*, o imposto sobre propriedade de veículo automotor (IPVA), que incide sobre a propriedade de veículo, não gera para o estado a obrigação de asfaltar vias públicas ou recapear o asfalto, pois ele independe de qualquer contraprestação estatal específica ao contribuinte.

Em suma, o contribuinte, ao pagar imposto, não detém o direito a uma contraprestação estatal. Daí podemos concluir que o imposto é uma espécie tributária não vinculada, ou seja, o fato gerador do imposto é uma atividade do próprio contribuinte, e não uma atividade estatal. Podemos visualizar essa situação de forma muito clara no caso do Imposto sobre a Renda, em que o fato gerador é auferir renda, uma atividade do próprio contribuinte, e não uma conduta estatal.

---

[5] HARADA, Kiyoshi. *Direito Financeiro e Tributário*. 26. ed. rev., atual. e ampl. São Paulo: Atlas, 2017. p. 353.

Conclui-se então que o pagamento do imposto não gera uma contraprestação estatal específica, e é por meio da receita de impostos que o estado coloca à disposição para os contribuintes os serviços genéricos, suportando suas despesas. Assim, a ausência de contraprestação estatal não gera o direito a restituição do imposto pago, uma vez que a relação jurídica tributária não deve ser confundida com a relação consumerista, por exemplo.

A **relação tributária** é uma **relação de império** em que o estado busca satisfazer suas necessidades financeiras exigindo tributos, enquanto a relação consumerista é uma relação em que as partes não têm relação de superioridade e não há interesse público envolvido. Com isso, conceitos de Direito do Consumidor não se aplicam na esfera tributária, como é o caso da falha na prestação do serviço e restituição em dobro do pagamento indevido. Esses conceitos estão ligados ao Direito do Consumidor, não se aplicando ao Direito Tributário.

Tal situação já fora analisada pelo STJ em um julgamento interessante, em que o contribuinte buscou sua equiparação à figura do consumidor, ficando bem claro o posicionamento jurisprudencial no sentido de que tal equiparação é indevida, ao passo que a relação tributária não se confunde com a relação de consumo.

 JURISPRUDÊNCIA

> TRIBUTÁRIO – CONTRIBUINTE DO IPTU – CONTRAPRESTAÇÃO DO ESTADO AO RECOLHIMENTO DO IMPOSTO – INEXISTÊNCIA DE PREVISÃO LEGAL – CONCEITOS DE CONTRIBUINTE E CONSUMIDOR – EQUIPARAÇÃO – IMPOSSIBILIDADE – CÓDIGO DE DEFESA DO CONSUMIDOR – INAPLICABILIDADE *IN CASU*.
>
> *1. Os impostos, diversamente das taxas, têm como nota característica sua desvinculação a qualquer atividade estatal específica em benefício do contribuinte.*
>
> *2. Consectariamente, o Estado não pode ser coagido à realização de serviços públicos, como contraprestação ao pagamento de impostos, quer em virtude da natureza desta espécie tributária, quer em função da autonomia municipal, constitucionalmente outorgada, no que se refere à destinação das verbas públicas.*
>
> *3. A relação de consumo não guarda semelhança com a relação tributária, ao revés, dela se distancia, pela constante supremacia do interesse coletivo, nem sempre encontradiço nas relações de consumo.*
>
> *4. O Estado no exercício do jus imperii que encerra o Poder Tributário subsume-se às normas de Direito Público, constitucionais, complementares e até ordinárias, mas de feição jurídica diversa da do Código de Defesa do Consumidor. Sob esse ângulo, o CTN é lex specialis e derroga a lex generalis que é o CDC.*
>
> *5. Recurso Especial desprovido (REsp. 478958/PR, 1ª Turma, Min. Luiz Fux, DJ 04.08.2003, p. 237, REVJMG v. 165, p. 446, RJADCOAS v. 49, p. 105).*

Em resumo, o **imposto é uma espécie tributária não vinculada**, cujo fato gerador é uma atividade do contribuinte e não uma atividade estatal, não se comparando com a relação privada de consumo, mas, sim, caracteriza-se como uma relação de direito público, na qual o Estado obtém para sua manutenção, extraindo-o da atividade do particular.

Como se não bastasse, além de o imposto ser uma espécie tributária não vinculada, a CRFB também **veda** a vinculação da sua receita, conforme previsto no art. 167, IV, que traduz o princípio da não afetação da receita de impostos. Tal princípio tem como objetivo a manutenção da discricionariedade na gestão do dinheiro público, não congelando os valores para objetivos que não se coadunem com a política adotada. Assim dispõe a Lei Maior:

> Art. 167. São vedados:
>
> (...)
>
> IV – a vinculação de receita de impostos a órgão, fundo ou despesa, ressalvadas a repartição do produto da arrecadação dos impostos a que se referem os arts. 158 e 159, a destinação de recursos para as ações e serviços públicos de saúde, para manutenção e desenvolvimento do ensino e para realização de atividades da administração tributária, como determinado, respectivamente, pelos arts. 198, § 2º, 212 e 37, XXII, e a prestação de garantias às operações de crédito por antecipação de receita, previstas no art. 165, § 8º, bem como o disposto no § 4º deste artigo (Redação da EC n. 42/03).

No entanto, como se pode ver, há diversas exceções e, apesar de a receita dos impostos também não poder ser vinculada a qualquer fundo ou destinação específica, devem ser respeitadas as diversas ressalvas da própria Carta. Tal posicionamento é endossado pela jurisprudência, que entende pela impossibilidade da vinculação da receita de impostos senão nas hipóteses previstas expressamente no texto constitucional.

JURISPRUDÊNCIA

> AÇÃO DIRETA DE INCONSTITUCIONALIDADE. Lei 13.133/2001 do Estado do Paraná, que instituiu o Programa de Incentivo à Cultura, vinculando parte da receita do ICMS ao Fundo Estadual de Cultura. Violação ao art. 167, IV, da Constituição Federal. Precedentes. Ação direta julgada procedente (ADI 2.529, Rel. Min. Gilmar Mendes, j. 14.06.2007, *DJ* 06.09.2007).

Assim, é possível a vinculação das receitas nas seguintes hipóteses:

a) Repartições indiretas de receitas, na forma dos arts. 158 e 159 da CRFB – os fundos de participação poderão ser vinculados. Nesse caso, como os entes maiores entregam parcela de sua arrecadação, a afetação poderá acontecer para o atingimento de objetivos específicos.

b) Ações e serviços públicos de saúde – a saúde é um direito fundamental de todos os brasileiros e um dever do estado, conforme previsto no art. 196 da CRFB. Ademais, no art. 198, § 2º, resta claro que parcela do orçamento deverá, obrigatoriamente, ser investida em saúde. Vejamos:

§ 2º A União, os Estados, o Distrito Federal e os Municípios aplicarão, anualmente, em ações e serviços públicos de saúde recursos mínimos derivados da aplicação de percentuais calculados sobre: (Incluído pela Emenda Constitucional nº 29, de 2000)

I – no caso da União, a receita corrente líquida do respectivo exercício financeiro, não podendo ser inferior a 15% (quinze por cento); (Redação dada pela Emenda Constitucional nº 86, de 2015)

II – no caso dos Estados e do Distrito Federal, o produto da arrecadação dos impostos a que se referem os arts. 155 e 156-A e dos recursos de que tratam os arts.

157 e 159, I, "a", e II, deduzidas as parcelas que forem transferidas aos respectivos Municípios; (Redação dada pela Emenda Constitucional nº 132, de 2023)

III – no caso dos Municípios e do Distrito Federal, o produto da arrecadação dos impostos a que se referem os arts. 156 e 156-A e dos recursos de que tratam os arts. 158 e 159, I, "b", e § 3º. (Redação dada pela Emenda Constitucional nº 132, de 2023)

A Lei Complementar 141/2012 regulamenta a destinação das receitas para a saúde e que resguarda a manutenção da saúde pública universal no Brasil.

c) Manutenção do ensino – a educação é uma garantia fundamental, sendo um dever do Estado a sua distribuição indistinta a todos os cidadãos brasileiros. Com isso, para garantir o acesso à educação, é possível a vinculação da receita de impostos para essa finalidade. A Carta, em seu art. 212, já define a vinculação:

Art. 212. A União aplicará, anualmente, nunca menos de dezoito, e os Estados, o Distrito Federal e os Municípios vinte e cinco por cento, no mínimo, da receita resultante de impostos, compreendida a proveniente de transferências, na manutenção e desenvolvimento do ensino.

d) Realização de administração tributária – o objetivo claro é a efetivação da previsão trazida pelo art. 37, XXII, da Carta, que define que "as administrações tributárias da União, dos Estados, do Distrito Federal e dos Municípios, atividades essenciais ao funcionamento do Estado, exercidas por servidores de carreiras específicas, terão recursos prioritários para a realização de suas atividades e atuarão de forma integrada, inclusive com o compartilhamento de cadastros e de informações fiscais, na forma da lei ou convênio".

e) A prestação de garantias às operações de crédito por antecipação de receita – quando os estados, o Distrito Federal e os municípios tomam empréstimo junto à União, devem oferecer garantia para efetivação da operação. Com isso, é possível a utilização da receita de impostos para tal.

Como se pode ver, apesar da vedação à vinculação da receita de impostos, diversas são as exceções previstas em nosso ordenamento jurídico, e a Reforma Tributária trouxe mais algumas exceções a serem consideradas, no novel § 4º do art. 167 da Carta. Vejamos:

§ 4º É permitida a vinculação das receitas a que se referem os arts. 155, 156, 156-A, 157, 158 e as alíneas "a", "b", "d", "e" e "f" do inciso I e o inciso II do *caput* do art. 159 desta Constituição para pagamento de débitos com a União e para prestar-lhe garantia ou contragarantia.

Como se pode ver, os impostos municipais, estaduais, o Imposto sobre Bens e Serviços criado pela emenda reformista e as repartições de receitas poderão ter receitas vinculadas para o pagamento de débito com a União ou prestação de garantia ou contragarantia.

Sendo o imposto espécie tributária não vinculada, é por meio dele que o estado existe, sustentando o funcionamento da máquina pública e a distribuição dos serviços genéricos (*uti universi*) para os contribuintes.

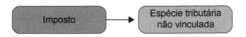

2.1.1. Classificação dos impostos

O CTN classifica os impostos de acordo com a **hipótese de incidência**: sobre o Comércio Exterior (II e IE), sobre Patrimônio e Renda (ITR, IPTU, ITBI, ITCMD e IR) e sobre produção e circulação (IPI, IOF, ICMS e ISS), lembrando que IPI, ICMS e ISS serão substituídos pelo IVA Dual aprovado pela Emenda Constitucional 132/2023.

Classificação dos Impostos		
Quanto à hipótese de incidência		
Comércio Exterior	**Patrimônio e Renda**	**Produção e Circulação**
II e IE	ITR, IPTU, ITBI, ITCMD e IR	IPI, IOF, ICMS e ISS

Como se pode ver, o CTN não aborda o imposto sobre grandes fortunas, que ainda não foi criado no ordenamento jurídico brasileiro, mas está previsto na CRFB, no art. 153, e menos ainda o Imposto Seletivo, introduzido na Carta pela Emenda Constitucional 132/2023. Aquele imposto não se enquadraria na classificação *supra*, adotada pelo CTN, pois fortuna não representa renda ou patrimônio, mas algo superior, que ultrapassa o necessário à subsistência ou mesmo o conceito de alta renda, ou seja, é aquilo que ultrapassa a normalidade, o necessário à manutenção da dignidade da pessoa humana. Já o imposto seletivo deve ser enquadrado como imposto sobre produção e circulação, porque não incidirá de acordo com a capacidade contributiva do cidadão, mas sim sobre os bens e serviços nocivos à saúde e ao meio ambiente.

Há também outras classificações que não estão expressas no CTN. Quanto à **capacidade contributiva**, por exemplo, o imposto pode ser classificado como **real** ou **pessoal**. O imposto real é aquele que incide independentemente da capacidade econômica do contribuinte, não sofrendo qualquer variação com relação à riqueza externalizada.

Um exemplo que poderia ser adotado é o IPVA, que não varia considerando a riqueza do proprietário do veículo automotor, quantos carros ele possui ou mesmo se tem ou não renda. O IPVA é, por essência um imposto real, pois incide independentemente da riqueza do contribuinte, de modo que a obrigação de recolher o tributo não leva em conta a riqueza detida pelo proprietário do veículo. Entretanto, com a Emenda Constitucional 132/2023, o IPVA, além de passar a incidir sobre embarcações e aeronaves, representações reais de riqueza, poderá ter alíquotas diferenciadas de acordo com o valor do veículo.

Essa possibilidade está diretamente vinculada à capacidade contributiva, ao passo que o contribuinte será tributado de acordo com a sua riqueza externalizada. Com isso, o IPVA passa a adotar os mesmos critérios do IPTU, que é essencialmente um imposto real, que incidirá pela prática do fato gerador, independentemente da riqueza do cidadão, mas poderá também incidir de acordo com a capacidade contributiva, variando na proporção do valor do veículo.

Já o imposto pessoal é aquele que varia de acordo com a capacidade contributiva, como é o caso do imposto sobre a renda. Quanto mais rico for o contribuinte, maior será o imposto sobre a renda, que varia de acordo com a riqueza externalizada pelo indivíduo.

Há, no ordenamento jurídico brasileiro, uma forte tendência à pessoalização de todos os tributos, mesmo os impostos reais. Esse posicionamento ficou claro quando da edição da Súmula 539 do STF, que prevê que "É constitucional a lei do Município que reduz o imposto predial urbano sobre imóvel ocupado pela residência do proprietário, que não possua outro". Essa aplicação se caracterizaria como um instrumento de justiça fiscal, tributando de forma mais pesada aquele cidadão que detenha maior riqueza, gerando maior distribuição de renda por meio da arrecadação.

Tal tendência confirmou-se quando o STF entendeu pela aplicação das alíquotas progressivas ao Imposto sobre Transmissão *Causa Mortis* e Doação, apesar de ausente a previsão constitucional para tal. Vejamos:

 JURISPRUDÊNCIA

> EXTRAORDINÁRIO – ITCMD – PROGRESSIVIDADE – CONSTITUCIONAL. No entendimento majoritário do Supremo, surge compatível com a Carta da República a progressividade das alíquotas do Imposto sobre Transmissão *Causa Mortis* e Doação. Precedente: Recurso Extraordinário 562.045/RS, mérito julgado com repercussão geral admitida (STF – RE 542485 AgR/RS, 1ª Turma, Rel. Min. Marco Aurélio, *DJU* 19.02.2013).

Em outras palavras, o STF tem adotado o posicionamento no sentido de que os tributos, de um modo geral, devem incidir de acordo com a capacidade contributiva do indivíduo, conferindo ao ordenamento jurídico uma maior justiça fiscal e isonomia.

Frise-se que a Reforma Tributária de 2023 passou a prever que o ITCMD deve que ser obrigatoriamente progressivo, constitucionalizando a necessidade de aplicação da capacidade contributiva já reconhecida pelo STF.

Com isso, impostos com marcante característica real estão recebendo contornos de imposto pessoal, como ocorreu com o IPTU, após a Emenda Constitucional 29/2000, que, alterando o art. 156, § 1º, da CRFB, passou a prever a possibilidade de aplicação do IPTU progressivo com base no valor, na localização e no uso do imóvel. Tal alteração demonstrou clara possibilidade de variação de acordo com a capacidade contributiva, ao passo que, quanto maior o valor do imóvel está presente uma maior capacidade econômica.

Tal alteração constitucional foi abraçada pelo STF que, ao editar a Súmula 668, passou a entender que era possível a aplicação do IPTU progressivo, além da hipótese de função social da propriedade. Frise-se que tal possibilidade somente foi admitida pelo Supremo após a edição da Emenda Constitucional 29, de 2000, que passou a prever expressamente a possibilidade no texto constitucional.

A Emenda Constitucional 132/2023 alterou o art. 155, § 6º, II, da CRFB para prever a possibilidade de aplicação da progressividade também com relação ao IPVA, de modo que sua alíquota poderá variar de acordo com o valor do veículo.

Quanto à **transmissão do ônus financeiro** ou **repercussão econômica**, os impostos podem ser classificados como **diretos** ou **indiretos**. O imposto direto é aquele que não admite, pela sua essência e fato gerador, a transmissão do ônus financeiro, enquanto o imposto indireto é aquele que admite que o montante financeiro seja repassado para o elo seguinte da cadeia produtiva.

Tomemos como exemplo uma loja que comercializa roupas. O IPTU, incidente sobre a propriedade do imóvel, e o imposto sobre a renda não podem, pela sua natureza, ser repassados ao consumidor final, mesmo porque a loja sequer tem a informação de quantas peças de roupas serão vendidas. São exemplos de impostos diretos que devem ser suportados pelo contribuinte e, por sua característica, não admitem a transmissão do ônus financeiro ao consumidor final.

No entanto, a loja de roupas é contribuinte do Imposto sobre Circulação de Mercadorias e Serviços (ICMS)[6], que é repassado para o consumidor final. Tal imposto tem como fato gerador o ato de comércio, a operação mercantil, que se caracteriza com a circulação da mercadoria. Assim, é plenamente possível que tal valor seja destacado na nota fiscal e repassado para o consumidor.

Dessa forma, o ônus financeiro é transferido da loja, que é a contribuinte de direito (*de jure*) para o consumidor final, contribuinte de fato (*de factum*), que é quem verdadeiramente suporta a carga tributária, ou seja, quem efetivamente desembolsa o ônus financeiro do tributo.

Em suma, os **tributos indiretos** são aqueles que permitem a **transmissão do ônus financeiro para terceiros** que, mesmo sem ter qualquer relação com o fisco, suportam o pagamento do tributo.

Tal conceito é de suma importância para o direito tributário, pois implicará alteração da legitimidade ativa para a propositura da ação de repetição de indébito nas hipóteses de pagamento indevido, conforme o art. 166 do CTN e a Súmula 546 do STF.

Por fim, considerando a variação de suas alíquotas, os impostos ainda podem ser classificados como proporcionais, progressivos ou seletivos. **Proporcional** é o imposto que possui alíquota fixa com base de cálculo variável, como é o caso do Imposto sobre Serviços de Qualquer Natureza (ISSQN), em que a alíquota é fixa e a base de cálculo varia de acordo com o preço do serviço.

Tomemos como exemplo o serviço médico. Caso um município defina alíquota de 5% para a incidência do imposto sobre a prestação de serviços dessa natureza, o elemento que sofrerá a variação será o preço do serviço, ou seja, a base de cálculo do imposto. Assim, se um médico cobrar R$ 1.000,00 (hum mil reais) pela consulta, o ISS será de R$ 50,00 (cinquenta reais). Caso a consulta seja de R$ 2.000,00 (dois mil reais), a alíquota será a mesma, de 5%, mas como a base de cálculo duplicou, o valor do imposto será de R$ 100,00 (cem reais).

Já o imposto **progressivo** é aquele em que a alíquota muda de acordo com a variação da base de cálculo, como ocorre no imposto sobre a renda. Nessa hipótese, quanto maior a renda maior a alíquota do imposto. Importante destacar que no Brasil a progressividade também pode ser aplicada em razão da função social da propriedade, de modo que a variação da alíquota não se dá de acordo com a base de cálculo, mas, sim, de acordo com o atendimento à função social da propriedade, como ocorre com o Imposto Territorial Rural, de competência na União, na forma do art. 153, § 4º, I, da CRFB.

A progressividade é um instrumento da capacidade contributiva, representando um aumento do tributo devido de acordo com o aumento da base de cálculo, como ocorre no imposto de renda. Com relação ao ITR, a progressividade também representa um instrumento da capacidade contributiva, ao passo que aquele que detém imóvel rural e não utiliza para a produção demonstra riqueza, pois o imóvel está em seu patrimônio sem qualquer produtividade ou necessidade de geração de riqueza. Por óbvio que a aplicação da progressividade ao ITR tem um importante cunho social e extrafiscal, que é estimular o

---

[6] O ICMS será substituído pelo Imposto sobre Bens e Serviços – IBS, em 2033, quando findará a transição da reforma tributária brasileira aprovada com a promulgação da Emenda Constitucional 132/2023.

produtor rural a aumentar sua produtividade e aproveitamento do solo, mas a capacidade contributiva também está presente em tal cobrança.

Assim, a Constituição, até a Emenda Constitucional 132/2023, somente previa a aplicação da progressividade expressamente para três impostos, quais sejam, o Imposto de Renda, na forma do art. 153, § 2º, I, cuja aplicação é obrigatória, para o Imposto Territorial Rural, na forma do art. 153, § 4º, I, com base na função social da propriedade, cuja aplicação também é obrigatória, e para Imposto Predial e Territorial Urbano, cuja aplicabilidade é facultativa, na forma do art. 156, § 1º, combinado com o art. 182, § 4º, II, todos da CRFB.

Após a promulgação do novo texto, também poderá ser progressivo o IPVA, que poderá variar de acordo com o valor do veículo e obrigatoriamente será progressivo o ITCMD.

Lembre-se de que, apesar de a previsão estar limitada aos três impostos no texto da Carta, antes da emenda reformista, o STF entendeu pela sua extensão aos demais tributos, conforme entendimento adotado quando do julgamento do RE 562045/RS, que estendeu a aplicação da progressividade ao Imposto sobre Transmissão *Causa Mortis* e Doação, apesar da ausência de previsão constitucional, reconhecendo a constitucionalidade da lei do estado do Rio Grande do Sul.

Por fim, a **seletividade** é um princípio que consiste na variação da alíquota do tributo de acordo com a essencialidade do produto sobre o qual ele incide, e aplica-se obrigatoriamente ao imposto sobre produtos industrializados (IPI).

De acordo com o princípio, o IPI deve ser mais elevado, quanto menor a essencialidade do produto sobre o qual ele incide, e deve ser reduzido, caso o produto industrializado seja essencial. Exemplos como cigarro e bebidas alcoólicas ilustram bem a situação, pois têm alta alíquota de IPI por não serem considerados produtos essenciais.

Importante destacar que o único imposto previsto na Constituição cuja aplicação da seletividade é obrigatória é o IPI, na forma do art. 153, § 3º, da CRFB. Ao ICMS, a aplicação é facultativa, na forma do art. 155, § 2º, III, da CRFB. Entendemos que tal facultatividade passa a ser obrigatoriedade quando o Estado define alíquotas diferentes para diversos produtos porque a seletividade é um instrumento da isonomia, encarecendo os bens supérfluos e facilitando o acesso da população aos bens essenciais em geral. Nesse mesmo sentido, o STF, no julgamento do tema 745 da repercussão geral (RE nº 714.139). Com isso, é obrigatória a aplicação da seletividade ao ICMS, tendo sido firmada a seguinte tese em sede de repercussão geral:

> Adotada, pelo legislador estadual, a técnica da seletividade em relação ao ICMS, discrepam do figurino constitucional alíquotas sobre as operações de energia elétrica e serviços de telecomunicação em patamar superior ao das operações em geral, considerada a essencialidade dos bens e serviços.

Com isso, caso o Estado adote alíquotas diversas para diferentes mercadorias, o ICMS sobre energia elétrica e telefonia deverão ter as mesmas alíquotas base adotadas.

Esse princípio será extinto com a reforma tributária, visto que IPI e ICMS serão extintos. Todavia, o novel art. 153, VIII, da Lei Maior prevê a criação do Imposto Seletivo pela União Federal. Tal imposto deverá incidir sobre produtos nocivos à saúde e ao meio ambiente e será criado por lei complementar. Esse imposto não incidirá sobre energia elétrica e telecomunicações, sendo adotado pelo constituinte derivado o mesmo entendimento do STF no julgamento do Tema 745 da repercussão geral.

DICAS

Classificação dos Impostos	
Quanto à hipótese de incidência	• Sobre comércio exterior: II e IE. • Sobre patrimônio e renda: IR, ITR, IPTU, ITBI e ITCMD. • Sobre produção e circulação: IPI, IOF, ICMS e ISS.
Quanto à capacidade contributiva	• Real: independe da capacidade econômica do contribuinte. Ex.: IPVA. • Pessoal: varia de acordo com a capacidade contributiva do contribuinte. Ex.: IR.
Quanto à transmissão do ônus financeiro	• Direto: não admite a transmissão do ônus. • Indireto: admite a transmissão do ônus.

PARA REFORÇAR

Tributo não vinculado	Art. 16 do CTN	O fato gerador é uma conduta do contribuinte, e não uma atividade estatal.
Receita não vinculada	Art. 167, IV, da CRFB	A receita dos impostos não poderá ser vinculada.

DEMAIS CLASSIFICAÇÕES

Impostos	
Proporcionais	Alíquota fixa com base de cálculo variável.
Progressivos	Alíquota varia de acordo com a variação da base de cálculo.
Seletivos	Variação da alíquota de acordo com a essencialidade do produto.

2.2. Taxa

A taxa é uma espécie tributária com características opostas àquelas apresentadas pelos impostos, já que é uma espécie tributária vinculada. Em outras palavras, a taxa tem como fato gerador uma atividade estatal específica, que deve estar ao menos disponível para o contribuinte para que sua cobrança seja constitucional, de modo que seu fato gerador é uma conduta do estado, e não uma conduta do particular.

Como se pode ver, o fato gerador da taxa é uma atividade estatal efetivamente prestada ou disponibilizada ao contribuinte. Assim, caso seja exigida uma taxa sem que haja uma contraprestação, estamos diante de uma inconstitucionalidade, pois o fato gerador da taxa é a contraprestação estatal.

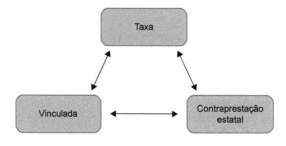

CAP. 2 • ESPÉCIES TRIBUTÁRIAS | **31**

Com isso a taxa é uma espécie tributária que tem como objetivo remunerar uma atividade do estado, sendo certo que tal atividade não se enquadra no conceito da contraprestação empresarial, sendo importante consignar que a taxa não pode ser confundida com **preço público** ou **tarifa**, ao passo que aquela tem natureza tributária enquanto esses têm natureza contratual.

Quando o particular efetua o pagamento de um preço público ou de uma tarifa, ele está remunerando o estado ou mesmo o particular no exercício de uma concessão ou delegação de um serviço público, daí a natureza contratual, sobretudo se considerada a facultatividade do serviço. É o que ocorre, por exemplo, com a tarifa de ônibus, que, em regra, é um serviço público que o estado concede para exploração do particular.

Ademais, a taxa, em razão de sua natureza tributária, é receita pública derivada, enquanto o preço público ou a tarifa, por terem como origem uma prestação estatal, são receitas públicas originárias. Assim, ao prestar um serviço público que poderia ser objeto de delegação, o estado será remunerado por preço público ou tarifa. O STF já se manifestou quanto à distinção entre elas, quando da edição da Súmula 545, que dispõe que:

Preços de serviços públicos e taxas não se confundem, porque estas, diferentemente daqueles, são compulsórias e têm sua cobrança condicionada à prévia autorização orçamentária, em relação à lei que as instituiu.

Em suma, é muito importante a distinção entre as taxas e as tarifas ou preços públicos, já que as taxas, como dito, são uma espécie tributária, e as tarifas, não, pois têm natureza jurídica contratual. Embora ambas se destinem a remunerar um serviço público prestado, não se confundem, conforme o quadro a seguir:

	Taxas	Tarifas
Compulsoriedade do Serviço Público	Obrigatórias	Facultativas
Utilização do Serviço Público	Potenciais ou Efetivas	Efetivas
Natureza Tributária	Sim	Não

Outrossim, todos os princípios tributários deverão ser observados pelas alterações determinadas para as taxas, em razão de sua já reafirmada natureza tributária.

Preços de serviços públicos e taxas não se confundem, porque estas, diferentemente daqueles, são compulsórias e têm sua cobrança condicionada à prévia autorização orçamentária, em relação à lei que as instituiu.

Como a taxa é uma espécie tributária, está sujeita, portanto, ao princípio da legalidade previsto no art. 150, I, da CRFB, e no art. 97 do CTN, de modo que órgãos fiscalizadores não podem instituir taxas por atos administrativos, apesar de exercerem o poder de polícia, em razão do princípio da legalidade.

Igualmente, todos os princípios tributários deverão ser observados pelas alterações determinadas para as taxas, em razão de sua já reafirmada natureza tributária. Assim, as taxas deverão respeitar, além do princípio da legalidade supracitado, os princípios da isonomia, da não surpresa, da não limitação ao tráfego etc.

Existem duas modalidades de taxas em nosso ordenamento jurídico, quais sejam, as taxas de serviço, que tem como objetivo remunerar o serviço público específico e divisível, e a taxa de polícia, que tem como objetivo remunerar o exercício regular do poder de polícia. É importante destacar que a **polícia administrativa** não se confunde com a segurança pública, exercida pelas polícias militar, civil ou federal. A polícia administrativa traduz-se, por exemplo, na fiscalização sanitária, na fiscalização de posturas ou de estabelecimentos comerciais, pois é nesse momento que o interesse do particular sucumbe perante o interesse coletivo.

Assim, na forma do art. 78 do CTN, o poder de polícia é a "atividade da administração pública que, limitando ou disciplinando direito, interesse ou liberdade, regula a prática de ato ou abstenção de fato, em razão de interesse público concernente à segurança, à higiene, à ordem, aos costumes, à disciplina da produção e do mercado, ao exercício de atividades econômicas dependentes de concessão ou autorização do Poder Público, à tranquilidade pública ou ao respeito à propriedade e aos direitos individuais ou coletivos."

Como se pode ver, toda taxa de fiscalização deve ser considerada taxa de polícia, pois a fiscalização consiste na limitação do interesse do particular para benefício da coletividade.

Art. 145. A União, os Estados, o Distrito Federal e os Municípios poderão instituir os seguintes tributos:

(...)

II – taxas, em razão do exercício do poder de polícia ou pela utilização, efetiva ou potencial, de serviços públicos específicos e divisíveis, prestados ao contribuinte ou postos a sua disposição.

Em suma, a taxa pode ser exigida de duas formas:

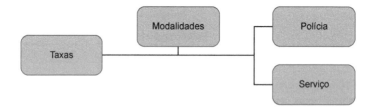

Tais modalidades não se confundem e têm requisitos próprios que devem ser respeitados sob pena de inconstitucionalidade. Passemos à análise das citadas modalidades de taxa.

2.2.1. Taxa de polícia

A taxa de polícia é devida pelo exercício regular do **poder de polícia**, que consiste no exercício do poder de polícia administrativo, expresso no art. 78 do CTN. O poder de polícia em questão não tem relação com segurança pública, mas, sim, com as limitações aos interesses do particular em benefício da coletividade.

É importante destacar que a **polícia administrativa** não se confunde com o policiamento ostensivo da Polícia Militar nem com a polícia judiciária, que é a Polícia Civil, responsável pela investigação e apuração de crimes. A polícia administrativa traduz-se, por exemplo, na fiscalização sanitária, na fiscalização de posturas ou de estabelecimentos comerciais, pois é nesse momento que o interesse do particular sucumbe perante o interesse coletivo. Assim, na forma do art. 78 do CTN, poder de polícia é a "atividade da administração pública que, limitando ou disciplinando direito, interesse ou liberdade, regula a prática de ato ou abstenção de fato, em razão de interesse público concernente à segurança, à higiene, à ordem, aos costumes, à disciplina da produção e do mercado, ao exercício de atividades econômicas dependentes de concessão ou autorização do Poder Público, à tranquilidade pública ou ao respeito à propriedade e aos direitos individuais ou coletivos."

Para que essa taxa seja **constitucional** o exercício do poder de polícia deve ser regular, ou seja, tem que haver uma fiscalização efetiva, caracterizando a contraprestação estatal. Caso contrário, a exigência será **inconstitucional**.

Os entes federados, então, passaram a instituir tais taxas, pelo exercício da fiscalização realizada nos estabelecimentos empresariais, tendo como objeto a limitação do interesse do particular para benefício da coletividade, do interesse público, sendo que tais taxas eram cobradas, muitas vezes, para liberação do alvará de funcionamento e então, anualmente, de forma recorrente.

No entanto, muitos entes públicos optaram por instituir a taxa de polícia, mas não exerceram a efetiva fiscalização em todos os estabelecimentos em seu território, não havendo a verificação porta a porta. Assim, em razão da ausência da contraprestação estatal, o STF foi instado a se manifestar acerca da constitucionalidade daquela cobrança, posto que ausente o fato gerador da taxa, ou seja, a efetiva fiscalização.

O STF firmou, então, o posicionamento no sentido de que a regularidade existe, se houver um órgão organizado que exercite a fiscalização, sendo desnecessária a fiscalização individualizada.

 JURISPRUDÊNCIA

A hipótese de incidência da taxa é a fiscalização de atividades poluidoras e utilizadoras de recursos ambientais, exercida pelo Ibama (Lei 6.938/1981, art. 17-B, com a redação da Lei 10.165/2000). **Tem-se, pois, taxa que remunera o exercício do poder de polícia do Estado.** Não há invocar o argumento no sentido de que a taxa decorrente do poder de polícia fica "restrita aos contribuintes cujos estabelecimentos tivessem sido efetivamente visitados pela fiscalização", por isso que, registra Sacha Calmon parecer, fl. 377 essa questão "já foi resolvida, pela negativa, pelo **STF, que deixou assentada em diversos julgados a suficiência da manutenção, pelo sujeito ativo, de órgão de controle em funcionamento** (cf., *inter plures*, RE 116.518 e RE 230.973). Andou bem a **Suprema Corte brasileira em não se aferrar ao método antiquado da vistoria porta a porta, abrindo as portas do Direito às inovações tecnológicas que caracterizam a nossa era**". Destarte, os que exercem atividades de impacto ambiental tipificadas na lei sujeitam-se à fiscalização do Ibama, pelo que são contribuintes da taxa decorrente dessa fiscalização, fiscalização que consubstancia, vale repetir, o poder de polícia estatal.
[RE 416601, voto do Rel. Min. Carlos Velloso, j. 10.08.2005, P, *DJ* 30.09.2005.]
(RE 603513 AgR, Rel. Min. Dias Toffoli, j. 28.08.2012, 1ª T., *DJE* 12.09.2012).

No entanto, o poder público não pode deixar de exercer a fiscalização acomodando-se na inércia, como resta claro no trecho da decisão proferida no AI 596786/SP-AgR, cujo relator foi o Ministro Joaquim Barbosa, *DJe* 29.08.2012:

 JURISPRUDÊNCIA

> Saliento que a orientação firmada por esta Corte não coloca a **Administração** em uma posição confortável. Dizer que a incidência do tributo prescinde de **fiscalização** porta a porta não implica reconhecer que o Estado pode permanecer inerte no seu dever de adequar a atividade pública e privada às balizas estabelecidas pelo sistema jurídico. A existência do órgão de fiscalização e a cobrança do tributo apenas reforçam a responsabilidade do Estado e de seus agentes pelas consequências advindas da inobservância do regramento que justifica a tributação.

Importante destacar que somente são possíveis a instituição e a cobrança da taxa de fiscalização pelo ente federado que tenha a atribuição de fiscalizar a respectiva atividade, não cabendo, por exemplo, a fiscalização e correspondente cobrança de uma taxa pelo **Estado**, sobre uma atividade que deve ser fiscalizada pela **União**. Tomemos como exemplo a extração mineral. Os estados não podem criar taxas de polícia sobre a atividade de mineração, uma vez que os recursos minerais, inclusive os do subsolo, são bens da União, na forma do art. 20, IX, da CRFB, a quem compete a concessão ou autorização para a pesquisa e lavra, conforme previsto no art. 176, § 1º, da CRFB.

Assim, apesar da **competência comum**, os entes federados somente podem exigir taxas de polícia sobre as atividades que estejam em suas atribuições, não podendo invadir a **atribuição** de outro ente federado, ao passo que não poderá haver a contraprestação estatal, eivando de inconstitucionalidade a exigência da taxa. A questão posta, na opinião do Autor, é bastante simples: se o ente federado não poderá efetivar a fiscalização, não haverá a contraprestação, eivando de inconstitucionalidade o tributo em questão.

Entretanto, foram julgadas três ADIs pelo STF tratando do assunto: 4785, 4786 e 4787.

Com relação à ADI 4785, proposta pela Confederação Nacional da Indústria contra a Lei estadual 19.976/2011 de Minas Gerais, foi reconhecida a constitucionalidade da taxa, tendo em vista a existência de natureza extrafiscal, ao passo que interfere no domínio econômico para desincentivar atividades que possam degradar o meio ambiente e permitir que o Estado possua receita para organizar ações públicas com o objetivo de evitar desastres ambientais.

No julgamento da ADI 4786, que atacava a lei do estado do Pará, o relator, Ministro Nunes Marques, reconheceu que é possível a variação da taxa de acordo com o volume de minério extraído. Nesse caso, quanto maior o volume de minério, maior a estrutura de fiscalização a ser disponibilizada. De fato, a taxa é contraprestacional, devendo sim variar de acordo com o custo da fiscalização. Sendo ela mais custosa e volumosa, maior deve ser a taxa.

Outrossim, no julgamento da ADI 4787, de relatoria do Ministro Luiz Fux, que tinha como objeto a Lei 1.613/2011 do Estado do Amapá, foi enfrentada a discussão da competência, pois, nesse caso, as taxas remuneram a fiscalização de uma atividade cuja competência é comum com a União, exercendo cada ente federado o seu papel e sua parte na limitação do exercício da atividade do particular.

Por fim, apesar do alto valor das referidas taxas, de acordo com o STF não há violação ao princípio da proporcionalidade, considerando que as empresas do setor possuem lucros muito elevados, justificando a cobrança das taxas sob a aplicação da capacidade contributiva.

Como se pode ver, o STF optou pela aplicação do princípio da capacidade contributiva às taxas, que passam a incidir, nos casos supracitados, de acordo com a riqueza externalizada pelos contribuintes, ou seja, de acordo com o seu lucro.

Com relação à competência, o entendimento do STF é no sentido da competência comum, de modo que cada ente federado poderá exercer a fiscalização sobre a atividade por ele exercida, cabendo então a cobrança de mais de uma taxa sobre uma mesma atividade, desde que haja limitação à atividade exercida por cada ente federado. Em matéria ambiental, haverá uma possibilidade de instituição de novas taxas pelos entes federados após o julgamento ora abordado, pois não raro há atuação das três esferas de poder para que ocorra o licenciamento.

Assim, cada ente federado detém a competência para instituir as taxas que financiam o exercício do poder de polícia dentro das suas atribuições administrativas. Vejamos:

> Regularidade da instituição das Taxas de Fiscalização de Instalação e de Fiscalização de Funcionamento (§§ 1º e 2º do art. 6º da Lei 5.070/1966) devidas pelas concessionárias, permissionárias e autorizadas de serviços de telecomunicações e de uso de radiofrequência. Aplicação, pela ANATEL, do montante do FISTEL nas atividades prescritas legalmente, como as referentes à fiscalização dos serviços de radiodifusão (art. 211 da Lei 9.472/1997). Taxas estabelecidas em função do exercício regular do poder de polícia que lhe foi conferido. Ausência de vício de constitucionalidade por afronta ao art. 145, II, da Carta Magna (**ADI 4.039**, P, Rel. Min. Rosa Weber, j. 27.6.2022, *DJE* 30.6.2022).

Ora, assim como na declaração de inconstitucionalidade da taxa de incêndio cobrada pelo município de São Paulo, tema 16 da repercussão geral, que será analisado ainda neste capítulo, foi firmado o posicionamento no sentido de que a taxa de fiscalização de recursos hídricos é inconstitucional, pois a atribuição de fiscalização é da União, e não dos estados. Tal posicionamento já foi adotado pelo STF no julgamento da ADI 6211, que julgou a criação de taxa de fiscalização de recursos hídricos do estado do Amapá, publicada no *DJE* de 05.05.2020. Vejamos:

> COMPETÊNCIA NORMATIVA – FISCALIZAÇÃO AMBIENTAL – RECURSOS HÍDRICOS – EXPLORAÇÃO E APROVEITAMENTO – LEI ESTADUAL. Surge, no âmbito da competência concorrente versada no artigo 23, inciso IX, da Constituição Federal, disciplina atinente ao desempenho de atividade administrativa voltada ao exercício regular do poder de polícia, a ser remunerado mediante taxa, relacionado à exploração e aproveitamento de recursos hídricos voltados à geração de energia elétrica, no que revelam atuação potencialmente danosa ao meio ambiente.

TAXA – PODER DE POLÍCIA – EXERCÍCIO – CUSTOS – ARRECADAÇÃO – INCONGRUÊNCIA. Considerado o princípio da proporcionalidade, conflita com a Constituição Federal instituição de taxa ausente equivalência entre o valor exigido do contribuinte e os custos alusivos ao exercício do poder de polícia – artigo 145, inciso II, da Lei Maior –, sob pena de ter-se espécie tributária de caráter arrecadatório cujo alcance extrapola a obtenção do fim que lhe fundamenta a existência, dificultando ou mesmo inviabilizando o desenvolvimento da atividade econômica.

Assim, apesar da competência comum, deve ser analisado se o ente federado possui a efetiva atribuição para o exercício do poder de polícia, não cabendo a cobrança de taxa sem que ocorra a respectiva contraprestação estatal.

> O exercício do poder de polícia que legitima a cobrança da taxa é caracterizado pela existência do órgão responsável pela fiscalização, não havendo necessidade de fiscais no estabelecimento do contribuinte.

2.2.2. Taxa de serviço

A taxa de serviço difere da taxa de polícia, pois os requisitos de constitucionalidade são distintos. Enquanto a taxa de polícia pressupõe o exercício regular do poder de polícia, como visto *supra*, a taxa de serviço somente poderá ser cobrada pela utilização efetiva ou potencial de um serviço público **específico** e **divisível**, ou seja, sobre um serviço *uti singuli*, prestado ao contribuinte e remunerado proporcionalmente.

Para que seja cobrada taxa de serviço, basta que o serviço público esteja à disposição do contribuinte, ainda que não seja efetivamente prestado pelo estado. Em outras palavras, se o serviço está à disposição do contribuinte, ainda que ele não usufrua do serviço público, nasce contra ele a obrigação de suportar a taxa, caracterizada, então, a **utilização potencial**.

Entretanto, não é qualquer serviço público que pode ser remunerado por taxa, sendo abrangido somente o serviço específico e divisível, ou seja, *uti singuli*, de modo que os serviços genéricos, prestados para a coletividade (*uti universi*), não podem ser remunerados por taxa.

São os serviços *uti universi*, que devem ser remunerados pelos impostos. O professor Luciano Amaro discorre sobre o assunto:

> Os serviços gerais ou indivisíveis (como a gestão patrimonial do Estado, a defesa do território, a segurança pública etc.) são financiáveis com a receita de impostos e não de taxas de serviço, pois configuram atividades que o Estado desenvolve em atenção a toda a coletividade, sem visar a este ou àquele indivíduo, sendo irrelevante saber se tais atividades são ou não específicas. Já no caso dos serviços que ensejam a cobrança de taxa, sua necessária divisibilidade pressupõe que o Estado os destaques ou especialize, segregando-os do conjunto de suas tarefas, para a eles vincular a cobrança de taxas. A partir do momento em que o Estado

se aparelha para executar o serviço, está atendida a exigência da **"especificação"**. Se (específico embora) o serviço for indivisível, descabe taxá-lo; se divisível, a taxa pode ser instituída. Ou seja, o que importa é a divisibilidade, e não a especificidade do serviço.[7]

Assim, diversas taxas tiveram reconhecida sua **inconstitucionalidade**, como foi o caso da taxa de **iluminação pública**, criada com o objetivo de remunerar o serviço de iluminação nas vias públicas. O serviço de iluminação pública é indiscutivelmente genérico, ao passo que é destinado a todos os cidadãos indistintamente. Assim, por ser prestado para a coletividade, o STF declarou inconstitucional a taxa que remunerava o serviço de iluminação pública e editou a Súmula 670, que determina que "O serviço de iluminação pública não pode ser remunerado por taxa".

O STF reafirmou a inconstitucionalidade com a edição da Súmula Vinculante 41. Ora, tal posicionamento era no mínimo esperado. O serviço de iluminação é serviço genérico, prestado para a coletividade e não para o contribuinte, especificamente, não podendo ser remunerado por taxa. Frise-se que, após a declaração de inconstitucionalidade, a Emenda Constitucional 39 introduziu na Carta o art. 149-A, autorizando aos municípios e ao Distrito Federal a criação da contribuição que em nada se confunde com a taxa, pois é espécie distinta, caracterizada pela destinação da receita, e será abordada em capítulo próprio.

Outro caso que gerou bastante discussão jurisprudencial e doutrinária foi a exigência de taxa para remunerar os serviços de **coleta de lixo** e **limpeza urbana**.

Há uma clara distinção entre os serviços citados, e o primeiro consiste na coleta de lixo produzido pelo contribuinte em sua residência, domicílio ou local específico, enquanto a segunda tem como objetivo a limpeza das vias públicas. Assim, fica clara a distinção, inclusive no tocante à constitucionalidade de cada uma das taxas *supra*.

A taxa de coleta de lixo domiciliar foi declarada constitucional, conforme o teor da Súmula Vinculante 19 do STF: "A taxa cobrada exclusivamente em razão dos serviços públicos de coleta, remoção e tratamento ou destinação de lixo ou resíduos provenientes de imóveis, não viola o art. 145, II, da CF".

A taxa de coleta de lixo remunera um serviço **específico**, que é prestado para o contribuinte, e **divisível**, uma vez que o contribuinte suporta a taxa de acordo com o tamanho do seu imóvel, que influencia o volume da sua produção de lixo.

No entanto, a taxa de limpeza urbana possui claro vício de constitucionalidade, por ser a limpeza urbana um serviço genérico, prestado para a coletividade. O profissional, ao varrer a via pública, o faz para toda a coletividade, e não somente para um cidadão especificamente, como é o caso da taxa de coleta domiciliar. Vejamos a jurisprudência sobre o assunto:

---

[7] AMARO, Luciano. *Direito Tributário Brasileiro*. 7. ed. atual. São Paulo: Saraiva, 2001. p. 34.

JURISPRUDÊNCIA

> Com efeito, a Corte entende como **específicos** e **divisíveis** os serviços públicos de coleta, remoção e tratamento ou destinação de lixo ou resíduos provenientes de imóveis, desde que essas atividades sejam completamente dissociadas de outros serviços públicos de limpeza realizados em benefício da população em geral (*uti universi*) e de forma indivisível, tais como os de conservação e limpeza de logradouros e bens públicos (praças, calçadas, vias, ruas, bueiros). Decorre daí que as taxas cobradas em razão exclusivamente dos serviços públicos de coleta, remoção e tratamento ou destinação de lixo ou resíduos provenientes de imóveis são constitucionais, ao passo que é inconstitucional a cobrança de valores tidos como taxa em razão de serviços de conservação e limpeza de logradouros e bens públicos (RE 576321-RG-QO, Plenário, voto do Rel. Min. Ricardo Lewandowski, j. 04.12.2008, *DJe* 12.02.2008).

Nessa esteira, resta claro que os serviços genéricos não podem ser remunerados por taxas, de modo que a criação de uma taxa de segurança pública, por exemplo, seria inconstitucional. Isso porque a segurança pública é um serviço *uti universi*, que não pode ser remunerado por taxa, uma vez que a segurança pública é um serviço prestado indistintamente para todos. A função dos órgãos de segurança pública não se limita a atender o cidadão que sofre alguma violação dos seus direitos, mas, sim, evitar a violação de direitos.

 JURISPRUDÊNCIA

> Em face do artigo 144, *caput*, inciso V e parágrafo 5º, da Constituição, sendo a segurança pública, dever do Estado e direito de todos, exercida para a preservação da ordem pública e da incolumidade das pessoas e do patrimônio, através, entre outras, da polícia militar, essa atividade do Estado só pode ser sustentada pelos impostos, e não por taxa, se for solicitada por particular para a sua segurança ou para a de terceiros, a título preventivo, ainda quando essa necessidade decorra de evento aberto ao público. Ademais, o fato gerador da taxa em questão não caracteriza sequer taxa em razão do exercício do poder de polícia, mas taxa pela utilização, efetiva ou potencial, de serviços públicos específicos e divisíveis, o que, em exame compatível com pedido de liminar, não é admissível em se tratando de segurança pública (STF – ADI 1.942-MC, Rel. Min. Moreira Alves, j. 05.05.1999, Plenário, *DJ* 22.10.1999). No mesmo sentido: ADI 2.424, Rel. Min. Gilmar Mendes, j. 1º.04.2004, Plenário, *DJ* 18.06.2004.

Na análise das taxas, para identificação de sua constitucionalidade, devemos verificar se o serviço é prestado para o contribuinte ou para a coletividade. Os serviços genéricos (*uti universi*) não podem ser remunerados por taxas, mas somente por impostos. Outrossim, caso o serviço seja prestado ao contribuinte, de forma específica e divisível (*uti singuli*), será constitucional a cobrança da taxa.

 DICA

> A taxa de serviço será constitucional se o serviço específico e divisível estiver à disposição do contribuinte, não havendo necessidade da efetiva prestação do serviço.

Insta destacar que diversas taxas foram criadas e muitas ainda serão pelos diversos entes federados brasileiros, constitucionais ou não. O estado do Rio de Janeiro, por exemplo, instituiu a taxa de incêndio, que tem como objetivo remunerar o serviço de combate ao incêndio.

Tal taxa seria constitucional pois o serviço de combate ao incêndio está à disposição dos contribuintes, e a taxa varia de acordo com o tamanho do imóvel, restando caracterizadas a **especificidade** e a **divisibilidade**, uma vez que o serviço é prestado ao contribuinte que o remunera de acordo com o serviço respectivo. O STF já se posicionou sobre o assunto:

 JURISPRUDÊNCIA

> PROCESSUAL CIVIL E ADMINISTRATIVO – RECURSO EM MANDADO DE SEGURANÇA – TAXA DE SEGURANÇA PÚBLICA – COMBATE A INCÊNDIO – LEI ESTADUAL 17.488/2011 – LEGALIDADE.
>
> 1. **O entendimento desta Corte Superior acerca da exigência da Taxa pela Utilização Potencial do Serviço de Extinção de Incêndio é no sentido de ser legítima a cobrança quando preencher os requisitos da divisibilidade e da especificidade.**
>
> 2. **Uma vez preenchidos os requisitos de divisibilidade e especificidade, é legítima a cobrança da taxa de incêndio** instituída pela Lei 17.488/2011.
>
> 3. Agravo Regimental não provido (AgRg no RMS 44778/GO – Min. Herman Benjamin – *DJe* 30.06.2015).

Todavia, o STF, no julgamento do RE 643247/SP, tema 16 da repercussão geral, entendeu pela inconstitucionalidade da taxa de incêndio cobrada pelo município de São Paulo.

TAXA DE COMBATE A INCÊNDIO – INADEQUAÇÃO CONSTITUCIONAL. Descabe introduzir no cenário tributário, como obrigação do contribuinte, taxa visando a prevenção e o combate a incêndios, sendo imprópria a atuação do Município em tal campo.

Como se pode ver, jamais poderá o município cobrar uma taxa sobre um serviço que não poderá entregar ao contribuinte, tendo em vista que a vinculação da taxa, posto que não poderá entregar a retribuição com o respectivo serviço que não lhe cabe.

No entanto, no voto condutor do Ministro Marco Aurélio, relator do referido recurso extraordinário, o entendimento foi além, no sentido de que não é somente vedada aos municípios a instituição da taxa de incêndio, mas para qualquer ente federado, ainda que tenha atribuição para tal, pois trata-se de serviço genérico, que não pode ser remunerado por taxa. Vejamos:

> (...) Inconcebível é que, a pretexto de prevenir sinistro relativo a incêndio, venha o Município a substituir-se ao Estado, fazendo-o por meio da criação de tributo sob o rótulo taxa. Repita-se à exaustão – atividade precípua do Estado é viabilizada mediante arrecadação decorrente de impostos, pressupondo a taxa o exercício do poder de polícia ou a utilização efetiva ou potencial de serviços públicos específicos e divisíveis, prestados ao contribuinte ou postos à disposição. Nem mesmo o Estado

poderia, no âmbito da segurança pública revelada pela prevenção e combate a incêndios, instituir validamente a taxa (...).

Resta claro que, mesmo a taxa de incêndio cobrada pelos estados, seria inconstitucional, porque o serviço em questão é *uti universi*. Nesse sentido foi proferido o voto do Ministro Edson Fachin:

> (...) Porém, ante a realidade constitucional subjacente ao litígio constitucional, firmo convicção no sentido de superar expressamente o precedente firmado no âmbito do RE 206.777, embasado nas seguintes razões: (i) a atividade de combate a incêndios e demais sinistros é serviço público geral e indivisível, portanto deve ser remunerada por meio de impostos; (ii) a ausência de prestação de serviço público na espécie, pois a taxa foi criada para custear convênio administrativo entre os litigantes; e (iii) a inexistência de competência tributária do Município, à luz da função constitucional da instituição Corpo de Bombeiros. (...).

O debate acerca da fixação da tese foi bastante importante, pois, para o Ministro Roberto Barroso, somente será impossibilitada aos municípios a instituição da taxa de incêndio, entendendo o relator, Ministro Marco Aurélio, que nem os estados poderiam cobrar a referida taxa, tese essa que foi fixada e vencedora.

Data maxima venia, como os requisitos da taxa de serviços são a prestação ou disponibilização de um serviço específico e divisível, não temos dúvidas de que, se a taxa for variável de acordo com o tamanho do imóvel, por exemplo, e existir serviço de combate ao incêndio, a cobrança deveria ser reconhecida como constitucional.

Isso porque o serviço em questão seria *uti singuli*, posto que específico, pois prestado para o contribuinte proprietário do imóvel e divisível, pois varia de acordo com o tamanho do imóvel, base de cálculo historicamente admitida pelo STF.

Em 2019, o STF, no julgamento da taxa de incêndio cobrada pelo Estado de Sergipe, reconheceu a inconstitucionalidade da cobrança, conforme segue:

JURISPRUDÊNCIA

AÇÃO DIRETA DE INCONSTITUCIONALIDADE. TRIBUTÁRIO. LEI SERGIPANA N. 4.184/1999. INSTITUIÇÃO DE TAXAS REMUNERATÓRIAS DE ATIVIDADES DE ÓRGÃO DA SEGURANÇA PÚBLICA. CORPO DE BOMBEIROS MILITAR. TAXA ANUAL DE SEGURANÇA CONTRA INCÊNDIO E DE APROVAÇÃO DE PROJETOS DE CONSTRUÇÃO. ANÁLISE DE SISTEMAS DE SEGURANÇA CONTRA INCÊNDIO E PÂNICO. AÇÃO DIRETA JULGADA PARCIALMENTE PROCEDENTE. 1. As taxas são tributos vinculados a atividade estatal dirigida a sujeito identificado ou identificável, podendo decorrer do exercício do poder de polícia titularizado pelo ente arrecadador ou da utilização de serviço público específico e divisível posto à disposição do contribuinte. 2. A instituição de taxa exige que os serviços públicos por ela remunerados cumulem os requisitos de especificidade e divisibilidade. Os serviços autorizadores de cobrança de taxas não podem ser prestados de forma geral e indistinta a toda a coletividade (*uti universi*), mas apenas à parcela específica que dele frui, efetiva ou potencialmente, de modo individualizado e mensurável (*uti *singuli*). 3. A taxa anual de segurança contra incêndio tem como fato gerador a prestação de atividade essencial geral e indivisível pelo corpo de bombeiros, sendo de utilidade genérica, devendo ser custeada pela receita dos impostos. 4. Taxa de aprovação de projetos de construção pelo exercício de poder de polícia. A análise de projetos de sistemas de prevenção contra incêndio e pânico é serviço público antecedente e preparatório de prática do ato de polícia, concretizado na aprovação ou não do projeto e, consequentemente, na autorização ou não de se obterem licenças e alvarás de construção. Serviços preparatórios específicos e divisíveis, voltados diretamente ao contribuinte que pretende edificar em Sergipe, podendo ser custeados por taxas. 5. Ação direta de inconstitucionalidade julgada parcialmente procedente. (STF – ADI 2908/SE, 0002349-82.2003.1.00.0000, Rel. Min. Cármen Lúcia, j. 11.10.2019, Tribunal Pleno, *DJe* 06.11.2019)

Nesse mesmo sentido, foi reconhecida a inconstitucionalidade da taxa de segurança pública cobrada pelo Estado de Minas Gerais, no julgamento da ADI 4411, da seguinte forma:

TAXA – SEGURANÇA PÚBLICA – INCONSTITUCIONALIDADE. A atividade desenvolvida pelo Estado no âmbito da segurança pública é mantida ante impostos, sendo imprópria a substituição, para tal fim, de taxa (*DJE* de 24.09.2020).

De relatoria do Ministro Marco Aurélio, o posicionamento foi o mesmo adotado no RE 643247/SP, tema 16 da repercussão geral, no sentido de que é inconstitucional a taxa de segurança pública por se tratar de um serviço genérico, prestado para a coletividade, e não um serviço fruível *uti singuli*. Com esse entendimento, o STF capitaneou uma mudança importante na jurisprudência, no sentido da inconstitucionalidade da taxa de incêndio.

No Rio de Janeiro, por exemplo, há alguns precedentes já aplicando o entendimento do STF e afastando a cobrança da taxa de incêndio, sobretudo após o corpo de bombeiros reafirmar a não aplicação dos valores recebidos na contraprestação estatal. Por outro lado, o Tribunal de Justiça do Estado do Rio de Janeiro reconheceu a taxa de incêndio cobrada no Estado, conforme a seguinte decisão:

INCIDENTE DE ARGUIÇÃO DE INCONSTITUCIONALIDADE – DECRETOS Nº 3856 E Nº 23695 – TAXA DE INCÊNDIO COBRADA PELO ESTADO DO RIO DE JANEIRO – CONSTITUCIONALIDADE DO TRIBUTO – REJEIÇÃO DO INCIDENTE – Incidente de arguição de inconstitucionalidade no bojo de ação declaratória de inexistência de débito. Questão prejudicial envolvendo a análise da constitucionalidade da taxa de incêndio cobrada pelo Estado do Rio de Janeiro. Remessa dos autos ao Órgão Especial por força de cláusula constitucional de reserva de plenário. Constitucionalidade da taxa de incêndio que se reconhece. Taxa estadual que tem como fato gerador a atividade potencial de prevenção e combate a incêndio em efetivo funcionamento prestada pelo Corpo de Bombeiros, posta à disposição de forma individualizada e mensurável a determinados contribuintes, tanto que a lei expressamente exclui sua cobrança sobre as unidades imobiliárias localizadas no território de Municípios não abrangidos pelo sistema de prevenção e extinção de incêndio. Ademais, a taxa só incidirá sobre imóveis construídos, o que confere ao tributo um caráter de divisibilidade, já que pode ser utilizado separadamente por cada um dos usuários, como o proprietário de prédio, o titular de seu domínio útil ou seu possuidor. Outrossim, a taxa ora questionada tem por base de cálculo a área construída da unidade imobiliária, forma de cobrança com amparo na súmula vinculante nº 29 do Supremo Tribunal Federal. Distinção do caso em julgamento em relação a determinadas decisões invocadas pelo recorrente como paradigmas, pois dizem respeito a julgamentos do Supremo Tribunal Federal relativos à taxa de incêndio cobrada por Municípios, que não têm competência tributária para exação. Constitucionalidade da taxa que se reconhece. Rejeição do incidente de arguição de inconstitucionalidade (TJ-RJ – Incidente de Arguição de Inconstitucionalidade: 00001153420208190028, Relator: Des(a). Edson Aguiar de Vasconcelos, Data de Julgamento: 05/07/2021, OE – Secretaria do Tribunal Pleno e Órgão Especial, Data de Publicação: 04.08.2021).

Como se pode ver, o entendimento não está alinhado com o tema 16 da repercussão geral, cabendo ao STF manifestar-se sobre o assunto, para aplicação da jurisprudência dominante na Corte Superior.

Ademais, no julgamento da ADPF 1.030/RS, o STF reafirmou o entendimento no sentido de que "É inconstitucional lei municipal que institui a cobrança de taxas relativas à prevenção e extinção de incêndio ('serviço de bombeiros') e à emissão de guias para a cobrança de IPTU ('prestação de serviços')."

Outra taxa que causou discussão no Poder Judiciário foi a taxa judiciária exigida para remunerar a prestação jurisdicional. Essa taxa não se enquadra diretamente no conceito constitucional, uma vez que somente é devida quando utilizada a prestação jurisdicional pelo contribuinte, caracterizando uma cobrança pelo uso do serviço.

As taxas de serviços, no Direito Tributário brasileiro, são cobradas pela utilização potencial, bastando que o serviço esteja à disposição do contribuinte, não existindo taxa de uso, que é aquela devida somente quando da utilização do serviço.

No entanto, a taxa judiciária remunera um serviço essencial e garantido constitucionalmente no art. 5º, XXXV, da Lei Maior. Assim, mesmo que devidos somente quando da utilização do serviço, o STF entendeu pela natureza jurídica tributária das custas e emolumentos.

É importante frisar que o STF não legitimou a cobrança de taxa de uso, mas somente reconheceu a natureza tributária à taxa judiciária em razão de uma ficção jurídica. Tal posicionamento é deveras importante, ao passo que, sendo **tributo**, a taxa deve se submeter aos **princípios constitucionais tributários**, como a legalidade, a anterioridade, a noventena, a isonomia etc. Vejamos o posicionamento do STF:

 ## JURISPRUDÊNCIA

> As custas, a taxa judiciária e os emolumentos constituem espécie tributária, são taxas, segundo a jurisprudência iterativa do Supremo Tribunal Federal. (...) Impossibilidade da destinação do produto da arrecadação, ou de parte deste, a instituições privadas, entidades de classe e Caixa de Assistência dos Advogados. Permiti-lo, importaria ofensa ao princípio da igualdade. Precedentes do STF (ADI 1.145, rel. min. Carlos Velloso, j. 3.10.2002, P, DJ 8.11.2002. MS 28.141, rel. min. Ricardo Lewandowski, j. 10.2.2011, P, DJE 1º.7.2011. RE 233.843, rel. min. Joaquim Barbosa, j. 1º.12.2009, 2ª T, DJE 18.12.2009).

Como se pode ver, o que busca o STF é a garantia do acesso ao Judiciário como **garantia fundamental**, tendo inclusive editado a Súmula 667, que dispõe que "viola a garantia constitucional do acesso à jurisdição a taxa judiciária calculada sem limite sobre o valor da causa".

Por outro lado, o STF já firmou o entendimento no sentido de que é possível a cobrança de uma taxa judiciária maior para os litigantes com causa de maior vulto econômico.

> A custa forense possui como fato gerador a prestação de serviço público adjudicatório, sendo que seu regime jurídico corresponde ao da taxa tributária. Ademais, compõe receita pública de dedicação exclusiva ao custeio do aparelho do sistema de Justiça, de onde se extrai a relevância fiscal desse tributo para a autonomia financeira do Judiciário. (...) Os serviços públicos adjudicatórios são bens comuns que a comunidade política brasileira decidiu tornar acessíveis a todos, independente da disposição de pagamento. Contudo, a tentativa de responsabilizar unicamente o ente federativo pela mantença da Justiça e, por efeito, toda a população, mediante impostos, sem o devido repasse dos custos aos particulares, levaria necessariamente a um problema de seleção adversa entre os litigantes, com sobreutilização do aparato judicial pelos usuários recorrentes do serviço. Portanto, não incorre em inconstitucionalidade a legislação estadual que acresce a alíquota máxima das custas judiciais àqueles litigantes com causas de maior vulto econômico e provavelmente complexidade técnica (**ADI 5.612**, P, Rel. Min. Edson Fachin, j. 29.5. 2020, *DJE* 28.7-2020).

Tal entendimento reforça a aplicação do princípio da capacidade contributiva também às taxas, pois permite a variação do tributo de acordo com a capacidade econômica do contribuinte, sem deixar de relacionar o valor com a complexidade do serviço prestado. Nesse mesmo sentido:

> O Supremo Tribunal Federal vem afirmando a validade da utilização do valor da causa como base de cálculo das taxas judiciárias e custas judiciais estaduais, desde que haja fixação de alíquotas mínimas e máximas e mantida razoável correlação com o custo da atividade prestada (**ADI 1.926**, P, Rel. Min. Roberto Barroso, j. 20.4.2020, *DJE* 2.6.2020).

Como se pode ver, a taxa deve guardar relação com a contraprestação estatal.

Importante destacar que a taxa é um **tributo retributivo**, ou seja, é um tributo que tem como objetivo remunerar o serviço público colocado à disposição ou efetivamente prestado ao contribuinte. Com isso, a taxa não pode ter base de cálculo própria de imposto, conforme previsto no art. 145, § 2º, da CRFB. O art. 77, parágrafo único, do CTN vai além e **veda** que a taxa tenha também fato gerador de imposto. Todavia, tal vedação é desnecessária, pois o critério de diferenciação entre taxa e imposto é exatamente o fato gerador, pois o imposto é tributo não vinculado, cujo fato gerador é uma conduta do contribuinte, e a taxa é um tributo vinculado, pois tem como fato gerador uma atuação estatal. A taxa tem como finalidade precípua financiar a atividade estatal enquanto o imposto tem como objetivo remunerar o serviço público, ou seja, o Estado como um todo.

O STF, ao julgar a ADPF 512,[8] entendeu que os Municípios não podem instituir taxas de fiscalização sobre postes de energia elétrica em seu território, pois a competência para legislar sobre o assunto seria exclusiva da União. De fato, a competência para legislar sobre o assunto é exclusiva da União, mas, data venia, cabe aos Municípios a definição dos locais onde devem ser colocados os postes e torres de transmissão, de modo a não prejudicar o plano diretor e o planejamento local. Discordamos do STF com relação a esse ponto, ao passo que de fato e de direito, não deve o município se imiscuir em assuntos que envolvam a energia elétrica em si, mas a organização local é de sua atribuição.

Outro assunto relevante, envolve as bases de cálculo das taxas, que não pode ser própria de imposto, ao passo que a taxa é uma espécie tributária instituída com o objetivo de remunerar um serviço público específico e divisível ou o exercício do poder de polícia, sendo certo que é um tributo contraprestacional. Paulo de Barros Carvalho aborda o assunto:

> Tratando-se de taxa, em que se requer, como assomos de absoluta necessidade, uma atuação do Estado, seja ela expressa na prestação de serviços públicos ou no exercício de poder de polícia, o enunciado da base de cálculo deverá coincidir com o *factum* da atuação estatal, previsto no antecedente normativo, dimensionando-lhe de alguma forma e por algum padrão compatível.[9]

Assim, a sua base de cálculo deve resguardar relação com o serviço público efetivamente prestado ou posto à disposição. Nesse sentido, o STF declarou constitucional a taxa cobrada pelo Estado do Paraná para remunerar o poder de polícia exercido pelo DETRAN. Vejamos:

JURISPRUDÊNCIA

AÇÃO DIRETA DE INCONSTITUCIONALIDADE. CONSTITUCIONAL E TRIBUTÁRIO. CONVERSÃO EM JULGAMENTO DEFINITIVO DA AÇÃO. LEI N. 20.437/2020, DO PARANÁ. NECESSIDADE DE IMPUGNAÇÃO ESPECÍFICA E DA TOTALIDADE DO COMPLEXO NORMATIVO. CONHECIMENTO PARCIAL DA AÇÃO. TAXA DE REGISTRO DE CONTRATOS DEVIDA AO DEPARTAMENTO DE TRÂNSITO DO PARANÁ. § 1º DO ART. 3º DA LEI N. 20.437/2020, DO PARANÁ. ALEGADA OFENSA AO INC. II DO ART. 145, INC. IV DO ART. 150 E INC LIV DO ART. 5º DA CONSTITUIÇÃO DA REPÚBLICA. EQUIVALÊNCIA RAZOÁVEL DO VALOR COBRADO COMO TAXA E DOS CUSTOS REFERENTES AO EXERCÍCIO DO PODER DE POLÍCIA. AÇÃO PARCIALMENTE CONHECIDA E, NESSA PARTE, JULGADA IMPROCEDENTE. 1. Proposta de conversão em julgamento definitivo de mérito da ação direta por este Supremo Tribunal. Precedentes. 2. Não se conhece de arguição de inconstitucionalidade na qual a impugnação às normas seja apresentada de forma genérica. Precedentes. 3. É

---

[8] É inconstitucional – por violar a competência da União privativa para legislar sobre energia (CFRB/1988, art. 22, IV) e exclusiva para fiscalizar os serviços de energia e editar suas normas gerais sobre sua transmissão (CF/1988, arts. 21, XII, "b"; e 175) – norma municipal que, sob o fundamento do exercício do poder de polícia, institui taxa em razão da fiscalização da ocupação e da permanência de postes instalados em suas vias públicas.

[9] CARVALHO, Paulo de Barros. *Direito Tributário*: fundamentos jurídicos da incidência. 2. ed. São Paulo: Saraiva, 1999. p. 178.

constitucional a Taxa de Registro de Contratos devida pelo exercício regular do poder de polícia ao DETRAN/PR, prevista no § 1º do art. 3º da Lei n. 20.437/2020, do Paraná, observada a equivalência razoável entre o valor exigido do contribuinte e os custos referentes ao exercício do poder de polícia. Precedentes. 4. Ação direta de inconstitucionalidade conhecida em parte, e, nessa parte, julgada improcedente (STF – ADI 6737/PR, 0049456-92.2021.1.00.0000, Rel. Min. Cármen Lúcia, j. 08.06.2021, Tribunal Pleno, *DJe* 17.06.2021).

O CTN traz a mesma vedação no art. 77, parágrafo único, estendendo-a ao fato gerador, que também não pode ser idêntico. Frise-se que não há qualquer vedação que um dos elementos que compõem a base de cálculo do imposto seja também base de cálculo das taxas, sendo **vedada** exclusivamente a identidade das bases de cálculo. Tal posicionamento foi adotado pelo STF na edição da Súmula Vinculante 29: "É constitucional a adoção, no cálculo do valor de taxa, de um ou mais elementos da base de cálculo própria de determinado imposto, desde que não haja integral identidade entre uma base e outra".

Importante destacar a Súmula 595 do STF, que nesta mesma esteira reconheceu a inconstitucionalidade da taxa de conservação de estradas: "É inconstitucional a taxa municipal de conservação de estradas de rodagem cuja base de cálculo seja idêntica à do imposto territorial rural."

Assim, é plenamente possível que a taxa de coleta de lixo seja variável de acordo com o tamanho do imóvel, que é somente um dos elementos que compõem o valor venal do bem, base de cálculo do IPTU.

DICA

Taxa não pode ter base de cálculo idêntica à dos impostos, mas pode se utilizar de um ou mais elementos.

O tema relacionado à base de cálculo ainda é divergente no STF, estando longe de estar pacificado. Foi aplicada a sistemática da repercussão geral, tema 1.035, acerca da constitucionalidade da utilização do tipo de atividade exercida pelo estabelecimento como parâmetro para definição do valor de taxa instituída em razão do exercício do poder de polícia, ainda aguardando julgamento quando do fechamento desta edição.

Frise-se que nem a base de cálculo nem o fato gerador podem ser próprios de impostos, sob pena de a taxa ser caracterizada como imposto, ao passo que o que distingue as espécies tributárias, na forma do art. 4º do CTN, é o fato gerador do tributo.

Ainda no tocante à base de cálculo, importante destacar que, apesar de o art. 145, § 1º, da CRFB determinar que o princípio da **capacidade contributiva** é aplicável somente aos **impostos**, o STF firmou posicionamento no sentido de que tal princípio aplica-se também às **taxas**.

No julgamento do RE 177835-1, o Ministro Carlos Velloso entendeu pela aplicação, e tal posicionamento demonstra-se razoável:

 ## JURISPRUDÊNCIA

O que a lei procura realizar, com a variação do valor da taxa, em função do patrimônio líquido da empresa, é o princípio constitucional da capacidade contributiva.

Tal posicionamento foi transformado em súmula pelo STF, que editou o verbete 665: "É constitucional a taxa de fiscalização dos mercados de títulos e valores mobiliários instituída pela Lei 7.940/1989".

Logo, sempre que possível, além dos impostos, as taxas deverão atender à capacidade econômica do contribuinte, ao passo que tal princípio está diretamente ligado à isonomia. Em outras palavras, todas as espécies tributárias devem, sempre que possível, atender a **capacidade contributiva**, por se tratar de um importante princípio da justiça fiscal, tributando de forma mais pesada aqueles que demonstrem maior capacidade contributiva.

 PARA REFORÇAR

Taxa de Polícia	Art. 78 do CTN	Exercício regular do poder de polícia.
Taxa de serviço	Art. 79 do CTN	Utilização efetiva ou potencial de um serviço público específico e divisível (*uti singuli*).
Base de cálculo	Art. 145, § 2º, da CRFB, e Súmula vinculante 29 do STF	Taxa não pode ter base de cálculo idêntica à dos impostos, podendo adotar um ou mais elementos.

2.3. Contribuição de melhoria

A contribuição de melhoria é uma **espécie** tributária **vinculada,** e tem como fato gerador a valorização imobiliária decorrente de obra pública, conforme dispõem o art. 145, III, da Carta Magna, e o art. 81 do CTN.

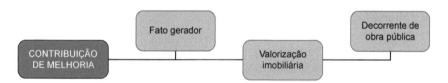

É um tributo exigido em diversos ordenamentos jurídicos pelo mundo, e teve sua origem na Inglaterra, como conta Sacha Calmon:

> Reza a lenda que a coroa britânica resolveu retificar o rio Tâmisa, nas imediações de Londres, e murar as suas margens no trecho citadino. E fez-se o empreendimento, a custos bem elevados. Terminada a obra, verificou-se que os súditos de sua majestade, especialmente os londrinos, tinham acabado de obter grande conforto. O rio já não transbordava, alagando a cidade. Logo se pôs o Parlamento britânico a discutir o caso e chegou à conclusão de que uma classe especial de súditos auferira especial vantagem patrimonial: os afortunados proprietários das áreas rurais próximas à cidade, agora ótimas (antes alagadiças e pantanosas e, por isso mesmo, inaproveitáveis) (...) E a *plus valia*, a valorização, não decorrera do esforço próprio dos donos, nem de investimentos particulares em benfeitorias, nem da desvalorização de libra esterlina. Decorrera, em verdade da realização da obra pública. Teria se resolvido, então, instituir um tributo específico com a finalidade de "capturar a mais-valia imobiliária decorrente daquela

CAP. 2 • ESPÉCIES TRIBUTÁRIAS | **47**

obra pública", cuja base de cálculo seria precisamente a expressão da valorização obtida por cada um dos proprietários. Assim, teria ocorrido contribuição de melhoria em imóvel de particular, decorrente de obra pública (...).[10]

Percebe-se assim que o **objetivo** da contribuição de melhoria é **ressarcir** aos cofres públicos o montante gasto na **obra pública** na proporção da **valorização** aproveitada pelo particular. É um tributo que visa evitar o enriquecimento sem causa do particular, que tem um imóvel valorizado por uma obra realizada com dinheiro público e teve origem no ordenamento jurídico brasileiro, na Constituição de 1934.

Assim, ao ressarcir o **erário** pela valorização aproveitada, o particular possibilita que outras melhorias sejam feitas pelo poder público em outros lugares, permitindo uma maior distribuição da riqueza e dos benefícios gerados por obras públicas.

Em outras palavras, estamos diante de uma espécie tributária vinculada e que serve para equilibrar a contraprestação entre os cidadãos dos investimentos realizados pelo poder público. Isso porque, ao construir uma praça, o particular das redondezas da localização da obra é quem irá se beneficiar, em detrimento dos demais. Dessa forma, resta justo que a pessoa seja obrigada a remunerar a obra realizada, permitindo ao poder público fazer obras de melhoria em outros locais e evitando que o cidadão enriqueça sem causa às custas do estado, pois, com a valorização do seu imóvel, seu patrimônio sofre influência positiva.

Dito isso, podemos afirmar que o fato gerador é a conjugação de dois elementos: a obra pública e a valorização do imóvel do particular em decorrência da referida obra pública, ao passo que melhoria deve ser interpretada como o aumento do valor do imóvel.

O primeiro elemento que caracteriza a contribuição de melhoria é a realização de obra pública. Na forma do disposto no Decreto-lei 195/1967, as obras que poderão originar a contribuição de melhoria são diversas, entre elas a construção de praças, túneis, viadutos etc. Obras da manutenção não podem ser remuneradas por contribuição de melhoria, pois são caracterizadas como obrigação do estado e não geram valorização.

Frise-se que o serviço público não pode ensejar a cobrança da contribuição de melhoria, mas tão somente a obra pública. Assim, a instalação de Unidades de Polícia Pacificadora (UPPs), como ocorreu no Rio de Janeiro, não pode ensejar a instituição de tal tributo, por exemplo, por não se caracterizar como obra pública, mas como serviço de segurança pública.

Como se pode ver, a criação da contribuição de melhoria pressupõe a realização de uma **obra pública** como um dos requisitos para sua cobrança, de modo que a ausência de realização de despesa pública não pode gerar o tributo. Assim, caso seja realizada uma obra pelo particular em imóvel público sem que ocorra qualquer dispêndio público, a cobrança será indevida, ao passo que o objetivo precípuo dessa espécie tributária é a **restituição** aos cofres públicos da despesa realizada. Portanto, sem despesa, sem tributo. Importante frisar que somente a valorização do imóvel do particular pode caracterizar a contribuição de melhoria, não incidindo o referido tributo sobre a valorização de imóvel público. Tal situação não caracteriza imunidade tributária ou isenção, mas uma verdadeira hipótese de não incidência.

---

[10] COÊLHO, Sacha Calmon Navarro. *Comentários à Constituição de 1988*. Sistema tributário. 4. ed. Rio de Janeiro: Forense, 1999. p. 74-75.

As obras que poderão originar a contribuição de melhoria estão previstas no citado decreto. Vejamos:

Art. 2º Será devida a Contribuição de Melhoria, no caso de valorização de imóveis de propriedade privada, em virtude de qualquer das seguintes obras públicas:

I – abertura, alargamento, pavimentação, iluminação, arborização, esgotos pluviais e outros melhoramentos de praças e vias públicas;

II – construção e ampliação de parques, campos de desportos, pontes, túneis e viadutos;

III – construção ou ampliação de sistemas de trânsito rápido inclusive todas as obras e edificações necessárias ao funcionamento do sistema;

IV – serviços e obras de abastecimento de água potável, esgotos, instalações de redes elétricas, telefônicas, transportes e comunicações em geral ou de suprimento de gás, funiculares, ascensores e instalações de comodidade pública;

V – proteção contra secas, inundações, erosão, ressacas, e de saneamento de drenagem em geral, diques, cais, desobstrução de barras, portos e canais, retificação e regularização de cursos d'água e irrigação;

VI – construção de estradas de ferro e construção, pavimentação e melhoramento de estradas de rodagem;

VII – construção de aeródromos e aeroportos e seus acessos;

VIII – aterros e realizações de embelezamento em geral, inclusive desapropriações em desenvolvimento de plano de aspecto paisagístico.

No entanto, não basta a realização da obra pública. Dessa obra deve resultar a **valorização** (melhoria) do **imóvel do particular**, ou seja, caso o imóvel se desvalorize, ou não sofra qualquer valorização, não poderá ser exigida a contribuição de melhoria. Assim, o imóvel do particular tem que valorizar e a obra tem que ter sido realizada pelo poder público obrigatoriamente para que seja constitucional a exigência da contribuição de melhoria.

Em resumo, caso o estado realize a obra e não ocorra a valorização do imóvel, será inconstitucional a cobrança dessa espécie tributária. Vejamos a jurisprudência do STF:

 JURISPRUDÊNCIA

> CONTRIBUIÇÃO DE MELHORIA – VALORIZAÇÃO IMOBILIÁRIA. Sem valorização imobiliária, decorrente de obra pública, não há contribuição de melhoria, porque a hipótese de incidência desta é a valorização (STF – RE 114069/SP, 2ª Turma, Rel. Min. Carlos Velloso).

Como se pode ver, a valorização do imóvel após a realização da obra pública é elemento inafastável para a cobrança do tributo sob análise. Frise-se que a valorização do imóvel público não gera contribuição de melhoria, por ausência de previsão no Decreto-lei 195/1967.

Outrossim, o poder público não pode fazer a obra e criar a contribuição somente após sua finalização com a consequente apuração da valorização dos imóveis particulares. Para a constitucionalidade da exigência da contribuição de melhoria há necessidade de

lei prévia, caso contrário, a exigência será inconstitucional. Assim, a lei instituidora da contribuição de melhoria deverá ser publicada antes do início da obra pública.

 JURISPRUDÊNCIA

> TRIBUTÁRIO – CONTRIBUIÇÃO DE MELHORIA. A instituição da contribuição de melhoria depende de lei prévia e específica, bem como da valorização imobiliária decorrente da obra pública, cabendo à Administração Pública a respectiva prova. Recurso especial conhecido, mas desprovido (STJ – REsp. 1326502/RS, Rel. Min. Ari Pargendler).

Assim, caso tenha interesse em exigir a **exação**, o estado deve, por lei, criar a contribuição antes mesmo do início das obras, até mesmo para permitir que o particular possa fiscalizar a obra pública e as despesas relacionadas ou mesmo questionar os elementos para a cobrança.

Outra importante discussão é acerca da possibilidade de cobrança da contribuição de melhoria por obra parcialmente concluída. É possível a cobrança, desde que a conclusão parcial já tenha gerado a valorização do imóvel do particular e possa ser conhecido o montante total gasto na obra até o momento da cobrança. Vejamos o posicionamento do STJ acerca do assunto:

> TRIBUTÁRIO – AÇÃO DE REPETIÇÃO DE INDÉBITO – CONTRIBUIÇÃO DE MELHORIA – OBRA INACABADA – HIPÓTESE DE INCIDÊNCIA E FATO GERADOR DA EXAÇÃO – OBRA PÚBLICA EFETIVADA – VALORIZAÇÃO DO IMÓVEL – NEXO DE CAUSALIDADE – INOCORRÊNCIA – DIREITO À RESTITUIÇÃO.
>
> 1. Controvérsia que gravita sobre se a obra pública não finalizada dá ensejo à cobrança de contribuição de melhoria.
>
> 2. Manifesta divergência acerca do atual estágio do empreendimento que deu origem à exação discutida, sendo certo é vedado a esta Corte Superior, em sede de Recurso Especial, a teor do verbete Sumular nº 07/STJ, invadir a seara fático-probatória, impondo-se adotar o entendimento unânime da época em que proferido o julgamento pelo Tribunal *a quo*, tanto pelo voto vencedor, como pelo vencido, de que quando foi instituída a contribuição de melhoria a obra ainda não havia sido concluída porquanto pendente a parte relativa à pavimentação das vias que circundavam o imóvel de propriedade da recorrente.
>
> 3. A base de cálculo da contribuição de melhoria é a diferença entre o valor do imóvel antes da obra ser iniciada e após a sua conclusão (Precedentes do STJ: RESP nº 615495/RS, Rel. Min. José Delgado, DJ de 17.05.2004; RESP 143996/SP; Rel. Min. Francisco Peçanha Martins, DJ de 06.12.1999).
>
> 4. Isto porque a hipótese de incidência da contribuição de melhoria pressupõe o binômio valorização do imóvel e realização da obra pública sendo indispensável o nexo de causalidade entre os dois para sua instituição e cobrança.
>
> 5. Consectariamente, o fato gerador de contribuição de melhoria se perfaz somente após a conclusão da obra que lhe deu origem e quando for possível aferir a valorização do bem imóvel beneficiado pelo empreendimento estatal.
>
> 6. É cediço em doutrina que: "(...) Só depois de pronta a obra e verificada a existência da valorização imobiliária que ela provocou é que se torna admissível a tributação

por via de contribuição de melhoria" (Roque Antonio Carrazza, in "Curso de Direito Constitucional Tributário", Malheiros, 2002, p. 499). 7. Revela-se, portanto, evidente o direito de a empresa que pagou indevidamente a contribuição de melhoria, uma vez que incontroversa a não efetivação da valorização do imóvel, haja vista que a obra pública que deu origem à exação não foi concluída, obter, nos termos do art. 165 do CTN, a repetição do indébito tributário. 8. Precedentes: RESP 615495/RS, Rel. Min. José Delgado, DJ de 17.05.2004; RESP 143996/SP, Rel. Min. Francisco Peçanha Martins, DJ de 06.12.1999.9. Recurso Especial provido (STJ – REsp. 647134/SP 2004/0030661-2, 1ª Turma, Rel. Min. Luiz Fux, Data de Julgamento: 10.10.2006, Data de Publicação: *DJ* 01.02.2007, p. 397).

Portanto, em uma obra de alargamento de via pública, por exemplo, poderá haver a cobrança da contribuição sobre os imóveis que aproveitaram a obra, ou seja, em seu local o logradouro público já foi alargado.

Não devem restar dúvidas de que o objetivo da contribuição de melhoria é ressarcir aos cofres públicos o montante gasto na obra pública, na proporção da valorização aproveitada pelo particular.

 DICA

A jurisprudência entende que pode ser cobrada contribuição de melhoria ainda que de obra parcialmente concluída, desde que já se possa verificar a valorização do imóvel do particular, bem como apurar o valor gasto na obra até referido momento.

Importante destacar que a contribuição de melhoria somente poderá ser cobrada de imóveis privados, não havendo a incidência sobre imóveis públicos, como resta claro no art. 2º do Decreto-lei 195/1967. Ademais, a contribuição de melhoria somente será devida se permitido ao contribuinte exercer o contraditório acerca dos benefícios trazidos pela obra pública. Para isso, deverá ser publicado um edital contendo a delimitação das áreas direta e indiretamente beneficiadas e a relação dos imóveis nelas compreendidos, o memorial descritivo do projeto, o orçamento total ou parcial do custo das obras e a determinação da parcela do custo das obras a ser ressarcida pela contribuição, com o correspondente plano de rateio entre os imóveis beneficiados. Assim, os beneficiados poderão impugnar quaisquer dos elementos constantes do edital no prazo de 30 dias.

Tendo em vista que a contribuição de melhoria pode gerar um grande impacto financeiro para os beneficiários de obras públicas, na forma do art. 12 do Decreto-lei 195/1967, a Contribuição de Melhoria será cobrada do contribuinte da forma que a sua parcela anual não exceda a 3% (três por cento) do maior valor fiscal do seu imóvel. Tal medida é de justiça, para permitir o pagamento do tributo de forma razoável, considerando que o vulto econômico pode ser elevado.

2.3.1. *Limites*

Tendo em vista que o **objetivo** da contribuição de melhoria é **ressarcir** aos cofres públicos o montante gasto na obra pública, na proporção da valorização aproveitada pelo particular, o ordenamento jurídico brasileiro, no art. 81 do CTN, prevê a aplicação de dois limites para a sua cobrança: o limite global e o limite individual.

O **limite global** ou **limite universal** consiste no montante total gasto na obra, conforme o art. 4º do Decreto-lei 195/1967, não podendo o ente público arrecadar mais do que foi gasto efetivamente na execução da obra pública, sob pena de enriquecimento sem causa. Destaque-se que o gasto pode englobar as despesas de estudos, projetos, desapropriações, fiscalização e financiamento da obra pública.

Em contrapartida, o contribuinte não poderá ser cobrado caso não haja valorização do imóvel, e, caso ela ocorra, a exigência deve se dar na proporção da valorização, restando caracterizado aqui o **limite individual**.

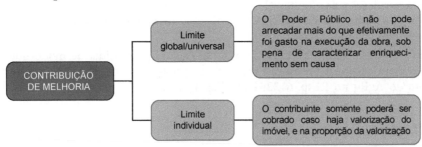

Ademais, não basta dividir a despesa da obra entre os particulares. Deve ser apurada a existência de valorização de seus imóveis. Trata-se de uma espécie tributária **vinculada, retributiva**. Com isso, para a cobrança da contribuição de melhoria, deve ser **encerrada** a obra, realizada a **perícia** e verificadas as **contas** da obra. Somente dessa forma poderão surgir os limites global e individual. E, portanto, somente será devida a contribuição, se houver valorização.

PARA REFORÇAR

Fato gerador	Art. 2º do Decreto-lei 195/1967	Valorização imobiliária do imóvel do particular que seja decorrente de obra pública.
Limite global	Art. 81 do CTN	Despesa pública para realização da obra.
Limite individual	Art. 81 do CTN	Valorização do imóvel aproveitada pelo particular.

Nesse sentido é a jurisprudência dos tribunais superiores:

 ## JURISPRUDÊNCIA

CONTRIBUIÇÃO DE MELHORIA – BASE DE CÁLCULO – VALORIZAÇÃO IMOBILIÁRIA. A base de cálculo da contribuição de melhoria é a valorização imobiliária. Tem como **limite** total a **despesa** realizada e como limite individual o acréscimo de valor que da obra resultar para cada imóvel beneficiado (STJ – REsp. 200283/SP, 1ª Turma, Rel. Min. Garcia Vieira).

A contribuição de melhoria tem como limite geral o **custo da obra**, e como limite individual a valorização do imóvel beneficiado (STJ – REsp. 362788/RS, 2ª Turma, Rel. Min. Eliana Calmon).

A base de cálculo da contribuição de melhoria é a **valorização** do imóvel em razão da obra realizada pelo poder público, tendo como **limite total** a despesa realizada e como **limite individual** o acréscimo de valor que da obra resultar para cada imóvel beneficiado (TJSC – Reexame Necessário 2010047320-4, Canoinhas, Rel. Des. Sônia Maria Schmitz).

 DICA

> Para a verificação dos limites global e individual são necessários o **encerramento da obra**, a **realização de perícia** e a verificação de **contas da obra**.

O STJ vem admitindo a figura da base de cálculo presumida, de modo que o contribuinte poderá afastar a presunção produzindo provas em sentido contrário, conforme julgamento do AgRg no REsp. 613244/RS. Vejamos:

 JURISPRUDÊNCIA

> TRIBUTÁRIO E PROCESSUAL CIVIL – AGRAVO REGIMENTAL – CONTRIBUIÇÃO DE MELHORIA – BASE DE CÁLCULO – VALORIZAÇÃO PRESUMIDA DO IMÓVEL – PRESUNÇÃO JURIS TANTUM A CARGO DO PARTICULAR – CONFRONTO ENTRE LEI FEDERAL E LEI LOCAL – ANÁLISE – IMPOSSIBILIDADE – SÚMULA 280/STF. 1. No agravo regimental, alega a agravante que o Tribunal de origem entendeu que o fato gerador da contribuição de melhoria é a valorização presumida do imóvel, enquanto que, na verdade, é a valorização comprovada da propriedade. 2. Com efeito, a valorização presumida do imóvel, diante da ocorrência da obra pública, é estipulada pelo Poder Público competente quando efetua o lançamento da contribuição de melhoria, podendo o contribuinte discordar desse valor presumido. 3. A valorização presumida do imóvel não é o fato gerador da contribuição de melhoria mas, tão-somente, o critério de quantificação do tributo (base de cálculo), que pode ser elidido pela prova em sentido contrário da apresentada pelo contribuinte. 4. Afirma-se, ainda, que a lei municipal destoa do art. 1º do Decreto-lei n. 195/67, que estipula o fato gerador da contribuição de melhoria, ao definir este como sendo a execução de obra pública, quando a legislação federal afirma ser o fato gerador da contribuição de melhoria o acréscimo de valor imobiliário ocasionado pela obra pública. 5. Nesse passo, verifico que tal ofensa não pode ser conhecida, pois a análise da violação da lei federal invocada (violação dos art. 1º, do Decreto-lei 195/67) passa necessariamente pelo exame da legislação local (Lei Municipal). Incidência da Súmula 280/STF. Agravo regimental improvido (STJ – AgRg no REsp 613.244/RS, 2003/0216488-9, Rel. Min. Humberto Martins, j. 20.05.2008, 2ª Turma, *DJ* 02.06.2008, p. 1).

No entanto, o CTN, em seu art. 82, prevê que a base de cálculo é a valorização do imóvel beneficiado, ou seja, a diferença entre os valores iniciais e os finais.

Como se pode ver, a contribuição de melhoria é uma espécie tributária justa, pois somente é exigida do contribuinte após realizada a obra pública que resultou na valorização do imóvel do particular, sendo o contribuinte obrigado apenas a arcar com o tributo referente à valorização por ele aproveitada, sem a qual jamais poderá ocorrer a tributação.

2.4. Empréstimo compulsório

A quarta espécie tributária é o empréstimo compulsório. Muito já se discutiu acerca de sua natureza jurídica, e o STF chegou a se posicionar, ao editar a Súmula 418, no sentido de não ser o empréstimo compulsório uma espécie tributária e possuir natureza contratual.

A referida **súmula** está **ultrapassada**, não estando de acordo com a ordem constitucional instituída pela Constituição Federal de 1988. Assim, está pacificado na Corte Maior que o empréstimo compulsório é, sim, uma espécie tributária. Esse entendimento não comporta dúvidas, pois o empréstimo se enquadra no art. 3º do CTN integralmente e, além disso, está narrado no texto constitucional no Sistema Tributário Nacional, não podendo restar outra conclusão senão pela sua natureza jurídica tributária.

Segundo Aliomar Baleeiro,

> no empréstimo forçado não há acordo de vontades, nem contrato de qualquer natureza. Unilateralmente, o Estado compele alguém, sob sua jurisdição, a entregar-lhe dinheiro, prometendo o reembolso, sob certas condições ou dentro de certo prazo. Há a distinguir duas hipóteses: a) o Estado, pura e simplesmente, decreta que quem estiver em certas condições características dum fato gerador de imposto é obrigado a entregar-lhe tal soma, que será restituída ao cabo de tantos anos com juros ou sem eles; ou b) o Estado acena ao contribuinte com a possibilidade de isentar-se de certo imposto se lhe emprestar quantia maior – o dobro por exemplo. Na primeira hipótese, a operação analisa-se como aplicação de imposto com promessa unilateral de devolução. Quem pode o mais pode também o menos.[11]

O empréstimo compulsório está reservado à **lei complementar**, ou seja, é inconstitucional o empréstimo compulsório criado por lei ordinária ou medida provisória, por exemplo. Como se não bastasse, deve ser **restituído** ao contribuinte no prazo e de acordo com os requisitos previstos na lei complementar de sua instituição.

De competência exclusiva da União, o empréstimo compulsório poderá ser instituído nas hipóteses previstas no art. 148 da Carta Magna, e no art. 15 do CTN, que não tratam de seus fatos geradores, mas, sim, dos fundamentos para sua instituição. A lei complementar que instituir o empréstimo compulsório deverá criar também o seu fato gerador considerando os fundamentos possíveis, previstos na Carta.

A **competência** para instituir o empréstimo compulsório é **exclusiva** da **União Federal**. Assim, mesmo que outro ente federado se encontre na situação fática que fundamenta a instituição do tributo, não poderá fazê-lo.

Repita-se que a matéria está reservada à lei complementar, não podendo ser tratada por medida provisória, lei ordinária, decreto, lei delegada, portaria, ordem de serviço etc. Assim, somente a União se utilizando da lei complementar pode instituir o empréstimo compulsório nos casos de **calamidade pública, guerra externa** ou sua iminência ou no caso de **investimento público** de caráter **urgente** e relevante **interesse nacional**.

Frise-se que tais situações não são os fatos geradores, e sim os fundamentos constitucionais para sua criação. O fato gerador deve ser criado pela lei complementar, ao instituir o empréstimo.

---

[11] BALEEIRO, Aliomar. *Direito Tributário Brasileiro*. 13. ed. Rio de Janeiro: Forense, 2015. p. 114.

Assim, a guerra, na verdade, é a situação que permite a criação, ou seja, o fato gerador do empréstimo compulsório vai ser originado na lei complementar de competência da União, para financiar a guerra, por exemplo. Outrossim, o fato gerador poderá ser qualquer conduta do indivíduo, mesmo aquelas já adotadas como fatos geradores de outros tributos.

Um ponto muito importante é o fato de o empréstimo compulsório ser um tributo de **receita vinculada**, na forma do art. 148, parágrafo único, da Lei Maior, de modo que toda a receita auferida deve ser aplicada em seu fundamento de criação. Não podemos classificar o empréstimo como tributo vinculado, pois tal conceito se relaciona com o fato gerador da obrigação, que não consta da Carta Magna ou mesmo do CTN. Dessa forma, o empréstimo compulsório deve ser aplicado no fundamento de sua criação, sob pena de inconstitucionalidade.

Portanto, se o tributo foi criado para financiar a guerra, a receita, obrigatoriamente, deve ser utilizada na guerra, por exemplo. Desta feita, podemos concluir que o empréstimo compulsório é tributo de receita plenamente vinculada, ou seja, a receita somente poderá ser aplicada no fundamento de sua criação.

Frise-se que, por não haver o fato gerador previsto na Carta, não é possível afirmar se o empréstimo compulsório é ou não vinculado, mas sua receita é vinculada ao seu fundamento de criação.

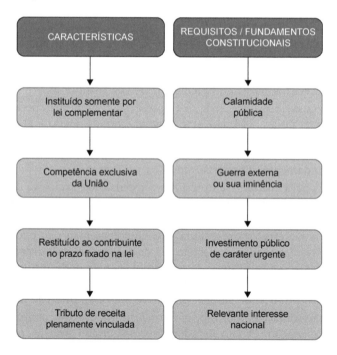

Ademais, o **empréstimo compulsório no caso de guerra** não deve ser confundido com o **Imposto Extraordinário de Guerra (IEG)**. Ambos são de competência da União, mas são espécies tributárias distintas.

O IEG, previsto no art. 154, II, da CRFB é um imposto, submetendo-se às regras dessa espécie tributária, ou seja, não gera direito à restituição para o contribuinte, não carece de lei complementar para ser instituído, podendo ser criado por medida provisória, e não pode ter base de cálculo das taxas.

Assim, vejamos o quadro comparativo:

Empréstimo Compulsório de Guerra	Imposto Extraordinário de Guerra
Competência da União	Competência da União
art. 148, I, da CRFB	Art. 154, II, da CRFB
art. 15, I, do CTN	Art. 76 do CTN
Restituível	Não restituível
Reserva de lei complementar	Pode ser instituído por lei ordinária ou medida provisória

Como se pode ver, em caso de guerra externa, o empréstimo compulsório é mais custoso para a União, sendo mais simples e eficaz a criação do imposto extraordinário de guerra.

O empréstimo compulsório ainda poderá ser instituído no caso de investimento público de **caráter urgente** e de relevante **interesse nacional**.

Temos de analisar com cuidado o dispositivo, uma vez que o investimento somente poderá ocorrer se for de caráter urgente, ou seja, se houver uma situação fática que necessite de solução imediata.

Ademais, essa situação deve ser de relevante interesse nacional, não cabendo a instituição de empréstimo compulsório se o investimento público tiver como fundamento o atendimento a interesses locais.

O CTN, além disso, aborda o empréstimo compulsório no seu art. 15. No entanto, devemos destacar que o inciso III não foi recepcionado pelo constituinte de 1988, não cabendo o empréstimo compulsório na hipótese de **absorção temporária de poder aquisitivo**, que consiste em tomar empréstimo financeiro.

Caso interessante acerca do empréstimo compulsório na história foi aquele criado pelo Decreto-lei 2288/1986, que incidia sobre combustíveis e a aquisição de veículos automotores. Seu objeto era a absorção temporária de poder aquisitivo, ainda com base na Constituição de 1967. A restituição se dava por meio de quotas do Fundo Nacional de Desenvolvimento, um dos fundamentos para o reconhecimento da sua inconstitucionalidade.

JURISPRUDÊNCIA

"EMPRÉSTIMO COMPULSÓRIO". (Dl. 2.288/86, art. 10): incidência na aquisição de automóveis de passeio, com resgate em quotas do Fundo Nacional de Desenvolvimento: inconstitucionalidade. 1. "Empréstimo compulsório, ainda que compulsório, continua empréstimo" (Victor Nunes Leal): utilizando-se, para definir o instituto de Direito Público, do termo empréstimo, posto que compulsório – obrigação "ex lege" e não contratual –, a Constituição vinculou o legislador a essencialidade da restituição na mesma espécie, seja por força do princípio explícito do art. 110 Código Tributário Nacional, seja porque a identidade do objeto das prestações recíprocas é indissociável da significação jurídica e vulgar do vocábulo empregado. Portanto, não é empréstimo compulsório, mas tributo, a imposição de prestação pecuniária para receber, no futuro, quotas do Fundo Nacional de Desenvolvimento: conclusão unânime a respeito. 2. Entendimento da minoria, incluído o relator segundo o qual – admitindo-se em tese que a exação questionada, não sendo empréstimo, poderia legitimar-se, quando se caracterizasse imposto restituível de competência da União –, no caso, a reputou inválida, porque ora configura tributo reservado ao Estado (ICM), ora imposto inconstitucional, porque discriminatório. 3. Entendimento majoritário, segundo o qual, no caso, não pode, sequer em tese, cogitar de dar validade, como imposto federal restituível, ao que a lei pretendeu instituir como empréstimo compulsório, porque "não se pode, a título de se interpretar uma lei conforme a Constituição, dar-lhe sentido que falseie ou vicie o objetivo legislativo em ponto essencial"; dúvidas, ademais, quanto à subsistência, no sistema constitucional vigente, da possibilidade do imposto restituível. 4. Recurso extraordinário da União, conhecido pela letra b, mas, desprovido: decisão unânime (STF – RE 121336/CE, Rel. Min. Sepúlveda Pertence, Data de Julgamento: 11.10.1990, Tribunal Pleno, Data de Publicação: *DJ* 26.06.1992 PP-10108 EMENT V. 01667-03 P-00482 *RTJ* V. 00139-02 P-00624).

Como se pode ver, a inconstitucionalidade foi reconhecida em razão da forma de devolução ao passo que o empréstimo compulsório deve ser **restituído** ao contribuinte em dinheiro, ou da mesma forma em que foi exigido, conforme posicionamento do STF ao julgar o RE 175385/CE.

DICA

Não cabe empréstimo compulsório no caso de **absorção temporária de poder aquisitivo** (art. 15, III, do CTN), pois essa hipótese não foi recepcionada pela CRFB 1988.

PARA REFORÇAR

Competência da União	Art. 148 da CRFB	Somente a União poderá instituir o empréstimo compulsório.
Reserva de lei complementar	Art. 148 da CRFB	O empréstimo compulsório está reservado à lei complementar, não podendo ser instituído por lei ordinária ou medida provisória, por exemplo.
Só poderá ser criado nos casos de guerra externa, calamidade pública e investimento público urgente e de relevante interesse nacional.	Art. 148, I e II, da CRFB	O art. 15, III, do CTN não foi recepcionado pela Constituição, não podendo ser instituído o empréstimo compulsório para absorção temporária de poder aquisitivo.

2.5. Contribuições especiais

As contribuições especiais, que compõem a quinta espécie tributária, estão previstas no art. 149 da Carta Magna, e muito já discutiu acerca da sua natureza tributária, uma vez que não se enquadram na análise do fato gerador para sua classificação. Para Geraldo Ataliba as contribuições especiais são "tributo vinculado cuja hipótese de incidência consiste numa atuação estatal indireta e mediatamente (mediante uma circunstância intermediária) referida ao obrigado".[12]

Assim, a **característica** das contribuições especiais é a destinação da receita, ou seja, a **finalidade específica** para que são instituídas. Sua natureza tributária é indiscutível pois se enquadra no conceito de tributo previsto no art. 3º do CTN e é tratada na Lei Maior no capítulo que aborda e regulamenta o Sistema Tributário Nacional, caracterizando, sim, uma espécie tributária.

Roque Antonio Carrazza defende o mesmo posicionamento:

> Notamos, pois, que as "contribuições" ora em exame não foram qualificadas, em nível constitucional, por suas regras-matrizes, mas, sim, por suas finalidades. Parece-nos sustentável que haverá esse tipo de exação sempre que implementada uma de suas finalidades constitucionais. (...) De qualquer modo, sejam quais forem suas hipóteses de incidência e base de cálculo, o produto da arrecadação das contribuições sempre deve destinar-se a atingir uma das supra-aludidas finalidades. (...) por imperativo da Lei Maior, os ingressos advindos da arrecadação destes tributos devem necessariamente ser destinados à viabilização ou ao custeio de uma das atividades mencionadas no art. 149 da CF. (...) Embora neguemos que, em regra, a destinação do produto da arrecadação é irrelevante para caracterizar o tributo, não podemos ignorar que as contribuições, ainda que venham a assumir roupagem de imposto, pressupõem, por comando expresso da Carta Magna, a vinculação da receita obtida a órgão fundo ou despesa. (...) Por aí já podemos notar que a finalidade é o caminho mais seguro para a identificação do regime jurídico das contribuições, o que equivale a dizer que qualquer desvio (...) acarretará a injuridicidade da própria cobrança destas exações.[13]

As contribuições especiais são, então, tributos **finalísticos**, instituídos para atender a um fundamento predeterminado. Assim sendo, apesar de caracterizar-se como tributo não vinculado, não pode ser confundida com o imposto, pois esse não pode ter sua receita vinculada, ressalvadas as hipóteses previstas no art. 167, IV, da CRFB. Sobre esse ponto, devemos citar o posicionamento do STF:

 JURISPRUDÊNCIA

> (...) o que importa perquirir não é o fato de a União arrecadar a contribuição, mas se o produto da arrecadação é destinado ao financiamento da seguridade social (CF, art. 195, I). (...) De modo que, se o produto da arrecadação for desviado da sua exata finalidade, estará sendo descumprida a lei, certo que uma remota possibilidade de descumprimento da lei não seria capaz, evidentemente, de torná-la inconstitucional (RE 138284/CE, Rel. Min. Carlos Velloso).

---

[12] ATALIBA, Geraldo. *Hipótese de Incidência Tributária.* 6. ed. 3. tir. São Paulo: Malheiros, 2002. p. 152.
[13] CARRAZZA, Roque Antonio. *Curso de Direito Constitucional Tributário.* 25. ed. São Paulo: Malheiros, 2009. p. 598-602.

Em vista do julgado, percebe-se que a aplicação da receita no fundamento de criação não é requisito para a análise da constitucionalidade das contribuições. A destinação ou finalidade é tão somente um fundamento para sua criação, de modo que a ausência de aplicação não caracteriza a inconstitucionalidade, cabendo a fiscalização orçamentária ao Tribunal de Contas.

As contribuições especiais têm assim uma marcante característica parafiscal, ou seja, sua finalidade é a arrecadação para terceiros, e não para o próprio estado. A parafiscalidade tem então um apelo social interessante, pois tem como objetivo precípuo o fomento da garantia da dignidade da pessoa humana. Não entendemos como correta a classificação das contribuições especiais como contribuições parafiscais, ao passo que atualmente há contribuições que se destinam à administração pública, e não somente para terceiros. Leandro Paulsen adota o mesmo posicionamento em sua obra:

> Não é correto atribuir à espécie tributária a denominação de "contribuições parafiscais", tampouco de "contribuições sociais". Isso porque a expressão contribuições parafiscais, em desuso, designava as contribuições instituídas em favor de entidades que, embora desempenhassem atividade de interesse público, não compunham a Administração direta. Chamavam-se parafiscais porque não eram destinadas ao orçamento do ente público. Mas temos, atualmente, tanto contribuições destinadas a outras entidades como destinadas à própria Administração, sem que se possa estabelecer, entre elas, qualquer distinção no que diz respeito à sua natureza ou ao regime jurídico a que se submetem. Ser ou não ser parafiscal é uma característica acidental, que, normalmente, sequer diz com a finalidade da contribuição, mas com o ente que desempenha a atividade respectiva. De outro lado, também a locução "contribuições sociais" não se sustenta como designação do gênero contribuições. Isso porque as contribuições ditas sociais constituem subespécie das contribuições do art. 149, configurando-se quando se trate de contribuição voltada especificamente à atuação da União na área social. As contribuições de intervenção no domínio econômico, por exemplo, não são contribuições sociais. Assim, tem-se como gênero a designação "contribuições especiais" e, como espécie, ao lado das contribuições de intervenção no domínio econômico, de interesse das categorias profissionais ou econômicas e de iluminação pública, as contribuições sociais.[14]

Com isso, surge com clareza a referibilidade que é a destinação específica a um grupo de pessoas que tenham interesse comum na atuação do estado, que marca as contribuições. Vejamos o posicionamento de Hamilton Dias de Souza:

> Consequência desta destinação específica é que a exigência das contribuições somente pode ser feita, em regra, dos indivíduos que compõem um grupo que tenha interesse qualificado na atuação do Estado. **É importante registrar, todavia, que tal interesse, por vezes chamado de benefício, vantagem ou referibilidade, não consiste, necessariamente, num proveito concreto ao sujeito passivo.** Trata-se de qualquer interesse diferenciado, especial, que alguém tenha em determinada atividade estatal, passível de justificar a sua participação no custeio das despesas públicas de

---

[14] PAULSEN, Leandro. *Curso de Direito Tributário*. 2. ed. Porto Alegre: Livraria do Advogado, 2008. p. 47.

forma distinta dos demais. Significa uma vantagem individual suposta, admitida como presunção absoluta pela lei. A vantagem, em si, é do grupo que, como um todo, justifica e sofre os efeitos da atuação estatal, a ser custeada pela contribuição.[15]

Resta claro que a destinação conduz à referibilidade, de modo que os grupos aos quais se destinam os tributos têm benefício específico.

As contribuições especiais são de **competência** exclusiva da **União**, ressalvado o disposto no § 1º do referido dispositivo que prevê que os entes federados poderão instituir as contribuições sociais que vão financiar os seus regimes próprios de previdência social. Vejamos a norma constitucional:

Art. 149. Compete exclusivamente à União instituir contribuições sociais, de intervenção no domínio econômico e de interesse das categorias profissionais ou econômicas, como instrumento de sua atuação nas respectivas áreas, observado o disposto nos arts. 146, III, e 150, I e III, e sem prejuízo do previsto no art. 195, § 6º, relativamente às contribuições a que alude o dispositivo.

§ 1º A União, os Estados, o Distrito Federal e os Municípios instituirão, por meio de lei, contribuições para custeio de regime próprio de previdência social, cobradas dos servidores ativos, dos aposentados e dos pensionistas, que poderão ter alíquotas progressivas de acordo com o valor da base de contribuição ou dos proventos de aposentadoria e de pensões. (Redação dada pela Emenda Constitucional 103, de 2019)

§ 1º-A. Quando houver déficit atuarial, a contribuição ordinária dos aposentados e pensionistas poderá incidir sobre o valor dos proventos de aposentadoria e de pensões que supere o salário-mínimo. (Incluído pela Emenda Constitucional 103, de 2019)

§ 1º-B. Demonstrada a insuficiência da medida prevista no § 1º-A para equacionar o déficit atuarial, é facultada a instituição de contribuição extraordinária, no âmbito da União, dos servidores públicos ativos, dos aposentados e dos pensionistas. (Incluído pela Emenda Constitucional 103, de 2019)

§ 1º-C. A contribuição extraordinária de que trata o § 1º-B deverá ser instituída simultaneamente com outras medidas para equacionamento do déficit e vigorará por período determinado, contado da data de sua instituição. (Incluído pela Emenda Constitucional 103, de 2019)

A União terá, então, competência para legislar sobre o regime geral de previdência, restando aos entes federados que instituírem seus regimes previdenciários próprios a competência para legislar sobre eles. Importante destacar que os regimes próprios de previdência deverão integrar os servidores de carreira, concursados, e não os ocupantes de cargos em comissão que permanecerão vinculados ao regime geral de previdência, na forma do art. 40, § 13, da CRFB. Assim, as contribuições previdenciárias são de competência de cada ente federado para que sejam usufruídas pelos seus servidores, não sendo cabível a criação de quaisquer outras contribuições em razão da competência exclusiva da União.

Percebe-se que a quinta espécie tributária traz consigo diversas subespécies que serão analisadas individualmente. Assim, as contribuições especiais dividem-se em: (i) Sociais;

---

[15] SOUZA, Hamilton Dias. Contribuições especiais. In: MARTINS, Ives Gandra da Silva. *Curso de Direito Tributário*. 9. ed. São Paulo: Saraiva, 2006. p. 636.

(ii) Contribuição de Intervenção no Domínio Econômico (CIDE); (iii) Contribuição Profissional; e (iv) Contribuição de Iluminação Pública, que, conforme já abordamos nesta obra, não se enquadrariam no conceito de contribuições especiais.

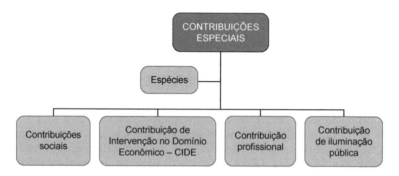

A Constituição prevê uma importante imunidade específica com relação às exportações, afastando as contribuições sociais e de intervenção no domínio econômico das receitas decorrentes dessa atividade.

Art. 149. (...)
§ 2º As contribuições sociais e de intervenção no domínio econômico de que trata o *caput* deste artigo:
I – não incidirão sobre as receitas decorrentes de exportação; (...)

Com isso, não incidirão a CIDE e as contribuições para o PIS e COFINS nas receitas provenientes de exportação, mas tal imunidade não se aplica às contribuições sobre o lucro líquido, ao passo que receita e lucro líquido não se confundem, afastando a imunidade. Tal posicionamento já foi fixado pelo STF:

 JURISPRUDÊNCIA

> IMUNIDADE – CAPACIDADE ATIVA TRIBUTÁRIA. A imunidade encerra exceção constitucional à capacidade ativa tributária, cabendo interpretar os preceitos regedores de forma estrita.
> IMUNIDADE – EXPORTAÇÃO – RECEITA – LUCRO. A imunidade prevista no inciso I do § 2º do art. 149 da Carta Federal não alcança o lucro das empresas exportadoras.
> LUCRO – CONTRIBUIÇÃO SOCIAL SOBRE O LUCRO LÍQUIDO – EMPRESAS EXPORTADORAS. Incide no lucro das empresas exportadoras a Contribuição Social sobre o Lucro Líquido (RE 564413/SC, Rel. Min. Marco Aurélio).

Ademais, a imunidade somente se aplica às receitas provenientes de exportação, incidindo as contribuições sobre as receitas oriundas de importação.

Assunto relevante que foi tratado pelo STF no julgamento do tema 325 da repercussão foi o da base de cálculo das contribuições após a EC 33/2001, que alterou a redação do art. 149, § 2º, III, *a*, da Carta para prever que as contribuições sociais e de intervenção no domínio econômico podem ter alíquotas "*ad valorem*, tendo por base o faturamento, a receita bruta ou o valor da operação e, no caso de importação, o valor aduaneiro".

A Suprema Corte firmou o posicionamento no sentido de que a emenda constitucional em questão não definiu as bases de cálculo de forma taxativa, não havendo restrição na base de cálculo somente às hipóteses previstas no dispositivo constitucional.

Para o relator, o Ministro Alexandre de Moraes, a taxatividade somente se aplica no tocante às contribuições previstas no art. 177, § 4º, da CRFB com relação à indústria do petróleo e derivados. Assim, foi fixada a tese em repercussão geral no sentido de que "As contribuições devidas ao Sebrae, à Apex e à ABDI, com fundamento na Lei 8.029/1990, foram recepcionadas pela EC 33/2001".

Agora, passemos à análise das espécies de contribuições especiais e suas principais características.

2.5.1. Contribuições sociais

Previstas no art. 195 da CRFB, as **contribuições sociais** têm como finalidade a manutenção do bem-estar social e da dignidade da pessoa humana.

Sua base constitucional pode ser extraída do art. 195 da Lei Maior, que é o princípio da **solidariedade**. Tendo em vista que todo cidadão tem direito à dignidade da pessoa humana, ao **mínimo existencial** e ao bem-estar social, todos também devem contribuir para que toda a população tenha acesso ao mínimo existencial. É a convocação constitucional para que todos sejam solidários uns com os outros, colaborando para o bem-estar social.

Com base nesse princípio, inclusive as pessoas jurídicas são chamadas a contribuir com o estado, suportando a maior carga de contribuições no Brasil, sendo certo que não terão qualquer retorno pelas contribuições realizadas.

A contribuição social tem a **parafiscalidade** como uma característica marcante, ou seja, são tributos instituídos para fomentar terceiros que não o estado. Vejamos o posicionamento de Paulo de Barros Carvalho sobre o assunto:

> Em algumas oportunidades, porém, verificamos que a lei instituidora do gravame indica **sujeito ativo** diferente daquele que detém a respectiva competência, o que nos conduz à conclusão de que uma é a pessoa competente, outra a pessoa credenciada a postular o cumprimento da prestação. Ora, sempre que isso se der, apontando a lei um sujeito ativo diverso do portador da competência impositiva, estará o estudioso habilitado a reconhecer duas situações juridicamente distintas: a) o sujeito ativo, que não é titular da competência, recebe atribuições de arrecadar e fiscalizar o tributo, executando as normas legais correspondentes (CTN, art. 7º), com as garantias e privilégios processuais que competem à pessoa que legislou (CTN, art. 7º, § 1º), mas não fica com o produto arrecadado, isto é, transfere os recursos ao ente político; ou b) o sujeito ativo indicado recebe as mesmas atribuições do item a, acrescidas da disponibilidade sobre os valores arrecadados, para que os aplique no desempenho de suas atividades específicas.[16]

---

[16] CARVALHO, Paulo de Barros. *Curso de Direito Tributário*. 14. ed. São Paulo: Saraiva, 2002. p. 230.

Assim, não devem restar dúvidas de que as contribuições sociais têm como finalidade o financiamento do bem-estar social e têm característica marcadamente parafiscal, ou seja, são tributos criados pela União para o fomento de terceiros.

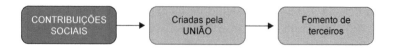

As contribuições sociais dividem-se em três, contribuições sociais gerais, para a seguridade social e outras contribuições, que serão analisadas a seguir.

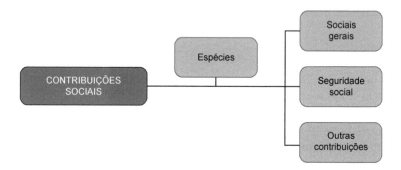

2.5.1.1. Contribuições sociais gerais

O bem-estar social não é somente a existência de um sistema de previdência social eficaz, fazendo parte da dignidade da pessoa humana, também o direito ao lazer, à cultura e à educação. Assim, as contribuições sociais gerais buscam também financiar essa **dignidade da pessoa humana**, e não somente o sistema previdenciário.

Entre as contribuições sociais gerais, encontramos aquelas que financiam os serviços sociais autônomos, conhecidos como **"sistema S"** (SESC – SESI – SENAI – SENAC), que contribuem para o bem-estar social entregando à população lazer, cultura e cursos de formação, por exemplo e estão previstas no art. 240 da CRFB, ou seja, são pessoas jurídicas de direito privado que prestam serviço público.

Importante frisar que, apesar de essas contribuições serem cobradas de determinadas atividades econômicas, não podem ser caracterizadas como contribuições corporativas, conforme posicionamento firmado pelo STJ no julgamento do REsp. 662911, pois os serviços sociais são mantidos para toda a coletividade, e não somente para um determinado grupo de profissionais.

Fica claro, então, que tais contribuições têm como objetivo o financiamento do "sistema S", não englobando a contribuição exigida pelo SEBRAE, que tem como escopo incentivar a criação e desenvolvimento de microempresas e empresas de pequeno porte, caracterizando-se como contribuição de intervenção no domínio econômico (CIDE), de acordo com o art. 179 da CRFB. O STF já se posicionou nesse mesmo sentido ao julgar o RE 396266-6/SC.

CAP. 2 • ESPÉCIES TRIBUTÁRIAS | **63**

Além delas, o salário-educação, previsto no art. 212, § 5º, da CRFB, também é caracterizado como contribuição social geral ao passo que tem como finalidade fomentar o ensino e erradicar o analfabetismo no Brasil. Assim, as contribuições sociais gerais são aquelas que não se destinam à previdência social, mas ao bem-estar social como um todo.

O STF já se manifestou sobre a constitucionalidade do salário-educação quando da edição da Súmula 732, que dispõe: "É constitucional a cobrança do salário-educação, seja sob a Carta de 1969, seja sob a Constituição Federal de 1988, e no regime da Lei 9.424/1996".

Enquadrava-se aqui a contribuição instituída pela LC 110/2001, que correspondia a 10% sobre o saldo do FGTS no momento da demissão sem justa causa do trabalhador. Muito se discutiu acerca da sua constitucionalidade, tendo em vista que sua finalidade já estaria exaurida. O assunto foi abordado no Tema 846 da repercussão geral e, no julgamento do RE 878313, foi firmado posicionamento no sentido de que "É constitucional a contribuição social prevista no artigo 1º da Lei Complementar nº 110, de 29 de junho de 2001, tendo em vista a persistência do objeto para o qual foi instituída".

Entendeu o STF que:

(...)

O objetivo da contribuição estampada na Lei Complementar 110/2001 não é *exclusivamente* a recomposição financeira das perdas das contas do Fundo de Garantia do Tempo de Serviço – FGTS em face dos expurgos inflacionários decorrentes dos planos econômicos Verão e Collor.

4. A LC 110/2001 determinou que as receitas arrecadadas deverão ser incorporadas ao Fundo de Garantia do Tempo de Serviço – FGTS (art. 3º, § 1º), bem como autorizou que tais receitas fossem utilizadas para fins de complementar a *atualização monetária resultante da aplicação, cumulativa, dos percentuais de dezesseis inteiros e sessenta e quatro centésimos por cento e de quarenta e quatro inteiros e oito décimos por cento, sobre os saldos das contas mantidas, respectivamente, no período de 1º de dezembro de 1988 a 28 de fevereiro de 1989 e durante o mês de abril de 1990* (art. 4º, caput).

5. Já o artigo 13 da Lei Complementar 110/2001 determina que *"As leis orçamentárias anuais referentes aos exercícios de 2001, 2002 e 2003 assegurarão destinação integral ao FGTS de valor equivalente à arrecadação das contribuições de que tratam os arts. 1º e 2º desta Lei Complementar".*

6. Ao estabelecer que, até o ano de 2003, as receitas oriundas das contribuições ali estabelecidas terão destinação integral ao FGTS, pode-se concluir que, a partir de 2004, *tais receitas poderão ser parcialmente destinadas a fins diversos, desde que igualmente voltados à preservação dos direitos inerentes ao FGTS, ainda que indiretamente.*

7. Portanto, subsistem outras destinações a serem conferidas à contribuição social ora impugnada, igualmente válidas, desde que estejam diretamente relacionadas aos direitos decorrentes do FGTS.

Assim, foi reconhecida a constitucionalidade da cobrança da contribuição social geral criada pela Lei Complementar 110/2001.

Importante frisar ainda sobre esse adicional que, na redação dada pela EC 33/2001 ao art. 149, § 2º, as contribuições poderão ter alíquotas tendo por base faturamento, receita bruta e valor da operação ou, no caso de importação, valor aduaneiro. O adicional de 10% não possui nenhuma dessas bases de cálculo, o que a eivaria de inconstitucionalidade, uma vez que a lei que a instituiu é posterior à emenda supracitada, colidindo com a norma constitucional. No entanto, tal entendimento já foi rechaçado pelo STF quando do julgamento do RE 603624, no sentido de que o rol das bases de cálculo trazido com a EC 33/2001 não é taxativo com relação às contribuições sociais de intervenção em geral, mas somente para aquelas relacionadas com o setor do petróleo.

Com isso, no julgamento do RE 878.313, o STF convalidou a contribuição em questão:

JURISPRUDÊNCIA

> RECURSO EXTRAORDINÁRIO. REPERCUSSÃO GERAL. TEMA 846. CONSTITUCIONAL. TRIBUTÁRIO. CONTRIBUIÇÃO SOCIAL PREVISTA NO ART. 1º DA LEI COMPLEMENTAR 110, DE 29 DE JUNHO DE 2001. PERSISTÊNCIA DO OBJETO PARA A QUAL FOI INSTITUÍDA. 1. O tributo previsto no art. 1º da Lei Complementar 110/2001 é uma contribuição social geral, conforme já devidamente pacificado no julgamento das ADIs 2556 e 2558. A causa de sua instituição foi a necessidade de complementação do Fundo de Garantia do Tempo de Serviço FGTS, diante da determinação desta SUPREMA CORTE de recomposição das perdas sofridas pelos expurgos inflacionários em razão dos planos econômicos denominados "Verão" (1988) e "Collor" (1989) no julgamento do RE 226.855. 2. O propósito da contribuição, à qual a sua cobrança encontra-se devidamente vinculada, não se confunde com os motivos determinantes de sua instituição. 3. O objetivo da contribuição estampada na Lei Complementar 110/2001 não é exclusivamente a recomposição financeira das perdas das contas do Fundo de Garantia do Tempo de Serviço - FGTS em face dos expurgos inflacionários decorrentes dos planos econômicos Verão e Collor. 4. A LC 110/2001 determinou que as receitas arrecadadas deverão ser incorporadas ao Fundo de Garantia do Tempo de Serviço - FGTS (art. 3º, § 1º), bem como autorizou que tais receitas fossem utilizadas para fins de complementar a atualização monetária resultante da aplicação, cumulativa, dos percentuais de dezesseis inteiros e sessenta e quatro centésimos por cento e de quarenta e quatro inteiros e oito décimos por cento, sobre os saldos das contas mantidas, respectivamente, no período de 1º de dezembro de 1988 a 28 de fevereiro de 1989 e durante o mês de abril de 1990 (art. 4º, *caput*). 5. Já o artigo 13 da Lei Complementar 110/2001 determina que as leis orçamentárias anuais referentes aos exercícios de 2001, 2002 e 2003 assegurarão destinação integral ao FGTS de valor equivalente à arrecadação das contribuições de que tratam os arts. 1º e 2º desta Lei Complementar). 6. Ao estabelecer que, até o ano de 2003, as receitas oriundas das contribuições ali estabelecidas terão destinação integral ao FGTS, pode-se concluir que, a partir de 2004, tais receitas poderão ser parcialmente destinadas a fins diversos, desde que igualmente voltados à preservação dos direitos inerentes ao FGTS, ainda que indiretamente. 7. Portanto, subsistem outras destinações a serem conferidas à contribuição social ora impugnada, igualmente válidas, desde que estejam diretamente relacionadas aos direitos decorrentes do FGTS. 8. Recurso extraordinário a que se nega provimento. Tese de repercussão geral: "É constitucional a contribuição social prevista no artigo 1º da Lei Complementar nº 110, de 29 de junho de 2001, tendo em vista a persistência do objeto para a qual foi instituída" (STF – RE 878313/SC, 5020381-35.2014.4.04.7200, Rel. Min. Marco Aurélio, j. 18.08.2020, Tribunal Pleno, *DJe* 04.09.2020).

Entretanto, em novembro de 2019, com a edição da Medida Provisória 889/2019, o governo federal extinguiu a referida contribuição de 10% do FGTS. A Medida Provisória foi convertida na Lei 13.932/2019, publicada em 12/12/2019, passando a produzir efeitos em janeiro de 2020.

Assim, desde janeiro de 2020, quando ocorreu a promulgação da Lei 13.932/2019, as empresas não têm a obrigação de recolher os 10%.

Em suma, de acordo com o STF, as cobranças existentes e decorrentes de períodos anteriores à entrada em vigor da Lei 13.932/2019 são constitucionais.

> As contribuições sociais gerais financiam o chamado "sistema S", quais sejam, SESC, SESI, SENAI e SENAC.
> Exceção: SEBRAE.

2.5.1.2. Contribuições sociais para seguridade social

São as contribuições destinadas ao financiamento da **seguridade social** no Brasil e estão previstas no art. 195 da CRFB. A seguridade social abrange o tripé que representa a saúde, a previdência social e a assistência social, podendo ser criadas contribuições com a finalidade de fomentar essas três bases.

A competência para sua instituição é da União, mas é possível que os entes federados possam instituir as suas próprias contribuições para financiar seu regime próprio de previdência, conforme determinação prevista no art. 149, § 1º, da CRFB. Frise-se que somente as contribuições previdenciárias que poderão constar da competência dos demais entes federados, mas não todas as contribuições para a seguridade social.

O art. 195 da CRFB prevê que poderão ser instituídas diversas contribuições para financiamento da seguridade social, dentre elas as contribuições sobre folha de pagamentos, contribuições para o Programa de Integração Social (PIS) e para a Contribuição para o Financiamento da Seguridade Social (COFINS), e a Contribuição Social sobre Lucro Líquido (CSLL). Vejamos:

> Art. 195. A seguridade social será financiada por toda a sociedade, de forma direta e indireta, nos termos da lei, mediante recursos provenientes dos orçamentos da União, dos Estados, do Distrito Federal e dos Municípios, e das seguintes contribuições sociais:
> I – do empregador, da empresa e da entidade a ela equiparada na forma da lei, incidentes sobre: (Redação dada pela Emenda Constitucional nº 20, de 1998.)
> a) a folha de salários e demais rendimentos do trabalho pagos ou creditados, a qualquer título, à pessoa física que lhe preste serviço, mesmo sem vínculo empregatício; (Incluído pela Emenda Constitucional nº 20, de 1998.)
> b) a receita ou o faturamento; (Incluído pela Emenda Constitucional nº 20, de 1998.)
> c) o lucro; (Incluído pela Emenda Constitucional n.º 20, de 1998.)

II – do trabalhador e dos demais segurados da previdência social, podendo ser adotadas alíquotas progressivas de acordo com o valor do salário de contribuição, não incidindo contribuição sobre aposentadoria e pensão concedidas pelo Regime Geral de Previdência Social; (Redação dada pela Emenda Constitucional 103, de 2019)

III – sobre a receita de concursos de prognósticos;

IV – do importador de bens ou serviços do exterior, ou de quem a lei a ele equiparar. (Incluído pela Emenda Constitucional nº 42, de 19.12.2003.)

Como se pode ver, há diversas contribuições que têm como objetivo o financiamento da seguridade social, entre elas a contribuição previdenciária sobre folha de pagamento, PIS/COFINS, CSLL e do próprio empregado, que sofre desconto do seu salário.

Frise-se que a Reforma Tributária introduz no art. 195 da Carta, o inciso V que prevê a criação, pela União, da CBS, que consiste na Contribuição sobre Bens e Serviços, que substituirá o IPI, o PIS e a COFINS já em 2027 e é reservada à lei complementar.

Com relação às contribuições previdenciárias devidas pela empresa, sua regulamentação está prevista no art. 22 da Lei 8.212/1991, e correspondem a:

I – vinte por cento sobre o total das remunerações pagas, devidas ou creditadas a qualquer título, durante o mês, aos segurados empregados e trabalhadores avulsos que lhe prestem serviços, destinadas a retribuir o trabalho, qualquer que seja a sua forma, inclusive as gorjetas, os ganhos habituais sob a forma de utilidades e os adiantamentos decorrentes de reajuste salarial, quer pelos serviços efetivamente prestados, quer pelo tempo à disposição do empregador ou tomador de serviços, nos termos da lei ou do contrato ou, ainda, de convenção ou acordo coletivo de trabalho ou sentença normativa.

Assim, as remunerações pagas aos trabalhadores deverão ser tributadas, não incidindo essas contribuições sobre verbas indenizatórias, como é o caso da contribuição previdenciária sobre o salário-maternidade, conforme posicionamento adotado pelo STF no julgamento do Recurso Extraordinário (RE) 576967, tema 72 da Repercussão Geral. O posicionamento adotado pelo STF em agosto de 2020 levou em consideração que, no caso da licença-maternidade, não há a caracterização da natureza salarial, tendo em vista que a funcionária não está exercendo suas funções junto à sua empregadora.

Com o entendimento adotado pelo STF, diversas verbas pagas ao trabalhador deixaram de integrar a base de cálculo das contribuições sociais previdenciárias, como ocorre com vale-transporte, prêmio por assiduidade, auxílio-doença e auxílio-acidente até o 15º dia, bônus de contratação e aviso prévio indenizado.

O conceito é bastante simples: se a verba paga ao trabalhador o remunera, aumentando o seu patrimônio, será fato gerador da contribuição. Caso contrário, se estivermos diante de uma verba indenizatória, paga para recompor uma perda do trabalhador, não há que se falar na incidência da contribuição previdenciária nos moldes do art. 195 da CRFB.

Com a reforma trabalhista e alterações posteriores da legislação, surgiu no direito brasileiro a figura do contrato de trabalho intermitente. Nessa modalidade de contratação, o trabalhador é convocado de forma esporádica com intervalos de tempo em que permanece na inatividade. Dúvidas surgiram então com relação à incidência da contribuição previdenciária sobre as férias a que fazem jus esses trabalhadores.

A Receita Federal do Brasil se antecipou e, em solução de consulta (SC COSIT nº 17), em 15 de janeiro de 2019, consolidou o entendimento acerca da incidência das contribuições previdenciárias. Vejamos:

ASSUNTO: CONTRIBUIÇÕES SOCIAIS PREVIDENCIÁRIAS. HIPÓTESE DE INCIDÊNCIA. TRABALHO INTERMITENTE. FÉRIAS. TERÇO CONSTITUCIONAL.
O pagamento relativo às férias do trabalhador contratado para prestar serviços intermitentes, por período horário, diário ou mensal, é vinculado ao gozo das suas férias. Em virtude dessa vinculação, a natureza da remuneração das férias é retributiva dos serviços prestados ou postos à disposição do empregador. Verbas relativas às férias têm natureza indenizatória em relação à incidência de multa pela sua não concessão tempestiva ou quando são pagas de modo proporcional ao prazo aquisitivo, por ocasião de rescisão sem justa causa do contrato de trabalho.

Assim, não devem restar dúvidas de que as contribuições para a seguridade social serão devidas quando o trabalhador for remunerado por sua atividade laboral.

O STF consolidou o entendimento no sentido de que incide a contribuição previdenciária sobre o terço constitucional de férias no julgamento do RE 1072485, sob o argumento de que se trata de verba recebida de forma periódica, como complemento à remuneração, caracterizando a habitualidade e a natureza remuneratória.

Além das contribuições da empresa e do empregador, as pessoas jurídicas ainda devem recolher as contribuições para o PIS e para a COFINS, que incidem sobre a receita ou o faturamento das empresas, e podem ser recolhidas sob o regime cumulativo ou não cumulativo. Ambos recebem tratamento constitucional, sendo que o PIS está previsto no art. 239 da Carta, e a COFINS, no art. 195, I, *b*. Muitas discussões já foram travadas no Judiciário acerca da incidência dessas contribuições, sua base de cálculo e requisitos formais, demonstrando uma alta litigiosidade.

A Lei 9.718/1998 regulamenta o regime cumulativo de incidência dessas contribuições que, via de regra, se aplica às empresas optantes pela apuração do imposto de renda pelo lucro presumido. As alíquotas de PIS e COFINS são respectivamente de 0,65% e 3,0% no citado regime, não sendo resguardado qualquer direito aos créditos para compensação.

Já o regime não cumulativo está previsto nas Leis 10.637/2002 (PIS) e 10.833/2003 (COFINS). As alíquotas são de 1,65% e 7,6%, respectivamente, e o direito ao creditamento é garantido.

Assim, geram créditos para compensação, por exemplo, bens adquiridos para a revenda, bens e serviços utilizados como insumos, dentre outros itens autorizados por lei. O STJ, por sua vez, ampliou o conceito de insumos que geram direito ao creditamento para que sejam considerados todos os insumos necessários ao exercício do objeto social da pessoa jurídica. Vejamos:

TRIBUTÁRIO. PIS E COFINS. CONTRIBUIÇÕES SOCIAIS. NÃO CUMULA-TIVIDADE. CREDITAMENTO. CONCEITO DE INSUMOS. DEFINIÇÃO ADMINISTRATIVA PELAS INSTRUÇÕES NORMATIVAS 247/2002 E 404/2004, DA SRF, QUE TRADUZ PROPÓSITO RESTRITIVO E DESVIRTUADOR DO SEU ALCANCE LEGAL. DESCABIMENTO. DEFINIÇÃO DO CONCEITO DE INSUMOS À LUZ DOS CRITÉRIOS DA ESSENCIALIDADE OU RELEVÂNCIA.

RECURSO ESPECIAL DA CONTRIBUINTE PARCIALMENTE CONHECIDO, E, NESTA EXTENSÃO, PARCIALMENTE PROVIDO, SOB O RITO DO ART. 543-C DO CPC/1973 (ARTS. 1.036 E SEGUINTES DO CPC/2015). 1. Para efeito do creditamento relativo às contribuições denominadas PIS e COFINS, a definição restritiva da compreensão de insumo, proposta na IN 247/2002 e na IN 404/2004, ambas da SRF, efetivamente desrespeita o comando contido no art. 3º, II, da Lei 10.637/2002 e da Lei 10.833/2003, que contém rol exemplificativo. 2. O conceito de insumo deve ser aferido à luz dos critérios da essencialidade ou relevância, vale dizer, considerando-se a imprescindibilidade ou a importância de determinado item – bem ou serviço – para o desenvolvimento da atividade econômica desempenhada pelo contribuinte. 3. Recurso Especial representativo da controvérsia parcialmente conhecido e, nesta extensão, parcialmente provido, para determinar o retorno dos autos à instância de origem, a fim de que se aprecie, em cotejo com o objeto social da empresa, a possibilidade de dedução dos créditos relativos a custo e despesas com: água, combustíveis e lubrificantes, materiais e exames laboratoriais, materiais de limpeza e equipamentos de proteção individual-EPI. 4. Sob o rito do art. 543-C do CPC/1973 (arts. 1.036 e seguintes do CPC/2015), assentam-se as seguintes teses: (a) é ilegal a disciplina de creditamento prevista nas Instruções Normativas da SRF ns. 247/2002 e 404/2004, porquanto compromete a eficácia do sistema de não cumulatividade da contribuição ao PIS e da COFINS, tal como definido nas Leis 10.637/2002 e 10.833/2003; e (b) o conceito de insumo deve ser aferido à luz dos critérios de essencialidade ou relevância, ou seja, considerando-se a imprescindibilidade ou a importância de terminado item – bem ou serviço – para o desenvolvimento da atividade econômica desempenhada pelo Contribuinte (STJ – REsp. 1221170/PR, 2010/0209115-0, Rel. Min. Napoleão Nunes Maia Filho, Data de Julgamento: 22.02.2018, S1 – Primeira Seção, Data de Publicação: *DJe* 24.04.2018).

A decisão do STJ interpreta com clareza o sentido da norma, que é o de garantir que o contribuinte possa se creditar dos insumos, fazendo que as contribuições em análise sejam mais justas, ao passo que todos os insumos necessários ao exercício da finalidade da empresa deverão ser admitidos na sistemática do creditamento. O critério a ser adotado é o da subtração, ou seja, caso o insumo seja subtraído, se a entrega do bem ou serviço for possível, não deve ser resguardado o direito ao creditamento. Caso a entrega da atividade fim da empresa fique impossibilitada, o direito ao creditamento ficará mantido.

O regime não cumulativo, geralmente, é aplicado às empresas que apuram imposto de renda pelo regime de lucro real, não sendo mantido o direito ao creditamento para empresas que apuram imposto de renda no regime de lucro presumido.

Importante frisar que, de acordo com o STJ, não há direito ao creditamento quando da aquisição de produtos sujeitos à tributação monofásica, ou seja, não há o direito ao crédito quando a incidência é concentrada em uma etapa da cadeia produtiva. O entendimento foi adotado no regime de recursos repetitivos no julgamento dos REsps 1894741/RS e 1895255/RS.

Como se não bastasse, também incidirão PIS e COFINS sobre as importações, na forma do art. 195, IV, da CRFB. Tal contribuição foi instituída pela Lei nº 10.865/2004 e terá como base de cálculo o valor aduaneiro, assim entendido, o valor que servir ou que serviria de base para o cálculo do imposto de importação, ou seja, o valor efetivamente pago pela mercadoria importada em condições de livre-comércio.

CAP. 2 • ESPÉCIES TRIBUTÁRIAS | **69**

Importante frisar que, na forma do art. 149, § 2º, I, da CRFB, não incidirão as contribuições sociais e de intervenção no domínio econômico sobre as receitas provenientes de exportação.

Outrossim, a Constituição ainda autoriza a criação de contribuição social sobre o lucro da empresa, conforme previsto no art. 195, I, *b*. Assim, o sistema tributário brasileiro faz que a tributação recaia tanto sobre a receita bruta quanto sobre o lucro após as deduções legais.

A CSLL é a contribuição que incide sobre o lucro, pela Lei 7.689/1988, que incide sobre o acréscimo patrimonial decorrente do exercício da atividade da empresa ou entidade equiparada e não sofreu alterações pela Emenda Constitucional 132/2023. Entretanto, foi publicada a Lei 15.019/2024 que introduziu no direito brasileiro as regras GLoBE (*Global Anti-Base Erosion Rules*), modelo da OCDE para evitar a erosão da base tributária, harmonizando as normas brasileiras com os padrões internacionais.

A referida norma instituiu o adicional da CSLL, mantida sua destinação, com a finalidade de estabelecer tributação mínima efetiva de 15% (quinze por cento) às multinacionais.

Em razão disso, caso a alíquota efetiva das multinacionais submetidas à jurisdição brasileira seja inferior a 15%, será calculado e devido pela empresa o adicional de CSLL para complementação da tributação no Brasil, até que a tributação mínima de 15% seja atingida.

Tal contribuição poderá ser apurada na sistemática anual ou trimestral, seguindo o modelo da apuração do imposto de renda da pessoa jurídica, ao passo que segue os mesmos prazos legais para recolhimento

Diferente das contribuições para o PIS e para a COFINS, a CSLL incidirá sobre as receitas provenientes de exportação, ao passo que a Lei Maior imuniza somente as "receitas" provenientes de exportação, mas não o lucro. Com esse posicionamento, o STF rechaçou a aplicação da imunidade à CSLL.

IMUNIDADE – CAPACIDADE ATIVA TRIBUTÁRIA. A imunidade encerra exceção constitucional à capacidade ativa tributária, cabendo interpretar os preceitos regedores de forma estrita.

IMUNIDADE – EXPORTAÇÃO – RECEITA – LUCRO. A imunidade prevista no inciso I do § 2º do artigo 149 da Carta Federal não alcança o lucro das empresas exportadoras.

LUCRO – CONTRIBUIÇÃO SOCIAL SOBRE O LUCRO LÍQUIDO – EMPRESAS EXPORTADORAS. Incide no lucro das empresas exportadoras a Contribuição Social sobre o Lucro Líquido (Informativo 531 do STF RE 564413/SC).

Assim, as exportações foram desoneradas acerca das contribuições incidentes sobre a receita, não incidindo PIS e COFINS, mas não afastou a incidência da CSLL.

As contribuições sociais incidirão também sobre os concursos de prognósticos, na forma do art. 195, III, da CRFB e regulamentada pela Lei 8.212/1991, art. 26. Vejamos:

Art. 26. Constitui receita da Seguridade Social a contribuição social sobre a receita de concursos de prognósticos a que se refere o inciso III do *caput* do art. 195 da Constituição Federal. *(Redação dada pela Lei nº 13.756, de 2018.) (...)*

§ 4º O produto da arrecadação da contribuição será destinado ao financiamento da Seguridade Social. (Incluído pela Lei nº 13.756, de 2018.)

§ 5º A base de cálculo da contribuição equivale à receita auferida nos concursos de prognósticos, sorteios e loterias. (Incluído pela Lei nº 13.756, de 2018.)

§ 6º A alíquota da contribuição corresponde ao percentual vinculado à Seguridade Social em cada modalidade lotérica, conforme previsto em lei. (Incluído pela Lei nº 13.756, de 2018.)

Assim, incidem contribuições sobre as receitas provenientes de loterias e apostas, por exemplo, que são jogos que dependem do elemento sorte, não cabendo sua incidência sobre concursos que não dependam da sorte, mas da técnica, como é o caso do jogo de pôquer, por exemplo. Nesse jogo, a técnica é mais relevante para um resultado bem-sucedido do que a sorte pura e simples.

Além disso, também se enquadram como contribuições para a seguridade social o PIS e a COFINS, que incidem sobre o faturamento das empresas, e a CSLL, que incide sobre o lucro líquido e as contribuições sobre concursos de prognósticos.

Tais contribuições são deveras importantes para a manutenção da seguridade social e o bem-estar social no Brasil.

2.5.1.3. Outras contribuições sociais

O rol de contribuições sociais previsto na Constituição Federal pode não ser suficiente para o que o Estado atinja sua finalidade, que é entregar à população o bem-estar social. Assim, caso seja necessário, a União poderá criar outras fontes para o custeio da seguridade social, conforme determina o art. 195, § 4º, da CRFB.

A União poderá instituir novas contribuições além daquelas previstas na Lei Maior, mas, para isso, deve respeitar os limites previstos no art. 154, I, da CRFB, que trata da **competência residual** em matéria tributária.

A competência residual em matéria tributária somente poderá ser exercida pela União, mediante lei complementar para instituição de impostos e contribuições sociais que não estejam previstas na Constituição e que não podem ter base de cálculo ou fatos geradores já previstos na Carta. Tal limitação somente é cabível no limite da espécie tributária. Assim, podemos ter um imposto residual que tenha como fato gerador uma conduta tributável pela contribuição, e vice-versa.

O posicionamento do STF é pacífico no sentido de que a limitação trazida no art. 154, I, da CRFB não se aplica entre contribuição e imposto:

Quando do julgamento dos RREE 177.137-RS e 165.939-RS, por mim relatados, *sustentamos a tese no sentido de que, tratando-se de contribuição, a Constituição não proíbe a coincidência de sua base de cálculo com a do imposto, o que é vedado relativamente às taxas.*

Destaco dos votos que proferi nos citados RREE 177.137-RS e 165.939-RS:

"A contribuição parafiscal ou especial é um terceiro gênero. Vale dizer, não é imposto e não é taxa. Quando do julgamento do RE 138.284-CE, de que fui relator, examinei o tema em pormenor (*RTJ* 143/313). A ele me reporto. (...) A contribuição, não obstante um tributo, não está sujeita à limitação inscrita no § 2º do art. 145 da Constituição.

CAP. 2 • ESPÉCIES TRIBUTÁRIAS | **71**

Também não se aplicam a ela as limitações a que estão sujeitos os impostos, em decorrência da competência privativa dos entes políticos para instituí-los (CF, arts. 153, 155 e 156), a impedir a bitributação. A técnica da competência residual da União para instituir imposto (CF, art. 154, I), aplicável às contribuições sociais de seguridade, no tocante às 'outras fontes destinadas a garantir a manutenção ou expansão da seguridade social' (C.F., art. 195, § 4º), não é invocável, no caso (C.F., art. 149).

Ademais, as limitações ou vedações expressas – CF, art. 150, arts. 151 e 152 – não estabelecem a proibição imaginada pela Recorrente.

E o que me parece definitivo para afastamento do argumento da recorrente é isto: quando a Constituição desejou estabelecer limitação ou vedação referentemente a qualquer tributo e não às suas espécies, ela foi expressa, como, v.g., art. 146, III, a (definição de tributos e de suas espécies), art. 150, I (princípio da legalidade tributária), II (regra geral para os tributos), III (cobrança de tributos), art. 151, art. 152, art. 155, § 3º ('À exceção dos impostos de que tratam o inciso II do *caput* deste artigo e o art. 153, I e II, nenhum outro tributo poderá incidir sobre operações relativas a energia elétrica, serviços de telecomunicações, derivados de petróleo, combustíveis e minerais do País').

(...)

A duas, porque, quando o § 4º, do art. 195, da CF, manda obedecer a regra da competência residual da União – art. 154, I – não estabelece que as contribuições não devam ter fato gerador ou base de cálculo de impostos. As contribuições, criadas na forma do § 4º, do art. 195, da CF, não devem ter, isto sim, fato gerador e base de cálculo próprios das contribuições já existentes. É que deve ser observado o sistema. E o sistema é este: *tratando-se de contribuição, a Constituição não proíbe a coincidência da sua base de cálculo com a base de cálculo do imposto, o que é vedado, expressamente, relativamente às taxas"* (RE 228321).

Isso posto, resta claro que a reserva é de lei complementar para o exercício da competência residual em matéria tributária. Os demais requisitos não se aplicam, de modo que impostos residuais não podem ter fatos geradores de impostos já presentes na Constituição, e contribuições sociais também não poderão ter fatos geradores ou bases de cálculo de outras contribuições sociais já previstas. Assim, é possível que uma contribuição social residual tenha mesmos fatos geradores ou bases de cálculo de impostos.

A reserva de lei complementar para o caso de criação de novos impostos e contribuições sociais é mais que endossada pelo STF em diversos precedentes. Vejamos:

CONTRIBUIÇÃO SOCIAL PREVIDENCIÁRIA – EMPREGADOR RURAL PESSOA FÍSICA – INCIDÊNCIA SOBRE A COMERCIALIZAÇÃO DA PRODUÇÃO – ART. 25 DA LEI 8.212/1991, NA REDAÇÃO DADA PELO ART. 1º DA LEI 8.540/1992 – INCONSTITUCIONALIDADE. Necessidade de lei complementar para a instituição de nova fonte de custeio para a seguridade social. Recurso extraordinário conhecido e provido para reconhecer a inconstitucionalidade do art. 1º da Lei 8.540/1992, aplicando-se aos casos semelhantes o disposto no art. 543-B do CPC (RE 596177, Rel. Min. Ricardo Lewandowski, j. 01.08.2011, P, *DJE* de 29.08.2011, Tema 202). = RE 363852, Rel. Min. Marco Aurélio, j. 03.02.2010, P, *DJE* de 23.04.2010. *Vide* RE 718874, Rel. Min. Edson Fachin, j. 30.03.2017, P, *DJE* de 03.10.2017, Tema 669. *Vide* RE 486828 AgR-ED-AgR, 1ª Turma, Rel.

Min. Marco Aurélio, j. 17.12.2013, *DJE* de 13.02.2014. *Vide* RE 596177 ED, Rel. Min. Ricardo Lewandowski, j. 17.10.2013, P, *DJE* de 18.11.2013, Tema 202.

Como se pode ver no julgado *supra*, a criação de nova hipótese de incidência de contribuição previdenciária somente poderá ocorrer mediante lei complementar. Por óbvio, se houvesse o enquadramento em uma das hipóteses previstas na CRFB, art. 195, não haveria necessidade de lei complementar, mas, no caso concreto, trata-se de uma espécie tributária completamente nova, não restando dúvidas acerca da impossibilidade de sua criação por meio de medida provisória.

Tal posicionamento resta abordado por Leandro Paulsen[17] em sua obra. Vejamos:

> Quando da análise de qualquer nova contribuição para o custeio da seguridade social ou mesmo da ampliação da hipótese de incidência ou da base de cálculo de contribuição já existente, tem-se de analisar, em primeiro lugar, se a inovação se situa entre as bases econômicas já previstas no art. 195, I a IV, da Constituição, ou seja, se é possível considerá-la como uma contribuição ordinária ou nominada, passível de instituição mediante lei ordinária. Em não havendo possibilidade de recondução aos incisos I a IV, estaremos em face de uma nova contribuição de custeio da seguridade social, cuja instituição depende, necessariamente, de lei complementar.

Assim, para que seja criado um tributo, somente será cabível a lei complementar.

 PARA REFORÇAR

Contribuições sociais gerais	Arts. 212, § 5º, e 240 da CRFB	Têm como finalidade financiar o bem-estar social que não represente a seguridade social, tal como lazer, cultura e educação, por exemplo.
Contribuições sociais para a seguridade social	Art. 195 e incisos da CRFB	Têm como finalidade o financiamento da seguridade social, que abrange a previdência social, a saúde e a assistência social.
Outras contribuições sociais	Art. 195, § 4º, da CRFB	Trata-se do exercício da competência residual pela União. Atendendo os requisitos do art. 154, I, da CRFB, somente a União poderá instituir impostos e contribuições sociais que não estejam previstos na Carta desde que não sejam cumulativos nem tenham base de cálculo ou fato gerador daqueles que já estejam previstos.

---

[17] PAULSEN, Leandro. *Direito Tributário:* Constituição e Código Tributário à Luz da Doutrina e da Jurisprudência. 15. ed. Porto Alegre: Livraria do Advogado, 2013. p. 578.

DICA

A contribuição social residual pode ter base de cálculo ou fato gerador de outro imposto, mas não de outra contribuição, conforme vedação do art. 154, I, da CRFB. A limitação está somente dentro da respectiva espécie tributária.

Assim, poderão ser instituídas outras **fontes de custeio** da seguridade social, além daquelas já previstas na Carta, respeitados os limites supracitados.

Importante o destaque no sentido de que o exercício da competência residual é **exclusivo** da União, não cabendo a outro ente federado, e seu exercício se dará por meio de lei complementar.

2.5.2. Contribuição de intervenção no domínio econômico

A contribuição de intervenção no domínio econômico tem como finalidade interferir na economia para atender aos princípios que orientam a **ordem econômica** brasileira, previstos no art. 170 da CRFB. Sua finalidade, então, é custear as atividades da União no sentido de atender aos princípios orientadores da ordem econômica, sendo, portanto, de competência **exclusiva** da União.

As **CIDEs** são tributos **extrafiscais** que têm como objetivo interferir no domínio econômico, e tal intervenção pode se dar de duas formas: seja pela alteração da alíquota, encarecendo ou barateando determinada operação; seja pela destinação da receita, influenciando e desenvolvendo determinado ramo da atividade econômica.

A principal característica da CIDE é a referibilidade, que consiste no fato de que a CIDE está diretamente atrelada às pessoas que se encontram no respectivo ramo da atividade econômica objeto da intervenção estatal. Em outras palavras, a CIDE somente incidirá sobre aquelas pessoas que exercem atividades relacionadas com o ramo da economia afetado pela exação.

Atualmente, a mais famosa CIDE existente do Brasil é a que incide sobre combustíveis e seus derivados, prevista na CRFB, art. 177, § 4º, e regulamentada pela Lei 10.336/2001.

Essa CIDE tem como fato gerador a comercialização e importação de combustíveis e seus derivados, o que caracteriza de forma clara a referibilidade, de modo que somente são exigidos dessa contribuição os importadores e comerciantes de combustíveis e derivados. A sua receita é destinada, na forma da CRFB, art. 177, § 4º, II.

Frise-se que não se trata de tributo vinculado, e sim de tributo com **receita destinada**. Assim, o fato gerador é uma atividade do contribuinte, mas a receita obtida tem uma destinação específica, de modo que o tributo em questão não gera para o contribuinte o direito a contraprestação estatal específica. No caso da CIDE Combustíveis, por exemplo, a sua finalidade está no art. 177, § 4º, II, da CRFB:

> Art. 177. Constituem monopólio da União:
>
> (...)
>
> § 4º A lei que instituir contribuição de intervenção no domínio econômico relativa às atividades de importação ou comercialização de petróleo e seus derivados, gás natural e seus derivados e álcool combustível deverá atender aos seguintes requisitos:

(Incluído pela Emenda Constitucional nº 33, de 2001 e atualizados pela Emenda Constitucional 132, de 2023)

(...)

II – os recursos arrecadados serão destinados: (Incluído pela Emenda Constitucional nº 33, de 2001)

a) ao pagamento de subsídios a preços ou transporte de álcool combustível, gás natural e seus derivados e derivados de petróleo; (Incluído pela Emenda Constitucional nº 33, de 2001)

b) ao financiamento de projetos ambientais relacionados com a indústria do petróleo e do gás; (Incluído pela Emenda Constitucional nº 33, de 2001)

c) ao financiamento de programas de infraestrutura de transportes. (Incluído pela Emenda Constitucional nº 33, de 2001)

d) ao pagamento de subsídios a tarifas de transporte público coletivo de passageiros. (Incluído pela Emenda Constitucional 132, de 2023)

Não é difícil perceber que a ausência de aplicação da receita auferida na forma prevista na Lei Maior não vicia o tributo de inconstitucionalidade, uma vez que a arrecadação é bastante alta e pouco é investido na finalidade. Ocorre que as contribuições são destinadas e não vinculadas, bastando, para sua instituição, a existência de um objetivo, e não de uma contraprestação.

Frise-se que não há necessidade de lei complementar para instituição da contribuição de intervenção no domínio econômico, sendo suficiente a **lei ordinária** ou mesmo a **medida provisória**, como ocorre com as contribuições especiais em geral. Isso porque, na forma do art. 146, III, *b*, da CRFB, a reserva de lei complementar aplica-se somente à instituição de impostos e contribuições, que são espécies tributárias autônomas que não se confundem com os impostos. Vejamos:

JURISPRUDÊNCIA

> (...) O Supremo Tribunal Federal fixou entendimento no sentido da dispensabilidade de lei complementar para a criação das contribuições de intervenção no domínio econômico e de interesse das categorias profissionais. (...) (AI 739715 AgR, 2ª Turma, Rel. Min. Eros Grau, Data de Publicação: 19.06.2009).

Existem outras CIDEs no direito brasileiro, como é o caso da CIDE *Royalties*, criada pela Lei 10.168/2000, cuja finalidade está no art. 1º da citada lei:

Art. 1º Fica instituído o Programa de Estímulo à Interação Universidade-Empresa para o Apoio à Inovação, cujo objetivo principal é estimular o desenvolvimento tecnológico brasileiro, mediante programas de pesquisa científica e tecnológica cooperativa entre universidades, centros de pesquisa e o setor produtivo.

Tal contribuição tem o claro objetivo de desenvolver a produção tecnológica no Brasil e é "devida pela pessoa jurídica detentora de licença de uso ou adquirente de conhecimentos tecnológicos, bem como aquela signatária de contratos que impliquem transferência de tecnologia, firmados com residentes ou domiciliados no exterior", na forma do art. 2º da Lei 10.168/2000.

Com a edição da Lei 10.332/2001, o fato gerador foi alargado para abranger também os "contratos que tenham por objeto serviços técnicos e de assistência administrativa e semelhantes a serem prestados por residentes ou domiciliados no exterior, bem assim pelas pessoas jurídicas que pagarem, creditarem, entregarem, empregarem ou remeterem *royalties*, a qualquer título, a beneficiários residentes ou domiciliados no exterior".

Também resguarda a mesma natureza a vetusta contribuição para o financiamento do Instituto do Açúcar e do Álcool (IAA).

 JURISPRUDÊNCIA

> CONTRIBUIÇÃO DEVIDA AO INSTITUTO DO AÇÚCAR E DO ÁLCOOL (IAA). A CF/1988 recepcionou o DL 308/1967, com as alterações dos DL 1.712/1979 e 1.952/1982. Ficou afastada a ofensa ao art. 149 da CF/1988, que exige lei complementar para a instituição de contribuições de intervenção no domínio econômico. A contribuição para o IAA é compatível com o sistema tributário nacional. Não vulnera o art. 34, § 5º, do ADCT/CF/1988. É incompatível com a CF/1988 a possibilidade de a alíquota variar ou ser fixada por autoridade administrativa (RE 214206, Plenário, Rel. p/ o ac. Min. Nelson Jobim, j. 15.10.1997, *DJ* 29.05.1998). No mesmo sentido: RE 597098-AgR, Rel. Min. Joaquim Barbosa, j. 04.10.2011, *DJe* 17.11.2011. Vide: RE 543997-AgR, 2ª Turma, voto da Rel. Min. Ellen Gracie, j. 22.06.2010, *DJe* 06.08.2010).

Outra importante contribuição é a Contribuição para o Desenvolvimento da Indústria Cinematográfica Nacional (CONDECINE), que foi instituída pela Medida Provisória (MP) 2228-1/2001. Ela incide sobre a veiculação, a produção, o licenciamento e a distribuição de obras cinematográficas e videofonográficas com fins comerciais, bem como sobre o pagamento, o crédito, o emprego, a remessa ou a entrega, aos produtores, distribuidores ou intermediários no exterior, de importâncias relativas a rendimento decorrente da exploração de obras cinematográficas e videofonográficas ou por sua aquisição ou importação, a preço fixo.

A sua arrecadação é destinada ao Fundo Setorial do Audiovisual (FSA), sendo revertido diretamente para o fomento do setor.

Por fim, mas não sendo a última pois existem outras, também tem natureza jurídica de CIDE o Adicional de Frete para Renovação da Marinha Mercante (AFRMM).

 JURISPRUDÊNCIA

> ADICIONAL AO FRETE PARA RENOVAÇÃO DA MARINHA MERCANTE – AFRMM: CONTRIBUIÇÃO PARAFISCAL OU ESPECIAL DE INTERVENÇÃO NO DOMÍNIO ECONÔMICO – CF, ART. 149, ART. 155, § 2º, IX – ADCT, ART. 36. O AFRMM é uma contribuição parafiscal ou especial, contribuição de intervenção no domínio econômico, terceiro gênero tributário, distinta do imposto e da taxa (CF, art. 149) (RE 177137, Rel. Min. Carlos Velloso).

Em resumo, as contribuições de intervenção no domínio econômico são espécies de contribuições especiais que têm como finalidade a intervenção na economia de acordo com os princípios constitucionais previstos no art. 170 da CRFB. Sua principal característica é a referibilidade, que consiste na exigência da exação somente daqueles contribuintes relacionados com o setor da economia objeto da intervenção estatal.

Assim, tais contribuições financiam a intervenção estatal em determinada área da atividade econômica, como é o caso da contribuição para o SEBRAE:

O Plenário do STF, ao julgar o *RE 396.266*, de relatoria do min. Carlos Velloso, **reconheceu a constitucionalidade da contribuição para o SEBRAE. (...) O tributo em questão destina-se a viabilizar a promoção do desenvolvimento das micro e pequenas empresas e deve, portanto, ser enquadrado na classe das contribuições de intervenção no domínio econômico, e não nas das contribuições sociais.** Essa constatação afasta a incidência do disposto no art. 240 e também a do art. 195, § 4º, ambos da CF. **Conforme reiteradamente decidiu o STF, o fato de a contribuição de intervenção no domínio econômico sujeitar-se ao art. 146, III, *a*, não leva à conclusão de que o tributo deva ser instituído mediante lei complementar. Vale dizer, tais contribuições sujeitam-se, sim, às normas gerais estabelecidas pela legislação complementar em matéria tributária**, mas não é de se exigir que elas próprias sejam veiculadas apenas por meio de lei complementar (RE 635682, voto do Rel. Min. Gilmar Mendes, j. 25.04.2013, P, *DJE* de 24.05.2013, tema 227).

Importante ficar atento ao fato de que tal contribuição não tem natureza de contribuição social geral como as demais contribuições para o sistema S, mas, sim, de CIDE, conforme posicionamento *supra*, adotado pelo STF.

✍ PARA REFORÇAR

CIDE	Art. 149 da CRFB	Tem como característica a referibilidade, sendo exigida somente das pessoas integrantes do ramo da atividade econômica objeto da intervenção.
Lei ordinária	Art. 146, III, *b*, da CRFB	A Cide não está reservada à lei complementar para sua instituição.

2.5.3. *Contribuições profissionais ou corporativas*

As contribuições profissionais são **instituídas** pela **União** para financiar os representantes de categorias econômicas, ou seja, para destinar recursos para as categorias profissionais. Um dos principais exemplos é a **contribuição sindical** prevista no art. 578 da Consolidação das Leis do Trabalho (CLT).

Frise-se que no Brasil é errada a utilização da expressão "imposto sindical", porque se trata, em verdade, de espécie tributária distinta, ou seja, estamos diante de uma contribuição especial, e não de um imposto.

A Lei 13.467, de 13.07.2017, denominada **reforma trabalhista**, alterou o art. 579 da CLT, dando-lhe a seguinte redação:

Art. 579. O desconto da contribuição sindical está condicionado à autorização prévia e expressa dos que participem de uma determinada categoria econômica ou profissional, ou de uma profissão liberal, em favor do sindicato representativo da mesma categoria ou profissão ou, inexistindo este, na conformidade do disposto no art. 591 desta Consolidação.

Depreende-se da leitura que foi trazida uma importante mudança, transformando a **contribuição sindical** de obrigatória para **facultativa**, dependente de autorização expressa e prévia do destinatário, retirando, assim, sua natureza jurídica tributária. Isso porque o tributo é compulsório, na forma do art. 3º do CTN, e a contribuição perdeu essa característica com a reforma trabalhista, sendo reconhecida a constitucionalidade com o julgamento da ADI 5794.

Outrossim, a contribuição sindical, mesmo antes da reforma trabalhista não poderia ser confundida com a contribuição confederativa, prevista no art. 8º, IV, da CRFB, que não possui natureza jurídica tributária, posicionamento adotado pelo STF na edição da Súmula 666, que foi convertida na Súmula Vinculante 40 do STF.

Tal exação tem como finalidade o **financiamento** e a **manutenção** dos **sindicatos** para o atingimento de seus objetivos constitucionais. Frise-se que muitas entidades sindicais efetuam outras cobranças dos associados, como as contribuições assistenciais por exemplo. Tais cobranças não têm natureza jurídica tributária, mas somente a contribuição sindical propriamente dita. Assim, não têm natureza tributária as contribuições confederativas e as assistenciais.

É importante destacar que somente poderão exigir esse tributo os representantes de categorias econômicas, e tal conceito se estende aos conselhos representantes de classes, como é o caso do Conselho Regional de Engenharia e Arquitetura (CREA), do Conselho Regional de Medicina (CRM) etc. Entretanto, no tocante à Ordem dos Advogados do Brasil (**OAB**), os tribunais superiores entenderam pelo não enquadramento, uma vez que a ela não se limita a fiscalizar a atividade profissional dos advogados, tendo a função constitucional de defender o Estado Democrático de Direito. Vejamos a jurisprudência sobre o assunto:

 ## JURISPRUDÊNCIA

> AGRAVO DE INSTRUMENTO – CONSELHOS PROFISSIONAIS – ANUIDADES – NATUREZA TRIBUTÁRIA, À EXCEÇÃO DA OAB – CONTRIBUIÇÕES SOCIAIS DO INTERESSE DE CATEGORIAS PROFISSIONAIS OU ECONÔMICAS (ART. 149, CF) – PRINCÍPIO DA LEGALIDADE – FIXAÇÃO DO VALOR DAS ANUIDADES POR MEIO DE RESOLUÇÕES OU PORTARIAS – IMPOSSIBILIDADE.
>
> 1. Cuida-se de agravo de instrumento contra decisão que julgou extinta a execução fiscal sem resolução do mérito, em relação aos créditos referentes às anuidades, com fulcro no art. 267, IV c/c art. 618, I, ambos dispositivos do Código de Processo Civil.
>
> 2. Tendo em vista a natureza tributária dos Conselhos Profissionais, à exceção da OAB, somente podem ser exigidas e majoradas através de lei federal, consoante disposição dos arts. 146, III, 150, I da Constituição Federal, o que impossibilita a fixação do valor da anuidade por meio de resoluções, portarias ou atos de iniciativa do Conselho Federal.
>
> 3. No âmbito do Tribunal Regional Federal da 2ª Região, é assente o entendimento segundo o qual os valores de anuidades estabelecidos em resolução do Conselho respectivo são inexigíveis e, por isso, a hipótese de fato comportava a extinção do processo com base em tal fundamento.
>
> 4. Agravo de instrumento conhecido e improvido (AI 3021220154020000, Des. Guilherme Calmon Nogueira da Gama, 10.03.2016).

Ocorre que, no julgamento do RE 647885/RS, publicado no *DJE*, de 19 de maio de 2020, o STF alterou seu posicionamento, reconhecendo a natureza tributária da anuidade cobrada pela OAB, impedindo a aplicação de sanção disciplinar em caso de inadimplemento da anuidade. Vejamos:

RECURSO EXTRAORDINÁRIO – REPERCUSSÃO GERAL – DIREITO TRIBUTÁRIO E ADMINISTRATIVO – CONSELHO DE FISCALIZAÇÃO PROFISSIONAL. ORDEM DOS ADVOGADOS DO BRASIL – OAB – SANÇÃO – SUSPENSÃO – INTERDITO DO EXERCÍCIO PROFISSIONAL – INFRAÇÃO DISCIPLINAR – ANUIDADE OU CONTRIBUIÇÃO ANUAL – INADIMPLÊNCIA – NATUREZA JURÍDICA DE TRIBUTO – CONTRIBUIÇÃO DE INTERESSE DE CATEGORIA PROFISSIONAL – SANÇÃO POLÍTICA EM MATÉRIA TRIBUTÁRIA – LEI 8.906/1994 – ESTATUTO DA ORDEM DOS ADVOGADOS DO BRASIL.

1. A jurisprudência desta Corte é no sentido de que as anuidades cobradas pelos conselhos profissionais caracterizam-se como tributos da espécie contribuições de interesse das categorias profissionais, nos termos do art. 149 da Constituição da República. Precedentes: MS 21.797, Rel. Min. Carlos Velloso, Tribunal Pleno, DJ 18.05.2001; e ADI 4.697, de minha relatoria, Tribunal Pleno, *DJe* 30.03.2017.

2. As sanções políticas consistem em restrições estatais no exercício da atividade tributante que culminam por inviabilizar injustificadamente o exercício pleno de atividade econômica ou profissional pelo sujeito passivo de obrigação tributária, logo representam afronta aos princípios da proporcionalidade, da razoabilidade e do devido processo legal substantivo. Precedentes. Doutrina.

3. Não é dado a conselho de fiscalização profissional perpetrar sanção de interdito profissional, por tempo indeterminado até a satisfação da obrigação pecuniária, com a finalidade de fazer valer seus interesses de arrecadação frente a infração disciplinar consistente na inadimplência fiscal. Trata-se de medida desproporcional e caracterizada como sanção política em matéria tributária.

4. Há diversos outros meios alternativos judiciais e extrajudiciais para cobrança de dívida civil que não obstaculizam a percepção de verbas alimentares ou atentam contra a inviolabilidade do mínimo existencial do devedor. Por isso, infere-se ofensa ao devido processo legal substantivo e aos princípios da razoabilidade e da proporcionalidade, haja vista a ausência de necessidade do ato estatal.

5. Fixação de Tese de julgamento para efeitos de repercussão geral: "**É inconstitucional a suspensão realizada por conselho de fiscalização profissional do exercício laboral de seus inscritos por inadimplência de anuidades, pois a medida consiste em sanção política em matéria tributária.**"

6. Recurso extraordinário a que se dá provimento, com declaração de inconstitucionalidade dos arts. 34, XXIII, e 37, § 2º, da Lei 8.906/1994.

Como se pode ver, não restavam dúvidas de que a anuidade da OAB teria natureza jurídica tributária, aplicando todo arcabouço de princípios previstos no sistema tributário nacional, tratando-se de uma importante alteração jurisprudencial.

Todavia, o STF entendeu que a OAB não deve se submeter à fiscalização do TCU, por ser uma autarquia especial, conforme o Tema 1.054 da repercussão geral.

Um dos pontos mais importantes acerca das contribuições profissionais é o requisito para a sua cobrança. A divergência surgiu entre a necessidade de efetivo exercício da profissão ou a simples existência de registro como requisito suficiente para a incidência da contribuição.

Durante anos, a jurisprudência se consolidou no sentido de que a ausência do exercício da profissão afastaria a incidência da contribuição, mas a Lei 12.514/2011 passou a prever em seu art. 5º que "o fato gerador das anuidades é a existência de inscrição no conselho, ainda que por tempo limitado, ao longo do exercício". Tal determinação legal

CAP. 2 • ESPÉCIES TRIBUTÁRIAS | **79**

fere a própria finalidade das contribuições especiais, mas o STF adotou o posicionamento no sentido de que, após a vigência da citada lei, o fato gerador é meramente formal, ou seja, a existência de registro, sendo indiferente o exercício ou não da profissão, conforme entendimento adotado no ARE 787953.

Apesar da natureza tributária conferida às contribuições profissionais, a contagem da prescrição adotada pelo STF considera a Lei 12.514/2011, que determina que somente poderá haver a cobrança das anuidades após quatro anos de inadimplência. Em outras palavras, os Conselhos não poderão executar judicialmente dívidas referentes a anuidades inferiores a 5 (cinco) vezes o valor cobrado anualmente da pessoa física ou jurídica, conforme alteração trazida pela Lei nº 14.195/2021, que alterou o artigo 8º da Lei nº 12.514/2011. Com isso, o Supremo entendeu que a prescrição somente poderá iniciar sua contagem após o acúmulo de quatro anos de inadimplência, que é quando haverá o interesse de agir. Aliás, de acordo com o STJ, tal vedação de cobrança de valor inferior a quatro anuidades se estende à OAB, apesar da sua natureza jurídica especial. Vejamos:

> PROCESSUAL CIVIL – RECURSO ESPECIAL – EMBARGOS À EXECUÇÃO – OAB – ANUIDADE – VALOR MÍNIMO PREVISTO NO ART. 8º DA LEI N. 12.514/2011 – APLICABILIDADE.
>
> 1 – Na forma da jurisprudência desta Corte, apesar de a OAB possuir natureza jurídica especialíssima, por ser um conselho de classe está sujeita ao disposto no art. 8º da Lei 12.514/2011, que determina o não ajuizamento de execução para a cobrança de dívida oriunda de anuidade inferior a quatro vezes o valor cobrado anualmente da pessoa física ou jurídica inadimplente" (AgInt no REsp 1.783.533/AL, Rel. Min. Assusete Magalhães, Segunda Turma, *DJe* 4/4/2019).
>
> 2 – Recurso especial a que se dá provimento (REsp. 1814337 – SE (2019/0136851-8)).

Ademais, compete à justiça federal processar e julgar execução fiscal proposta por Conselho de Fiscalização Profissional, conforme a Súmula 66 do STJ.

Por fim, importante destacar que a contribuição profissional tem marcante característica parafiscal, posto que são instituídas pela União para o financiamento das atividades dos representantes das categorias econômicas, na forma do art. 149 da CRFB.

2.5.4. *Contribuição de iluminação pública*

A contribuição de **iluminação pública** foi introduzida no texto constitucional por meio da Emenda Constitucional (EC) 39/2002, que incluiu a redação do art. 149-A.

Tal contribuição é de competência dos **municípios** e do **Distrito Federal,** e a sua cobrança poderá ser realizada na conta de consumo de energia elétrica.

Sua instituição se deu após a declaração de inconstitucionalidade da taxa de iluminação pública, nos termos da Súmula 670 do STF e da Súmula Vinculante 41, mas não é uma simples alteração de nome, representando efetivamente outra espécie tributária, que não é vinculada, mas caracterizada pela destinação da sua receita.

Importante destacar que a competência foi entregue aos municípios e ao Distrito Federal, de modo que será inconstitucional a instituição pela União ou pelos estados.

Ademais, a Constituição **autoriza** a cobrança da contribuição de iluminação pública na conta de consumo de energia elétrica, dispensando os municípios e o Distrito Federal de efetivarem a cobrança autônoma, bastando o ajuste com a respectiva companhia de energia elétrica.

A contribuição de iluminação pública é espécie **autônoma,** apesar de se aproximar do conceito de imposto, ao passo que é calculada de acordo com o consumo interno do indivíduo, em sua residência ou estabelecimento comercial.

Com isso, a contribuição ganha contornos de imposto, pois tem como fato gerador uma atividade do contribuinte, e não uma atividade estatal. Todavia, a destinação da sua receita é a manutenção e expansão da iluminação pública, característica marcante das contribuições especiais, conforme posicionamento adotado no RE 666404, tema 696 da repercussão geral, publicado no *DJE* em 03.09.2020:

> RECURSO EXTRAORDINÁRIO – REPERCUSSÃO GERAL – TEMA 696 – CONS-TITUCIONAL – TRIBUTÁRIO – CONTRIBUICÇÃO PARA O CUSTEIO DO SERVIÇO DE ILUMINAÇÃO PÚBLICA – DESTINAÇÃO DOS RECURSOS ARRECADADOS – MELHORAMENTO E EXPANSÃO DA REDE – POSSIBILIDADE.
>
> **1.** O artigo 149-A, da Constituição Federal, incluído pela Emenda Constitucional 39/2002, dispõe que "Os Municípios e o Distrito Federal poderão instituir contribuição, na forma das respectivas leis, para o custeio do serviço de iluminação pública, observado o disposto no art. 150, I e III".
>
> **2.** O constituinte não pretendeu limitar o custeio do serviço de iluminação pública apenas às despesas de sua execução e manutenção. Pelo contrário, deixou margem a que o legislador municipal pudesse instituir a referida contribuição de acordo com a necessidade e interesse local, conforme disposto no art. 30, I e III, da Constituição Federal.
>
> **3.** A iluminação pública é indispensável à segurança e bem-estar da população local. Portanto, limitar a destinação dos recursos arrecadados com a contribuição ora em análise às despesas com a execução e manutenção significaria restringir as fontes de recursos que o Ente Municipal dispõe para prestar adequadamente o serviço público.
>
> **4.** Diante da complexidade e da dinâmica características do serviço de iluminação pública, é legítimo que a contribuição destinada ao seu custeio inclua também as despesas relativas à expansão da rede, a fim de atender as novas demandas oriundas do crescimento urbano, bem como o seu melhoramento, para ajustar-se às necessidades da população local.
>
> **5.** Recurso Extraordinário a que se dá provimento. Fixada a seguinte tese de repercussão geral: "É constitucional a aplicação dos recursos arrecadados por meio de contribuição para o custeio da iluminação pública na expansão e aprimoramento da rede".

Percebe-se que as espécies tributárias são diferenciadas com base no fato gerador da obrigação, sendo a vinculação um conceito importante, mas não determinante, pois as contribuições especiais são tributos **não vinculados** que têm como critério de distinção, a destinação da **receita** auferida.

Frise-se que a Reforma Tributária aprovada passa a prever a possibilidade de os municípios e o Distrito Federal instituírem as contribuições para o custeio, a expansão e a melhoria do serviço de sistemas de monitoramento para segurança e preservação de logradouros públicos. Trata-se de uma nova contribuição, que poderá ser veiculada por lei própria ou por alterações a serem operadas nas leis municipais que tratem da contribuição de iluminação pública.

QUADRO-RESUMO DAS CONTRIBUIÇÕES ESPECIAIS

Contribuições especiais	
Sociais (art. 194, CRFB)	**Profissionais**
Gerais – art. 212, § 5º, CRFB (Salário-educação) – art. 240, CRFB (Sistema "S") Seguridade Social CSLL – Lei 7.869/1988	– art. 149, CRFB – art. 578, CLT
PIS/COFINS – Lei 9.718/1998 (regime cumulativo) – Lei 10.637/2002 (regime não cumulativo) – Lei 10.833/2003 (regime não cumulativo) – art. 155, § 3º, CRFB – Súmula 659 do STF – Súmula 423 do STJ – Súmula Vinculante 31 Outras – art. 149, CRFB – art. 195, § 4º, CRFB – art. 154, I, CRFB – art. 62, § 1º, III, CRFB	CIDE – art. 149, CRFB – art. 177, § 4º, CRFB – Súmula 553 do STF CIP (ou COSIP) – art. 149-A, CRFB – Súmula 670 do STF

Espécies tributárias					
	Imposto (Real X Pessoal, Direto X Indireto, Fiscal X Extrafiscal X Parafiscal, Prop. X Prog. X Seletivo)	Taxa (Taxa de Polícia ou Taxa de Serviço)	Contribuição de Melhoria	Empréstimo Compulsório	Contribuições Especiais (Sociais, CIDE, Profissionais e CIP)
Fato Gerador	Atividade do contribuinte	Atividade estatal	Consiste na valorização imobiliária decorrente de obras públicas, ou seja, o fato gerador decorre de uma atividade estatal.	Fatos e condutas que demonstrem riqueza, não relacionados ao evento (a LC que vai decidir a conduta geradora).	Arts. 195, 177, § 4º, I, b, 149 e 149-A, CRFB
Característica	Prestação pecuniária compulsória – Contributivo	Contraprestação de serviço. – Necessário o serviço ser divisível e específico (uti singuli). – Existindo o serviço, o tributo é devido. Caso não haja a contraprestação, a cobrança do tributo será inconstitucional. – Retributivo.	– Esse tributo só pode ser cobrado se for precedido de obra pública. – O objetivo não é cobrar a valorização do imóvel, mas, sim, custear o gasto da obra pública. – Para esse tributo ser constitucional, é necessário que seja editada uma lei antes de a obra iniciar, com previsão de orçamento e a zona a ser beneficiada. – Retributivo.	Obrigação pecuniária compulsória – Incidem apenas nas seguintes hipóteses: 1) Calamidade pública. 2) Guerra externa ou iminência. 3) Investimento público de caráter urgente e de relevância ao interesse nacional. – Transitório e temporário. – Retributivo.	– Tributos não vinculados e caracterizados pela destinação da receita.
Vinculado ou não	Tributo e receita não vinculados. – Regra: isso quer dizer que é desvinculado da atividade estatal. – Exceção: arts. 158 e 159, CRFB (fundos de participação e repartição de receita da arrecadação de impostos), destinados a saúde, educação e fiscalização tributária.	Tributo é vinculado a uma atividade estatal. – A atividade estatal corresponde a um serviço público específico e indivisível. A receita é vinculada?	Tributo e receita vinculados a atividade estatal. – A atividade estatal refere-se a execução de obras públicas que valorizam bem imóvel.	Tributo não é vinculado a atividade estatal, mas a receita é vinculada (a receita deverá ser aplicada no determinado fim específico).	Tributo não é vinculado a atividade estatal, mas a receita é destinada; incidente sobre condutas e fatos geradores onde as pessoas demonstrem riqueza.

Espécies tributárias					
Competência	Comum ou privativa	Comum	Comum – Competente é o ente político que tiver a atribuição constitucional de executar a obra pública.	Exclusiva da União	– Regra: exclusiva da União (inclui os cargos em comissão que ficam sujeitos ao regime geral de previdência social). – Exceção: 1) CIP – Instituída por DF e municípios. 2) O ente federado que instituir regime próprio de previdência será competente para criar as respectivas contribuições, que irão fomentar o regime.
Instituído	– Imposto ordinário: lei ordinária e MP. – Imposto extraordinário: lei complementar.	Lei ordinária e MP (caráter de urgência)	Lei ordinária e MP (caráter de urgência)	Lei Complementar	– Regra: lei ordinária e MP (caráter de urgência). Exceção: 1) Contribuições residuais – LC e não podem ter fato gerador e base de cálculo de tributos de competência dos estados e municípios.
Lançamento	Homologação	Lançamento de ofício	Lançamento de ofício	Lançamento de ofício	– Regra: lançamento por homologação. – Exceções: lançamento de ofício, são elas: CIP, contribuições profissionais.

QUESTÕES DE PROVA

1. (Procurador Jurídico Adjunto – 2018 – IBFC – Câmara de Feira de Santana – BA) Assinale a alternativa correta, sobre quais são as espécies tributárias na visão da teoria de classificação chamada de pentapartida.
    (A) Impostos, taxas, contribuições de melhoria, empréstimos compulsórios e contribuições parafiscais ou especiais.
    (B) Impostos, taxas de serviços, taxas do poder de polícia, contribuições de melhoria e contribuições parafiscais ou especiais.
    (C) Impostos, taxas, contribuições sociais, empréstimos compulsórios e contribuições parafiscais.
    (D) Impostos, taxas, contribuições de melhoria, empréstimos sociais e contribuições parafiscais ou especiais.

2. (Procurador Jurídico – 2018 – VUNESP – Prefeitura de Bauru – SP) De acordo com a Constituição Federal, são tributos:
    (A) contribuição previdenciária, IPTU e pedágio cobrado por concessionária de rodovia.
    (B) contribuição de intervenção no domínio econômico, anuidade da OAB e taxa decorrente do exercício de poder de polícia.
    (C) contribuição para custeio do serviço de iluminação pública, taxa de coleta de resíduos sólidos e multas administrativas.
    (D) todos os débitos inscritos em dívida ativa e cobrados por meio de execução fiscal.
    (E) todos os créditos do Poder Público que caracterizam receita de capital.

3. (Titular de Serviços de Notas e de Registros – Remoção – 2018 – IESES – TJAM) O tributo instituído para fazer face ao custo de obras públicas de que decorra valorização imobiliária, tendo como limite total a despesa realizada e como limite individual o acréscimo de valor que da obra resultar para cada imóvel beneficiado é intitulado de:
    (A) Taxa.
    (B) Contribuição de Melhoria.
    (C) Imposto sobre serviços de qualquer natureza.
    (D) Imposto extraordinário.

4. (Juiz de Direito Substituto – 2018 – VUNESP – TJRS) O prefeito do município X pretende instituir uma taxa para custear o serviço de coleta, remoção e destinação do lixo doméstico produzido no município. A taxa será calculada em função da frequência da realização da coleta, remoção e destinação dos dejetos e da área construída do imóvel ou da testada do terreno.

    Acerca dessa taxa, é correto afirmar que ela é
    (A) ilegal, porque a coleta, remoção e destinação do lixo doméstico não podem ser considerados como serviço público específico e divisível.
    (B) ilegal, porque sua base de cálculo utiliza elemento idêntico ao do IPTU, qual seja, a metragem da área construída ou a testada do imóvel.

CAP. 2 • ESPÉCIES TRIBUTÁRIAS | **85**

(C) legal se houver equivalência razoável entre o valor cobrado do contribuinte e o custo individual do serviço que lhe é prestado.

(D) ilegal, porque não possui correspondência precisa com o valor despendido na prestação do serviço.

(E) legal, porque foi instituída em razão do exercício regular de poder de polícia, concernente à atividade da Administração Pública que regula ato de interesse público referente à higiene.

5. **(Defensor Público Federal – 2017 – CESPE – DPU) A respeito das espécies tributárias existentes no sistema tributário brasileiro, julgue o item que se segue.**

No cálculo do valor de determinada taxa, pode haver elementos da base de cálculo de algum imposto, desde que não haja total identidade entre uma base e outra.

( ) Certo ( ) Errado

6. **(Titular de Serviços de Notas e de Registros – Provimento – 2017 – CONSULPLAN – TJMG) Relativamente aos empréstimos compulsórios, é certo dizer:**

(A) São de competência da União e do Distrito Federal.

(B) São instituídos, via de regra, por lei complementar.

(C) A guerra externa ou sua iminência, a calamidade pública ou ainda o investimento público de caráter urgente e de relevante interesse nacional constituem fato gerador do empréstimo compulsório.

(D) A aplicação dos recursos arrecadados é vinculada às despesas que fundamentaram sua instituição.

7. **(Titular de Serviços de Notas e de Registros – Provimento – 2017 – CONSULPLAN – TJMG) A propósito das contribuições especiais, assinale a alternativa correta:**

(A) O Supremo Tribunal Federal já assentou que as contribuições de intervenção no domínio econômico podem ser cobradas de pessoas que não integram o grupo econômico que é objeto de intervenção.

(B) As contribuições sociais da seguridade social de natureza residual podem ser instituídas pela União, mediante lei ordinária.

(C) Segundo o Supremo Tribunal Federal, a contribuição interventiva em favor do INCRA não pode ser exigida das empresas urbanas.

(D) A contribuição para custeio do serviço de iluminação pública, de competência dos Municípios e do Distrito Federal, possui natureza jurídica de taxa.

8. **(Advogado – 2018 – CESPE – EBSERH) Acerca das espécies tributárias e suas funções sociais na satisfação dos interesses coletivos, julgue o item que se segue.**

A contribuição de melhoria tem por objetivo custear obra pública e evitar enriquecimento ilícito do proprietário de imóvel valorizado pela mesma edificação.

( ) Certo ( ) Errado

9. **(Analista Judiciário – Oficial de Justiça Avaliador Federal – 2018 – CESPE – STJ) À luz das disposições do Código Tributário Nacional (CTN), julgue o item a seguir.**

As taxas necessariamente têm como fato gerador o exercício do poder de polícia pelo sujeito ativo da relação tributária.

( ) Certo ( ) Errado

10. **(Procurador Jurídico – 2017 – VUNESP – Prefeitura de Porto Ferreira – SP) Na forma das respectivas leis, para o custeio do serviço de iluminação pública, a Constituição Federal autoriza os Municípios e o Distrito Federal a instituir**

(A) tarifa.

(B) preço público.

(C) taxa.

(D) contribuição.

(E) imposto.

Gabarito	
1	A
2	B
3	B
4	C
5	Certo
6	D
7	A
8	Certo
9	Errado
10	D

3

AS LIMITAÇÕES CONSTITUCIONAIS AO PODER DE TRIBUTAR

O poder de **criar** tributos é uma prerrogativa entregue pelo constituinte ao Estado com o objetivo de permitir a sua manutenção e a consecução do bem comum. Tal poder permite que o Estado retire do contribuinte uma parcela de sua riqueza, sendo invadido em seu patrimônio. Exatamente em razão dessa amplitude do poder de tributar que o constituinte previu na Carta as limitações a esse poder. Elas delimitam a atuação do Estado, por meio de **garantias** concedidas ao cidadão pelo constituinte. O núcleo de limitações é o art. 150 da Carta, que transpõe para o Direito Tributário os direitos e garantias fundamentais do cidadão, mas existem outras garantias pulverizadas pelo texto constitucional.

No caso McCulloch v. Maryland, o Chief of Justice, John Marshall afirmou que o "poder de tributar envolve o poder de destruir".[1] Tal assertiva representa com clareza a relação tributária, que é uma relação de *ius imperii* entre o Estado e o contribuinte. Assim, com o objetivo de evitar a destruição do cidadão, que tem sua riqueza extirpada pelos tributos, a Constituição traz as limitações constitucionais ao poder de tributar.

O rol de limitações previsto na Carta **não é taxativo**, permitindo a criação de novas limitações ou a extensão daquelas já existentes por meio de emenda à Constituição. É importante destacar que as limitações devem ser consideradas **cláusulas pétreas**, não podendo ser restringidas pelo poder constituinte derivado, na forma do art. 60, § 4º, IV, da CRFB, sendo cabível somente a sua extensão para garantir os direitos fundamentais do contribuinte. Nesse sentido, Ricardo Lobo Torres:

> As imunidades fiscais, porque ligadas indissoluvelmente aos direitos fundamentais e preexistentes ao pacto constitucional, são irrevogáveis. A sua revogação implicaria a própria dissolução do Estado Fiscal, que sem elas não poderia sobreviver. A irrevogabilidade dos direitos da liberdade e das suas imunidades está contida na impossibilidade de emenda constitucional proclamada no art. 60, § 4º, IV da CRFB.[2]

---

[1] Disponível em: <https://supreme.justia.com/cases/federal/us/17/316/case.html>. Acesso em: 4 ago. 2018.

[2] TORRES, Ricardo Lobo. *Tratado de Direito Constitucional Financeiro e Tributário;* Os Direitos Humanos e a Tributação: Imunidades e Isonomia. Rio de Janeiro: Renovar, 1999. v. III, p. 86-87.

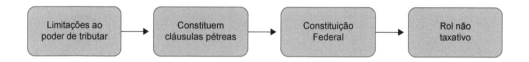

Podemos dizer, então, que as limitações ao poder de tributar integram o núcleo de **direitos e garantias fundamentais** do cidadão, em matéria tributária. Vejamos o posicionamento do professor Luciano Amaro:

> Essa outorga de competência [tributária], obviamente, não é sem fronteiras. Além de buscar uma demarcação tanto quanto possível nítida das áreas de atuação de cada ente político, com a *partilha* da competência tributária, a Constituição fixa vários balizamentos, que **resguardam valores** por ela reputados relevantes, com atenção especial para os direitos e garantias individuais. O conjunto dos princípios e normas que disciplinam esses balizamentos da competência tributária corresponde às chamadas *limitações ao poder de tributar*. (...) as chamadas "limitações ao poder de tributar" integram o conjunto de traços que demarcam *o campo, o modo, a forma e a intensidade da **atuação** do poder de tributar* (ou seja, do poder, que emana da Constituição, de os entes políticos criarem tributos).[3]

Tais limitações se apresentam, então, por meio dos **princípios** e das **imunidades**, que são institutos que não podem ser confundidos entre si, conforme esclarece Sacha Calmon Navarro Coêlho:

> Princípios e imunidades são institutos jurídicos diversos, embora certos princípios expressos façam brotar ou rebrotar imunidades (implícitas). Nem todo princípio, contudo, conduz a uma imunidade, como é o caso, *v.g.*, dos princípios da **legalidade**, da **anterioridade** e da **irretroatividade**. Princípios e imunidades, repita-se, são entes normativos diversos. O que, precisamente, os distingue? Os princípios constitucionais dizem como devem ser feitas as leis tributárias, condicionando o legislador sob o guante dos juízes, zeladores que são do texto dirigente da Constituição. As imunidades expressas dizem o que não pode ser tributado, proibindo ao legislador o exercício da sua competência tributária sobre certos fatos, pessoas ou situações por expressa determinação da Constituição (não incidência constitucionalmente qualificada). Sobre as imunidades exerce o Judiciário, igualmente, a sua zeladoria.[4]

Como se pode ver, o núcleo de garantias fundamentais dos contribuintes tem como **objetivo** evitar a tributação desarrazoada, manter a livre-concorrência e se dá por meio de princípios e imunidades, institutos que não se confundem, mas representam o núcleo de direitos e garantias fundamentais do contribuinte.

---

[3] AMARO, Luciano. *Direito Tributário Brasileiro*. 17. ed. São Paulo: Saraiva, 2011. p. 127-129.
[4] COÊLHO, Sacha Calmon Navarro. *Curso de Direito Tributário Brasileiro*. 9. ed. Rio de Janeiro: Forense, 2006. p. 171.

Por fim, em atenção ao disposto no art. 146, II, da CRFB/1988, as limitações ao poder de tributar devem estar regulamentadas por meio de lei complementar de modo que não caberá à lei ordinária ou medida provisória tratar dos regulamentos a serem aplicados.

DICA

> O rol de limitações ao poder de tributar previsto na CRFB *não é taxativo e, portanto, outras limitações podem ser criadas, desde que por emenda constitucional, não cabendo a restrição das garantias já previstas.*

3.1. Princípios constitucionais tributários

Os **princípios** são meios constitucionais para regular a incidência tributária. Assim, são normas de orientação ao intérprete na aplicação das regras tributárias, que podem ser objeto de ponderação.

Em outras palavras, por meio dos princípios, não se proíbe a tributação, mas são impostos limites. Hugo de Brito Machado aborda o assunto:

> Tais **princípios** existem para proteger o cidadão contra os **abusos do poder**. Em face do elemento teleológico, portanto, o intérprete, que tem consciência dessa finalidade, busca nesses princípios a efetiva proteção do **contribuinte**.
>
> Aliás, o Direito é um instrumento de defesa contra o arbítrio, e a supremacia constitucional, que alberga os mais importantes princípios jurídicos, é por excelência um instrumento do cidadão contra o Estado. Não pode ser invocado pelo Estado contra o cidadão.[5]

Como se pode ver, os princípios têm como **objetivo** orientar e nortear a interpretação das normas tributárias em defesa dos interesses do contribuinte.

---

[5] MACHADO, Hugo de Brito. *Curso de Direito Tributário.* 32. ed. São Paulo: Malheiros, 2011. p. 31.

No entanto, em **matéria tributária**, os princípios são verdadeiras regras, ao passo que são delimitados na Carta e são inelásticos. Tomemos como exemplo o **princípio da legalidade**, previsto no art. 150, I, da CRFB. De acordo com ele, o tributo somente poderá ser instituído por lei. Não é cabível a ponderação, e tal princípio não pode ser restringido, ou seja, somente a lei será capaz de criar, majorar, reduzir ou extinguir tributos sem que haja qualquer vício de constitucionalidade.

Assim, os princípios tributários são verdadeiras regras, com pouca elasticidade, que orientam a aplicação das normas tributárias em geral.

3.1.1. Princípio da legalidade

Previsto no art. 150, I, da CRFB, complementado pelo art. 97 do CTN, o princípio da legalidade é um dos alicerces do direito tributário. Trata-se da **garantia constitucional basilar** do Direito Tributário, de modo que não se pode criar ou extinguir tributo, majorar ou reduzir alíquota, senão por força de Lei.

Sua origem está na Magna Carta de 1215, do Rei João Sem Terra, que previu a aprovação prévia dos súditos para a exigência tributária, conhecido como *no taxation without representation*. Tal princípio tem fundamento no fato de que a lei emana do povo, de modo que os tributos devem representar a vontade popular.

Dessa forma, o tributo somente poderá ser instituído por **lei**, assim como os elementos necessários à sua incidência também devem estar previstos em lei, o que traduz uma verdadeira tipicidade tributária. Com isso, como forma de segurança jurídica os elementos para a incidência tributária devem estar previstos em lei, não deixando que a interpretação seja permeada por critérios subjetivos, garantindo uma maior segurança jurídica. É possível a defesa da existência da tipicidade fechada no Brasil em razão do disposto no art. 97 do CTN, que prevê com clareza que todos os elementos necessários à exigência de um tributo deverão estar previstos em lei.

Essa medida é de grande valia, tendo em vista que o poder de tributar permite que o Estado interfira na esfera individual do cidadão, de modo que não cabe discricionariedade para que o tributo seja exigido, mas somente a vontade do povo representada pela lei. Nesse sentido, o STF julgou o Tema 1.284 da repercussão geral:

> A cobrança do ICMS-DIFAL de empresas optantes do Simples Nacional deve ter fundamento em lei estadual em sentido estrito (**ARE 1.460.254 RG**, P, Rel. Min. Luís Roberto Barroso, j. 20.11.2023, *DJE* 27.11.2023, com mérito julgado).

Outrossim, como a lei emana do povo, o princípio da legalidade deve considerar que a espécie normativa utilizada para o tratamento do tributo seja a lei, como forma de garantia, não sendo possível que outra norma o fizesse. No entanto, existe no Brasil uma espécie normativa utilizada com muita habitualidade, que é a medida provisória, precária e cabível somente em casos de relevância e urgência. Com a EC 32/2001, a Carta passou a prever expressamente a possibilidade de utilização de medidas provisórias em matéria tributária.

Em razão disso, o STF firmou posicionamento no sentido de que a **medida provisória**, por ter força de lei, poderá tratar dos tributos como se lei fosse. Com isso, de acordo com a interpretação do STF, o tributo pode ser criado, majorado, extinto ou reduzido por lei ou medida provisória. Vejamos:

> Legitimidade, ao primeiro exame, da instituição de tributos por medida provisória com força de lei, e, ainda, do cometimento da fiscalização de contribuições previdenciárias à Secretaria da Receita Federal (ADI 1417-MC, Plenário, Rel. Min. Octavio Gallotti, j. 07.03.1996, *DJ* 24.05.1996.) No mesmo sentido: RE 479134-AgR, 1ª Turma, Rel. Min. Sepúlveda Pertence, j. 26.06.2007, *DJ* 17.08.2007.

Percebe-se então que a medida provisória tem força de lei, cabendo-lhe as mesmas possibilidades que a lei ordinária, de acordo com o STF. Todavia, a medida provisória não pode invadir a reserva de **lei complementar**, o que também é vedado à lei ordinária.

Dessa forma, é possível que uma medida provisória crie ou reduza tributos, por exemplo, estando respeitado o princípio da legalidade. Com isso, caso a alteração do tributo se dê por ato administrativo ou por qualquer espécie normativa diversa da lei ou da medida provisória, será inconstitucional tal alteração.

Entretanto, há assuntos reservados à lei complementar em matéria tributária, o que afasta a lei ordinária ou mesmo a medida provisória como fontes de criação. São quatro as reservas de lei complementar, quais sejam: as normas gerais (art. 146, III, da CRFB); o empréstimo compulsório (art. 148 da CRFB); a instituição do imposto sobre grandes fortunas (art. 153, VII, da CRFB); e o exercício da competência residual (art. 154, I, da CRFB). Tais hipóteses não admitem a utilização da medida provisória ou mesmo da lei ordinária como fonte.

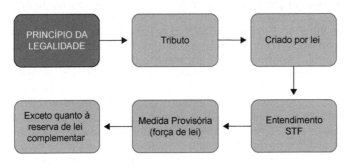

DICA

Reserva de lei complementar:
1) normas gerais de Direito Tributário (art. 146, III, da CRFB);
2) empréstimo compulsório (art. 148 da CRFB);
3) imposto sobre grandes fortunas (art. 153, VII, da CRFB);
4) competência residual (art. 154, I, da CRFB);
5) Imposto Seletivo (art. 153, VIII, da CRFB);
6) Imposto sobre Bens e Serviços (Art. 156-A da CRFB);
7) Contribuição sobre Bens e Serviços (art. 195, V, da CRFB).

Destaque-se que, com relação às regras gerais, há reservas de lei complementar para tributos específicos que devem ser consideradas, como é o caso do imposto de transmissão *causa mortis* e doação (ITCMD) que está reservado à lei complementar quando o doador tiver domicílio ou residência no exterior ou quando o de *cujus deixe* bens, era residente ou domiciliado ou teve o seu inventário processado no exterior, conforme disposto no art. 155, § 1º, III, da CRFB. Tal lei complementar ainda não foi instituída em nosso ordenamento jurídico, sendo certo que o STF decidiu que os estados não podem criar leis próprias em tal caso. O assunto foi objeto do RE 851108, tema 825 da repercussão geral, concluído da seguinte forma:

JURISPRUDÊNCIA

> Recurso extraordinário. Repercussão geral. Tributário. Competência suplementar dos estados e do Distrito Federal. Artigo 146, III, *a*, CF. Normas gerais em matéria de legislação tributária. Artigo 155, I, CF. ITCMD. Transmissão *causa mortis*. Doação. Artigo 155, § 1º, III, CF. Definição de competência. Elemento relevante de conexão com o exterior. Necessidade de edição de lei complementar. Impossibilidade de os estados e o Distrito Federal legislarem supletivamente na ausência da lei complementar definidora da competência tributária das unidades federativas. 1. Como regra, no campo da competência concorrente para legislar, inclusive sobre direito tributário, o art. 24 da Constituição Federal dispõe caber à União editar normas gerais, podendo os estados e o Distrito Federal suplementar aquelas, ou, inexistindo normas gerais, exercer a competência plena para editar tanto normas de caráter geral quanto normas específicas. Sobrevindo norma geral federal, fica suspensa a eficácia da lei do estado ou do Distrito Federal. Precedentes. 2. Ao tratar do Imposto sobre transmissão *Causa Mortis* e Doação de quaisquer Bens ou Direitos (ITCMD), o texto constitucional já fornece certas regras para a definição da competência tributária das unidades federadas (estados e Distrito Federal), determinando basicamente duas regras de competência, de acordo com a natureza dos bens e direitos: é competente a unidade federada em que está situado o bem, se imóvel; é competente a unidade federada onde se processar o inventário ou arrolamento ou onde tiver domicílio o doador, relativamente a bens móveis, títulos e créditos. 3. A combinação do art. 24, I, § 3º, da CF, com o art. 34, § 3º, do ADCT dá amparo constitucional à legislação supletiva dos estados na edição de lei complementar que discipline o ITCMD, até que sobrevenham as normas gerais da União a que se refere o art. 146, III, *a*, da Constituição Federal. De igual modo, no uso da competência privativa, poderão os estados e o Distrito Federal, por meio de lei ordinária, instituir o ITCMD no âmbito local, dando ensejo à cobrança válida do tributo, nas hipóteses do § 1º, incisos I e II, do art. 155. 4. Sobre a regra especial do art. 155, § 1º, III, da Constituição, é importante atentar para a diferença entre as múltiplas funções da lei complementar e seus reflexos sobre eventual competência supletiva dos estados. Embora a Constituição de 1988 atribua aos estados a competência para a instituição do ITCMD (art. 155, I), também a limita ao estabelecer que cabe a lei complementar – e não a leis estaduais – regular tal competência em relação aos casos em que o "*de cujus* possuía bens, era residente ou domiciliado ou teve seu inventário processado no exterior" (art. 155, § 1º, III, *b*). 5. Prescinde de lei complementar a instituição do imposto sobre transmissão *causa mortis* e doação de bens imóveis – e respectivos direitos, móveis, títulos e créditos no contexto

CAP. 3 • AS LIMITAÇÕES CONSTITUCIONAIS AO PODER DE TRIBUTAR | 93

nacional. Já nas hipóteses em que há um elemento relevante de conexão com o exterior, a Constituição exige lei complementar para se estabelecerem os elementos de conexão e fixar a qual unidade federada caberá o imposto. 6. O art. 4º da Lei paulista nº 10.705/00 deve ser entendido, em particular, como de eficácia contida, pois ele depende de lei complementar para operar seus efeitos. Antes da edição da referida lei complementar, descabe a exigência do ITCMD a que se refere aquele artigo, visto que os estados não dispõem de competência legislativa em matéria tributária para suprir a ausência de lei complementar nacional exigida pelo art. 155, § 1º, inciso III, CF. A lei complementar referida não tem o sentido único de norma geral ou diretriz, mas de diploma necessário à fixação nacional da exata competência dos estados. 7. Recurso extraordinário não provido. 8. Tese de repercussão geral: "É vedado aos estados e ao Distrito Federal instituir o ITCMD nas hipóteses referidas no art. 155, § 1º, III, da Constituição Federal sem a edição da lei complementar exigida pelo referido dispositivo constitucional". 9. Modulam-se os efeitos da decisão, atribuindo a eles eficácia *ex nunc*, a contar da publicação do acórdão em questão, ressalvando as ações judiciais pendentes de conclusão até o mesmo momento, nas quais se discuta: (1) a qual estado o contribuinte deve efetuar o pagamento do ITCMD, considerando a ocorrência de bitributação; e (2) a validade da cobrança desse imposto, não tendo sido pago anteriormente. (STF – RE 851108/SP, 0020249-90.2011.8.26.0032, Rel. Min. Dias Toffoli, j. 1º.3.2021, Tribunal Pleno, *DJe* 20.4.2021).

Data maxima venia o posicionamento adotado pelo STF até o momento, o art. 24, § 3º, da CRFB, em consonância com o art. 34, § 3º, do Ato das Disposições Constitucionais Transitórias (ADCT), deixam claro que, na ausência de lei complementar federal, os estados poderão instituir suas leis próprias para suprir a lacuna e dar efetividade ao sistema tributário nacional.

Tanto é assim que, no Brasil, não existe lei complementar que traga as regras gerais do IPVA, por exemplo, cabendo aos estados o tratamento por lei própria, de modo a dar efetividade ao Sistema Tributário Nacional. Se a exigência de lei complementar é requisito indelével, sendo afastados os arts. 24, § 3º, da CRFB, e 34 do ADCT, não será possível a cobrança do IPVA até que seja instituída uma lei complementar nacional trazendo as normas gerais.

O próprio Ministro Alexandre de Moraes, em sua obra, defende a possibilidade de os estados adotarem regramento próprio na ausência de lei complementar federal:

Note-se que, doutrinariamente, podemos dividir a competência suplementar dos Estados-membros e do Distrito Federal em duas espécies: competência complementar e competência supletiva. A primeira dependerá de prévia existência de lei federal a ser especificada pelos Estados-membros e Distrito Federal. Por sua vez, a segunda aparecerá em virtude da inércia da União em editar a lei federal, quando então os Estados e o Distrito Federal, temporariamente, adquirirão competência plena tanto para edição das normas de caráter geral, quanto para normas específicas (CF, art. 24, §§ 3º e 4º).[6]

---

[6] MORAES, Alexandre de. *Direito Constitucional*. 32. ed. revista e atualizada até a EC 91, de 18 de fevereiro de 2016. São Paulo: Atlas, 2016. p. 515.

Apesar do exposto, a distinção aplicada pelo STF foi a conflito de competência, que, na forma do art. 146 da Carta, somente pode ser solucionado, em matéria tributária, por lei complementar.

Ocorre que, como não foi editada a referida lei complementar, a Emenda Constitucional 132/2023 passou a regulamentar a incidência do ITCMD caso o doador esteja no exterior ou caso o inventário seja processado no exterior, até que a lei complementar seja introduzida no ordenamento jurídico.

Outra hipótese é o tratamento do ICMS, que, na forma do art. 155, § 2º, XII, tem seu tratamento reservado à lei complementar. No caso, a lei complementar em questão é a LC 87/1996.

Por fim, a última reserva de lei complementar aplicada especificamente para os impostos é a reserva prevista no art. 156, § 3º, da CRFB. Nesse caso, as normas gerais do imposto sobre serviços (ISS) também devem estar previstas em lei complementar (lei complementar que o regulamenta é a 116/2003).

Assim, quando o assunto estiver reservado à lei complementar, não cabe outra espécie normativa para sua alteração. Para o STF não há hierarquia entre lei ordinária e lei complementar, cabendo distinção somente no campo de atuação de cada uma delas.

O STF firmou posicionamento no sentido de que, se uma lei complementar tratar de um assunto que não seja objeto de reserva, tal norma poderá ser alterada por lei ordinária, tendo em vista que tal lei é **formalmente** complementar, porém, **materialmente** ordinária.

Tomemos como exemplo o CTN. Na década de 1960, foi instituído como lei ordinária, tendo sido recepcionado pelo constituinte de 1988 com *status* de lei complementar. Logo, o CTN somente pode ser alterado por lei complementar, ao passo que é materialmente uma lei complementar.

Na sequência, em matéria tributária, é possível que a lei atribua ao regulamento, espécie diversa da lei, o poder de regulamentar determinada situação. Caso isso aconteça, não há violação ao princípio da legalidade desde que todos os elementos necessários à incidência tributária estejam previstos em lei. Vejamos o posicionamento do STF quando do julgamento das Leis 7.787/1989 e 8.212/1991:

> As Leis 7.787/1989, art. 3º, II, e 8.212/1991, art. 22, II, definem, satisfatoriamente, todos os elementos capazes de fazer nascer a **obrigação tributária válida**. O fato de a lei deixar para o regulamento a complementação dos conceitos de "atividade preponderante" e "grau de risco leve, médio e grave", não implica ofensa ao princípio da legalidade genérica, CF, art. 5º, II, e da legalidade tributária, CF, art. 150, I" (**RE 343.446**, Plenário, Rel. Min. **Carlos Velloso**, j. 20.03.2003, *DJ* 04.04.2003). **No mesmo sentido: AI 736.299-AgR**, 2ª Turma, Rel. Min. **Gilmar Mendes**, j. 22.02.2011, *DJe* 11.03.2011; **AI 625.653-AgR**, 2ª Turma, Rel. Min. **Joaquim Barbosa**, j. 30.11.2010, *DJe* 1.º.02.2011; AI 744.295-AgR, 1ª Turma, Rel. Min. **Cármen Lúcia**, j. 27.10.2009, *DJe* 27.11.2009; RE 567.544-AgR, 1ª Turma, Rel. Min. **Ayres Britto**, j. 28.10.2008, *DJe* 27.02.2009; **AI 592.269-AgR**, 2ª Turma, Rel. Min. **Celso de Mello**, j. 08.08.2006, *DJ* 08.09.2006.
>
> Contribuição para o custeio do Seguro de Acidente do Trabalho (SAT) (...). As Leis 7.787/1989, art. 3º, II, e 8.212/1991, art. 22, II, definem, satisfatoriamente, todos os

CAP. 3 • AS LIMITAÇÕES CONSTITUCIONAIS AO PODER DE TRIBUTAR | **95**

elementos capazes de fazer nascer a obrigação tributária válida. O fato de a lei deixar para o regulamento a complementação dos conceitos de "atividade preponderante" e "grau de risco leve, médio e grave", não implica ofensa ao princípio da legalidade genérica, CF, art. 5º, II, e da legalidade tributária, CF, art. 150, I (**RE 343.446**, Plenário, Rel. Min. **Carlos Velloso**, j. 20.03.2003, *DJ* 04.04.2003). **No mesmo sentido: AI 736.299-AgR**, 2ª Turma, Rel. Min. **Gilmar Mendes**, j. 22.02.2011, *DJe* 11.03.2011.

Assim, estando presentes na lei medida provisória ou fato gerador, alíquota, base de cálculo, contribuinte, responsável e penalidades aplicáveis, pode, sim, ser delegada ao regulamento complementação dos conceitos, sobretudo em casos técnicos ou hipóteses em que haja necessidade de atualização recorrente, como foi no julgado *supra*, demonstrando um interessante caso de norma tributária em branco, cujos elementos necessários à incidência tributária estão previstos em lei, e cabem ao regulamento somente alguns requisitos técnicos.

Importante frisar que o STF estendeu ainda mais esse conceito quando do julgamento da ação direta de inconstitucionalidade (ADI) 5277, fixando a tese no sentido de que

É constitucional a flexibilização da legalidade tributária constante do § 2º do art. 27 da Lei nº 10.865/04, no que permitiu ao Poder Executivo, prevendo as condições e fixando os tetos, reduzir e restabelecer as alíquotas da contribuição ao PIS e da COFINS incidentes sobre as receitas financeiras auferidas por pessoas jurídicas sujeitas ao regime não cumulativo, estando presente o desenvolvimento de função extrafiscal.

O STF adotou o perigoso argumento no sentido de que o princípio da legalidade pode ser balizado por critérios presentes na legislação, de modo que a lei pode delegar as alterações de alíquota ao ato infralegal.

Esse entendimento foi reafirmando no julgamento do Tema 1.084 da repercussão geral. Vejamos:

É constitucional a lei municipal que delega ao Poder Executivo a avaliação individualizada, para fins de cobrança do IPTU, de imóvel novo não previsto na Planta Genérica de Valores, desde que fixados em lei os critérios para a avaliação técnica e assegurado ao contribuinte o direito ao contraditório.

Como se pode ver, a municipalidade poderá efetivar a avaliação individualizada de imóvel novo não previsto na planta genérica de valores, para fins de cobrança do IPTU, sem a necessidade de lei. Temos, portanto, a base de cálculo definida por espécie normativa diversa da lei.

Ademais, a Reforma Tributária alterou o art. 156, § 1º, da Carta, para prever em seu inciso III que a base de cálculo do IPTU poderá ser atualizada pelo poder executivo, desde que respeitados os critérios previstos em lei municipal.

Esse dispositivo, apesar de parecer uma deslegalização, não deve ser tratado dessa forma, pois a atualização da base de cálculo o tributo não deve ser considerada majoração se for efetivada de acordo com os índices oficiais de inflação. Tal entendimento está expresso no art. 97, § 2º, do CTN e na Súmula 160 do STJ. Desta feita, a alteração trazida pela Emenda Constitucional 132/2023 garante que os critérios para atualização estejam previstos na lei, o que não ocorre atualmente, havendo somente à submissão aos índices oficiais.

Assim, o STF já firmou o entendimento no sentido de que é inconstitucional a lei que delega aos Conselhos de Fiscalização a atualização das anuidades sem parâmetro legal. Vejamos:

> É inconstitucional, por ofensa ao princípio da legalidade tributária, lei que delega aos conselhos de fiscalização de profissões regulamentadas a competência de fixar ou majorar, sem parâmetro legal, o valor das contribuições de interesse das categorias profissionais e econômicas, usualmente cobradas sob o título de anuidades, vedada, ademais, a atualização desse valor pelos conselhos em percentual superior aos índices legalmente previstos (**RE 704.292**, P, voto do Rel. Min. Dias Toffoli, j. 19.10.2016, *DJE* 3.8.2017, Tema 540, com mérito julgado; **vide RE 838.284**, P, Rel. Min. Dias Toffoli, j. 19.10.2016, *DJE* de 22.9.2017, Tema 829, com mérito julgado).

Como se não bastasse, o princípio da legalidade não é absoluto, tendo em vista que possui mitigações, que são exceções à regra.

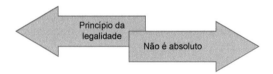

3.1.1.1. Exceções ao princípio da legalidade

Antes de passar para a análise das **exceções** propriamente ditas, é importante destacar que os tributos serão sempre criados ou extintos por lei ou medida provisória, sendo certo que as exceções não se aplicam para criação ou extinção, mas basicamente para alterações de alíquotas ou bases de cálculos, por exemplo.

A primeira exceção abrange os impostos extrafiscais da União (II, IE, IPI e IOF) e está prevista no § 1º do art. 153 da CRFB, que determina que os impostos extrafiscais da União, quais sejam, II, IE, IPI e IOF, poderão ter suas alíquotas alteradas por ato do **Poder Executivo**. Portanto, pode o chefe ou outro membro do Poder Executivo por ato próprio **majorar** ou **reduzir** a alíquota, mas não pode criar ou extinguir qualquer dos tributos extrafiscais citados, ou mesmo tratar da sua base de cálculo, ressalvada, por óbvio, a sua atualização conforme o art. 97, § 2º, do CTN.

No caso do imposto de importação, o Presidente da República pode atribuir à Câmara de Comércio Exterior (CAMEX) a possibilidade de alteração, na forma da Lei 8.085/1990.

No tocante ao **imposto de importação**, há uma determinação relevante que deve ser abordada, ao passo que os limites estabelecidos em lei devem ser respeitados, não cabendo a alteração de forma ilimitada. A Lei 3.244, de 14.08.1957, prevê limites máximo e mínimo para alteração do imposto de importação. Vejamos:

CAP. 3 • AS LIMITAÇÕES CONSTITUCIONAIS AO PODER DE TRIBUTAR | **97**

Art. 3º Poderá ser alterada dentro dos limites máximo e mínimo do respectivo capítulo, a alíquota relativa a produto:

a) cujo nível tarifário venha a se revelar insuficiente ou excessivo ao adequado cumprimento dos objetivos da Tarifa;

b) cuja produção interna for de interesse fundamental estimular;

c) que haja obtido registro de similar;

(...)

§ 1º Nas hipóteses dos itens "a", "b" e "c" a alteração da alíquota, em cada caso, não poderá ultrapassar, para mais ou para menos, a 30% (trinta por cento) *ad valorem.*

Tal valor foi atualizado pelo Decreto-lei 2.162/1984, que aumentou o limite para 60%. Vejamos:

Art. 1º Fica alterado para 60% (sessenta por cento) *ad valorem* o limite para mais estabelecido pelo § 1º do artigo 3º da Lei nº 3.244, de 14 de agosto de 1957, dispensada a observância do limite máximo do respectivo capítulo a que se refere o *caput* do mesmo artigo.

Com isso, o imposto de importação não poderá ter suas alíquotas livremente alteradas, cabendo a aplicação dos limites percentuais citados *supra*. A jurisprudência é pacífica no sentido da sua aplicação:

TRIBUTÁRIO – PROCESSUAL CIVIL – EMBARGOS DE DECLARAÇÃO – OMISSÃO, OBSCURIDADE OU CONTRADIÇÃO – OMISSÃO CONSTATADA PELO STJ – REEXAME DO RECURSO – LIMITES DE ALTERAÇÃO DAS ALÍQUOTAS DO IMPOSTO DE IMPORTAÇÃO – VIOLAÇÃO – INOCORRÊNCIA – ALÍQUOTAS *AD VALOREM* – ACOLHIMENTO – SEM ALTERAÇÃO DO RESULTADO DO JULGADO – PREQUESTIONAMENTO. 1. Cabem embargos de declaração contra qualquer decisão judicial para: a) esclarecer obscuridade ou eliminar contradição; b) suprir omissão de ponto ou questão sobre o qual devia se pronunciar o juiz de ofício ou a requerimento; c) corrigir erro material (CPC/2015, art. 1.022, incisos I a III). Em hipóteses excepcionais, entretanto, admite-se atribuir-lhes efeitos infringentes. 2. *In casu*, reexaminam-se os embargos de declaração opostos pela parte autora por força da decisão proferida pelo STJ no 1.528,694/SC, que anulou acórdão anterior por entender necessária a manifestação desta Corte a respeito "do percentual legal estabelecido como limite para a alteração da alíquota do Imposto de Importação em conformidade com o artigo 3º da Lei n. 3.244/1957 e com o Decreto-Lei n. 2.162/1984, levando em consideração a expressão *ad valorem* prevista na citada legislação". Cabe a este Tribunal suprir a omissão constatada, portanto. 3. A alíquota do imposto de importação é *ad valorem*; assim os limites de alteração não incidem sobre a própria alíquota, mas sobre o valor aduaneiro da mercadoria importada. De acordo com o art. 3º, § 1º da Lei nº 3.244/1957, alterado pelo Decreto-Lei nº 2.162/84, o percentual máximo de elevação da alíquota é de 60% com relação ao valor da mercadoria. 4. Especialmente considerando a natureza *ad valorem* da alíquota do imposto de importação, a majoração de 14% para 25%, realizada pela Resolução CAMEX nº 69/2011, não excede o limite estabelecido pela legislação de regência. 5. Consideram-se incluídos no acórdão os elementos que o embargante suscitou, para fins de pré-questionamento, ainda que os embargos de declaração sejam inadmitidos ou rejeitados, caso o tribunal superior considere existentes erro, omissão, contradição ou obscuridade (art. 1.025 do CPC/2015). 6. Embargos de declaração acolhidos para agregar fundamentos ao decisum; com manifestação expressa a respeito do ponto indicado; sem alterar, contudo, o resultado do julgado (TRF-4 – APL 50145138120114047200/SC, 5014513-81.2011.4.04.7200, 1ª Turma, Rel. Roger Raupp Rios, Data de Julgamento: 28.10.2020).

Importante frisar que, apesar de o CTN, em seu art. 21, dispor que também poderá ser alterada a base de cálculo do imposto de importação por ato do Poder Executivo, tal previsão não foi recepcionada pela Carta de 1988, de modo que somente a alíquota poderá ser alterada por ato do poder executivo.

Já com relação ao imposto de exportação, o art. 3º do Decreto-lei 1.578/1977 prevê que a alíquota será de 30%, não podendo ser fixada a alíquota em percentual superior a cinco vezes esse percentual.

Destaque-se que somente a alíquota poderá ser alterada por ato do Poder Executivo, não tendo sido recepcionado o art. 26 do CTN no tocante à possibilidade de alteração da base de cálculo.

Por fim, não podemos deixar de destacar que na forma da Lei 8.085/1990 permite a outorga de competência à CAMEX para tratar dos impostos de importação e exportação, não sendo atribuição exclusiva do chefe do Poder Executivo. Vejamos:

DIREITO TRIBUTÁRIO – IMPOSTO DE EXPORTAÇÃO – ALTERAÇÃO DE ALÍQUOTA – ART. 153, § 1º, DA CONSTITUIÇÃO FEDERAL – COMPETÊNCIA PRIVATIVA DO PRESIDENTE DA REPÚBLICA NÃO CONFIGURADA – ATRIBUIÇÃO DEFERIDA À CAMEX – CONSTITUCIONALIDADE – FACULDADE DISCRICIONÁRIA CUJOS LIMITES ENCONTRAM-SE ESTABELECIDOS EM LEI – CONSONÂNCIA DA DECISÃO RECORRIDA COM A JURISPRUDÊNCIA CRISTALIZADA DO SUPREMO TRIBUNAL FEDERAL – NEGATIVA DE PRESTAÇÃO JURISDICIONAL – ART - 93, IX, DA CONSTITUIÇÃO DA REPÚBLICA – NULIDADE – INOCORRÊNCIA – RAZÕES DE DECIDIR EXPLICITADAS PELO ÓRGÃO JURISDICIONAL – RECURSO EXTRAORDINÁRIO QUE NÃO MERECE TRÂNSITO – RECURSO MANEJADO SOB A VIGÊNCIA DO CPC/1973. 1. O entendimento adotado pela Corte de origem, nos moldes do assinalado na decisão agravada, não diverge da jurisprudência firmada no âmbito deste Supremo Tribunal Federal. Assentou o Tribunal Pleno em julgamento de mérito da repercussão geral no RE 570.680/RS: "I – É compatível com a Carta Magna a norma infraconstitucional que atribui a órgão integrante do Poder Executivo da União a faculdade de estabelecer as alíquotas do Imposto de Exportação; II – Competência que não é privativa do Presidente da República; III – Inocorrência de ofensa aos arts. 84, *caput*, IV, parágrafo único, e 153, § 1º, da Constituição Federal ou ao princípio de reserva legal; e IV – Faculdade discricionária atribuída à Câmara de Comércio Exterior (Camex)". 2. Inexiste violação do art. 93, IX, da Constituição Federal. A jurisprudência do Supremo Tribunal Federal é no sentido de que o referido dispositivo constitucional exige a explicitação, pelo órgão jurisdicional, das

CAP. 3 • AS LIMITAÇÕES CONSTITUCIONAIS AO PODER DE TRIBUTAR | **99**

razões do seu convencimento, dispensando o exame detalhado de cada argumento suscitado pelas partes. 3. Obstada a análise da suposta afronta aos incisos LIV e LV do art. 5º da Carta Magna, porquanto dependeria de prévia análise da legislação infraconstitucional aplicada à espécie, procedimento que refoge à competência jurisdicional extraordinária desta Corte Suprema, a teor do art. 102 da Magna Carta. 4. As razões do agravo regimental não se mostram aptas a infirmar os fundamentos que lastrearam a decisão agravada. 5. Agravo regimental conhecido e não provido (STF – RE 606368 AgR, 1ª Turma, Rel. Min. Rosa Weber, julgado em 26.08.2016, Processo Eletrônico *DJe*-113 DIVULG: 29.05.2017, Data de Publicação: 30.05.2017).

Como se pode ver, as alíquotas dos impostos extrafiscais da União podem ser alteradas por ato do Poder Executivo, sendo respeitados os limites impostos por lei e sentido formal. Importante lembrar que o IPI será extinto conforme previsto na reforma tributária, e o imposto seletivo, muito parecido com o IPI e também extrafiscal, não é exceção à legalidade, devendo ser criado por lei complementar e a alíquota alterada por lei ordinária.

A segunda exceção abrange a CIDE combustíveis, que também não se submete à legalidade no que tange à redução e restabelecimento de alíquotas, na forma do art. 177, § 4.º, I, *b*, da CRFB. Assim, para que haja redução, não há necessidade de lei formal, da mesma maneira que, ao restabelecer alíquota anterior, não carecerá de lei. Importante destacar que o restabelecimento não permite que a CIDE seja majorada por ato do Poder Executivo além do limite previsto em lei. No caso da CIDE combustíveis, o art. 5º da Lei 10.336/2001 define as alíquotas:

Art. 5º A Cide terá, na importação e na comercialização no mercado interno, as seguintes alíquotas específicas: (Redação dada pela Lei nº 10.636, de 2002.)

I – gasolina, R$ 860,00 por m^3; (Redação dada pela Lei nº 10.636, de 2002.)

II – diesel, R$ 390,00 por m^3; (Redação dada pela Lei nº 10.636, de 2002.)

III – querosene de aviação, R$ 92,10 por m^3; (Redação dada pela Lei nº 10.636, de 2002.)

IV – outros querosenes, R$ 92,10 por m^3; (Redação dada pela Lei nº 10.636, de 2002.)

V – óleos combustíveis com alto teor de enxofre, R$ 40,90 por t; (Redação dada pela Lei nº 10.636, de 2002.)

VI – óleos combustíveis com baixo teor de enxofre, R$ 40,90 por t; (Redação dada pela Lei nº 10.636, de 2002.)

VII – gás liquefeito de petróleo, inclusive o derivado de gás natural e da nafta, R$ 250,00 por t; (Redação dada pela Lei nº 10.636, de 2002.)

VIII – álcool etílico combustível, R$ 37,20 por m^3. (Incluído pela Lei nº 10.636, de 2002.)

Assim, o ato do Poder Executivo poderá reduzir ou restabelecer as alíquotas supracitadas, não cabendo sua extrapolação, conforme previsto no art. 9º do mesmo diploma legal, que endossa a regra constitucional.

A terceira exceção abrange a alíquota interestadual do ICMS e está prevista no art. 155, § 2º, IV, da CRFB. De acordo com a Carta, a alíquota interestadual do ICMS é fixada por resolução do Senado Federal. Tal determinação tem como **objetivo** evitar a **guerra fiscal entre os estados**, de modo que nas operações e prestações entre eles seja aplicada a alíquota definida pelos seus representantes.

Atualmente existem duas resoluções do Senado Federal que tratam das alíquotas interestaduais de ICMS: Resoluções 22/1989 e 13/2012.

A primeira trata das alíquotas de ICMS nas operações interestaduais dentro do território nacional e prevê alíquotas de 7% e 12%. Aplicar-se-á a alíquota de 7% caso a mercadoria tenha origem em um estado rico com destino a um estado considerado pobre pela resolução e alíquota de 12% na operação inversa. Com isso, uma vez que o ICMS é um imposto indireto, a mercadoria terá um preço mais acessível aos consumidores que se encontram em estados pobres quando os produtos tiverem origem em estados ricos, suportando esse ônus de uma menor carga tributária o estado considerado rico pelo Senado Federal.

De outra feita, se o produto tem origem em um estado pobre, a alíquota a ser aplicável é de 12%, pois o consumidor em estado rico poderá suportar o ônus e colaborar com o aumento da arrecadação do estado de origem. Atualmente, são considerados estados ricos os estados do sul e do sudeste, com exceção do Espírito Santo, que é considerado pobre como os demais.

Há ainda a Resolução 13/2012, que estabelece que nas operações interestaduais com bens e mercadorias importados do exterior a alíquota do ICMS será de 4%.

A quarta exceção é a determinação da alíquota do ICMS sobre combustíveis, na forma do art. 155, § 4º, IV, da CRFB. Nesse caso, é a deliberação dos estados que vai determinar as alíquotas aplicáveis, ou seja, os estados irão definir as alíquotas por meios dos convênios, não cabendo qualquer extrapolação a essa possibilidade, como bem entendeu o STF no julgamento da ADI 4171:

> AÇÃO DIRETA DE INCONSTITUCIONALIDADE – LEGITIMIDADE ATIVA *AD CAUSAM* DA CONFEDERAÇÃO NACIONAL DO COMÉRCIO – CNC – CABIMENTO DO CONTROLE ABSTRATO AÇÃO PARA O QUESTIONAMENTO DA CONSTITUCIONALIDADE DE CONVÊNIO FIRMADO PELOS ESTADOS MEMBROS – INCIDÊNCIA DO ICMS NA OPERAÇÃO DE COMBUSTÍVEIS – PARÁGRAFOS 10 E 11 DA CLÁUSULA VIGÉSIMA DO CONVÊNIO ICMS 110/2007, COM REDAÇÃO DADA PELO CONVÊNIO 101/2008 E, MEDIANTE ADITAMENTO, TAMBÉM COM A REDAÇÃO DADA PELO CONVÊNIO 136/2008 – ESTORNO, NA FORMA DE RECOLHIMENTO, DO VALOR CORRESPONDENTE AO ICMS DIFERIDO – NATUREZA MERAMENTE CONTÁBIL DO CRÉDITO DO ICMS – O DIFERIMENTO DO LANÇAMENTO DO ICMS NÃO GERA DIREITO A CRÉDITO – ESTABELECIMENTO DE NOVA OBRIGAÇÃO TRIBUTÁRIA POR MEIO DE CONVÊNIO – VIOLAÇÃO DO DISPOSTO NOS ARTS. 145, § 1º; 150, INCISO I; E 155, § 2º, INCISO I E § 5º, DA CONSTITUIÇÃO FEDERAL – AÇÃO DIRETA JULGADA PROCEDENTE.
>
> (...) II – Cabe a ação direta de inconstitucionalidade para questionar convênios, em matéria tributária, firmado pelos Estados membros, por constituírem atos normativos de caráter estrutural, requeridos pelo próprio texto Constitucional (art. 155, § 5º). Precedente da Corte. III – O Convênio 110/2007, com a redação dos Convênios 101/2008 e 136/2008, atribuiu às refinarias de petróleo (que efetuam a venda de gasolina A às distribuidoras) a responsabilidade tributária pelo recolhimento do ICMS incidente sobre as operações comerciais interestaduais com o álcool etílico anidro combustível (AEAC) e biodiesel (B100), realizadas entre as usinas e destilarias, de um lado, e as distribuidoras de combustíveis, de outro (§ 5º da Cláusula Vigésima Primeira). IV – Os §§ 10 e 11 da Cláusula Vigésima Primeira do Convênio ICMS 110/2007, preveem o estorno

CAP. 3 • AS LIMITAÇÕES CONSTITUCIONAIS AO PODER DE TRIBUTAR | **101**

do crédito, condizente com a saída de mercadoria sem incidência do ICMS, na forma de recolhimento do valor correspondente ao ICMS diferido, e não mediante anulação escritural. É dizer, em vez de ser determinado o estorno de um crédito, determina-se a realização de um recolhimento. V – A distribuidora não se credita do ICMS diferido que onerou a operação de entrada, já que não há pagamento direto por ela. Isso porque a operação posterior de venda dos combustíveis gasolina tipo C e óleo diesel B5 aos postos em operação interestadual será imune e a distribuidora simplesmente informa à refinaria para o repasse. VI – As matérias passíveis de tratamento via convênio são aquelas especificadas no § 4º do art. 155 da Constituição Federal. Portanto, não poderia o Convênio, a título de estorno, determinar novo recolhimento, inovando na ordem jurídica, transmudando a medida escritural – anulação de um crédito - em obrigação de pagar. (...) X – Ação direta de inconstitucionalidade cujo pedido se julga procedente (STF – ADI 4171/DF, 0006960-59.2008.0.01.0000, Rel. Min. Ellen Gracie, Data de Julgamento: 20.05.2015, Tribunal Pleno, Data de Publicação: 21.08.2015).

A quinta exceção é a atualização da base de cálculo dos tributos dentro dos índices oficiais, na forma do art. 97, § 2º, do CTN, e da Súmula 160 do STJ. De acordo com a norma citada, poderá ocorrer a atualização da base de cálculo dos tributos, dentro dos índices oficiais de correção, sem que haja necessidade de lei em sentido estrito, pois não se trata de hipótese de majoração, não carecendo, portanto, de lei. Vejamos:

> É inconstitucional a **majoração** do IPTU sem edição de lei em sentido formal, vedada a atualização, por ato do Executivo, em percentual superior aos índices oficiais (**RE 648245**, Plenário, Rel. Min. **Gilmar Mendes**, j. 01.08.2013, *DJe* 24.02.2014, com repercussão geral). *Vide*: **RE 234605**, 1ª Turma, Rel. Min. **Ilmar Galvão**, j. 08.08.2000, *DJ* 01.12.2000.

Como se pode ver, não há necessidade de lei para atualização da base de cálculo, sendo cabível sua exigência somente na hipótese em que a alteração represente uma majoração. Frise-se que a Reforma Tributária passou a prever que o poder executivo municipal poderá atualizar a base de cálculo do IPTU desde que atendidos os requisitos da lei municipal. Tal regra garante o direito do contribuinte, que estará previamente informado acerca de como se dará a atualização. Essa medida é importante para evitar o enriquecimento sem causa do particular pela ausência de atualização da base de cálculo do imposto.

Interessante que a emenda não tratou de impostos estaduais, de modo que o executivo estadual, poderá atualizar a base de cálculo do IPVA, por exemplo, sem a necessidade de lei e ainda que não haja balizas na legislação estadual.

A sexta exceção abrange a determinação do prazo para o pagamento do tributo na forma do art. 160 do CTN em consonância com o art. 96 do mesmo diploma. Conforme resta claro da leitura, a determinação do prazo para o pagamento do tributo não carece de lei em sentido formal, podendo estar prevista na legislação tributária que, na forma do art. 96 do CTN, abrange também as leis, mas se estende aos tratados, aos decretos e às normas complementares em matéria tributária.

O STF entendeu que a fixação do prazo para recolhimento do tributo também não se submete ao princípio da legalidade, bastando que a alteração esteja prevista na legislação tributária, na forma do art. 160 do CTN. Vejamos:

Não se compreendendo no campo reservado à lei a definição de vencimento das obrigações tributárias, legítimo o Decreto 34.677/1992, que modificou a data de vencimento do ICMS. Improcedência da alegação no sentido de infringência ao princípio da anterioridade e da vedação de delegação legislativa (**RE 182971**, 1ª Turma, Rel. Min. **Ilmar Galvão**, j. 05.08.1997, *DJ* 31.10.1997).

A sétima exceção abrange a determinação de obrigações tributárias acessórias, que não precisam de lei formal para serem criadas, conforme previsto no art. 113, § 2º, do CTN, bastando sua previsão da legislação tributária, que, na forma do art. 96 do CTN, abrange leis, decretos, tratados e outras espécies normativas. Assim, as **obrigações principais** devem estar previstas em lei sob pena de inconstitucionalidade, enquanto as obrigações acessórias podem estar previstas na legislação tributária.

JURISPRUDÊNCIA

> TRIBUTÁRIO – RECURSO ESPECIAL. ENUNCIADO ADMINISTRATIVO N. 3/STJ – INSTRUÇÕES NORMATIVAS EXARADAS PELA RECEITA FEDERAL DO BRASIL – HABILITAÇÃO DE EMPRESA NO SISCOMEX. CONTROLE DE LEGALIDADE FRENTE AO DECRETO Nº 70.235/1972 – EXERCÍCIO DO PODER REGULAMENTAR – RECURSO ESPECIAL NÃO PROVIDO. I. A Instrução Normativa RFB n.º 1.288/2012, posteriormente revogada pela Instrução Normativa nº 1.603/2015, regulam os procedimentos administrativos e fiscais de habilitação de importadores, exportadores e internadores da Zona Franca de Manaus para operação no Sistema Integrado de Comércio Exterior (Siscomex) e de credenciamento de seus representantes para a prática de atividades relacionadas ao despacho aduaneiro. II. Circunscritos ao poder regulamentar da Administração Tributária tais instruções normativas visam dar fiel cumprimento às disposições do artigo 16 da Lei nº 9.779/1999, e, dos artigos 2º e 3º da Portaria MF nº 350/2002, dispondo especificamente sobre normas de controle do Comércio Exterior e das relações tributárias acessórias decorrentes, nos termos do artigo 96 c/c 100, I, do Código Tributário Nacional. IV. Assim, no que tange à disciplina destes temas, as instruções normativas sobreditas, exaradas pela Receita Federal do Brasil, não extrapolam ou invadem a competência normativa do Decreto nº 70.235/1972, pois diferentemente daquelas normas, esta dispõe especificamente sobre normas gerais de Processo Administrativo Fiscal, sem qualquer correspondência aos atos de Comércio Exterior e seus regramentos tributários acessórios. V. Recurso especial não provido (STJ – REsp. 1637516/RJ, 2016/0295344-7, 2ª Turma, Rel. Min. Mauro Campbell Marques, Data de Julgamento: 04.12.2018, Data de Publicação: *DJe* 11.12.2018).

Importante frisar que o descumprimento da obrigação acessória pode ser apenado com multa e, nessa hipótese, a penalidade deve estar prevista em lei, conforme dispõe o art. 97, V, do CTN.

Em outras palavras, não devem restar dúvidas de que a obrigação principal decorre da lei tributária, enquanto a obrigação acessória decorre da legislação tributária.

Com isso, o quadro de exceções é muito importante, pois resguarda lógica com a tributação e os objetivos do Direito Tributário pátrio.

Assim, o quadro de exceções fica da seguinte forma:

Tributo	Exceção/objeto	Base legal
II, IE, IPI e IOF	– As alíquotas alteradas por ato do Poder Executivo.	Art. 153, § 1º, da CRFB
CIDE combustíveis	– A alíquota reduzida ou restabelecida por ato do Poder Executivo.	Art. 177, § 4º, I, b, da CRFB
ICMS monofásico incidente sobre combustíveis	– Alíquota determinada por convênio.	Art. 155, § 4º, IV, da CRFB
ICMS	– Alíquota interestadual determinada por resolução do Senado.	Art. 155, § 2º, IV, da CRFB
Todos	– Atualização da base de cálculo.	Art. 97, § 2º, da CRFB c/c o art. 96 do CTN
Todos	– Determinação do prazo para pagamento.	Art. 160 do CTN c/c o art. 96 do CTN
Todos	– Determinação de obrigações acessórias.	Art. 113, § 2º, do CTN c/c o art. 96 do CTN

DICA

O Poder Executivo pode majorar ou reduzir alíquotas dos impostos extrafiscais da União, porém, **não pode** criar ou extinguir.

PARA REFORÇAR

Lei ou MP	Art. 150, I, da CRFB	O tributo somente poderá ser instituído por lei ou medida provisória, conforme interpretação do STF.

3.1.2. Princípio da isonomia

Outro princípio fundamental para o Direito Tributário brasileiro é o da **isonomia**, que representa o **tratamento desigual** dos contribuintes na medida em que se desigualam, como bem ensinou Rui Barbosa em sua *Oração aos Moços*:

> A regra da igualdade consiste senão em quinhoar desigualmente aos desiguais, na medida em que se desigualam. Nesta desigualdade social, proporcionada à desigualdade natural é que se acha a verdadeira lei da igualdade. O mais são desvarios da inveja, do orgulho, ou da loucura. Tratar com desigualdade a iguais, ou a desiguais com igualdade, seria desigualdade flagrante, e não a igualdade real.[7]

---

[7] BARBOSA, Rui. *Oração aos Moços*. Edição popular anotada por Adriano da Gama Kury. 5. ed. Rio de Janeiro: Fundação Casa de Rui Barbosa, 1997. p. 26.

Assim, o Direito Tributário tem como uma das suas principais bases tratar o contribuinte de forma diferenciada, de acordo com a sua riqueza e capacidade de contribuir com o estado, revelando, assim, a isonomia tributária.

Tal princípio está previsto no art. 150, II, da CRFB, que deixa claro que não cabe o tratamento distinto em razão do cargo ou função exercida pelo indivíduo, ao passo que tal critério não pode ser considerado isonômico. Assim, a jurisprudência do STF aplica integralmente o preceito constitucional:

> CONCESSÃO DE **ISENÇÃO** À OPERAÇÃO DE AQUISIÇÃO DE AUTOMÓVEIS POR OFICIAIS DE JUSTIÇA ESTADUAIS. (...) A isonomia tributária (CF, art. 150, II) torna inválidas as distinções entre contribuintes "em razão de ocupação profissional ou função por eles exercida", máxime nas hipóteses nas quais, sem qualquer base axiológica no postulado da razoabilidade, engendra-se tratamento discriminatório em benefício da categoria dos oficiais de justiça estaduais (**ADI 4276**, Plenário, Rel. Min. **Luiz Fux**, j. 20.08.2014, *DJe* 18.09.2014).

No entanto, o tratamento desigual para aqueles que estejam em situação desigual é o objetivo do princípio em análise, não havendo qualquer vício na concessão de benefícios fiscais para quem esteja em situação, cujo benefício seja relevante para o seu desenvolvimento.

> Não há ofensa ao princípio da isonomia tributária se a lei, por motivos extrafiscais, imprime tratamento desigual a **microempresas** e **empresas de pequeno porte** de capacidade contributiva distinta, afastando do regime do simples aquelas cujos sócios têm condição de disputar o mercado de trabalho sem assistência do Estado (**ADI 1643**, Plenário, Rel. Min. **Maurício Corrêa**, j. 05.12.2002, *DJ* 14.03.2003). **No mesmo sentido: RE 627543, Rel. Min. Dias Toffoli; RE 559222-AgR, Rel. Min. Ellen Gracie.**

Com isso, é cabível o tratamento diferenciado com fins de atender à isonomia, mas surge um importante problema no sentido de quando a aplicação seria mais que necessárias, e sim mandatória. Luciano Amaro aborda o assunto:

> O problema – parece-nos – deve ser abordado em termos mais amplos: além de saber qual a desigualdade que faculta, é imperioso perquirir a desigualdade que obriga a discriminação, pois o tratamento diferenciado de situações que apresentem certo grau de dessemelhança, sobre decorrer do próprio enunciado do princípio da isonomia, pode ser exigido por outros postulados constitucionais, como se dá, no campo dos tributos, à vista do princípio da capacidade contributiva, com o qual se entrelaça o enunciado constitucional da igualdade. Deve ser diferenciado (com isenções ou com incidência tributária menos gravosa) o tratamento de situações que não revelem capacidade contributiva ou que mereçam um tratamento fiscal ajustado à sua menor expressão econômica.[8]

---

[8] AMARO, Luciano. *Direito Tributário Brasileiro*. 11. ed. São Paulo: Saraiva, 2005. p. 135-136.

CAP. 3 • AS LIMITAÇÕES CONSTITUCIONAIS AO PODER DE TRIBUTAR | **105**

Frise-se que tal princípio deve ser mitigado nos casos em que os critérios para concessão de um benefício fiscal sejam a moralidade e a impessoalidade, como no caso do RERCT.

> Regime Especial de Regularização Cambial e Tributária (RERCT) de bens e direitos de origem lícita, não declarados ou declarados incorretamente, remetidos, mantidos no exterior ou repatriados por residentes e domiciliados no país. (...) Inexiste ofensa ao princípio da igualdade em matéria tributária ao vedar-se adesão de agentes públicos com funções de direção e eletivas adesão ao RERCT, com previsão de anistia tributária e penal, como é o caso do art. 11 da Lei 13.254, de 13 de janeiro de 2016. Agentes públicos submetem-se, em certos aspectos, a regime jurídico mais rigoroso do que o aplicável aos cidadãos em geral, o que justifica tratamento distinto em matéria tributária e penal. Está em consonância com os princípios da moralidade administrativa e da impessoalidade e com o art. 14, § 9º, da Constituição da República, norma que vede agentes públicos com funções de direção e eletivas adesão a regime especial de regularização cambial e tributária, com previsão de anistia tributária e penal (**ADI 5.586**, P, Rel. Min. Rosa Weber, Red. do Ac. Min. Edson Fachin, j. 8.11.2023, *DJE* 23.2.2024).

O benefício fiscal em questão jamais poderia ser concedido para quem pratica ato ilícito, sob pena de legitimar condutas ilegais.

Outro julgado em que o STF aplicou o princípio da isonomia foi o Tema 1.174 da repercussão geral. Nele o STF firmou o entendimento no sentido de que "é inconstitucional a sujeição, na forma do art. 7º da Lei 9.779/99, com a redação conferida pela Lei 13.315/16, dos rendimentos de aposentadoria e de pensão pagos, creditados, entregues, empregados ou remetidos a residentes ou domiciliados no exterior à incidência do imposto de renda na fonte à alíquota de 25% (vinte e cinco por cento)".

A conclusão do julgamento se deu dessa forma porque não é isonômico que o brasileiro residente se submeta à alíquota progressiva, e o não residente, não, e, como se não bastasse, o residente ainda pode se aproveitar das deduções legais, o que não é permitido ao não residente. Tal distinção não tem fundamento em nosso ordenamento jurídico.

Como se pode ver, um corolário da isonomia é a **capacidade contributiva**, princípio pelo qual os contribuintes devem ser tributados de forma a respeitar sua capacidade econômica. Em outras palavras, é a atuação do estado em fazer incidir o tributo de forma justa e equânime para todos os indivíduos de acordo com a riqueza externalizada. Assim, a capacidade contributiva, prevista no art. 145, § 1º, da CRFB representa a incidência isonômica dos tributos, pois, sempre que possível, os impostos incidirão de acordo com a capacidade econômica do contribuinte.

Entretanto, apesar de a expressão "impostos" ser adotada na Carta, o princípio estende-se também às taxas, conforme a Súmula 665 do STF, bem como às contribuições sociais, na forma do art. 195, § 9º, da CRFB. Assim, sempre que possível, os tributos, de modo geral, deverão atender à capacidade contributiva.

Previsto no art. 150, II, da CRFB, o contribuinte não pode ser tratado de forma diferenciada, ressalvada a hipótese em que esteja em situação distinta. Com isso, não devem restar dúvidas de que os benefícios tributários somente devem ser concedidos àqueles que necessitam, não sendo cabíveis os benefícios aos contribuintes com maior capacidade contributiva, podendo tais benefícios serem caracterizados como benefícios odiosos.

Um exemplo de tratamento diferenciado resta claro com a criação do regime do **Simples Nacional**, previsto na Lei Complementar 123/2006, que tem como fundamento o fato de que as microempresas e as empresas de pequeno porte não possuem as mesmas condições gerenciais e financeiras que as demais empresas, de médio e grande portes. Nesse caso, o tratamento desigual demonstra o atendimento ao princípio da isonomia, pois o regime especial prevê o pagamento dos tributos em guia única, redução de carga tributária e licitação exclusiva, por exemplo.

A isonomia se materializa de diversas formas em nosso ordenamento jurídico, mas sempre buscando uma tributação justa. Há instrumentos de aplicação do princípio de que devem ser abordados, como é o caso da progressividade, da proporcionalidade e da seletividade.

3.1.2.1. Progressividade

A progressividade é um dos principais instrumentos da capacidade contributiva e consiste, via de regra, na majoração da alíquota do imposto de acordo com a majoração da base de cálculo. O principal exemplo é a **progressividade** do imposto de renda que incide de acordo com a progressividade, de modo que, quanto maior a renda maior será a alíquota aplicável. Assim, o imposto de renda é o melhor exemplo da isonomia, uma vez que o contribuinte paga o imposto de acordo com a sua riqueza. Tal princípio é de aplicação obrigatória ao imposto de renda, na forma do art. 153, § 2º, I.

Outro imposto cuja submissão à progressividade é obrigatória é o Imposto Territorial Rural. Tal imposto é de competência da União e está previsto na CRFB, art. 153, VI. Seu fato gerador é a propriedade, domínio útil ou posse *ad usucapionem* de imóvel rural ou com destinação rural, e deverá ser progressivo em razão da função social da propriedade, conforme regra prevista no art. 153, § 4º, I, da Carta. Dessa forma, quanto maior a utilização do bem rural no atendimento à função social da propriedade menor deverá ser o imposto.

Já o IPTU também se submete à progressividade, mas de forma facultativa, conforme previsto nos arts. 182, § 4º, II, e 156, § 1º, todos da CRFB. Com isso, o IPTU poderá ser progressivo de acordo com a lei municipal com base no valor, na localização, na utilização ou no atendimento à função social pelo imóvel urbano.

No tocante ao IPTU e ao ITR, a aplicação da capacidade contributiva é clara, ao passo que, caso o indivíduo detenha um imóvel subutilizado, lhe caberá um tributo maior para que a função social seja atendida.

Outrossim, a orientação do STF segue no sentido de que todos os impostos devem se submeter à capacidade contributiva, independentemente da sua classificação, ao passo que tal princípio é uma das bases do Direito Tributário brasileiro. Com isso, o STF admitiu a aplicação da progressividade ao imposto estadual que incide nas transmissões gratuitas, o ITCMD, apesar da ausência de previsão expressa na Carta.

> (...) todos os impostos podem e **devem** guardar relação com a capacidade contributiva do sujeito passivo e não ser impossível aferir-se a capacidade contributiva do sujeito passivo do ITCMD. Ao contrário, tratando-se de **imposto direto**, a sua incidência poderá expressar, em diversas circunstâncias, progressividade ou regressividade direta. Todos os impostos, repito, estão sujeitos ao princípio da capacidade contributiva, especialmente os diretos, independentemente de sua classificação como de caráter **real** ou **pessoal**; isso é completamente irrelevante. Daí por que dou provimento ao recurso, para declarar constitucional o disposto no art. 18 da Lei 8.821/1989 do Estado do Rio Grande do Sul (RE 562045,

Plenário, Rel. p/ o ac. Min. Cármen Lúcia, voto do Min. Eros Grau, j. 06.02.2013, *DJe* 27.11.2013, com repercussão geral).

Com a Reforma Tributária, passam a ser progressivos o IPVA e o ITCMD. Aquele, de forma facultativa, conforme art. 155, § 6º, II, da CRFB, e o imposto de transmissão, de forma obrigatória, conforme art. 155, § 1º, VI, da Carta.

Assim, todos os tributos devem incidir de acordo com a capacidade contributiva do **sujeito passivo** da obrigação tributária, sempre que possível, de modo que externalizada a capacidade contributiva, deverá incidir o tributo. Com isso, mesmo nas hipóteses de práticas ilícitas, caso haja a obtenção de vantagem financeira e o consequente aumento da capacidade contributiva, deverá incidir o imposto de renda, ao passo que não é justo que o cidadão comum pague tributo sobre a riqueza lícita e o criminoso não o faça sobre a renda auferida ilicitamente. Nesse caso, prevalece a regra conhecida como *pecunia non olet*, insculpida no art. 118 do CTN, afinal, é razoável e isonômico que o tributo incida.

3.1.2.2. Proporcionalidade

A proporcionalidade consiste na variação da base de cálculo do tributo, mantendo-se fixa a alíquota. É o que acontece, por exemplo, com o IPVA, cuja alíquota será fixa e a base de cálculo, que é o valor venal do veículo, variável.

Assim, quanto maior o valor do veículo maior será o imposto, proporcionalmente, pois, apesar de a alíquota ser fixa, a base de cálculo, que é o valor do veículo, irá variar. Repita-se: tal medida também é instrumento de capacidade contributiva, ao passo que proporcionalmente o imposto será maior, quanto maior for a base de cálculo do tributo.

Frise-se que a Emenda Constitucional 132/2023 passou a prever a possibilidade de o IPVA ser cobrado de acordo com o valor do veículo, caracterizando a progressividade como opção do legislador estadual. Assim, o IPVA é um imposto essencialmente proporcional, que poderá ser progressivo de acordo com a lei estadual.

3.1.2.3. Seletividade

A seletividade é aplicada em razão da essencialidade do tributo, de modo que, quanto mais essencial for o produto sobre o qual estiver recaindo a carga tributária menor deverá ser o tributo. Com isso, tributos essenciais devem ter alíquotas menores, e produtos não essenciais, como é o caso do cigarro, por exemplo, devem ter suas alíquotas maiores.

Tal medida é isonômica e atinge a capacidade contributiva, ao passo que com alíquotas maiores para os produtos considerados supérfluos, aqueles mais ricos, que dispõem de poder de compra, irão suportar uma maior carga tributária.

Em nosso ordenamento jurídico, o único imposto cuja aplicação desse princípio é obrigatória é o Imposto sobre Produtos Industrializados (IPI), na forma do art. 153, § 3º, I, da Carta.

Há ainda a previsão de sua aplicação ao ICMS, conforme previsto no art. 153, § 2º, III, da CRFB, mas de forma facultativa, cabendo aos estados aplicar ou não o princípio. Entretanto, por se tratar de um instrumento de isonomia, caso o estado opte pela existência de alíquotas diferenciadas para o ICMS, entendemos que deverá ser aplicada a seletividade, sob pena do ICMS com uma alíquota mais elevada sobre produtos essenciais, ferindo a isonomia. Assim, quando o constituinte previu a aplicação facultativa, teve como claro objetivo deixar a critério do estado a adoção do princípio, podendo manter uma única alíquota. Desse modo, a aplicação passa a ser obrigatória na hipótese em que alíquotas diferentes são adotadas pelo Estado, conforme Tema 745 da repercussão geral.

3.1.2.4. Uniformidade geográfica

Ainda analisando o princípio da isonomia, no art. 151, I, da CRFB, está previsto o princípio da **uniformidade geográfica**, segundo o qual o tributo deve ser uniforme em todo o território nacional. A referida uniformidade não significa que o tributo deve ser idêntico, mas, sim, isonômico, sendo permitida, por exemplo, a previsão de benefícios fiscais para o desenvolvimento de regiões mais carentes do território brasileiro.

Com isso, a uniformidade geográfica deve ser utilizada como instrumento de desenvolvimento regional, permitindo que sejam concedidos benefícios fiscais para estados mais pobres para que sua economia seja estimulada, não cabendo a concessão de benefícios para os estados considerados ricos. Assim entendeu o STF:

> AGRAVO REGIMENTAL NO AGRAVO REGIMENTAL NO AGRAVO DE INSTRUMENTO – TRIBUTÁRIO – IPI – AÇÚCAR – ALÍQUOTA MÁXIMA – ESSENCIALIDADE – SELETIVIDADE – UNIFORMIDADE GEOGRÁFICA – ARTIGO 2º DA LEI Nº 8.393/91 – CONSTITUCIONALIDADE. 1. O Plenário do Supremo Tribunal Federal assentou a constitucionalidade do art. 2º da Lei nº 8.393/1991, o qual observou os requisitos da seletividade e da essencialidade, bem como o princípio da isonomia. 2. A utilização do IPI como instrumento de promoção do desenvolvimento nacional e de superação das desigualdades sociais e regionais não caracteriza desvio de finalidade e não ofende o princípio da uniformidade geográfica, dada sua função extrafiscal. 3. Agravo regimental não provido (AI 729667 AgR-AgR, 2ª Turma, Rel. Min. Dias Toffoli, julgado em 25.08.2017, Processo Eletrônico *DJe*-198 DIVULG 01.09.2017, Data de Publicação: 04.09.2017).

Resta claro que o tributo deve ser utilizado como um instrumento de redução das desigualdades regionais e para o desenvolvimento do país.

DICA

O princípio da isonomia estabelece que somente será dado tratamento desigual aos contribuintes na medida de suas desigualdades. Assim, sempre que possível, os impostos incidirão de acordo com a capacidade econômica do contribuinte.

3.1.2.5. Vedação ao tratamento diferenciado pela procedência ou destino

Por fim, mas não menos importante, a CRFB prevê em seu art. 152 que é vedado o tratamento diferenciado com base na origem ou destino de determinado bem ou serviço:

> Art. 152. É vedado aos Estados, ao Distrito Federal e aos Municípios estabelecer diferença tributária entre bens e serviços, de qualquer natureza, em razão de sua procedência ou destino.

Assim sendo, não pode ser aplicada uma tributação diferenciada pelo fato de o produto ser importado do exterior, pois a base da diferenciação seria somente a procedência, sendo vedada essa discriminação. Como se pode ver, a isonomia não comporta o tratamento diferenciado com base na origem ou destino sob pena de concessão de benefício odioso.

A isonomia tributária e a vedação constitucional à discriminação segundo a procedência ou o destino de bens e serviços (artigos 150, II, e 152 da CRFB/88) tornam inválidas as distinções em razão do local em que se situa o estabelecimento do contribuinte ou em que produzida a mercadoria, máxime nas hipóteses nas quais, sem qualquer base axiológica no postulado da razoabilidade, se engendra tratamento diferenciado (ADI 3984, Rel. Min. Luiz Fux, j. 30.08.2019, P, *DJE* de 23.09.2019).

Em vista do exposto, seria inconstitucional, por exemplo, uma lei estadual que trouxesse alíquotas diferenciadas para o IPVA pelo simples fato de o veículo ser importado, ao passo que o tratamento diferenciado teria como base a origem do bem, violando, assim, o citado art. 152 da Lei Maior. Ademais, no caso específico do IPVA, a CRFB somente autoriza o tratamento diferenciado com base no tipo ou utilização do veículo, na forma do art. 155, § 6º, II.

Por fim, mas não menos importante, a Reforma Tributária passou a prever como objetivo a redução da regressividade no sistema tributário nacional, no art. 145, § 4º. Tal medida tem como objetivo evitar que os mais pobres suportem uma carga tributária maior que os mais ricos proporcionalmente à sua renda, pela incidência dos tributos sobre o consumo. Tal princípio pode ser interpretado como um importante instrumento de justiça fiscal, de modo a evitar o aumento exagerado de tributos sobre o consumo.

3.1.3. *Princípio da irretroatividade*

Quanto ao aspecto **temporal** da tributação, tem-se o **princípio da não surpresa**, previsto no art. 150, III, da CRFB, cujo **objetivo** é evitar que o contribuinte seja surpreendido com uma carga tributária superior à que havia se programado e se organizado para suportar. Em outras palavras, o princípio da não surpresa garante que o aumento ou a criação de tributos não violem o planejamento do contribuinte. Para Geraldo Ataliba, "O Estado não surpreende seus cidadãos; não adota decisões inopinadas que os aflijam".[9]

---

[9] ATALIBA, Geraldo. Anterioridade da Lei Tributária, Segurança do Direito e Iniciativa Privada. *Revista de Direito Mercantil, Industrial, Econômico e Financeiro*. São Paulo: RT, n. 50, p. 16, 1983.

Assim, com o objetivo de garantir a não surpresa, a CRFB traz três outros princípios, quais sejam: a **irretroatividade**, a **anterioridade** de exercício e a **noventena**.

Previsto no art. 150, III, *a*, da CRFB, o princípio da irretroatividade determina que a lei tributária **não retroagirá** para abranger fatos geradores pretéritos. Dessa forma, a lei tributária somente poderá produzir efeitos para o futuro, não compreendendo os fatos geradores praticados no passado. A aplicação desse princípio garante, acima de tudo, a segurança jurídica no ordenamento tributário, evitando que leis novas sejam aplicadas a fatos geradores praticados no passado e protegendo o contribuinte de instabilidades políticas e alterações no sistema.

No entanto, esse princípio comporta ressalvas, que estão previstas nos arts. 106 e 144, § 1º, do CTN, que são as hipóteses em que a lei tributária retroagirá, e tal retroatividade não será somente para beneficiar o contribuinte, mas também o fisco.

3.1.3.1. Aplicação da lei a ato ou fato pretérito

As hipóteses de aplicação da lei tributária a ato ou fato pretérito estão previstas no art. 106 do CTN. Assim, na forma do inciso I do citado artigo, a lei tributária retroagirá quando for **expressamente interpretativa**. É importante frisar que essa é uma norma de fácil entendimento, tendo em vista que a norma interpretativa precisa retroagir sob pena de ser uma norma vazia. No entanto, o referido art. 106, I, deve ser interpretado de forma restritiva, ou seja, a lei tributária deve retroagir quando for *meramente* interpretativa, **não cabendo** a retroatividade em caso de **lei inovadora**. O STJ tem se posicionado nesse sentido. Vejamos:

JURISPRUDÊNCIA

> TRIBUTÁRIO – PROCESSUAL CIVIL – AUSÊNCIA DE JURISPRUDÊNCIA – ATO DECLARATÓRIO NORMATIVO 28/94 – CARÁTER MERAMENTE INTERPRETATIVO.
>
> 1. A discussão travada nos autos diz respeito a saber se o Ato Declaratório Normativo 28/94, da Coordenação-Geral do Sistema de Tributação – COSIT, é meramente interpretativo ou não.
>
> 2. A matéria discutida neste processo refere-se a situação específica e, em razão das peculiaridades do caso, não pode ser considerada como representativo da controvérsia. Frise-se que o despacho do Tribunal de origem não logrou evidenciar a existência de processos similares a este a justificar a sua submissão ao rito do artigo 543-C do CPC.
>
> 3. O art. 106, I, do CTN prevê que: "A lei aplica-se a ato ou fato pretérito (...) em qualquer caso, quando seja expressamente interpretativa, excluída a aplicação de penalidade (...)".
>
> 4. A legislação publicada supervenientemente ao registro da declaração de importação (que institua ou majore tributo) – quando inovadora – não repercute na operação de internação; tal limitação não há, todavia, quando se trata de norma "interpretativa".

5. O ADN 28/94 não "instituiu" ou "majorou" tributo, tendo apenas conferido interpretação técnica sobre quais mercadorias afinal estariam contidas nas expressões controversas, fixando sentido interpretativo quando dispôs que aparelho celular (corpo único, enquadrável à alíquota de 20%) difere de sistemas de transceptores (alíquota de 0%) e, assim, fê-lo em observância ao sistema normativo, pois se interpretar é extrair o sentido e o alcance do preceito, tal norma interpretativa pode retroagir para alcançar fato pretérito (REsp. 1157097/AM, Min. Benedito Gonçalves, DJe 17.03.2010).

Retroagirá também a lei que comine **penalidade menos severa** ou que deixe de tratar a conduta do agente como infração à norma tributária. Dessa forma, somente haverá retroatividade em caso de redução da punição, da penalidade, de modo que a lei que reduz alíquota do tributo não retroagirá, pois ao lançamento deverá ser aplicada a lei vigente na data do fato gerador da obrigação tributária, conforme art. 144, *caput*, do CTN.

Assim, a **alíquota** aplicável será sempre aquela **vigente** na data do fato gerador da obrigação tributária, retroagindo somente a penalidade menos severa ou o afastamento de infração. O Direito Tributário não segue a regra do Direito Penal, no sentido que a lei retroage *in bonam partem* em qualquer hipótese. A lei retroage quando comina penalidade menos severa, mas a alíquota aplicável será sempre aquela vigente na data no fato gerador da obrigação tributária. Vejamos:

 ## JURISPRUDÊNCIA

TRIBUTÁRIO – LEI MENOS SEVERA – APLICAÇÃO RETROATIVA – POSSIBILIDADE – REDUÇÃO DA MULTA DE 30% PARA 20%.

O Código Tributário Nacional, artigo 106, inciso II, letra "c" estabelece que a lei aplica-se a ato ou fato pretérito quando lhe comina punibilidade menos severa que a prevista por lei vigente ao tempo de sua prática. A lei não distingue entre multa moratória e punitiva.

Tratando-se de execução não definitivamente julgada, pode a Lei nº 9.399/96 ser aplicada, sendo irrelevante se já houve ou não a apresentação dos embargos do devedor ou se estes já foram ou não julgados. Embargos recebidos (EREsp. 184642/SP, *DJ* 16.08.1999, p. 41).

Frise-se que a retroatividade somente ocorrerá se não houver **coisa julgada**, cabendo a retroatividade caso pendente de julgamento a esfera administrativa ou mesmo após seu exaurimento, pois a coisa julgada em análise é a coisa julgada judicial.

Com isso, caso haja decisão administrativa desfavorável ao contribuinte, mas a discussão judicial ainda esteja em curso, será cabível a retroatividade da penalidade.

Frise-se que somente na hipótese de redução da penalidade que deverá retroagir a lei menos severa. Vejamos:

TRIBUTÁRIO – AGRAVO INTERNO NO RECURSO ESPECIAL – ARROLAMENTO FISCAL – ALTERAÇÃO DO LIMITE PELO DECRETO 7.573/2011

– INAPLICABILIDADE DO ART. 106 DO CTN. AGRAVO INTERNO DO CONTRIBUINTE A QUE SE NEGA PROVIMENTO.

1. Discute-se nos autos a aplicação do Decreto 7.573/2011, que aumentou o limite anteriormente previsto no art. 64, § 7º da Lei 9.532/1997 de R$ 500.000,00 para R$ 2.000.000,00 para o arrolamento fiscal, aos procedimentos já iniciados, com fundamento na retroatividade da lei tributária mais benéfica ao contribuinte.

2. Como bem pontuou o Tribunal de origem, o arrolamento de bens e direitos não configura penalidade por infração à legislação tributária, consistindo em mero inventário dos bens do contribuinte, que permite à autoridade fazendária um melhor acompanhamento da movimentação patrimonial do devedor, evitando-se o desapossamento de bens sem o conhecimento do fisco (fls. 232). Logo, não há que se falar em aplicação do disposto no art. 106 do CTN para fins de extinção dos arrolamentos já instaurados com fundamento na legislação anterior. Precedente: AgRg no AREsp. 289.805/SC, Rel. Min. HERMAN BENJAMIN, *DJe* 12.9.2013.

3. Agravo Interno do Contribuinte a que se nega provimento (AgInt no REsp. 1464715/SC, Ministro Napoleão Nunes Maia Filho, *DJe* 05.03.2020).

Ademais, caso ocorra a extinção de uma obrigação acessória, também caberá a retroatividade da lei para abranger aqueles contribuintes que haviam descumprido a regra então vigente, desde que ausente o dolo, na forma do art. 106, II, *b*, do CTN. Vejamos:

PROCESSO CIVIL E TRIBUTÁRIO – AGRAVO INTERNO NO AGRAVO EM RECURSO ESPECIAL – ENUNCIADO ADMINISTRATIVO N. 3/STJ – ICMS – REVOGAÇÃO DE OBRIGAÇÃO TRIBUTÁRIA – RETROATIVIDADE – LEI TRIBUTÁRIA MAIS BENÉFICA – APLICAÇÃO – PRECEDENTES – AGRAVO INTERNO NÃO PROVIDO.

1. Na espécie, a exigência da obrigação acessória prevista no artigo 11, inciso III, alínea c, n. 1, do Anexo IX do CTE, foi afastada pelo legislador estadual por meio do Decreto Estadual n. 6.769/2008, não sendo mais exigida para o gozo do benefício do crédito outorgado, o que deve ser aplicado retroativamente à apelante, os termos do artigo 106, II, *b*, do Código Tributário Nacional, posto que não restou caracterizado intuito fraudulento ou omissão no pagamento do tributo.

2. Assim, a revogação de obrigação acessória imposta ao contribuinte constitui exceção à regra da irretroatividade da lei mais benéfica, nos estritos termos do art. 106, II, b, do Código Tributário Nacional, observada, naturalmente, a inexistência de fraude associada ao não recolhimento do tributo. Precedentes.

3. Agravo interno não provido (AgInt no AREsp. 1415195/GO, Min. Mauro Campbell Marques, *DJe* 26.04.2019).

Não devem restar dúvidas de que o princípio da irretroatividade deve ser mitigado para a aplicação da lei mais benéfica ao contribuinte no tocante à aplicação da penalidade, não se aplicando retroativamente, em qualquer hipótese, a alíquota do tributo, ainda que mais benéfica. A concessão de benefício fiscal ou mesmo a concessão de isenção, também não produzirão efeitos retroativos, produzindo efeitos somente para o futuro.

3.1.3.2. Retroatividade pró-Fisco

Outras hipóteses de retroatividade estão previstas no art. 144, § 1º, do CTN, que dispõe que retroagem também à lei tributária que aumentar os poderes da fiscalização, bem como à lei que amplie as garantias e privilégios do crédito tributário. Percebe-se com clareza que são hipóteses de retroatividade favoráveis à Fazenda, ao passo que permitem o fortalecimento da fiscalização e o aumento da garantia de satisfação do crédito tributário.

No tocante ao aumento dos **poderes da fiscalização**, a lei tributária retroagirá respeitando, por óbvio, o prazo decadencial para a constituição do crédito. Um exemplo que já foi objeto de análise pelo STJ foi trazido pela LC 105/2001, que permite a transferência do sigilo bancário sem autorização judicial.

JURISPRUDÊNCIA

> O litígio constitucional posto se traduz em um confronto entre o direito ao sigilo bancário e o dever de pagar tributos, ambos referidos a um mesmo cidadão e de caráter constituinte no que se refere à comunidade política, à luz da finalidade precípua da tributação de realizar a igualdade em seu duplo compromisso, a autonomia individual e o autogoverno coletivo. Do ponto de vista da autonomia individual, o sigilo bancário é uma das expressões do direito de personalidade que se traduz em ter suas atividades e informações bancárias livres de ingerências ou ofensas, qualificadas como arbitrárias ou ilegais, de quem quer que seja, inclusive do Estado ou da própria instituição financeira. Entende-se que a igualdade é satisfeita no plano do autogoverno coletivo por meio do pagamento de tributos, na medida da capacidade contributiva do contribuinte, por sua vez vinculado a um Estado soberano comprometido com a satisfação das necessidades coletivas de seu Povo. Verifica-se que o Poder Legislativo não desbordou dos parâmetros constitucionais, ao exercer sua relativa liberdade de conformação da ordem jurídica, na medida em que estabeleceu requisitos objetivos para a requisição de informação pela administração tributária às instituições financeiras, assim como manteve o sigilo dos dados a respeito das transações financeiras do contribuinte, observando-se um translado do dever de sigilo da esfera bancária para a fiscal. A alteração na ordem jurídica promovida pela Lei 10.174/2001 não atrai a aplicação do princípio da irretroatividade das leis tributárias, uma vez que aquela se encerra na atribuição de competência administrativa à Secretaria da Receita Federal, o que evidencia o caráter instrumental da norma em questão. Aplica-se, portanto, o art. 144, § 1º, do CTN. Fixação de tese em relação ao item *a* do Tema 225 da sistemática da repercussão geral: "O art. 6º da LC 105/2001 não ofende o direito ao sigilo bancário, pois realiza a igualdade em relação aos cidadãos, por meio do princípio da capacidade contributiva, bem como estabelece requisitos objetivos e o translado do dever de sigilo da esfera bancária para a fiscal". Fixação de tese em relação ao item *b* do Tema 225 da sistemática da repercussão geral: "A Lei 10.174/2001 não atrai a aplicação do princípio da irretroatividade das leis tributárias, tendo em vista o caráter instrumental da norma, nos termos do artigo 144, § 1º, do CTN" (RE 601.314, Rel. Min. Edson Fachin, j. 24.02.2016, P, *DJE* de 16.09.2016, Tema 225).

Ato contínuo, a lei também retroagirá quando aumentar as garantias e privilégios do crédito tributário, que são garantias previstas em lei que têm como objetivo aumentar a probabilidade de satisfação do crédito tributário.

Assim, atualmente, no caso de decretação de falência de uma empresa, deverá ser respeitada a ordem para pagamento dos créditos prevista no art. 83 da Lei 11.101/2005, que dispõe o seguinte:

Art. 83. A classificação dos créditos na falência obedece à seguinte ordem:

I – os créditos derivados da legislação trabalhista, limitados a 150 (cento e cinquenta) salários-mínimos por credor, e aqueles decorrentes de acidentes de trabalho; (Redação dada pela Lei nº 14.112, de 2020) (Vigência)

II – os créditos gravados com direito real de garantia até o limite do valor do bem gravado; (Redação dada pela Lei nº 14.112, de 2020) (Vigência)

III – os créditos tributários, independentemente da sua natureza e do tempo de constituição, exceto os créditos extraconcursais e as multas tributárias; (Redação dada pela Lei nº 14.112, de 2020) (Vigência) (...)

Como se pode ver, não é correto afirmar que o crédito tributário prefere aos demais, ao passo que é o quarto na ordem de preferência. Todavia, se uma lei aumentar esse privilégio do crédito tributário, deverá retroagir, na forma do art. 144, § 1º, do CTN, visto que amplia o privilégio do crédito.

Depreende-se do julgado que a retroatividade da norma tributária é cabível quando os poderes da fiscalização forem ampliados.

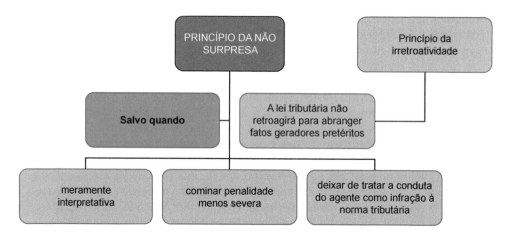

DICA

A alíquota aplicável será sempre aquela vigente à data do fato gerador da obrigação tributária. Nos casos previstos, a lei apenas retroagirá se não houver ocorrido a coisa julgada.

✍ PARA REFORÇAR

Retroatividade da lei interpretativa	Art. 106, I, do CTN	A lei expressamente interpretativa retroagirá para abranger fatos geradores pretéritos.
Retroatividade da lei que cominar penalidade menos severa	Art. 106, II, do CTN	A lei que cominar penalidade menos severa retroagirá para alcançar fatos geradores pretéritos desde que não haja coisa julgada. Somente a penalidade retroagirá.
Retroatividade da lei que aumenta os poderes da fiscalização	Art. 144, § 1º, do CTN	A lei que aumentar os poderes da fiscalização retroagirá, mas não poderá atribuir responsabilidade tributária.
Retroatividade da lei que aumenta as garantias e os privilégios do crédito tributário	Art. 144, § 1º, do CTN	A lei que aumentar as garantias e privilégios do crédito tributário retroagirá para atingir os casos em curso.

3.1.4. *Princípio da anterioridade clássica ou de exercício*

O art. 150, III, *b*, da CFRB traz o princípio da **anterioridade** clássica ou de exercício, segundo o qual, criado ou majorado um tributo, ele somente poderá ser cobrado no **exercício financeiro** seguinte e tem como fundamento o princípio da não surpresa, de modo que todo cidadão, todo contribuinte tem o direito de não se surpreender com uma carga tributária que ele não esteja preparado a suportar. Assim, ao ser instituído ou majorado um tributo, sua **cobrança** somente poderá ocorrer no ano seguinte, uma vez que o exercício financeiro coincide com o ano civil, na forma do art. 32 da Lei 4.320/1964.

A anterioridade não se confunde com a anualidade. Esse último, princípio de direito financeiro, tem como base o fato de que as receitas e as despesas devem estar presentes na lei orçamentária, que é anual e única.

Pelo princípio da anterioridade de exercício, a criação ou majoração de um tributo somente produz efeitos no exercício financeiro seguinte e, na forma do art. 32 da Lei 4.320/1964, o exercício financeiro coincide com o ano civil.

O princípio da **anterioridade** aplica-se somente nos casos de **criação** ou **majoração** do tributo, com o claro objetivo de evitar a desagradável surpresa da maior carga tributária e permitir que o indivíduo se organize para quitar o tributo. Todavia, em casos de redução ou extinção do tributo não há que se falar na aplicabilidade do referido princípio, de modo que tais alterações poderão produzir efeitos imediatos. Com isso, a substituição de indexadores para correção monetária, por exemplo, não viola o princípio da anterioridade e não surpresa, pois este é caso de atualização monetária, de recomposição de perda e não de majoração de tributo. Caso os indexadores representem a majoração, extrapolando a atualização do tributo, deve ser aplicado o princípio da anterioridade.

Da mesma forma, não se submetem à anterioridade a concessão de isenção ou mesmo a alteração no prazo para pagamento do tributo, conforme posicionamento firmado com a edição da Súmula Vinculante 50 do STF, por não representarem criação ou majoração do tributo.

Ponto também importante é a revogação da isenção. O STF já se manifestou no sentido que, **revogada a isenção**, o **tributo** torna-se **imediatamente exigível**, conforme decidido no RE 200844 AgR/PR (*DJU* 16.08.2002), no RE 204.062/ES (*DJU* 19.12.1996), na ADI 4016 MC/PR, Rel. Min. Gilmar Mendes, em 01.08.2008. Esse posicionamento se dá porque a isenção consiste na **dispensa legal** do pagamento do tributo, de modo que a incidência não foi afastada pelo benefício. Dessa forma, a revogação da isenção produz efeitos imediatos, ao passo que o tributo sempre foi devido, estando o contribuinte dispensado do pagamento somente.

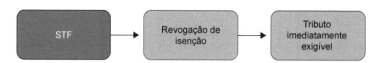

Importante destacar que a isenção condicionada e concedida por prazo determinado não pode ser revogada a qualquer tempo, desde que as condições estejam sendo preenchidas, conforme previsto no art. 178 do CTN.

O posicionamento do STF viola frontalmente o prisma garantista dos princípios constitucionais tributários. Ao revogar uma isenção, o contribuinte tem uma nova carga de prejuízo que não estava preparado para suportar, devendo então ser aplicada a anterioridade, sob pena de violação do ideal de não surpresa, uma vez que o impacto financeiro da revogação da isenção será imediato, representando um aumento real da carga tributária.

Não no tocante à isenção, mas quanto à **redução de benefício** fiscal, o STF posicionou-se de forma semelhante, reconhecendo que haveria uma majoração indireta do tributo. Vejamos:

JURISPRUDÊNCIA

ICMS: REVOGAÇÃO DE BENEFÍCIO FISCAL E PRINCÍPIO DA ANTERIORIDADE TRIBUTÁRIA.

Configura aumento indireto de tributo e, portanto, está sujeita ao princípio da anterioridade tributária, a norma que implica revogação de benefício fiscal anteriormente concedido. (...) Na espécie, o tribunal *a quo* afastara a aplicação – para o ano em que publicados – de decretos estaduais que teriam reduzido benefício de diminuição de base de cálculo do ICMS, sob o fundamento de ofensa ao princípio da anterioridade tributária. A Turma afirmou que os mencionados atos normativos teriam reduzido benefício fiscal vigente e, em consequência, aumentado indiretamente o aludido imposto, o que atrairia a aplicação do princípio da anterioridade. Frisou que a concepção mais adequada de anterioridade seria aquela que afetasse o conteúdo teleológico da garantia. Ponderou que o mencionado princípio visaria garantir que o contribuinte não fosse surpreendido com aumentos súbitos do encargo fiscal, o que propiciaria um direito implícito e inafastável ao planejamento. Asseverou que o prévio conhecimento da carga tributária teria como base a segurança jurídica e, como conteúdo, a garantia da certeza do direito. Ressaltou, por fim, que toda alteração do critério quantitativo do consequente da regra matriz de incidência deveria ser entendida como majoração do tributo. Assim, tanto o aumento de alíquota quanto a redução de benefício, apontariam para o mesmo resultado, qual seja, o agravamento do encargo. Vencidos os Ministros Dias Toffoli e Rosa Weber, que proviam o agravo regimental. Após aduzirem que benefícios fiscais de redução de base de cálculo se caracterizariam como isenção parcial, pontuavam que, de acordo com a jurisprudência do STF, não haveria que se confundir instituição ou aumento de tributos com revogação de isenções fiscais, uma vez que, neste caso, a exação já existiria e persistiria, embora com a dispensa legal de pagamento (RE 564225 AgR/RS, Rel. Min. Marco Aurélio, 02.09.2014).

Conforme defendido, a redução de benefício fiscal ou mesmo a revogação da isenção representam um aumento indireto do tributo, que deve respeitar o princípio da não surpresa e da proteção da confiança, de modo que, ao permitir a exigência imediata de um tributo que outrora era objeto de isenção, o STF não garante a **segurança jurídica**.

Dessa forma, de acordo com Sacha Calmon, deve ser garantido o direito de não surpresa do contribuinte.

O princípio da não surpresa do contribuinte é de fundo axiológico. É valor nascido da aspiração dos povos de conhecerem com razoável antecedência o teor e o *quantum* dos tributos a que estariam sujeitos no futuro imediato, de modo a poderem planejar as suas atividades levando em conta os referenciais da lei.[10]

Paulo de Barros Carvalho[11] endossa o posicionamento:

É questão assente que os preceitos de lei que extingam ou reduzam isenções só devam entrar em vigor no primeiro dia do exercício seguinte aquele em que forem publicados. Os dispositivos editados com esse fim equivalem, em tudo e por tudo, aos que instituem o tributo, inaugurando um tipo de incidência.

O STF, por meio da Segunda Turma, reiterou tal posicionamento, ao julgar o Agravo Regimental no Recurso Extraordinário 1081041:

JURISPRUDÊNCIA

AGRAVO REGIMENTAL NO RECURSO EXTRAORDINÁRIO – TRIBUTÁRIO – REINTEGRA – DECRETO Nº 8.415/15 – PRINCÍPIO DA ANTERIORIDADE NONAGESIMAL. 1. O entendimento da Corte vem se firmando no sentido de que não só a majoração direta de tributos atrai a aplicação da anterioridade nonagesimal, mas também a majoração indireta decorrente de revogação de benefícios fiscais. 2. Negativa de provimento ao agravo regimental. Não se aplica ao caso dos autos a majoração dos honorários prevista no art. 85, § 11, do novo Código de Processo Civil, uma vez que não houve o arbitramento de honorários sucumbenciais pela Corte de origem (Súmula 512/STF) (RE 1081041 AgR, 2ª Turma, Rel. Min. Dias Toffoli, j. 09.04.2018, *DJe* 27.04.2018).

---

[10] COÊLHO, Sacha Calmon Navarro. *Curso de Direito Tributário Brasileiro*. 11. ed. Rio de Janeiro: Forense, 2011. p. 214.

[11] CARVALHO, Paulo de Barros. *Curso de Direito Tributário*. 21. ed. São Paulo: Saraiva, 2009. p. 538.

Importante frisar que o art. 104, III, do CTN determina que, no tocante aos impostos sobre patrimônio e renda, a revogação da isenção somente deverá produzir efeitos no exercício financeiro seguinte. Tal dispositivo é específico e deve ser respeitado com o objetivo de garantir a não surpresa e segurança jurídica, e aplicável a todos os tributos e não somente aos impostos sobre patrimônio e renda, para atender um dos objetivos constitucionais das limitações ao poder de tributar, qual seja, a **proteção** do contribuinte. Nesse sentido, leciona Ricardo Cunha Chimenti:

> Quanto ao imposto sobre o patrimônio (IPTU, IPVA ITR etc.) e a renda, há regra expressa no sentido de que a revogação de isenção deve observância ao princípio da anterioridade (art. 104, III, do CTN). Observe-se, porém, que a regra do CTN somente não abrange de forma expressa outros tributos porque, à época da elaboração do Código Tributário (outubro de 1966), o princípio constitucional da anterioridade somente protegia os dois impostos referidos (art. 2º, II, da EC nº 18, de 6.12.1965).[12]

Contrariamente, há autores que entendem que tal dispositivo não fora recepcionado, como é o ensinamento do professor Leandro Paulsen:

> A referência, no texto do art. 104, III, c, do CTN, apenas aos tributos sobre o patrimônio ou a renda e à anterioridade de exercício não deve impressionar, pois tais restrições não foram recepcionadas pelas normas constitucionais posteriores. O respeito à anterioridade, para quaisquer tributos, salvo as exceções constitucionais, se impõe por força de aplicação direta dos próprios artigos 150, III, b e c, e 195, § 6º, da Constituição, na medida em que a revogação de isenção, assim como a de qualquer outro benefício fiscal, implica aumento de carga tributária a ser suportada pelo sujeito passivo.[13]

Assim, deve-se aplicar o princípio relativo ao respectivo tributo, e não o art. 104, III, do CTN de forma genérica. Em outras palavras mesmo no caso do IPI, que não se enquadraria no art. 104, III, do CTN, a revogação da isenção teria que respeitar a noventena.

Frise-se que no caso em análise ousamos discordar das posições adotadas, ao passo que o art. 104, III, faz referência ao art. 178 do CTN e o art. 178 do CTN faz referência ao art. 104, III.

Assim, o art. 104, III, deverá ser aplicado no caso de revogação de isenções onerosas, e somente nesses casos, conforme previsto no código. Por outro lado, com relação aos demais tributos, deverão ser respeitadas a anterioridade e a noventena previstas no art. 150, III, b e c, da CRFB. Nesse mesmo sentido, Luiz Felipe Silveira Difini:

> A *revogação* das isenções é questão que apresenta vários problemas jurídicos. Sobre ela dispõe o art. 178 do CTN nestes termos: "a isenção, salvo se concedida por prazo certo e em função de determinadas condições, pode ser revogada ou modificada por lei, a qualquer tempo, observado o disposto no inciso III do art. 104". Uma vez revogada a regra isentiva, que obstava a incidência da regra de tributação, esta passa a incidir em sua plenitude, surgindo a obrigação tributária (dita principal): de pagar

---

[12] CHIMENTI, Ricardo Cunha. *Direito Tributário*. 14. ed. São Paulo: Saraiva, 2011. p. 113.
[13] PAULSEN, Leandro. *Curso de Direito Tributário*. 2. ed. Porto Alegre: Livraria do Advogado, 2008. p. 181.

tributo. Questão relevante diz com a observância, na revogação de isenções, da regra de anterioridade. Este o significado da remissão, da parte final do art. 178 do CTN, ao inciso III do art. 104. Esse texto dispõe que só produzem efeitos a partir do primeiro dia do exercício seguinte à sua publicação dispositivos de lei, referente a impostos sobre o patrimônio ou a renda, "que extinguem ou reduzem isenções". A norma estava em consonância com a Emenda Constitucional n. 18 à Constituição de 1946, vigente quando da promulgação do Código, que revogou o § 34 do art. 141 da Constituição de 1946 e limitou a aplicação do princípio da anterioridade aos impostos sobre o patrimônio e a renda. Hoje vigora o art. 150, III, *b*, da Constituição Federal de 1988, que não contém limitação: é vedado exigir quaisquer tributos no mesmo exercício financeiro em que haja sido publicada a lei que os instituiu ou aumentou. Com relação a isenções, no entanto, não há qualquer regra constitucional mandando observar o princípio de anterioridade quando de sua revogação. Portanto, no que concerne à revogação de isenções, a limitação só se encontra na lei complementar e não na Constituição. Há, apenas, a regra do art. 104, III, do CTN, que diz só produzirem efeitos no exercício seguinte dispositivos de lei que reduzam ou extingam isenções *de impostos sobre o patrimônio ou a renda*. Assim, se for revogada ou extinta isenção de impostos sobre o patrimônio ou a renda (imposto de renda, IPTU, ITR, IPVA), o imposto só poderá ser exigido no exercício seguinte ao da publicação da lei revogadora da isenção. Se revogada isenção de outros tributos (impostos sobre circulação de riquezas – ICMS, IPI, importação, exportação, ISQN etc., taxas, contribuições de melhoria, outras contribuições ou empréstimos compulsórios), o tributo poderá ser exigido de imediato, sem observar requisito de anterioridade. Embora a crítica de parte da doutrina, esta a interpretação sumulada pelo Supremo Tribunal Federal: "O princípio constitucional da anualidade (§ 29 do art. 153 da Constituição Federal) não se aplica à revogação de isenção de ICM (Súmula 615). Não é possível aplicar por extensão à revogação de isenção o princípio da anterioridade, constitucionalmente previsto para instituição de quaisquer tributos, porque regras sobre isenções interpretam-se literalmente (CTN, art. 112).[14]

Em vista do exposto, não podemos concluir de forma diversa, ao passo que a referência do art. 104, III, do CTN é muito clara.

Mais um ponto a ser analisado e bastante relevante é o referente à instituição de **medidas provisórias** e seu efeito na contagem nos prazos da **anterioridade** e **noventena**. Aqui, devemos citar o art. 62, § 2º, da CRFB.

Art. 62. Em caso de relevância e urgência, o Presidente da República poderá adotar medidas provisórias, com força de lei, devendo submetê-las de imediato ao Congresso Nacional. (Redação da EC nº 32/2001.)

(...)

§ 2º Medida provisória que implique instituição ou majoração de impostos, exceto os previstos nos arts. 153, I, II, IV, V, e 154, II, só produzirá efeitos no **exercício financeiro seguinte** se houver sido convertida em lei até o último dia daquele em que foi editada. (EC nº 32/2001.)

---

[14] DIFINI, Luiz Felipe Silveira. *Manual de Direito Tributário*. 4. ed. São Paulo: Saraiva, 2008. p. 323-324.

Não há dúvidas quanto à possibilidade de instituição de medidas provisórias em matéria tributária, em razão da jurisprudência pacificada pelo STF. No entanto, o dispositivo *supra* é claro com relação à sua aplicabilidade somente no caso de não conversão em lei da medida provisória no exercício financeiro em que foi editada.

Com isso, se a medida provisória não for convertida em lei até o último dia do ano em que for editada, não produzirá efeitos no ano subsequente, **ressalvados** os **impostos extrafiscais da União** (II, IE, IPI, IOF) e o **imposto extraordinário de guerra**.

Assim, a medida provisória, que tem validade de **60 dias** prorrogáveis por igual período, deve ser convertida em lei até o último dia do exercício financeiro que foi editada, para que produza efeitos no exercício seguinte, mas nos casos excepcionais, como no caso do imposto de importação, que pode ser exigido imediatamente, a cobrança se dará enquanto estiver vigente a medida provisória. Caso não seja convertida em lei, o tributo foi devido pelo prazo da medida provisória, não cabendo restituição dos pagamentos efetuados.

Importante destacar que tanto a anterioridade quanto a noventena são contadas da data da **edição da medida provisória**, e não da sua conversão em lei.

A anterioridade é regra que comporta **exceções**. Com isso, excepcionam-se ao princípio da anterioridade de exercício o empréstimo compulsório, somente no caso de guerra ou calamidade pública, Imposto de Importação, Imposto de Exportação, Imposto sobre Produtos Industrializados, Imposto sobre Operações de Crédito, Câmbio e Seguro ou relativas a Valores Mobiliários e Imposto Extraordinário de Guerra, na forma do art. 150, § 1º, da CRFB.

Tais tributos podem ser exigidos no mesmo exercício financeiro em que a alteração for realizada e têm finalidades específicas, não cabendo as restrições.

Como visto, a anterioridade teve como objetivo evitar a não surpresa, mas o contribuinte ainda assim era surpreendido por tributos que estavam fora de seu planejamento, como é o caso da majoração de tributos nos últimos dias do ano. Foi introduzido, então, o princípio da **noventena** no ordenamento jurídico pátrio, pela EC 42, com o objetivo de garantir a **anterioridade mínima**, ou seja, o prazo mínimo de **90 dias** entre a data da criação ou majoração e a cobrança do tributo.

 PARA REFORÇAR

Anterioridade de exercício	Art. 150, III, *b*, da CRFB	Criado ou majorado um tributo somente poderá ser cobrado no exercício financeiro seguinte.
Alteração do prazo para pagamento	Súmula Vinculante 50 do STF	A alteração do prazo para pagamento não se submete à anterioridade, por não se tratar de criação ou majoração do tributo.

3.1.5. Princípio da noventena

Como dito, o princípio da anterioridade de exercício não bastou para que fosse garantida a não surpresa, tendo em vista que a carga tributária era alterada nos últimos

CAP. 3 • AS LIMITAÇÕES CONSTITUCIONAIS AO PODER DE TRIBUTAR | **121**

dias do exercício financeiro, respeitando a anterioridade, mas violando qualquer planejamento possível por parte do contribuinte, pois os tributos eram exigidos dias depois da publicação da lei que os criou ou majorou. Percebeu-se a necessidade de um princípio que garantisse a anterioridade mínima.

Assim, a EC 42/2003 alterou a Carta trazendo o princípio da **noventena**, no art. 150, III, *c*, da CRFB, que obrigou o estado a respeitar, além da anterioridade de exercício financeiro, o prazo de 90 dias para cobrar o tributo, contado entre a data da sua criação ou majoração e sua exigência. (Esse é o princípio da noventena.)

A noventena é uma garantia do contribuinte no sentido de que os tributos somente podem ser cobrados com no mínimo 90 dias entre a data da criação ou majoração e a cobrança. Tal princípio foi introduzido em nosso ordenamento jurídico para ser a garantia da não surpresa, impedindo que os tributos fossem majorados nos últimos dias do exercício financeiro para cobrança quase que imediata no exercício financeiro seguinte, ou seja, dias após.

No tocante às contribuições sociais, já havia na Carta a previsão da anterioridade **nonagesimal** ou noventena no art. 195, § 6º, da CRFB, que previa que, se criada ou majorada uma contribuição social, ela poderia ser exigida no mesmo exercício financeiro, desde que respeitado o prazo de 90 dias.

Ademais, assim como a anterioridade de exercício, a noventena possui algumas **exceções**.

Na forma do art. 150, § 1º, da CRFB, não se aplica a noventena aos seguintes tributos: (i) empréstimo compulsório em caso de guerra ou calamidade pública; (ii) Imposto de Importação; (iii) Imposto de Exportação; (iv) Imposto de Renda; (v) Imposto sobre Operações de Crédito, Câmbio e Seguro ou relativas a Valores Mobiliários; e (vi) Imposto Extraordinário de Guerra.

Além dessas, existem **outras exceções**. No caso de IPTU e IPVA, quando a alteração for da base de cálculo, não se aplica a noventena, cabendo somente a anterioridade clássica. No entanto, se a alteração for da alíquota, deve ser respeitada a noventena.

Quanto ao Imposto de Renda, não há qualquer submissão à noventena, podendo ser alterado no fim do exercício financeiro e já exigido em janeiro no ano seguinte.

No entanto, existem tributos que se submetem somente à noventena, podendo ser cobrados no mesmo exercício financeiro, respeitando a anterioridade mínima de 90 dias, como é o caso da CIDE Combustíveis, na forma do art. 177, § 4º, I, *b*, da CRFB, e o ICMS previsto no art. 155, § 4º, IV, *c*, também da Carta.

Insta destacar, quanto às contribuições sociais, que a anterioridade nonagesimal é específica, prevista no art. 195, § 6º, da CRFB, de modo que o tributo somente pode ser cobrado 90 dias após a data da criação ou majoração. Muito importante esclarecer que a noventena específica, do art. 195, § 6º, da CRFB, somente se aplica às contribuições para a **seguridade social** e às **contribuições residuais**, não estando abrangidas as contribuições sociais gerais.

Assim, a regra fica clara: se criada ou majorada a contribuição para custeio da seguridade social, aplica-se a noventena, não sendo tal regra aplicável às demais contribuições.

Como as **exceções** são muitas para ambos os princípios, segue um **quadro** para simplificar o conhecimento:

Tributos de cobrança imediata	Tributos que respeitam somente a anterioridade nonagesimal	Tributos que respeitam somente a anterioridade anual
II IE IOF IEG Emp. Compulsório de guerra ou calamidade pública	IPI Contribuições sociais para a seguridade social (art. 195, § 6º, da CRFB) CIDE/Combustíveis (art. 177, § 4º, I, b, da CRFB) ICMS/Combustíveis (art. 155, § 4º, IV, c, da CRFB)	IR IPTU (BC) IPVA (BC)

Por fim, mas não menos importante, devemos reforçar que os princípios da anterioridade e da noventena somente são aplicados nos casos de criação ou majoração do tributo, não se aplicando nos casos de redução, extinção ou mesmo na hipótese de alteração do prazo para o seu pagamento, conforme a Súmula Vinculante 50 do STF.

3.1.6. Princípio do não confisco

Não obstante os princípios mencionados, o princípio do **não confisco**, previsto na CRFB, art. 150, IV, consiste na vedação constitucional à instituição de **tributos exorbitantes**, que violem a dignidade da pessoa humana, promovendo a injusta apropriação estatal de bens ou valores dos contribuintes.

Esse princípio consiste na **razoabilidade** no Direito Tributário, de modo que o tributo deve ser moderado, respeitando o patrimônio do contribuinte e incidindo de forma proporcional.

O confisco é um conceito jurídico indeterminado de modo que o juiz que vai, no caso concreto, julgar a aplicação do princípio. Segundo Fabio Brun Goldschmidt, confisco é:

> (...) o ato de apreender a propriedade em prol do Fisco, sem que seja oferecida ao prejudicado qualquer compensação em troca. Por isso, o confisco apresenta o caráter de penalização, resultante da prática de algum ato contrário à lei.[15]

O tributo confiscatório é o tributo exagerado, desproporcional, que fere o patrimônio do cidadão em desacordo com a capacidade contributiva, caracterizando uma verdadeira apropriação indevida do patrimônio do particular pelo poder público. Tal princípio tem **aplicação direta** aos tributos, como já visto, mas, de acordo com o STF, o não confisco também deve se estender às multas, devendo haver **proporcionalidade** entre a multa e o tributo:

 JURISPRUDÊNCIA

> Fixação de valores mínimos para multas pelo não recolhimento e sonegação de tributos estaduais. Violação ao inciso IV do art. 150 da Carta da República. A desproporção entre o desrespeito à norma tributária e sua consequência

---
[15] GOLDSCHMIDT, Fabio Brun. *O Princípio do não Confisco no Direito Tributário*. São Paulo: RT, 2003. p. 46.

jurídica, a multa, evidencia o caráter confiscatório desta, atentando contra o patrimônio do contribuinte, em contrariedade ao mencionado dispositivo do texto constitucional federal (ADI 551, Rel. Min. Ilmar Galvão, j. 21.10.2002, *DJ* 14.02.2003).

Importante assunto é o tema 736 da repercussão geral, em que o STF analisou a constitucionalidade da multa prevista no art. 74, §§ 15 e 17, da Lei 9.430/1996 para os casos de indeferimento dos pedidos de ressarcimento e de não homologação das declarações de compensação de créditos perante a Receita Federal. Tal julgamento é interessante, ao passo que o parágrafo 15, em discussão, foi revogado pela Lei 13.137/2015, e assim entendeu o STF:

> É inconstitucional a multa isolada prevista em lei para incidir diante da mera negativa de homologação de compensação tributária por não consistir em ato ilícito com aptidão para propiciar automática penalidade pecuniária.

Vale destacar que está pendente de julgamento no STF o tema 1.195 da repercussão geral, que consiste na análise da multa punitiva superior a 100% do tributo devido. Trata-se da necessidade de o STF definir se deve ser aplicado o princípio do não confisco, bem como definir a possibilidade de o poder judiciário reduzir a referida multa.

Todavia, o STF julgou o Tema 863 da repercussão geral, no sentido de limitar a multa tributária em razão de sonegação, fraude ou conluio:

> Até que seja editada lei complementar federal sobre a matéria, a multa tributária qualificada em razão de sonegação, fraude ou conluio limita-se a 100% (cem por cento) do débito tributário, podendo ser de até 150% (cento e cinquenta por cento) do débito tributário caso se verifique a reincidência definida no art. 44, § 1º-A, da Lei 9.430/96, incluído pela Lei 14.689/23, observando-se, ainda, o disposto no § 1º-C do citado artigo.

Como se pode ver, trata-se de uma **limitação constitucional** ao poder de tributar que **veda** a invasão ao mínimo existenciale reforça a necessidade de aplicação da razoabilidade. No entanto, o conceito de confisco fica a cargo do Poder Judiciário, como aplicador da lei ao caso concreto, por se tratar de um conceito jurídico indeterminado.

 JURISPRUDÊNCIA

> (...) a norma inscrita no art. 150, IV, da Constituição encerra uma cláusula aberta, veiculadora de conceito jurídico indeterminado, reclamando, em consequência, que os Tribunais, na ausência de "uma diretriz objetiva e genérica, aplicável a todas as circunstâncias" (Antônio Roberto Sampaio Dória, *Direito constitucional tributário e due process of law*, p. 196, item n. 62, 2 ed., 1986, Forense) – e tendo em consideração as limitações que derivam do princípio da proporcionalidade –, procedam à avaliação dos excessos eventualmente praticados pelo Estado. (...) não há uma definição constitucional de confisco em matéria tributária. Trata-se, na realidade, de um conceito aberto, a ser utilizado pelo juiz, com apoio em seu prudente critério, quando chamado a resolver os conflitos entre o poder público e os contribuintes (ARE 712285-AgR, 2ª Turma, voto do Rel. Min. Celso de Mello, j. 23.04.2013, *DJe* 28.06.2013).

Tal liberdade de posicionamento gera **insegurança jurídica**, uma vez que o tributo pode ser confiscatório para um julgador, e não para outro, o que gera decisões divergentes pelos órgãos do Judiciário.

Ademais, no tocante aos tributos classificados como extrafiscais, que são aqueles utilizados para interferir no domínio econômico, a aplicação desse princípio deve ser feita com cautela, como no caso do imposto de importação, por exemplo, em que as alíquotas são elevadas com o objetivo de encarecer a entrada de produtos estrangeiros em território nacional. Assim, o não confisco deve ser mitigado no tocante aos tributos com característica extrafiscal, ao passo que sua finalidade interventiva deve preponderar ao limite previsto. É o que ocorre, por exemplo, com o IPI sobre os cigarros, que é bastante elevado mas não é confiscatório, exatamente porque seu objetivo é desestimular o fumo.

 ## JURISPRUDÊNCIA

> IMPOSTO DE IMPORTAÇÃO – II – AUMENTO DE ALÍQUOTA DE 4% PARA 14% – DEFICIÊNCIA DO QUADRO PROBATÓRIO. (...) A caracterização do efeito confiscatório pressupõe a análise de dados concretos e de peculiaridades de cada operação ou situação, tomando-se em conta custos, carga tributária global, margens de lucro e condições pontuais do mercado e de conjuntura social e econômica (...). O isolado aumento da alíquota do tributo é insuficiente para comprovar a absorção total ou demasiada do produto econômico da atividade privada, de modo a torná-la inviável ou excessivamente onerosa (**RE 448432-AgR**, 2ª Turma, Rel. Min. **Joaquim Barbosa**, j. 20.04.2010, DJe 28.05.2010).

O princípio do não confisco, então, é um conceito jurídico **indeterminado** que existe com o objetivo de limitar a atuação do Estado para evitar a cobrança de tributos em valores que comprometam o direito à propriedade e à dignidade da pessoa humana.

Por fim, é importante destacar que um tributo não deve ser analisado isoladamente perante o princípio da vedação ao confisco, cabendo uma análise da carga tributária global. Isso porque um tributo sozinho pode não ser confiscatório, mas, somado a todos os outros que incidem em conjunto, pode ser caracterizado o confisco.

 ## DICA

> O princípio do não confisco é um conceito jurídico indeterminado, cabendo ao juiz, no caso concreto, analisar se o tributo ou a multa são constitucionais.

 ## PARA REFORÇAR

Aplicação às multas	Art. 150, IV, da CRFB	O princípio do não confisco aplica-se às penalidades tributárias que devem atender ao princípio da razoabilidade.
Não aplicação aos tributos extrafiscais	Art. 150, IV, da CRFB	Por terem finalidade interventiva, os tributos extrafiscais não se submetem ao princípio do não confisco.

3.1.7. Princípio da não limitação ao tráfego

Relevante também é o princípio da **não limitação ao tráfego**, com previsão no art. 150, "V", da CRFB, cuja garantia é de que o tributo não violará o direito fundamental do contribuinte à **livre locomoção**, sendo **vedada** a cobrança de tributos interestaduais e intermunicipais, **ressalvada** a cobrança de pedágio. O objeto de tal princípio é impedir que um tributo impeça a circulação de pessoas e bens.

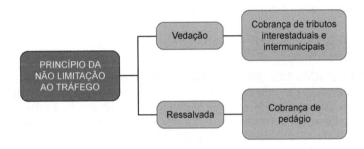

O princípio da livre locomoção está resguardado no art. 5º, XV, da Carta Magna, constituindo uma **garantia fundamental** que não poderá ser violada pelo Direito Tributário. Assim, a cobrança de tributos que impeçam ou limitem a livre locomoção em tempos de paz é rechaçada pela Constituição.

No entanto, resta clara a possibilidade de instituição do pedágio para conservação das vias públicas e, de acordo com o STF, o pedágio não possui natureza jurídica tributária, conforme posicionamento firmado no julgamento da ADI 800.

⚖ JURISPRUDÊNCIA

> O pedágio cobrado pela efetiva utilização de rodovias conservadas pelo poder público, cuja cobrança está autorizada pelo inciso V, parte final, do art. 150 da Constituição de 1988, não tem natureza jurídica de taxa, mas, sim, de **preço público**, não estando a sua instituição, consequentemente, sujeita ao princípio da legalidade estrita (ADI 800, Plenário, Rel. Min. Teori Zavascki, j. 11.06.2014, *DJe* 1º.07.2014).

Fica claro que o pedágio não possui natureza jurídica tributária, mas, sim, de **tarifa**. No entanto, apesar do posicionamento do STF, entendemos que o pedágio pode, em determinadas situações, apresentar as características dos tributos, especificamente da taxa de serviço. Isso ocorre quando a exação tenha sido instituída por lei, a via pública seja administrada pelo ente federado e a passagem pela via seja o único caminho viável entre dois pontos, caracterizando assim a **compulsoriedade** necessária para o reconhecimento da natureza jurídica tributária.

Ademais, com o objetivo de proteger a liberdade de tráfego, o STF editou a Súmula 323, que entende como **inconstitucional** a apreensão de mercadorias para obrigar o contribuinte a pagar o tributo, caracterizando uma verdadeira sanção política.

No entanto, tendo em vista a **guerra fiscal** de ICMS existente no Brasil atualmente, não raro o contribuinte tem suas mercadorias apreendidas nas barreiras fiscais instaladas pelos Estados, pelo não recolhimento do tributo.

Indiscutivelmente, a apreensão gera danos incalculáveis, que vão da perda do prazo de entrega das mercadorias até o seu perecimento.

Assim, em caso de apreensão, o sujeito passivo da exação deve agir imediatamente, objetivando a liberação da mercadoria por meio de ação judicial, tendo em vista que não cabe sanção política como meio coercitivo para cobrança no tributo.

JURISPRUDÊNCIA

SANÇÕES POLÍTICAS NO DIREITO TRIBUTÁRIO. Inadmissibilidade da utilização, pelo poder público, de meios gravosos e indiretos de coerção estatal destinados a compelir o contribuinte inadimplente a pagar o tributo (Súmulas 70, 323 e 547 do STF). Restrições estatais, que, fundadas em exigências que transgridam os postulados da razoabilidade e da proporcionalidade em sentido estrito, culminam por inviabilizar, sem justo fundamento, o exercício, pelo sujeito passivo da obrigação tributária, de atividade econômica ou profissional lícita. Limitações arbitrárias que não podem ser impostas pelo Estado ao contribuinte em débito, sob pena de ofensa ao *substantive due process of law*. Impossibilidade constitucional de o Estado legislar de modo abusivo ou imoderado (*RTJ* 160/140-141, *RTJ* 173/807-808, *RTJ* 178/22-24). O poder de tributar – que encontra limitações essenciais no próprio texto constitucional, instituídas em favor do contribuinte, "não pode chegar à desmedida do poder de destruir" (Min. Orosimbo Nonato, *RDA* 34/132). A prerrogativa estatal de tributar traduz poder cujo exercício não pode comprometer a liberdade de trabalho, de comércio e de indústria do contribuinte. A significação tutelar, em nosso sistema jurídico, do "estatuto constitucional do contribuinte". Doutrina. Precedentes. Recurso extraordinário conhecido e provido (RE 374981/RS, Min. Celso de Mello, *DJe* 12.11.2012).

Entendemos ainda que tal princípio se aplica também em âmbito aduaneiro, ao passo que os tributos incidentes sobre a importação não podem ser tratados de forma diferenciada, não sendo cabível a apreensão de mercadorias para obrigar o contribuinte a pagar o respectivo tributo ou mesmo não é cabível a pena de perdimento em casos de discussão de base de cálculo/valor aduaneiro das mercadorias. Tal conduta caracteriza verdadeira sanção política, tendo em vista que, ao discordar dos valores informados pelo importador, cabe ao fisco praticar o lançamento, inscrever em dívida ativa e promover a execução fiscal.

A pena de perdimento é aplicada antes mesmo do exercício do contraditório, demonstrando um claro ato de império inconstitucional. Destaque-se que, em caso de **ilícito** como contrafação ou contrabando, a apreensão ou aplicação do perdimento são medidas impositivas, mas não cabem com fundamento tributário.

O Tribunal Regional Federal (TRF) da 1ª Região já se manifestou nesse sentido.

JURISPRUDÊNCIA

> TRIBUTÁRIO – COFINS E CONTRIBUIÇÃO PARA O PIS/IMPORTAÇÃO – RETENÇÃO DAS MERCADORIAS IMPORTADAS PELO NÃO RECOLHIMENTO DOS TRIBUTOS – INADMISSIBILIDADE – SÚMULA 323/STF. 1. Segundo a Súmula 323/STF, "É inadmissível a apreensão de mercadorias como meio coercitivo para pagamento de tributos". 2. Remessa oficial desprovida (7ª Turma do TRF da 1ª Região, por unanimidade, Remessa Oficial em Mandado de Segurança 2004.35.00.020315-2/GO, Rel. Des. Federal Catão Alves, data da decisão 29.04.2008).

O STJ seguiu o mesmo posicionamento.

 JURISPRUDÊNCIA

> TRIBUTÁRIO – IMPORTAÇÃO – RETENÇÃO DE MERCADORIA COMO MEIO COERCITIVO PARA O PAGAMENTO DE TRIBUTO – IMPOSSIBILIDADE – SÚMULA Nº 323/STF. I – "A retenção de mercadorias como meio coercitivo para o pagamento de tributos é providência ilegal, rechaçada pelo Superior Tribunal de Justiça e pelo Supremo Tribunal Federal. Súmulas nos 70, 323 e 547/STF" (REsp 513543/PR, Rel. Min. Luiz Fux, *DJ* 15.09.2003, p. 00141). II – Agravo regimental improvido (1ª Turma do STJ, por unanimidade, Agravo Regimental no REsp. 601501/CE, Rel. Min. Francisco Falcão, data da decisão 15.06.2004).

Dessa forma, com base no princípio da não limitação ao tráfego, não cabe apreensão de mercadoria para obrigar o contribuinte a pagar o tributo.

Importante destacar que, no caso de aplicação de regras *antidumping*, o STJ entendeu que a retenção da mercadoria até o pagamento respectivo não viola o teor da Súmula 323 do STF. Vejamos:

 JURISPRUDÊNCIA

> Preliminarmente, destaca-se que o termo *dumping* origina-se do verbo *to dump*, que significa jogar, desfazer, esvaziar-se. Consiste na prática de medidas com o fim de possibilitar que mercadorias ou produtos possam ser oferecidos em um mercado estrangeiro a preço inferior ao vigente no mercado interno. O remédio adotado para essa prática comercial desleal é chamado de direito *antidumping*, ou seja, é o procedimento que agrega ao valor do produto importado uma quantia igual ou inferior àquela margem de preço diferenciado. Com efeito, o pagamento dos direitos *antidumping* representa condição para a importação dos produtos. O importador fica sujeito à sua exigência de ofício, além de multa e juros moratórios, se não cumprir a determinação, cuja imposição deve ser formalizada em auto de infração. Por essas razões, resta inaplicável o enunciado da Súmula n. 323 do Supremo Tribunal Federal, que rejeita a apreensão de mercadorias como meio coercitivo para pagamento de tributos, porquanto não se pode confundir a apreensão com a retenção de mercadorias e consequente exigência de recolhimento de tributos e multa ou prestação de

garantia, procedimento que integra a operação de importação. Outrossim, a quitação dos direitos *antidumping* é requisito para perfectibilização do processo de importação, sem o qual não pode ser autorizado o despacho aduaneiro. Não há como liberar pura e simplesmente as mercadorias à míngua de qualquer garantia. Nessa linha, existe precedente da 2ª Turma desta Corte (REsp 1.668.909-SC, Rel. Ministro Herman Benjamin, julgado em 20/6/2017, *DJe* 30/6/2017) (REsp. 1728.921-SC, Rel. Min. Regina Helena Costa, por unanimidade, j. 16.10.2018, *DJe* 24.10.2018).

No entanto, o STF alterou o seu posicionamento no julgamento do tema 1.042 da repercussão geral, julgamento do RE 1090591, publicado no *DJE*, em 05.10.2020.

JURISPRUDÊNCIA

IMPORTAÇÃO – TRIBUTO E MULTA – MERCADORIA – DESPACHO ADUANEIRO – ARBITRAMENTO – DIFERENÇA – CONSTITUCIONALIDADE. Surge compatível com a Constituição Federal o condicionamento, do desembaraço aduaneiro de bem importado, ao pagamento de diferença tributária apurada por arbitramento da autoridade fiscal.

Assim, de acordo com o STF, "É constitucional vincular o despacho aduaneiro ao recolhimento de diferença tributária apurada mediante arbitramento da autoridade fiscal", pois tal situação não viola o princípio da não limitação ao tráfego, uma vez que o recolhimento do tributo é requisito para liberação de mercadoria importada do exterior, não caracterizando sanção política.

PARA REFORÇAR

Pedágio não é tributo	ADI 800 /RS	De acordo com o STF, o pedágio tem natureza jurídica de tarifa e nunca de tributo.
Apreensão de mercadorias	Súmula 323 do STF	"É inadmissível a apreensão de mercadorias como meio coercitivo para pagamento de tributos".

3.1.8. Vedação à isenção heterônoma

Esse princípio protege o **federalismo fiscal** determinando que a isenção ou qualquer outro benefício fiscal somente podem ser concedidos pelo ente federado que tenha a competência tributária para sua instituição, sendo vedada a isenção heterônoma, na forma dos arts. 150, § 6º, e 151, III, da CRFB.

Assim, somente pode ser concedido algum benefício fiscal de determinado tributo pelo ente que tenha **competência** para instituir o respectivo tributo. Essa vedação garante a competência e impede que um ente federado prejudique a arrecadação e a independência financeira de outro ente.

Apesar da sua importância para a manutenção do equilíbrio financeiro dos entes federativos, conforme orientação jurisprudencial do STF, é possível que a União, ao celebrar tratados ou acordos internacionais, conceda benefícios fiscais de tributos que não estejam em sua competência constitucional, como é o caso do ICMS, por exemplo. Nessa hipótese, a União exerce sua soberania e não está agindo como pessoa jurídica de direito público interno, mas como representante da República Federativa do Brasil no **plano externo**. Inclusive, ao Presidente da República é atribuída tal prerrogativa (art. 84, VIII, da CRFB). Nesse sentido, não viola a vedação à isenção heterônoma (arts. 150, § 6º, e 151, III, ambos da CRFB) a concessão de benefícios fiscais pela União na celebração de tratados ou acordos internacionais.

 JURISPRUDÊNCIA

> A cláusula de vedação inscrita no art. 151, III, da Constituição – que proíbe a concessão de isenções tributárias heterônomas – é inoponível ao Estado Federal brasileiro (vale dizer, à República Federativa do Brasil), incidindo, unicamente, no plano das relações institucionais domésticas que se estabelecem entre as pessoas políticas de direito público interno (...). Nada impede, portanto, que o Estado Federal brasileiro celebre tratados internacionais que veiculem cláusulas de exoneração tributária em matéria de tributos locais (como o ISS, p. ex.), pois a República Federativa do Brasil, ao exercer o seu *treaty-making power*, estará praticando ato legítimo que se inclui na esfera de suas prerrogativas como pessoa jurídica de direito internacional público, que detém – em face das unidades meramente federadas – o monopólio da soberania e da personalidade internacional (RE 543943 AgR, 2ª Turma, Rel. Min. Celso de Mello, j. 30.11.2010, *DJe* 15.02.2011).

Assim, ao celebrar tratados internacionais, o Presidente da República atua como chefe de Estado, sendo-lhe atribuída a possibilidade de quaisquer tributos, ainda que não seja de competência da União.

 JURISPRUDÊNCIA

> A isenção de tributos estaduais prevista no Acordo Geral de Tarifas e Comércio para as mercadorias importadas dos países signatários, quando o similar nacional tiver o mesmo benefício, foi recepcionada pela Constituição da República de 1988. O art. 98 do CTN "possui caráter nacional, com eficácia para a União, os Estados e os Municípios" (voto do eminente ministro Ilmar Galvão). No direito internacional, apenas a República Federativa do Brasil tem competência para firmar tratados (art. 52, § 2º, da CF), dela não dispondo a União, os Estados-membros ou os Municípios. O presidente da República não subscreve tratados como chefe de Governo, mas como chefe de Estado, o que descaracteriza a existência de uma isenção heterônoma, vedada pelo art. 151, III, da Constituição (RE 229096, Rel. p/ o ac. Min. Cármen Lúcia, j. 16.08.2007, *DJe* 11.04.2008).

Ademais, importante debate se dá acerca do imposto sobre serviços de qualquer natureza, de competência dos municípios, ao passo que a CRFB, no art. 156, § 3º, II, atribui à lei complementar federal a possibilidade de exclusão das exportações do rol de incidência do referido tributo.

Muito já se discutiu se seria essa mais uma hipótese de isenção heterônoma, mas o STF se posicionou no sentido contrário, ou seja, que tal determinação não enseja uma isenção, mas simplesmente uma exclusão de serviços da hipótese de incidência do imposto.

JURISPRUDÊNCIA

> O ISS é um imposto municipal. É dizer, ao Município competirá instituí-lo (CF, art. 156, III). Todavia, está ele jungido à norma de caráter geral, vale dizer, à lei complementar que definirá os serviços tributáveis, lei complementar do Congresso Nacional (CF, art. 156, III). Isto não quer dizer que a lei complementar possa definir como tributáveis pelo ISS serviços que, ontologicamente, não são serviços. No conjunto de serviços tributáveis pelo ISS, a lei complementar definirá aqueles sobre os quais poderá incidir o mencionado imposto. (...) a lei complementar, definindo os serviços sobre os quais incidirá o ISS, realiza a sua finalidade principal, que é afastar os conflitos de competência, em matéria tributária, entre as pessoas políticas (CF, art. 146, I). E isso ocorre em obséquio ao pacto federativo, princípio fundamental do Estado e da República (CF, art. 1º) (...) não adoto a doutrina que defende que a lista de serviços é exemplificativa. (...) Não há falar em isenção, mas, simplesmente, em exclusão de serviços praticados pelas instituições mencionadas. Trata-se, na verdade, de não incidência, motivo por que não há invocar o disposto no art. 151, III, CF (RE 361829, voto do Rel. Min. Carlos Velloso, j. 13.12.2005, 2ª Turma, *DJ* 24.02.2006) = AR 2105 AgR-segundo, Rel. Min. Ricardo Lewandowski, j. 19.09.2013, *DJe* 16.10.2013).

Por fim, com relação ao ICMS, deve-se destacar que somente é possível a concessão de benefício fiscal se houver **autorização prévia** do Conselho Nacional de Política Fazendária (CONFAZ), por meio de convênio celebrado entre todos os estados (art. 155, § 2º, XII, *g*, da CRFB c/c o art. 1º da LC 24/1975) e aprovado por unanimidade. Caso um estado não assine o convênio, o benefício fiscal não pode ser concedido.

Como se pode ver, não estamos diante de uma exceção propriamente dita ao princípio da vedação à isenção heterônoma prevista nos arts. 150, § 6º, e 151, III, ambos da CRFB, ao passo que a isenção será concedida pelo estado-membro. Nesse caso, a concessão do benefício somente carece de autorização prévia do convênio com o objetivo de evitar a guerra fiscal entre os entes federados.

3.1.9. *Princípio da transparência tributária*

Previsto no art. 150, § 5º, da CRFB tem como objetivo permitir que todos os contribuintes sejam informados dos tributos que lhe são imputados, sendo certo que a relação jurídica tributária deve ser pautada pela clareza.

Assim, ao contribuinte é resguardado o direito de ser informado sobre todos os tributos que incidem sobre os bens e serviços por ele contratados, tendo como objetivo principal a manutenção do direito à informação e atendimento ao princípio constitucional da publicidade.

Ademais, com a efetivação desse princípio, o contribuinte estará munido com as informações necessárias para questionar a carga tributária na formação de preços e exigir sua cidadania fiscal.

Em 2012 foi publicada a Lei 12.741 com o objetivo de regulamentar o art. 150, § 5º, da CRFB, que obriga que os documentos fiscais tenham as informações aproximadas relativas aos tributos incidentes sobre a operação.

> Art. 1º Emitidos por ocasião da venda ao consumidor de mercadorias e serviços, em todo território nacional, deverá constar, dos documentos fiscais ou equivalentes, a informação do valor aproximado correspondente à totalidade dos tributos federais, estaduais e municipais, cuja incidência influi na formação dos respectivos preços de venda.
>
> § 1º A apuração do valor dos tributos incidentes deverá ser feita em relação a cada mercadoria ou serviço, separadamente, inclusive nas hipóteses de regimes jurídicos tributários diferenciados dos respectivos fabricantes, varejistas e prestadores de serviços, quando couber.
>
> § 2º A informação de que trata este artigo poderá constar de painel afixado em local visível do estabelecimento, ou por qualquer outro meio eletrônico ou impresso, de forma a demonstrar o valor ou percentual, ambos aproximados, dos tributos incidentes sobre todas as mercadorias ou serviços postos à venda.

Como se pode ver, o esforço para efetivação do princípio da transparência é inócuo se considerarmos a complexidade do sistema tributário brasileiro e o fato de alguns tributos, como o ICMS, incidirem por dentro, dificultando a transparência da carga tributária incidente em cada operação.

Com isso, a reforma tributária passou a prever expressamente o princípio da transparência, reforçado pelo fim da incidência de tributos "por dentro", o que permite ao cidadão ser informado acerca dos tributos que suporta.

Com a nova sistemática de incidência "por fora", o contribuinte tem a informação sobre o quanto suporta efetivamente da carga tributária, de modo que após o período de transição para entrada em vigor da reforma tributária, deverão constar na nota fiscal de venda ou de serviços os valores exatos dos tributos incidentes sobre a operação.

3.1.10. *Princípio da praticabilidade*

O princípio da praticabilidade ou praticidade tributária é aquele que abrange todos os institutos que facilitam, simplificam e viabilizam a aplicação da lei tributária.

O Sistema Tributário Brasileiro é conhecido pela sua complexidade, quer seja no âmbito da incidência tributária ou mesmo no âmbito da efetivação da tributação, ao passo que no Brasil, uma empresa tem que gastar em média 1.500 horas anuais para o preenchimento de obrigações acessórias, de acordo com dados do Banco Mundial.[16]

De acordo com Misabel Derzi:

---

[16] Disponível em: <https://portugues.doingbusiness.org/pt/data/exploretopics/paying-taxes>. Acesso em: 25 dez. 2020.

> Praticabilidade é o nome que se dá a todos os meios e técnicas utilizáveis com o objetivo de tornar simples e viável a execução das leis. Como princípio geral de economicidade e exequibilidade inspira o Direito de forma global. Toda lei nasce para ser aplicada e imposta, por isso não falta quem erija a praticabilidade a imperativo constitucional implícito.
>
> (...)
>
> A praticabilidade afeta, em primeiro lugar, ao Poder Legislativo. A norma legal se utiliza, já o notamos, de abstrações generalizantes, esquemas e conceitos. Ela usa tipos e conceitos não só por razões de segurança mas, em muitos casos, para viabilizar a execução de seus comandos.
>
> (...)
>
> As presunções, ficções legais e quantificações estabelecem em lei, através de tetos e somatórios numericamente definidos, são meios a que recorre o legislador com vistas à praticabilidade.[17]

Assim, para efetivar esse sistema tão complexo, é necessária a aplicação da praticidade, para que ele seja mais prático e efetivo. Tal princípio é implícito na Constituição, tendo sido utilizado como fundamento em alguns relevantes julgados da Suprema Corte, como é o caso do julgamento da ADI 1.851 que analisou o art. 150, § 7º, da CRFB.

Nesse caso, o STF precisou se manifestar acerca do direito à restituição do tributo sujeito à substituição tributária na hipótese em que o fato gerador presumido aconteça a menor que aquele previsto em lei. O contribuinte defendia o direito à restituição parcial e o fisco defendia a posição no sentido de que somente caberia a restituição total, caso não ocorresse o fato gerador presumido. Venceu, à época, o fisco, mas tal posicionamento foi alterado no julgamento do RE 593849/MG.

O Ministro Edson Fachin, relator do extraordinário, analisou o princípio da praticidade tributária em seu voto:

> (...) Demais disso, colhe-se da jurisprudência desta Corte que a razão precípua da constitucionalidade do art. 150, § 7º, da Constituição Federal, é o princípio da praticidade, tendo em conta que esse dispositivo constitucional promove a comodidade, economicidade e eficiência na execução administrativa das leis tributárias. (...)

Com isso, entendeu que, apesar da sua importância, não deve se sobrepor à capacidade contributiva, à igualdade e à vedação ao confisco, entendendo assim pelo cabimento da restituição parcial na hipótese de o fato gerador presumido ocorrer em valor menor que o previsto como margem de valor agregado.

Como se pode ver, a praticidade é o princípio pelo qual o Direito Tributário é simplificado, tornando-se mais prático.

---

[17] DERZI, Misabel de Abreu Machado. Tipo ou Conceito no Direito Tributário? In: *Revista da Faculdade de Direito da UFMG*. Belo Horizonte, n. 30/31, p. 213-260, p. 251-252, 1987-1988.

CAP. 3 • AS LIMITAÇÕES CONSTITUCIONAIS AO PODER DE TRIBUTAR | **133**

Também foi aplicado tal princípio no julgamento da ADI 4697/DF, que considerou constitucional a deslegalização relativa às anuidades dos conselhos profissionais, autorizando que as próprias autarquias definam seus valores respectivos sem a necessidade de lei. Vejamos:

AÇÕES DIRETAS DE INCONSTITUCIONALIDADE – JULGAMENTO CONJUNTO – DIREITO TRIBUTÁRIO – CONSELHOS PROFISSIONAIS – AUTARQUIAS FEDERAIS – CONTRIBUIÇÃO SOCIAL DE INTERESSE PROFISSIONAL – ANUIDADES – ART. 149 DA CONSTITUIÇÃO DA REPÚBLICA – LEI COMPLEMENTAR – PERTINÊNCIA TEMÁTICA – CAPACIDADE CONTRIBUTIVA – LEGALIDADE TRIBUTÁRIA – PRATICABILIDADE – PARAFISCALIDADE – LEI FEDERAL 12.514/2011.

1. A jurisprudência desta Corte se fixou no sentido de serem os conselhos profissionais autarquias de índole federal. Precedentes: MS 10.272, de relatoria do Ministro Victor Nunes Leal, Tribunal Pleno, DJ 11.07.1963; e MS 22.643, de relatoria do Ministro Moreira Alves, DJ 04.12.1998.

2. Tendo em conta que a fiscalização dos conselhos profissionais envolve o exercício de poder de polícia, de tributar e de punir, estabeleceu-se ser a anuidade cobrada por essas autarquias um tributo, sujeitando-se, por óbvio, ao regime tributário pátrio. Precedente: ADI 1.717, de relatoria do Ministro Sydney Sanches, Tribunal Pleno, DJ 28.03.2003.

3. O entendimento iterativo do STF é na direção de as anuidades cobradas pelos conselhos profissionais caracterizarem-se como tributos da espécie "contribuições de interesse das categorias profissionais", nos termos do art. 149 da Constituição da República. Precedente: MS 21.797, Rel. Min. Carlos Velloso, Tribunal Pleno, DJ 18.05.2001.

4. Não há violação à reserva de lei complementar, porquanto é dispensável a forma da lei complementar para a criação das contribuições de intervenção no domínio econômico e de interesse das categorias profissionais. Precedentes.

5. Em relação à ausência de pertinência temática entre a emenda parlamentar incorporada à Medida Provisória 536/2011 e o tema das contribuições devidas aos conselhos profissionais em geral, verifica-se que os efeitos de entendimento da ADI 5.127, de relatoria da Ministra Rosa Weber e com acórdão por mim redigido, não se aplica à medida provisória editada antes da data do julgamento, uma vez que a este foi emprestada eficácia prospectiva.

6. A Lei 12.514/2011 ora impugnada observou a capacidade contributiva dos contribuintes, pois estabeleceu razoável correlação entre a desigualdade educacional e a provável disparidade de rendas auferidas do labor de pessoa física, assim como por haver diferenciação dos valores das anuidades baseada no capital social da pessoa jurídica contribuinte.

7. Não ocorre violação ao princípio da reserva legal, uma vez que o diploma impugnado é justamente a lei em sentido formal que disciplina a matéria referente à instituição das contribuições sociais de interesse profissional para aqueles conselhos previstos no art. 3º da Lei 12.514/11.

8. No tocante à legalidade tributária estrita, reputa-se ser adequada e suficiente a determinação do mandamento tributário no bojo da lei impugnada, por meio da fixação de tetos aos critérios materiais das hipóteses de incidência das contribuições

profissionais, à luz da chave analítica formada pelas categorias da praticabilidade e da parafiscalidade. Doutrina.

9. Ações Diretas de Inconstitucionalidade improcedentes (STF – ADI: 4697/DF, 9956359-14.2011.1.00.0000, Rel. Min. Edson Fachin, Data de Julgamento: 06.10.2016, Tribunal Pleno, Data de Publicação: *DJe*-063 30.03.2017).

Enfim, pelo princípio da praticidade, o Direito Tributário deve buscar meios para efetivação do sistema de forma a simplificá-lo e dar-lhe a máxima efetividade.

3.1.11. *Princípio da simplicidade*

Previsto no novel § 3º do art. 145 da Carta, o princípio da simplicidade foi introduzido pela Emenda Reformista. Seu objetivo é orientar o ordenamento jurídico tributário a buscar a simplificação como forma de atingir os direitos fundamentais dos contribuintes.

Isso porque, com um sistema mais simples, o contribuinte é capaz de entender o sistema e exigir seus direitos, e, como se não bastasse, a simplicidade facilita o empreendedorismo e a captação de investimentos.

A simplicidade é uma ordem ao Estado que deve manter regras de fácil entendimento e, nos casos de confusão ou dúvida, deve colaborar com o contribuinte para que ele possa adimplir com as obrigações tributárias.

3.1.12. *Princípio da cooperação*

Tal princípio é uma novidade trazida pelo novel sistema tributário criado pela reforma com o objetivo de transformar a relação entre contribuinte e Fisco em uma relação menos beligerante, em que o Estado e o cidadão não estejam em lados opostos, mas em linha para que a tributação seja eficiente e eficaz.

Assim, o contribuinte e o Fisco devem cooperar para que a tributação ocorra, garantindo a arrecadação e ao mesmo tempo, a proteção dos direitos e garantias fundamentais do cidadão.

Frise-se que não se trata um caminho único de colaboração do cidadão com o Estado, mas uma via de mão dupla, em que o poder público deve também cooperar com o cidadão para que ele possa recolher os tributos de forma simples e transparente.

Com isso, o contribuinte deve recolher seus tributos em dia, colaborar com a fiscalização, cumprir as obrigações acessórias e, em paralelo, cabe ao Estado garantir o acesso do contribuinte às informações necessárias para a manutenção da sua conformidade. Estamos diante de um princípio que estimula o compliance tributário nos contribuintes em geral, com a participação do Estado que deve fornecer o apoio necessário para tal.

Tal situação colabora com a efetivação da justiça tributária, outro princípio previsto no art. 145, § 3º, da Carta com alteração trazida pela reforma. Não devem restar dúvidas que a cooperação e a justiça tributária andam juntas para efetivação de um sistema tributário atrelado aos direitos humanos.

3.1.13. *Princípios de sustentabilidade ambiental*

A Reforma Tributária trouxe diversos dispositivos que privilegiam a sustentabilidade ambiental e redução de emissão de carbono, com o objetivo de adaptar o sistema tributário brasileiro aos princípios e objetivos da ONU, que, em 2002, declarou que o meio ambiente limpo e saudável é um direito humano.[18]

Com isso, a Emenda Constitucional 132/2023 introduziu na Carta o art. 43, § 4º, que prevê que a concessão de benefícios fiscais regionais deve atender à proteção ao meio ambiente e redução das emissões de carbono.

Além disso, a Carta passou a prever no art. 145, § 3º, o princípio da defesa do meio ambiente, demonstrando claramente que o direito tributário passa a ter como um de seus objetivos a sustentabilidade ambiental e a utilização do tributo como instrumento de estímulo.

Assim, caberá ao legislador e ao intérprete a análise do sistema tributário sob o prisma do estímulo ao meio ambiente equilibrado, efetivando mais um direito humano do contribuinte.

Além disso, o IPVA passará a ser diferenciado também com base no impacto ambiental causado pelo veículo, estimulando a utilização de meios de transporte mais ecologicamente mais eficientes.

3.2. Imunidades

As **imunidades** também constituem uma forma de **limitação** constitucional ao poder de tributar e representam as hipóteses de **não incidência constitucionalmente** qualificadas. Ou seja, imunidade é toda hipótese de não incidência prevista na CRFB.

Assim, a imunidade é a qualificação constitucional da não incidência, de forma que não sofre qualquer influência da lei, representando a certeza constitucional da intributabilidade.

As imunidades tributárias previstas na CRFB, em seu art. 150, VI, foram elaboradas pelo constituinte com o fundamento de assegurar aos cidadãos a dignidade da pessoa humana, protegendo da tributação os direitos fundamentais.

Aires F. Barreto e Paulo Ayres Barreto discorrem sobre o assunto afirmando que as imunidades tributárias consistem

> (...) na exclusão da competência tributária em relação a certos bens, pessoas e fatos. Quer dizer: a própria Constituição, ao traçar a competência tributária, proíbe o seu exercício em relação a eles. Em outras palavras, não concede competência tributária em relação a certos bens pessoas e fatos. As imunidades tributárias são, portanto, matéria pertencente à disciplina constitucional da competência.[19]

As imunidades são conceituadas como hipóteses de não incidência constitucionalmente qualificadas. São verdadeiras **garantias constitucionais** que refletem o Estado Democrático de Direito e seus objetivos, como promover o bem de todos.

---

[18] Disponível em: https://brasil.un.org/pt-br/192608-onu-declara-que-meio-ambiente-saudável-é-um-direito--humano. Acesso em: 04 jan. 2024.

[19] BARRETO, Aires; BARRETO, Paulo. *Imunidades Tributárias*: Limitações Constitucionais ao Poder de Tributar. São Paulo: Dialética, 2001. p. 9.

O Prof. Ricardo Lobo Torres, em sua obra, afirma que "as imunidades e as proibições de desigualdade coincidem, em larga medida, com as *limitações constitucionais ao poder de tributar*".[20]

As imunidades são hipóteses previstas na CRFB, nas quais fica vedada a incidência de determinados tributos, conforme posicionamento de Luciano Amaro:

Com uma qualidade da situação que não pode ser atingida pelo tributo, em razão de norma constitucional que, à vista de alguma especificidade pessoal ou material dessa situação, deixou-a fora do campo sobre que é autorizada a instituição do tributo. O fundamento das imunidades é a preservação de *valores* que a Constituição reputa como relevantes (...).[21]

Sendo uma limitação constitucional ao poder de tributar do estado, a imunidade gera um bloqueio, um escudo que impede que surja a obrigação *ex lege*, ou seja, a imunidade impede que se perfaça uma relação tributária entre a pessoa imune e o ente tributante.

Também o Prof. Sacha Calmon Navarro Coêlho,[22] ao analisar as limitações constitucionais ao Poder de Tributar, posiciona-se no sentido de que os princípios constitucionais tributários e as imunidades formam um escudo protetor, mesmo que possam ser estudados separadamente.

(...) os princípios constitucionais dizem como devem ser feitas as leis tributárias, condicionando o legislador sob o guante dos juízes, zeladores que são do texto dirigente da Constituição. As imunidades expressas dizem o que não pode ser tributado, proibindo ao legislador o exercício da sua competência tributária sobre certos fatos, pessoas ou situações, por expressa determinação da Constituição (não incidência constitucionalmente qualificada). Sobre as imunidades exerce o Judiciário, igualmente, a sua zeladoria.

É importante trazer à colação o entendimento do mestre Pontes de Miranda, que tratou da imunidade da seguinte forma: "(...) a regra jurídica de imunidade é a regra jurídica no plano da competência dos poderes públicos – obsta a atividade legislativa impositiva, retira ao corpo que cria impostos qualquer competência para pôr na espécie".[23]

Não se podem confundir os institutos da **isenção** e da **imunidade**, apesar de serem institutos assemelhados. O primeiro critério para diferenciá-los diz respeito ao próprio conceito de cada um deles, uma vez que a imunidade nada mais é do que uma limitação ao poder de tributar, tratando assim de uma hipótese de **incompetência absoluta**, ou seja, o ente não poderá sequer criar, instituir o tributo com relação àquela situação ou pessoas englobadas pela imunidade. Já a isenção pode ser conceituada de duas formas, a primeira

---

[20] TORRES, Ricardo Lobo. *Tratado de Direito Constitucional Financeiro e Tributário*: os Direitos Humanos e a Tributação: Imunidades e Isonomia. Rio de Janeiro: Renovar, 1999. v. III, p. 21-22.

[21] AMARO, Luciano. *Direito Tributário Brasileiro*. 12. ed. São Paulo: Saraiva, 2006. p. 151.

[22] COÊLHO, Sacha Calmon Navarro. *Curso de Direito Tributário Brasileiro*. 9. ed. Rio de Janeiro: Forense, 2006. p. 157.

[23] PONTES DE MIRANDA, Francisco Cavalcanti. *Comentários à Constituição de 1946*. 3. ed. Rio de Janeiro: Borsoi, 1960. p. 156.

dispõe que se trata de uma dispensa do pagamento do tributo devido, e a segunda discorre que a isenção é a suspensão da eficácia da norma impositiva, isto é, na isenção haverá uma norma geral, que é a norma impositiva criadora do tributo, e uma norma especial, que é a norma que concede a isenção.

Paulo de Barros Carvalho discorre sobre o assunto:

> O paralelo [entre imunidade e isenção] não se justifica. São proposições normativas de tal modo diferentes na composição do ordenamento positivo que pouquíssimas são as regiões de contato. Poderíamos sublinhar tão somente três sinais comuns: a circunstância de serem normas jurídicas válidas no sistema; integrarem a classe das regras de estrutura; e tratarem de matéria tributária. Quanto ao mais, uma distância abissal separa as duas espécies de unidades normativas.[24]

Assim, de forma resumida, a **isenção** está prevista no ordenamento **infraconstitucional**, enquanto a **imunidade** está prevista no bojo da **Constituição**, de modo que não importa o nome adotado pelo constituinte, como é o caso dos arts. 195, § 7º, e 5º, XXXIV, da CRFB. Aquele abrange a imunidade das contribuições sociais concedida às entidades beneficentes de assistência social, enquanto este trata do Direito Constitucional de petição e certidão. Apesar de não ser utilizada a expressão imunidade, essa é a natureza do instituto.

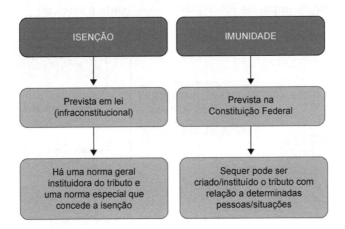

A imunidade tributária deve ser interpretada de forma extensiva, tendo em vista que protege os direitos e as garantias fundamentais do contribuinte. Segundo Aécio Pereira Júnior, o que se deve buscar é a finalidade constitucional.

> A interpretação da norma imunizante deve ter em mira o objetivo constitucional que consagrou a exoneração tributária, não se podendo partir de um critério interpretativo predeterminado. Não há como enclausurar o intérprete por intermédio de métodos estáticos. Insistir numa formulação interpretativa rígida das normas imunizantes, sob o manto de determinadas regras preestabelecidas, seja por aspectos

---

[24] CARVALHO, Paulo de Barros. *Curso de Direito Tributário*. 22. ed. São Paulo: Saraiva, 2010. p. 237.

preponderantemente extensivos ou restritivos, certamente, culminará em abusos, em concepções que não se aproximarão da finalidade constitucional em foco.

A interpretação da norma imunizante deve ter seus contornos definidos na mesma medida da exoneração constitucional, ou seja, a cada preceito constitucional a interpretação pode variar, tendo em mira sempre o alcance da finalidade constitucional. A finalidade constitucional de cada norma imunizante deverá ser o vetor que conduz o intérprete no seu árduo caminho.[25]

As principais imunidades estão previstas no art. 150, VI, da CRFB e têm sua aplicação limitada aos impostos, conforme previsão expressa no texto constitucional (são cinco as hipóteses previstas na Carta). No entanto, importante frisar que existem outras imunidades previstas na Constituição, como é o caso do art. 5º, XXXIV, que garante os direitos de petição e de certidão independente do pagamento de taxa.

Temos também a imunidade prevista no art. 149, § 2º, I, da Carta, que afasta a incidência de contribuições sociais e de intervenção no domínio econômico das receitas decorrentes de exportação. Aliás, a exportação é também imunizada com relação ao ICMS (art. 155, § 2º, X, *a*, da CRFB) e ao IPI (art. 153, § 3º, III, da CRFB).

Enfim, como já visto, é possível encontrar outras hipóteses de imunidade na Lei Maior, mas passemos à análise das cinco principais, que estão previstas no art. 150, VI, e abrangem somente os impostos sobre patrimônio, renda e serviços.

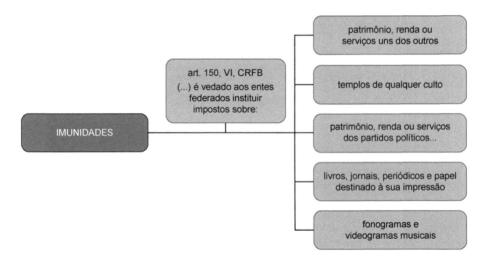

3.2.1. Imunidade recíproca

A primeira imunidade é tratada no art. 150, VI, *a*, da Carta e consiste na **imunidade recíproca**, que impede a incidência de impostos sobre patrimônio, renda e serviços entre os entes federados.

---

[25] PEREIRA JÚNIOR, Aécio. A Imunidade das Entidades Beneficentes de Assistência Social. Disponível em: <http://jus2.uol.com.br/doutrina/texto.asp?id=5649&p=2>. Acesso em: 21 mar. 2021.

CAP. 3 • AS LIMITAÇÕES CONSTITUCIONAIS AO PODER DE TRIBUTAR | **139**

Essa imunidade consiste em uma **incompetência absoluta** dos entes da Federação para instituir impostos relativos ao patrimônio, à renda e ao serviço um dos outros, e a finalidade dessa imunidade é a manutenção do pacto federativo e o respeito ao princípio federativo, caracterizado pela **isonomia** entre os entes.

Tal imunidade impede, portanto, a incidência de impostos entre os entes federados, não sendo possível que o município exija da União a cobrança de IPTU sobre os imóveis de sua propriedade. Da mesma forma, os estados não podem cobrar da União e dos municípios o IPVA sobre os carros de sua propriedade.

A construção da imunidade recíproca teve início nos Estados Unidos, no caso *McCulloch v. Maryland,* em 1819, no qual o Justice Marshall entendeu que os estados não poderiam impor tributos entre si ou em face da União, de modo a não obstar ou impedir a execução de leis e a estrutura da Federação.

O caso envolvia a criação do Second Bank of the United States, sediado na Filadélfia, e com filial em diversos estados americanos, dentre eles o estado de Maryland, cujo governo entendia que a União não poderia criar bancos nacionais e, além disso, que tais bancos poderiam ser concorrentes e prejudiciais aos bancos dos respectivos estados.

Com isso, diversas normas foram criadas para obstruir o funcionamento do Second Bank of the United States. Dentre essas medidas, o estado de Maryland elaborou tributos sobre o novel banco criado pela União, insurgindo-se, então, o responsável pela filial, James William McCulloch, pessoalmente contra essa cobrança.

No julgamento, restou clara a construção da imunidade recíproca, de modo que um ente não pode exigir de outro tributos que impeçam ou obstem sua atividade.

Destaque-se que no Brasil tal imunidade somente se aplica aos impostos incidentes sobre patrimônio, renda e serviços.

Tal imunidade, em razão da sua finalidade e importância, se estende às **fundações** e **autarquias** instituídas e mantidas pelo poder público, conforme previsão do § 2º do art. 150 da Carta:

> Art. 150. (...)
> § 2º A vedação do inciso VI, "a", é extensiva às autarquias e às fundações instituídas e mantidas pelo poder público e à empresa pública prestadora de serviço postal, no que se refere ao patrimônio, à renda e aos serviços vinculados a suas finalidades essenciais ou às delas decorrentes. (Redação dada pela Emenda Constitucional 132, de 2023)
> § 3º As vedações do inciso VI, "a", e do parágrafo anterior não se aplicam ao patrimônio, à renda e aos serviços, relacionados com exploração de atividades econômicas regidas pelas normas aplicáveis a empreendimentos privados, ou em que haja contraprestação ou pagamento de preços ou tarifas pelo usuário, nem exonera o promitente comprador da obrigação de pagar imposto relativamente ao bem imóvel.

Essa imunidade compreende, então, os impostos incidentes sobre o patrimônio, a renda e os serviços dos entes federados, fundações e autarquias criadas e mantidas pelo poder público, **não abrangendo** pessoas jurídicas que explorem atividade em condições de competição com o particular, tendo em vista a **proteção à livre-concorrência**, prevista no art. 170, IV, da CRFB.

A aplicação da norma imunizante é clara no tocante aos **tributos diretos**, que devem ser suportados pelo ente federado na condição de contribuinte de direito, não cabendo a sua aplicação no tocante aos **tributos indiretos**, em que o ente federado é somente o contribuinte de fato.

Assim, caso o ente federado seja o contribuinte de fato, e o contribuinte de direito seja um particular, ocorre a incidência tributária, pois a imunidade não pode ser elástica a ponto de atingir um fato gerador praticado por um terceiro que não o estado ou a ele equiparado.

Em contrapartida, se o ente federado é o contribuinte de direito, aplica-se a imunidade indiscutivelmente, pois é o ente que deve suportar o tributo, não cabendo o argumento de que ocorrerá o repasse.

Tal posição realiza uma interpretação sistemática, e é o atual posicionamento defendido pelo STF, firmado no julgamento dos Embargos de Divergência no Recurso Extraordinário 210251/SP, e o próprio tipo recursal demonstra que havia divergências dentro da Corte. Assim, caso a União Federal esteja adquirindo bens para uso, não há que se falar em imunidade do ICMS, ao passo que o ente federado será um mero contribuinte de fato, não tendo relação com o ente tributante, sendo certo que o imposto será devido pelo vendedor.

A **imunidade recíproca** também se aplica aos conselhos de fiscalização e representação das profissões, que têm natureza jurídica de autarquia. Ademais, não resta dúvidas de que a imunidade em análise também se aplica à **OAB, apesar da sua natureza** *suis generis*, em razão de sua finalidade, uma vez que a Ordem detém o múnus constitucional de defender o Estado Democrático de Direito. Vejamos:

JURISPRUDÊNCIA

A imunidade tributária gozada pela Ordem dos Advogados do Brasil é da espécie recíproca (art. 150, VI, *a*, da Constituição), na medida em que a OAB desempenha atividade própria de Estado (defesa da Constituição, da ordem jurídica do Estado Democrático de Direito, dos direitos humanos, da justiça social, bem como a seleção e controle disciplinar dos advogados). A imunidade tributária recíproca alcança apenas as finalidades essenciais da entidade protegida. O reconhecimento da imunidade tributária às operações financeiras não impede a autoridade fiscal de examinar a correção do procedimento adotado pela entidade imune. Constatado desvio de finalidade, a autoridade fiscal tem o poder-dever de constituir o crédito tributário e de tomar as demais medidas legais cabíveis. Natureza plenamente vinculada do lançamento tributário, que não admite excesso de carga (RE 259976-AgR, 2ª Turma, Rel. Min. Joaquim Barbosa, j. 23.03.2010, DJe 30.04.2010). *Vide*: RE 233843, 2ª Turma, Rel. Min. Joaquim Barbosa, j. 1º.12.2009, DJe 18.12.2009).

A imunidade recíproca é aplicável à OAB.

O STF estendeu a imunidade tributária também à Caixa de Assistência aos Advogados sob o argumento de que se trata de uma parte integrante da OAB, não podendo ocorrer a exigência de impostos sobre patrimônio, renda e serviços, estando abrangida pela imunidade tributária recíproca.

JURISPRUDÊNCIA

> As Caixas de Assistência de Advogados encontram-se tuteladas pela imunidade recíproca prevista no art. 150, VI, "a" (1), da Constituição Federal (CF). Com base nesse entendimento, o Plenário conheceu em parte de recurso extraordinário interposto em face de acórdão que assegurou a aplicação da imunidade recíproca à Caixa de Assistência dos Advogados de Minas Gerais e, nessa parte, negou-lhe provimento. De início, o colegiado rememorou o decidido no RE 259.976 AgR no sentido de que a imunidade tributária gozada pela Ordem dos Advogados do Brasil (OAB) é da espécie recíproca, na medida em que ela desempenha atividades próprias de Estado (defesa da Constituição, da ordem jurídica, do Estado Democrático de Direito, dos direitos humanos e da justiça social, bem como seleção e controle disciplinar dos advogados). Ressaltou que a imunidade tributária em questão alcança apenas as finalidades essenciais da entidade protegida. Na linha da jurisprudência do Supremo Tribunal Federal (STF), a Ordem dos Advogados possui finalidades institucionais e corporativas, sendo a ambas aplicáveis o mesmo tratamento. Considerada a impossibilidade de concessão de regramento tributário diferenciado a órgãos da OAB – de acordo com as finalidades que lhe são atribuídas por lei –, as Caixas de Assistência de Advogados também se encontram tuteladas pela imunidade recíproca prevista no art. 150, VI, "a", da CF.
>
> Para a aplicação dessa espécie de imunidade, há de se constatar a presença de três pressupostos: 1) prestação de serviço público delegado; 2) a entidade que exerce o serviço é, em virtude de lei, pública; e 3) o serviço é prestado por ente público que não persegue finalidade econômica. Tais pressupostos são observados em relação às Caixas de Assistência dos Advogados, as quais prestam serviço público delegado, possuem "status" jurídico de ente público e não exploram atividades econômicas em sentido estrito com intuito lucrativo. (1) CF: "Art. 150. Sem prejuízo de outras garantias asseguradas ao contribuinte, é vedado à União, aos Estados, ao Distrito Federal e aos Municípios: (...) VI – instituir impostos sobre: a) patrimônio, renda ou serviços, uns dos outros" (RE 405267/MG, rel. Min. Edson Fachin, j. 06.09.2018).

Tal posicionamento é de relevância ímpar para o Direito Tributário, uma vez que o posicionamento do STF era contrário à aplicação da imunidade sob o argumento de que as Caixas de Assistência exerceriam atividades que se não relacionavam com a OAB e sua finalidade, não sendo, portanto, imunes. Desta feita, com a alteração da jurisprudência, as Caixas de Assistência aos Advogados fazem jus à imunidade tributária recíproca, pois fazem parte da estrutura da OAB.

Outro ponto relevante acerca da imunidade é no tocante à sua aplicação sobre os imóveis alugados. Caso o ente federado seja locatário do bem imóvel, não há dúvidas de que não se aplica a imunidade, pois o fato gerador do imposto sobre a propriedade do imóvel é praticado pelo particular, proprietário do bem. Com isso, não se aplica a imunidade recíproca.

Outrossim, existe a hipótese inversa, em que o ente federado imune cede o imóvel de sua propriedade ao particular para exploração privada. Quanto a esses bens, as Fazendas

Públicas Municipais sempre entenderam que não estariam alcançados pela imunidade, adotando assim uma interpretação restritiva do preceito constitucional e exigindo o IPTU.

Não obstante a posição citada, o **STF** consolidou um posicionamento histórico no sentido de que esses imóveis estariam alcançados pela imunidade desde que o produto da renda dos aluguéis fosse revertido para a atividade-fim da instituição. Assim, para que fosse mantida a imunidade do IPTU, deveria ser verificado se o valor dos aluguéis estava sendo utilizado na atividade-fim do ente público.

Essa interpretação pretoriana também se aplicava às demais hipóteses de imunidades postas no art. 150, VI, da CRFB e foi consolidada na Súmula 724 do STF.

Ainda quando alugado a terceiros, permanece imune ao IPTU o imóvel pertencente a qualquer das entidades referidas pelo art. 150, VI, *c*, da Constituição, desde que o valor dos aluguéis seja aplicado nas atividades essenciais de tais entidades.

O teor da supracitada súmula foi convertido em súmula vinculante pelo STF, que recebeu o nº 52.

No entanto, quando do julgamento do RE 601720, o STF **mitigou** a interpretação da extensão da imunidade, entendendo que não há que se falar na aplicação da imunidade à empresa privada arrendatária de imóvel público que explore atividade econômica com fins lucrativos. Vejamos:

 ## JURISPRUDÊNCIA

> Incide o IPTU, considerado imóvel de pessoa jurídica de direito público cedido a pessoa jurídica de direito privado, devedora do tributo. Esse é o entendimento do Plenário, que, em conclusão de julgamento e por maioria, deu provimento a recurso extraordinário em que se discutia a incidência do IPTU sobre imóvel de propriedade de ente público, no caso, a Empresa Brasileira de Infraestrutura Aeroportuária (INFRAERO), concedido a empresa privada exploradora de atividade econômica com fins lucrativos (...). O Colegiado pontuou que a imunidade recíproca prevista no art. 150, VI, a, da CF (...) não foi concebida com o propósito de permitir que empresa privada atue livremente no desenvolvimento de atividade econômica e usufrua de vantagem advinda da utilização de bem público. Asseverou que a referida previsão decorre da necessidade de observar-se, no contexto federativo, o respeito mútuo e a autonomia dos entes. Não cabe estendê-la para evitar a tributação de particulares que atuam no regime da livre-concorrência. Nesse contexto, salientou que, uma vez verificada atividade econômica, nem mesmo as pessoas jurídicas de direito público gozam da imunidade (CF, art. 150, § 3º) (RE 601720, Rel. p/ o ac. Min. Marco Aurélio, j. 19.04.2017, P, *Informativo* 861, Tema 437).

Percebe-se que há uma importante alteração na jurisprudência consolidada do STF, que sempre garantiu a imunidade ainda que o imóvel estivesse cedido ao particular. *Data venia*, a posição adotada pelo STF viola o objetivo da imunidade, que é a proteção da receita do ente federado ou aquele que faça jus ao benefício da não incidência. Assim, quando o imóvel está alugado, a destinação do bem em si não deve ser objeto de debates, mas, sim, qual foi a destinação da receita gerada pela exploração daquele bem. Como se não bastasse, o locatário ou o explorador do imóvel público não preenche os requisitos para ser considerado contribuinte do IPTU, pois a posse exercida não externaliza o *animus domini*, requisito para a incidência do IPTU.

Com essa decisão, o STF firmou um posicionamento absolutamente contrário ao contribuinte, ao passo que incidirá o IPTU do imóvel sendo o poder público locatário ou locador. Naquele caso porque a propriedade é do particular, ele é caracterizado como contribuinte do imposto e no segundo caso porque a propriedade não é relevante, mas somente a **destinação** dada ao bem. Assim, imóvel público cedido ao particular que esteja sendo utilizado para exploração de atividade econômica não será imune.

Em 2024, o STF ainda no sentido de aprimorar a imunidade, estendeu o benefício para o imóvel cedido ao particular que esteja destinado ao interesse público:

> No julgamento do tema 437 da repercussão geral (RE 601.720, Red. p/ Acórdão Min. Marco Aurélio, j. em 06.04.2017), o STF reconheceu a incidência de IPTU sobre bem público cedido a particular, sendo este o devedor do tributo. De maneira semelhante, no julgamento do tema 385 (RE 594.015, Rel. Min. Marco Aurélio, j. em 06.04.2017), esta Corte concluiu que o imposto predial pode ser cobrado de empresa estatal arrendatária de imóvel público, quando ela explorar atividade econômica com fins lucrativos. Nesses precedentes, a desvinculação do bem imóvel de suas finalidades públicas foi apontada como elemento central a justificar a incidência do tributo e sua cobrança ao particular. 4. No caso dos autos, embora tenha havido a transferência do uso de bem público a concessionária privada, exploradora do serviço de transporte metroviário, o imóvel permanece afetado ao serviço público, já que se trata de área destinada à construção de linha do metrô de São Paulo. Trata-se de elemento de distinção relevante, que conduz ao afastamento dos precedentes obrigatórios e à conclusão pela não incidência do imposto na hipótese (**RE 1.411.264**, 1ª Turma, AgR, Rel. Min. Alexandre de Moraes, Red. do Ac. Min. Luís Roberto Barroso, j. 26.2.2024, *DJE* 29.4.2024).

Conclui-se então que a extensão da imunidade deve seguir o imóvel que esteja afetado ao interesse publico.

Outro ponto relevante que precisa ser abordado está previsto no art. 150, § 3º, da CRFB, que traz uma limitação importante a respeito da **imunidade recíproca, excepcionando** a não incidência constitucional em três hipóteses:

> § 3º As vedações do inciso VI, "a", e do parágrafo anterior não se aplicam ao patrimônio, à renda e aos serviços, relacionados com exploração de atividades econômicas regidas pelas normas aplicáveis a empreendimentos privados, ou em que haja contraprestação ou pagamento de preços ou tarifas pelo usuário, nem exonera o promitente comprador da obrigação de pagar imposto relativamente ao bem imóvel.

A primeira, atinente à **exploração da atividade econômica**, determina que, se houver a exploração de atividade econômica, não haverá que se falar em imunidade, e nesse caso deverá ser feita uma interpretação conjunta com o art. 173, §§ 1º e 2º, e art. 170, IV, da CRFB, resguardando a livre-concorrência.

Dessa forma, não gozarão de imunidade as pessoas jurídicas que estiverem explorando atividade econômica, pois devem encontrar-se em condições de igualdade com o particular assegurando os **princípios da livre concorrência** e da **isonomia**.

Todavia, existem empresas públicas que prestam serviços públicos, essenciais e mediante monopólio e, por isso, não exploram atividade econômica, e, apesar de serem pessoas jurídicas de direito privado, de forma excepcional, gozarão da imunidade, por exemplo, a Empresa Brasileira de Correios e Telégrafos, sendo esse o entendimento pacificado no STF:

 JURISPRUDÊNCIA

REPERCUSSÃO GERAL – TRIBUTÁRIO – IPTU – EMPRESA BRASILEIRA DE CORREIOS E TELÉGRAFOS (ECT) – IMUNIDADE RECÍPROCA (ART. 150, VI, *A*, CF) – RELEVÂNCIA ECONÔMICA SOCIAL E JURÍDICA DA CONTROVÉRSIA – RECONHECIMENTO DA EXISTÊNCIA DE REPERCUSSÃO GERAL DA QUESTÃO – PRECEDENTES DA CORTE – RECONHECIMENTO DA IMUNIDADE RECÍPROCA – RATIFICAÇÃO DO ENTENDIMENTO – POSSIBILIDADE – APLICAÇÃO DO PROCEDIMENTO DA REPERCUSSÃO GERAL (ART. 543-B, CPC). 1. Perfilhando a cisão estabelecida entre prestadoras de serviço público e exploradoras de atividade econômica, esta Corte sempre concebeu a Empresa Brasileira de Correios e Telégrafos como uma empresa prestadora de serviços públicos de prestação obrigatória e exclusiva do Estado. Precedentes. 2. No tocante aos tributos incidentes sobre o patrimônio das empresas públicas e das sociedades de economia mista, desde a ACO nº 765, de relatoria do Ministro Marco Aurélio, na qual se tratava da imunidade da ECT relativamente a veículos de sua propriedade, iniciou-se, no Tribunal, a discussão sobre a necessidade de que a análise da capacidade contributiva para fins de imunidade se dê a partir da materialidade do tributo. 3. Capacidade contributiva que deve ser aferida a partir da propriedade imóvel individualmente considerada e não sobre todo o patrimônio do contribuinte. Noutras palavras, objetivamente falando, o princípio da capacidade contributiva deve consubstanciar a exteriorização de riquezas capazes de suportar a incidência do ônus fiscal e não sobre outros signos presuntivos de riqueza. 4. No julgamento da citada ACO nº 765/RJ, em virtude de se tratar, como no presente caso, de imunidade tributária relativa a imposto incidente sobre a propriedade, entendeu a Corte, quanto ao IPVA, que não caberia fazer distinção entre os veículos afetados ao serviço eminentemente postal e o que seria de atividade econômica. 5. Na dúvida suscitada pela apreciação de um caso concreto, acerca de quais imóveis estariam afetados ao serviço público e quais não, não pode ser sacrificada a imunidade tributária do serviço público, sob pena de restar frustrada a integração nacional. 6. Mesmo no que concerne a tributos cuja materialidade envolva a própria atividade da ECT, tem o Plenário da Corte reconhecido a imunidade tributária a essa empresa pública, como foi o caso do ISS, julgado no RE nº 601.392/PR, Tribunal Pleno, Relator o Ministro Joaquim Barbosa, redator para acórdão o Ministro Gilmar Mendes, julgado em 1º.03.2013. 7. Manifesto-me pela existência de repercussão geral da matéria constitucional e pela ratificação da pacífica jurisprudência deste Tribunal sobre o assunto discutido no apelo extremo e, em consequência, conheço do agravo, desde já, para negar provimento ao recurso extraordinário (STF, ARE 643686/BA, Rel. Min. Dias Toffoli, j. 11.04.2013, *DJe*-083 divulg. 03.05.2013, Data de Publicação: 06.05.2013).

Frise-se que com a Emenda Constitucional 132/2023, a Empresa Brasileira de Correios e Telégrafos passa a ser imune por força da sua inclusão no § 2º do art. 150 da CRFB, não havendo mais qualquer discussão acerca da imunidade.

Outrossim, o STF pautou seu entendimento para extensão da imunidade no sentido de que, ao prestar serviços submetidos a regimes públicos, não importa a natureza da pessoa jurídica, mas, sim, a do serviço por ela prestado, e a própria Corte em caso análogo já entendeu que essas empresas estatais são consideradas para todos os fins como Fazenda Pública, inclusive no tocante ao pagamento de débitos judiciais via precatórios. Frise-se que a **ECT** exerce **monopólio** constitucional e presta **serviço essencial**, de modo que não há que falar em violação à livre-concorrência.

Outra empresa pública também bem-sucedida ao requerer a imunidade tributária foi a INFRAERO, que teve para si a extensão do benefício.

JURISPRUDÊNCIA

> IMUNIDADE RECÍPROCA – INFRAERO – PRESTAÇÃO DE SERVIÇO PÚBLICO. ARTIGO 150, INCISO VI, "A", DA CONSTITUIÇÃO FEDERAL. O Tribunal reafirmou o entendimento jurisprudencial e concluiu pela possibilidade de extensão da imunidade tributária recíproca à Empresa Brasileira de Infraestrutura Aeroportuária – INFRAERO, na qualidade de empresa pública prestadora de serviço público (STF, AI 797034/SP, 1ª Turma, Rel. Min. Marco Aurélio, j. 21.05.2013, *DJe*-111 divulg. 12.06.2013, Data de Publicação: 13.06.2013).

Como se pode ver, não importa se estamos diante de uma empresa pública, sociedade de economia mista ou mesmo de uma autarquia, devendo ser analisados o risco à concorrência e a existência de um serviço essencial, de modo que não será a aplicada a vedação do § 3º às empresas públicas e sociedades de economia que prestem serviço essencial em regime de monopólio, com o objetivo de evitar a concorrência desleal, conforme previsto no art. 173, § 2º, da CRFB. No entanto, o monopólio não pode ser considerado o único requisito para a extensão do benefício.

JURISPRUDÊNCIA

> No julgamento do RE 253.472 (Rel. Min. Marco Aurélio, Rel. p/ ac. Min. Joaquim Barbosa, Pleno, j. 25.08.2010), esta Corte reconheceu que a imunidade tributária recíproca aplica-se à sociedades de economia mista que se caracterizam inequivocamente como instrumentalidades estatais (sociedades de economia mista "anômalas"). O foco na obtenção de lucro, a transferência do benefício a particular ilegítimo ou a lesão à livre-iniciativa e às regras de concorrência podem, em tese, justificar o afastamento da imunidade (AI 558682-AgR, Rel. Min. Joaquim Barbosa, 2ª Turma, j. 29.05.2012, *DJe* 19.06.2012.) **No mesmo sentido**: RE 647.881-AgR, 2ª Turma, voto da Rel. Min. Cármen Lúcia, j. 18.09.2012, *DJe* 05.10.2012.

No Informativo 920, o STF estendeu a imunidade do IPTU para os imóveis que integram o patrimônio do fundo vinculado ao Programa de Arrendamento Residencial (PAR), sob o rito da repercussão geral. A importância desse julgado é relevante, tendo em vista que os imóveis do programa em questão são administrados pela Caixa Econômica Federal, empresa pública que explora atividade econômica em regime de concorrência. Todavia, o STF entendeu que os imóveis integram o patrimônio da União, sendo somente administrados pela Caixa, caracterizando a imunidade. Assim, no julgamento do RE 928902/SP, de relatoria do Min. Alexandre de Moraes, julgado em 17.10.2018, foi estendida a imunidade.

Todavia, o STF entendeu que empresa de economia mista de capital aberto que tenha como objetivo a remuneração de controladores e acionistas não tem imunidade recíproca. Vejamos:

> **TRIBUTÁRIO – IPTU – IMUNIDADE RECÍPROCA – SOCIEDADE DE ECONO-MIA MISTA – NATUREZA JURÍDICA DE DIREITO PRIVADO – PARTICIPAÇÃO ACIONÁRIA DISPERSA E NEGOCIADA EM BOLSA DE VALORES – EXAME DA RELAÇÃO ENTRE OS SERVIÇOS PÚBLICOS PRESTADOS E O OBJETIVO DE DISTRIBUIÇÃO DE LUCROS A INVESTIDORES PÚBLICOS E PRIVADOS COMO ELEMENTO DETERMINANTE PARA APLICAÇÃO DA SALVAGUARDA CONSTITUCIONAL – SERVIÇO PÚBLICO DE SANEAMENTO BÁSICO SEM FINS LUCRATIVOS – CF/88, ARTS. 5º, II, XXXV, LIV E LV; 37, INCISOS XIX E XXI E § 6º; 93, IX; 150, VI; E 175, PARÁGRAFO ÚNICO – PRECEDENTES QUE NÃO SE ADÉQUAM PERFEITAMENTE AO CASO CONCRETO – IMUNI-DADE QUE NÃO DEVE SER RECONHECIDA – REDATOR PARA ACÓRDÃO (ART. 38, IV, B, DO RISTF) – FIXAÇÃO DA TESE DE REPERCUSSÃO GERAL.**
>
> 1. A matéria foi decidida por maioria pelo Plenário do Supremo Tribunal Federal, que acompanhou o voto do I. Relator, Min. Joaquim Barbosa. Redação da proposta de tese de repercussão geral (art. 38, IV, *b*, do RISTF).
>
> 2. A imunidade tributária recíproca (art. 150, IV, "a", da Constituição) não é aplicável às sociedades de economia mista cuja participação acionária é negociada em Bolsas de Valores, e que, inequivocamente, estão voltadas à remuneração do capital de seus controladores ou acionistas, unicamente em razão das atividades desempenhadas.
>
> 3. O Supremo Tribunal Federal nos autos do RE 253.472, Redator para o acórdão Min. Joaquim Barbosa, *DJe* 1º/2/2011, já decidiu, *verbis*: *atividades de exploração econômica, destinadas primordialmente a aumentar o patrimônio do Estado ou de particulares, devem ser submetidas à tributação, por apresentarem-se como manifestações de riqueza e deixarem a salvo a autonomia política.*
>
> 4. *In casu*, trata-se de sociedade de economia mista de capital aberto, autêntica S/A, cuja participação acionária é negociada em Bolsas de Valores (Bovespa e New York Stock Exchange, e.g.) e que, em agosto de 2011, estava dispersa entre o Estado de São Paulo (50,3%), investidores privados em mercado nacional (22,6% - Bovespa) e investidores privados em mercado internacional (27,1% – NYSE), ou seja, quase a metade do capital social pertence a investidores. A finalidade de abrir o capital da empresa foi justamente conseguir fontes sólidas de financiamento, advindas do mercado, o qual espera receber lucros como retorno deste investimento.
>
> 5. A peculiaridade afasta o caso concreto da jurisprudência da Suprema Corte que legitima o gozo da imunidade tributária.
>
> 6. Recurso Extraordinário improvido pela maioria do Supremo Tribunal Federal.
>
> 7. Proposta de tese de repercussão geral: *Sociedade de economia mista, cuja participação acionária é negociada em Bolsas de Valores, e que, inequivocamen-te, está voltada à remuneração do capital de seus controladores ou acionistas,*

CAP. 3 • AS LIMITAÇÕES CONSTITUCIONAIS AO PODER DE TRIBUTAR | **147**

não está abrangida pela regra de imunidade tributária prevista no art. 150, VI, "a", da Constituição, unicamente em razão das atividades desempenhadas (RE 600867/SP, Rel. Min. Joaquim Barbosa – Redator para acórdão Min. Luiz Fux).

Como se pode ver, a imunidade tributária recíproca tem como objetivo a proteção da atividade própria de Estado e seu funcionamento, não podendo ser aplicada à atividade privada.

Outro ponto que carece de abordagem é a aplicação da imunidade tributária recíproca às embaixadas e aos consulados. O assunto é complexo, tendo em vista que a Convenção de Viena, em seus arts. 23 e 32, prevê imunidades pessoais dos integrantes de missões diplomáticas e consulados. No Brasil, a Convenção foi promulgada pelo Decreto 56.435/1965, internalizando as regras nela previstas.

Vejamos então o previsto na Convenção:

Artigo 23

1. O Estado acreditante e o Chefe da Missão estão isentos de todos os impostos e taxas, nacionais, regionais ou municipais, sobre os locais da Missão de que sejam proprietários ou inquilinos, excetuados os que representem o pagamento de serviços específicos que lhes sejam prestados.

2. A isenção fiscal a que se refere este artigo não se aplica aos impostos e taxas cujo pagamento, na conformidade da legislação do Estado acreditado, incumbir as pessoas que contratem com o Estado acreditante ou com o Chefe da Missão.

(...)

Artigo 32

1. O Estado acreditante pode renunciar à imunidade de jurisdição dos seus agentes diplomáticos e das pessoas que gozam de imunidade nos termos do artigo 37.

2. A renúncia será sempre expressa.

3. Se um agente diplomático ou uma pessoa que goza de imunidade de jurisdição nos termos do artigo 37 inicia uma ação judicial, não lhe será permitido invocar a imunidade de jurisdição no tocante a uma reconvenção ligada à ação principal.

4. A renúncia à imunidade de jurisdição no tocante às ações civis ou administrativas não implica renúncia a imunidade quanto às medidas de execução da sentença, para as quais nova renúncia é necessária.

Como se pode ver, a imunidade em questão advém da Convenção Internacional, podendo o Estado renunciar ao direito. Assim, se uma execução fiscal for ajuizada em face de Estado estrangeiro, caso ele não renuncie expressamente à imunidade de jurisdição, o processo deverá ser extinto sem análise do mérito, conforme entendimento consolidado no julgamento do AgR na ACO 543.

Vejamos a jurisprudência do STJ sobre o assunto:

PROCESSUAL CIVIL E TRIBUTÁRIO – EXECUÇÃO FISCAL – ESTADO ESTRANGEIRO – CONVENÇÕES DE VIENA DE 1961 E DE 1963 – IPTU E TAXA DE COLETA DOMICILIAR DE LIXO – SÚMULA VINCULANTE 19 DO STF – CABIMENTO EM TESE DE COBRANÇA DA TAXA – IMUNIDADE DE JURISDIÇÃO – POSSÍVEL RENÚNCIA – NECESSIDADE DA CIÊNCIA DA

DEMANDA. 1. Encontra-se pacificado na jurisprudência do STJ o entendimento de que os Estados estrangeiros possuem imunidade tributária e de jurisdição, segundo os preceitos das Convenções de Viena de 1961 (art. 23) e de 1963 (art. 32), que concedem isenção sobre impostos e taxas, ressalvadas aquelas decorrentes da prestação de serviços individualizados e específicos que lhes sejam prestados (RO 102/RJ, Rel. Ministra Eliana Calmon, Segunda Turma, *DJe* 1º/7/2010; RO 45/RJ, Rel. Ministro Castro Meira, Segunda Turma, *DJ* 28/11/2005, p. 240; EDcl no RO 43/RJ, Rel. Ministro Luiz Fux, Primeira Turma, *DJe* 14.4.2008). 2. Desse modo, inadmissível o prosseguimento do processo em relação ao IPTU. Contudo, solução diversa merece ser dada à exigência da Taxa de Coleta Domiciliar de Lixo, que decorre da prestação de serviço específico, conforme a hipótese de incidência descrita no art. 1º da Lei Municipal 2.687/1998. 3. Em tese, não há óbice à cobrança da exação, porquanto a Súmula Vinculante 19 do STF preconiza que "A taxa cobrada exclusivamente em razão dos serviços públicos de coleta, remoção e tratamento ou destinação de lixo ou resíduos provenientes de imóveis não viola o artigo 145, II, da Constituição Federal". 4. Prevalece no STF a orientação de que, "salvo renúncia, é absoluta a imunidade do Estado estrangeiro à jurisdição executória" (ACO 543 AgR, Relator: Min. Sepúlveda Pertence, Tribunal Pleno, DJ de 24.11.2006). Por essa razão, como decidido pelo Ministro Gilmar Mendes, Relator da ACO 645, se a existência da demanda for comunicada ao estado estrangeiro, e este não renunciar expressamente à imunidade de jurisdição, o processo deve ser extinto sem resolução de mérito. 5. No presente caso, a petição inicial foi extinta de plano, antes mesmo de ter sido dada ciência ao estado estrangeiro acerca da propositura da demanda, de modo que não lhe fora oportunizada eventual renúncia à imunidade de jurisdição. Assim, devem os autos retornar à origem para que se possa consultá-lo sobre a prerrogativa em questão. 6. Recurso Ordinário parcialmente provido (STJ – RO 138/RJ, 2012/0188855-6, 2ª Turma, Rel. Min. Herman Benjamin, Data de Julgamento: 25.02.2014, Data de Publicação: *DJe* 19.03.2014).

Resta claro que no julgado *supra* a interpretação é no sentido de que há a imunidade de impostos sendo afastado o benefício com relação às taxas cobradas pelos serviços que lhe são prestados. Todavia, em caso de demanda executória, cabe ao Estado renunciar à imunidade de jurisdição para que prossiga a execução, sob pena de extinção do processo sem resolução do mérito.

Por fim, mas não menos importante, devemos destacar a hipótese em que ocorra celebração de contrato de promessa de compra e venda entre um ente imune e um particular. A respeito dessa hipótese, as Súmulas 75 e 583 do STF complementam a interpretação da imunidade:

Súmula 75: Sendo vendedora uma autarquia, a sua imunidade fiscal não compreende o imposto de transmissão *inter vivos*, que é encargo do comprador.

Súmula 583: Promitente-comprador de imóvel residencial transcrito em nome de autarquia é contribuinte do imposto predial territorial urbano.

É indubitável que a imunidade não se transfere e, para evitar fraudes, o imposto é devido ainda que o imóvel seja objeto de promessa de compra e venda que ainda não tenha sido efetivada.

Em vista do exposto, a imunidade recíproca é a garantia constitucional da manutenção do pacto federativo, que impede a incidência de impostos sobre patrimônio, renda e serviços entre os entes federados, fundações, autarquias, empresas públicas e sociedades de economia mista que não estejam exercendo atividade particular com fim de lucro.

Por fim, importante destacar que a imunidade recíproca somente abrange impostos, não se estendendo às taxas e outras espécies tributárias. Assim, é possível que um ente federado exija de outro taxa de coleta de lixo, por exemplo, sendo afastada tal cobrança somente no caso de isenção prevista no ordenamento jurídico local. Entretanto, apesar da não aplicação da imunidade, não incidem contribuições de melhoria sobre a valorização de imóveis públicos, conforme teor do art. 2º do Decreto 195/1967, uma vez que somente incidirão sobre imóveis particulares. Como se pode ver, não se trata de imunidade, mas somente de uma hipótese de não incidência, ou seja, uma hipótese em que não está prevista a incidência do tributo.

PARA REFORÇAR

Empresa pública e sociedade de economia mista	Art. 150, § 3º, da CRFB	Não se aplica a imunidade para aquele que explore atividade econômica, sendo aplicável às empresas públicas e sociedades de economia mista que exerçam monopólio e prestem serviços essenciais, por não estarem sujeitas à concorrência.
Fundações e autarquias	Art. 150, § 2º, da CRFB	A imunidade se estende às fundações e autarquias criadas e mantidas pelo poder público, bem como a empresa de correios.

3.2.2. Imunidade das entidades religiosas e dos templos de qualquer culto

A **imunidade** prevista no art. 150, VI, *b*, da CRFB compreende os impostos incidentes somente sobre o patrimônio, a renda e os serviços, relacionados com as finalidades essenciais das entidades religiosas e dos **templos religiosos de qualquer culto**.

Essa imunidade surge pela primeira vez em nosso ordenamento jurídico na Constituição de 1891 de forma indireta, quando impedia o embaraço ao exercício de cultos religiosos.

Tal imunidade funda-se na garantia constitucional à liberdade religiosa, que é tida como um direito individual posto no art. 5º, VI, da CRFB. Por esse motivo, a imunidade é aplicada aos templos de qualquer culto não importando o tipo de religião ou se é majoritária ou minoritária, apenas se fazendo a exigência de que o templo exista como **pessoa jurídica**, por meio do Registro Civil de Pessoas Jurídicas.

Entretanto, para Ives Gandra Martins a imunidade não se aplica aos cultos demoníacos:

> Entendo que o benefício para os templos de qualquer culto **não abrange** os cultos à negação de Deus. Como a Constituição foi promulgada "sob a proteção de Deus" seria irracional que se dessa imunidade aos templos de cultos demoníacos, posto que seriam a negação do preâmbulo do Texto Superior.[26]

---

[26] MARTINS, Ives Gandra da Silva. *Comentários à Constituição do Brasil*. São Paulo: Saraiva, 1990. v. 6, t. I, p.180.

Data maxima venia, a imunidade em questão tem como objetivo a proteção do Estado laico e da garantia fundamental de o cidadão professar livremente a sua fé. Com isso todas as religiões devem estar abrangidas pela imunidade tributária, mesmo porque o Deus do preâmbulo pode se materializar das mais diversas formas, sendo relevante a proteção da fé como gênero e não como espécie, sob pena de preconceito e restrição de direitos fundamentais.

Ademais, a imunidade não se aplica somente ao templo físico, como faz crer a redação do dispositivo, mas à instituição em si, para que seja garantido seu funcionamento. Roque Antonio Carrazza aborda esse assunto:

> São igualmente imunes à tributação por meio de impostos os templos de qualquer culto, conforme estipula o art. 150, VI, *b*, da CF. Esta imunidade, em rigor, não alcança o templo propriamente dito, isto é, o local destinado a cerimônias religiosas, mas, sim, a entidade mantenedora do templo, a igreja. Em razão disso, é o caso de, aqui, perguntarmos: que impostos poderiam alcançar os templos de qualquer culto se inexistisse este dispositivo constitucional? Vários impostos, apressamo-nos em responder.
>
> Sobre o imóvel onde o culto se realiza incidiria o imposto predial e territorial urbano (IPTU); sobre o serviço religioso, o imposto sobre serviços de qualquer natureza (ISS); sobre as esmolas (dízimos, espórtulas, doações em dinheiro etc.), o imposto sobre a transmissão *inter vivos*, por ato oneroso, de bens imóveis (ITBI); e assim avante.
>
> Nenhum destes impostos – nem qualquer outro – pode incidir sobre os templos de qualquer culto, em consequência da regra imunizante agora em estudo. É fácil percebermos que esta alínea *b* visa a assegurar a livre-manifestação da religiosidade das pessoas, isto é, a fé que elas têm em certos valores transcendentais. As entidades tributantes não podem, nem mesmo por meio de impostos, embaraçar o exercício de cultos religiosos. A Constituição garante, pois, a liberdade de crença e a igualdade entre as crenças (Sacha Calmon Navarro Coêlho). Umas das fórmulas encontradas para isto foi justamente esta: vedar a cobrança de qualquer imposto sobre os templos de qualquer culto.[27]

Com isso, todas as religiões deverão estar protegidas sob o manto da imunidade tributária, desde que se enquadrem como tal.

O STF, ao julgar a imunidade da maçonaria, entendeu que a proteção não se estende a ela, por não se caracterizar como religião, uma vez que é restrita aos convidados, resguardando a existência de um segredo que existe há séculos e somente é conhecido pelos seus integrantes. A religião é mais abrangente e acolhedora, pois recebe todos indistintamente, sem qualquer restrição. Frise-se que tal entendimento adotado pela Corte Superior não mitiga a imunidade, reforçando a aplicação somente ao sentimento religioso e não ao associativo, que é o caso da maçonaria.

JURISPRUDÊNCIA

CONSTITUCIONAL – RECURSO EXTRAORDINÁRIO – IMUNIDADE TRIBUTÁRIA – ART. 150, VI, *C*, DA CARTA FEDERAL – NECESSIDADE DE REEXAME DO CONJUNTO

---

[27] CARRAZZA, Roque Antonio. *Curso de Direito Constitucional Tributário*. 16. ed. São Paulo: Malheiros, 2001. p. 618.

> FÁTICO-PROBATÓRIO – SÚMULA 279 DO STF – ART. 150, VI, *B*, DA CONSTITUIÇÃO DA REPÚBLICA – ABRANGÊNCIA DO TERMO "TEMPLOS DE QUALQUER CULTO" – MAÇONARIA – NÃO CONFIGURAÇÃO – RECURSO EXTRAORDINÁRIO CONHECIDO EM PARTE E, NO QUE CONHECIDO, DESPROVIDO. I – O reconhecimento da imunidade tributária prevista no art. 150, VI, *c*, da Constituição Federal exige o cumprimento dos requisitos estabelecidos em lei. II – Assim, para se chegar à conclusão se o recorrente atende aos requisitos da lei para fazer jus à imunidade prevista neste dispositivo, necessário seria o reexame do conjunto fático-probatório constante dos autos. Incide, na espécie, o teor da Súmula 279 do STF. Precedentes. III – A imunidade tributária conferida pelo art. 150, VI, *b*, é restrita aos templos de qualquer culto religioso, não se aplicando à maçonaria, em cujas lojas não se professa qualquer religião. IV – Recurso extraordinário parcialmente conhecido, e desprovido na parte conhecida (STF – RE 562351/RS, 1ª Turma, Rel. Min. Ricardo Lewandowski, j. 04.09.2012, *DJe*-245 divulg. 13.12.2012, Data de Publicação: 14.12.2012).

Repita-se que, apesar de o texto constitucional se referir à imunidade do "templo de qualquer culto", a **interpretação** deverá ser **extensiva**, abrangendo a entidade religiosa, e não somente o local do culto, tendo em vista que o objetivo dessa imunidade é proteger e garantir o direito fundamental do cidadão professar livremente a sua fé.

Com isso, a imunidade será aplicada a toda a atividade sem fim lucrativo que seja exercida pelo templo religioso relacionada com a expressão e prática da fé.

Como se não bastasse, ainda que o imóvel, de propriedade do templo, esteja vazio, permanece imune, conforme posicionamento do STF no julgamento do RE 325822. Vejamos:

⚖ JURISPRUDÊNCIA

> A imunidade tributária concedida aos templos de qualquer culto prevista no art. 150, VI, *b* e § 4º, da CF, abrange o patrimônio, a renda e os serviços relacionados com as finalidades essenciais das instituições religiosas (CF, art. 150: "Sem prejuízo de outras garantias asseguradas ao contribuinte, é vedado à União, aos Estados, ao Distrito Federal e aos Municípios: (...) VI – instituir impostos sobre: (...) b) templos de qualquer culto. (...) § 4º As vedações expressas nos incisos VI, alíneas b e c, compreendem somente o patrimônio, a renda e os serviços, relacionados com as finalidades essenciais das entidades nelas mencionadas"). Com esse entendimento, o Tribunal, por maioria, conheceu de recurso extraordinário e o proveu para, assentando a imunidade, reformar acórdão do Tribunal de Justiça do Estado de São Paulo que, à exceção dos templos em que são realizadas as celebrações religiosas e das dependências que servem diretamente a estes fins, entendera legítima a cobrança de IPTU relativamente a lotes vagos e prédios comerciais de entidade religiosa (RE 325822/SP, Rel. Orig. Min. Ilmar Galvão, Red. p/ o acórdão Min. Gilmar Mendes, 18.12.2002).

A imunidade abrange também os **veículos** dos templos religiosos, os **imóveis**, as **doações** e todos os **serviços prestados**, desde que a renda seja revertida à finalidade essencial. Como se não bastasse, o STF estendeu a imunidade aos **cemitérios**, desde que sejam caracterizados como extensão da entidade religiosa e não tenham fim de lucro:

JURISPRUDÊNCIA

O Tribunal deu provimento ao recurso extraordinário interposto pela Sociedade da Igreja de São Jorge e Cemitério Britânico contra acórdão da Câmara Cível Especializada do Tribunal de Justiça do Estado da Bahia que entendera que a imunidade tributária prevista no art. 150, VI, *b*, da CF não se aplicaria aos cemitérios, porque estes não poderiam ser equiparados a templos de culto algum. Distinguindo a situação dos cemitérios que consubstanciam extensões de entidades de cunho religioso daqueles que são objeto de exploração comercial por empresas que alugam ou vendem jazigos, asseverou-se que apenas a primeira hipótese estaria abrangida pela aludida imunidade tributária. Considerou-se que o cemitério analisado seria uma extensão da capela destinada ao culto da religião anglicana, situada no mesmo imóvel, e que a recorrente seria uma entidade filantrópica sem fins lucrativos, titular do domínio útil desse imóvel, dedicada à preservação da capela, do cemitério e dos jazigos, bem assim do culto da religião anglicana professada nas suas instalações. (...)

Assim, tendo em conta tratar-se, na espécie, de mesmo imóvel, parcela do patrimônio da recorrente, entendeu-se que o cemitério seria alcançado pela garantia contemplada no art. 150, a qual seria desdobrada do disposto nos artigos 5º, VI, e 19, I, todos da CF. Aduziu-se, ao final, que a imunidade dos tributos, de que gozam os templos de qualquer culto, é projetada a partir da proteção aos locais de culto e a suas liturgias e da salvaguarda contra qualquer embaraço ao seu funcionamento. Daí, da interpretação da totalidade que o texto da Constituição é, sobretudo dos referidos artigos, concluiu-se que, no caso, o IPTU não incidiria (RE 578562/BA, Rel. Min. Eros Grau, 21.05.2008).

Por fim, destaque-se que o imóvel de propriedade do templo permanece imune, ainda que alugado ao particular, adotando-se por analogia a Súmula 724 do STF, convertida na Súmula Vinculante 52.

 ## JURISPRUDÊNCIA

INSTITUIÇÃO RELIGIOSA – IPTU SOBRE IMÓVEIS DE SUA PROPRIEDADE QUE SE ENCONTRAM ALUGADOS. A imunidade prevista no art. 150, VI, *b*, CF, deve abranger não somente os prédios destinados ao culto, mas, também, o patrimônio, a renda e os serviços "relacionados com as finalidades essenciais das entidades nelas mencionadas" (RE 325822, Plenário, Rel. p/ o ac. Min. Gilmar Mendes, j. 15.12.2002, *DJ* 14.05.2004). No mesmo sentido: AI 690712-AgR, 1ª Turma, Rel. Min. Ricardo Lewandowski, j. 23.06.2009, *DJe* 14.08.2009; AI 651138-AgR, 2ª Turma, Rel. Min. Eros Grau, j. 26.06.2007, *DJ* 17.08.2007.

Não restam dúvidas de que o templo religioso resguarda o direito a imunidade tributária sobre todas as suas atividades, desde que revertidas as rendas para a sua finalidade essencial. Esse conceito mais extensor já foi defendido por Baleeiro:

O templo não deve ser apenas a igreja, sinagoga ou edifício principal, onde se celebra a cerimônia pública, mas também a dependência acaso contígua, o convento,

CAP. 3 • AS LIMITAÇÕES CONSTITUCIONAIS AO PODER DE TRIBUTAR | **153**

os anexos, por força de compreensão, inclusive a casa ou residência do pároco ou pastor, desde que não empregados em fins econômicos.[28]

Com a edição da Emenda Constitucional 116/2022, foi introduzido na Carta o § 1º-A ao art. 156. Com ele, resta claro que permanecem imunes à incidência do IPTU os imóveis de propriedade do particular que estejam alugados ao templo religioso. Assim, mesmo que locatário, não incidirá o IPTU para o proprietário, refletindo no valor a ser pago pelo templo.

Tal imunidade, apesar de extensiva se considerarmos os entendimentos anteriores dos Tribunais brasileiros, é restrita ao IPTU e aos contratos de locação, não se aplicando no caso de comodato ou mesmo nas hipóteses em que o imóvel seja rural.

O art. 150, § 4º, da Carta prevê que a imunidade deve alcançar somente o patrimônio, a renda e os serviços relacionados com as finalidades essenciais dos templos, ou seja, aquelas atividades que sejam inerentes à natureza da entidade religiosa. Com isso, caso o templo religioso decida explorar atividade econômica, não deverá ser aplicada a regra imunizante, sob pena de violação à livre-concorrência.

Nesse sentido, Ives Gandra Martins:

O § 4º, todavia, ao falar em atividades relacionadas, poderá ensejar a interpretação de que todas elas são relacionadas, na medida em que destinadas a obter receitas para a consecução das atividades essenciais.

Como na antiga ordem, considero não ser esta a interpretação melhor na medida em que poderia ensejar concorrência desleal proibida pelo art. 173, § 4º, da Lei Suprema.

Com efeito, se uma entidade imune explorasse atividade pertinente apenas ao setor privado, não haveria a barreira e ela teria condições de dominar mercados e eliminar a concorrência ou pelo menos obter lucros arbitrários, na medida em que adotasse idênticos preços de concorrência, mas livre de impostos.

Ora, o Texto Constitucional atual objetivou, na minha opinião, eliminar, definitivamente, tal possibilidade, sendo que a junção do princípio estatuído nos arts. 173, § 4º, e 150, § 4º, impõe a exegese de que as atividades, mesmo que relacionadas indiretamente com aquelas essenciais das entidades imunes enunciados nos incs. *b* e *c* do art. 150, VI, se forem idênticas ou análogas às de outras empresas privadas, não gozariam de proteção imunitória.

Exemplificando: se uma entidade imune tem um imóvel e o aluga. Tal locação não constitui atividade econômica desrelacionada de seu objetivo nem fere o mercado ou representa uma concorrência desleal. Tal locação do imóvel não atrai, pois, a incidência do IPTU sobre gozar a entidade de imunidade para não pagar imposto de renda.

A mesma entidade, todavia, para obter recursos para suas finalidades decide montar uma fábrica de sapatos, porque o mercado da região está sendo explorado por outras fábricas de fins lucrativos, com sucesso. Nessa hipótese, a nova atividade, embora indiretamente referenciada, não é imune, porque poderia ensejar a dominação de

---

[28] BALEEIRO, Aliomar (1905-1978). *Limitações Constitucionais ao Poder de Tributar*. 8. ed. atual. por Misabel Abreu Machado Derzi. Rio de Janeiro: Forense, 2010. p. 500.

mercado ou eliminação de concorrência sobre gerar lucros não tributáveis exagerados se comparados com os de seu concorrente.[29]

Assim, a imunidade dos templos religiosos deve ser interpretada de forma extensiva, de modo que seja resguardado o direito fundamental do contribuinte professar livremente a sua fé, com a existência de templos religiosos que devem ser protegidos pelo Estado, não se aplicando às atividades econômicas eventualmente exercidas em concorrência no mercado.

A Emenda Constitucional 132/2023 ampliou ainda mais a imunidade dos templos de qualquer culto, passando a prever que as entidades religiosas em geral e entidades beneficentes e instituições de assistência social ligadas às instituições religiosas, também têm direito à imunidade tributária.

Tal alteração é relevante e cria uma distinção com relação à imunidade prevista na alínea "c" do art. 150 da Carta. Esse dispositivo prevê uma norma constitucional de eficácia limitada, que carece de complementação, e, enquanto não houver uma lei complementar própria, deve ser aplicado o art. 14 do CTN.

Assim, se a entidade beneficente for controlada por uma entidade religiosa não haverá necessidade do preenchimento dos requisitos do art. 14 do CTN, bastando o registro no cartório competente e inscrição no CNPJ para isso.

Entretanto, caso estejamos diante de uma entidade beneficente independente, somente será aplicada a imunidade de impostos sobre patrimônio, renda e serviços, do art. 150, VI, "c" da CRFB, se preenchidos os requisitos da lei complementar.

✍ PARA REFORÇAR

Atividades essenciais	Art. 150, VI, *b*, da CRFB	A imunidade dos templos religiosos abrange as atividades essenciais e a sua manutenção. Assim, caso eventual renda auferida seja revertida para o templo, aplicar-se-á a imunidade.
Cemitério	Art. 150, VI, *b*, da CRFB	O cemitério será imune se for uma extensão do sentimento religioso sem fins lucrativos.

3.2.3. Imunidade dos partidos políticos, entidades sindicais, instituições de educação e entidades de assistência social sem fins lucrativos

A imunidade dos partidos políticos, entidades sindicais, instituições de educação e entidades de assistência social sem fins lucrativos encontra-se prevista no art. 150, VI, *c*, e § 4º, da CRFB e veda a incidência sobre eles de impostos sobre patrimônio, renda e serviços.

Assim como no caso na imunidade dos templos, os impostos imunes são aqueles relacionados com as finalidades essenciais das entidades arroladas pela CRFB.

---

[29] MARTINS, Ives Gandra da Silva. *Imunidades Tributárias*. São Paulo: Revista dos Tribunais: Centro de Extensão Universitária, 1998. p. 45-48.

CAP. 3 • AS LIMITAÇÕES CONSTITUCIONAIS AO PODER DE TRIBUTAR | **155**

Tais pessoas foram escolhidas pela Constituição para gozar do benefício da imunidade tributária, pois colaboram com o Estado, de diferentes formas, para a entrega do mínimo existencial. Os **partidos políticos** são fundamentais para a **democracia** brasileira, que tem como base o pluripartidarismo. Assim, a imunidade os protege da incidência de impostos sobre o patrimônio, a renda e os serviços, permitindo que aufiram receitas para atingir seu objetivo constitucional.

Portanto, na proteção dos partidos políticos e suas fundações, o dispositivo parte do pressuposto de que eles não têm renda e, como se não bastasse, são essenciais para o funcionamento da democracia. Destarte, o partido político deve ser imune porque o pluripartidarismo representa o ideal de participação democrática. Dessa forma, a imunidade deve ser concedida para que o partido político se mantenha e desenvolva suas atividades na defesa da democracia. As fundações criadas pelos partidos políticos também se beneficiam de imunidade.

A imunidade sindical é aplicável somente para os **sindicatos de trabalhadores**, enquanto o sindicato patronal não goza de tal imunidade, uma vez que o objetivo da imunidade é proteger o hipossuficiente, que não é o caso dos sindicatos patronais. Importante destacar que a imunidade do sindicato não abrange colônias de férias por ele mantidas, por não resguardar relação com sua finalidade constitucional, conforme posicionamento firmado no julgamento do **RE 245093 AgR**.

A CRFB exige que as instituições de educação e de assistência social não tenham fins lucrativos, para fazerem jus à imunidade, e essa exigência não importa necessariamente a ausência de cobrança e de resultado positivo. O que as instituições educacionais não poderão fazer para resguardar o direito à imunidade é justamente buscar e distribuir o resultado positivo eventualmente obtido no exercício, que, para manutenção da imunidade, deve ser reinvestido na atividade-fim da instituição. A obtenção de receita não é vedada, assim como não é vedada a cobrança por produtos e serviços fornecidos a pessoa imune. O que é vedado são o aproveitamento e a distribuição do resultado positivo eventualmente obtido para remunerar dirigentes e ferir a concorrência.

Interessante tratar do julgamento pelo STF do Tema 336 da repercussão geral, em que o STF reconheceu que uma instituição religiosa pode se caracterizar como entidade beneficente de assistência social para gozar da imunidade do art. 150, VI, *c*, da Carta. Dessa forma, a imunidade "abrangerá não só os impostos sobre o seu patrimônio, renda e serviços, mas também os impostos sobre a importação de bens a serem utilizados na consecução de seus objetivos estatutários".

A Carta também faz a exigência de que todas as pessoas arroladas na alínea *c* do art. 150, VI, da CRFB preencham requisitos previstos em lei complementar para a fruição da imunidade. Esses **requisitos** encontram-se dispostos no art. 14 do CTN, e são a impossibilidade de divisão do patrimônio ou renda a qualquer título entre os dirigentes, a aplicação no Brasil da integralidade da receita auferida e a manutenção das obrigações tributárias acessórias. Tais requisitos devem ser objeto de lei complementar, conforme narrado por Sacha Calmon Navarro Coêlho:

> A regra imunitória é, todavia, *not self-enforcing ou not self-executing*, como dizem os saxões, ou, ainda, não bastante em si, como diria Pontes de Miranda. Vale dizer, o

dispositivo não é autoaplicável e carece de acréscimo normativo, pois a Constituição condiciona o gozo da imunidade a que sejam observados os requisitos da lei.
Que lei?

Evidentemente, a lei complementar da Constituição.[30]

O posicionamento do STF segue no mesmo sentido:

JURISPRUDÊNCIA

Certificado de Entidade de Fins Filantrópicos e Gratuidade

Em continuação de julgamento, a Turma, por proposta do Min. Marco Aurélio, decidiu afetar ao Plenário exame de recurso ordinário em mandado de segurança no qual instituição beneficente de assistência social pretende, para gozar da imunidade prevista no art. 195, § 7º, da CF (...), a renovação do seu certificado de entidade de fins filantrópicos, pedido este indeferido pelo Conselho Nacional de Assistência Social – CNAS, porquanto não comprovada a aplicação anual de, pelo menos, 20% da receita bruta em gratuidade – v. Informativo 418. Alega-se, na espécie, que o Decreto 752/93, ao determinar a aplicação do aludido percentual, possui natureza autônoma, haja vista a inexistência de lei que estabeleça tal obrigatoriedade. Nesse sentido, aduz-se que a imunidade constitui limitação ao poder de tributar e que a expressão "em lei", contida na parte final do citado § 7º, deve ser entendida como lei complementar, em razão do que estabelece o art. 146, II, da CF ("Art. 146. Cabe à lei complementar: ... II – regular as limitações constitucionais ao poder de tributar"). Assim, na falta de lei complementar específica disciplinando as condições a serem preenchidas pelas entidades beneficentes, devem incidir apenas os requisitos dispostos nos artigos 9º e 14 do CTN. Sustenta-se, também, ofensa à orientação adotada pelo STF no julgamento da ADI 2028 MC/DF (*DJU* de 16.6.2000), em que suspensa a eficácia do art. 55, III, da Lei 8.212/91 (RMS 24065/DF, Rel. Min. Eros Grau, 03.06.2008).

O STF reafirmou esse posicionamento em fevereiro de 2017, com o julgamento do RE 566622, de relatoria do Ministro Marco Aurélio, no sentido de que a regência da **imunidade** deve ser feita mediante **lei complementar**.

Entretanto, de forma surpreendente, o STF alterou novamente seu posicionamento em dezembro de 2019, no julgamento do RE 566622, das ADIs 2028, 2036, 2621 e 2228. O plenário da Corte Suprema encerrou o julgamento acerca dos critérios para uma sociedade se enquadrar como entidade beneficente e, então, aproveitar a imunidade tributária de contribuições sociais.

A maioria dos ministros entendeu que, por lei ordinária, a União pode instituir procedimentos e formalidades administrativas relativas ao enquadramento da entidade como beneficente ou educacional. Em outras palavras, está mantida a necessidade de lei complementar para determinação das contrapartidas exigidas para a pessoa jurídica ser imune. Todavia, as obrigações procedimentais complementares podem ser estabelecidas por lei ordinária, englobando a certificação, a fiscalização e o controle, por exemplo, bem como os requisitos

---
[30] COÊLHO, Sacha Calmon Navarro. *Curso de Direito Tributário Brasileiro*. Rio de Janeiro: Forense, 2005. p. 300.

CAP. 3 • AS LIMITAÇÕES CONSTITUCIONAIS AO PODER DE TRIBUTAR | **157**

para o enquadramento da sociedade como beneficente. Apesar do posicionamento adotado pelo STF, não devem restar dúvidas de que a revogação do art. 55 da Lei 8.212/1991 pela Lei 12.101/2009 ampliou os requisitos para o reconhecimento da imunidade de forma indireta, criando condicionantes materiais ao arrepio da Constituição. Vejamos:

Art. 29. A entidade beneficente certificada na forma do Capítulo II fará jus à isenção do pagamento das contribuições de que tratam os arts. 22 e 23 da Lei nº 8.212, de 24 de julho de 1991, desde que atenda, cumulativamente, aos seguintes requisitos:

I – não percebam seus diretores, conselheiros, sócios, instituidores ou benfeitores remuneração, vantagens ou benefícios, direta ou indiretamente, por qualquer forma ou título, em razão das competências, funções ou atividades que lhes sejam atribuídas pelos respectivos atos constitutivos, exceto no caso de associações assistenciais ou fundações, sem fins lucrativos, cujos dirigentes poderão ser remunerados, desde que atuem efetivamente na gestão executiva, respeitados como limites máximos os valores praticados pelo mercado na região correspondente à sua área de atuação, devendo seu valor ser fixado pelo órgão de deliberação superior da entidade, registrado em ata, com comunicação ao Ministério Público, no caso das fundações; (Redação dada pela Lei nº 13.151, de 2015)

II – aplique suas rendas, seus recursos e eventual superávit integralmente no território nacional, na manutenção e desenvolvimento de seus objetivos institucionais;

III – apresente certidão negativa ou certidão positiva com efeito de negativa de débitos relativos aos tributos administrados pela Secretaria da Receita Federal do Brasil e certificado de regularidade do Fundo de Garantia do Tempo de Serviço – FGTS;

IV – mantenha escrituração contábil regular que registre as receitas e despesas, bem como a aplicação em gratuidade de forma segregada, em consonância com as normas emanadas do Conselho Federal de Contabilidade;

V – não distribua resultados, dividendos, bonificações, participações ou parcelas do seu patrimônio, sob qualquer forma ou pretexto;

VI – conserve em boa ordem, pelo prazo de 10 (dez) anos, contado da data da emissão, os documentos que comprovem a origem e a aplicação de seus recursos e os relativos a atos ou operações realizados que impliquem modificação da situação patrimonial;

VII – cumpra as obrigações acessórias estabelecidas na legislação tributária;

VIII – apresente as demonstrações contábeis e financeiras devidamente auditadas por auditor independente legalmente habilitado nos Conselhos Regionais de Contabilidade quando a receita bruta anual auferida for superior ao limite fixado pela Lei Complementar nº 123, de 14 de dezembro de 2006.

Como se pode ver, são muitos requisitos além daqueles previstos em lei complementar, sendo claramente inconstitucionais por via reflexa, e esse foi o posicionamento adotado pelo STF no julgamento da ADI 4480, em que a Corte entendeu que são inconstitucionais os requisitos previstos na Lei 12.101/2009, que condicionaram o gozo da imunidade às contribuições para a seguridade social à realização de contrapartidas na área de educação e assistência social. Assim, a exigência de requisitos para além da previsão em lei complementar para o gozo da imunidade é inconstitucional.

Como se não bastasse, as entidades beneficentes de assistência social também gozam de imunidades de contribuições à seguridade social, conforme previsto no art. 195, § 7º da CRFB. Frise-se que são as únicas instituições do art. 150, VI, *c*, da CRFB, que possuem essa dupla imunidade, para além dos impostos, e os requisitos especificamente para o gozo do benefício foram instituídos pela LC nº 187 de 2021.

A referida lei complementar é clara que os requisitos nela previstos são somente para a imunidade relativa às contribuições sociais, cabendo a aplicação do art. 14 do CTN com relação às imunidades relativas aos impostos sobre patrimônio, renda e serviços. Tal situação é um tanto quanto inusitada pois, na referida lei, há os requisitos para o enquadramento e reconhecimento da entidade beneficente como tal. Dessa feita, como o ordenamento jurídico brasileiro deve ser interpretado de forma sistemática, tais requisitos devem ser estendidos para a imunidade dos impostos, especificamente para as entidades beneficentes de assistência social.

A referida imunidade estende-se ao **ensino de línguas**, que é indiscutivelmente atividade educacional, desde que preenchidos os requisitos para o seu gozo.

JURISPRUDÊNCIA

> O ensino de **línguas estrangeiras** caracteriza-se como atividade educacional para aplicação da imunidade tributária (art. 150, VI, c, da Constituição). A distinção relevante para fins de aplicação da imunidade tributária é o conceito de **"atividade assistencial"**, isto é, a intensidade e a abrangência da prestação gratuita ou altamente subsidiada do ensino da língua inglesa a quem necessitar (RMS 24283-AgR-segundo, 2ª Turma, Rel. Min. Joaquim Barbosa, j. 21.09.2010, DJe 08.10.2010).

Percebe-se que o ponto fundamental a ser analisado são a **atividade exercida** e as **finalidades** constitucionais da pessoa jurídica beneficiária da imunidade.

Ainda no estudo dessa imunidade, muito se discutiu a respeito das entidades fechadas de previdência privada, se poderiam ser enquadradas como entidades assistenciais ou não para o gozo da imunidade tributária.

A **previdência social** distancia-se da assistência social, pois nesta há uma gratuidade e generalidade no atendimento. A gratuidade é entendida como a não cobrança de contribuição ou de todos os beneficiários ou de sua grande maioria para o benefício das instituições; e a generalidade impõe que elas devem atender a todos os necessitados, e não apenas a um determinado grupo; e os fundos de pensão não atendem a esses requisitos e por isso o STF entende que essas **entidades fechadas** não podem fazer gozo dessa imunidade, devendo essas entidades recolher todos os tributos incidentes. Vejamos a Súmula 730 do STF: "A imunidade tributária conferida a instituições de assistência social sem fins lucrativos pelo art. 150, VI, c, da Constituição, somente alcança as entidades fechadas de previdência social privada se não houver contribuição dos beneficiários".

Importante destacar que o imóvel permanece imune, ainda que alugado ao particular, na forma da Súmula 724 do STF e Súmula Vinculante 52 do STF. Desse modo, há, de acordo com o STF, a presunção de que o imóvel alugado esteja afetado à destinação compatível.

JURISPRUDÊNCIA

> A vedação à instituição de impostos sobre o patrimônio e a renda das entidades reconhecidamente de assistência social que estejam vinculados às suas finalidades essenciais é uma garantia constitucional. Por seu turno, existe a presunção de que o imóvel da entidade assistencial esteja afetado a destinação compatível com seus objetivos e finalidades institucionais. O afastamento da imunidade só pode ocorrer mediante a constituição de prova em contrário produzida pela

administração tributária (AI 746.263-AgR-ED, Rel. Min. Dias Toffoli, 1ª Turma, j. 12.11.2013, *DJe* 16.12.2013.) **Vide**: AI 579.096-AgR, 2ª Turma, Rel. Min. Joaquim Barbosa, j. 17.05.2011, *DJe* 03.06.2011).

Outrossim, com relação às entidades beneficentes de assistência social, a imunidade tributária não se limita aos impostos sobre patrimônio, renda e serviços, abrangendo também as contribuições sociais, conforme regra imunizante prevista no art. 195, § 7º, da Carta que, apesar de trazer a expressão "isenção" em seu bojo, trata, em verdade, de uma imunidade, pois representa uma não incidência constitucional.

Importante destacar que, nas hipóteses de importação, por exemplo, a imunidade se aplica aos impostos incidentes, não incidindo o ICMS, por exemplo, caso a instituição educacional importe um produto para seu uso. Isso se dá porque a instituição estará da condição de contribuinte de direito do ICMS na importação, aplicando-se a imunidade tributária e sendo afastado o imposto.

Por fim, mas não menos importante, devemos destacar que a imunidade somente se aplica às pessoas arroladas no dispositivo *supra*, não abarcando terceiros. Assim sendo, na hipótese de uma instituição educacional imune adquirir qualquer bem da vida, deverá incidir o ICMS porque a imunidade não é da vendedora, contribuinte de direito, mas somente do consumidor, contribuinte de fato, não havendo que falar em extensão da imunidade.

 JURISPRUDÊNCIA

IMUNIDADE DO ART. 150, INCISO VI, ALÍNEA C, CF – ENTIDADE BENEFICENTE DE ASSISTÊNCIA SOCIAL – IMPOSTO SOBRE CIRCULAÇÃO DE MERCADORIAS E SERVIÇOS (ICMS) – AQUISIÇÃO DE INSUMOS E PRODUTOS NO MERCADO INTERNO NA QUALIDADE DE CONTRIBUINTE DE FATO – BENEPLÁCITO RECONHECIDO AO CONTRIBUINTE DE DIREITO – REPERCUSSÃO ECONÔMICA – IRRELEVÂNCIA. (...) A imunidade tributária subjetiva aplica-se a seus beneficiários na posição de contribuinte de direito, mas não na de simples contribuinte de fato, sendo irrelevante para a verificação da existência do beneplácito constitucional a repercussão econômica do tributo envolvido (RE 608872, Rel. Min. Dias Toffoli, j. 23.02.2017, P, *DJe* 27.09.2017, tema 342).

Em vista do exposto, resta claro que a imunidade do contribuinte de fato não se estende ao contribuinte de direito.

Outrossim, é importante frisar que a imunidade somente será aplicada se os imóveis estiverem sendo utilizados para a finalidade essencial para a qual foi criada a instituição. Com isso, o STF firmou posicionamento no sentido de que a imunidade não se aplica às colônias de férias mantidas por sindicatos:

Sindicato. Colônia de férias. Inexistência de imunidade tributária por não ser o patrimônio ligado às finalidades essenciais do sindicato. Recurso extraordinário: descabimento (RE 245093-AgR, Rel. Min. Sepúlveda Pertence, julgamento em 14.11.2006, Primeira Turma, *DJ* de 07.12.2006).

A imunidade subjetiva sofre, como se pode ver importantes limitações na jurisprudência do STF com o objetivo de que seja resguardada sua finalidade.

A Reforma Tributária também ampliou a imunidade para as entidades beneficentes, e passa a abranger o ITCMD caso a instituição seja beneficiária. Vejamos:

Art. 155. (...)

§ 1º.

(...)

VII – não incidirá sobre as transmissões e as doações para as instituições sem fins lucrativos com finalidade de relevância pública e social, inclusive as organizações assistenciais e beneficentes de entidades religiosas e institutos científicos e tecnológicos, e por elas realizadas na consecução dos seus objetivos sociais, observadas as condições estabelecidas em lei complementar.

Como se pode ver, essa imunidade resolve um problema histórico porque a entidade beneficente teria que recolher o imposto sobre as doações recebidas, onerando uma liberalidade necessária para sua existência, sobretudo porque entidades sem fim de lucro precisam de doações para sua manutenção e existência.

Por fim, é importante lembrar que os atos de cancelamento da imunidade tributária pela ausência do preenchimento dos requisitos são declaratórios, retroagindo à data em que os requisitos deixaram de ser observados.

PARA REFORÇAR

Norma constitucional de eficácia limitada	Art. 14 do CTN	Para o gozo da imunidade prevista no art., 150, VI, c, da CRFB, as pessoas arroladas não poderão repartir patrimônio ou renda a qualquer título, deverão aplicar no Brasil todas as suas receitas e deverão manter a escrituração contábil. São requisitos cumulativos para a fruição da imunidade.

3.2.4. Imunidade dos livros, jornais, periódicos e papel para impressão

Já a imunidade dos livros, jornais, periódicos e papel para impressão encontra-se prevista no art. 150, VI, *d*, da CRFB e se aplica aos impostos sobre patrimônio, renda e serviços incidentes sobre livros, jornais, periódicos e o papel destinado à sua impressão, e tem como fundamento a ideia de difundir, estimular e propagar a cultura e o pensamento.

A **imunidade** em análise pode ser classificada como **objetiva**, por se referir à coisa, e não à pessoa, portanto, não abrange o editor, mas alcança os impostos relativos à mercadoria, ou seja, o ICMS, o IPI, o II e o IE, por exemplo.

O STF entende que a imunidade estudada alcança qualquer tipo de papel desde que ele seja destinado a impressão, incluindo nesse alcance o papel fotográfico, conforme entendimento da Súmula 657 do STF. Assim, mesmo os insumos que sejam equiparados ao papel farão jus à imunidade tributária, incluindo o material para elaboração da capa. Vejamos:

> PAPEL: FILMES DESTINADOS À PRODUÇÃO DE CAPAS DE LIVROS – CF, ART. 150, VI, D. Material assimilável a papel, utilizado no processo de impressão de livros e que se integra no produto final – capas de livros sem capa dura – está abrangido pela imunidade do art. 150, VI, d. Interpretação dos precedentes do STF, pelo seu Plenário, nos RE 174.476/SP, RE 190.761/SP, rel. min. Francisco Rezek, e RE 203.859/SP e RE 204.234/RS, rel. min. Maurício Corrêa (RE 392.221, 2ª Turma, Rel. Min. Carlos Velloso, j. 18.05.2004, DJ de 11.06.2004). = AI 597746 AgR, 1ª Turma, Rel. Min. Sepúlveda Pertence, j. 14.11.2006, DJ de 07.12.2006.

No entanto, no tocante aos insumos, o posicionamento ainda é bastante restritivo, mas historicamente é o posicionamento adotado pela Corte, ao passo que a Carta somente fala em imunizar o papel e não todos os insumos envolvidos na fabricação do livro.

O STF chegou a analisar a possibilidade de aplicação da imunidade e sua extensão às chapas de *offset*, no julgamento do RE 202149. Em um primeiro momento, reconheceu o direito à imunidade tributária, ao passo que a determinação constitucional abrangeria todo e qualquer insumo ou ferramenta indispensáveis à edição dos veículos de comunicação. No entanto, em sede de embargos de divergência, o STF reformou a citada decisão sob o argumento de que a própria Constituição delimita os insumos abrangidos pela imunidade. O relator, Ministro Celso de Mello, ressalvou o seu entendimento pessoal sob o argumento de que a imunidade protege direitos fundamentais. Vejamos:

> O postulado da imunidade qualifica-se como instrumento de proteção constitucional vocacionado a preservar direitos fundamentais – como a liberdade de informar e o direito do cidadão de ser informado –, em ordem a evitar uma situação de perigosa submissão tributária das empresas jornalísticas ao poder impositivo do Estado.

Assim, o STF manteve sua linha de atuação no sentido da aplicação restritiva da imunidade tributária sobre os livros e jornais, restringindo o papel e similares destinados à elaboração do livro. No julgamento do RE 202149/RS fica clara a limitação da imunidade, como se verá.

JURISPRUDÊNCIA

> A Turma iniciou julgamento de recurso extraordinário em que se discute a abrangência normativa da imunidade tributária a que se refere o art. 150, VI, *d*, da CF. (...) No caso, a União sustenta a exigibilidade dos seguintes impostos: sobre circulação de mercadorias – ICMS, sobre produtos industrializados – IPI e de importação – II no despacho aduaneiro de peças sobressalentes de equipamento de preparo e acabamento de chapas de impressão *offset* para jornais. O Min. Menezes Direito, relator, aplicando precedentes da Corte no sentido de que as peças sobressalentes para equipamento de impressão de jornais não estão alcançadas pela imunidade prevista no art. 150, IV, *d*, da CF, deu provimento ao recurso. Enfatizou que somente os insumos diretos estariam incluídos nessa

> benesse e que, na espécie, se trataria de equipamento acessório. Assim, a imunidade conferida a livros, jornais e periódicos abrangeria todo e qualquer insumo ou ferramenta indispensável à edição desses veículos de comunicação. Após, o julgamento foi adiado a fim de se aguardar o voto de desempate da Min. Cármen Lúcia (RE 202149/RS, Rel. Min. Menezes Direito, 13.05.2008).

Com o desenvolvimento da tecnologia, o livro passou a ser eletrônico, não existindo de forma física. Assim, não cabe a distinção entre o veículo corpóreo do incorpóreo, pois o objetivo da imunidade é a garantia do acesso à cultura a toda a população, de modo que a imunidade deve abranger também o **livro eletrônico**. O STF estendeu essa imunidade ao livro eletrônico e ao **leitor utilizado**, desde que somente tenha essa finalidade, no julgamento do RE 330.817.

JURISPRUDÊNCIA

> A imunidade tributária constante do art. 150, VI, *d*, da CF aplica-se ao livro eletrônico (*e-book*), inclusive aos suportes exclusivamente utilizados para fixá-lo. A imunidade tributária da alínea *d* do inciso VI do art. 150 da CF alcança componentes eletrônicos destinados **exclusivamente** a integrar unidade didática com fascículos. (...) O Plenário entendeu que a imunidade de que trata o art. 150, VI, *d*, da CF alcança o livro digital (*e-book*). De igual modo, as mudanças históricas e os fatores políticos e sociais da atualidade, seja em razão do avanço tecnológico, seja em decorrência da preocupação ambiental, justificam a equiparação do "papel", numa visão panorâmica da realidade e da norma, aos suportes utilizados para a publicação dos livros. Nesse contexto moderno, portanto, a teleologia da regra de imunidade igualmente alcança os aparelhos leitores de livros eletrônicos (*e-readers*) confeccionados exclusivamente para esse fim, ainda que eventualmente equipados com funcionalidades acessórias ou rudimentares que auxiliam a leitura digital, tais como dicionário de sinônimos, marcadores, escolha do tipo e tamanho da fonte e outros. Apesar de não se confundirem com os livros digitais propriamente ditos, esses aparelhos funcionam como o papel dos livros tradicionais impressos, e o propósito seria justamente mimetizá-lo. Estão enquadrados, portanto, no conceito de suporte abrangido pela norma imunizante. Entretanto, esse entendimento **não é aplicável** aos aparelhos multifuncionais, como *tablets*, *smartphones* e *laptops*, os quais são muito além de meros equipamentos utilizados para a leitura de livros digitais (RE 330817, Rel. Min. Dias Toffoli, e RE 595676, Rel. Min. Marco Aurélio, j. 08.03.2017, P, *Informativo 856*, Temas 593 e 259).

Como se pode ver, o posicionamento do STF foi bastante extensivo, entendendo pela imunidade do leitor de livros, desde que seja utilizado para esse único fim, não abrangendo aparelhos multifuncionais. Assim, o leitor de livros eletrônicos que seja utilizado com essa única finalidade terá o direito à imunidade tributária, a teor da Súmula Vinculante 57 do STF:

> A imunidade tributária constante do art. 150, VI, d, da CF/88 aplica-se à importação e comercialização, no mercado interno, do livro eletrônico (*e-book*) e dos suportes exclusivamente utilizados para fixá-los, como leitores de livros eletrônicos (*e-readers*), ainda que possuam funcionalidades acessórias.

Importante frisar que a imunidade abrange somente o livro pronto, estando afastadas as fases preparatórias, de produção e distribuição.

 JURISPRUDÊNCIA

> A imunidade tributária prevista no art. 150, VI, *d*, da CF, que veda a instituição de imposto sobre livros, jornais, periódicos e o papel destinado à sua impressão, não abrange os serviços de composição gráfica que integram o processo de edição de livros. Com esse fundamento, a Turma deu provimento a recurso extraordinário para reformar acórdão do Tribunal de Alçada Civil do Estado de São Paulo que entendera que tais serviços não estavam sujeitos ao ISS (RE 230782/SP, Rel. Min. Ilmar Galvão, 13.06.2000).

Assim como não abrange o serviço de composição gráfica, a imunidade em análise não abrange a distribuição dos livros, por se coadunar com o objetivo constitucional, de acordo com o posicionamento dos Tribunais Superiores. Vejamos:

 JURISPRUDÊNCIA

> EXTRAORDINÁRIO – TRIBUTÁRIO – ISS – IMUNIDADE TRIBUTÁRIA – ALÍNEA "D" DO INCISO VI DO ART. 150 DA CONSTITUIÇÃO REPUBLICANA – DISTRIBUIÇÃO DE PERIÓDICOS, REVISTAS, PUBLICAÇÕES, JORNAIS E LIVROS – NÃO ABRANGÊNCIA.
> 1. A jurisprudência do Supremo Tribunal Federal, que me parece juridicamente correta, é firme no sentido de que a distribuição de periódicos, revistas, publicações, jornais e livros não está abrangida pela imunidade tributária da alínea "d" do inciso VI do art. 150 do Magno Texto.
> 2. Agravo regimental desprovido (Ag. no REsp. 630.462).

Outro ponto importante a respeito dessa imunidade é a definição do que se deva entender por **periódico**, sendo o melhor exemplo a revista, ou seja, é todo o meio de informação que possua uma periodicidade regular na sua comercialização, abrangendo as revistas em geral.

Também gozam de imunidade os álbuns de figurinhas e as listas telefônicas, que perderam sua força com a difusão da internet como meio de consulta.

Com relação aos álbuns de figurinhas, a imunidade se explica por se tratar de um livro ilustrado utilizado como forma de difusão de informação para crianças que colecionam os cromos. Por óbvio, como a imunidade se aplica aos álbuns, estende-se às figurinhas, pois um não tem razão de existir sem o outro. Vejamos o posicionamento do STF sobre o assunto.

 JURISPRUDÊNCIA

> ÁLBUM DE FIGURINHA – IMUNIDADE TRIBUTÁRIA – ART. 150, VI, *D*, DA CONSTITUIÇÃO FEDERAL – PRECEDENTES DA SUPREMA CORTE. 1. Os álbuns de figurinhas e os respectivos cromos adesivos estão alcançados pela imunidade tributária

prevista no artigo 150, VI, d, da Constituição Federal. 2. Recurso extraordinário desprovido (STF – RE 179893/SP, 1ª Turma, Rel. Menezes Direito, j. 15.04.2008, *DJe*-097 divulg. 29.05.2008, public. 30.05.2008, Ement. 02321-02/256).

No tocante às vetustas e saudosas listas telefônicas, a imunidade se explica, pois se tratava de uma forma de difusão de informações sobre produtos e serviços, gratuita e universal. Atualmente, as listas foram substituídas por buscadores de internet.

 ## JURISPRUDÊNCIA

O fato de as edições das listas telefônicas veicularem anúncios e publicidade não afasta o benefício constitucional da imunidade. A inserção visa a permitir a divulgação das informações necessárias ao serviço público a custo zero para os assinantes, consubstanciando acessório que segue a sorte do principal. Precedentes: RE 101.441/RS, Pleno, Rel. Min. Sydney Sanches, *RTJ* 126, p. 216-257; RE 118.228/SP, 1ª Turma, Rel. Min. Moreira Alves, *RTJ* 131, p. 1.328-1.335; e RE 134.071-1/SP, 1ª Turma, Rel. Min. Ilmar Galvão, *DJ* 30.10.1992 (RE 199.183, 2ª Turma, Rel. Min. **Marco Aurélio**, j. 17.04.1998, *DJ* 12.06.1998). No mesmo sentido: AI 663747-AgR, 2ª Turma, Rel. Min. Joaquim Barbosa, j. 06.04.2010, *DJe* 30.04.2010; RE 114790, 1ª Turma, Rel. Min. Sepúlveda Pertence, j. 12.08.1997, *DJ* 03.10.1997.

Como se pode ver, as listas telefônicas tinham finalidade informativa, de modo que as publicações com finalidade meramente comercial não têm direito à imunidade tributária, pois não têm como objetivo a difusão da cultura ou mesmo de qualquer tipo de informação ou conhecimento. Como o fim é exclusivamente comercial, não há que falar na imunidade tributária.

 ## JURISPRUDÊNCIA

ENCARTES DE PROPAGANDA DISTRIBUÍDOS COM JORNAIS E PERIÓDICOS – ISS – ART. 150, VI, *D*, DA CONSTITUIÇÃO. Veículo publicitário que, em face de sua natureza propagandística, de exclusiva índole comercial, não pode ser considerado como destinado à cultura e à educação, razão pela qual não está abrangido pela imunidade de impostos prevista no dispositivo constitucional sob referência, a qual, ademais, não se estenderia, de qualquer forma, às empresas por eles responsáveis, no que concerne à renda bruta auferida pelo serviço prestado e ao lucro líquido obtido (RE 213094, 1ª Turma, Rel. Min. Ilmar Galvão, j. 03.08.1999, *DJ* 15.10.1999).

Assim, caso a pessoa decida produzir um material comercial com informações relevantes e periodicidade, fará jus à imunidade, tendo em vista a difusão de informações. Grandes empresas já adotam essa postura ao publicar seus encartes por período determinado e com informações de saúde, beleza, nutrição etc.

Por fim, entendemos que a imunidade, seja ela qual for, deve ser estudada de forma extensiva, limitada somente ao objetivo constitucional de sua instituição, de modo que fomente a difusão da cultura, da educação e da informação.

3.2.5. Imunidade musical

A EC 75, de 2013, trouxe para o Direito Tributário a imunidade musical que afasta a incidência de impostos sobre o patrimônio, renda e serviços de obras musicais ou literomusicais de artistas brasileiros, produzidas no Brasil ou obras estrangeiras executadas por artistas brasileiros.

Ponto importante a ser destacado é que tal imunidade abrange somente as **mídias eletrônicas**, não compreendendo a etapa industrial de mídias ópticas de leitura a *laser*.

Para Marcus Abraham, a imunidade somente se aplica sobre obra musical produzida no Brasil, quer seja de artista brasileiro, quer seja de artista estrangeiro. Vejamos:

> Para a aplicação desta imunidade, é necessário, em primeiro lugar, que a obra tenha sido produzida no Brasil. Após vencido este requisito, serão imunes tanto as obras de autores brasileiros como aquelas interpretadas por artistas brasileiros. Assim, por exemplo, será imune o videofonograma produzido no Brasil, por um cantor estrangeiro, que execute obra de autor nacional. Da mesma forma, será imune o fonograma produzido no Brasil por um cantor nacional, ainda que executando obra de artista estrangeiro.[31]

Assim, está abrangida pela imunidade, por exemplo, a fabricação de *long plays* (LPs), pois não representam mídias ópticas a *laser*.

No julgamento do Tema 1.083 da repercussão geral, o STF firmou o entendimento no sentido que a imunidade em análise não se aplica às importações de suportes materiais produzidos fora do Brasil.

> A imunidade tributária prevista no art. 150, VI, 'e', da Constituição Federal não se aplica às importações de suportes materiais produzidos fora do Brasil, ainda que contenham obra musical de artista brasileiro (**ARE 1.244.302**, P, Rel. Min. Gilmar Mendes, j. 9.9.2024, *DJE* 16.09.2024, Tema 1.083, com mérito julgado).

---

[31] ABRAHAM, Marcus. *Curso de Direito Tributário Brasileiro*. Rio de Janeiro: Forense, 2018. p. 141.

O objetivo de tal imunidade é claro, qual seja, a proteção do mercado fonográfico brasileiro da atividade de pirataria, reduzindo os custos de produção e estimulando a difusão da cultura nacional, motivo pelo qual imunidade não deve ser aplicada aos vinis importados do exterior nem às importações de suportes materiais produzidos fora do Brasil.

Pontos relevantes sobre imunidades	
Imunidade recíproca	É a garantia constitucional da manutenção do pacto federativo, que impede a incidência de impostos sobre patrimônio, renda e serviços entre os entes federados, fundações, autarquias, empresas públicas e sociedades de economia mista que não estejam exercendo atividade particular com fim de lucro.
Imunidade dos templos religiosos	Deve ser interpretada de forma extensiva, de modo que seja resguardado o direito fundamental de o contribuinte professar livremente a sua fé, com a existência de templos religiosos que devem ser protegidos pelo Estado.
Imunidade dos partidos políticos, entidades sindicais, instituições de educação e entidades de assistência social sem fins lucrativos	A imunidade do contribuinte de fato não se estende ao contribuinte de direito. O sindicato patronal não goza da imunidade sindical, apenas o sindicato dos trabalhadores, uma vez que objetiva proteção aos hipossuficientes, o que não é o caso daquele. Entidades fechadas de previdência social também não gozam de imunidade tributária.
Imunidade dos livros, jornais, periódicos e papel para impressão	Refere-se à coisa, e não à pessoa. O STF estendeu essa imunidade aos livros eletrônicos.
Imunidade musical	Objetiva a proteção do mercado fonográfico brasileiro da atividade de pirataria, reduzindo os custos de produção e estimulando a difusão da cultura nacional.

QUESTÕES DE PROVA

1. (Analista do Ministério Público – 2018 – FGV – MPE-AL) Leia a afirmativa a seguir. "Diz respeito à incidência progressiva de alíquotas na razão inversa da essencialidade da mercadoria ou do serviço."

    A afirmativa diz respeito ao princípio da

    (A)   razoabilidade.

    (B)   proporcionalidade.

    (C)   seletividade.

    (D)   não cumulatividade.

    (E)   capacidade contributiva.

CAP. 3 • AS LIMITAÇÕES CONSTITUCIONAIS AO PODER DE TRIBUTAR | **167**

2. (Juiz Federal Substituto – 2018 – TRF-3ª Região) Considerando que dentre as limitações constitucionais ao poder de tributar insere-se a vedação ao uso do tributo com efeito de confisco, indique qual a afirmação CORRETA:

    (A) O Poder Executivo pode criar multas em percentuais que excedam o valor do tributo cobrado, visto que a imposição de multa tem o duplo objetivo de educar o contribuinte e de ressarcir o Poder Público.

    (B) A multa correspondente a 90% do valor do tributo devido não tem caráter confiscatório.

    (C) A falta de atualização monetária da tabela de incidência do imposto de renda na fonte sobre os salários tem natureza de confisco.

    (D) É possível a cobrança de multa confiscatória desde que observado o princípio da praticidade da arrecadação e da prevalência do interesse público sobre o privado.

3. (Especialista – Advogado Legislativo – 2018 – FGV – Câmara de Salvador – BA) Conforme previsto na Constituição da República de 1988, deve obediência integral aos princípios da legalidade, anterioridade anual e anterioridade nonagesimal, o imposto sobre:

    (A) a propriedade de veículos automotores.

    (B) a renda e proventos de qualquer natureza.

    (C) operações de crédito, câmbio e seguro, ou relativas a títulos ou valores mobiliários.

    (D) serviços de qualquer natureza.

    (E) a propriedade territorial urbana.

4. (Advogado – 2017 – IADES – CREMEB) Acerca das limitações constitucionais ao poder de tributar estabelecidas pela Constituição Federal, assinale a alternativa correta.

    (A) É vedado aos Estados, ao Distrito Federal e aos Municípios estabelecer diferença tributária entre bens e serviços, de qualquer natureza, em razão de sua procedência ou seu destino.

    (B) É permitido instituir tratamento desigual entre contribuintes que se encontrem em situação equivalente ou mesmo em razão de ocupação profissional ou função por eles exercida.

    (C) A União pode instituir isenções de tributos da competência dos Estados, do Distrito Federal ou dos Municípios.

    (D) Caso sejam alugados a terceiros, os imóveis pertencentes à União, aos Estados ou aos Municípios não permanecem imunes ao IPTU.

    (E) É vedado instituir tributo sobre os templos de qualquer culto.

5. (Analista Portuário – Área Jurídica – 2018 – CESPE – EMAP) Em relação aos limites do poder de tributar, julgue o item que segue.

    Conforme o entendimento do Supremo Tribunal Federal, a imunidade tributária recíproca prevista na Constituição Federal de 1988 foi estendida às empresas públicas.

    ( ) Certo   ( ) Errado

6. (Delegado de Polícia Civil – 2018 – NUCEPE – PC-PI) Considerando o previsto na Constituição Federal, bem como a jurisprudência do Supremo Tribunal Federal, assinale a alternativa CORRETA.

(A) A imunidade recíproca reconhecida constitucionalmente às entidades políticas não pode ser reconhecida às empresas públicas e às sociedades de economia mista, sejam quais forem as finalidades a que se dedicarem tais entidades.

(B) Norma legal que altera o prazo de recolhimento da obrigação tributária se sujeita ao princípio da anterioridade, por se tratar de verdadeira garantia reconhecida ao sujeito passivo da obrigação.

(C) De acordo com o expressamente previsto na Constituição Federal, os requisitos para o gozo da imunidade devem estar previstos em lei ordinária específica de cada ente político.

(D) Entidade de assistência social, sem fins lucrativos, que aluga imóvel a terceiros, não deixa de ser imune ao IPTU, desde que o valor dos aluguéis seja aplicado nas atividades para as quais tais entidades foram constituídas.

(E) É vedado o protesto das certidões de dívida ativa, constituindo mecanismo inconstitucional e ilegítimo por restringir de forma desproporcional direitos fundamentais garantidos aos contribuintes e, assim, constituir sanção política.

7. (Analista de Saneamento – Advogado – 2018 – FUMARC – COPASA) NÃO se submetem ao princípio da anterioridade todos os impostos listados em:

(A) Impostos sobre operações de crédito, câmbio e seguro; imposto extraordinário de guerra, imposto de renda para fins de majoração.

(B) Impostos sobre: importação de produtos estrangeiros; exportação, para o exterior, de produtos nacionais ou nacionalizados; produtos industrializados; operações de crédito.

(C) Impostos sobre: importação de produtos estrangeiros; exportação, para o exterior, de produtos nacionais ou nacionalizados; produtos industrializados; propriedade de imóveis urbanos.

(D) Impostos sobre: importação de produtos estrangeiros; exportação, para o exterior, de produtos nacionais ou nacionalizados; produtos industrializados; propriedade de imóveis urbanos e rurais.

8. (Procurador Jurídico Adjunto – 2018 – IBFC – Câmara de Feira de Santana – BA) Assinale a alternativa INCORRETA, sobre a noção técnica de imunidade frente a outras figuras tributárias que podem resultar igualmente no não desembolso de valor em dinheiro do tributo.

(A) Imunidade refere-se a uma limitação do poder de tributar que nenhuma lei tem atribuição para regular.

(B) A imunidade decorre de norma materialmente constitucional.

(C) A isenção é um favor legal, fruto do exercício da competência tributária por parte da entidade tributante.

(D) Imunidade e isenção são favores tributários distintos, porém decorrentes do mesmo fenômeno restrito ao exercício ordinário do poder de tributar na elaboração da lei ordinária.

CAP. 3 • AS LIMITAÇÕES CONSTITUCIONAIS AO PODER DE TRIBUTAR | **169**

9. (Procurador do Município – 2018 – CESPE – PGM – Manaus – AM) Considerando o que dispõe a CF, julgue o item a seguir, a respeito das limitações do poder de tributar, da competência tributária e das normas constitucionais aplicáveis aos tributos.

É proibida a cobrança de tributo sobre o patrimônio e a renda dos templos de qualquer culto.

( ) Certo ( ) Errado

10. (Advogado Júnior – 2018 – CESGRANRIO – Transpetro) Em 15 de dezembro de 2016, a União publicou decreto aumentando a alíquota do IPI incidente sobre geladeiras. O novo percentual observou os limites legais previamente estabelecidos. Tal Lei passou a vigorar a partir de sua data de publicação. X, empresário do setor afetado pela medida, entra em contato com o departamento jurídico de sua empresa para obter informações sobre a adequação da decisão adotada pelo governo.

O departamento jurídico da empresa, em consonância com a legislação vigente, informa a X que há violação do princípio da(do)

(A) anterioridade tributária anual.

(B) anterioridade nonagesimal.

(C) legalidade.

(D) irretroatividade da lei tributária.

(E) não confisco.

Gabarito	
1	C
2	B
3	D
4	A
5	Certo
6	D
7	B
8	D
9	Errado
10	B

4

DIREITO TRIBUTÁRIO NO CÓDIGO TRIBUTÁRIO NACIONAL

4.1. Legislação tributária

O CTN, em seu art. 96, traz como **fonte** do Direito Tributário a legislação tributária que abrange, entre outras espécies normativas, as leis, os tratados, os decretos, as normas complementares etc. Importante destacar que não se trata de um rol taxativo, de modo que a expressão legislação tributária deverá ser interpretada de forma ampla.

Assim, a legislação tributária consiste no conjunto das regras que tratam dos tributos e de suas respectivas relações jurídicas. Não devemos confundir a legislação com lei em sentido estrito, pois seu significado refere-se à lei em sentido amplo.

A expressão legislação tributária abrange não só a lei tributária em sentido estrito, mas também os tratados e as convenções internacionais, os decretos e as normas complementares, as disposições constitucionais, os convênios interestaduais e outros atos jurídicos normativos que versem sobre tributos e suas respectivas relações jurídicas.

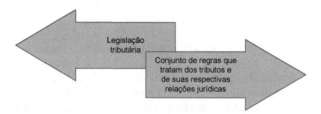

A lei é a principal fonte do Direito Tributário brasileiro, conforme visto no capítulo em que tratamos das limitações constitucionais ao poder de tributar. A lei emana do povo, representando a vontade popular, de modo que se torna a mais importante fonte do Direito Tributário, pois, na forma do art. 97 do CTN, complementando o art. 150, I, da CRFB, o tributo somente poderá ser criado, majorado, reduzido, extinto, bem como sua alíquota, base de cálculo e fato gerador deverão estar previstos em lei. Todos os elementos necessários para a exigência do tributo deverão estar na lei, caracterizando uma verdadeira tipicidade fechada.

Importante lembrar que o STF já se pronunciou acerca da função da **medida provisória** em matéria tributária, adotando o conceito de que tal espécie normativa tem **força de lei**, podendo ser utilizada sem violar o mandamento constitucional, desde que não seja invadida a reserva de lei complementar. Como se não bastasse, importante destacar que, de acordo com o STF, não há hierarquia entre a lei ordinária e a lei complementar, mas âmbitos materiais distintos.

No tocante *aos tratados e convenções internacionais* há regra específica no art. 98 do CTN que lhes atribui supremacia com relação ao ordenamento interno em matéria tributária, pois determina que os tratados "revogam ou modificam a legislação tributária interna, e serão observados pela que lhes sobrevenha". De acordo com Bernardo Ribeiro de Moraes, tratados e convenções são sinônimos. Vejamos:

> As palavras tratado e convenção são sinônimas. Ambas representam acordo bilateral ou multilateral de vontades para produzir um efeito jurídico. Criam direitos e obrigações. Tratado (ou convenção) internacional vem a ser o ato jurídico firmado entre dois ou mais Estados, mediante seus respectivos órgãos competentes, com o objetivo de estabelecer normas comuns de direito internacional.[1]

Os tratados somente podem ser celebrados pelo Presidente da República, de forma privativa, conforme art. 84, VIII, da CRFB, cabendo sua sujeição ao referendo do Congresso Nacional, na forma do art. 49, I, da CRFB. Assim, após a assinatura do tratado pelo Presidente, caberá ao Congresso referendá-lo por meio de decreto legislativo, autorizando a ratificação do tratado. Em seguida, para produzir efeitos no exterior o decreto será ratificado, e para produzir efeitos internos será publicado o decreto promulgador pelo Presidente da República. Seguindo esse caminho legislativo, o tratado ou convenção passa a produzir efeitos no território nacional. Importante frisar que o tratado é lei especial ao ingressar no ordenamento jurídico brasileiro.

Assim, como se pode ver, há um equívoco técnico no CTN, ao passo que não é o tratado que é internalizado em nosso ordenamento jurídico, mas o decreto legislativo que o ratifica. Nesse sentido, Paulo de Barros Carvalho:

> Esclareça-se que os tratados e as convenções internacionais, bem como os convênios interestaduais, não são portadores de força vinculante. É imperioso, por decorrência do princípio da legalidade, que a ordem jurídica recolha a matéria desses atos multilaterais de vontade, sem o que não se dá a produção de normas válidas no direito pátrio. E é precisamente por essa razão que o decreto legislativo assume importância significativa como instrumento primário de produção de regras tributárias.[2]

No julgamento da ADI 1480 MC, o STF entendeu que os tratados ingressam em nosso ordenamento jurídico no mesmo patamar de eficácia, validade e autoridade da legislação interna, restando clara uma verdadeira "paridade normativa", sendo esse o mesmo posicionamento adotado pelo STJ no julgamento do REsp. 196560.

---

[1] RIBEIRO. Bernardo de Moraes. *Compêndio de Direito Tributário*. 3. ed. Rio de Janeiro: Forense. 1995. v. 2, p. 26.

[2] CARVALHO, Paulo de Barros. *Curso de Direito Tributário*. 21. ed. São Paulo: Saraiva, 2009. p. 74.

JURISPRUDÊNCIA

(...) – É na Constituição da República – e não na controvérsia doutrinária que antagoniza monistas e dualistas – que se deve buscar a solução normativa para a questão da incorporação dos atos internacionais ao sistema de direito positivo interno brasileiro. O exame da vigente Constituição Federal permite constatar que a execução dos tratados internacionais e a sua incorporação à ordem jurídica interna decorrem, no sistema adotado pelo Brasil, de um ato subjetivamente complexo, resultante da conjugação de duas vontades homogêneas: a do Congresso Nacional, que resolve, definitivamente, mediante decreto legislativo, sobre tratados, acordos ou atos internacionais (CF, art. 49, I) e a do Presidente da República, que, além de poder celebrar esses atos de direito internacional (CF, art. 84, VIII), também dispõe – enquanto Chefe de Estado que é – da competência para promulgá-los mediante decreto. O iter procedimental de incorporação dos tratados internacionais – superadas as fases prévias da celebração da convenção internacional, de sua aprovação congressional e da ratificação pelo Chefe de Estado – conclui-se com a expedição, pelo Presidente da República, de decreto, de cuja edição derivam três efeitos básicos que lhe são inerentes: (a) a promulgação do tratado internacional; (b) a publicação oficial de seu texto; e (c) a executoriedade do ato internacional, que passa, então, e somente então, a vincular e a obrigar no plano do direito positivo interno. Precedentes. SUBORDINAÇÃO NORMATIVA DOS TRATADOS INTERNACIONAIS À CONSTITUIÇÃO DA REPÚBLICA. – *No sistema jurídico brasileiro, os tratados ou convenções internacionais estão hierarquicamente subordinados à autoridade normativa da Constituição da República. Em consequência, nenhum valor jurídico terão os tratados internacionais, que, incorporados ao sistema de direito positivo interno, transgredirem, formal ou materialmente, o texto da Carta Política.* O exercício do *treaty-making power,* pelo Estado brasileiro – não obstante o polêmico art. 46 da Convenção de Viena sobre o Direito dos Tratados (ainda em curso de tramitação perante o Congresso Nacional) –, está sujeito à necessária observância das limitações jurídicas impostas pelo texto constitucional. CONTROLE DE CONSTITUCIONALIDADE DE TRATADOS INTERNACIONAIS NO SISTEMA JURÍDICO BRASILEIRO. – O Poder Judiciário – fundado na supremacia da Constituição da República – dispõe de competência, para, quer em sede de fiscalização abstrata, quer no âmbito do controle difuso, efetuar o exame de constitucionalidade dos tratados ou convenções internacionais já incorporados ao sistema de direito positivo interno. Doutrina e Jurisprudência. PARIDADE NORMATIVA ENTRE ATOS INTERNACIONAIS E NORMAS INFRACONSTITUCIONAIS DE DIREITO INTERNO. – *Os tratados ou convenções internacionais, uma vez regularmente incorporados ao direito interno, situam-se, no sistema jurídico brasileiro, nos mesmos planos de validade, de eficácia e de autoridade em que se posicionam as leis ordinárias, havendo, em consequência, entre estas e os atos de direito internacional público, mera relação de paridade normativa.* Precedentes. No sistema jurídico brasileiro, os atos internacionais não dispõem de primazia hierárquica sobre as normas de direito interno. A eventual precedência dos tratados ou convenções internacionais sobre as regras infraconstitucionais de direito interno somente se justificará quando a situação de antinomia com o ordenamento doméstico impuser, para a solução do conflito, a aplicação alternativa do critério cronológico ("lex posterior derogat priori") ou, quando cabível, do critério da especialidade. Precedentes. TRATADO INTERNACIONAL E RESERVA CONSTITUCIONAL DE LEI COMPLEMENTAR. – *O primado da Constituição, no sistema jurídico brasileiro, é oponível ao princípio* pacta sunt servanda, *inexistindo, por*

> *isso mesmo, no direito positivo nacional, o problema da concorrência entre tratados internacionais e a Lei Fundamental da República, cuja suprema autoridade normativa deverá sempre prevalecer sobre os atos de direito internacional público.* Os tratados internacionais celebrados pelo Brasil – ou aos quais o Brasil venha a aderir – não podem, em consequência, versar matéria posta sob reserva constitucional de lei complementar. É que, em tal situação, a própria Carta Política subordina o tratamento legislativo de determinado tema ao exclusivo domínio normativo da lei complementar, que não pode ser substituída por qualquer outra espécie normativa infraconstitucional, inclusive pelos atos internacionais já incorporados ao direito positivo interno. (...) (ADI 1480 MC, Rel. Min. Celso de Mello, Tribunal Pleno, j. 04.09.1997, *DJ* 18.05.2001).

Como se pode ver, há uma clara paridade hierárquica entre os tratados internacionais e as leis ordinárias produzidas pelo legislador brasileiro. O Professor Alberto Xavier se posiciona de forma contrária:

> A verdade, porém, é que não é exata a premissa de que a Constituição Federal de 1988 seja silente, omissa ou lacunar sobre a questão da posição relativa de lei ordinária em face do tratado internacional. Duas disposições de caráter especial apontam inequivocamente no sentido da superioridade hierárquica dos tratados. Uma é a que consta do art. 178, segundo a qual "a lei disporá sobre a ordenação dos transportes aéreos, aquáticos e terrestres, devendo, quanto à ordenação do transporte internacional observar os acordos firmados pela União, atendido o princípio da reciprocidade". Outra é o art. 52 do ADCT, que estabelece que as vedações a que se refere, em matéria de mercado financeiro, não se aplicam às autorizações resultantes de acordos internacionais. Ora, seria absurdo entender que o dever de "observância" ou de "aplicabilidade" se restringisse na ordem constitucional ao setor dos transportes internacionais e ao setor financeiro.[3]

Data maxima venia, ousamos discordar de tal posicionamento, pois o CTN prevê uma regra não prevista na Constituição, ao passo que vemos a previsão constitucional de supremacia dos tratados. Com isso, o CTN cria regra além da sua finalidade que é complementar, trazendo uma verdadeira inovação que viola a Carta.

Em razão do exposto, passemos à análise do dispositivo. O art. 98 determina que o tratado revoga o ordenamento jurídico interno. Percebe-se claramente que tal regra deve ser interpretada conforme a Constituição, sob pena de ferir o pacto federativo. Isso porque os **tratados** somente ingressam em nosso ordenamento como emenda à Constituição, caso estejam relacionados a **direitos humanos**, respeitando o processo legislativo próprio, ou seja, aprovados em cada casa do Congresso Nacional em dois turnos, por três quintos dos votos dos membros respectivos.

Em matéria tributária, os tratados ingressam em nosso ordenamento jurídico como norma **infraconstitucional**, respeitado o disposto nos arts. 84, VIII, e 49, I, ambos da CRFB. Em outras palavras, cabem ao **Presidente da República** a celebração do tratado e a edição de decreto pelo **Poder Legislativo** para que ele seja introduzido em nosso ordenamento jurídico.

---

[3] XAVIER, Alberto. *Direito Tributário Internacional do Brasil*. 8. ed. Rio de Janeiro: Forense, 2015, p. 96-97.

Para Paulo de Barros Carvalho,[4] tal regra é inadequada, uma vez que inafastável a edição de decreto legislativo para a aplicação do tratado no ordenamento jurídico brasileiro. Ademais, os tratados não revogam ou suspendem a legislação interna, mas suspendem sua eficácia. Vejamos: "(...) não se trata, a rigor, de revogação da legislação interna, mas suspensão da eficácia da norma tributária nacional, que readquirirá a sua aptidão para produzir efeitos se e quando o tratado for denunciado".[5]

Ademais, desde o julgamento do RE 80004/SE (*RTJ* 83/809), o STF vem entendendo que os **tratados internacionais** estão situados no mesmo nível hierárquico das **leis ordinárias**. Vejamos:

JURISPRUDÊNCIA

> **CONVENÇÃO DE GENEBRA**, LEI UNIFORME SOBRE LETRAS DE CÂMBIO E NOTAS PROMISSÓRIAS – AVAL APOSTO A NOTA PROMISSÓRIA NÃO REGISTRADA NO PRAZO LEGAL – IMPOSSIBILIDADE DE SER O AVALISTA ACIONADO, MESMO PELAS VIAS ORDINÁRIAS – VALIDADE DO DECRETO-LEI Nº 427, DE 22.01.1969. Embora a Convenção de Genebra que previu uma lei uniforme sobre letras de câmbio e notas promissórias tenha aplicabilidade no **direito interno** brasileiro, não se sobrepõe ela às leis do país, disso decorrendo a constitucionalidade e consequente validade do Decreto-lei nº 427/69, que institui o registro obrigatório da nota promissória em repartição fazendária, sob pena de nulidade do título. Sendo o aval um instituto do direito cambiário, inexistente será ele se reconhecida a nulidade do título cambial a que foi aposto. Recurso extraordinário conhecido e provido (RE 80004/SE, j. 01.06.1977).

Dessa forma, os tratados são também fontes do Direito Tributário, mas não há hierarquia na sua aplicação com relação ao ordenamento jurídico interno em matéria tributária.

Assim, ao ingressar como signatário de um tratado ou convenção internacional, tal norma revoga a legislação interna, mas não obriga a que sobrevenha, tendo em vista que não terá *status* de emenda à Constituição. Logo, o tratado internacional não impede que uma norma tributária posterior altere o teor então previsto.

Um dos mais importantes tratados assinados pelo Brasil é o Acordo Geral sobre Tarifas e Comércio (GATT), que prevê tratamento isonômico ao similar nacional da mercadoria importada. Com base nele, foram editadas as Súmulas 20 e 71 do STJ, e 575 do STF, no tocante à aplicação ao importado da mesma regra imposta ao similar nacional.

Como se pode ver, trata-se de uma importante fonte do Direito Tributário, mas é relevante destacar que o tratado, em matéria tributária, não é introduzido em nosso ordenamento jurídico como emenda à Constituição, não cabendo a submissão do ordenamento jurídico à sua determinação.

---

[4] CARVALHO, Paulo de Barros. *Curso de direito tributário*. 17. ed. São Paulo: Saraiva, 2005. p. 62.
[5] TORRES, Ricardo Lobo. *Curso de Direito Financeiro e Tributário*. 16. ed. Rio de Janeiro: Renovar, 2009. p. 49.

Portanto, a **regra** que deve ser aplicada é a **especificidade**. Caso haja um tratado internalizado como lei específica, lei posterior, também específica, vai revogar as suas determinações. Desta feita, a regra que se aplica é aquela prevista na lei de introdução ao Direito brasileiro, segundo a qual lei geral não revoga lei especial. Vejamos a jurisprudência do STJ sobre o assunto.

 JURISPRUDÊNCIA

> TRIBUTÁRIO E PROCESSUAL CIVIL – PREVALÊNCIA DOS TRATADOS INTERNACIONAIS TRIBUTÁRIOS SOBRE A NORMA DE DIREITO INTERNO. (...)
>
> 1. A jurisprudência desta Corte Superior orienta que as disposições dos **Tratados Internacionais** Tributários prevalecem sobre as normas jurídicas de Direito Interno, em razão da sua especificidade, ressalvada a supremacia da Carta Magna. Inteligência do art. 98 do CTN (REsp. 1272897/PE, Min. Napoleão Nunes Maia Filho, *DJe* 09.12.2015).

Fica claro que o critério a ser utilizado não é a submissão do ordenamento jurídico brasileiro aos tratados internacionais, mas a aplicação da Lei de Introdução ao Direito Brasileiro. Importante destacar que a lei posterior não poderá revogar o tratado de forma implícita, mas somente de forma expressa. Vejamos o posicionamento de Bernardo Ribeiro de Moraes:

> Uma vez ratificados, os tratados ou convenções internacionais podem revogar ou alterar as disposições legais internas, pois, uma vez ratificado pelo Congresso Nacional, o tratado equivale à lei ordinária federal (tem força de lei). Consequentemente, aplica-se o princípio *lex posterior derogat lege priori*, diante das demais leis ordinárias da União e das outras normas de tratados internacionais ratificados no Brasil. Segundo dispõe o artigo do Código Tributário Nacional, "os tratados e as convenções internacionais revogam ou modificam a legislação tributária interna e serão observados pelas que lhe sobrevenha". Quanto a esta última parte, de direito intertemporal, já decidiu o Supremo Tribunal Federal no sentido de que "o tratado revoga as leis que lhe são anteriores; não pode, entretanto, ser revogado pelas posteriores, se estas não o fizerem expressamente, ou se não o denunciarem". A jurisprudência sempre reconheceu essa preeminência dos acordos internacionais. Um tratado somente pode ser despojado de sua força obrigatória por lei posterior de caráter explicitamente revogatório, jamais de forma implícita.[6]

Assim, a lei nacional posterior poderá revogar o tratado se estiver expressamente prevista tal revogação, não cabendo a revogação implícita.

 JURISPRUDÊNCIA

> TRIBUTÁRIO – IMPOSTO SOBRE OPERAÇÕES FINANCEIRAS – OPERAÇÕES DE CÂMBIO RELATIVAS À GUIA DE IMPORTAÇÃO – PROTOCOLO DE PROTEÇÃO COMERCIAL BRASIL-URUGUAI – NÃO INCIDÊNCIA.
>
> 1. Em se tratando de matéria tributária, a superveniência de legislação nacional não revoga disposição contida em tratado internacional contratual, consoante dispõe o art. 98 do CTN.

---

[6] RIBEIRO DE MORAES. Bernardo. *Compêndio de Direito Tributário*. 3. ed. Rio de Janeiro: Forense. 1995. v. 2, p. 29.

CAP. 4 • DIREITO TRIBUTÁRIO NO CÓDIGO TRIBUTÁRIO NACIONAL | **177**

> 2. Recurso especial não provido (STJ – REsp. 228324/RS, 1999/0077572-4, 2ª Turma, Rel. Min. João Otávio de Noronha, Data de Julgamento: 12.05.2005, Data de Publicação: *DJ* 01.07.2005, p. 458, *RSTJ* v. 195, p. 202).

De acordo com Luciano Amaro, o tratado é lei especial que revoga a lei geral (interna), sendo irrelevante a análise da superioridade. Vejamos:

> O conflito entre a lei interna e o tratado resolve-se, pois, a favor da norma especial (do tratado), que excepciona a norma geral (da lei interna), tornando-se indiferente que a norma interna seja anterior ou posterior ao tratado. Este prepondera em ambos os casos (abstraída a discussão sobre se ele é ou não superior à lei interna) porque traduz preceito especial, harmonizável com a norma geral.[7]

Para o professor Sérgio André Rocha, o critério a ser adotado é o cronológico:

> pensando agora em uma situação completamente hipotética, poderíamos imaginar um caso em que fosse editada lei mencionando, de forma expressa, que a tributação seria alterada "inclusive nos casos em que o Brasil possuir convenção para evitar a dupla tributação da renda". Em uma hipótese assim a aplicação do critério da especialidade teria que ceder espaço para o critério cronológico.[8]

Tal corrente nos parece a mais coerente, uma vez que, mesmo em nosso ordenamento jurídico, lei posterior deverá revogar lei anterior. Todavia, apesar da ausência de hierarquia, a doutrina majoritária adota o posicionamento no sentido da aplicação da especificidade, de modo que o tratado é lei específica, e a legislação interna é lei geral, de modo que o tratado deverá ser aplicado em detrimento do ordenamento jurídico interno.

Ademais, o CTN também abrange no conceito de legislação tributária as ***normas complementares***, que também são fontes do Direito Tributário, devendo o contribuinte cumprir todas as exigências nelas previstas, se for o caso.

Entre as normas complementares estão os **atos normativos** expedidos pelas autoridades administrativas, que são largamente utilizados para regulamentar os tributos em geral, mas principalmente os aduaneiros. A Receita Federal do Brasil regulamenta a atividade do contribuinte por meio de instruções normativas e portarias. Deve-se frisar que a criação, a extinção, a redução ou a majoração do tributo serão somente previstas em **lei** ou **medida provisória**, conforme já vimos no capítulo respectivo, sendo entregues à legislação tributária somente os deveres instrumentais, como prazos para pagamento de tributos e obrigações acessórias, por exemplo. Dessa forma, a obrigação tributária acessória não carece de lei para ser instituída, mas, em caso de inadimplemento, a penalidade deverá estar prevista em lei, conforme determinado pelo art. 97, V, do CTN.

Incluem-se, também, nas normas complementares as decisões dos órgãos singulares ou coletivos de jurisdição administrativa, a que a lei atribua eficácia normativa, como é o

---

[7] AMARO, Luciano. *Direito Tributário Brasileiro*. 11. ed. São Paulo: Saraiva, 2005, p. 180-181.
[8] ROCHA, Sérgio André. *Tributação Internacional*. São Paulo: Quartier Latin, 2013. p. 134.

caso das decisões proferidas no âmbito do Conselho Administrativo de Recursos Fiscais (CARF) e demais órgãos estaduais e municipais, por exemplo, que entram em vigor após 30 dias da sua publicação. Vejamos o posicionamento do STJ.

 JURISPRUDÊNCIA

> PROCESSUAL CIVIL – RECURSO ESPECIAL – SUPOSTA OFENSA AO ART – 458 DO CPC – FUNDAMENTAÇÃO DEFICIENTE – ALEGADA CONTRARIEDADE A PRINCÍPIOS CONSAGRADOS NA CONSTITUIÇÃO FEDERAL (CAPACIDADE CONTRIBUTIVA E VEDAÇÃO AO EFEITO CONFISCO) – INADEQUAÇÃO DA VIA ELEITA – PROCESSO ADMINISTRATIVO – PUBLICAÇÃO DAS DECISÕES – OBRIGATORIEDADE – PRERROGATIVA QUE NÃO É ASSEGURADA PELOS ARTS. 100, II, E 103, II, DO CTN. (...) 3. No tocante à alegada inobservância das normas estaduais (Decreto 15.072/94 e Lei 3.796/96), mostra-se inviável o conhecimento do recurso especial, tendo em vista que tal pretensão é obstada, por analogia, pelo disposto na Súmula 280/STF, segundo a qual: "Por ofensa a direito local não cabe recurso extraordinário." (...) 5. Depreende-se dos autos que a Fazenda Estadual procedeu ao arbitramento do tributo, porquanto houve falhas nos documentos apresentados pela contribuinte (livro de registro de inventário e notas fiscais de saídas de mercadorias). A contribuinte, após notificada, não apresentou os documentos requeridos pelo Fisco, razão pela qual, como bem observou o Tribunal *a quo*, "outra solução não haveria para a Fazenda Estadual, a não ser proceder a tal levantamento mediante arbitramento". Nesse contexto, havendo "processo regular", associado às omissões e falhas nos documentos apresentados pelo sujeito passivo, mostra-se legítimo o arbitramento do tributo devido, nos termos do art. 148 do CTN. Cumpre esclarecer que, verificando-se que o entendimento sufragado pelas instâncias ordinárias está em consonância com o disposto no art. 148 do CTN, se mostra inviável, em sede de recurso especial, reexaminar as premissas fáticas que implicaram tal conclusão, tendo em vista a circunstância obstativa decorrente do disposto na Súmula 7/STJ. 6. Os arts. 100, II, e 103, II, do CTN não impõem a publicação de todas as decisões proferidas em sede de processo administrativo. Como bem esclarece Hugo de Brito Machado, incluem-se na previsão do art. 100, II, do CTN, "as decisões proferidas por órgãos singulares ou coletivos incumbidos de julgar administrativamente as pendências entre o Fisco e os contribuintes, desde que a lei atribua a essas decisões valor de norma". Incluem-se nessa categoria, atualmente, conforme exemplo citado pelo autor referido, "os denominados pareceres normativos emitidos pela Coordenação do Sistema de Tributação do Ministério da Fazenda, órgão incumbido de unificar a interpretação da legislação tributária, mediante solução de consultas". Considerando que, na hipótese, a decisão proferida em sede de processo administrativo não se amolda ao contexto legal, não há falar em violação dos artigos em comento (STJ – REsp. 858047/SE, 2006/0120474-9, 1ª Turma, Rel. Min. Denise Arruda, j. 15.04.2008, *DJ* 12.05.2008, p. 1).

Importante lembrar que tais decisões somente produzirão efeitos entre as partes em discussão, não tendo o condão de se aplicar à coletividade, mas podem ser caracterizados como **orientações** acerca do caso concreto, podendo ser aplicadas em casos similares. Como se não bastasse, caso a decisão administrativa que não caiba mais recurso seja favorável ao contribuinte, estará extinto o crédito tributário, conforme será abordado no capítulo respectivo.

Ademais, as práticas reiteradamente observadas pelas autoridades administrativas, ou seja, os **costumes**, também são fontes do Direito Tributário, de modo que a prática reiterada pode ser utilizada como defesa do contribuinte em diversas situações. Vejamos:

⚖ JURISPRUDÊNCIA

PROCESSUAL CIVIL – TRIBUTÁRIO – SEGURO DE ACIDENTE DO TRABALHO – FISCA-LIZAÇÃO QUE FIXOU A ALÍQUOTA DE 2% A PARTIR DA COMPETÊNCIA JULHO/97 – NOVA FISCALIZAÇÃO QUE, VERIFICANDO EQUÍVOCO, FIXOU A ALÍQUOTA CORRETA (3%) – TRIBUTO DEVIDO EM RAZÃO DA DIFERENÇA DE ALÍQUOTA – EXCLUSÃO DE PENALIDADES – BOA-FÉ DO CONTRIBUINTE.

1. Evidenciada a boa-fé do contribuinte, que recolheu a contribuição para o Seguro de Acidente do Trabalho no percentual de 2%, levando em consideração a alíquota estabelecida em fiscalização efetuada pela própria Fazenda Pública, impõe-se a exclusão da multa, devendo os juros de mora incidir a partir da data da notificação da NFLD lavrada em decorrência da segunda fiscalização, que fixou a alíquota correta (3%), não obstante devido o tributo em razão da diferença de alíquota. 2. Recurso especial não provido (REsp. 1257984/RS, *DJe* 13.12.2011).

Como se pode ver, a boa-fé e a conduta reiterada são fontes do Direito Tributário, constituindo elementos para a defesa do contribuinte na hipótese de lavratura do auto de infração, por exemplo.

Por fim, os convênios que entre si celebrem a União, os estados, o Distrito Federal e os municípios enquadram-se no conceito de norma complementar e, portanto, também são fontes do Direito Tributário.

O **convênio**, que consiste na deliberação dos entes federados, é fonte do Direito Tributário, e como tal deve ser respeitado. No entanto, não deve invadir ou violar o princípio da legalidade. Em outras palavras, os convênios somente poderão ser introduzidos no ordenamento jurídico pátrio, caso sejam aprovados pelas casas legislativas dos respectivos entes federados.

Frise-se que, no tocante ao imposto sobre circulação de mercadorias e serviços (ICMS), o convênio é um instrumento de suma importância, uma vez que os benefícios fiscais referentes a este imposto somente serão constitucionais se previamente autorizados pelos convênios, na forma dos arts. 150, § 6º, da CRFB c/c o art. 155, § 2º, XII, *g*, da CRFB, e 1º da Lei Complementar 24/1975. Assim, percebe-se que os convênios são hoje o principal instrumento de combate à guerra fiscal.

4.1.1. *Vigência da legislação tributária*

A vigência é a aptidão da norma para qualificar fatos, desencadeando seus efeitos no Direito,[9] mas não pode ser confundida com eficácia, que é a aptidão da norma para produzir efeitos na ordem jurídica.

---

9 COSTA, Regina Helena. *Curso de Direito Tributário*. São Paulo: Saraiva, 2009. p. 155.

Tal distinção é deveras importante para o Direito Tributário, ao passo que uma norma poderá estar vigente e não ter eficácia, como ocorre no Direito Tributário. Tomemos como exemplo as hipóteses de criação ou majoração do tributo, que se submetem aos princípios da anterioridade clássica e noventena, resguardadas as exceções. Caso seja instituído um tributo, ainda que vigente, a lei que o institui ou majora somente terá eficácia, produzindo efeitos, no exercício financeiro seguinte, desde que tenham sido cumpridos 90 dias entre a data da criação ou majoração do tributo e sua cobrança.

Conforme previsto no art. 102 do CTN vigora nos territórios dos entes federados, cabendo a extraterritorialidade somente em situações específicas, respeitada a legislação tributária aplicável à espécie. Com isso, o Código Tributário Municipal somente produzirá efeitos no território do município, por exemplo.

O disposto nos arts. 103 e 106 do CTN e sua relação com o princípio da não surpresa são tratados no capítulo respectivo.

4.1.2. *Interpretação e integração da legislação tributária*

Em razão da abrangência da expressão legislação tributária, a sua interpretação é atividade complexa, devendo seguir as regras previstas no CTN, sobretudo porque um tributo somente poderá ser exigido se previsto em lei ou medida provisória, não cabendo a exigência do tributo por **interpretação** ou **integração** da norma, como corolário do princípio da legalidade.

Vejamos o posicionamento de Leandro Paulsen sobre a interpretação em matéria tributária:

> A interpretação da legislação tributária também é complexa, descabendo pressupor que seja viável simplificar a postura do exegeta como se pudesse se orientar sempre em favor do contribuinte, por considerar a tributação como ingerência odiosa sobre o patrimônio privado, ou em favor do Fisco, em atenção às exigências financeiras do Estado ou da sua suposta supremacia, ou, ainda, por uma interpretação literal. Não há que se falar em interpretação restritiva, em interpretação extensiva nem em interpretação declaratória ou literal, mas apenas em interpretação como atividade complexa, inclusive os princípios gerais de direito privado serão relevantes, conforme referem expressamente os arts. 109 e 110 do CTN.[10]

Assim, mesmo na ausência de norma aplicável, não pode o órgão julgador se esquivar de praticar seu **múnus**, devendo aplicar a integração como forma de suprir as **lacunas**

---

[10] PAULSEN, Leandro. *Direito Tributário:* Constituição e Código Tributário à Luz da Doutrina e da Jurisprudência. Porto Alegre: ESMAFE, 2012. p. 869.

eventualmente existentes. O CTN determina, em seu art. 108, as regras para que tais lacunas sejam supridas. Assim, em caso de **omissão**, deverá ser aplicada **analogia** como forma de solução de conflito. Sequencialmente, deverá o julgador aplicar os **princípios gerais do Direito Tributário**, do **direito público** e, por fim, a **equidade**, para suprir a ausência da norma.

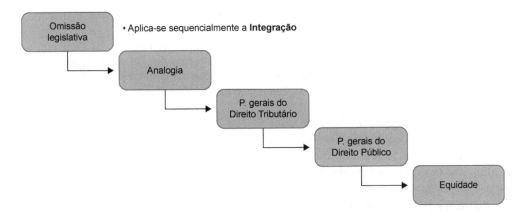

Importante destacar o art. 108, I e § 1º, do CTN, ao dispor que é admitido o emprego da analogia no direito tributário desde que tal uso não resulte "na exigência de tributo não previsto em lei"; esta restrição deve-se ao fato de o CTN adotar, no art. 97, o **princípio da tipicidade**, incompatível com a **analogia**, de modo que o tributo deverá estar sempre previsto em lei ou medida provisória.

Assim, resta claro que a analogia é um dos métodos mais importantes para a integração da norma tributária, mas, pela analogia, não pode o estado exigir tributo do contribuinte, que não esteja previsto em lei. Vejamos o posicionamento do STJ.

JURISPRUDÊNCIA

TRIBUTÁRIO – IMPOSTO DE RENDA – ISENÇÃO – MICROEMPRESA – CORRETAGEM E REPRESENTAÇÃO COMERCIAL – LEIS Nº 7.256/84 E 7.713/88 – ATO DECLARATÓRIO CST Nº 24/89 – SÚMULA 184/STJ. 1. Representação comercial não se "assemelha" às atividades da corretagem, não sendo de feliz inspiração a interpretação da autoridade fiscal, sob a réstia do art. 51, Lei 7.713/88, com elastério, sob o argumento da similitude, equiparar atividades de características profissionais diferentes. Ilegalidade na restrição das microempresas beneficiárias da isenção do Imposto de Renda (Lei 7.256/84, art. 11, I). Aplicação da Súmula 184/STJ. 2. Recurso sem provimento (STJ – REsp. 118973/RS, 1997/0009609-2, 1ª Turma, Rel. Min. Milton Luiz Pereira, j. 02.12.1999, *DJ* 28.02.2000, p. 41).

Como se pode ver, a interpretação não pode gerar uma cobrança tributária que não esteja expressamente prevista em lei.

Da mesma forma, o art. 108, § 2º, do CTN prevê que o contribuinte não poderá deixar de pagar o tributo com base na equidade. Todavia, pela regra prevista no art. 172,

IV, do mesmo diploma legal, na concessão da remissão deverão ser atendidos critérios de equidade. Como se pode ver, o contribuinte poderá obter o perdão do crédito se atendida a equidade, mas não pode deixar de pagar o tributo sob o mesmo critério.

Assim, a equidade é uma forma importante para a interpretação e integração em matéria tributária. O professor Ricardo Lobo Torres discorre sobre o assunto:

> O equitativo e o justo têm a mesma natureza. A diferença está em que o equitativo, sendo justo, não é o justo legal. A lei, pelo seu caráter de generalidade, não prevê todos os casos singulares a que se aplica; a falta não reside nem na lei nem no legislador que a dita, senão que decorre da própria natureza das coisas. A equidade, ainda segundo Aristóteles, autoriza a preencher a omissão com o que teria dito o legislador se ele tivesse conhecido o caso em questão.[11]

Como se não bastasse, o Direito Tributário não é um ramo do Direito desligado dos demais, e resguarda forte relação com o direito privado. Assim, em diversas situações caberá ao intérprete ingressar na seara do direito privado buscando os reais sentidos dos respectivos institutos, não os descaracterizando em sua essência. Conceitos como posse e propriedade, por exemplo, são utilizados no Direito Tributário sendo interpretados como no direito privado.

Assim, os conceitos de direito privado não influenciam a definição dos efeitos tributários, de modo que as normas tributárias não poderão alterar os conceitos de direito privado que deverão ser adotados pelo Direito Tributário.

Tomemos como exemplo o conceito de propriedade. Para fins de incidência do IPTU é o mesmo do Direito Civil, não cabendo uma nova interpretação ou sentido diverso pelo Direito Tributário. Dessa forma, o proprietário, na forma do art. 1.228 do CC, é aquele que detém o direito de usar, gozar, dispor e reaver o bem, não cabendo ao Direito Tributário a adoção de conceito diverso.

Hugo de Brito Machado analisa o art. 110 do CTN:

> Na verdade, esse dispositivo nem precisaria existir. Embora se tenha de reconhecer o importantíssimo serviço que ele tem prestado ao Direito brasileiro, não se pode negar que, a rigor, ele é desnecessário. Desnecessário – é importante que se esclareça – no sentido de que com ou sem ele teria o legislador de respeitar os conceitos utilizados pela Constituição para definir ou limitar competências tributárias. Mas é necessário porque, infelizmente, a ideia de uma efetiva supremacia constitucional ainda não foi captada pelos que lidam com o Direito em nosso País.[12]

Em outras palavras, a lei tributária não pode expandir ou restringir os conceitos dos institutos adotados pelo Direito Civil, cabendo somente a sua encampação. Tomemos como exemplo a hipótese de desapropriação. Para o Direito Civil, trata-se de hipótese de aquisição originária de propriedade, não sendo, então, transferido o débito de IPTU eventualmente existente sobre o imóvel. Vejamos:

---

[11] TORRES, Ricardo Lobo. *Normas de Interpretação e Integração do Direito Tributário*. 4. ed. Rio de Janeiro: Renovar, 2006. p. 115-116.

[12] MACHADO, Hugo de Brito. O ISS e a Locação ou Cessão de Direito de Uso. *RDIT*, 1/151, jun. 2004.

JURISPRUDÊNCIA

> PROCESSO CIVIL E TRIBUTÁRIO – RECURSO ESPECIAL – ENUNCIADO ADMINISTRATIVO N. 3/STJ – Desapropriação – Aquisição originária de propriedade – Exigibilidade de tributos anteriores ao ato desapropriatório – Ausência de responsabilidade do ente expropriante – Recurso especial não provido.
> 1. No caso em tela o recorrente exige do ente expropriante, em execução fiscal, os tributos (IPTU e Taxa de Limpeza Pública de Coleta de Resíduos Sólidos) incidentes sobre o imóvel desapropriado, derivados de fatos geradores ocorridos anteriormente ao ato expropriatório.
> 2. Considerando o período de ocorrência do fato gerador de tais tributos, e, levando-se em consideração que a desapropriação é ato de aquisição originária de propriedade, não há a transferência de responsabilidade tributária prevista no artigo 130 do CTN ao ente expropriante. 3. Recurso especial não provido (REsp. 1668058/ES, Min. Mauro Campbell Marques, *DJe* 14.06.2017).

Por último, mas não menos importante, devemos abordar a interpretação literal da norma tributária, prevista no art. 111 do CTN. Nesse caso, não cabe ao intérprete qualquer margem de discricionariedade ou mesmo elasticidade na aplicação da norma. São aquelas hipóteses em que o intérprete deve aplicar a lei conforme ela fora elaborada, sem estender ou restringir os conceitos que envolvem a incidência tributária.

Assim, devem ser interpretadas literalmente as causas de suspensão ou exclusão do crédito tributário, ou seja, o rol das causas de **suspensão** e o rol das causas de **exclusão** do crédito tributário são **taxativos**, não cabendo outras causas senão aquelas previstas nos arts. 151 e 175 do CTN, respectivamente.

Todavia, o STF entendeu, quando do julgamento da ADI 2405, que os entes federados podem criar suas próprias causas de suspensão e extinção do crédito tributário, uma vez que o art. 146 da CRFB não prevê a reserva de lei complementar para tal. Vejamos:

> (...) 2. Não há reserva de Lei Complementar Federal para tratar de novas hipóteses de suspensão e extinção de créditos tributários. Possibilidade de o Estado-Membro estabelecer regras específicas de quitação de seus próprios créditos tributários. (...)

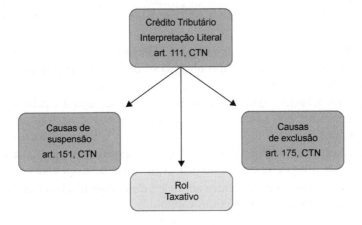

Como se pode ver, mesmo as causas de extinção do crédito tributário podem ser estendidas pela lei ordinária do respectivo ente federado, além daquelas previstas no art. 156 do CTN. Com isso, apesar do art. 141 do CTN, que é claro quando dispõe que as causas de extinção são somente aquelas previstas no CTN, podem os entes federados por lei própria instituir novas hipóteses de extinção e suspensão do crédito tributário.

DICA

> As causas de extinção do crédito tributário podem ser estendidas pelos Estados-membros por lei própria, em razão da ausência de reserva de lei complementar pela CRFB, na forma do posicionamento adotado pelo STF no julgamento da ADI 2405.

Também deve ser interpretada literalmente a outorga de **isenção**. Isso porque a isenção representa um **benefício fiscal** em que a exigência tributária é afastada do contribuinte por uma opção política.

Assim, o CTN optou por determinar a interpretação literal da isenção, pois, uma vez que é benefício, não cabe ao Poder Judiciário invadir o mérito administrativo na sua concessão, sob pena de invadir a reserva de lei, dado que a isenção somente poderá ser concedida por lei.

O STJ não entende de forma diversa, aplicando o dispositivo nos casos concretos, como se pode ver no julgado a seguir.

JURISPRUDÊNCIA

> PROCESSUAL CIVIL E TRIBUTÁRIO – IMPOSTO DE RENDA – PORTADORES DE MOLÉSTIA GRAVE – ART. 6º, XIV, DA LEI N. 7.713/88 – ISENÇÃO SOBRE PROVENTOS DE APOSENTADORIA E NÃO REMUNERAÇÃO – ART. 111, II, DO CTN – NORMA ISENTIVA – INTERPRETAÇÃO LITERAL.
> 1. O entendimento do STJ é de que, à luz do art. 111, II, do Código Tributário Nacional, a norma tributária concessiva de isenção deve ser interpretada literalmente, na hipótese, a concessão de isenção do imposto de renda a partir da data da comprovação da doença vai de encontro à interpretação do art. 6º, XIV, da Lei 7.713/1988, que prevê que a isenção se dá sobre os proventos de aposentadoria, e não sobre a remuneração (AgInt no REsp. 1601081/SP, Min. Herman Benjamin, *DJe* 11.05.2017).

Por fim, deve ser interpretada literalmente a **dispensa** do cumprimento de obrigações tributárias acessórias, que consistem nas obrigações de fazer ou não fazer previstas no art. 113, § 2º, do CTN.

As obrigações acessórias não são afastadas em casos de isenção, anistia, imunidade ou qualquer benefício fiscal. Elas somente serão afastadas se houver previsão expressa, que deve ser interpretada literalmente. Tal é a regra, inclusive, do art. 194, parágrafo único, no CTN.

Em outras palavras, mesmo que não haja **obrigação principal**, a **acessória** estará mantida, ressalvada a hipótese em que esteja expressamente dispensada.

Daí resta clara a imperfeição técnica adotada pelo código na classificação da obrigação tributária, que será abordada no próximo capítulo.

Por fim, mas não menos importante, devemos concluir que a interpretação da norma tributária deverá ser favorável ao contribuinte, sendo descabida a aplicação da interpretação maléfica, sob pena de exigência de tributo não previsto em lei. Vejamos:

JURISPRUDÊNCIA

TRIBUTÁRIO – RECURSO ESPECIAL – SIMPLES – OPÇÃO – POSSIBILIDADE – EMPRESA PRESTADORA DE SERVIÇOS – APLICAÇÃO DE SINTECO A PISOS – LIMPEZA DE CARPETES – VEDAÇÃO DO ART. 9º, V, § 4º, DA LEI Nº 9.317/96 – INAPLICABILIDADE, *IN CASU* – ANALOGIA *IN MALAM PARTEM* – IMPOSSIBILIDADE. 1. Os serviços de aplicação de sinteco e limpeza de carpetes não se encontram abrangidos pela vedação de opção pelo regime tributário do SIMPLES encartada no art. 9º, inciso V, § 4º, da Lei nº 9.317/96. 2. A Lei nº 9.317/96 dispôs sobre o diferenciado regime tributário das microempresas e das empresas de pequeno porte, instituindo o Sistema Integrado de Pagamento de Impostos e Contribuições das Microempresas e das Empresas de Pequeno Porte – SIMPLES. 3. A opção por referido regime, todavia, restou obstada às pessoas jurídicas que se dedicam à atividade de construção de imóveis, sendo esta entendida, nos termos do § 4º do art. 9º da Lei nº 9.317/96, como aquelas compreendidas "na atividade de construção de imóveis, de que trata o inciso V deste artigo, a execução de obra de construção civil, própria ou de terceiros, como a construção, demolição, reforma, ampliação de edificação ou outras benfeitorias agregadas ao solo ou subsolo". 4. *In casu*, a empresa ora recorrida dedica-se exclusivamente à exploração de serviços de aplicação de sinteco e limpeza de carpetes, atividades estas que não se revelam essenciais à construção civil e sequer podem ser tratadas como se benfeitorias fossem constituindo-se em mero serviço de aformoseamento dos pisos dos imóveis, vez que por sua realização nada se acresce ao solo ou subsolo dos mesmos. 5. Deveras, é princípio basilar do Direito Tributário Brasileiro que a imposição de ônus tributário ao contribuinte, que só pode decorrer de lei (CF/88, art. 150, inciso I), não pode resultar do emprego da analogia (CTN, art. 108, § 1º), e equiparar os meros serviços de aformoseamento prestados pela empresa recorrida aos de construção, demolição, reforma, ampliação de edificação ou outras benfeitorias agregadas ao solo ou subsolo implica analogia *in malam partem*, vez que resultariam em impor a esta óbices que a legislação vigente não lhe impõe. 6. Recurso especial desprovido (STJ – REsp. 818674/MG, 2006/0028303-5, 1ª Turma, Rel. Min. Luiz Fux, 14.08.2007, *DJ* 20.09.2007 p. 231).

Em vista do exposto, fica claro que a legislação tributária deverá ser interpretada de forma benéfica ao contribuinte, não cabendo a majoração ou exigência do tributo não previsto em lei.

DICA

As obrigações acessórias não são afastadas no caso de isenção, anistia, imunidade ou qualquer outro benefício fiscal ainda que não haja a obrigação principal, salvo se houver previsão expressa.

PONTOS IMPORTANTES

Fontes do Direito Tributário	Leis, decretos, tratados e normas complementares.
Normas complementares	Instruções normativas, portarias, convênios, decisões administrativas, costumes etc.
Interpretação literal	Causas de suspensão da exigibilidade do crédito. Outorga de isenção. Dispensa no cumprimento de obrigações acessórias.

QUESTÕES DE PROVA

1. (Titular de Serviços de Notas e de Registros – Provimento – 2018 – VUNESP – TJSP) De acordo com o Código Tributário Nacional,

    (A) os princípios gerais de direito privado são utilizados para pesquisa da definição, do conteúdo e do alcance de seus institutos, conceitos e formas, inclusive para a definição dos respectivos efeitos tributários.

    (B) a obrigação acessória, pelo simples fato de sua inobservância, converte-se em obrigação principal relativamente à penalidade pecuniária.

    (C) está em conformidade com o conceito de tributo a noção de prestação pecuniária que constitua sanção de ato ilícito.

    (D) a lei tributária nova pode retroagir, quando for expressamente interpretativa, inclusive para aplicação de penalidade.

2. (Titular de Serviços de Notas e de Registros – Provimento – 2017 – CONSULPLAN – TJMG) Sobre a interpretação e integração da legislação tributária, assinale a afirmativa correta:

    (A) Interpreta-se analogicamente a legislação tributária que disponha sobre a suspensão ou exclusão do crédito tributário, a outorga de isenção e a dispensa do cumprimento de obrigações tributárias acessórias.

    (B) Relativamente às normas tributárias que definem infrações e penalidades não se aplica o princípio da retroatividade benigna.

    (C) Na integração da legislação tributária, a autoridade competente pode eleger, dentre as modalidades de integração, aquela que se mostre mais adequada para a solução dos casos concretos para os quais não haja disposição reguladora expressa.

    (D) A lei tributária pode alterar determinado conceito oriundo do direito privado, dando--lhe certa peculiaridade, restringindo-lhe ou ampliando-lhe o alcance, desde que não tenha sido adotado pela Constituição Federal para delimitar a competência tributária.

3. (Procurador do Município – 2017 – CESPE – Prefeitura de Fortaleza – CE) Considerando as disposições do CTN a respeito de legislação tributária, vigência, aplicação, interpretação e integração, julgue o item subsequente.
    A interpretação da legislação tributária a partir dos princípios gerais de direito privado é realizada para identificar o conceito, o conteúdo e o alcance dos institutos de direito privado, determinando, assim, a definição dos respectivos efeitos tributários.
    ( ) Certo ( ) Errado

CAP. 4 • DIREITO TRIBUTÁRIO NO CÓDIGO TRIBUTÁRIO NACIONAL | **187**

4. (Procurador do Município – 2017 – CESPE – Prefeitura de Fortaleza – CE) Considerando as disposições do CTN a respeito de legislação tributária, vigência, aplicação, interpretação e integração, julgue o item subsequente.
    É vedada a adoção de métodos de interpretação ou qualquer princípio de hermenêutica que amplie o alcance da norma tributária que outorga isenção.

    ( ) Certo ( ) Errado

5. (Contador – 2017 – IBEG – IPREV) Na ausência de disposição expressa, a autoridade competente para aplicar a legislação tributária utilizará sucessivamente, na ordem indicada, EXCETO:
    (A) a analogia.
    (B) os princípios gerais de direito tributário.
    (C) os princípios gerais de direito público.
    (D) os princípios gerais de direito administrativo.
    (E) a equidade.

6. (Procurador Jurídico – 2016 – VUNESP – Prefeitura de Mogi das Cruzes – SP) A lei tributária que define infrações, ou lhe comina penalidades, interpreta-se de maneira mais favorável ao acusado
    (A) em qualquer caso, por aplicação analógica ao princípio da lei penal mais benéfica.
    (B) em caso de dúvida quanto à natureza ou às circunstâncias materiais do fato, ou à natureza ou extensão dos seus efeitos.
    (C) quando dispuser sobre outorga de isenção.
    (D) quando dispensar o cumprimento de obrigações acessórias.
    (E) quando suspender o crédito tributário.

7. (Procurador Legislativo – 2016 – IDECAN – Câmara de Aracruz – ES) Sobre o tema legislação tributária, assinale a afirmativa INCORRETA.
    (A) O emprego da analogia não poderá resultar na exigência de tributo não previsto em lei.
    (B) Os tratados e as convenções internacionais revogam ou modificam a legislação tributária interna, e serão observados pela que lhes sobrevenha.
    (C) A lei tributária que define infrações, ou lhe comina penalidades, interpreta-se da maneira mais desfavorável ao acusado, em caso de dúvida quanto à capitulação legal do fato.
    (D) A expressão "legislação tributária" compreende as leis, os tratados e as convenções internacionais, os decretos e as normas complementares que versem, no todo ou em parte, sobre tributos e relações jurídicas a eles pertinentes.

8. (Procurador Legislativo – 2016 – IDECAN – Câmara de Aracruz – ES) Segundo o Código Tributário Nacional, na ausência de disposição expressa, a autoridade competente para aplicar a legislação tributária utilizará, sucessivamente, na ordem indicada:
    (A) os princípios gerais de direito tributário; os princípios gerais de direito público; a analogia; e a equidade.
    (B) os princípios gerais de direito público; os princípios gerais de direito tributário; a analogia; e a equidade.

(C) a analogia; os princípios gerais de direito tributário; os princípios gerais de direito público; e a equidade.

(D) os princípios gerais de direito tributário; os princípios gerais de direito público; a equidade; e a analogia.

9. **(Procurador Legislativo – 2016 – IDECAN – Câmara de Aracruz – ES) Lei Tributária dispondo sobre suspensão do crédito tributário deverá ser interpretada:**

(A) literalmente.

(B) restritivamente.

(C) analogicamente.

(D) extensivamente.

10. **(Analista de Controle – Jurídica – 2016 – CESPE – TCE-PR) A respeito do que prevê o Código Tributário Nacional sobre a vigência, a aplicação, a interpretação e a integração da legislação tributária, assinale a opção correta.**

(A) Deverá ser interpretada de forma literal a legislação tributária que dispuser sobre outorga de isenção.

(B) No caso de dúvida quanto à natureza da penalidade aplicável, ou à sua gradação, a lei tributária deverá ser interpretada da forma mais favorável ao fisco.

(C) A legislação tributária não se aplica imediatamente aos fatos geradores pendentes.

(D) É inadmissível, em qualquer hipótese, a aplicação da lei a ato ou fato pretérito.

(E) Havendo lacuna da lei tributária, a autoridade competente deverá utilizar a analogia, os princípios gerais do direito tributário, os princípios gerais do direito público e os costumes, nessa ordem.

Gabarito	
1	B
2	D
3	Errado
4	Certo
5	D
6	B
7	C
8	C
9	A
10	A

5

OBRIGAÇÃO TRIBUTÁRIA

A obrigação tributária difere da obrigação civil, pois não depende da vontade das partes, tendo como única origem a lei. Assim, com a prática do fato gerador, nasce automaticamente a obrigação tributária. O fato gerador, por sua vez, é a materialização da hipótese de incidência. Hipótese de incidência é a descrição prevista em norma legal, em abstrato, de uma situação fática que, se vier a se concretizar, acarretará o nascimento da relação jurídico-tributária impositiva. Distingue-se do fato gerador (fato imponível) porque a hipótese de incidência é uma simples descrição, uma situação abstrata prevista em lei, de modo que se o cidadão não praticar aquela situação, não poderá sofrer a cobrança do tributo, ou seja, se o indivíduo é proprietário de um imóvel, terá de recolher o IPTU, mas, caso não seja, não incidirá o referido imposto, em razão da ausência da prática do fato gerador da obrigação tributária. Isso porque aquela hipótese continuará abstrata, não se materializando no mundo dos fatos.

Nesse sentido, Hugo de Brito Machado:

> a expressão hipótese de incidência designa com maior propriedade a descrição, contida na lei, da situação necessária e suficiente ao nascimento da obrigação tributária, enquanto fato gerador diz a ocorrência, no mundo dos fatos, daquilo que está descrito na lei. A hipótese é simples descrição, é simples previsão, enquanto o fato é concretização da hipótese, é o acontecimento do que fora previsto.[1]

Assim, o fato gerador é a concretização da hipótese de incidência, ou seja, a prática no mundo dos fatos da situação descrita em lei como necessária e suficiente para a incidência do tributo. Tal distinção se mostra meramente acadêmica, porque o CTN usa a expressão fato gerador tanto para referir ao fato imponível como para fazer menção à hipótese de incidência.

Nesse mesmo sentido, vejamos a lição de Leandro Paulsen:

> Hipótese de incidência x Fato gerador. A melhor técnica aconselha que façamos a exata diferenciação entre hipótese de incidência e fato gerador. Aquela, a hipótese de incidência, corresponde à previsão em lei, abstrata, da situação que implica a incidência da norma tributária; este, o fato gerador, é a própria concretização da hipótese de incidência no plano fático. A situação fática, quando corresponde à hipótese de incidência prevista na norma tributária, chama-se fato gerador pois, ao sofrer

---

[1] MACHADO, Hugo de Brito. *Curso de Direito Tributário*. 16. ed. São Paulo: Malheiros, 1999, p. 102.

a incidência da norma, dá origem à obrigação tributária. A hipótese de incidência constitui antecedente ou pressuposto da norma tributária impositiva.[2]

Em outras palavras, se um indivíduo não é proprietário de um automóvel, não há fato gerador do IPVA, mas uma mera hipótese de incidência, abstrata. Dessa forma, não há que se falar em obrigação tributária, que somente nascerá quando aquela situação prevista em lei existir no mundo dos fatos.

Segundo o CTN, o fato gerador da obrigação tributária principal é a situação definida em lei como necessária e suficiente à sua ocorrência. Tal conceito deve ser analisado de forma pormenorizada. A "situação definida em lei" é o fato (ou o conjunto de fatos), a descrição legal do fato tributável. Como se observa, somente a lei pode descrever a situação cuja ocorrência gera a obrigação tributária principal, na forma do art. 97, III, do CTN.

A situação "necessária e suficiente" também deve estar descrita na lei, bastando sua ocorrência para o surgimento da obrigação tributária principal. Então, ao praticar a situação prevista em lei como necessária e suficiente à incidência do tributo, surge a obrigação.

No entanto, o fato gerador da obrigação tributária acessória é qualquer situação que, na forma da legislação aplicável, imponha a prática ou a abstenção de ato que não configure obrigação principal, conforme dispõe o art. 113, § 2º, do CTN.

A obrigação tributária, diversamente da obrigação civil, independe da vontade das partes, ela decorre da lei. Em outras palavras, pode-se dizer que a obrigação tributária é *ex lege*. Não são as partes que decidem se pagarão ou não os tributos, da mesma forma que não está no âmbito da discricionariedade administrativa a forma da cobrança do tributo.

Contudo, assim como no direito civil, a obrigação tributária pode ser classificada de duas formas: obrigação principal e obrigação tributária acessória. A **obrigação tributária principal** consiste na obrigação de dar coisa ao fisco, e a obrigação **acessória,** na obrigação de fazer ou não fazer. Ou seja, o sujeito passivo tem o dever de pagar (obrigação principal), fazer, não fazer ou tolerar (obrigação acessória), conforme estabelece a legislação tributária (art. 113, §§ 1º e 2º, do CTN).

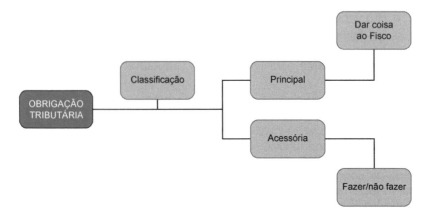

---

[2] PAULSEN, Leandro. *Direito Tributário*. 6. ed. Porto Alegre: Livraria do Advogado, 2014. p. 892.

Entretanto, ao contrário do que dispõe o Direito Civil, no Direito Tributário a obrigação acessória não acompanha a obrigação principal. Há uma clara impropriedade, ao passo que não há relação de acessoriedade. A obrigação acessória não tem relação com a principal, existindo de forma independente, ao passo que consiste em uma obrigação de fazer ou não fazer, enquanto a obrigação principal é a obrigação de dar dinheiro ao fisco.

Como se não bastasse, a existência da obrigação acessória independe da existência da obrigação principal. Tomemos como exemplo as entidades beneficentes de assistência social que são imunes a impostos sobre patrimônio, renda e serviços, na forma do art. 150, VI, c, da CRFB. Elas não terão de recolher o imposto de renda sobre seus rendimentos, mas as obrigações acessórias devem ser mantidas, sob pena, inclusive, de perda da imunidade tributária, pelo descumprimento do previsto no art. 14 do CTN.

Com isso, a obrigação acessória incide independentemente da obrigação principal, por serem, em verdade, deveres instrumentais. Repita-se que a obrigação acessória não precisa de lei para ser instituída, bastando que esteja prevista na legislação tributária. Com isso, as obrigações acessórias poderão ser determinadas em leis, mas também decretos, portarias e instruções normativas, por exemplo. Tal posicionamento está consolidado no STJ. Vejamos:

JURISPRUDÊNCIA

TRIBUTÁRIO – IMPOSTO DE RENDA PESSOA JURÍDICA – CONSOLIDAÇÃO DE BALANCETES MENSAIS NA DECLARAÇÃO ANUAL DE AJUSTE – CRIAÇÃO DE DEVER INSTRUMENTAL POR INSTRUÇÃO NORMATIVA – POSSIBILIDADE – AUSÊNCIA DE VIOLAÇÃO DO PRINCÍPIO DA LEGALIDADE TRIBUTÁRIA – COMPLEMENTAÇÃO DO SENTIDO DA NORMA LEGAL. (...) 1. A Instrução Normativa 90/92 não criou condição adicional para o desfrute do benefício previsto no art. 39, § 2º, da Lei 8.383/91, extrapolando sua função regulamentar, mas tão somente explicitou a forma pela qual deve se dar a demonstração do direito de usufruir dessa prerrogativa, vale dizer, criando o dever instrumental de consolidação dos balancetes mensais na declaração de ajuste anual. 2. Confronto entre a interpretação de dispositivo contido em lei ordinária – art. 39, § 2º, da Lei 8.383/91 – e dispositivo contido em Instrução Normativa – art. 23, da IN 90/92 –, a fim de se verificar se este último estaria violando o princípio da legalidade, orientador do Direito Tributário, porquanto exorbitante de sua missão regulamentar, ao prever requisito inédito na Lei 8.383/91, ou, ao revés, apenas complementaria o teor do artigo legal, visando à correta aplicação da lei, em consonância com o art. 100, do CTN. 3. É de sabença que, realçado no campo tributário pelo art. 150, I, da Carta Magna, o princípio da legalidade consubstancia a necessidade de que a lei defina, de maneira absolutamente minudente, os tipos tributários. Esse princípio edificante do Direito Tributário engloba o da tipicidade cerrada, segundo o qual a lei escrita – em sentido formal e material – deve conter todos os elementos estruturais do tributo, quais sejam a hipótese de incidência – critério material, espacial, temporal e pessoal –, e o respectivo consequente jurídico, consoante determinado pelo art. 97, do CTN, 4. A análise conjunta dos arts. 96 e 100, I, do Codex Tributário permite depreender-se que a expressão "legislação tributária" encarta as normas complementares no sentido de que outras normas jurídicas também podem versar sobre tributos e relações jurídicas a esses pertinentes. Assim, consoante mencionado art. 100, I, do CTN, integram a classe das normas complementares os atos normativos expedidos

> pelas autoridades administrativas – espécies jurídicas de caráter secundário – cujo objetivo precípuo é a explicitação e complementação da norma legal de caráter primário, estando sua validade e eficácia estritamente vinculadas aos limites por ela impostos. 5. É cediço que, nos termos do art. 113, § 2º, do CTN, em torno das relações jurídico-tributárias relacionadas ao tributo em si, exsurgem outras, de conteúdo extrapatrimonial, consubstanciadas em um dever de fazer, não fazer ou tolerar. São os denominados deveres instrumentais ou obrigações acessórias, inerentes à regulamentação das questões operacionais relativas à tributação, razão pela qual sua regulação foi legada à "legislação tributária" em sentido lato, podendo ser disciplinados por meio de decretos e de normas complementares, sempre vinculados à lei da qual dependem. 6. *In casu*, a norma da Portaria 90/92, em seu mencionado art. 23, ao determinar a consolidação dos resultados mensais para obtenção dos benefícios da Lei 8.383/91, no seu art. 39, § 2º, é regra especial em relação ao art. 94 do mesmo diploma legal, não atentando contra a legalidade mas, antes, coadunando-se com os artigos 96 e 100, do CTN. 7. Deveras, o E. STJ, quer em relação ao SAT, IOF, CSSL etc., tem prestigiado as portarias e sua legalidade como integrantes do gênero legislação tributária, já que são atos normativos que se limitam a explicitar o conteúdo da lei ordinária. 8. Recurso especial provido (STJ – REsp. 724779/RJ, 2005/0023895-8, 1ª Turma, Rel. Min. Luiz Fux, j. 12.09.2006, *DJ* 20.11.2006, p. 278).

Como se não bastasse, o art. 113, § 3º, do CTN dispõe que a obrigação tributária acessória se transforma em principal no que tange ao débito de valor quando descumprida a obrigação de fazer, não fazer ou tolerar. Tal situação fica clara com o seguinte exemplo: Caio é sujeito passivo do imposto de renda, pois se enquadra nas regras de incidência daquele tributo. Todavia, furta-se a apresentar à Receita Federal do Brasil a respectiva declaração de ajuste, obrigação tributária acessória de fazer. Pelo descumprimento de tal obrigação, Caio é multado. Tal sanção deixa de ser uma obrigação de fazer e passa a ser uma obrigação de dar dinheiro ao Fisco Federal, transformando-se a obrigação acessória em principal.

Outra distinção que se apresenta no CTN, no tocante ao instrumento formal de sua instituição. Na obrigação principal, o instrumento será sempre a lei; já na acessória admite-se o uso de outros veículos normativos, pois o CTN utiliza a expressão "legislação tributária" (§ 2º do art. 113 c/c o art. 115), que compreende, além da lei, diversos outros instrumentos, como visto, entre eles os atos normativos e os convênios.

Por fim, deve-se destacar que somente a obrigação tributária principal tem caráter **patrimonial**. A obrigação acessória não apresenta tal característica, eis que não está presente nela a responsabilidade do patrimônio do sujeito passivo pelo seu inadimplemento. Na verdade, quando a obrigação tributária acessória vier a afetar o patrimônio do devedor – caso de multa por inadimplemento de dever de fazer, não fazer ou tolerar –, já será caso de obrigação principal, como prescreve o § 3º do art. 113 do CTN.

Apesar da sua instrumentalidade, um ente federado não pode instituir obrigações acessórias de tributos que não sejam de sua competência, de modo que as obrigações devem ter relação de pertinência com os tributos respectivos. Tal posicionamento está consolidado na jurisprudência do STJ.

JURISPRUDÊNCIA

> TRIBUTÁRIO – IMPOSTO SOBRE SERVIÇOS DE QUALQUER NATUREZA – ISSQN – EMPRESA NÃO CONTRIBUINTE – OBRIGATORIEDADE DE EXIBIÇÃO DOS LIVROS COMERCIAIS – INEXISTÊNCIA. ART. 113, § 2º, DO CTN. I – A discussão dos autos cinge-se à necessidade, ou não, de a empresa recorrida, pelo fato de não ser contribuinte do Imposto sobre Serviços de Qualquer Natureza – ISSQN, ainda assim ser obrigada a exibir seus livros fiscais ao Município de São Paulo. II – Restou incontroverso o fato de que a empresa recorrida não recolhe ISSQN aos cofres do Município de São Paulo. III – Nesse contexto, verifica-se que, mesmo que haja o Poder Estatal, *ex vi legis*, de impor o cumprimento de certas obrigações acessórias, a Administração Tributária deve seguir o parâmetro fixado no § 2º do art. 113 do CTN, isto é, a exigibilidade dessas obrigações deve necessariamente decorrer do interesse na arrecadação. IV – *In casu*, não se verifica o aludido interesse, porquanto a própria Municipalidade reconhece que a Recorrida não consta do Cadastro de Contribuintes do ISSQN. V – Mesmo que o ordenamento jurídico tributário considere certo grau de independência entre a obrigação principal e a acessória, notadamente quanto ao cumprimento desta última, não há como se admitir o funcionamento da máquina estatal, nos casos em que não há interesse direto na arrecadação tributária. VI – Se inexiste tributo a ser recolhido, não há motivo/interesse para se impor uma obrigação acessória, exatamente porque não haverá prestação posterior correspondente. Exatamente por isso, o legislador incluiu no aludido § 2º do art. 113 do CTN a expressão "no interesse da arrecadação". VII – Recurso Especial improvido (STJ – REsp. 539084/SP, 2003/0086670-3, 1ª Turma, Rel. Min. Francisco Falcão, j. 18.10.2005, *DJ* 19.12.2005, p. 214, *RDDT*, v. 126, p. 181).

Como se pode ver, apesar de não depender da obrigação principal, a obrigação acessória somente poderá ser instituída pelo ente federado que detiver a competência para instituir a obrigação tributária principal.

Por fim, resta claro que, caso não seja praticado o fato gerador, não nasce a obrigação tributária principal, sendo certo que a obrigação acessória subsistirá ainda que não exista a principal. Ademais, a obrigação tributária corresponde ao início da relação tributária, momento em que o conteúdo desta ainda não está determinado nem o sujeito passivo está formalmente identificado.

DICAS

> 1. A obrigação principal tem caráter patrimonial.
> 2. A obrigação acessória não tem relação com a principal, existindo mesmo que a principal esteja dispensada.
> 3. A obrigação acessória transforma-se em principal no que tange ao débito de valor quando descumprida a obrigação de fazer, não fazer ou tolerar.

5.1. Norma geral antielisão

O tributo é uma obrigação compulsória que decorre da lei, como já visto. Basta a prática daquela situação prevista em lei como necessária e suficiente para a incidência do tributo, que surgirá a obrigação tributária.

Com isso, muitos contribuintes buscam reduzir os tributos para gerar mais competitividade e aumentar suas margens de lucro, pois, uma vez que o tributo é uma obrigação a todos imposta, a sua redução irá inevitavelmente gerar maior competitividade. Em razão disso, o tema planejamento tributário passa a ser pauta relevante para qualquer contribuinte que tenha como objetivo o aumento da competitividade ou simplesmente reduzir o montante descontado pelo estado sobre os seus ganhos.

Visando à liberdade negocial dos contribuintes, o fisco busca meios de controlar o planejamento tributário, evitando a prática de condutas abusivas.

A principal forma de controle está prevista no art. 116, parágrafo único, do CTN, que foi introduzido no sistema tributário brasileiro com o objetivo de evitar a adoção do planejamento tributário pelos contribuintes, de modo que não houvesse queda da arrecadação tributária.

Com isso, é deveras importante conceituar o **planejamento tributário,** que consiste no estudo e adoção das alternativas legais, com o objetivo de reduzir, afastar ou diferir a carga tributária, antes da ocorrência do fato gerador dos tributos. Nesse sentido, é importante a análise da adoção do planejamento como forma de ganho de competitividade para empresa. O planejamento tributário é, então, sinônimo de elisão fiscal.

Segundo Fabretti,[3] denomina-se "planejamento tributário" o estudo feito preventivamente, antes da realização do fato administrativo, pesquisando-se seus efeitos jurídicos e econômicos e as alternativas legais menos onerosas.

Segundo Borges,[4] a natureza ou essência do Planejamento Fiscal consiste em organizar os empreendimentos econômico-mercantis da empresa, mediante o emprego de estruturas e formas jurídicas capazes de bloquear a concretização da hipótese de incidência tributária ou, então, de fazer que sua materialidade ocorra na medida ou no tempo que lhe sejam mais propícios. Trata-se, assim, de um comportamento técnico-funcional, adotado no universo dos negócios, que visa excluir, reduzir ou adiar os respectivos encargos tributários.

Assim, a referência ao planejamento tributário não se resume apenas ao procedimento intelectual de estabelecer metodologias ou desenvolver ideias voltadas para a redução da carga tributária, mas também para a própria implementação destas.

Como se pode ver, o planejamento tributário é essencial ao funcionamento de uma empresa, além de ser um direito fundamental do contribuinte. Tal direito fundamental tem como base o princípio da legalidade tributária, segundo o qual o tributo não pode ser criado, majorado, reduzido ou extinto, por espécie normativa diversa da lei. Assim, caso não haja previsão legal, não caberá a exigência tributária.

---

[3] FABRETTI, Láudio Camargo. *Contabilidade Tributária*. São Paulo: Atlas, 2009. p. 32.

[4] BORGES, Humberto Bonavides. *Gerência de Impostos*: IPI, ICMS e ISS. 2. ed. São Paulo: Saraiva, 1998. p. 55.

Para se elaborar um planejamento tributário, são necessários o conhecimento do ordenamento jurídico e sua utilização como instrumento de redução do impacto fiscal, sem violar o ordenamento jurídico ou praticar qualquer ilegalidade.

A **elisão** tributária, então, nada mais é do que planejamento tributário, é a forma **lícita** que utiliza o contribuinte para evitar a incidência tributária. Na prática da elisão, o fato gerador da obrigação tributária não é praticado, de modo que a exigência tributária ocorrerá por meio de analogia, o que é vedado pelo ordenamento jurídico. Em outras palavras, por não praticar o fato gerador da obrigação tributária, não há falar em seu surgimento.

Segundo Fabretti:

> A economia tributária resultante da adoção da alternativa legal menos onerosa ou de lacuna da lei denomina-se elisão fiscal. (...) a **elisão fiscal** é legítima e lícita, pois é alcançada por escolha feita de acordo com o ordenamento jurídico, adotando-se a alternativa legal menos onerosa ou utilizando-se de lacunas da lei.[5]

Como se pode ver, a elisão tributária é a forma lícita, o planejamento tributário em sua essência, no sentido em que, pela ausência da prática do fato gerador da obrigação tributária, não há qualquer dever por parte do contribuinte. Essa situação representa um ganho indiscutível no tocante à competitividade, uma vez que a redução de tributos é obtida de forma lícita, representando o aumento da margem de lucro que pode, a critério da empresa, influenciar o preço, a qualidade do produto ou simplesmente o aumento da receita.

Em outras palavras, elisão fiscal é toda conduta que, por meio lícito, evita, reduz ou posterga o pagamento do tributo.

Conceito diverso é adotado pelo professor Ricardo Lobo Torres que, aplicando os conceitos norte-americanos, entende que a elisão pode ser lícita ou ilícita. Vejamos:

> (...) elisão (*tax avoidance* em inglês; *steuerumgehung* em alemão; *elusione* em italiano) pode ser lícita (= planejamento fiscal consistente) ou ilícita (= planejamento fiscal abusivo = *abusive tax avoidance*). No primeiro caso, é a economia de imposto alcançada por interpretação razoável da lei tributária; no segundo, é a economia do imposto obtida pela prática de um ato revestido de forma jurídica que não se subsume na descrição abstrata da lei ou no seu espírito.[6]

O planejamento tributário é sempre lícito, não podendo ser confundido com a elusão fiscal, ou mesmo com a evasão.

---

[5] FABRETTI, Láudio Camargo. *Contabilidade Tributária*. São Paulo: Atlas, 2009. p. 126.
[6] TORRES, Ricardo Lobo. *Planejamento Tributário*: Elisão Abusiva e Evasão Fiscal. 2. ed. Rio de Janeiro: Elsevier, 2013. p. 8.

Vejamos um caso julgado pelo Conselho Administrativo de Recursos Fiscais (CARF), no qual foi reconhecido como lícito o planejamento tributário.

ASSUNTO: IMPOSTO SOBRE A RENDA DE PESSOA JURÍDICA IRPJ

Ano calendário: 2012, 2013, 2014

SOCIEDADE EM CONTA DE PARTICIPAÇÃO – PLANEJAMENTO TRIBUTÁRIO LÍCITO.

O fato de o sócio investidor ter contato com o cliente não desnatura a sociedade por conta de participação. Como se observa § único do art. 993 do CC, não existe vedação à participação do sócio participante nas atividades empresariais. O que existe, é uma consequência jurídica à sua participação, passando a responder solidariamente pelas obrigações em que intervier.

O sócio oculto, por sua vez, também denominado de sócio investidor, é aquele ao qual é atribuído o dever de fornecer todo o investimento necessário ao sócio ostensivo para que este pratique os atos concernentes de interesse da sociedade. No presente caso o ativo fornecido pelo sócio investidor é o material e seu conhecimento, além do capital para constituição da sociedade.

Assim, em regra, o sócio oculto responde apenas perante o sócio ostensivo, salvo na hipótese daquele houver intervindo na relação do sócio ostensivo com o terceiro, cuja responsabilidade será solidária, conforme disciplina o parágrafo único do artigo 993.

O que se verifica é o inconformismo da fiscalização com o fato de a sistemática adotada pela recorrente ter permitido uma tributação menor, entretanto, o inconformismo do agente fiscal não pode fundamentar um lançamento tributário, ainda mais diante da inexistência de qualquer restrição legal. (1401-002.823 – 4ª Câmara/1ª Turma Ordinária – 14 de agosto de 2018).

No caso, foi utilizada a sociedade em conta de participação com o objetivo de reduzir a carga tributária incidente na relação jurídica. Assim, as partes teriam se utilizado de sociedades em conta de participação (SCPs) para realizar pagamentos a prestadores de serviço como distribuição de lucros. Tal conduta teria como objetivo afastar o recolhimento integral do IRPJ, das contribuições previdenciárias e do IRRF. No entanto, como se pode ver, foi reconhecida a legitimidade do referido planejamento tributário, ao passo que não há vedação legal à prática da conduta questionada pela Receita Federal.

Já a elusão é o abuso de forma, consistente na prática de negócios jurídicos praticados com o objetivo de dissimular a ocorrência do fato gerador da obrigação tributária. Em outras palavras, é a situação em que o contribuinte pratica um ato ou negócio jurídico com aparência de um negócio jurídico não tributável com o objetivo de esconder a prática objeto de tributação.

O conceito da elusão é deveras importante para o entendimento do planejamento tributário e com ele não deve ser confundido. A elusão, repita-se, é a prática de ato ou negócio jurídico simulado, praticado pelo sujeito passivo da relação jurídica tributária com o objetivo de fugir da incidência tributária. É, portanto, um ato ilícito, vedado pelo Código Civil (CC) em seu art. 167:

Art. 167. É nulo o negócio jurídico simulado, mas subsistirá o que se dissimulou, se válido for na substância e na forma.

Como se pode ver, o negócio jurídico será nulo caso seja praticado com simulação, de modo que também não será oponível em matéria tributária. Isso porque o direito brasileiro prioriza a boa-fé. Dessa forma, o abuso de direito, o negócio jurídico simulado e a má-fé nas condutas dos contribuintes não produzem qualquer efeito perante o fisco, por serem, em verdade, condutas ilícitas.

Ademais, o Direito Tributário não está desvinculado do direito privado, tendo em vista que, no próprio CTN, em seu art. 110, resta evidente que os institutos de Direito Civil se aplicam ao Direito Tributário, pois o Direito Tributário não pode subverter as regras cíveis, aplicando-se os conceitos de posse, propriedade e de nulidade, ora previstos na lei.

Para o professor Ricardo Lobo Torres,

> (...) a compreensão das cláusulas do abuso do direito do CTN e do CC deve se aproximar em homenagem ao princípio da unidade do direito. Cuida-se de atração entre cláusulas que se mantêm as suas especificidades sistêmicas.[7]

No entanto, Alberto Xavier discorda do posicionamento *supra*, entendendo que "a transposição da doutrina civilista do abuso de direito para o Direito Público, em especial para o Direito Tributário, merece severas objeções".[8]

Em que pesem as lições de Alberto Xavier, há que se discordar de tal entendimento, tendo em vista que o ordenamento jurídico brasileiro é uno, e os diferentes ramos do Direito não podem adotar conceitos diversos para mesmos assuntos, sob pena de violação da segurança jurídica. Além disso, o CTN é expresso no sentido de que os institutos do direito privado são aplicáveis ao Direito Tributário, arrematando quaisquer dúvidas a respeito do assunto.

Nesse mesmo sentido, Ruy Barbosa Nogueira:

> Se é exato que o fisco tem o direito de exigir os tributos, entretanto, ele somente pode exigi-los dentro dos limites legais traçados. A lei tributária, mesmo quando entra em relação com as leis do Direito Privado, não vai a ponto de dispor ou interferir no direito substantivo privado, nas relações particulares, posto que a lei tributária disciplina outro tipo de relação, a relação entre fisco e contribuinte.
>
> (...)
>
> Daí, desde que o contribuinte tenha estruturado os seus empreendimentos, as suas relações privadas, mediante as formas normais, legítimas do Direito Privado e com essa estruturação incida menor tributação, ele estará apenas se utilizando de faculdades asseguradas pela ordem jurídica. O fisco não pode influir na estruturação jurídico--privada dos negócios do contribuinte para provocar ou exigir maior tributação.[9]

Percebe-se a interpretação da norma em face da liberdade do contribuinte em busca de melhores resultados econômicos. Para realizar tal análise, é necessário verificar o ordenamento jurídico brasileiro e a liberdade do contribuinte. Primeiramente, partindo

---

[7] TORRES, Ricardo Lobo. *Planejamento Tributário*: Elisão Abusiva e Evasão Fiscal. 2. ed. Rio de Janeiro: Elsevier, 2013. p. 22.

[8] XAVIER, Alberto. *Tipicidade da Tributação, Simulação e Norma Antielisiva*. São Paulo: Dialética, 2001. p. 107.

[9] NOGUEIRA, Ruy Barbosa. *Curso de Direito Tributário*. 14. ed. São Paulo: Saraiva, 1995. p. 201.

da análise constitucional, é vedada no Brasil a exigência de tributo que não esteja previsto em lei. É o princípio da legalidade previsto no art. 150, I, da Carta Magna. Como se não bastasse, o tributo somente pode ser criado por lei, tal qual seu fato gerador, alíquota e base de cálculo, restando claro que, sem lei anterior, a exigência tributária é indevida.

Ademais, o CTN, que regulamenta a CRFB em matéria tributária, veda a exigência do tributo com base em **analogia**, na forma do art. 108, § 1º. Veja que o campo de incidência do tributo é limitado, não podendo o poder público exigir tributos que não estejam previstos em lei, ou mesmo ampliar a previsão legal, sob pena de inconstitucionalidade. Essas **limitações** são consequências do denominado Estado de Direito.

Quando a empresa busca reduzir sua carga tributária e o faz de acordo com os ditames legais, não deve o fisco interferir na conduta, sob pena de caracterizar até mesmo uma intervenção estatal na economia, tampouco descumprir as regras estabelecidas pelo Poder Constituinte para o funcionamento das instituições.

O parágrafo único do art. 116 do CTN traz, então, a norma geral antielisão com o objetivo de afastar o **planejamento tributário abusivo**. A vedação que se apresenta não é ao planejamento tributário, mas ao planejamento tributário que abuse da forma jurídica ou mesmo aos negócios jurídicos simulados. Marciano Seabra de Godoi discorre sobre o assunto:

> Talvez seja chegada a hora de passar a diferenciar elisão tributária de elusão tributária, esta última expressão designando a prática de atos ou negócios jurídicos previstos no art. 116, parágrafo único do CTN, um tipo de planejamento que não é nem simulado nem propriamente elisivo.[10]

Acerca da constitucionalidade da alteração trazida pela LC 104/2001 para o art. 116 do CTN, foi julgada pelo STF a ADI 2.446. A discussão envolveu a possibilidade ou não da autoridade administrativa desconsiderar o negócio jurídico praticado com a finalidade de ocultar a ocorrência do fato gerador do tributo.

Prevaleceu o entendimento da Ministra Cármen Lúcia, relatora do caso, no sentido de que a norma prevista no art. 116, parágrafo único, do CTN é constitucional pois permite somente que a autoridade fiscal pratique o lançamento do tributo, ou seja, atue no seu âmbito de função. Não há qualquer violação à legalidade pois os tributos somente são exigidos com base em fatos geradores já previstos em lei, ao passo que cabe à autoridade fiscal desconsiderar negócios dissimulados, ou seja, aplicar à realidade aquilo que tem aparência diversa do que realmente é. Como se não bastasse, o STF validou com esse julgado o planejamento tributário, reconhecendo a sua licitude desde que não haja abuso de forma ou prática de tipo penal pelo sujeito passivo do crédito tributário.

Foram votos vencidos os Ministros Ricardo Lewandowski que, seguido pelo ministro Alexandre de Moraes, entenderam que somente cabe ao Judiciário desconsiderar o negócio jurídico e não à autoridade fiscal.

---

[10] GODOI, Marciano Seabra de. A Figura da "Fraude à Lei Tributária" Prevista no Art. 116, Parágrafo Único, do CTN. *RDDT*, n. 68 p. 101-123, maio 2001.

Ademais, tendo em vista a evolução do planejamento tributário no Brasil, o tribunal administrativo passou a levar em conta outros elementos para analisar os planejamentos instituídos pelos contribuintes, ganhando força no Brasil a teoria do *business purpose*, como instrumento para validar os atos praticados pelo contribuinte com a finalidade de reduzir a carga tributária.

Portanto, a análise de motivos é tão importante, ainda que observados os requisitos legais para a celebração do ato jurídico, o ato não poderia estar ausente de motivo negocial, sob pena de ser desqualificado pelo fisco, conforme estabelece o tributarista Marco Aurélio Greco:

(...) a atitude do Fisco no sentido de desqualificar e requalificar os negócios privados somente poderá ocorrer se puder demonstrar de forma inequívoca que o ato foi abusivo porque sua única ou principal finalidade foi conduzir a um menor pagamento de imposto.[11]

O CARF, em posicionamento recente, entendeu que a ausência de propósito negocial não pode ser o único elemento a ensejar a desconsideração do negócio jurídico praticado pelo contribuinte com o objetivo de reduzir a carga tributária. Vejamos:

JURISPRUDÊNCIA

PRELIMINARES – SUPERAÇÃO EM RAZÃO DE APRECIAÇÃO DE MÉRITO.
Nos termos do que dispõe o § 3º do art. 12 do RPAF, sendo possível o provimento no mérito, devem ser superadas preliminares de nulidade.
PLANEJAMENTO TRIBUTÁRIO – MOTIVO DO NEGÓCIO – CONTEÚDO ECONÔMICO – PROPÓSITO NEGOCIAL – LICITUDE.
Não existe regra federal ou nacional que considere negócio jurídico inexistente ou sem efeito se o motivo de sua prática foi apenas economia tributária. Não tem amparo no sistema jurídico a tese de que negócios motivados por economia fiscal não teriam "conteúdo econômico" ou "propósito negocial" e poderiam ser desconsiderados pela fiscalização. O lançamento deve ser feito nos termos da lei.
SUBSIDIARIAMENTE – EXISTÊNCIA DE EFETIVA RAZÃO EXTRATRIBUTÁRIA – COMPROVAÇÃO.

No caso concreto as Recorrentes comprovaram existirem razões de ordem negocial e restrições impostas pela Resolução CMN 2.325/1996 que justificam as operações realizadas (CARF – 16327.721148/201523 – 1401002.835 – 4ª Câmara/1ª Turma Ordinária – 15.08.2018).

Como se pode ver, a análise da conduta do contribuinte deve se dar com base em critérios legais e objetivos, sendo aplicável o ordenamento jurídico pátrio.

Assim, o planejamento tributário não pode ser confundido com elusão, simulação ou abuso, sendo lícita sua prática no ordenamento jurídico brasileiro.

A distinção entre planejamento tributário e elusão é evidente após a abordagem dos conceitos. Vejamos o posicionamento do CARF sobre o assunto:

---
[11] GRECO, Marco Aurélio. *Planejamento Tributário*. 3. ed. São Paulo: Dialética, 2011. p. 185.

JURISPRUDÊNCIA

PLANEJAMENTO TRIBUTÁRIO, SIMULAÇÃO – NEGÓCIO JURÍDICO INDIRETO. A simulação existe quando a vontade declarada no negócio jurídico não se coaduna com a realidade do negócio firmado, para se identificar a natureza do negócio praticado pelo contribuinte, deve ser identificada qual é a sua causalidade, ainda que esta causalidade seja verificada na sucessão de vários negócios intermediários sem causa, na estruturação das chamadas *step transactions*. Assim, negócio jurídico sem causa não pode ser caracterizado como negócio jurídico indireto. O fato gerador decorre da identificação da realidade e dos efeitos dos fatos efetivamente ocorridos, e não de vontades formalmente declaradas pelas partes contratantes ou pelos contribuintes. Simulação. A subscrição de novas ações de uma sociedade anônima, com a sua integralização em dinheiro e registro de ágio, para subsequente retirada da sociedade da sócia originária, com resgate das ações para guarda e posterior cancelamento caracteriza simulação de venda da participação societária. Planejamento tributário. Multa. No planejamento tributário, quando identificada a convicção do contribuinte de estar agindo segundo o permissivo legal, sem ocultação da prática e da intenção final dos seus negócios, não há como ser reconhecido o dolo necessário à qualificação da multa, elemento este constante do *caput* dos arts. 71 a 73 da Lei nº 4.502/64.[12]

Ademais, caso o fisco identifique a prática de ato ou negócio elusivo, ou seja, caso a fiscalização perceba a existência de abuso na estrutura negocial adotada pelo contribuinte, poderá desconsiderar o negócio jurídico, exigindo do contribuinte o tributo devido com multas, juros e correção monetária.

Não há falar em anulação do negócio jurídico praticado, que permanecerá produzindo efeitos perante as esferas do direito, mas simplesmente uma requalificação da conduta do contribuinte.

Para Ricardo Lobo Torres:

(...) mecanismo importantíssimo no abuso de direito é a possibilidade de requalificação dos fatos e a desnecessidade de declaração de sua nulidade. (...) No direito tributário o mais importante para a Administração é requalificar o ato abusivo, sem anulá-lo em suas consequências no plano das relações comerciais ou trabalhistas.[13]

Outro conceito relevante que também deve ser analisado é o de **evasão fiscal**, que não se confunde com elisão e elusão. A evasão é a prática de conduta ilegal, criminosa. Assim, enquanto a elisão é o planejamento tributário e a elusão é a simulação, a evasão é a conduta criminosa. Em outras palavras, a **evasão** consiste na fraude à lei, na prática do ilícito tributário, caracterizado como crime.

---

[12] Processo 19515.001895/2007-11, Recurso Voluntário 165.479, Acórdão 1401-00.155, 4ª Câmara/1ª Turma Ordinária, j. 28.01.2010.
[13] TORRES, Ricardo Lobo. *Planejamento Tributário*: Elisão Abusiva e Evasão Fiscal. 2. ed. Rio de Janeiro: Elsevier, 2013. p. 25.

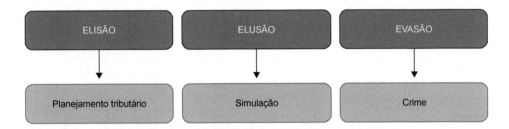

A evasão, como mencionado, é caracterizada como uma prática criminosa, em que o fato gerador do tributo é devido, sendo, portanto, devida a obrigação tributária. Todavia, o contribuinte omite ou entrega informações inverídicas ao fisco relativas à prática do fato gerador do tributo, com o objetivo de afastar o pagamento.

No tocante ao conceito de evasão, o professor Ricardo Lobo Torres também entende pela existência de evasão lícita ou ilícita, tal qual no caso da elisão. Vejamos:

> (...) evasão (*tax saving* em inglês; *steuervermeidung* em alemão) é a economia do imposto obtida ao se evitar a prática do ato ou o surgimento do fato jurídico ou da situação de direito suficientes à ocorrência do fato gerador tributário. Deixar alguém de fumar para não pagar IPI ou o ICMS é o exemplo clássico de evasão.[14]

E continua a abordagem acerca da evasão:

> A evasão ilícita (*tax evasion* em inglês; *steuerhinterziehung* em alemão) dá-se após a ocorrência do fato gerador e consiste na sua ocultação com o objetivo de não pagar o tributo devido de acordo com a lei, sem que haja qualquer modificação na estrutura da obrigação ou na responsabilidade do contribuinte.[15]

Firmados os conceitos, não devem restar dúvidas de que a elisão é conduta lícita e não se confunde com elusão ou evasão, que consistem respectivamente em simulação (negócio jurídico nulo) e conduta criminosa.

Esses conceitos são de suma importância, pois, no ordenamento jurídico brasileiro, tem-se somente a norma geral **antielisão**, e a interpretação do planejamento tributário deve ser realizada com cautela, sob pena de punição a ser imposta pela Fazenda Pública, o que deixará o benefício da adoção do planejamento anulado, uma vez que as multas são elevadas.

---

[14] TORRES, Ricardo Lobo. *Planejamento Tributário*: Elisão Abusiva e Evasão Fiscal. 2. ed. Rio de Janeiro: Elsevier, 2013. p. 9.
[15] TORRES, Ricardo Lobo. *Planejamento Tributário*: Elisão Abusiva e Evasão Fiscal. 2. ed. Rio de Janeiro: Elsevier, 2013. p. 9.

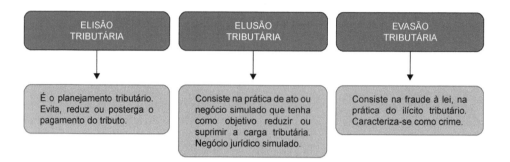

Outro ponto relevante acerca do fato gerador que merece atenção mais detida é a condição e seus efeitos tributários. A condição consiste no evento futuro e incerto, e difere-se do termo que é o evento futuro e certo.

Os negócios jurídicos condicionais são considerados perfeitos, para efeito da determinação do momento da incidência tributária, da seguinte forma: a) se suspensiva a condição, reputa-se perfeito o negócio (incidindo consequentemente a tributação pertinente) desde o momento em que implementada a condição; b) se, porém, for esta (condição) de caráter resolutório, o tributo será devido "desde o momento da prática do ato ou da celebração do negócio".

> Art. 117. Para os efeitos do inciso II do artigo anterior e salvo disposição de lei em contrário, os atos ou negócios jurídicos condicionais reputam-se perfeitos e acabados:
> I – sendo suspensiva a condição, desde o momento de seu implemento;
> II – sendo resolutória a condição, desde o momento da prática do ato ou da celebração do negócio.
> Art. 118. A definição legal do fato gerador é interpretada abstraindo-se:
> I – da validade jurídica dos atos efetivamente praticados pelos contribuintes, responsáveis, ou terceiros, bem como da natureza do seu objeto ou dos seus efeitos;
> II – dos efeitos dos fatos efetivamente ocorridos.

Condição suspensiva é a cláusula acidental que subordina a **eficácia** do ato jurídico a um **evento futuro e incerto**. Podemos citar como exemplo a situação na qual um pai promete a um filho dar-lhe um apartamento de veraneio caso seja aprovado em um exame vestibular. Aqui, os efeitos tributários somente serão produzidos se adimplido o evento futuro e incerto, qual seja, a aprovação no exame vestibular.

Já a **condição resolutória** é a cláusula acidental que subordina o **desfazimento** do ato jurídico a um **evento futuro e incerto**. Um exemplo ocorre quando o pai, na esperança de que o filho seja aprovado no exame vestibular, doa para ele um imóvel de veraneio, e do instrumento faz constar cláusula com condição resolutória no sentido de que, em caso de reprovação, o imóvel volta para sua propriedade. Nessa situação, os efeitos tributários são produzidos imediatamente, ou seja, na celebração do contrato e transferência do imóvel para a titularidade do filho. O adimplemento da condição é um indiferente para o Direito Tributário, de modo que o retorno do bem para o patrimônio do pai não será fato gerador de qualquer tributo.

CAP. 5 • OBRIGAÇÃO TRIBUTÁRIA | **203**

PONTOS IMPORTANTES

Obrigação tributária	Principal – decorre da lei e consiste na obrigação de dar dinheiro ao Fisco.
	Acessória – decorre da legislação tributária e consiste na obrigação de fazer ou não fazer, convertendo-se em obrigação principal na hipótese de descumprimento.
Planejamento tributário	Elisão – forma lícita de reduzir ou afastar o tributo que não poder confundida com elusão, que é a prática de um negócio jurídico simulado com o objetivo de afastar a tributação. Também não se confunde com evasão que consiste no crime tributário.
Condição	Evento futuro e incerto. A condição suspensiva somente produz efeitos no Direito Tributário caso ocorra o evento. A condição resolutiva, não. Os efeitos tributários são produzidos com a celebração do contrato, sendo a ocorrência da condição um indiferente tributário.

☑ QUESTÕES DE PROVA

1. (Juiz Substituto – 2018 – CESPE – TJCE) No direito tributário, obrigação tributária principal e obrigação tributária acessória são de naturezas distintas. Nesse sentido, assinale a opção correta.

    (A) A obrigação principal refere-se apenas ao contribuinte; a obrigação acessória, ao responsável tributário.

    (B) A obrigação principal decorre da legislação tributária; a obrigação acessória, de ato administrativo concreto.

    (C) A obrigação principal é pessoal e intransferível; a obrigação acessória pode ser transferida para terceiros.

    (D) A obrigação principal é de natureza patrimonial; a obrigação acessória, de natureza não patrimonial.

    (E) A obrigação principal tem por objeto o pagamento de um tributo; a obrigação acessória, o pagamento de uma penalidade.

2. (Delegado de Polícia Civil – 2018 – NUCEPE – PC-PI) Considerando o previsto no Código Tributário Nacional sobre a obrigação tributária, assinale a alternativa CORRETA.

    (A) A obrigação acessória decorre da legislação tributária e tem por objeto as prestações, positivas ou negativas, nela previstas no interesse da arrecadação ou da fiscalização dos tributos. Ademais, pelo simples fato da sua inobservância, converte-se em obrigação principal relativamente à penalidade pecuniária.

    (B) O sujeito passivo da obrigação tributária principal é denominado responsável, quando tenha relação pessoal e direta com a situação que constitua o respectivo fato gerador.

    (C) A capacidade tributária passiva coincide com a capacidade civil. Assim, os considerados civilmente incapazes são desprovidos de capacidade tributária passiva.

    (D) Em regra, a responsabilidade por infrações da legislação tributária depende da intenção do agente ou do responsável e da efetividade, natureza e extensão dos efeitos do ato.

    (E) Considerando que a escolha do domicílio tributário é ato de natureza personalíssima, é vedado à autoridade administrativa recusar o domicílio eleito.

3. (Juiz – 2009 – FGV – TJPA) Quanto à Elisão Fiscal é correto afirmar que:

    (A) constitui procedimento lícito de economia de tributos, geralmente realizado antes da ocorrência do fato gerador.

    (B) constitui procedimento dúbio que pode ser desqualificado e requalificado pela autoridade administrativa.

    (C) constitui uma sucessão de atos ou negócios jurídicos realizados para dissimular a ocorrência do fato gerador.

    (D) constitui prática atentatória ao princípio da solidariedade social e, portanto, inconstitucional.

    (E) constitui mecanismo de economia fiscal, só possível quando a lei expressamente o permitir.

4. (Auditor Fiscal da Receita Federal – 2012 – ESAF – Receita Federal) Sobre a elisão fiscal, assinale a opção incorreta.

    (A) Distingue-se da elusão fiscal por ser esta expressão utilizada para designar a prática de atos ou negócios como base em um planejamento tributário lícito.

    (B) Tem como sinônimo a simulação, que consiste em uma discrepância entre a vontade real e a vontade declarada pelas partes.

    (C) A elisão abusiva deve ser coibida, por ofender a um sistema tributário criado sob as bases constitucionais da capacidade contributiva e da isonomia tributária.

    (D) Para fins de sua configuração, tem grande utilidade a análise do *business purpose test* do direito tributário norte-americano, que aceita como lícita a economia fiscal que, além da economia de imposto, tenha um objetivo negocial explícito.

    (E) Não se confunde com a dissimulação.

5. (Controlador Interno – 2018 – VUNESP – Câmara de Indaiatuba-SP) É correto afirmar que, em se tratando de fato gerador consubstanciado em situação jurídica sujeita à condição resolutória e salvo disposição de lei em contrário, os atos ou negócios jurídicos reputam-se perfeitos e acabados desde o momento

    (A) do implemento da condição.

    (B) em que se verifiquem as circunstâncias materiais necessárias à produção dos efeitos que são próprios ao fato gerador.

    (C) da prática do ato ou da celebração do negócio.

    (D) em que a condição deixe de existir.

    (E) em que a condição se verifique ainda que parcialmente.

6. (Auditor Fiscal da Receita Estadual – 2011 – FGV – SEFAZ-RJ) Para a determinação do momento de ocorrência do fato gerador, no caso de negócio jurídico sujeito a condição resolutiva, este se considera perfeito e acabado

    (A) desde o momento do implemento da condição.

    (B) desde o momento da prática do ato ou da celebração do negócio.

    (C) a partir do primeiro dia do exercício seguinte ao implemento da condição, por obediência ao princípio da anterioridade.

CAP. 5 • OBRIGAÇÃO TRIBUTÁRIA | **205**

(D) nos negócios entabulados a prazo, na última parcela paga.

(E) em nenhum momento, pois, em direito tributário, não se pode falar em condição resolutória.

7. **(Procurador da Fazenda Nacional – 2015 – ESAF – PGFN) Assinale a opção correta acerca da obrigação tributária.**

(A) A autoridade fiscal pode exigir, por instrução normativa específica, a regularidade fiscal do sócio para efeito de inscrição de sociedade comercial no cadastro fiscal.

(B) As obrigações acessórias dependem da obrigação principal.

(C) Pessoa jurídica em pleno gozo de benefício fiscal não pode ser obrigada, por simples portaria, a consolidar e apresentar resultados mensais como condição para continuidade da fruição do benefício.

(D) O descumprimento de obrigação acessória pode gerar penalidade pecuniária que não se confunde com a obrigação principal, razão pela qual nesta não se converte.

(E) A imunidade das pessoas físicas ou jurídicas não abrange as obrigações tributárias acessórias.

8. **(Advogado – 2016 – INSTITUTO AOCP – CASAN) Sobre a obrigação tributária, assinale a alternativa correta.**

(A) No direito tributário, só existe a obrigação tributária principal.

(B) A obrigação tributária principal decorre da legislação tributária e tem por objeto as prestações, positivas ou negativas, nela previstas no interesse da arrecadação.

(C) Sem exceção, considera-se ocorrido o fato gerador e existentes os seus efeitos, tratando-se de situação de fato, desde o momento em que se verificarem as circunstâncias materiais necessárias a que produza os efeitos que normalmente lhe são próprios.

(D) As convenções particulares, relativas à responsabilidade pelo pagamento de tributos, nunca podem ser opostas à Fazenda Pública, para modificar a definição legal do sujeito passivo das obrigações tributárias correspondentes.

(E) Será sujeito passivo responsável da obrigação tributária aquele que, sem revestir a condição de contribuinte, tem obrigação decorrente de disposição expressa de lei.

9. **(Juiz – 2008 – FAE – TJPR) Assinale a alternativa INCORRETA:**

(A) Se a lei define como fato gerador um negócio jurídico que, em um caso concreto, está sujeito à condição resolutória, o Código Tributário Nacional considera consumado o negócio no momento da celebração, sendo irrelevante, para fins tributários, que o implemento da condição resolva o ato jurídico.

(B) A obrigação tributária principal diz respeito ao pagamento do tributo e a acessória tem por conteúdo um fazer ou um não fazer do contribuinte, relativo à arrecadação e à fiscalização dos tributos.

(C) A capacidade tributária depende de a pessoa jurídica estar regularmente constituída.

(D) O fato gerador da obrigação principal corresponde ao fato gerador do tributo.

10. **(Procurador da República – 2013 – PGR – PGR) Indique a opção certa:**

(A) Na doação sob condição resolutiva não ocorre o fato gerador do tributo.

(B) As convenções particulares, no tocante à responsabilidade pelo pagamento de tributos, desde que efetivadas por escritura pública e levadas a registro no cartório competente, podem ser opostas à Fazenda Pública, em determinadas situações.

(C) A obrigação tributária principal é obrigação de fazer.

(D) A solidariedade tributária não comporta o benefício da ordem.

Gabarito	
1	D
2	A
3	A
4	B
5	C
6	B
7	E
8	E
9	C
10	D

6

SUJEITOS DA RELAÇÃO JURÍDICO-TRIBUTÁRIA

6.1. Sujeito ativo

A relação jurídico-tributária, assim como a relação obrigacional na esfera cível, pressupõe a existência de **sujeitos ativos** e **passivos**. O sujeito ativo da obrigação tributária é o ente federado que possui o poder de tributar, é o detentor do crédito tributário.

O art. 119 do CTN determina que o sujeito ativo é o detentor da **competência tributária**, que consiste no poder de instituir o tributo. De acordo com Roque Antonio Carrazza *"é a possibilidade de criar, in abstracto, tributos, descrevendo, legislativamente, suas hipóteses de incidência, seus sujeitos ativos, seus sujeitos passivos, suas bases de cálculo e suas alíquotas"*.[1]

Em razão do exposto, competência não pode ser confundida com a **capacidade tributária**, que abrange os poderes de fiscalização e arrecadação, na forma do art. 7º do CTN. Vejamos:

> Art. 7º A competência tributária é indelegável, salvo atribuição das funções de arrecadar ou fiscalizar tributos, ou de executar leis, serviços, atos ou decisões administrativas em matéria tributária, conferida por uma pessoa jurídica de direito público a outra, nos termos do § 3º do art. 18 da Constituição.
>
> § 1º A atribuição compreende as garantias e os privilégios processuais que competem à pessoa jurídica de direito público que a conferir.
>
> § 2º A atribuição pode ser revogada, a qualquer tempo, por ato unilateral da pessoa jurídica de direito público que a tenha conferido.
>
> § 3º Não constitui delegação de competência o cometimento, a pessoas de direito privado, do encargo ou da função de arrecadar tributos.

Com isso, merece reparo o disposto no citado dispositivo, uma vez que o sujeito ativo pode ser o titular do crédito tributário e não ser o ente competente, como ocorre, por exemplo, quando o município optar por fiscalizar e arrecadar o Imposto Territorial Rural (ITR), de competência da União, na forma do art. 153, § 4º, III, da CRFB. Caso o

---

[1] CARRAZZA, Roque Antonio. *Curso de Direito Constitucional Tributário.* 14. ed. São Paulo: Malheiros, 2000. p. 331.

município faça essa opção, exercerá a capacidade tributária e será o sujeito ativo da relação jurídica, exigindo o tributo do contribuinte. Assim, a interpretação deve ser no sentido de que a competência tributária é indelegável, mas a capacidade não, e o sujeito ativo do crédito tributário deve ser interpretado como sendo o detentor da capacidade e não da competência, por expressa previsão constitucional.

A Emenda Constitucional 132/2023 trouxe a figura da competência compartilhada, que será exercida para instituição do Imposto sobre Valor agregado. Assim, no tocante ao imposto sobre bens e serviços, poderão estipular suas alíquotas os Estados e Municípios, respeitando a alíquota máxima prevista, exercendo a competência tributária. Já a capacidade para fiscalizar e arrecadar será do Comitê Gestor do IBS.

Outro ponto relevante é a possibilidade de transferir a sujeição ativa para pessoas jurídicas de direito privado. Entendemos que tal transferência é vedada em nosso ordenamento jurídico, tendo em vista a interpretação dada ao art. 7º do CTN, supracitado. No entanto, a Súmula 396 do STJ demonstrou entendimento diverso, no sentido de que é legitimada à Confederação Nacional da Agricultura, pessoa jurídica de direito privado, a exigência de contribuição sindical rural. Vejamos: "A Confederação Nacional da Agricultura tem legitimidade ativa para a cobrança da contribuição sindical rural."

No tocante ao § 3º do art. 7º do CTN, resta clara a autorização para que pessoas jurídicas de direito privado possam arrecadar tributos, como é o caso dos bancos e das instituições financeiras, que arrecadam os tributos para os entes federados.

Ademais, em caso de criação de novo ente federado por desmembramento, surge um novo ente federado, com competência e capacidade próprias. No entanto, ele precisa se estruturar e instituir sua legislação própria para exigência tributária. Com isso, enquanto não instituída sua legislação tributária própria, o ente federado que nascer do desmembramento deverá utilizar a legislação do ente do qual ele se desmembrou, conforme previsto no art. 120 do CTN. Assim, o ente que nasce, sub-roga-se nos direitos do ente originário, cuja legislação tributária será aplicada até que entre em vigor a sua própria.

Outrossim, importante frisar ainda que o Direito Tributário não admite a **solidariedade ativa**. Neste sentido, Bernardo Ribeiro de Moraes: "Na obrigação tributária não pode haver a **pluralidade de credores**, cada um com direito à dívida toda, pois a capacidade ativa tributária decorre exclusivamente de lei e se acha adstrita à competência (privativa) para exigir a obrigação respectiva".[2]

Não devem restar dúvidas de que em matéria tributária não cabe a **bitributação**, que consiste na existência de dois entes federados exigindo tributos idênticos sobre o mesmo fato gerador. Frise-se que também é vedado o instituto do *bis in idem*, que ocorre quando o mesmo ente federado exige tributos idênticos sobre o mesmo fato gerador e, por isso, não se confunde com a bitributação.

Por fim, o sujeito ativo não se confunde com o destinatário da receita proveniente dos tributos. Algumas contribuições, por exemplo, são destinadas a pessoas jurídicas de direito privado, sem fim de lucro, como é o caso das contribuições ao Sistema S. O Senai não detém a competência tributária, limitando-se a ser o titular da receita arrecadada.

---

[2] RIBEIRO DE MORAES, Bernardo. *Compêndio de Direito Tributário*. 3. ed. Rio de Janeiro: Forense, 1995. v. 2, p. 276.

O mesmo acontece com as hipóteses de repartição direta de receitas previstas nos arts. 157 e 158 da CRFB.

6.2. Sujeito passivo

No outro polo da relação jurídica tributária encontra-se o **sujeito passivo**, que consiste na pessoa, natural ou jurídica, que tem o dever de adimplir (cumprir) a obrigação, seja ela principal ou acessória. Todavia, o art. 121 do CTN é claro no sentido de que o sujeito passivo da relação jurídico-tributária pode ser o contribuinte ou o responsável, sendo certo que é um equívoco afirmar que são sinônimos o sujeito passivo e o contribuinte, pois, na verdade, aquele é gênero e este é espécie.

Contribuinte é aquele que possui relação pessoal e direta com o fato gerador da obrigação tributária, em outras palavras, é aquele que pratica o fato gerador da obrigação tributária, enquanto o **responsável** é aquele que não possui tal relação, e sua obrigação decorre de disposição expressa da lei.

Como já dito, o Direito brasileiro segue a teoria dualista da obrigação, abrangendo o contribuinte que é o gênero, e o responsável, que é a espécie. Vejamos as lições de Luís Eduardo Schoueri:

> A teoria dualista da obrigação surgiu entre os civilistas, tendo sido difundida entre os alemães na separação entre *Schuld* e *Haftung*, *debitum* e *obligatio*, dever e responsabilidade (...). Essa teoria via dois elementos distintos na obrigação: o dever e a responsabilidade. O primeiro, a dívida, implicando o dever de o credor receber a prestação que o devedor deve. O outro elemento, a responsabilidade, como a garantia conferida ao credor (...).³

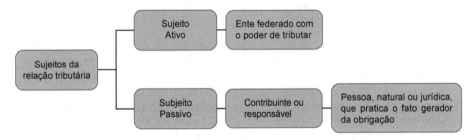

DICA

No Direito Tributário não cabe solidariedade ativa (concurso de credores).

Regina Helena Costa traz a distinção entre contribuinte e responsável de forma muito clara.

> (...) na obrigação principal, o sujeito passivo direto ou contribuinte é o protagonista do fato ensejador do nascimento do vínculo; já o chamado sujeito passivo indireto

---

³ SCHOUERI, Luís Eduardo. *Direito Tributário*. 7. ed., São Paulo: Saraiva, 2017. p. 577-578.

ou responsável, terceiro em relação ao fato jurídico tributário, é o protagonista de relação jurídica distinta, uma vez que alcançado pela lei para satisfazer a prestação objeto da obrigação principal contraída por outrem em virtude da prática de ato ilícito (descumprimento de dever próprio), ou em função de disciplina assecuratória da satisfação do crédito tributário.[4]

Assim, contribuinte é aquele que pratica o fato gerador da obrigação tributária. Entretanto, com relação aos tributos indiretos, existem as figuras do **contribuinte de direito** e do **contribuinte de fato**. Aquele é o que tem relação efetiva com o sujeito ativo, ou seja, aquele que efetivamente pratica o fato gerador da obrigação tributária e tem a obrigação de recolher o tributo, enquanto o contribuinte de fato é somente aquele que suporta o ônus financeiro do tributo, que na maioria dos casos é o consumidor final.

Um exemplo de imposto indireto, que pode ilustrar a explicação é o ICMS, que incide na circulação de mercadorias. Quando um produto é vendido, aquele que pratica o ato de mercancia é contribuinte de direito do tributo, ou seja, é quem mantém a relação direta e econômica com o fisco. Já o contribuinte de fato é o consumidor final, que suporta o ônus financeiro do tributo que é repassado com o destaque na nota fiscal, sendo ele quem de fato suporta o valor do respectivo tributo.

Assim, o contribuinte de fato não possui relação com o fisco, não sendo estabelecida entre ele e a Fazenda respectiva qualquer relação jurídica de sujeição tributária.

Outrossim, a responsabilidade tributária é matéria reservada à lei complementar e tem sua base no art. 128 do CTN, que tem *status* de lei complementar. Vejamos o posicionamento do STJ sobre o assunto.

JURISPRUDÊNCIA

> PROCESSUAL CIVIL E TRIBUTÁRIO – RESPONSABILIDADE SOLIDÁRIA – LEI COMPLEMENTAR – MATÉRIA RESERVADA – INCONSTITUCIONALIDADE. 1. "Aos recursos interpostos com fundamento no CPC/1973 (relativos a decisões publicadas até 17 de março de 2016) devem ser exigidos os requisitos de admissibilidade na forma nele prevista, com as interpretações dadas até então pela jurisprudência do Superior Tribunal de Justiça" (Enunciado Administrativo n. 2 do Plenário do STJ). 2. No AI no REsp 1.419.104/SP, a Corte Especial declarou: "O Decreto-Lei n. 1.736/1979, na parte em que estabeleceu hipótese de responsabilidade tributária solidária entre a sociedade e os acionistas controladores, diretores, gerentes ou representantes de pessoas jurídicas de Direito Privado (art. 8º), incorreu em inconstitucionalidade formal na medida em que disciplinou matéria reservada à lei complementar". 3. Agravo regimental desprovido (STJ, AgRg no REsp. 1351250/SP, 2012/0226497-3, 1ª Turma, Rel. Min. Gurgel de Faria, j. 22.03.2018, *DJe* 26.04.2018).

A relação do responsável com o fato gerador é jurídica, e não econômica, e a única fonte da responsabilidade em matéria tributária é a lei, de modo que os contratos particulares não podem alterar o polo passivo da obrigação tributária, ou seja, não podem

---

[4] COSTA, Regina Helena. *Curso de Direito Tributário*. São Paulo: Saraiva, 2009. p. 211.

ser opostos ao fisco, na forma do art. 123 do CTN. Nenhuma cláusula contratual é capaz de criar hipótese de responsabilidade tributária, não produzindo qualquer efeito na seara tributária, mas somente na esfera cível, em caso de inadimplemento.

É o caso da locação em que o proprietário do imóvel transfere, por contrato ao locatário, a obrigação de pagar o IPTU. Nesse caso, continua o proprietário sendo o legitimado para figurar no polo passivo de eventual execução fiscal em caso de inadimplemento, pois é ele quem pratica o fato gerador, sendo a respectiva cláusula contratual um indiferente jurídico tributário, podendo ser alegada sua violação somente na esfera cível. Vejamos:

JURISPRUDÊNCIA

> TRIBUTÁRIO – IPTU – RESPONSABILIDADE – CONTRATO DE LOCAÇÃO FIRMADO COM A ADMINISTRAÇÃO PÚBLICA MUNICIPAL – OPOSIÇÃO – IMPOSSIBILIDADE – PRESCRIÇÃO – REEXAME DE PROVAS. 1. Por força do art. 123 do CTN, "salvo disposições de lei em contrário, as convenções particulares, relativas à responsabilidade pelo pagamento de tributos, não podem ser opostas à Fazenda Pública, para modificar a definição legal do sujeito passivo das obrigações tributárias correspondentes". 2. Em razão da natureza contratual da locação firmada entre o particular e a Administração Pública, deve-se observar a norma do art. 123 do CTN, ainda que se revele contrário à boa prática da moralidade o não cumprimento da obrigação contratual pela municipalidade e sua posterior exigência do particular, em execução fiscal (STJ – AgInt no REsp. 1384263/SC, 2013/0148059-6, 1ª Turma, Rel. Min. Gurgel de Faria, j. 28.09.2017, *DJe* 09.11.2017).

Não devem restar dúvidas de que os contratos particulares não produzirão efeitos perante o fisco, quer seja em razão da impossibilidade de criação de nova obrigação tributária, quer seja para atribuir legitimidade ativa para promoção de ação de repetição de indébito de tributo recolhido indevidamente.

JURISPRUDÊNCIA

> PROCESSUAL CIVIL E TRIBUTÁRIO – RECURSO ESPECIAL – ART. 535, II, DO CPC/1973 – AUSÊNCIA DE VIOLAÇÃO – ART. 45 DO CTN – SUJEITO PASSIVO DE OBRIGAÇÃO TRIBUTÁRIA ACESSÓRIA CUJO OBJETO CONSISTE NA RETENÇÃO DO IMPOSTO DE RENDA – ILEGITIMIDADE PASSIVA AD CAUSAM PARA PLEITEAR A RESTITUIÇÃO DE INDÉBITO – CONVENÇÃO ENTRE AS PARTES – IRRELEVÂNCIA – INCIDÊNCIA DO ART. 123 DO CTN – PRECEDENTES. 1. Inexiste contrariedade ao art. 535, II, do CPC/1973 quando o Tribunal de origem decide fundamentadamente todas as questões postas ao seu exame. Ademais, não se deve confundir decisão contrária aos interesses da parte com ausência de prestação jurisdicional. 2. Controvérsia que diz respeito à legitimidade da fonte pagadora para pleitear a restituição de indébito decorrente de imposto de renda recolhido a maior por ocasião do ato de remuneração de pessoas que integram relação de emprego. 3. Na espécie, não há dúvida de que se está diante de uma situação em que a ora recorrida estava inserida numa obrigação tributária acessória cujo objeto consistia na retenção e recolhimento do tributo devido por quem realmente praticou o fato gerador da obrigação tributária, intitulado contribuinte, a saber, as pessoas que prestavam

serviços como empregadas e que obtiveram o acréscimo patrimonial decorrente da aquisição de disponibilidade econômica ou jurídica de renda, nos termos dos arts. 43 e 45 do CTN. 4. A jurisprudência deste Tribunal Superior firmou compreensão de que "responsável tributário" (entenda aqui responsável tributário como o sujeito passivo da obrigação tributária acessória cujo objeto corresponde ao dever de fazer a retenção do imposto de renda devido pelos contribuintes) não tem legitimidade passiva ad causam para postular repetição de indébito de imposto de renda que foi retido quando do pagamento realizado a contribuintes da exação. Precedente: REsp 1.318.163/PR, Rel. Ministro Benedito Gonçalves, Primeira Turma, *DJe* 27/5/2014. 5. Salvo disposições em contrário, as convenções entre particulares não têm o condão de alterar a relação jurídica tributária entre o Fisco e o sujeito passivo prevista na legislação de regência, por força do que dispõe o art. 123 do CTN. Precedente: AgRg no REsp 895.824/RS, Rel. Ministro Herman Benjamin, Segunda Turma, *DJe* 30/9/2008. 6. Recurso especial provido em parte para declarar a ilegitimidade ativa ad causam da recorrida a fim de pleitear a restituição de indébito na hipótese concreta dos autos (REsp. 1415441/RS – *DJe* 15.12.2017).

Vejamos o posicionamento de Hugo de Brito Machado sobre o assunto:

A norma do art. 123 do Código Tributário Nacional não foi elaborada com a finalidade de impedir a realização de convenções particulares sobre o dever de pagar tributos, porque tais convenções podem ser de grande utilidade no mundo empresarial sem causar qualquer tipo de prejuízo à Fazenda Pública. (...) O objetivo da norma... realmente foi o de impedir que as pessoas possam, mediante convenções particulares, fugir à responsabilidade tributária, vale dizer, fugir ao estado de sujeição no qual são colocadas pelo descumprimento do dever de pagar o tributo.[5]

Assim, temos que a principal diferença entre os sujeitos ativo e passivo da obrigação tributária consiste no fato de que aquele tem o direito de exigir o crédito tributário, enquanto o sujeito passivo tem o dever de adimplir a obrigação tributária, quer seja principal ou acessória, não guardando relação direta e econômica com o fato gerador, e a única fonte da responsabilidade tributária é a lei, sendo certo que contratos particulares não podem ser opostos ao fisco.

Por fim, importante destacar que nos casos em que haja empresas com matriz e filiais, o STJ entendeu que é possível que a matriz pleiteie direitos em nome dos estabelecimentos secundários:

JURISPRUDÊNCIA

PROCESSUAL CIVIL E TRIBUTÁRIO. CONTRIBUIÇÃO PARA O SEGURO ACIDENTE DE TRABALHO (SAT). RELAÇÃO JURÍDICO-TRIBUTÁRIA DE FILIAL. MATRIZ. LEGITIMIDADE ATIVA. 1. O Plenário do STJ decidiu que "aos recursos interpostos com fundamento no CPC/1973 (relativos a decisões publicadas até 17 de março de

---

[5] MACHADO, Hugo de Brito. Inoponibilidade das Convenções Particulares à Fazenda Pública – Inteligência do art. 123 do CTN. *RDDT*, 177/41, jun. 2010.

CAP. 6 • SUJEITOS DA RELAÇÃO JURÍDICO-TRIBUTÁRIA | **213**

> 2016) devem ser exigidos os requisitos de admissibilidade na forma nele prevista, com as interpretações dadas até então pela jurisprudência do Superior Tribunal de Justiça" (Enunciado Administrativo 2). 2. A sucursal, a filial e a agência não têm um registro próprio, autônomo, pois a pessoa jurídica como um todo é que possui personalidade, sendo ela sujeito de direitos e obrigações, assumindo com todo o seu patrimônio a correspondente responsabilidade. 3. As filiais são estabelecimentos secundários da mesma pessoa jurídica, desprovidas de personalidade jurídica e patrimônio próprio, apesar de poderem possuir domicílios em lugares diferentes (art. 75, § 1º, do CC) e inscrições distintas no CNPJ. 4. O fato de as filiais possuírem CNPJ próprio confere a elas somente autonomia administrativa e operacional para fins fiscalizatórios, não abarcando a autonomia jurídica, já que existe a relação de dependência entre o CNPJ das filiais e o da matriz. 5. Os valores a receber provenientes de pagamentos indevidos a título de tributos pertencem à sociedade como um todo, de modo que a matriz pode discutir relação jurídico-tributária, pleitear restituição ou compensação relativamente a indébitos de suas filiais. 6. Agravo conhecido para conhecer do recurso especial e dar-lhe provimento, a fim de reconhecer o direito da agravante para litigar em nome de suas filiais (STJ – AREsp 1273046/RJ, 2018/0076301-9, Rel. Min. Gurgel de Faria, j. 08.06.2021, 1ª Turma, *DJe* 30.06.2021).

Como se pode ver, para pleitear direitos relativos ao grupo, a matriz está legitimidade para ingressar em juízo em nome da filial.

6.3. Solidariedade passiva

A **solidariedade** consiste na existência de mais de um credor ou devedor na relação jurídica. Quando há mais de um credor, ocorre a solidariedade ativa, e quando há mais de um devedor, a solidariedade passiva.

O Direito Tributário não admite a existência da solidariedade ativa, uma vez que a competência tributária é delineada de forma expressa na Constituição, e o ordenamento jurídico brasileiro **veda** a ocorrência de bitributação que consiste na cobrança por dois entes tributantes distintos, de dois ou mais tributos sobre o mesmo fato gerador.

Todavia, é possível a ocorrência de solidariedade passiva que consiste na ocorrência de mais de um sujeito passivo em uma mesma relação obrigacional tributária, não cabendo o **benefício de ordem**.

A solidariedade recebe tratamento legal nos arts. 124 e 125 do CTN, e consideram-se solidariamente obrigadas todas as pessoas que tenham interesse comum na situação que constitua o fato gerador da obrigação principal ou quando houver previsão legal.

Assim, na forma do art. 124, I, do CTN, são solidariamente obrigados ao pagamento do tributo, mesmo que a lei específica deste não o diga, aqueles que têm interesse comum na situação prevista em lei como fato gerador do tributo. Em outras palavras, percebe-se que o efeito prático da solidariedade passiva é o revestimento de mais de uma pessoa na condição de devedor, devendo arcar igualmente com a dívida de tributos.

Para Aliomar Baleeiro, a solidariedade não deve se confundir com a responsabilidade tributária. Vejamos:

A solidariedade não é espécie de sujeição passiva por responsabilidade indireta, como querem alguns. O Código Tributário Nacional, corretamente, disciplina a matéria em seção própria, estranha ao Capítulo V, referente à responsabilidade. É que a solidariedade é simples forma de garantia, a mais ampla das fidejussórias.

Quando houver mais de um obrigado no polo passivo da obrigação tributária (mais de um contribuinte, ou contribuinte e responsável, ou apenas uma pluralidade de responsáveis), o legislador terá de definir as relações entre os coobrigados. Se são eles solidariamente obrigados, ou subsidiariamente, com benefício de ordem ou não etc. A solidariedade não é, assim, forma de inclusão de um terceiro no polo passivo da obrigação tributária, apenas forma de graduar a responsabilidade daqueles sujeitos que já compõem o polo passivo.[6]

Há no Direito Tributário regra interessante quanto à solidariedade passiva. Pode-se dizer que ocorre uma solidariedade pura, ou seja, a solidariedade passiva tributária não admite benefício de ordem, que consiste na situação em que um devedor, chamado de subsidiário, pode exigir que, antes de o credor investir contra seu patrimônio, esgote as possibilidades de cobrança do devedor principal. Ou seja, no Direito Tributário o fisco pode exigir o tributo de qualquer um dos codevedores, pela integralidade do tributo.

Um exemplo acerca do interesse comum se dá nos casos de copropriedade de bens imóveis. Digamos que um imóvel tenha três proprietários em proporções distintas, sendo que Caio é proprietário de 70% do bem, Tício é proprietário de 20% do bem e Mévio, de 10%. Nesse exemplo, os três serão considerados devedores solidários, pois há o claro interesse comum no adimplemento da obrigação tributária relativa ao IPTU. Isso porque os três são contribuintes e, caso o imposto não seja pago, os três irão perder o imóvel, uma vez que o IPTU é um tributo *propter rem*, que não está protegido como bem de família, ainda que o fosse.

Nesse caso, o fisco poderá efetuar a cobrança de qualquer dos três e, se o pagamento for efetuado por Mévio, detentor de somente 10% da propriedade do imóvel, não caberá o benefício de ordem, somente uma ação de regresso na esfera cível.

Caso não seja caracterizada a existência de interesse comum e não haja previsão expressa em lei, não há falar em solidariedade passiva. Tal situação ocorre nos casos que envolvem grupos econômicos, por exemplo. Nos casos de empresas independentes com mesma controladora não há interesse comum, como no exemplo supracitado, não cabendo a solidariedade tributária.

O STJ já se manifestou acerca da ausência de solidariedade nesses casos.

 ## JURISPRUDÊNCIA

(...)
10. Para se caracterizar responsabilidade solidária em matéria tributária entre duas empresas pertencentes ao mesmo conglomerado financeiro, é imprescindível que ambas realizem conjuntamente a situação configuradora do fato gerador, sendo

---

[6] BALEEIRO, Aliomar. *Direito Tributário Brasileiro*. 11. ed. atualizada por Misabel Abreu Machado Derzi. Rio de Janeiro: Forense, 1999. p. 729.

irrelevante a mera participação no resultado dos eventuais lucros auferidos pela outra empresa coligada ou do mesmo grupo econômico (REsp. 834044/RS, 1ª Turma, Rel. Min. Denise Arruda, j. 11.11.2008, *DJe* 15.12.2008).

11. *In casu*, verifica-se que o Banco Safra S.A. não integra o polo passivo da execução, tão somente pela presunção de solidariedade decorrente do fato de pertencer ao mesmo grupo econômico da empresa Safra Leasing S.A. Arrendamento Mercantil. Há que se considerar necessariamente, que são pessoas jurídicas distintas e que referido banco não ostenta a condição de contribuinte, uma vez que a prestação de serviço decorrente de operações de leasing deu-se entre o tomador e a empresa arrendadora. (...) (REsp. 884845/SC, Min. Luiz Fux, *DJe* 18.02.2009).

Como se pode ver, inexiste solidariedade tributária entre empresas integrantes do mesmo grupo econômico, se não houver interesse comum envolvido nas relações entre as empresas, além do fato de terem a mesma controladora.

A solidariedade pressupõe então a relação de gestão entre as empresas do mesmo grupo econômico, não se caracterizando a solidariedade pelo simples fato de terem mesmo quadro societário ou controle comum. Cabe a fiscalização provar que há interrelação de interesses ou interposição de empresas para que se caracterize a solidariedade com base no interesse comum.

Em suma, os efeitos da solidariedade no Direito Tributário são três:

(i) o **pagamento** efetuado por um dos devedores aproveita aos demais, ou seja, desde que um pague, os demais ficam desobrigados;

(ii) a **isenção** ou **remissão** do crédito tributário respectivo **exonera** todos os obrigados, contudo no caso da isenção ou da remissão ter sido outorgada a um deles em caráter pessoal, a solidariedade subsistirá quanto aos demais, pelo saldo;

(iii) a **interrupção da prescrição**, em favor ou contra um dos obrigados, favorece ou prejudica os demais.

Em razão das características expostas, é importante destacar que, se a isenção concedida for de caráter pessoal, não se estende aos demais contribuintes. Voltemos ao exemplo de Caio, Tício e Mévio. Caso Caio, detentor de 70% da propriedade do bem, venha a gozar de uma isenção específica, como por idade, por exemplo, sua parte estará fora da cobrança tributária, respondendo os proprietários remanescentes pelo saldo.

 DICA

O Direito Tributário autoriza a solidariedade passiva, contudo, não cabe benefício de ordem, ou seja, o fisco pode exigir de qualquer dos codevedores a integralidade do tributo.

6.4. Capacidade tributária

Uma vez analisados os sujeitos da obrigação tributária, podemos passar à análise da **capacidade tributária**, que consiste na possibilidade de aquisição de direitos e obrigações tributárias perante os sujeitos ativos.

Tratada no art. 126 do CTN, a capacidade **passiva** não deixa dúvidas no âmbito tributário, pois todas as pessoas, físicas ou jurídicas, que pratiquem o fato gerador do tributo são capazes para serem consideradas sujeitos passivos da respectiva obrigação.

Um exemplo clássico ocorre com os atores e atrizes mirins, que auferem renda pelo seu trabalho. O imposto de renda é devido, ainda que não detenham a capacidade civil. Assim, caso o menor pratique o fato gerador de um tributo, ele é devido.

A capacidade tributária independe da capacidade civil, não importando se o sujeito passivo é ébrio, menor ou se a empresa foi ou não constituída de forma regular. Tal medida é de suma importância no âmbito tributário para evitar fraudes e evasão fiscal.

Além disso, ainda que a pessoa capaz sofra medidas que importem restrição ou limitação da capacidade civil e ao exercício de atividades comerciais ou profissionais, e ainda à administração direta dos próprios bens ou negócios, a sujeição tributária passiva não é afetada.

Enfim, não importa se a pessoa é capaz para adquirir direitos civis, para o direito tributário sua capacidade será plena. Nesse sentido Luiz Eduardo Schoueri:[7]

> Não se confunde, portanto, com a capacidade de direito, regulada pela legislação civil.
>
> Por isso mesmo, a capacidade tributária passiva independe da capacidade civil das pessoas físicas, de interdições ou de ter sido a pessoa jurídica regularmente constituída como tal.
>
> Assim, não deve causar espécie o fato de um menor incapaz poder ser contribuinte de qualquer imposto. Basta, por exemplo, que seja proprietário de um imóvel, para ser contribuinte do IPTU; auferindo algum rendimento, incorrerá no fato jurídico tributário próprio do Imposto de Renda e assim sucessivamente.
>
> De igual modo, uma sociedade irregular, posto que não dotada de personalidade jurídica, poderá constituir unidade autônoma, auferindo lucro, para efeito de Imposto de Renda.

Em suma, se o menor ou o incapaz de modo geral aufere renda, terá que pagar o imposto de renda, se for proprietário de imóvel, terá que recolher o IPTU e assim sucessivamente.

6.5. Domicílio tributário

O **domicílio tributário** é o local em que o contribuinte estabelece relações com o fisco. Abordado no art. 127 do CTN, o domicílio tributário recebe tratamento distinto para as **pessoas naturais** e as **pessoas jurídicas**.

---

[7] SCHOUERI, Luís Eduardo. *Direito Tributário*. São Paulo: Saraiva, 2011. p. 475.

Aparentemente, a regra tributária aproxima-se da regra do Direito Civil, pois o domicílio tributário da pessoa natural será tido como tal o lugar de sua residência habitual. Todavia, o código concede ao sujeito passivo a possibilidade de eleger seu domicílio, mas, se não o fizer, será considerado como tal aquele da sua residência, que se for incerta ou desconhecida, será considerado o domicílio o centro habitual de sua atividade.

Acerca da eleição de domicílio, vejamos o posicionamento de Paulo de Barros Carvalho.

> Vige a regra da eleição do domicílio que o sujeito passivo pode fazer a qualquer tempo, decidindo, espontaneamente, sobre o local de sua preferência. Todas as comunicações fiscais, de avisos e esclarecimentos, bem como os atos, propriamente, de intercâmbio procedimental – intimações e notificações – serão dirigidas àquele lugar escolhido, que consta dos cadastros das repartições tributárias, e onde o fisco espera encontrar a pessoa, para satisfação dos mútuos interesses.[8]

Quanto às pessoas jurídicas de direito público, é considerado seu domicílio qualquer uma de suas repartições no território da entidade tributante. Quanto às pessoas jurídicas de direito privado, dispõe o art. 127, II, do CTN que será o lugar da respectiva sede. Se a pessoa jurídica de direito privado tiver mais de um estabelecimento, cada um será considerado o domicílio responsável pelos atos ou fatos que deram origem à obrigação.

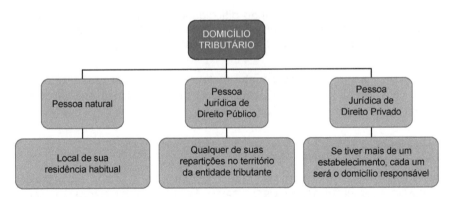

A pessoa jurídica de direito privado também pode eleger o domicílio, mas no caso de possuir vários estabelecimentos a escolha deve obedecer a certos requisitos: a escolha não pode recair em local fora do território da entidade tributante; e não pode ela escolher o domicílio tributário quando se tratar de tributo cujo fato gerador está relacionado à atividade de cada um dos estabelecimentos. Vejamos:

---

[8] CARVALHO, Paulo de Barros. *Curso de Direito Tributário*. 21. ed. São Paulo: Saraiva, 2009. p. 337.

JURISPRUDÊNCIA

> APELAÇÃO CÍVEL – EXECUÇÃO FISCAL – ESTADO DE MINAS GERAIS – IPVA – RESIDÊNCIA EM MAIS DE UM ESTADO – DOMICÍLIO TRIBUTÁRIO – OPÇÃO DO CONTRIBUINTE – ACOLHIMENTO DOS EMBARGOS – EXTINÇÃO DA EXECUÇÃO.
>
> Nos casos em que o contribuinte de IPVA comprova possuir mais de um domicílio, em Estados distintos, cabe-lhe eleger em qual fixará o seu domicílio tributário – Acolhido o pedido formulado nos embargos à execução fiscal, tendo sido declarado inexistente o débito fiscal, deve o processo executório ser extinto (TJ-MG, AC 10443100045535001 MG, Rel. Maurício Soares, j. 23.04.2020, Data de Publicação: 23.06.2020).

Além disso, o CTN impõe outras **restrições** ao direito da empresa de **eleger** seu domicílio. A autoridade administrativa pode recusar o domicílio eleito pela pessoa de direito privado (art. 127, II) se este dificultar a arrecadação ou fiscalização do tributo (§ 2º do art. 127 do CTN). Assim, no caso de haver a recusa (§ 2º do art. 127 do CTN) ou de não serem aplicáveis os parâmetros estabelecidos nos incisos do *caput* do art. 127 do CTN, o domicílio tributário será o do lugar da situação dos bens ou da ocorrência dos atos ou fatos que deram origem à obrigação, a critério do fisco. Tais medidas têm como objetivo evitar a fraude.

 ## JURISPRUDÊNCIA

> O sujeito ativo tributante, enfrentando dificuldades para arrecadar ou localizar o domicílio tributário do contribuinte, poderá fixá-lo nos limites estabelecidos por lei (art. 127, § 2º, do CTN) (REsp. 640880/PR, 1ª Turma, Min. José Delgado, *DJ* 17.12.2004).

Nas hipóteses em que a **empresa** tenha **matriz** e **filiais**, cada uma será considerada isoladamente, com seu domicílio independente. O efeito prático é que as cobranças e exigências serão também individualizadas. Vejamos:

 ## JURISPRUDÊNCIA

> PROCESSUAL CIVIL – RECURSO ESPECIAL – SUBMISSÃO À REGRA PREVISTA NO ENUNCIADO ADMINISTRATIVO 03/STJ – TRIBUTÁRIO – TAXA DE FISCALIZAÇÃO DE VIGILÂNCIA SANITÁRIA – MATRIZ E FILIAIS – EXERCÍCIO DO PODER DE POLÍCIA – FATO GERADOR INDIVIDUALIZADO EM RELAÇÃO A CADA ESTABELECIMENTO – OFENSA AO PRINCÍPIO DA LEGALIDADE – NÃO OCORRÊNCIA.
>
> 1. O fato gerador da Taxa de Fiscalização de Vigilância Sanitária, conforme previsto pelo art. 23, §§ 1º e 2º, da Lei n. 9.782/99, opera-se de maneira individualizada em cada estabelecimento, porquanto o exercício do poder de polícia ocorre sobre cada uma das unidades, seja ela matriz ou filial.
>
> 2. No caso concreto, em se tratando de empresa que se dedica ao comércio varejista de produtos farmacêuticos, impõe-se o exercício da atividade fiscalizatória em relação a cada unidade da empresa, ou seja, em relação à matriz e às respectivas filiais. Consequentemente, mostra-se legítima a cobrança da taxa de fiscalização de vigilância sanitária em relação ao exercício da fiscalização no que concerne a

CAP. 6 • SUJEITOS DA RELAÇÃO JURÍDICO-TRIBUTÁRIA | **219**

cada filial, sendo descabida a pretensão de que a cobrança incida apenas sobre a matriz. Tal conclusão decorre da exegese do disposto no art. 23, §§ 1º e 2º, da Lei n. 9.782/99, que é explicitado pela Resolução RDC n. 238/2001, não havendo falar em ilegalidade. Recurso especial não provido (REsp. 1629050/CE, Min. Mauro Campbell Marques, *DJe* 21.08.2017).

Atualmente, com a adoção do **domicílio tributário eletrônico**, não devem restar dúvidas de que a fiscalização passou a ser mais eficiente, evitando a eleição de domicílios que não condizem com a realidade.

PONTOS IMPORTANTES

Sujeito ativo	É o titular do crédito tributário. Não se admite a existência de mais de um sujeito ativo do mesmo tributo (bitributação).
Sujeito passivo	Pode ser o contribuinte que é aquele que pratica o fato gerador da obrigação tributária, ou o responsável, que é aquele que a lei determina como tal. É certo que contratos particulares não podem ser opostos ao fisco, não sendo instrumentos para atribuição de responsabilidade tributária.
Capacidade tributária passiva	Independe da capacidade civil.
Domicílio tributário	O direito tributário admite a eleição de domicílio, cabendo ao fisco negar a escolha do contribuinte, caso identifique que o objetivo do contribuinte é dificultar a atividade de fiscalização.

QUESTÕES DE PROVA

1. (Bacharel em Ciências Contábeis – 1º Exame – 2018 – CONSULPLAN – CFC) De acordo com a Lei nº 5.172/1966 (Código Tributário Nacional), um dos elementos da obrigação tributária é a sujeição ativa. De acordo com a definição prevista pelo Código Tributário Nacional podem ser sujeitos ativos da obrigação tributária os entes denominados a seguir, EXCETO:

    (A) União.

    (B) Estados.

    (C) Municípios.

    (D) Contribuintes.

2. (Procurador do Município – 2018 – CESPE – PGM – Manaus-AM) Julgue o item que se segue à luz do que dispõe o Código Tributário Nacional.

    Apenas pessoas jurídicas de direito público podem figurar como sujeitos ativos de obrigações tributárias.

    ( ) Certo   ( ) Errado

3. (Delegado de Polícia Civil – 2018 – NUCEPE – PC-PI) Considerando o previsto no Código Tributário Nacional sobre a obrigação tributária, assinale a alternativa CORRETA.

    (A) A obrigação acessória decorre da legislação tributária e tem por objeto as prestações, positivas ou negativas, nela previstas no interesse da arrecadação ou da fiscalização dos tributos. Ademais, pelo simples fato da sua inobservância, converte-se em obrigação principal relativamente à penalidade pecuniária.

(B) O sujeito passivo da obrigação tributária principal é denominado responsável, quando tenha relação pessoal e direta com a situação que constitua o respectivo fato gerador.

(C) A capacidade tributária passiva coincide com a capacidade civil. Assim, os considerados civilmente incapazes são desprovidos de capacidade tributária passiva.

(D) Em regra, a responsabilidade por infrações da legislação tributária depende da intenção do agente ou do responsável e da efetividade, natureza e extensão dos efeitos do ato.

(E) Considerando que a escolha do domicílio tributário é ato de natureza personalíssima, é vedado à autoridade administrativa recusar o domicílio eleito.

4. (Advogado – 2018 – CESPE – EBSERH) A relação jurídico-tributária estabelecida entre o Estado e os contribuintes destina-se à arrecadação de tributos e gera os sujeitos ativo e passivo, bem como as interações entre si e quanto a terceiros. Considerando essa informação, julgue o item a seguir.

Aquele que tem relação pessoal e direta com o fato gerador e o que as tem em decorrência de lei são considerados sujeitos passivos.
( ) Certo ( ) Errado

5. (Analista Judiciário – Judiciária – 2018 – CESPE – STJ) Julgue o item que se segue, a respeito das disposições do Código Tributário Nacional (CTN).

O contribuinte é o sujeito passivo da obrigação principal, enquanto o responsável é o sujeito passivo da obrigação acessória.
( ) Certo ( ) Errado

6. (Titular de Serviços de Notas e de Registros – Provimento – 2017 – IESES – TJRO) Sobre o sujeito passivo da obrigação tributária, assinale a alternativa INCORRETA:

(A) A capacidade tributária passiva possui como condição a existência de capacidade civil do sujeito, nos termos da legislação civil.

(B) A capacidade tributária passiva independe de estar a pessoa jurídica regularmente constituída, bastando que configure uma unidade econômica ou profissional.

(C) Sujeito passivo da obrigação principal é a pessoa obrigada ao pagamento de tributo ou penalidade pecuniária.

(D) Sujeito passivo da obrigação acessória é a pessoa obrigada às prestações que constituam o seu objeto.

7. (Procurador do Município – 2017 – CESPE – Prefeitura de Fortaleza-CE) Julgue o seguinte item, a respeito de obrigação tributária e crédito tributário.

O sujeito passivo da obrigação principal denomina-se contribuinte quando, dada sua vinculação ao fato gerador, sua sujeição decorre expressamente de determinação legal, ainda que não tenha relação pessoal e direta com a ocorrência de tal fato.
( ) Certo ( ) Errado

CAP. 6 • SUJEITOS DA RELAÇÃO JURÍDICO-TRIBUTÁRIA | **221**

8. (Procurador do Estado – 2016 – CESPE – PGE-AM) Considerando os limites ao exercício do poder de tributar, julgue o item seguinte.

A capacidade tributária ativa difere da competência tributária, podendo ser delegada a outras pessoas jurídicas de direito público. Nesse caso, a delegação envolverá a transferência legal dos poderes de cobrança, arrecadação e fiscalização.
( ) Certo   ( ) Errado

9. (Procurador Legislativo – 2016 – IDECAN – Câmara de Aracruz-ES) Ao tratar da capacidade tributária passiva, o Código Tributário Nacional estabelece que ela independe:

I – Da capacidade civil das pessoas naturais.

II – De achar-se a pessoa natural sujeita a medidas que importem privação ou limitação do exercício de atividades civis, comerciais ou profissionais, ou da administração direta de seus bens ou negócios.

III – De estar a pessoa jurídica regularmente constituída, bastando que configure uma unidade econômica ou profissional.

Está(ão) correta(s) a(s) afirmativa(s):

(A)   I, II e III.

(B)   I, apenas.

(C)   III, apenas.

(D)   I e II, apenas.

10. (Delegado de Polícia – 2016 – CESPE – PC-PE) Tendo como referência o disposto no CTN, assinale a opção correta.

(A)   A capacidade tributária passiva é plena e independe da capacidade civil.

(B)   Não haverá incidência tributária sobre atividades ilícitas.

(C)   A obrigação tributária principal nasce com o lançamento do fato gerador.

(D)   Fato gerador corresponde ao momento abstrato previsto em lei que habilita o início da relação jurídico-tributária.

(E)   A denominação do tributo e a destinação legal do produto de sua arrecadação são essenciais para qualificá-lo.

Gabarito	
1	D
2	Certo
3	A
4	Certo
5	Errado
6	A
7	Errado
8	Certo
9	A
10	A

7
RESPONSABILIDADE TRIBUTÁRIA

A **responsabilidade tributária** é modalidade de sujeição passiva, que obriga terceiros, que não o contribuinte, ao **pagamento** do tributo, na forma da lei. Assim, o responsável não possui relação direta e econômica com o fato gerador, mas somente uma relação oriunda da lei, conforme disposto no art. 121, parágrafo único, II, do CTN.

Em outras palavras, a responsabilidade tributária somente decorrerá da lei, não sendo possível aos particulares, por meio de contratos, a modificação do polo passivo da obrigação tributária. Tal situação está prevista no art. 123 do CTN, que dispõe de forma expressa que as convenções particulares não produzem efeitos em face da Fazenda Pública.

Assim, a Fazenda Pública tem o direito de exigir do sujeito passivo definido em lei a respectiva obrigação tributária. O responsável tributário é aquele que, não se revestindo na condição de contribuinte, a lei impõe-lhe a responsabilidade pelo pagamento da exação (art. 121, parágrafo único, II, CTN).

Percebe-se que a única fonte da responsabilidade tributária é a lei, não cabendo outra fonte, de modo que os contratos celebrados entre particulares não produzem efeitos no Direito Tributário. Assim, passemos à análise o contrato de locação e à cláusula de responsabilidade, que transfere ao locatário a obrigação de recolher os tributos incidentes sobre o bem.

Via de regra, há uma cláusula contratual que transmite para o locatário a responsabilidade pelo pagamento dos tributos devidos sobre o imóvel. No entanto, caso não seja efetuado o pagamento por aquele que foi obrigado contratualmente, não pode o locador/proprietário, em sua defesa, alegar o disposto no instrumento contratual para que seja redirecionada a cobrança. Na esfera tributária, deverá o proprietário efetuar o pagamento do respectivo tributo, resguardado seu direito, então, de ingressar com uma ação cível em face do locatário por inadimplemento contratual, buscando a respectiva condenação pelas perdas e danos sofridos. Com isso, resta claro que os contratos particulares não poderão ser opostos ao fisco, não gerando alteração do sujeito passivo da relação jurídica tributária.

Outro exemplo interessante se dá nos contratos de arrendamento mercantil em que o arrendante permanece como titular do bem, sendo ele, então, o sujeito passivo da relação jurídica tributária. Vejamos:

 JURISPRUDÊNCIA

APELAÇÃO CÍVEL – DIREITO TRIBUTÁRIO – IPVA – ARRENDAMENTO MERCANTIL – RESPONSABILIDADE DO ARRENDANTE – INOPONIBLIDADE DE CONVENÇÕES

E CONTRATOS PARTICULARES – INTELIGÊNCIA DO ART. 123 DO CTN – PROCEDIMENTO ADMINISTRATIVO – DESNECESSIDADE – SUCUMBÊNCIA MANTIDA. I. O fato gerador do IPVA é a propriedade do veículo automotor. No caso de automóvel objeto de contrato de arrendamento mercantil, a responsabilidade pelo pagamento do IPVA é do arrendante, porque ele permanece titularizando a propriedade do bem em questão. II. De acordo com o disposto no art. 123 do CTN, são inoponíveis à Fazenda Pública as convenções e contratos particulares relativos à responsabilidade pelos pagamentos de tributos. III. Desnecessária instauração de procedimento administrativo em execução relativa a crédito de IPVA. Apelação desprovida. Unânime (TJRGS – Apelação Cível 70078581725, 22ª Câmara Cível, Rel. Luiz Felipe Silveira Difini, j. 19.09.2018).

Em vista do exposto, pode-se concluir que a responsabilidade tributária somente decorrerá da lei, e não de contratos celebrados entre particulares. No entanto, qual seria a lei necessária para a imposição de responsabilidade tributária? Lei ordinária ou lei complementar?

O constituinte previu, no art. 146, III, da Carta as reservas de lei complementar em matéria tributária, dentre elas, as normas gerais. Assim, a responsabilidade tributária está **reservada** ao tratamento por meio de **lei complementar** por estar inserida no arcabouço das normas gerais, não cabendo sua previsão em instrução normativa ou mesmo em lei ordinária. Vejamos:

JURISPRUDÊNCIA

1. A controvérsia veiculada no presente recurso especial diz respeito ao reconhecimento da responsabilidade tributária solidária entre a sociedade empresária e os acionistas controladores, diretores, gerentes ou representantes de pessoas jurídicas de Direito Privado, por débitos relativos ao IRPJ-Fonte, com suporte no art. 8º do Decreto-lei n. 1.736/1979, independentemente dos requisitos previstos no art. 135, III, do CTN, que exige a prática de atos com excesso de poderes ou infração de lei, contrato social ou estatutos. (...)

4. Registre-se, ainda, que o fato de uma lei ordinária repetir ou reproduzir dispositivo de conteúdo já constante de lei complementar por força de previsão constitucional não afasta o vício a ponto de legitimar a aplicação daquela norma às hipóteses nela previstas, tendo em vista o vício formal de inconstitucionalidade subsistente.

5. Declaração, *incidenter tantum*, da inconstitucionalidade pretérita do art. 8º do Decreto-lei n. 1.736/1979 (AI no REsp. 1419104/SP, Min. Og Fernandes, *DJe* 15.08.2017).

Com isso, os estados e os municípios não podem criar outras hipóteses de responsabilidade tributária além daquelas previstas no CTN, cabendo no máximo a sua regulamentação.

Vejamos o posicionamento do STF acerca do assunto:

DIREITO CONSTITUCIONAL E TRIBUTÁRIO – AÇÃO DIRETA DE INCONSTITUCIONALIDADE – RESPONSABILIDADE TRIBUTÁRIA DE TERCEIROS POR INFRAÇÕES – LEI ESTADUAL EM CONFLITO COM REGRAMENTO DA NORMA GERAL FEDERAL – INCONSTITUCIONALIDADE FORMAL.

1. Trata-se de ação direta de inconstitucionalidade que tem por objeto o parágrafo único do art. 18-C da Lei nº 7.098/1998, acrescentado pelo art. 13 da Lei nº 9.226/2009, do Estado de Mato Grosso, que atribui responsabilidade tributária solidária por infrações a toda pessoa que concorra ou intervenha, ativa ou passivamente, no cumprimento da obrigação tributária, especialmente a advogado, economista e correspondente fiscal.

2. Ainda que a norma impugnada trate exclusivamente de Direito Tributário (CF, art. 24, I) e não de regulamentação de profissão (CF, art. 22, XVI), há o vício de inconstitucionalidade formal. Ao ampliar as hipóteses de responsabilidade de terceiros por infrações, prevista pelos arts. 134 e 135 do Código Tributário Nacional – CTN, a lei estadual invade competência do legislador complementar federal para estabelecer as normas gerais na matéria (art. 146, III, b, da CF).

3. A norma estadual avançou em dois pontos de forma indevida, transbordando de sua competência: (i) ampliou o rol das pessoas que podem ser pessoalmente responsáveis pelo crédito tributário; (ii) dispôs diversamente do CTN sobre as circunstâncias autorizadoras da responsabilidade pessoal do terceiro.

4. Ação direta de inconstitucionalidade julgada procedente. Fixação da seguinte tese: "É inconstitucional lei estadual que disciplina a responsabilidade de terceiros por infrações de forma diversa da matriz geral estabelecida pelo Código Tributário Nacional" (ADI 4845, Rel. Min. Roberto Barroso, Tribunal Pleno, julgado em 13.02.2020, processo eletrônico, *DJe*-044, divulg. 03.03.2020, Data de Publicação: 04.03.2020).

Portanto, foi fixada a seguinte tese: "É inconstitucional lei estadual que disciplina a responsabilidade de terceiros por infrações de forma diversa da matriz geral estabelecida pelo Código Tributário Nacional."

Nesse sentido, entendemos que caso uma lei estadual atribua responsabilidade tributária que não esteja prevista no CTN será inconstitucional, como é o caso da lei estadual do Rio de Janeiro que atribuiu a responsabilidade pelo recolhimento do ICMS aos *marketplaces*. Não há previsão na lei geral acerca de tal possibilidade, não podendo a lei estadual inovar.

Entretanto, a Lei Estadual 8.795/2020 atribuiu aos *marketplaces* e intermediários de negócios *online* a obrigação de recolher o imposto sobre Circulação de Mercadorias e Serviços (ICMS), na condição de responsável tributário, pelas vendas efetuadas por terceiros em sua plataforma. O órgão especial do Tribunal de Justiça do Estado do Rio de Janeiro reconheceu a constitucionalidade de tal norma, no julgamento da ADI 0040214-33.2020.8.19.0000. Veremos os próximos passos do debate, mas não há fundamento legal ou constitucional para a aplicação de tal responsabilidade, que se assemelha à absurda possibilidade de o estado exigir o ICMS das administradoras de *shopping centers* como responsáveis tributárias, porque as vendas ocorrem em seu interior. Os *marketplaces* são simplesmente *shopping centers* digitais, não cabendo a sua responsabilização por ausência de previsão na lei geral.

Compreendida a diferença entre contribuinte e responsável, passa-se à análise das formas e condições da responsabilidade tributária.

No Direito Tributário temos a **responsabilidade solidária** e a **responsabilidade supletiva.** Na primeira hipótese, o contribuinte permanece como codevedor do tributo ao lado do contribuinte inadimplente, respondendo, inclusive, com o seu patrimônio. Com isso, o solidário responderá por todas as dívidas tributárias do contribuinte, abrangendo as obrigações principais e acessórias.

Por outro lado, a responsabilidade pode ser classificada como supletiva (subsidiária), que é aquela em que o responsável somente responderá com seu patrimônio após o exaurimento do patrimônio do contribuinte. Com isso, primeiro o devedor originário (contribuinte) será cobrado para que então o responsável seja incluído na relação jurídica.

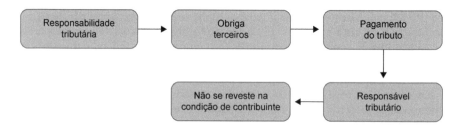

DICA

Responsabilidade supletiva é aquela em que o responsável somente responderá com seu patrimônio para suprir os limites do patrimônio do devedor principal.

Além disso, Luís Eduardo Schoueri discorre sobre a responsabilidade tributária classificando-a como *lato sensu* e *stricto sensu*.

> (...) o Código Tributário Nacional aponta apenas duas categorias de sujeito passivo, em seu art. 121: o contribuinte e o responsável. O estudo dos dispositivos acerca da última categoria revela que, em verdade, sob tal rubrica apresentam-se figuras diversas, com regimes jurídicos próprios. Daí ser o caso de desdobrar a categoria do responsável *lato sensu* e substituto e responsável *stricto sensu* (este, responsável por transferência).[1]

A citada substituição tributária não é encontrada no CTN, mas somente a responsabilidade por transferência, a partir do seu art. 128. Sua previsão é constitucional.

A responsabilidade por substituição é aquela em que o fato gerador é praticado pelo contribuinte, mas a responsabilidade de pagar o tributo nasce para o substituto tributário. Vejamos o que diz Paulo de Barros Carvalho sobre o assunto:

> Enquanto nas outras hipóteses permanece a responsabilidade supletiva do contribuinte, aqui o substituto absorve totalmente o *debitum*, assumindo, na plenitude, os deveres de sujeito passivo, quer os pertinentes à prestação patrimonial, quer os que dizem respeito aos expedientes de caráter instrumental, que a lei costuma chamar de "obrigações acessórias". Paralelamente, os direitos porventura advindos do nascimento da obrigação, ingressam no patrimônio jurídico do substituto, que

---

[1] SCHOUERI, Luís Eduardo. *Direito Tributário*. 3. ed. São Paulo: Saraiva, 2013. p. 528.

CAP. 7 • RESPONSABILIDADE TRIBUTÁRIA | **227**

poderá defender suas prerrogativas, administrativa ou judicialmente, formulando impugnações ou recursos, bem como deduzindo suas pretensões em juízo para, sobre elas, obter a prestação jurisdicional do Estado.[2]

Discorre também sobre o assunto o Professor Leandro Paulsen:

(...) qualquer pessoa obrigada ao pagamento de tributo de que não é o contribuinte de direito figura na condição de responsável tributário. Não vislumbramos qualquer distinção possível na figura do retentor que é, sim, responsável tributário por substituição.[3]

Assim, como se pode ver, a substituição tributária é a hipótese de responsabilidade em que a obrigação tributária nasce para o substituto, afastando o contribuinte da relação jurídica, não lhe sendo aplicada qualquer obrigação de recolher o tributo.

A **substituição** tributária pode ocorrer de duas formas: substituição **progressiva**, também conhecida por *substituição para frente ou subsequente*, e substituição **regressiva**, também denominada *substituição para trás ou antecedente*. De acordo com Schoueri, "A substituição progressiva é aquela em que todos os elos posteriores da cadeia produtiva são substituídos. Significa que o substituto tributário antecipa o pagamento de todos os tributos incidentes na cadeia de produção". Ainda segundo o autor, "na substituição tributária 'pra frente', o substituto recolhe o tributo referente a fato jurídico tributário a ser realizado, no futuro, pelo substituído".[4]

É evidente que o substituto tributário recolhe os tributos com base em um fato gerador presumido, uma vez que as operações tributáveis ainda não ocorreram. A substituição progressiva está prevista nos arts. 150, § 7º, da CRFB, e 6º, § 1º, da LC 87/1996 (Lei Kandir – ICMS):

Art. 150. (...)

§ 7º A lei poderá atribuir a sujeito passivo de obrigação tributária a condição de responsável pelo pagamento de imposto ou contribuição, cujo fato gerador deva ocorrer posteriormente, assegurada a imediata e preferencial restituição da quantia paga, caso não se realize o fato gerador presumido.

Art. 6º Lei estadual poderá atribuir a contribuinte do imposto ou a depositário a qualquer título a responsabilidade pelo seu pagamento, hipótese em que assumirá a condição de substituto tributário.

§ 1º A responsabilidade poderá ser atribuída em relação ao imposto incidente sobre uma ou mais operações ou prestações, sejam antecedentes, concomitantes ou subsequentes, inclusive ao valor decorrente da diferença entre alíquotas interna e interestadual nas operações e prestações que destinem bens e serviços a consumidor final localizado em outro Estado, que seja contribuinte do imposto.

---

[2] CARVALHO, Paulo de Barros. *Direito Tributário*: Fundamentos Jurídicos da Incidência. 4. ed. São Paulo: Saraiva, 2006. p. 158-177.

[3] PAULSEN, Leandro. *Direito Tributário*: Constituição e Código Tributário à Luz da Doutrina e da Jurisprudência. 8. ed. Porto Alegre: Livraria do Advogado/ESMAFE, 2006. p. 1.000.

[4] SCHOUERI, Luís Eduardo. *Direito Tributário*. 3. ed. São Paulo: Saraiva, 2013. p. 534.

Dessa forma, o substituto recolhe o tributo no lugar do contribuinte substituído, com a expectativa de que o fato gerador (venda) ocorrerá para o consumidor final, último elo da cadeira produtiva.

Caso não ocorra a operação tributável presumida, ou caso ocorra em valor inferior ao valor sobre o qual o tributo foi apurado e recolhido, assegura-se a restituição da quantia paga. O fundamento da restituição é que todo pagamento indevido deve ser restituído, sob pena de enriquecimento sem causa da Fazenda se não houver tal devolução. O meio processual hábil é a ação de **repetição de indébito**, prevista no art. 165 do CTN, observando a regra contida no art. 166 do CTN c/c a Súmula 546 do STF.[5] Importante frisar que a legitimidade para propositura da ação de repetição de indébito no caso em tela é do contribuinte substituído, conforme previsão na LC 87/1996, art. 10.

Cumpre ressaltar que no julgamento da ADI 1851/AL o STF firmou posicionamento no sentido de que somente caberia a restituição na hipótese de o fato gerador presumido não acontecer, afastando o direito à restituição parcial caso o fato gerador presumido ocorra em valor menor que aquele previsto na legislação.

No entanto, no julgamento do RE 593849, a Corte Superior alterou o entendimento para reconhecer a possibilidade de **restituição parcial** do tributo pago indevidamente, e passou a entender pelo cabimento da restituição caso o fato gerador presumido ocorra a menor do que o valor previsto como margem de valor agregado para a aplicação da substituição tributária.

JURISPRUDÊNCIA

RECURSO EXTRAORDINÁRIO – REPERCUSSÃO GERAL – DIREITO TRIBUTÁRIO – IMPOSTO SOBRE CIRCULAÇÃO DE MERCADORIAS E SERVIÇOS – ICMS – SUBSTITUIÇÃO TRIBUTÁRIA PROGRESSIVA OU PARA FRENTE – CLÁUSULA DE RESTITUIÇÃO DO EXCESSO – BASE DE CÁLCULO PRESUMIDA – BASE DE CÁLCULO REAL – RESTITUIÇÃO DA DIFERENÇA – ART. 150, § 7º, DA CONSTITUIÇÃO DA REPÚBLICA – REVOGAÇÃO PARCIAL DE PRECEDENTE – ADI 1.851.

1. Fixação de tese jurídica ao Tema 201 da sistemática da repercussão geral: "É devida a restituição da diferença do Imposto sobre Circulação de Mercadorias e Serviços – ICMS pago a mais no regime de substituição tributária para frente se a base de cálculo efetiva da operação for inferior à presumida".

2. A garantia do direito à restituição do excesso não inviabiliza a substituição tributária progressiva, à luz da manutenção das vantagens pragmáticas hauridas do sistema de cobrança de impostos e contribuições. (...)

5. De acordo com o art. 150, § 7º, *in fine*, da Constituição da República, a cláusula de restituição do excesso e respectivo direito à restituição se aplicam a todos os casos em que o fato gerador presumido não se concretize empiricamente da forma como antecipadamente tributado.

(...)

8. Recurso extraordinário a que se dá provimento.

---

[5] **Atenção:** a Súmula 71 do STF perdeu a eficácia em virtude da edição da Súmula 546 do mesmo órgão.

Nesse caso, o legitimado para a repetição do indébito é o contribuinte substituído, que é quem suporta o ônus financeiro caso não ocorra o fato gerador presumido, além de ser o contribuinte de direito, que somente não teve a obrigação de recolher o tributo em razão da substituição imposta por lei. A base legal que fundamente a legitimidade para promoção da restituição pelo substituído tributário é o art. 10 da LC 87/1996.

O principal imposto em nosso ordenamento jurídico sujeito à substituição tributária é o ICMS. Trata-se de um imposto plurifásico, incidente em todas as fases da cadeia produtiva, desde que caracterizada uma circulação de mercadoria, seu fato gerador. Em outras palavras, a cada circulação de mercadoria haverá um fato gerador do ICMS. Com isso, com o objetivo de facilitar a fiscalização, é aplicável ao ICMS o sistema da substituição tributária, uma vez que somente um dos elos da cadeia produtiva efetua o recolhimento do tributo.

Tomemos como exemplo a atividade de venda de veículos novos, pois essa é uma importante hipótese de aplicação da substituição tributária progressiva. Nesse caso, a montadora tem a obrigação de recolher o ICMS na saída do veículo com base no fato gerador presumido, considerando a margem de valor agregado prevista em lei, de modo que o imposto não é recolhido sobre o valor de venda para a concessionária, mas, sim, considerando o valor final de venda presumida ao consumidor final. Então, o veículo é transferido para a concessionária que o revenderá para o consumidor final. Nessa última operação não haverá recolhimento do ICMS pela concessionária de veículos porque o referido imposto já fora recolhido pela montadora quando da venda, substituindo a concessionária.

Como se pode ver, é mais fácil para a Fazenda Pública fiscalizar o recolhimento do ICMS de apenas um contribuinte do que de vários distribuídos pela cadeia produtiva, reforçando o princípio da praticidade tributária. Desta feita, torna-se mais simples fiscalizar, uma única montadora do que a montadora e diversas concessionárias de veículos. Portanto, a lei atribui ao primeiro elo da cadeia produtiva a obrigação de recolher todo o tributo com base no valor agregado durante a cadeia produtiva. Em outras palavras, a responsabilidade tributária pelo ICMS de toda a cadeia produtiva é entregue ao primeiro elo da cadeia, que recolherá o ICMS na condição de contribuinte e, ao mesmo tempo, de substituto tributário.

Importante destacar mais uma vez que, na hipótese de restituição, o art. 10 da LC 87/1996 entrega a legitimidade nas mãos do substituído, e não do substituto (aquele que arcou com o ônus financeiro ao recolher todo o tributo), cabendo, no exemplo abordado, o direito à restituição para a concessionária, e não para a montadora.

De outro giro, há também a **substituição regressiva** ou para trás. Nessa modalidade de substituição, todos os elos anteriores da cadeia produtiva são substituídos, ou seja, o último contribuinte de direito da cadeia é que ficará responsável por todos os fatos geradores que ocorreram nas operações anteriores.

Aqui, não existe fato gerador presumido, uma vez que todas as operações já ocorreram, de modo que é sabido exatamente o *quantum* devido. É por isso que dizem que na substituição regressiva o fato gerador do tributo é diferido, uma vez que ele ocorrerá no momento da entrada no elo seguinte da cadeia produtiva, quando caberá seu recolhimento. Assim, o adquirente que passa à condição de substituto tributário, recolhendo o imposto em substituição ao elo anterior da cadeia de produção.

O único imposto que se submete à sistemática da substituição regressiva é o ICMS, conforme previsão no art. 6º, § 1º, da LC 87/1996:

> Art. 6º Lei estadual poderá atribuir a contribuinte do imposto ou a depositário a qualquer título a responsabilidade pelo seu pagamento, hipótese em que assumirá a condição de substituto tributário.
>
> § 1º A responsabilidade poderá ser atribuída em relação ao imposto incidente sobre uma ou mais operações ou prestações, sejam antecedentes, concomitantes ou subsequentes, inclusive ao valor decorrente da diferença entre alíquotas interna e interestadual nas operações e prestações que destinem bens e serviços a consumidor final localizado em outro Estado, que seja contribuinte do imposto.

Tal modalidade de substituição é largamente utilizada com relação a produtos agrícolas. Nessas hipóteses, o legislador presumiu que os produtores rurais não possuem uma boa escrituração contábil para efetuar o recolhimento do ICMS. Nesse sentido, a empresa que adquirir o leite do produtor rural, por exemplo, deverá recolher o ICMS quando da entrada da mercadoria, na condição de responsável tributário, substituindo os elos anteriores da cadeia produtiva, no caso, o pequeno produtor rural, que não terá a obrigação de recolher o ICMS na venda do seu produto.

Há ainda no Direito Tributário a figura da **substituição tributária concomitante**, em que a obrigação de recolher o tributo não é do contribuinte, mas do substituto, mas não há repasse na cadeia produtiva. Assim, ocorre a substituição concomitante quando duas operações/prestações ocorrem simultaneamente e um dos sujeitos passivos substitui o outro relativamente à obrigação tributária principal.

Nesse caso, não há uma substituição dos elos na cadeia produtiva, como já dito, mas a substituição da obrigação de recolher o tributo. Tal situação ocorre no imposto de renda da pessoa física, em que o empregador é obrigado a reter na fonte o imposto de renda do empregado, no momento do pagamento do seu salário. Resta claro então que o empregado que auferiu a renda, ou seja, que praticou o fato gerador, é substituído pelo empregador, que tem a obrigação legal de efetivar a retenção e entrega da renda ao fisco federal.

Além disso, na substituição tributária, uma vez realizada a retenção do tributo, o seu recolhimento somente poderá ser exigido do substituto, e não do substituído. Isso porque deve ser considerada a boa-fé objetiva, uma vez que o substituído não se aproveitou da ausência de pagamento, mas somente o substituto, que reteve o tributo e não recolheu. No entanto, no caso de ausência de retenção, caberá a solidariedade entre substituto e substituído, uma vez que o substituído se aproveitou da conduta do substituto, beneficiando-se financeiramente com a ausência de retenção. Assim, caso o empregador não realize a retenção do imposto de renda do empregado, haverá a solidariedade com relação à dívida, por exemplo.

Ademais, além das hipóteses de responsabilidade tributária por substituição, que não estão previstas no CTN, há ainda as hipóteses de responsabilidade tributária por transferência, que são aquelas em que a obrigação tributária nasce para o contribuinte e é transferida para o responsável. Tais hipóteses estão previstas no Código e são tratadas nos arts. 128 ao 137.

A principal diferença com relação à substituição tributária é que, na hipótese de responsabilidade por transferência, o contribuinte participa da relação jurídica, enquanto na substituição o substituto assume a posição do contribuinte, que é afastado da relação jurídica tributária.

Passemos à análise das hipóteses de responsabilidade tributária por transferência, previstas no CTN, a partir de seu art. 128:

> Art. 128. Sem prejuízo do disposto neste capítulo, a lei pode atribuir de modo expresso a responsabilidade pelo crédito tributário a terceira pessoa, vinculada ao fato gerador da respectiva obrigação, excluindo a responsabilidade do contribuinte ou atribuindo-a a este em caráter supletivo do cumprimento total ou parcial da referida obrigação.

Como se pode ver, as hipóteses de responsabilidade previstas no CTN são por sucessão ou de terceiros. Na responsabilidade por sucessão, a obrigação nasce para o contribuinte e é transferida para o responsável que assume seu lugar na relação jurídica tributária. Já na responsabilidade de terceiros, a obrigação nasce para o contribuinte e é transferida para o responsável que assume a obrigação de recolher os tributos junto com o contribuinte que, nesse caso, não é afastado da relação jurídica.

O marco temporal para determinação da responsabilidade tributária é o fato jurídico discriminado no CTN para sua aplicação. Vejamos:

> Art. 129. O disposto nesta Seção aplica-se por igual aos créditos tributários definitivamente constituídos ou em curso de constituição à data dos atos nela referidos, e aos constituídos posteriormente aos mesmos atos, desde que relativos a obrigações tributárias surgidas até a referida data.

Assim, na hipótese da alienação de bem imóvel, por exemplo, todos os tributos devidos ou em fase de constituição até a data da alienação do imóvel estarão abrangidos pela responsabilidade tributária. Passemos, então, para a análise das hipóteses de responsabilidade tributária previstas no CTN.

7.1. Responsabilidade por sucessão

A responsabilidade dos **sucessores** recebe tratamento no CTN a partir do art. 129, que estabelece que o parâmetro temporal que, como já dito, aparta as situações de contribuinte e responsável é a data do evento que originar a responsabilidade. Assim, pouco importa se o crédito está lançado ou em processo de lançamento, quando da ocorrência da sucessão: será contribuinte a pessoa que detinha o bem ou direito cedido na data da alienação, e responsável aquela que a sucedeu após a ocorrência do negócio jurídico. Dessa forma, o sucessor, na condição de responsável tributário e, portanto, sujeito passivo da obrigação tributária principal, ostenta legitimidade ativa para impugnar o crédito tributário.

Nas hipóteses de responsabilidade por transferência, na modalidade **sucessão**, a obrigação tributária nasce para o contribuinte pela prática do fato gerador e é transferida para o responsável que o sucede no dever de pagar o tributo.

A diferença entre **substituição** e **transferência** é clara nesse caso, ao passo que nessa modalidade a obrigação é transferida para o responsável, enquanto na substituição o contribuinte é excluído da relação jurídica tributária, nascendo a obrigação para o substituto. Segundo Bernardo Ribeiro de Moraes, "Haverá responsabilidade tributária por sucessão quando uma pessoa se torna obrigada por débito tributário não satisfeito, diante de uma relação jurídica que passa do predecessor ao adquirente do direito".[6]

Essa modalidade de responsabilidade abrange todos os fatos geradores praticados antes da sucessão. Todos os créditos existentes, ainda que não lançados, são abrangidos pela responsabilidade por sucessão, incluindo a multa, conforme jurisprudência pacífica no STJ.

Divergimos quanto à **transmissão da penalidade** pois entendemos que a pena não deve ultrapassar a pessoa do apenado, conforme garantia constitucional, mesmo porque a punição será transferida para quem não praticou qualquer ilegalidade ou ilicitude. No entanto, tal assunto foi sumulado pelo STJ, no verbete da Súmula 554. Vejamos: "Na hipótese de sucessão empresarial, a responsabilidade da sucessora abrange não apenas os tributos devidos pela sucedida, mas também as multas moratórias ou punitivas referentes a fatos geradores ocorridos até a data da sucessão".

Assim, nos casos de responsabilidade por sucessão, o sucessor deverá recolher o tributo e as penalidades que lhe são transferidas, sucedendo o contribuinte na relação jurídica tributária.

7.1.1. *Responsabilidade tributária do adquirente na alienação de bens imóveis*

A primeira hipótese de **responsabilidade** prevista no CTN abrange a **transmissão onerosa de bens imóveis**. De regra, adquirindo um bem imóvel ou direito sobre bem imóvel, o adquirente torna-se responsável pelos créditos tributários relativos ao IPTU e tributos *propter rem* em geral, devidos pelo titular anterior.

---

[6] RIBEIRO DE MORAES, Bernardo. *Compêndio de Direito Tributário*. 3. ed. Rio de Janeiro: Forense, 1995. v. 2, p. 510.

Tal entendimento está previsto no art. 130 do CTN, que prevê que nas hipóteses de créditos tributários relativos a impostos cujo fato gerador seja a propriedade imobiliária sub-rogam-se tais créditos na pessoa dos respectivos adquirentes. Importante destacar que a sucessão ocorrerá não somente com relação aos impostos, mas também no tocante às taxas e contribuições de melhoria, ou seja, sobre todos os tributos incidentes sobre o bem imóvel, os tributos *propter rem*.

Com isso, para evitar sua responsabilização por créditos constituídos anteriormente à aquisição do bem, deve o **adquirente** exigir que do título de transmissão do domínio conste a prova de que foram pagos os créditos constituídos até a data do negócio, conforme recomenda a parte final do *caput* do art. 130 do CTN. Assim, comprovada a quitação dos tributos em questão, não há falar na sua transferência.

No entanto, nos casos de venda de imóvel em hasta pública, prevê o parágrafo único do art. 130 do CTN que fica vinculado à quitação dos créditos o preço, o valor que o arrematante tiver pago, e não o bem. Assim, uma vez adquirido um bem imóvel em hasta pública, o adquirente não terá o bem gravado com a dívida, pois elas são sub-rogadas no preço pago.

Temos, então, que o arrematante não poderá ser cobrado pelos tributos devidos antes da **arrematação** em hasta pública, em razão de responsabilidade tributária por sucessão, pois o arrematante não é responsável tributário, uma vez que todos os tributos sub-rogam-se no valor alcançado na referida hasta pública. Não é diferente o posicionamento do STJ:

 JURISPRUDÊNCIA

> TRIBUTÁRIO – PROCESSUAL CIVIL – EXECUÇÃO FISCAL – BEM IMÓVEL – CRÉDITO TRIBUTÁRIO – SUB-ROGAÇÃO NO PREÇO DA ARREMATAÇÃO EM HASTA PÚBLICA – ASPECTOS FÁTICOS – REEXAME DE PROVAS – SÚMULA 7 DO STJ.
>
> 1. O acórdão recorrido está em sintonia com o entendimento do STJ de que, no caso de **arrematação**, por força do art. 130, parágrafo único, do CTN, o arrematante adquire o **bem imóvel livre dos ônus fiscais anteriores**, pois "os créditos tributários relativos a impostos cujo fato gerador seja a propriedade, o domínio útil ou a posse de bens imóveis se **sub-rogam no preço objeto da arrematação em hasta pública**".
>
> 2. Ademais, alguns argumentos lançados pelo Fisco em seu recurso, como a existência de "verdadeiras indústrias da arrematação" e a existência de má-fé da empresa vencedora do certame exige reexame do contexto fático-probatório produzido nos autos. Logo, tal medida encontra óbice na Súmula 7 do STJ: "A pretensão de simples reexame de prova não enseja Recurso Especial".
>
> 3. Recurso especial conhecido parcialmente e, nessa parte, não provido (REsp. 1689695/SP, Min. Herman Benjamin, *DJe* 11.10.2017).

Como se pode ver, entre o arrematante e o anterior proprietário do bem não se estabelece relação jurídica. O arrematante apenas se relaciona com o juiz da causa no processo em que ocorrida a hasta pública, não com as demais partes. Logo, o juiz deverá, antes de entregar o resultado da arrematação às partes, abater o valor dos tributos devidos e promover sua entrega ao ente tributário competente; somente o que restar após tal pagamento poderá ser entregue às partes, observados os procedimentos previstos na lei processual aplicável.

Assim, os débitos existentes sub-rogam-se no preço efetivamente pago na hasta pública, não importando se o valor alcançado na hasta foi suficiente para cobrir o crédito ou não.

Tal entendimento foi consolidado pelo STJ no julgamento do Tema 1.134 dos recursos repetitivos nos seguintes termos:

> Diante do disposto no art. 130, parágrafo único, do Código Tributário Nacional, é inválida a previsão em edital de leilão atribuindo responsabilidade ao arrematante pelos débitos tributários que já incidiam sobre o imóvel na data de sua alienação.

Assim, caso seja promovida por equívoco a execução fiscal contra o adquirente em hasta pública, deverá a demanda ser extinta em razão da impossibilidade de substituição da CDA para a substituição do sujeito passivo, conforme teor da Súmula 392 do STJ.

Assim, caso seja promovida por equívoco a execução fiscal contra o adquirente em hasta pública, deverá a demanda ser extinta em razão da impossibilidade de substituição da CDA para a substituição do sujeito passivo, conforme teor da Súmula 392 do STJ.

Ademais, na hipótese de que surjam débitos posteriores à arrematação do bem, não devem restar dúvidas de que será devida a cobrança de tais valores do adjudicatário do bem imóvel.

Deve-se destacar que somente os tributos incidentes sobre os bens serão transmitidos ao adquirente, não ocorrendo tal transmissão nos casos de tributos incidentes sobre eventual atividade econômica exercida no imóvel. Assim, taxas de fiscalização, por exemplo, não incidem sobre o bem, não sendo, portanto, transferidas ao adquirente do imóvel em nenhuma hipótese. Segundo Bernardo Ribeiro de Moraes: "Se o preço alcançado na arrematação em hasta pública não for suficiente para cobrir o débito tributário, nem por isso o arrematante fica responsável pelo eventual saldo".[7]

Outro ponto relevante que deve ser abordado é o fato de que o alienante não foi excluído da relação jurídica tributária, sendo certo que responderá pelos tributos incidentes sobre o bem até a data da alienação, conforme posicionamento adotado pelo STJ no sentido de que *"o* caput *do art. 130 do CTN deve ser interpretado conjuntamente com o seu parágrafo único. Nenhuma dúvida de que a sub-rogação do parágrafo único não exclui a responsabilidade do proprietário anterior à transferência imobiliária. Tal raciocínio há de ser aplicado na sub-rogação do* caput*, devendo a interpretação sistemática prevalecer sobre a isolada"* (AgInt no AREsp. 942.940/RJ, julgado em 15.08.2017).

Processualmente há um ponto relevante que devemos destacar. Caso a transferência do imóvel ocorra em data anterior à execução fiscal, não cabe o redirecionamento da ação de cobrança com a troca do sujeito passivo, na forma da Súmula 392 do STJ.

---

[7] RIBEIRO DE MORAES, Bernardo. *Compêndio de Direito Tributário*. 3. ed. Rio de Janeiro: Forense, 1995. v. 2, p. 513.

JURISPRUDÊNCIA

TRIBUTÁRIO – APELAÇÃO – EXECUÇÃO FISCAL – IPTU – EXERCÍCIOS DE 2008 E 2009 – MUNICÍPIO DE ARAÇATUBA. Sentença que reconheceu a ilegitimidade passiva do executado e julgou extinta a execução fiscal. Apelo do exequente. ILEGITIMIDADE PASSIVA – OCORRÊNCIA. Transferência do imóvel em data anterior à propositura da execução – Impossibilidade de o alienante estar no polo passivo da demanda – Se a transferência do bem, devidamente registrada, ocorreu antes da propositura da execução, a troca do sujeito passivo não é viável – Inteligência da Súmula 392 do Superior Tribunal de Justiça – Precedentes do STJ e desta C. Câmara. Sentença mantida – Recurso desprovido (TJ-SP – APL 05061023120138260032/SP, 0506102-31.2013.8.26.0032, Rel. Eurípedes Faim, j. 21.08.2018, 15ª Câmara de Direito Público, 21.08.2018).

Assim, resta clara a inviabilidade de substituição da CDA para imputação da responsabilidade a teor do art. 130 do CTN, ou mesmo para a cobrança do proprietário anterior à alienação.

Ademais, há de se ressaltar que, nos casos de desapropriação, a imissão na posse do expropriante afasta a obrigação tributária do proprietário, tendo em vista que os elementos que caracterizam o fato gerador do IPTU deixam de estar presentes.

JURISPRUDÊNCIA

ADMINISTRATIVO – RECURSO ESPECIAL – DESAPROPRIAÇÃO – RESPONSABILIDADE TRIBUTÁRIA – IPTU – FATO GERADOR – CONTINUADO – ANUAL – IMISSÃO NA POSSE – PRIVAÇÃO DA PROPRIEDADE – PROPORCIONALIDADE.
1. Inexiste contrariedade ao art. 535 do CPC/1973 quando a Corte de origem decide clara e fundamentadamente todas as questões postas a seu exame. Ademais, não se deve confundir decisão contrária aos interesses da parte com ausência de prestação jurisdicional.
2. A imissão do expropriante na posse do bem expropriando afasta do proprietário a responsabilidade tributária sobre o IPTU, por estar inviabilizada a fruição dos direitos de propriedade.
3. O cálculo da proporção de responsabilidade de cada parte deve observar não o momento de vencimento de parcelas do tributo, mas o efetivo exercício da posse por expropriante e expropriando.
4. Recurso especial provido em parte, para fazer considerar na apuração da proporcionalidade o período em que efetivamente foi exercida a posse por expropriando e expropriante, conforme se apure em execução, vedada a piora da situação da Fazenda ora recorrente (STJ – REsp 1291828/SP, 2011/0153759-6, 2ª Turma, Rel. Min. Og Fernandes, Data de Julgamento: 05.04.2018, Data de Publicação: *DJe* 11.04.2018).

Situação interessante acontece também quando decretada a usucapião do imóvel. O proprietário que sofre a perda do bem não pode ser considerado contribuinte do IPTU ou de qualquer tributo *propter rem*, por não praticar os elementos inerentes ao fato gerador do IPTU desde o momento em que é declarada a usucapião. Assim, uma vez implementadas as condições para efetivação da usucapião, ao antigo dono não deve ser imposto qualquer ônus tributário. Vejamos:

> TRIBUTÁRIO – EMBARGOS À EXECUÇÃO FISCAL – IPTU – SUJEIÇÃO PAS-SIVA – USUCAPIÃO – ENTÃO PROPRIETÁRIO CONSTANTE NO REGISTRO IMOBILIÁRIO – ILEGITIMIDADE PASSIVA. 1. O Plenário do STJ decidiu que "aos recursos interpostos com fundamento no CPC/1973 (relativos a decisões publicadas até 17 de março de 2016) devem ser exigidos os requisitos de admissibilidade na forma nele prevista, com as interpretações dadas até então pela jurisprudência do Superior Tribunal de Justiça" (Enunciado Administrativo n. 2, sessão de 09/03/2016).
>
> 2. A riqueza que dá suporte à configuração do fato gerador do IPTU em seu aspecto material está relacionada com o proveito econômico inerente à propriedade, ao domínio útil ou a posse do imóvel (art. 32 do CTN) e, por isso, são elencados como contribuintes do imposto o proprietário, o titular de seu domínio útil ou o seu possuidor a qualquer título (art. 34 do CTN).
>
> 3. A usucapião é forma originária de aquisição da propriedade (art. 1.238 do Código Civil) e, por conseguinte, desde o momento em que implementadas as suas condições, implica a perda para o então proprietário constante no registro imobiliário do direito à fruição dos poderes inerentes ao domínio (uso, gozo e disposição – art. 1.228 do Código Civil), de modo que não é possível impor a esse, que figura apenas como antigo dono, a sujeição passiva do IPTU.
>
> 4. Hipótese em que o acórdão recorrido, confirmando a sentença de procedência dos embargos à execução fiscal, decidiu pela ilegitimidade passiva da Caixa Econômica Federal, considerando, para tanto, que em anterior processo de reintegração de posse por ela ajuizada foi reconhecida a usucapião do imóvel em favor de terceiro.
>
> 5. Recurso especial desprovido (STJ – REsp. 1490106/PR, 2014/0272333-2, 1ª Turma, Rel. Min. Gurgel de Faria, Data de Julgamento: 07.05.2019, T1 – Data de Publicação: *DJe* 24.05.2019).

Como se pode ver, aquele que adquirir o imóvel por usucapião deverá ser considerado contribuinte dos tributos incidentes sobre o bem imóvel desde o momento em que presentes os requisitos para o reconhecimento do seu direito.

7.1.2. *Responsabilidade tributária do adquirente e do remitente de bens móveis ou direitos e dos herdeiros a qualquer título*

Outra hipótese de sucessão é aquela prevista no art. 131 do CTN. O **remitente**, aquele que paga a dívida para resgatar um bem (evitando sua alienação em hasta pública), poderá também ser responsabilizado pelos tributos relativos aos bens remidos pelo simples fato de existirem tributos devidos quando do ato de remição, na forma do art. 131, I, do CTN.

O mesmo ocorre no caso de bens móveis adquiridos. Não se trata de uma repetição da regra prevista no art. 130, mas, sim, de uma extensão aos bens móveis, de modo que na aquisição de bens móveis os tributos também deverão seguir o bem. Tal é o caso do IPVA, de modo que o adquirente de veículo automotor terrestre com dívidas do referido imposto será sucessor do contribuinte quando ocorrer a transmissão do bem. Assim, serão transferidos também os créditos tributários.

Ademais, deve-se destacar a regra prevista no art. 134 do Código de Trânsito Brasileiro (CTB), que determina que o alienante deverá informar ao órgão de trânsito a alienação do veículo. Caso não ocorra tal informação, responderão solidariamente o adquirente e o alienante do veículo com relação às penalidades devidas até a data da alienação.

Assim, como o tributo não se confunde com penalidade, o alienante não responderá solidariamente pelas dívidas tributárias. Por óbvio que tributos gerados após a data da alienação serão devidos somente pelo adquirente. Vejamos a didática decisão proferida pelo Tribunal de Justiça do Estado do Tocantins (TJ-TO) sobre o assunto:

> APELAÇÃO CÍVEL – AÇÃO DE OBRIGAÇÃO DE FAZER COM PEDIDO DE TUTELA ANTECIPADA. ALIENAÇÃO DE VEÍCULO – NÃO COMUNICAÇÃO AO DETRAN – DEVER DO ANTIGO PROPRIETÁRIO (ART. 134 DO CTB) – RESPONSABILIDADE SOLIDÁRIA PELO PAGAMENTO DAS INFRAÇÕES DE TRÂNSITO POSTERIORES À VENDA – IPVA, TAXA DE LICENCIAMENTO E SEGURO DPVAT – DÉBITOS DE RESPONSABILIDADE DO ADQUIRENTE DO AUTOMÓVEL – PRECEDENTES DO STJ. O art. 134 do Código de Trânsito Brasileiro – CTB preceitua caber ao alienante de veículo automotor comunicar a transação ao órgão de trânsito do Estado, em um prazo de 30 dias, sob pena de responsabilizar-se solidariamente pelas penalidades impostas ao adquirente do bem. No entanto, os débitos posteriores à venda relativos a IPVA, taxa de licenciamento e seguro DPVAT não são da responsabilidade do alienante, mas, sim, do adquirente do veículo, que tem o dever legal de, também em um prazo de 30 dias, requerer a emissão de novo CRV – Não efetivada a comunicação ao órgão de trânsito, subsiste a responsabilidade solidária do antigo proprietário pelo pagamento dos valores atrasados. Inteligência do artigo 134 do Código de Trânsito Brasileiro – Sobre as multas de trânsito, cediço que possuem natureza de obrigação *propter rem*, isto é, acompanham o veículo na hipótese de alienação, responsabilizando o adquirente e novo proprietário. Isso, contudo, não lhe retira o direito de regresso que possa vir a ter após o pagamento das multas contra o proprietário anterior – Apelo ao qual se nega provimento, para manter a sentença vergastada em todos os termos (TJ-TO – APL 00108797820198270000, Rel. José de Moura Filho).

Nesse mesmo sentido, o STJ se manifestou sobre a ausência da obrigação de o alienante suportar o ônus dos tributos devidos até a data da alienação do veículo e inaplicabilidade do art. 134 do CTB em matéria tributária.

 JURISPRUDÊNCIA

> TRIBUTÁRIO – PROCESSUAL CIVIL – ACÓRDÃO FUNDAMENTADO EM LEI FEDERAL – NÃO INCIDÊNCIA DA SÚMULA 280/STF – ART. 134 DO CTB – ALIENAÇÃO DE VEÍCULO – AUSÊNCIA DE COMUNICAÇÃO AO ÓRGÃO COMPETENTE – RESPONSABILIDADE SOLIDÁRIA DO ALIENANTE APENAS A EVENTUAIS INFRAÇÕES DE TRÂNSITO – INTERPRETAÇÃO NÃO EXTENSIVA AO IPVA. 1. Não incide no presente caso a Súmula 280/STF, pois o Tribunal de origem, ao analisar a controvérsia, fundamentou-se no art. 134 do Código de Trânsito Brasileiro. A menção à lei estadual ocorreu apenas em complementação de fundamentação. 2. Nos termos da jurisprudência pacífica do STJ, a regra do art. 134 do CTB (é obrigatória a comunicação pela parte alienante do veículo da transferência de propriedade ao

órgão competente, sob pena de responder solidariamente em casos de eventuais infrações de trânsito) não se aplica aos débitos tributários, em especial ao IPVA, tendo em vista que a mencionada exação não se confunde com nenhum tipo de penalidade. Agravo regimental improvido (AgRg no REsp. 1540.127/SP, 2ª Turma, Rel. Min. Humberto Martins, julgado em 03.09.2015, *DJe* 14.09.2015).

Tal posicionamento foi reforçado no julgamento do REsp. 1667974/SP:

PROCESSUAL CIVIL E TRIBUTÁRIO – RECURSO ESPECIAL – IPVA – VEÍCULO TRANSFERIDO SEM COMUNICAÇÃO AO ÓRGÃO COMPETENTE – RESPONSABILIDADE SOLIDÁRIA DO ALIENANTE AFASTADA – INAPLICABILIDADE DO ART. 134 DO CTB ÀS RELAÇÕES JURÍDICO-TRIBUTÁRIAS – INFRAÇÕES DE TRÂNSITO – ORIGEM RECONHECE ILEGITIMIDADE PASSIVA DA FAZENDA – FUNDAMENTO INATACADO DO ARESTO RECORRIDO – SÚMULA 283/STF. 1. É inadmissível o recurso especial quando o acórdão recorrido assenta em mais de um fundamento suficiente e o recurso não abrange todos eles (Súmula 283 do STF). 2. Esta Corte de Justiça possui o entendimento firmado de que a obrigatoriedade prevista do art. 134 do CTB, qual seja, a comunicação pelo alienante de veículo sobre a ocorrência de transferência da propriedade ao órgão de trânsito competente sob pena de responder solidariamente em casos de eventuais infrações de trânsito, não se aplica extensivamente ao pagamento do IPVA, pois o imposto não se confunde com penalidade. 3. Recurso especial parcialmente conhecido e, nessa extensão, provido.

Assim, como o tributo não constitui sanção por ato ilícito, na forma do art. 3º do CTN, a ausência de informação de transferência do veículo não atrai a aplicação do art. 134 do CTB.

DICAS

1. A sucessão abrange, além dos impostos, as taxas e as contribuições de melhoria, isto é, todos os tributos incidentes sobre o imóvel.

2. Adquirido um bem imóvel em hasta pública, o adquirente não terá o bem gravado com a dívida, ressalvada a hipótese em que conste do edital do leilão a existência do débito e a responsabilidade do adquirente.

3. Nos casos de desapropriação não será devido o tributo ao proprietário desde o momento em que o expropriante assuma os elementos do fato gerador. 4. Na aquisição de bens móveis os créditos tributários serão transferidos ao adquirente.

Também será responsável o sucessor a qualquer título, ou seja, será responsável tributário aquele que adquire bens em virtude do falecimento do contribuinte.

Assim, serão responsáveis o cônjuge meeiro (aquele que sobrevive ao consorte), bem como os herdeiros por todos os tributos devidos pelo autor da herança (*de cujus*) até a data da partilha ou da adjudicação. Frise-se que tal responsabilidade não ultrapassa o valor do quinhão hereditário para o herdeiro, do legado para o legatário ou da meação para o meeiro.

Enquanto não houver a transmissão para os sucessores, o **espólio** responde pelas dívidas tributárias, mesmo sem ter personalidade jurídica, tanto na condição de contribuinte – com relação aos tributos cujos fatos geradores ocorram enquanto durar o inventário ou arrolamento – como na condição de responsável tributário pelas dívidas constituídas pelo *de cujus* antes da sua morte.

Portanto, não pode o fisco municipal, por exemplo, direcionar a cobrança do IPTU incidente sobre imóvel que pertencia ao *de cujus* contra os herdeiros, se o fato gerador acontecer no período do inventário (após o falecimento do proprietário). Isso porque o contribuinte do referido imposto nesse período é o espólio, sendo atribuída a responsabilidade tributária aos herdeiros, nas forças do seu quinhão, somente após finalizado o inventário.

Importante destacar que o espólio responderá inclusive pelas multas devidas pelo *de cujus*, conforme previsão da jurisprudência do STJ:

JURISPRUDÊNCIA

> TRIBUTÁRIO – INTERPRETAÇÃO DO ARTIGO 2º, § 8º, DA LEI 6.830, DE 1980, E DO ART. 131, III, DO CTN. 1. O sujeito ativo tributário não está obrigado a substituir a certidão da dívida para continuar a execução contra o espólio. 2. Ocorrendo a morte do devedor, o representante do espólio é chamado ao processo como sucessor da parte passiva, dando continuidade, com a sua presença, pela via da citação, a relação jurídico-processual. 3. A multa moratória é imposição decorrente do não pagamento do tributo na época do vencimento. 4. Na expressão créditos tributários estão incluídas as multas moratórias. 5. O espólio, quando chamado como sucessor tributário, é responsável pelo tributo declarado pelo "de cujus" e não pago no vencimento, incluindo-se o valor da multa moratória. 6. Precedentes do RE 74.851 (STF – RE 74851, RE 59883, RE 77187-SP e RE 83613-SP). Precedente do STJ – REsp. 3097-90/RS, Rel. Min. Garcia Vieira, *DJU* de 01.11.1990, p. 13.245. 7. Recurso improvido (STJ – REsp. 295222/SP, 2000/0138986-6, 1ª Turma, Rel. Min. José Delgado, Data de Julgamento: 12.06.2001, Data de Publicação: *DJ* 10.09.2001, p. 277, *REVFOR* v. 363, p. 257).

Tal posicionamento se mantém na jurisprudência atual do STJ.

JURISPRUDÊNCIA

> TRIBUTÁRIO – RESPONSABILIDADE TRIBUTÁRIA – CONCEITO DE CRÉDITO TRIBUTÁRIO – MULTA – SANÇÃO POR ATO ILÍCITO – RESPONSABILIDADE DO ESPÓLIO – ARTS. 132 E 133 DO CTN. 1. A controvérsia apoia-se na alegação de que a dívida executada decorre de sanção por ato ilícito, não se enquadrando, portanto, no conceito de tributo e, assim, não é exigível do Espólio. 2. "A responsabilidade tributária dos sucessores de pessoa natural ou jurídica (CTN, art. 133) estende-se às multas devidas pelo sucedido, sejam elas de caráter moratório ou punitivo. Precedentes" (REsp 544.265/CE, Rel. Min. Teori Albino Zavascki, Primeira Turma, julgado em 16/11/2004, DJ 21/02/2005, p. 110). Agravo regimental improvido (AgRg no REsp 1321958/RS, Rel. Ministro HUMBERTO MARTINS, SEGUNDA TURMA, julgado em 04/10/2012, *DJe* 16/10/2012). Consigno, ainda, recente decisão monocrática exarada pelo em. Ministro Sérgio Kukina. *Vide*: REsp 1.066.778/SC, DJ 31/03/2014. Ante o exposto, com

> fundamento no art. 253, parágrafo único, II, c, do RISTJ, CONHEÇO do agravo para DAR PROVIMENTO ao recurso especial, a fim de, reconhecendo a responsabilidade tributária do espólio ao pagamento de penalidade pecuniária constituída em desfavor do *de cujus*, reformar o acórdão recorrido e, por consequência, a sentença extintiva da execução fiscal e determinar a devolução dos autos à primeira instância para que dê prosseguimento ao feito executivo (STJ – AREsp. 438421/SP, 2013/0386830-5, Rel. Min. Gurgel de Faria, *DJ* 03.08.2018).

Outrossim, findado o inventário, os herdeiros permanecem pessoalmente responsáveis nas forças do quinhão herdado, não sendo possível demandar o *de cujus* nem o espólio, porque já fora efetuada a partilha de bens. Assim, eventual execução fiscal deverá ser proposta contra os herdeiros. Em contrapartida, caso a execução fiscal tenha sido promovida contra o *de cujus* quando ainda era vivo, caberá sua continuidade contra o espólio, não cabendo a aplicação da Súmula 392 do STJ, ao passo que o espólio tem legitimidade para estar em juízo, conforme citado *supra*.

7.1.3. Responsabilidade por transformação empresarial

Na forma do art. 132 do CTN, a pessoa jurídica de direito privado que for constituída por meio de um processo de **fusão**, **transformação** ou **incorporação** será responsável pelos tributos devidos, até a data da referida operação, pelas sociedades fusionadas, transformadas ou incorporadas.

A transformação, de acordo com o disposto no art. 220 da Lei 6.404/1976, ocorre quando uma sociedade passa, sem dissolução e liquidação, de um tipo societário para outro. Em outras palavras, a pessoa jurídica continua a ser a mesma, porém, sob nova forma jurídica.

A incorporação, por sua vez, se dá quando uma ou mais sociedades são absorvidas por outra, que as sucederá em todos os direitos e obrigações. Nos termos do art. 227 da Lei 6.404/1976, "incorporação é a operação pela qual uma ou mais sociedades são absorvidas por outra, que lhes sucede em todos os direitos e obrigações".

Bulgarelli[8] discorre em sua obra sobre os elementos essenciais ao fenômeno da incorporação. São eles: a dissolução de uma ou mais sociedades e a permanência de outra, a existência de convenção entre as sociedades envolvidas e a transferência global do patrimônio das incorporadas para a incorporadora, com **sucessão universal**.

Como se pode ver, depois de ocorrida a **sucessão empresarial**, o patrimônio integral da sociedade extinta passa a compor o patrimônio da sociedade remanescente, ou seja, da incorporadora. Assim, todos os débitos e créditos da incorporada serão transferidos para a incorporadora.

Já a **fusão** ocorre quando duas ou mais sociedades se unem para formar uma nova sociedade, a qual lhes sucederá em todos os direitos e obrigações, como dispõe o art. 228 da Lei 6.404/1976. Assim, no caso de fusão, a empresa que resultar da operação será

---

[8] BULGARELLI, Waldirio. *Fusões, Incorporações e Cisões de Sociedades.* 2. ed. São Paulo: Atlas, 1996. p. 67.

responsável por todos os tributos e penalidades devidos pelas envolvidas até a data da operação.

É importante frisar que nas hipóteses de incorporação ou de fusão não são transferidas para o responsável somente as dívidas tributárias, mas também ocorrerá a transmissão das penalidades, conforme a Súmula 554 do STJ.

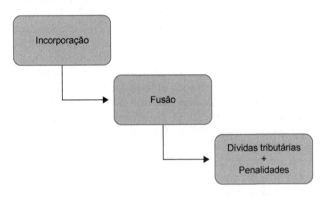

Apesar de não estar prevista expressamente no art. 132 do CTN, outra possibilidade de alteração da estrutura da empresa é a **cisão**, que consiste na operação pela qual a companhia transfere parcelas de seu patrimônio para uma ou mais sociedades, constituídas para esse fim ou já existentes, **extinguindo-se** a companhia cindida se houver divisão de todo o seu patrimônio, ou **dividindo**-se o seu capital se a divisão for parcial. Nesse caso, a **responsabilidade** será **solidária** pelas obrigações da cindida, respondendo não somente a sociedade que subsistiu, mas também aquelas que receberam parcelas do seu patrimônio, conforme disposto no art. 229 da Lei 6.404/1976, sendo irrelevante a vinculação direta do sucessor ao fato gerador da obrigação tributária.

Em suma, no caso de cisão, extinta ou não a sociedade cindida, respondem solidariamente pelas obrigações todas as sociedades que resultarem dessa operação societária. O art. 196, parágrafo único, do regulamento do imposto de renda (Decreto 9580/2018) prevê expressamente tal solidariedade. Vejamos a jurisprudência do STJ.

 JURISPRUDÊNCIA

RECURSO ESPECIAL Nº 1.463.016 – RS (2014/0149373-2)
RELATOR: MINISTRO BENEDITO GONÇALVES
RECORRENTE: DE GERONI EMPREENDIMENTOS E PARTICIPAÇÕES LTDA.
ADVOGADOS: GABRIEL PAULI FADEL – RS007889
EDUARDO MAROZO ORTIGARA E OUTRO (S) – RS036475
RECORRIDO: FAZENDA NACIONAL
ADVOGADO: PROCURADORIA-GERAL DA FAZENDA NACIONAL – PR0000000
PROCESSUAL CIVIL – RECURSO ESPECIAL – AUSÊNCIA DE PREQUESTIONAMENTO DOS DISPOSITIVOS TIDOS POR VIOLADOS – SÚMULA 282/STF – FUNDAMENTO AUTÔNOMO NÃO IMPUGNADO – SÚMULA 283/STF – RECURSO ESPECIAL NÃO

CONHECIDO – DECISÃO Trata-se de recurso especial interposto com fundamento no artigo 105, III, *a*, da Constituição Federal, contra acórdão proferido pelo TRF4, assim ementado: TRIBUTÁRIO. DÉBITOS CONSTITUÍDOS E EXIGÍVEIS. CISÃO PARCIAL DE EMPRESAS. RESPONSABILIDADE SOLIDÁRIA. A empresa resultante da cisão parcial responde solidariamente pelos débitos da empresa cindida com fatos geradores ocorridos até a data de realização do ato de cisão. Nas razões do recurso especial, a parte recorrente sustenta ofensa aos arts. 142, 145, 174, III e IV, do CTN; 3º da Lei 9.964/2000. Para tanto, sustenta que (i) não houve reconhecimento de fatos geradores pretéritos oponíveis a Recorrente, porque não há a constituição do débito ou lançamento tributário lançados à ela; (ii) não tendo ocorrido procedimento de Constituição do Débito Tributário com a formalização de lançamento, notificação ou mesmo procedimento da Recorrente quanto ao reconhecimento da obrigação tributária, não pode ela ser afeta à obrigação que se quer lhe impor; (iii) é necessário que no ato de cisão, sejam flagradas as responsabilidades, obrigações (principais e acessórias, materiais e formais). Tal hipótese é diversa do caso concreto, porque neste a apuração de ilicitude da empresa cindida, operou-se mais de quatro anos após a cisão, não podendo seus efeitos, retroagirem para atingir a Recorrente. Com contrarrazões. Juízo positivo de admissibilidade. É o relatório. Passo a decidir. (...) Da responsabilidade tributária em caso de cisão parcial. A parte autora foi constituída no ano de 1996, decorrente da cisão empresarial e patrimonial da empresa então denominada de De Geroni Construções e Incorporações Ltda., detentora do CNPJ nº 94.783.396/0003-04, ocorrida em 01/11/1996 e levada a registro em 06/02/97. Na cisão, foram formadas duas empresas distintas, sendo uma delas a requerente (De Geroni Empreendimentos e Participações Ltda.). O fundamento normativo para tal operação está dado pelo art. 229, *caput*, da chamada Lei das Sociedades Anônimas – Lei nº 6.404, de 15 de dezembro de 1976 – a saber: (...) Diante disso, oportuno que se observem as disposições dispostas na lei tributária quanto a tal ocorrência. Reza o artigo 132 do CTN que: (...) Não obstante o artigo 132 do CTN nada refira acerca da cisão parcial, o que só passou a ser regulamentado pela Lei nº 6.404/76, os efeitos tributários devem ser os mesmos até a data da operação, ou seja, a empresa cindenda fica responsável solidariamente pelos débitos da cindida até a data da cisão. Até porque, do contrário, se abriria espaço para inúmeras fraudes, uma vez que a mera alteração na estrutura da empresa afastaria a responsabilidade por tributos, com evidente ofensa ao artigo 123 do CTN, segundo o qual "salvo disposições de lei em contrário, as convenções particulares, relativas à responsabilidade pelo pagamento de tributos, não podem ser opostas à Fazenda Pública, para modificar a definição do sujeito passivo das obrigações tributárias correspondente". (...) Destarte, a empresa resultante da cisão parcial responde solidariamente pelos débitos da empresa cindida em relação aos fatos geradores ocorridos até a data de realização do ato de cisão. Conforme a tese ora esposada assim já decidiu esta Corte: (...) Relativamente aos créditos tributários anteriores à cisão, conforme acima consignado, existe relação jurídica obrigacional da requerente, não importando o fato de a declaração de tais débitos ter sido efetivada pela empresa cindida e posteriormente ao ato de cisão, haja vista que o que determina a responsabilidade solidária da empresa cindenda é a data da ocorrência do fato gerador. Outrossim, não há falar em decadência ou prescrição de tais créditos tributários, porquanto houve duas causas interruptivas de prescrição, quais sejam: em 2000, quando da adesão no REFIS e, em 2003, quando da adesão no PAES. (...) Logo, demonstrada a existência de débitos constituídos e exigíveis antes da cisão, cuja responsabilidade

CAP. 7 • RESPONSABILIDADE TRIBUTÁRIA | **243**

é solidariamente atribuída à parte autora, impõe-se a manutenção da sentença que julgou improcedente o pedido da autora. No que diz respeito aos arts. 142 e 145 do CTN; 3º da Lei 9.964/2000 282/STF (e as teses a eles vinculadas), verifica--se que não houve juízo de valor por parte da Corte de origem, o que acarreta o não conhecimento do recurso especial pela falta de cumprimento ao requisito do prequestionamento. Aplica-se ao caso a Súmula 282/STF. Além do mais, no que diz respeito à constituição do crédito tributário e à prescrição, a pretensão é inadmissível, pois o recorrente não impugnou o fundamento do acórdão recorrido segundo o qual houve declaração no ano-calendário de 1995, relativamente aos débitos que especifica. Essa situação enseja a aplicação da Súmula 283/STF. Ante o exposto, não conheço do recurso especial (STJ – REsp. 1463016/RS, 2014/0149373-2, Rel. Min. Benedito Gonçalves, *DJ* 19.09.2018).

Por fim, na análise do art. 132 do CTN, percebe-se que há uma clara hipótese de sucessão, de modo que não somente os débitos serão transferidos, mas também os créditos existentes da empresa incorporada serão transferidos para a incorporadora, e das empresas que passarem pela fusão para a empresa que resultar dessa operação societária. Assim sendo, caso a empresa incorporada ostente créditos oriundos de tributos recolhidos indevidamente ou mesmo relativos à não cumulatividade, com a incorporação, tais créditos serão transferidos para a incorporadora, que a sucederá.

Outrossim, como a sucessora assume todo o passivo tributário da sucedida, ela poderá ser acionada independentemente de qualquer medida adotada pelo credor. Em outras palavras, não haverá necessidade de substituição ou emenda da Certidão de Dívida Ativa (CDA) para prosseguimento de execução fiscal, pois não se trata de pessoas diversas, mas, sim, de transferência das obrigações para a empresa remanescente da operação societária.

O tema 1.049 dos recursos repetitivos deixa clara a possibilidade de redirecionamento da execução fiscal:

A execução fiscal pode ser redirecionada em desfavor da empresa sucessora para cobrança de crédito tributário relativo a fato gerador ocorrido posteriormente à incorporação empresarial e ainda lançado em nome da sucedida, sem a necessidade de modificação da Certidão de Dívida Ativa, quando verificado que esse negócio jurídico não foi informado oportunamente ao fisco.

Como se pode ver, se o negócio jurídico não for informado ao fisco, caberá o redirecionamento do executivo fiscal, ainda que o fato gerador tenha ocorrido posteriormente à operação societária.

7.1.4. *Responsabilidade na alienação de estabelecimento empresarial*

O art. 133 do CTN traz uma norma de suma importância no estudo da **responsabilidade tributária**, pois prevê que há responsabilidade tributária quando transferido o **fundo de comércio** ou o **estabelecimento empresarial**, ocorrendo a sucessão para o adquirente.

Importante frisar que a alienação do **ponto comercial** não se confunde com a alienação do estabelecimento empresarial. O ponto é o local onde as atividades são exercidas, e não os elementos que compõem a atividade empresarial como um todo, de modo que não há que se falar na aplicação do art. 133 do CTN nos casos em que não ocorra a alienação do estabelecimento ou fundo de comércio, ou seja, não se aplica o art. 133 do CTN caso ocorra somente a alienação de um dos elementos que integram a atividade empresarial.

A alienação do estabelecimento empresarial ou trespasse está prevista no CC, art. 1.142, que define o conceito de estabelecimento de forma clara, considerando "estabelecimento todo complexo de bens organizado, para exercício da empresa, por empresário, ou por sociedade empresária".

Ademais, o trespasse somente produzirá efeitos após sua averbação na junta comercial, conforme o art. 1.144, que determina que "*o contrato que tenha por objeto a alienação, o usufruto ou arrendamento do estabelecimento, só produzirá efeitos quanto a terceiros depois de averbado à margem da inscrição do empresário, ou da sociedade empresária, no Registro Público de Empresas Mercantis, e de publicado na imprensa oficial.*"

Assim, resta claro que trespasse e alienação de ponto comercial não se confundem.

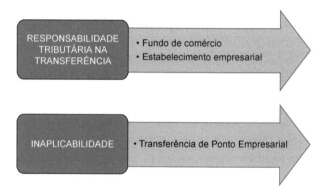

O art. 133 do CTN trata de sucessão empresarial, que também não pode se confundir com a hipótese em que um novo sócio ingresse no quadro societário da empresa. Tal situação também não caracteriza o trespasse.

Assim, no caso de alienação do estabelecimento empresarial, responderá o adquirente pelos tributos devidos até a data da aquisição, caso continue com a respectiva exploração. Em outras palavras, se o adquirente não continuar com a exploração da atividade econômica, ou alterar o ramo da atividade comercial, não será considerado sucessor nas obrigações tributárias até a data da operação.

 DICA

> Na sucessão empresarial, o adquirente de estabelecimento empresarial que não continuar explorando a atividade comercial no mesmo ramo não será considerado responsável (sucessor da obrigação tributária).

CAP. 7 • RESPONSABILIDADE TRIBUTÁRIA | **245**

Como se pode ver, o adquirente responde por toda a dívida tributária se permanecer no mesmo ramo de atividade. No entanto, sua responsabilidade será **integral** ou **subsidiária,** de acordo com a conduta adotada pelo alienante do estabelecimento.

Assim, caso o alienante **cesse** a atividade empresarial, o adquirente responderá **integralmente** pelos tributos devidos até a data da alienação, conforme previsto no art. 133, I, do CTN.

Vamos tomar como exemplo a hipótese em que Paulo adquira o estabelecimento empresarial de Eduardo, que deixa de exercer a atividade empresarial em qualquer ramo da atividade econômica após a alienação. Caso isso ocorra, Paulo será integralmente responsável se, após adquirir o estabelecimento empresarial de Eduardo, continuar com a respectiva exploração, em razão do fato de Eduardo deixar de exercer a atividade empresarial.

O art. 133, I, do CTN prevê a responsabilidade integral do adquirente. Todavia, é importante destacar que em nenhum momento exclui o alienante da obrigação de pagar os tributos devidos. Esse dispositivo traz, em verdade, uma **responsabilidade solidária** do alienante com o adquirente do estabelecimento comercial. O referido dispositivo traz a hipótese de **responsabilidade tributária pura,** pois o fisco pode direcionar contra a sucessora a execução fiscal do crédito tributário deixado pela sucedida, sem que para isso precise antes esgotar as tentativas de obter a satisfação do crédito, podendo o fisco, inclusive, direcionar a cobrança contra alienante e adquirente, caracterizando uma verdadeira hipótese de solidariedade.

Nesse sentido, vejamos didático julgado originário do Tribunal Regional Federal (TRF) da 2ª Região:

TRIBUTÁRIO – EMBARGOS À EXECUÇÃO FISCAL – SUCESSÃO EMPRESARIAL CONFIGURADA – TRANSFERÊNCIA DE FUNDO COMERCIAL EM CONTRATO DE COMPRA E VENDA DE MÓVEIS E UTENSÍLIOS – ENCERRAMENTO DAS ATIVIDADES COMERCIAIS DA ALIENANTE – RESPONSABILIDADE SOLIDÁRIA DA SUCESSORA QUE RESPONDE POR TODOS OS DÉBITOS TRIBUTÁRIOS DA SUCEDIDA ATÉ A DATA DA SUCESSÃO – SÚMULA Nº 554/STJ – NOVO LANÇAMENTO EM RAZÃO DO REDIRECIONAMENTO DA EXECUÇÃO – DESNECESSIDADE – FATOS ENSEJADORES VERIFICADOS NO CURSO DO PROCESSO EXECUTIVO – CONTRADITÓRIO E AMPLA DEFESA ASSEGURADOS EM EMBARGOS À EXECUÇÃO – EXCESSO DE EXECUÇÃO – NÃO DEMONSTRADO – CERCEAMENTO DE DEFESA – INOCORRÊNCIA – APELAÇÃO DESPROVIDA.

1. No que tange à responsabilidade tributária por sucessão, dispõe o art. 133 do CTN, *verbis*: A pessoa natural ou jurídica de direito privado que adquirir de outra, por qualquer título, fundo comercial ou estabelecimento comercial, industrial ou profissional, e continuar a respectiva exploração, sob a mesma ou outra razão social ou sob firma ou nome individual, responde pelos tributos, relativos ao fundo ou estabelecimento adquirido, devida até a data do ato: I – integralmente, se o alienante cessar a exploração do comércio, indústria ou atividade; II – subsidiariamente com alienante, se este prosseguir na exploração ou iniciar dentro de 6 (seis) meses, a contar da data da alienação, nova atividade no mesmo ou em outro ramo do comércio, indústria ou profissão. 2. Extrai-se do texto legal que, para a configuração da responsabilidade pela sucessão empresarial, nos termos do artigo 133 do CTN,

é fundamental que tenha havido, de fato, aquisição do fundo de comércio ou estabelecimento de uma empresa por outra, ainda que não formalizada sob essa denominação. 3. Registre-se, a título de esclarecimento, que fundo de comércio ou estabelecimento comercial constitui o instrumento da atividade empresarial. Compõe-se do ativo e passivo da empresa, desde seus bens móveis, utensílios, mercadorias, até seus clientes, lista de fornecedores, empregados e funcionários, marcas, registros comerciais e industriais, sendo muito mais do que o estabelecimento empresarial. 4. Conforme se extrai dos autos, a executada Descontão, afirmando compor a Rede Descontão de Farmácias, noticiou ao Juízo da 3ª Vara do Trabalho de Duque de Caxias sua sucessão empresarial pela Drogarias Pacheco S/A, nos seguintes termos (e-fls. 330-333): No dia 04 de fevereiro de 2009, o sócio-diretor José Geraldo Lemos, representante da Rede Descontão de Farmácias, e o sócio-diretor Presidente Samuel Barata, da Drogarias Pacheco S.A, firmaram Contrato de Compra e Venda, fundamentado pela cláusula de n. 09, do Contrato de Compra e Venda de Móveis e Utensílios, a seguir mencionado: "COMPÕEM A VENDA QUE O VENDEDOR FAZ À COMPRADORA DOS 107 (CENTO E SETE) PONTOS DE VENDA, OS SEGUINTES BENS: A) MÓVEIS E UTENSÍLIOS E INSTALAÇÕES; B) EQUIPAMENTOS E INFORMÁTICA; C) FUNDOS DE COMÉRCIO; D) MARCAS E PATENTES, ESPECIALMENTE O TÍTULO 'DESCONTÃO'; E) EQUIPAMENTO DE AR REFRIGERADO E TELEFONIA; F) TODO E QUALQUER BEM MÓVEL QUE SE APRESENTE NECESSÁRIO AO FUNCIONAMENTO DOS PONTOS DE VENDA". No caso acima mencionado, conforme normas previstas em nossa Federação, não existe dúvida alguma de que, os direitos e as obrigações devidos à personalidade jurídica da REDE DESCONTÃO passam para DROGARIAS PACHECO S/A. com o pacto realizado. Uma vez que, a adquirente se apresenta como SUCESSORA e PROPRIETÁRIA. 5. Com efeito, a análise do Contrato de Compra e Venda firmado entre o representante legal de Rede Descontão e Drogarias Pacheco S/A, corrobora a afirmativa da executada nos autos do processo trabalhista (e-fls. 335-339). 6. Vê-se que a avença transfere para Drogarias Pacheco todos os bens móveis necessários ao funcionamento, incluindo o estoque, o estabelecimento e o fundo de comércio, a fim de propiciar a continuidade da atividade comercial, com a possibilidade de utilização da marca, inclusive o título "DESCONTÃO", além do cartão de crédito em nome da vendedora, com o valor revertido em favor da compradora (Cláusulas 06, 09 e 12; e-fls. 336-337). 7. É oportuno destacar que a sucessão em tela também restou reconhecida no âmbito da Justiça Laboral, consoante exemplificam os seguintes arestos: TRT 1 – RO 4223020105010047 RJ, Rel. Luiz Augusto Pimenta de Mello, Quarta Turma, Publ. 06/03/2012; TRT 1 – RO 3667420115010010 RJ, Rel. Giselle Bondim Lopes Ribeiro, Sexta Turma, Publ. 05/11/2012; e TRT 1 – AGVPET 1545007120085010040 RJ, Rel. Ivan da Costa Alemão Ferreira, Quarta Turma, Publ. 05/03/2013. 8. Vale salientar, ainda, que a transferência do fundo de comércio, além de expressa na Cláusula Nona, está devidamente caracterizada na Cláusula 14, e do contrato em análise (e-fls. 338), na medida em que o representante legal da executada se compromete a não exercer o comércio de medicamentos e correlatos no Estado do Rio de Janeiro, por si ou prepostos, durante o prazo de 30 (trinta) anos, circunstância que desqualifica, *in totum*, também, a alegação de que a executada permaneceria ativa em endereço diverso e, por isso, sua responsabilidade seria subsidiária. 9. Realmente, a aduzida responsabilidade subsidiária não merece maiores considerações, pois a inatividade de Descontão de Saracuruna LTDA. restou presumida nos autos da execução fiscal (e-fls. 158 e 163). De outro lado, certo é que a

CAP. 7 • RESPONSABILIDADE TRIBUTÁRIA | **247**

apelante não acrescentou qualquer elemento concreto que pudesse comprovar a atividade da sucedida, hipótese que atrai para si a responsabilidade solidária, nos termos do art. 133, I, do CTN. Nesse sentido já decidiu esta e. Corte regional. Confira-se: TRF 2 – AG 201102010160182, Rel. Desembargador Federal Theophilo Miguel, Quarta Turma, *DJe* 29.04.2013. Ademais, a presunção judicial de sucessão e os termos do contrato supramencionado, em especial, da cláusula 14 e, não podem ser relativizados pela simples informação constante de sítio eletrônico de busca, tal como pretende a recorrente. 10. Cumpre esclarecer que, diversamente do sugerido pela apelante, o tema não foi objeto de análise no âmbito desta e. Turma, mas apenas superficialmente aventado por um de seus respeitáveis membros para respaldar eventual efeito suspensivo em embargos à execução. 11. Vale salientar que o art. 129 do CTN estabelece que a transferência da responsabilidade por sucessão aplica-se aos créditos tributários já definitivamente constituídos, ou em curso de constituição à data dos atos nela referidos, e aos constituídos posteriormente aos mesmos atos, desde que relativos a obrigações tributárias surgidas até a referida data, não estabelecendo regime especial acerca de qualquer espécie tributária. 12. Também é preciso considerar que o artigo 133 do CTN dispõe que o terceiro que adquirir fundo ou estabelecimento comercial será responsável tributário e "adquirir, juridicamente, é o ato através do qual se incorpora completa e definitivamente ao patrimônio do seu sujeito os direitos inerentes ao seu objeto" (Parecer Normativo nº 2/72). Consequência disso é, que ao adquirir o fundo de comércio ou estabelecimento comercial, além da transmissão dos direitos a ele inerentes, igualmente serão transmitidas as dívidas tributárias contraídas pela sucedida, sendo irrelevantes as espécies. 13. Tal é a compreensão que se extrai da jurisprudência da e. Corte especial, ao afirmar que a responsabilidade tributária do sucessor abrange, além dos tributos devidos pelo sucedido, as multas moratórias ou punitivas, que, por representarem dívida de valor, acompanham o passivo do patrimônio adquirido pelo sucessor, desde que seu fato gerador tenha ocorrido até a data da sucessão (REsp 923.012/MG, Rel. Min. Luiz Fux, Primeira Seção, julgado em 9.6.2010, *DJe* 24.6.2010). 14. Com efeito, em razão do entendimento esposado, a responsabilidade da sucessora sobre todo o débito tributário restou cristalizada na Súmula nº 554/STJ (de 09/12/2015), *verbis*: "Na hipótese de sucessão empresarial, a responsabilidade da sucessora abrange não apenas os tributos devidos pela sucedida, mas também as multas moratórias ou punitivas referentes a fatos geradores ocorridos até a data da sucessão". 16. Por fim, não se verifica a necessidade de novo lançamento para o redirecionamento da execução, quando os fatos que o motivam se revelam no curso do processo executivo, tal como no presente caso, hipótese em que o contraditório e a ampla defesa são assegurados mediante interposição de embargos à execução. 16. Os débitos em execução são atinentes aos anos de 2005 e 2006, foram inscritos em dívida ativa em 11.12.2008 (e-fls. 25-155) e cobrados por meio de execução fiscal proposta em 25.06.2009. Assim sendo e considerando que os contratos que envolvem transferência de fundo de comércio só produzem efeitos quanto a terceiros depois de averbados à margem da sociedade empresária no Registro Público de Empresas Mercantis, bem como que o único registro de que se tem notícia é junto ao Cartório de Títulos e Documentos, no dia 14.06.2010, conclui-se que o presente caso não se confunde com as hipóteses de execução fiscal proposta contra empresa sucedida depois de anos de formalizada sua extinção, tal como tenta sustentar a apelante (e-fls. 409-410). 17. Conquanto o art. 332 do CPC permita a produção de todos os meios de prova legais, bem como os moralmente legítimos, de forma a demonstrar a verdade dos fatos, é certo que referida norma não autoriza a realização da prova que se mostre desnecessária ou impertinente ao julgamento do mérito da demanda. 18. É cediço que as provas são destinadas ao juiz para formação de seu convencimento. Se o magistrado entende que os documentos constantes dos autos são suficientes para construção de sua convicção, pode indeferir prova que considere desnecessária ou protelatória, não constituindo a negativa hipótese de cerceamento de defesa. 19. Ainda, no que toca ao ônus da prova, o art. 16, § 2º, da Lei nº 6.830/80 estabelece que o executado, ao apresentar os seus embargos, deverá deduzir toda a matéria útil à sua defesa, com o objetivo de desconstituir a dívida e a sua presunção de liquidez e certeza. 20. Nesse contexto, tendo como razão de pedir o excesso de execução, os embargos devem ser instruídos com memória de cálculo, demonstrando o embargante o valor que entende correto. Neste sentido, vale registrar a doutrina do exmo. Ministro Luiz Fux, *verbis*: "Coibindo a prática vetusta de o executado impugnar genericamente o crédito exequendo, a lei o obriga a apontar as 'gorduras' do débito apontado pelo credor. Assim é que, 'quando o excesso de execução for fundamento dos embargos, o embargante deverá declarar na petição inicial o valor que entende correto, apresentando memória do cálculo, sob pena de rejeição liminar dos embargos ou de não conhecimento deste fundamento'" (in FUX, Luiz. O novo processo de execução (cumprimento da sentença e a execução extrajudicial). Rio de Janeiro: Forense, 2008. pg. 416). Precedente desta e. Corte Regional: TRF2 – AC 200751150001063 – Rel. Desembargador Federal LUIZ MATTOS, 3ª Turma Especializada, E-DJF2R 10/06/2013. 21. É sabido que as provas devem ser especificadas e justificadas dentro do contexto da necessidade processual, todavia, além de a prova pericial ter sido genericamente requerida na inicial, a apelante não instruiu a inicial com memória de cálculo, indicando a ocorrência de excesso, e os valores que considera corretos, não se justificando, portanto, a retificação da decisão do d. magistrado de primeiro grau. 22. Apelação desprovida (TRF-2 – AC 00298743820174025110/RJ 0029874-38.2017.4.02.5110, 4ª Turma Especializada, Rel. Ferreira Neves, Data de Julgamento: 11.02.2020).

No entanto, o assunto não é pacífico na doutrina. Pela responsabilidade solidária, posicionou-se Hugo de Brito Machado:

Quem diz **"integralmente"** não está dizendo **"exclusivamente"**. O alienante, mesmo tendo cessado a respectiva exploração, continua responsável. (...) A palavra "integralmente", no inciso I do art. 133 do CTN, há de ser entendida como **solidariamente,** e não como exclusivamente.[9]

Pela responsabilidade exclusiva/integral, posicionou-se Alberto Xavier:

A responsabilidade integral significa uma responsabilidade única e exclusiva do adquirente, que assume "integralmente" as obrigações tributárias relativas ao estabelecimento, eis que mais nenhum coobrigado se encontra ao seu lado repartindo os deveres em que ela consiste.[10]

---

[9] MACHADO, Hugo de Brito. *Curso de Direito Tributário*. 33. ed. São Paulo: Malheiros, 2012. p. 160.
[10] XAVIER, Alberto. Responsabilidade Tributária de Sucessores na Alienação de Estabelecimento. *RDDT*, v. 167, p. 7, ago. 2009.

O **STJ** entende pela **interpretação literal** do dispositivo, devendo ser retirado da CDA o sócio que saiu da sociedade, devendo constar somente a adquirente.

JURISPRUDÊNCIA

> TRIBUTÁRIO – AGRAVO REGIMENTAL NO RECURSO ESPECIAL – REDIRECIONAMENTO DA EXECUÇÃO FISCAL CONTRA SÓCIO-GERENTE CUJO NOME CONSTA DA CDA – ART. 133, I, DO CTN – RESPONSABILIDADE INTEGRAL DO CESSIONÁRIO – AGRAVO NÃO PROVIDO. (...) 2. **Havendo sucessão, nos termos do art. 133, I, do CTN, fica o cessionário responsável integralmente pelas dívidas da sociedade, devendo ser excluído da CDA o nome do sócio-gerente que se retirou da sociedade** (AgRg no REsp. 1285121/DF, Min. Arnaldo Esteves Lima, *DJe* 02.02.2012).

Como se pode ver, o STJ entendeu pela aplicação da responsabilidade integral e exclusiva do adquirente do estabelecimento empresarial.

Na sequência, no inciso II do art. 133 do CTN, está prevista hipótese de responsabilidade subsidiária do adquirente com o alienante, caso o alienante continue a exploração da atividade empresarial, ou a retome no prazo de seis meses, no mesmo ramo de comércio, indústria ou profissão. Assim, vale dizer que, para direcionar a execução contra a sucessora, o fisco precisa antes executar o patrimônio da sucedida, não cabendo a cobrança do responsável enquanto não houver execução frustrada.

RESPONSABILIDADE DO ADQUIRENTE

Integral	Ocorrerá quando o adquirente seguir explorando o mesmo ramo de atividade comercial e o alienante cessar sua atividade empresarial.
Subsidiária	Ocorrerá quando o alienante continuar a exploração da atividade, ou retomá-la, no prazo de seis meses, no mesmo ramo.

A partir de 09.06.2005, data em que passou a vigorar o § 1º do art. 133, introduzido pela LC 118/2005, o disposto no *caput* do art. 133 não mais se aplica às hipóteses específicas de **alienação judicial** em processo de **falência** e de filial ou unidade produtiva isolada em processo de **recuperação judicial**. Assim, ao adquirir estabelecimento empresarial em alienação judicial, o adquirente não será considerado responsável pelas dívidas até a data da alienação, com ressalva para o disposto no § 2º do art. 133 do CTN, que prevê a aplicação do *caput* do art. 133, mesmo nas hipóteses de **alienação de estabelecimento empresarial**.

O § 2º tem como objetivo evitar fraudes e determina que, se um **agente da falida adquirir** o estabelecimento alienado em processo **falimentar**, será aplicada a responsabilidade de que trata o art. 133, *caput*. Percebemos então uma tendência do legislador em **evitar** a ocorrência de **fraudes**. Desta feita, permanece a responsabilidade do *caput* do art. 133 nos casos em que o falido se utilize de agente ou **parente até o quarto grau** para aquisição do estabelecimento comercial.

Assim, não se aplica a regra excepcional do § 1º quando o adquirente for "parente, em **linha reta** ou **colateral** até o 4º (quarto) grau, **consanguíneo** ou **afim**, do devedor falido ou em recuperação judicial ou de qualquer de seus sócios; ou identificado como agente do falido, ou do devedor em recuperação judicial com o objetivo de fraudar a sucessão tributária".

Ademais, conforme dispõe o § 3º do art. 133 do CTN, o montante financeiro arrecadado deve ficar depositado à disposição do juízo por um ano. Durante esse período é possível a sua utilização para pagamento a **credores extraconcursais** ou daqueles créditos que prefiram ao tributário, como é o caso, por exemplo, dos decorrentes da legislação do trabalho, como estabelecido na parte final do aludido parágrafo.

7.2. Responsabilidade de terceiros

7.2.1. *Responsabilidade subsidiária*

O CTN trata da **responsabilidade de terceiros**, nos arts. 134 a 137. Nessas hipóteses, o **fato gerador** da obrigação tributária é praticado pelo **contribuinte,** e ela é transferida ao **responsável**, permanecendo ambos no polo passivo da relação, não sendo o contribuinte absorvido pelo responsável, como ocorre na sucessão.

O art. 134 do CTN traz a primeira hipótese de responsabilidade de terceiros, que é **subsidiária,** já que o próprio dispositivo legal determina que a obrigação de pagar os tributos seja transferida aos responsáveis nos casos em que o sujeito ativo não possa exigir o cumprimento da obrigação do contribuinte. Assim, a execução do crédito deve ser direcionada em face do contribuinte e, somente depois de averiguada a impossibilidade de prosseguimento do processo executório contra o contribuinte, ser redirecionada para o responsável.

Apesar de ser hipótese de responsabilidade de terceiros, é inadmissível que a responsabilização recaia sobre aquele que não tenha participado do fato gerador. Tal conclusão se deve a uma simples leitura do *caput* do art. 134 do CTN, *supra*. Assim, só surge a responsabilidade se tiverem participado do ato que denotou a capacidade contributiva, como no caso em que o tutor que assinou a escritura de compra e venda do imóvel do tutelado se torna responsável pelos tributos devidos em razão da prática daquele ato. Além disso, ocorre a responsabilidade no caso de o terceiro se omitir, por exemplo, deixar o tutor de declarar a importação de um bem pelo tutelado.

Determina também o dispositivo legal ora em análise que os pais respondem pelos tributos devidos por seus filhos, desde que sejam estes menores na data da prática do fato gerador.

Além disso, ainda são responsáveis os administradores de bens de terceiros pelos tributos devidos pelo administrado. Exemplo simples de tal situação é a hipótese em que A assume a gestão dos bens de B, por exemplo, ficando responsável pelos tributos incidentes sobre as operações relativas àqueles bens.

Tal situação tem clara aplicação prática nas dívidas tributárias nascidas durante o processamento do inventário. Caso ocorra, por exemplo, fato gerador de IPTU, e restando inadimplente o espólio (contribuinte), quem responderá subsidiariamente pela dívida será o inventariante, pois ele responde pelos tributos devidos pelo espólio, em caso de inadimplemento deste, e caracterizada a sua conduta omissiva ou negligente.

A mesma responsabilidade recai sobre o administrador da falência e sobre o tabelião, escrivão ou quaisquer funcionários de cartórios quando incidentes as hipóteses do *caput* do art. 134 do CTN.

Nos casos de **liquidação de sociedade de pessoas**, a responsabilidade pelos tributos não pagos é transferida aos sócios, na forma do art. 134, VII, do CTN. Importante destacar que a transmissão somente ocorre nos casos de sociedades de pessoas que não pode ser confundida com a sociedade de capital. Assim, em caso de liquidação de uma sociedade anônima (S.A.), por exemplo, não cabe a responsabilização dos acionistas em caso de inadimplemento dos tributos, por ser a S.A. uma sociedade de capital. Em outras palavras, o sócio que não tenha poder de gestão somente será responsabilizado na hipótese de liquidação de sociedade de pessoas.

O STJ é pacífico com relação à responsabilidade subsidiária aplicável ao dispositivo em análise, conforme jurisprudência que segue:

PROCESSUAL CIVIL E TRIBUTÁRIO – EXECUÇÃO FISCAL – SOCIEDADE EX-TINTA DE FORMA REGULAR – RESPONSABILIZAÇÃO SUBSIDIÁRIA DO SÓCIO – POSSIBILIDADE – REEXAME FÁTICO-PROBATÓRIO – INADMISSIBILIDADE

1. "A pretensão de simples reexame de prova não enseja recurso especial" (Súmula 7 do STJ).

2. À luz do art. 134, VII, do CTN, este Tribunal Superior tem decidido ser possível o redirecionamento da execução fiscal contra o sócio-gerente, ao qual compete demonstrar a eventual insuficiência do patrimônio recebido por ocasião da liquidação para, em tese, poder-se exonerar da responsabilidade pelos débitos exequendos.

3. Hipótese em que o recurso especial encontra óbice na Súmula 7 do STJ, pois, considerada a situação fática descrita no acórdão *a quo*, eventual acolhida da pretensão necessitaria do exame de provas, o que não é adequado em recurso especial.

4. Agravo interno desprovido (AgInt no AREsp. 706949/MT, Min. Gurgel de Faria, *DJe* 09.04.2019).

Outra hipótese de responsabilidade recebe tratamento legal no art. 135 do CTN e abrange a responsabilidade pessoal dos sujeitos de acordo com a sua atuação. Nessa hipótese, a responsabilidade é solidária, podendo o fisco efetuar a cobrança tanto de contribuinte quanto de responsável, mas o art. 135 do CTN somente se aplica nos casos de **dolo**, ou seja, má-fé daqueles arrolados no dispositivo legal.

São considerados responsáveis aqueles elencados no referido artigo sempre que agirem com **excesso de poderes** ou **infração a lei, contrato social** ou **estatuto**.

Com isso, quando as pessoas mencionadas no art. 134 do CTN praticam atos com excesso de poderes ou infração de lei, contrato social ou estatutos são pessoalmente responsabilizadas pelos créditos correspondentes às obrigações tributárias resultantes desses atos, não se aplicando, nessa hipótese, a subsidiariedade, por força do art. 135, I, do CTN.

Da mesma forma, a condição de administrador de bens alheios, como diretor, gerente ou representante, gera a responsabilidade tributária desde que a administração recaia sobre bens e interesses de pessoa jurídica de direito privado.

Para ser considerado responsável tributário, não basta ser sócio, tendo de exercer a administração da sociedade. Tal situação ocorre nos casos de sócio-gerente e sócio-diretor, por exemplo, devendo ser caracterizado o dolo da conduta.

7.2.2. *Responsabilidade pessoal e solidária*

No art. 135 do CTN está prevista a responsabilidade solidária, hipótese em que o responsável responderá com seu patrimônio pessoal pelas dívidas da empresa, ora contribuinte. Destaque-se que tal responsabilidade somente é aplicável no caso de comprovação de conduta dolosa ou fraudulenta pelo responsável, não cabendo sua aplicação no caso de mero inadimplemento do tributo.

O art. 135 elenca as pessoas que responderão pessoalmente, com seus bens, no caso de conduta dolosa contra o fisco. Com isso, na forma do art. 133, I do CTN, todos aqueles que estão elencados no art. 134 do Código e respondem de forma subsidiária pelo inadimplemento do tributo, responderão de forma solidária e pessoal no caso de prática de conduta fraudulenta ou contrária ao contrato social ou estatuto da sociedade.

Conforme previsto no citado dispositivo, também responderão pessoalmente os diretores, prepostos e gerentes da pessoa jurídica que tenham atuado de forma dolosa para afastar a incidência do tributo ou seu pagamento.

Além daqueles que têm poder de decisão na empresa, o dispositivo em análise determina que até mesmo o empregado deverá responder com seu patrimônio pelas dívidas tributárias da empresa, quando preenchidos os requisitos do *caput*, ou seja, atuação de forma dolosa, contrária à lei, contrato social ou estatuto.

Insta destacar que o art. 135 do CTN abrange os atos em virtude dos quais a pessoa jurídica tornou-se inadimplente. Ou seja, o ato praticado pelas pessoas de que trata o artigo – além de ter sido praticado com excesso de poderes ou infração de lei, contrato social ou estatutos – deve ter sido apto a acarretar a não tributação, de modo que seja caracterizada a fraude.

Ademais, infração à lei a caracterizar a responsabilidade deve ser praticada com a intenção de infringir. Em outras palavras, não devem restar dúvidas de que o não pagamento do tributo consiste em uma infração à lei, porque o tributo é uma prestação decorrente da lei. Todavia, ao deixar de pagar tributo, pura e simplesmente, o indivíduo não atrai para si a responsabilidade. Somente será considerado responsável se agir com a intenção, com o dolo de infringir a lei, não bastando o simples inadimplemento do tributo. Vejamos o teor da Súmula 430 do STJ: "O inadimplemento da obrigação tributária pela sociedade não gera, por si só, a responsabilidade solidária do sócio-gerente".

Como se não bastasse, a responsabilidade tributária é assunto reservado à lei complementar, conforme posicionamento adotado pelo STF em sede de repercussão geral, ao analisar a constitucionalidade do art. 13 da Lei 8.620/1993, que previa a responsabilidade solidária do sócio de sociedade limitada com relação aos débitos referentes à seguridade social. Vejamos o posicionamento da Corte Maior:

> Todas as espécies tributárias, entre as quais as contribuições de seguridade social, estão sujeitas às normas gerais de direito tributário. O CTN estabelece algumas regras matrizes de responsabilidade tributária, como a do art. 135, III, bem como diretrizes para que o legislador de cada ente político estabeleça outras regras específicas de responsabilidade tributária relativamente aos tributos da sua competência, conforme

seu art. 128. O preceito do art. 124, II, no sentido de que são solidariamente obrigadas "as pessoas expressamente designadas por lei", não autoriza o legislador a criar novos casos de responsabilidade tributária sem a observância dos requisitos exigidos pelo art. 128 do CTN, tampouco a desconsiderar as regras matrizes de responsabilidade de terceiros estabelecidas em caráter geral pelos arts. 134 e 135 do mesmo diploma. A previsão legal de solidariedade entre devedores – de modo que o pagamento efetuado por um aproveite aos demais, que a interrupção da prescrição, em favor ou contra um dos obrigados, também lhes tenha efeitos comuns e que a isenção ou remissão de crédito exonere a todos os obrigados quando não seja pessoal (art. 125 do CTN) – pressupõe que a própria condição de devedor tenha sido estabelecida validamente. A responsabilidade tributária pressupõe duas normas autônomas: a regra matriz de incidência tributária e a regra matriz de responsabilidade tributária, cada uma com seu pressuposto de fato e seus sujeitos próprios. A referência ao responsável enquanto terceiro (*dritter Persone, terzo ou tercero*) evidencia que não participa da relação contributiva, mas de uma relação específica de responsabilidade tributária, inconfundível com aquela. O "terceiro" só pode ser chamado responsabilizado na hipótese de descumprimento de deveres próprios de colaboração para com a administração tributária, estabelecidos, ainda que *a contrario sensu*, na regra matriz de responsabilidade tributária, e desde que tenha contribuído para a situação de inadimplemento pelo contribuinte. O art. 135, III, do CTN responsabiliza apenas aqueles que estejam na direção, gerência ou representação da pessoa jurídica e tão somente quando pratiquem atos com excesso de poder ou infração à lei, contrato social ou estatutos. Desse modo, apenas o sócio com poderes de gestão ou representação da sociedade é que pode ser responsabilizado, o que resguarda a pessoalidade entre o ilícito (má gestão ou representação) e a consequência de ter de responder pelo tributo devido pela sociedade. O art. 13 da Lei 8.620/1993 não se limitou a repetir ou detalhar a regra de responsabilidade constante do art. 135 do CTN, tampouco cuidou de uma nova hipótese específica e distinta. Ao vincular à simples condição de sócio a obrigação de responder solidariamente pelos débitos da sociedade limitada perante a Seguridade Social, tratou a mesma situação genérica regulada pelo art. 135, III, do CTN, mas de modo diverso, incorrendo em inconstitucionalidade por violação ao art. 146, III, da CF (RE 562276, Rel. Min. Ellen Gracie, j. 03.11.2010, P, *DJE* de 10.02.2011, tema 13).

Depreende-se do julgado que a lei ordinária não pode criar hipóteses de responsabilidade além daquelas previstas em lei complementar, limitando-se a regulamentar a norma geral, mas, de qualquer forma, tal dispositivo foi revogado pela Lei 11.941/2009.

O art. 135 do CTN estabelece **solidariedade** entre contribuinte e responsável, e tal conclusão decorre de uma simples análise do seu inciso I, ao mencionar "as pessoas referidas no artigo anterior", reafirmando a subsidiariedade do art. 134.

Tal entendimento não é pacífico na doutrina. Vejamos:

Quando o "terceiro" responsável atua de maneira irregular, violando a lei, o contrato social ou o estatuto, sua responsabilidade será pessoal e não apenas solidária. Sendo assim, o "terceiro" responde sozinho, com todo o seu patrimônio, ficando afastada qualquer possibilidade de atribuição da sujeição passiva à pessoa que, de outra forma, estaria na condição de contribuinte.[11]

---

[11] ALEXANDRE, Ricardo. *Direito Tributário Esquematizado*. São Paulo: Método, 2007. p. 324.

Por fim, resta a responsabilidade tributária dos **administradores** quando a sociedade deixa de operar, sem ter havido sua regular liquidação. Nesse caso, presume-se que os sócios-gerentes, diretores ou administradores tenham se apropriado dos bens pertencentes à sociedade, respondendo, portanto, pelas dívidas tributárias desta. Na verdade, segundo construção jurisprudencial já sedimentada, haveria no caso o ilícito (infração à lei) a que se refere o *caput* do art. 135, e a liquidação do art. 134, inciso VII, incidindo, portanto, a combinação dos dois artigos, preconizada pelo inciso I do art. 135.

Destaque-se que o STJ adotou o entendimento no sentido de que o sócio que administrava a empresa no período do fato gerador do tributo e se afastou de forma regular, não responde pessoalmente pelos débitos tributários em caso de posterior dissolução irregular, mas sim o sócio que participou da dissolução. Tal entendimento foi adotado no julgamento dos REsps 1377019/SP, 1776138/RJ, 1787156/RS, Tema 962 da sistemática de recursos repetitivos.

Também entendeu o STJ, no julgamento do tema 981 dos recursos repetitivos, que o redirecionamento da execução fiscal no caso de dissolução irregular deve ser contra aquele que tinha poderes de gestão na data da dissolução irregular, ainda que não tivesse poderes de gestão quando do fato gerador. Vejamos:

> O redirecionamento da execução fiscal, quando fundado na dissolução irregular da pessoa jurídica executada ou na presunção de sua ocorrência, pode ser autorizado contra o sócio ou o terceiro não sócio, com poderes de administração na data em que configurada ou presumida a dissolução irregular, ainda que não tenha exercido poderes de gerência quando ocorrido o fato gerador do tributo não adimplido, conforme art. 135, III, do CTN.

Com isso, o sócio que se afastou antes do fechamento irregular da empresa não responderá pela dívida tributária, ressalvada a hipótese de comprovação de dolo.

Ademais, o STJ, ao editar a Súmula 435, firmou posicionamento no sentido de que a mudança de endereço da empresa sem a devida informação ao fisco caracteriza dissolução irregular, o que enseja a responsabilidade pessoal. Com isso, as Fazendas incluem os administradores das sociedades no polo passivo de execuções fiscais caso as empresas mudem de endereço sem informar ao fisco, uma vez que o **dolo** é **presumido**.

Apesar de pacífico, tal posicionamento, *data maxima venia*, demonstra uma interpretação cruel com relação à atividade empresarial e à burocracia brasileira, tendo em vista que a simples mudança de endereço não deveria atrair a responsabilidade sem a comprovação de dolo. Isso porque a mudança da empresa pode ocorrer antes do efetivo registro em órgãos oficiais, quer seja por necessidade da empresa em se mudar imediatamente, quer seja pela demora de deferimento e obtenção de alvará por parte da Administração Pública.

O art. 135 do CTN busca punir com a aplicação da responsabilidade aquele que frauda, que engana, mas não aquele que passou por algum tipo de dificuldade, não devendo a Súmula 435 do STJ ser aplicada de forma absoluta.

JURISPRUDÊNCIA

A necessidade de comprovação do dolo é tão relevante que nem mesmo o oferecimento de denúncia pela prática de crime tributário é suficiente para atrair a responsabilidade pessoal. TRIBUTÁRIO – EXECUÇÃO FISCAL – REDIRECIONAMENTO AOS SÓCIOS – INFRAÇÃO À LEI – CRIME TRIBUTÁRIO – APENAS OFERECIMENTO DE DENÚNCIA CRIMINAL – REQUISITOS DO ART. 135 DO CTN – APRECIAÇÃO – ENUNCIADO SUMULAR N. 7/STJ.

I – Na origem, o redirecionamento da execução fiscal contra os sócios-administradores foi requerido pelo Fisco Estadual, considerando que o CTN prevê solidariedade dos sócios pelas dívidas da sociedade; que houve a apresentação de denúncia em razão da prática de crime tributário; bem como que a legislação estadual prevê a solidariedade dos sócios-gerentes pelos débitos e infrações fiscais praticadas por eles em nome da pessoa jurídica.

II – Interposto agravo de instrumento, o Tribunal de origem negou-lhe provimento, sob o fundamento de que: (i) o mero oferecimento de denúncia criminal contra os sócios da pessoa jurídica não é suficiente à comprovação dos requisitos previstos no art. 135 do CTN, não autorizando, por si só, o redirecionamento da execução fiscal; bem como que (ii) "até o presente momento não restou demonstrada a dissolução irregular da empresa executada, haja vista que a mesma foi citada e peticionou nos autos por meio de procurador constituído" (fl. 57). No recurso especial, o Fisco Estadual sustenta, em resumo, que comprova a ocorrência de infração à lei o oferecimento de denúncia pelo cometimento de crime tributário pelos sócios-administradores da empresa.

III – A jurisprudência do Superior Tribunal de Justiça está assentada no sentido de que o redirecionamento da execução pela prática de infração à lei com fundamento apenas no oferecimento de denúncia por crime em tese praticado pelos sócios encontra óbice no Enunciado Sumular n. 7/STJ, não constituindo, por si só, demonstração cabal dos pressupostos do art. 135, III, do CTN, hipótese que demandaria o reexame do conjunto fático-probatório dos autos. Precedentes citados: AgRg no AgRg no REsp 885.414/RS, Rel. Ministro Francisco Falcão, Primeira Turma, DJ 30/4/2007; AgRg no AREsp 424.981/RS, Rel. Ministro Humberto Martins, Segunda Turma, DJe 10/2/2014.

IV – Consoante entendimento consolidado pelo Superior Tribunal de Justiça, o redirecionamento da execução fiscal contra o sócio é cabível apenas quando demonstrada a prática de ato com excesso de poder, infração à lei ou no caso de dissolução irregular da empresa, não se incluindo nas hipóteses o simples inadimplemento de obrigações tributárias. Nesse sentido: AgRg no REsp n. 1.426.490/PE, Rel. Ministro Og Fernandes, Segunda Turma, julgado em 8/8/2017; REsp n. 1.651.600/SP, Rel. Ministro Herman Benjamin, Segunda Turma, julgado em 16/3/2017, DJe 20/4/2017; AgRg no AgRg nos EDcl no REsp n. 1.485.532/RS, Rel. Ministro Mauro Campbell Marques, Segunda Turma, julgado em 20/3/2018 e AgRg no REsp n. 1.560.768/RS, Rel. Ministro Og Fernandes, Segunda Turma, julgado em 6/10/2016, DJe 14/10/2016.

V – Conforme entendimento pacífico do Supremo Tribunal Federal, lei ordinária estadual não está autorizada a prever a responsabilidade solidária dos sócios-gerentes pelos débitos e infrações tributários em nome da pessoa jurídica, de forma diversa da que prevê o CTN. O Supremo Tribunal Federal, no RE n. 562.276/PR, em repercussão geral, considerou que "a definição dos traços essenciais da

> figura da responsabilidade tributária, como o de exigir previsão legal específica e, necessariamente, vínculo do terceiro com o fato gerador do tributo" está incluída no rol das normas gerais de direito tributário que orientam todos os entes políticos, de modo que está submetida à reserva de Lei Complementar Federal (no caso, o CTN). A propósito: STF, RE n. 562.276, Repercussão Geral – Mérito, Ministra Ellen Gracie, Tribunal Pleno, *DJe* 10.02.2011; AgInt no AREsp 1.225.565/SP, Rel. Ministro Francisco Falcão, Segunda Turma, *DJe* 1º.03.2019.
>
> VI – Recurso especial não conhecido (REsp. 1819771/PR, Min. Francisco Falcão, *DJe* 22.10.2019).

É indiscutível que a presença do dolo é fundamental para a caracterização da responsabilidade tributária pessoal do gerente ou dos demais indivíduos elencados no art. 135 do CTN.

No entanto, no julgamento do REsp. 1792310/RS, o STJ alterou seu posicionamento entendendo que o indício de crime falimentar é suficiente para endossar o redirecionamento da execução fiscal contra os sócios. Tal entendimento foi publicado no Informativo 678 do STJ. Vejamos:

> Cinge-se a controvérsia a definir se a possibilidade de redirecionamento da execução fiscal contra o sócio-gerente da pessoa jurídica originalmente executada pela suposta prática de crime falimentar pressupõe o trânsito em julgado de sentença penal condenatória.
>
> A falência, segundo a jurisprudência do STJ, não constitui dissolução irregular. Não obstante, a decretação da falência, isoladamente, não veda peremptoriamente o redirecionamento, pois o pressuposto do redirecionamento é a prática de atos de infração à lei ou ao contrato social. E essa infração à lei pode ocorrer tanto no âmbito da existência de crimes falimentares como de infração à legislação civil ou comercial (art. 4º, § 2º, da LEF) – ou seja, a simples decretação da falência não constitui "atestado" de que inexistiram infrações à lei (civil, comercial, tributária e penal).
>
> O redirecionamento, à luz do recebimento da denúncia pela prática de crimes falimentares, deverá ser feito no Juízo das Execuções Fiscais. O recebimento da denúncia contém juízo inicial de comprovação da materialidade do ilícito e de, no mínimo, indícios de autoria do tipo penal. Assim, se há indícios e/ou provas de prática de ato de infração à lei (penal), a hipótese se subsume ao art. 135 do CTN.
>
> Importante acrescentar que mesmo a eventual absolvição em ação penal não conduz necessariamente à revogação do redirecionamento, pois o ato pode não constituir ilícito penal, e, mesmo assim, continuar a representar infração à lei civil, comercial, administrativa etc. (independência das esferas civil, *lato sensu*, e penal).
>
> É por essa razão que caberá ao juiz natural, competente para processar e julgar a execução fiscal, analisar, caso a caso, o conteúdo da denúncia pela prática de crime falimentar e decidir se cabe ou não o redirecionamento. Não é necessário, portanto, aguardar o trânsito em julgado da sentença penal condenatória para que o Juízo da Execução Fiscal analise o pleito de redirecionamento da execução contra o sócio.

Como se pode ver, pelo posicionamento atual, não há necessidade de trânsito em julgado da sentença penal condenatória por crime falimentar para que ocorra o redirecionamento da execução fiscal contra o sócio. Tal posicionamento é no mínimo perigoso, poderá caracterizar a inusitada situação em que o sócio-diretor é absolvido na esfera criminal por ausência de vício em sua conduta e, ainda assim, ser réu em uma execução fiscal e, percebe-se o quanto o assunto é árido com decisões antagônicas no STJ.

Entendemos que a decisão *supra* deve ser interpretada de forma restritiva, ou seja, devem existir outros elementos que possam caracterizar a existência de dolo por parte do sócio-diretor, sendo que a denúncia, *de per si*, não pode ser considerada para o redirecionamento do executivo fiscal.

Com isso, o redirecionamento da execução fiscal da pessoa jurídica para a pessoa física somente é cabível quando o fisco exequente comprove a ocorrência de dolo ou fraude ou caso o nome do responsável conste da **CDA** que originou a execução fiscal, em razão da presunção relativa de liquidez e certeza do título, não cabendo o redirecionamento da execução fiscal pelo simples fato de não serem encontrados a pessoa jurídica ou seus bens. Vejamos o posicionamento do STJ:

 JURISPRUDÊNCIA

TRIBUTÁRIO – EXECUÇÃO FISCAL – SÓCIOS QUE NÃO CONSTAM COMO RESPONSÁVEIS PELO DÉBITO NA CDA – INEXISTÊNCIA DE COMPROVAÇÃO DE EXCESSO DE PODERES OU DE INFRAÇÃO À LEI – REDIRECIONAMENTO – INCABIMENTO. Conforme se extrai do julgado, entendeu-se pela impossibilidade do redirecionamento da ação em face dos sócios, na medida em que, ao contrário do alegado pela exequente, não constam como corresponsáveis na CDA, além de não restar comprovado que os mesmos tenham agido com excesso de poderes ou ainda com infração à lei ou ao contrato social, mostrando-se inviável, desta feita, a sua inclusão no polo passivo deste executivo fiscal. – O documento de fls. 213/220v, consubstanciado em decisão judicial proferida em sede liminar nos autos do Processo nº (...) – 2ª Vara Federal de São José dos Campos/SP, e que tornou indisponíveis bens dos sócios, não tem o condão de torná-los responsáveis pelos débitos discutidos nestes autos. – Destaque-se, ainda, que o simples inadimplemento de obrigação tributária não tem o condão de gerar responsabilidade solidária do sócio. (...) Sustenta, a parte recorrente, em síntese, o seguinte: "EFETIVAMENTE, FOI DEMONSTRADO QUE A EXECUTADA RESPONDE A DEZENAS DE EXECUÇÕES FISCAIS E INÚMERAS AÇÕES TRABALHISTAS COM DÍVIDAS NA CIFRA DE MILHÕES. DESSA FORMA, SE NÃO HÁ PAGAMENTO, NEM OFERECIMENTO DE BENS À GARANTIA, CARACTERIZADA ESTÁ A DISSOLUÇÃO IRREGULAR, E, CONSEQUENTEMENTE, INFRAÇÃO À LEI, EXIGIDA PELO ART. 135 DO CTN". (...)

O presente recurso não merece prosperar. Não há de se cogitar de omissão, no acórdão recorrido. Assim restou rejeitado, expressamente, o pedido de redirecionamento da execução fiscal aos sócios da empresa executada: "Conforme se extrai do julgado, entendeu-se pela impossibilidade do redirecionamento da ação aos sócios, considerando que os mesmos não constam como responsáveis na CDA, além de inexistirem, nos autos, comprovação de que tenham agido com excesso de poderes ou ainda com infração à lei ou ao contrato social, e, à míngua de tais comprovações, bem assim pelo fato de não se tratar, na espécie, de dissolução irregular da empresa executada, não há que se falar, por ora, na responsabilização dos sócios, mesmo daqueles que exerciam a gerência da sociedade à época dos fatos geradores. (...) Certo, ademais, que, ao contrário do entendimento da exequente, o simples inadimplemento de obrigação tributária não tem o condão de gerar responsabilidade solidária do sócio. (...) Como se observa, não houve omissão. Deveras, uma vez tendo sido afirmado, no acórdão recorrido, que a mera ocorrência de inadimplemento tributário seria insuficiente para caracterizar a dissolução irregular da sociedade, é evidente que restou rejeitada, por corolário lógico, a tese da Fazenda Nacional, no sentido de que a existência de execuções fiscais, sem oferecimento de bens à penhora, caracterizaria dissolução irregular, porquanto a causa jurídica da execução é, justamente, o inadimplemento tributário. Ante o exposto, com fundamento no art. 255, § 4º, II, do RISTJ, nego provimento ao Recurso Especial fazendário (STJ – REsp. 1678808/SP, 2017/0140524-1, Rel. Min. Assusete Magalhães, *DJ* 17.08.2017).

Como se pode ver, para que haja o redirecionamento, há de ser caracterizado o dolo.

Além disso, não cabem aos Estados, aos Municípios ou ao Distrito Federal a criação e a atribuição de responsabilidade além das hipóteses previstas no CTN, tendo em vista a necessidade de lei complementar para tratamento de responsabilidade em matéria tributária. Esse foi o entendimento adotado pelo STF no julgamento da ADI nº 6.284/GO. Vejamos:

 ## JURISPRUDÊNCIA

Direito constitucional e tributário. Ação direta de inconstitucionalidade. Responsabilidade tributária solidária do contabilista. Ausência de ofensa reflexa à Constituição. Competência concorrente. Legislação estadual que conflita com as regras gerais do CTN. Inconstitucionalidade. 1. Ação direta de inconstitucionalidade ajuizada pelo Partido Progressista, com pedido de medida cautelar, em que pleiteia a declaração de inconstitucionalidade dos arts. 45, XII-A, XIII e § 2º, da Lei nº 11.651/1991, do Estado de Goiás, e 36, XII-A e XIII, do Decreto nº 4.852/1997, do mesmo Estado. Em consonância com tais regras, atribui-se ao contabilista a responsabilidade solidária com o contribuinte ou com o substituto tributário, quanto ao pagamento de impostos e de penalidades pecuniárias, no caso de suas ações ou omissões concorrerem para a prática de infração à legislação tributária. 2. A presente controvérsia consiste em definir se os atos normativos estaduais foram editados em contrariedade com as regras constitucionais de competência tributária, notadamente o art. 146, III, *b*, da CF/1988. Eventual inobservância de tais regras de competência implica ofensa direta à Constituição. Precedentes. 3. Legislação estadual que amplia as hipóteses de responsabilidade de terceiros por infrações, invade a competência do legislador complementar federal para estabelecer as normas gerais sobre a matéria (art. 146, III, *b*, da CF/1988). Isso porque as linhas básicas da responsabilidade tributária devem estar contidas em lei complementar editada pela União, não sendo possível que uma lei estadual estabeleça regras conflitantes com as normas gerais (ADI 4.845, sob a minha relatoria). 4. Inconstitucionalidade formal. Legislação do Estado de Goiás aborda matéria reservada à lei complementar e dispõe diversamente sobre (i) quem pode ser responsável tributário, ao incluir hipóteses não contempladas pelos arts. 134 e 135 do CTN, (ii) em quais circunstâncias pode ser responsável tributário ("infração à legislação tributária"), sendo que, conforme as regras gerais, para haver a responsabilidade tributária pessoal do terceiro, ele deve ter praticado atos com excesso de poderes ou infração de lei, contrato social ou estatutos, não havendo a responsabilização pelo mero inadimplemento de obrigação tributária. 5. Ante todo o exposto, voto pelo conhecimento da presente ação direta de inconstitucionalidade e julgo procedente o pedido, para declarar a inconstitucionalidade dos arts. 45, XII-A, XIII e § 2º, da Lei nº 11.651/1991, do Estado de Goiás, e 36, XII-A e XIII, do Decreto nº 4.852/1997, do mesmo Estado. 6. Fixação da seguinte tese: "É inconstitucional lei estadual que verse sobre a responsabilidade de terceiros por infrações de forma diversa das regras gerais estabelecidas pelo Código Tributário Nacional (STF – ADI 6284/GO, 0034812-18.2019.1.00.0000, Rel. Min. Roberto Barroso, j. 15.09.2021, Tribunal Pleno, *DJe* 24.09.2021).

Nesse caso, a lei estadual previu a imputação de responsabilidade tributária ao contabilista, inovando com relação às regras previstas no CTN. Com isso, cabe o afastamento da aplicação da norma conforme julgado *supra*.

Outro assunto que foi deveras divergente na jurisprudência pátria foi o prazo prescricional para a efetivação do redirecionamento. Afinal, caso eventual fraude fosse cometida em data anterior ao ajuizamento da execução fiscal, a prescrição contaria da conduta dolosa ou da citação? E se ocorresse durante a execução fiscal?

O STJ pacificou o entendimento no sentido de que, caso a fraude ocorra antes da execução fiscal, o prazo prescricional para o redirecionamento é contado da citação e, caso a fraude ocorra durante a execução, o prazo será contado do evento fraudulento. Vejamos:

> PROCESSUAL CIVIL E TRIBUTÁRIO – RECURSO REPRESENTATIVO DE CONTROVÉRSIA (AFETADO NA VIGÊNCIA DO ART. 543-C DO CPC/1973 – ART. 1.036 DO CPC/2015 – E RESOLUÇÃO STJ 8/2008) – EXECUÇÃO FISCAL – DISSOLUÇÃO IRREGULAR – TERMO INICIAL DA PRESCRIÇÃO PARA O REDIRECIONAMENTO – DISTINGUISHING RELACIONADO À DISSOLUÇÃO IRREGULAR POSTERIOR À CITAÇÃO DA EMPRESA, OU A OUTRO MARCO INTERRUPTIVO DA PRESCRIÇÃO – ANÁLISE DA CONTROVÉRSIA SUBMETIDA AO RITO DO ART. 543-C DO CPC/1973 (ATUAL 1.036 DO CPC/2015). 1. A Fazenda do Estado de São Paulo pretende redirecionar Execução Fiscal para o sócio-gerente da empresa, diante da constatação de que, ao longo da tramitação do feito (após a citação da pessoa jurídica, a concessão de parcelamento do crédito tributário, a penhora de bens e os leilões negativos), sobreveio a dissolução irregular. Sustenta que, nessa hipótese, o prazo prescricional de cinco anos não pode ser contado da data da citação da pessoa jurídica.
>
> TESE CONTROVERTIDA ADMITIDA
>
> 2. Sob o rito do art. 543-C do CPC/1973 (art. 1.036 e seguintes do CPC/2015), admitiu-se a seguinte tese controvertida (Tema 444): "prescrição para o redirecionamento da Execução Fiscal, no prazo de cinco anos, contados da citação da pessoa jurídica".
>
> DELIMITAÇÃO DA MATÉRIA COGNOSCÍVEL
>
> 3. Na demanda, almeja-se definir, como muito bem sintetizou o eminente Ministro Napoleão Nunes Maia Filho, o termo inicial da prescrição para o redirecionamento, especialmente na hipótese em que se deu a dissolução irregular, conforme reconhecido no acórdão do Tribunal *a quo*, após a citação da pessoa jurídica. Destaca-se, como premissa lógica, a precisa manifestação do eminente Ministro Gurgel de Faria, favorável a que "terceiros pessoalmente responsáveis (art. 135 do CTN), ainda que não participantes do processo administrativo fiscal, também podem vir a integrar o polo passivo da execução, não para responder por débitos próprios, mas sim por débitos constituídos em desfavor da empresa contribuinte".
>
> 4. Com o propósito de alcançar consenso acerca da matéria de fundo, que é extremamente relevante e por isso tratada no âmbito de recurso repetitivo, buscou-se

incorporar as mais diversas observações e sugestões apresentadas pelos vários Ministros que se manifestaram nos sucessivos debates realizados, inclusive por meio de votos-vista – em alguns casos, com apresentação de várias teses, nem sempre congruentes entre si ou com o objeto da pretensão recursal.

PANORAMA GERAL DA JURISPRUDÊNCIA DO STJ SOBRE A PRESCRIÇÃO PARA O REDIRECIONAMENTO.

5. Preliminarmente, observa-se que o legislador não disciplinou especificamente o instituto da prescrição para o redirecionamento. O Código Tributário Nacional discorre genericamente a respeito da prescrição (art. 174 do CTN) e, ainda assim, o faz em relação apenas ao devedor original da obrigação tributária.

6. Diante da lacuna da lei, a jurisprudência do STJ há muito tempo consolidou o entendimento de que a Execução Fiscal não é imprescritível. Com a orientação de que o art. 40 da Lei 6.830/1980, em sua redação original, deve ser interpretado à luz do art. 174 do CTN, definiu que, constituindo a citação da pessoa jurídica o marco interruptivo da prescrição, extensível aos devedores solidários (art. 125, III, do CTN), o redirecionamento com fulcro no art. 135, III, do CTN deve ocorrer no prazo máximo de cinco anos, contado do aludido ato processual (citação da pessoa jurídica). Precedentes do STJ: Primeira Seção: AgRg nos EREsp 761.488/SC, Rel. Min. Hamilton Carvalhido, *DJe* de 7.12.2009. Primeira Turma: AgRg no Ag 1.308.057/SP, Rel. Ministro Benedito Gonçalves, *DJe* 26.10.2010; AgRg no Ag 1.159.990/SP, Rel. Ministro Arnaldo Esteves Lima, *DJe* 30.8.2010; AgRg no REsp 1.202.195/PR, Rel. Ministro Luiz Fux, *DJe* 22.2.2011; AgRg no REsp 734.867/SC, Rel. Ministra Denise Arruda, *DJe* 2.10.2008. Segunda Turma: AgRg no AREsp 88.249/SP, Rel. Ministro Humberto Martins, *DJe* 15.5.2012; AgRg no Ag 1.211.213/SP, Rel. Ministro Mauro Campbell Marques, *DJe* 24.2.2011; REsp 1.194.586/SP, Rel. Ministro Castro Meira, *DJe* 28.10.2010; REsp 1.100.777/RS, Rel. Ministra Eliana Calmon, Segunda Turma, julgado em 2.4.2009, *DJe* 4.5.2009.

7. A jurisprudência das Turmas que compõem a Seção de Direito Público do STJ, atenta à necessidade de corrigir distorções na aplicação da lei federal, reconheceu ser preciso distinguir situações jurídicas que, por possuírem características peculiares, afastam a exegese tradicional, de modo a preservar a integridade e a eficácia do ordenamento jurídico. Nesse sentido, analisou precisamente hipóteses em que a prática de ato de infração à lei, descrito no art. 135, III, do CTN (como, por exemplo, a dissolução irregular), ocorreu após a citação da pessoa jurídica, modificando para momento futuro o termo inicial do redirecionamento: AgRg no REsp 1.106.281/RS, Rel. Ministro Francisco Falcão, Primeira Turma, *DJe* 28.5.2009; AgRg no REsp 1.196.377/SP, Rel. Ministro Humberto Martins, *DJe* 27.10.2010.

8. Efetivamente, não se pode dissociar o tema em discussão das características que definem e assim individualizam o instituto da prescrição, quais sejam a violação de direito, da qual se extrai uma pretensão exercível, e a cumulação do requisito objetivo (transcurso de prazo definido em lei) com o subjetivo (inércia da parte interessada).

TERMO INICIAL DA PRESCRIÇÃO PARA REDIRECIONAMENTO EM CASO DE DISSOLUÇÃO IRREGULAR PREEXISTENTE OU ULTERIOR À CITAÇÃO PESSOAL DA EMPRESA

9. Afastada a orientação de que a citação da pessoa jurídica dá início ao prazo prescricional para redirecionamento, no específico contexto em que a dissolução irregular sucede a tal ato processual (citação da empresa), impõe-se a definição da data que assinala o termo *a quo* da prescrição para o redirecionamento nesse cenário peculiar (*distinguishing*).

CAP. 7 • RESPONSABILIDADE TRIBUTÁRIA | **261**

10. No rigor técnico e lógico que deveria conduzir a análise da questão controvertida, a orientação de que a citação pessoal da empresa constitui o termo *a quo* da prescrição para o redirecionamento da Execução Fiscal deveria ser aplicada a outros ilícitos que não a dissolução irregular da empresa – com efeito, se a citação pessoal da empresa foi realizada, não há falar, nesse momento, em dissolução irregular e, portanto, em início da prescrição para redirecionamento com base nesse fato (dissolução irregular).

11. De outro lado, se o ato de citação resultar negativo devido ao encerramento das atividades empresariais ou por não se encontrar a empresa estabelecida no local informado como seu domicílio tributário, aí, sim, será possível cogitar da fluência do prazo de prescrição para o redirecionamento, em razão do enunciado da Súmula 435/STJ ("Presume-se dissolvida irregularmente a empresa que deixar de funcionar no seu domicílio fiscal, sem comunicação aos órgãos competentes, legitimando o redirecionamento da execução fiscal para o sócio-gerente").

12. Dessa forma, no que se refere ao termo inicial da prescrição para o redirecionamento, em caso de dissolução irregular preexistente à citação da pessoa jurídica, corresponderá aquele: a) à data da diligência que resultou negativa, nas situações regidas pela redação original do art. 174, parágrafo único, I, do CTN; ou b) à data do despacho do juiz que ordenar a citação, para os casos regidos pela redação do art. 174, parágrafo único, I, do CTN conferida pela Lei Complementar 118/2005.

13. No tocante ao momento do início do prazo da prescrição para redirecionar a Execução Fiscal em caso de dissolução irregular depois da citação do estabelecimento empresarial, tal marco não pode ficar ao talante da Fazenda Pública. Com base nessa premissa, mencionam-se os institutos da Fraude à Execução (art. 593 do CPC/1973 e art. 792 do novo CPC) e da fraude contra a Fazenda Pública (art. 185 do CTN) para assinalar, como corretamente o fez a Ministra Regina Helena, que "a data do ato de alienação ou oneração de bem ou renda do patrimônio da pessoa jurídica contribuinte ou do patrimônio pessoal do(s) sócio(s) administrador(es) infrator(es), ou seu começo", é que corresponde ao termo inicial da prescrição para redirecionamento. Acrescenta-se que provar a prática de tal ato é incumbência da Fazenda Pública.

TESE REPETITIVA

14. Para fins dos arts. 1.036 e seguintes do CPC/2015, fica assim resolvida a controvérsia repetitiva:

(i) o prazo de redirecionamento da Execução Fiscal, fixado em cinco anos, contado da diligência de citação da pessoa jurídica, é aplicável quando o referido ato ilícito, previsto no art. 135, III, do CTN, for precedente a esse ato processual;

(ii) a citação positiva do sujeito passivo devedor original da obrigação tributária, por si só, não provoca o início do prazo prescricional quando o ato de dissolução irregular for a ela subsequente, uma vez que, em tal circunstância, inexistirá, na aludida data (da citação), pretensão contra os sócios-gerentes (conforme decidido no REsp 1.101.728/SP, no rito do art. 543-C do CPC/1973, o mero inadimplemento da exação não configura ilícito atribuível aos sujeitos de direito descritos no art. 135 do CTN). O termo inicial do prazo prescricional para a cobrança do crédito dos sócios-gerentes infratores, nesse contexto, é a data da prática de ato inequívoco indicador do intuito de inviabilizar a satisfação do crédito tributário já em curso de cobrança executiva promovida contra a empresa contribuinte, a ser demonstrado pelo Fisco, nos termos do art. 593 do CPC/1973 (art. 792 do novo CPC – fraude à execução), combinado com o art. 185 do CTN (presunção de fraude contra a Fazenda Pública); e,

(iii) em qualquer hipótese, a decretação da prescrição para o redirecionamento impõe seja demonstrada a inércia da Fazenda Pública, no lustro que se seguiu à citação da empresa originalmente devedora (REsp 1.222.444/RS) ou ao ato inequívoco mencionado no item anterior (respectivamente, nos casos de dissolução irregular precedente ou superveniente à citação da empresa), cabendo às instâncias ordinárias o exame dos fatos e provas atinentes à demonstração da prática de atos concretos na direção da cobrança do crédito tributário no decurso do prazo prescricional.

RESOLUÇÃO DO CASO CONCRETO

15. No caso dos autos, a Fazenda do Estado de São Paulo alegou que a Execução Fiscal jamais esteve paralisada, pois houve citação da pessoa jurídica em 1999, penhora de seus bens, concessão de parcelamento e, depois da sua rescisão por inadimplemento (2001), retomada do feito após o comparecimento do depositário, em 2003, indicando o paradeiro dos bens, ao que se sucedeu a realização de quatro leilões, todos negativos. Somente com a tentativa de substituição da constrição judicial é que foi constatada a dissolução irregular da empresa (2005), ocorrida inquestionavelmente em momento seguinte à citação da empresa, razão pela qual o pedido de redirecionamento, formulado em 2007, não estaria fulminado pela prescrição.

16. A genérica observação do órgão colegiado do Tribunal *a quo*, de que o pedido foi formulado após prazo superior a cinco anos da citação do estabelecimento empresarial ou da rescisão do parcelamento é insuficiente, como se vê, para caracterizar efetivamente a prescrição, de modo que é manifesta a aplicação indevida da legislação federal.

17. Tendo em vista a assertiva fazendária de que a circunstância fática que viabilizou o redirecionamento (dissolução irregular) foi ulterior à citação da empresa devedora (até aqui fato incontroverso, pois expressamente reconhecido no acórdão hostilizado), caberá às instâncias de origem pronunciar-se sobre a veracidade dos fatos narrados pelo Fisco e, em consequência, prosseguir no julgamento do Agravo do art. 522 do CPC/1973, observando os parâmetros acima.

ACÓRDÃO

Vistos, relatados e discutidos os autos em que são partes as acima indicadas, acordam os Ministros da Primeira Seção do Superior Tribunal de Justiça: "Prosseguindo no julgamento, a Seção, por unanimidade, deu provimento ao recurso especial, nos termos do voto do Sr. Ministro Relator, após reformulação de votos dos Srs. Ministros Napoleão Nunes Maia Filho e Gurgel de Faria". Os Srs. Ministros Napoleão Nunes Maia Filho, Og Fernandes, Assusete Magalhães, Sérgio Kukina, Regina Helena Costa e Gurgel de Faria votaram com o Sr. Ministro Relator.

Não participou do julgamento o Sr. Ministro Francisco Falcão. Brasília, 08 de maio de 2019 (Data do julgamento: *DJE* 12.12.2019, Min. Herman Benjamin).

Como se pode ver a prescrição somente será caracterizada em qualquer hipótese se comprovado o desleixo do Fisco na persecução do responsável, ou seja, se não houver inércia da Fazenda Pública não caberá a decretação a prescrição.

Além disso, muito se discutiu acerca da necessidade ou não da instauração do incidente de desconsideração da personalidade jurídica, previsto no art. 133 do CPC para o redirecionamento. O incidente é dispensado nas hipóteses de responsabilidade tributária previstas no art. 134 e 135 do CTN, mas necessário nos casos de redirecionamento para

CAP. 7 • RESPONSABILIDADE TRIBUTÁRIA | **263**

empresas integrantes do mesmo grupo econômico que não participaram do procedimento administrativo de lançamento. Vejamos:

> TRIBUTÁRIO E PROCESSUAL CIVIL – AGRAVO INTERNO NOS EMBARGOS DE DIVERGÊNCIA EM RECURSO ESPECIAL – ACÓRDÃO EMBARGADO – JUÍZO DE MÉRITO – ACÓRDÃO PARADIGMA – JUÍZO DE ADMISSIBILIDADE – AUSÊNCIA DE SIMILITUDE FÁTICO-JURÍDICA. ACÓRDÃO EMBARGADO QUE CONHECEU E DEU PROVIMENTO AO RECURSO ESPECIAL, AO ENTENDIMENTO DE QUE, PARA FINS DE REDIRECIONAMENTO DA EXECUÇÃO FISCAL A PESSOA JURÍDICA QUE INTEGRA O MESMO GRUPO ECONÔMICO DA SOCIEDADE EMPRESÁRIA ORIGINALMENTE EXECUTADA, MAS NÃO IDENTIFICADA NO ATO DE LANÇAMENTO OU NÃO ENQUADRADA NAS HIPÓTESES DOS ARTS. 134 E 135 DO CTN, FAZ-SE NECESSÁRIA A INSTAURAÇÃO DO INCIDENTE DE DESCONSIDERAÇÃO DA PERSONALIDADE JURÍDICA, PREVISTO NO ART. 133 DO CPC/2015. ACÓRDÃO PARADIGMA QUE, POR SUA VEZ, EM RECURSO ESPECIAL ORIUNDO DE AÇÃO CAUTELAR FISCAL, CONHECEU DO RECURSO APENAS EM PARTE, SOMENTE NO TOCANTE À ALEGADA OFENSA AO ART. 535 DO CPC/73, E, QUANTO AO MAIS, NÃO CONHECEU DO ESPECIAL, POR INCIDÊNCIA DA SÚMULA 7/STJ, CONTENDO CONSIDERAÇÕES SOBRE O MÉRITO RECURSAL APENAS COMO *OBITER DICTUM*. NÃO CARACTERIZAÇÃO DA HIPÓTESE DE CABIMENTO DOS EMBARGOS DE DIVERGÊNCIA, PREVISTA NO ART. 1.043, III, DO CPC/2015. PRECEDENTES DO STJ. FALTA DE IMPUGNAÇÃO DE FUNDAMENTO SUFICIENTE DO ACÓRDÃO EMBARGADO. INCIDÊNCIA, POR ANALOGIA, DA SÚMULA 283 DO STF. MANUTENÇÃO DO INDEFERIMENTO LIMINAR DOS EMBARGOS DE DIVERGÊNCIA. AGRAVO INTERNO IMPROVIDO.
>
> I. Agravo interno aviado contra decisão que indeferira liminarmente Embargos de Divergência opostos contra acórdão publicado na vigência do CPC/2015. II. De acordo com os arts. 1.043 do CPC/2015 e 266 do RISTJ, os Embargos de Divergência somente serão cabíveis quando – além da comprovação e da demonstração da divergência jurisprudencial, na forma prevista na legislação processual, bem como da configuração da similitude fático-jurídica entre os casos confrontados – os acórdãos embargado e paradigma forem de mérito, ou quando um deles, embora não conhecendo do recurso especial, houver apreciado a controvérsia. III. Na hipótese dos autos, os embargos de divergência são incabíveis, por ausência de similitude fático-jurídica, porquanto os acórdãos embargado e paradigma foram proferidos em juízo de cognição distintos. Com efeito, a Primeira Turma do STJ, no acórdão embargado, conheceu e deu provimento ao Recurso Especial 1.775.269/PR, ao entendimento de que, para fins de redirecionamento da Execução Fiscal a pessoa jurídica que integra o mesmo grupo econômico da sociedade empresária originalmente executada, mas não identificada no ato de lançamento ou não enquadrada nas hipóteses dos arts. 134 e 135 do CTN, faz-se necessária a instauração do incidente de desconsideração da personalidade jurídica, previsto no art. 133 do CPC/2015, enquanto a Segunda Turma desta Corte, no acórdão paradigma, proferido no Recurso Especial 1.689.431/ES, oriundo de Ação Cautelar Fiscal, conheceu do Recurso apenas em parte, somente no que se refere à alegada ofensa ao art. 535 do CPC/73, e no tocante à suscitada divergência jurisprudencial e à alegada ofensa aos arts. 333, II, do CPC/73, 2º da Lei 8.397/92 e 124 e 135 do CTN, não conheceu do especial, por incidência, no particular, da Súmula 7/STJ,

trazendo considerações sobre o mérito recursal apenas como *obiter dictum*. IV. No caso, não resta caracterizada a hipótese de cabimento de embargos de divergência, prevista no art. 1.043, III, do CPC/2015, pois, na forma da jurisprudência do STJ, mostra-se incabível a comparação e, por conseguinte, o processamento dos embargos de divergência, quando o mérito do recurso especial, no acórdão paradigma – como no caso –, é apreciado somente como *obiter dictum*. Nesse sentido: "Não se pode admitir os Embargos de Divergência porque não se conheceu do Recurso Especial no ponto em debate, sendo as colocações do e. Relator quanto ao mérito fixadas em *obiter dictum*" (STJ, AgInt nos ERESP 1.250.171/SP, Rel. Min. HERMAN BENJAMIN, CORTE ESPECIAL, *DJe* 21.11.2018). Em igual sentido: "Este Tribunal Superior tem firme posicionamento, reafirmado pela Corte Especial em julgamento de Embargos de Divergência interposto já na vigência do CPC/15, segundo o qual fundamento proferido em *obiter dictum* sobre o mérito do recurso especial não caracteriza a divergência jurisprudencial, porquanto trata-se apenas de reforço argumentativo" (STJ, AgInt nos EAREsp 789.219/RJ, Rel. Min. REGINA HELENA COSTA, PRIMEIRA SEÇÃO, *DJe* 25.06.2019). Com igual entendimento: "O argumento proferido em *obiter dictum* sobre o mérito no acórdão embargado, por ser apenas reforço de argumentação, não tem o condão de caracterizar a divergência jurisprudencial. Precedentes da Corte Especial" (STJ, AgRg nos EARESP 1.221.928/MG, Rel. Min. JORGE MUSSI, TERCEIRA SEÇÃO, *DJe* 03.09.2018). V. Interpretando a disposição do art. 1.043, III, do CPC/2015, a Segunda Seção do STJ assentou que, "não obstante a imprecisão redacional, o dispositivo legal exige, exatamente como fez no inciso I, que os acórdãos, embargado e paradigma, sejam de mérito, isto é, que tenham apreciado a controvérsia, firmando ou reafirmando determinada tese jurídica, embora possam declarar no dispositivo, por preferência terminológica, que não conhecem do recurso. Com efeito, não fosse assim, a redação do inciso I do art. 1.043 do CPC seria absolutamente desnecessária, pois, se, para o cabimento dos embargos de divergência, basta que um dos acórdãos seja de mérito (inciso III), é despiciendo exigir-se que ambos tenham essa mesma natureza (inciso I). A previsão do inciso III do art. 1.043 do CPC é redundante, pois simplesmente pretende afirmar que podem ser objeto de cotejo em sede de embargos de divergência acórdãos que tenham apreciado a controvérsia (caso de incidência da Súmula 83/STJ, p. ex.), apesar de o dispositivo aparentemente indicar o contrário" (STJ, AgInt nos EAREsp 1.109.340/DF, Rel. Min. LÁZARO GUIMARÃES (Desembargador Federal convocado do TRF/5ª Região), SEGUNDA SEÇÃO, *DJe* 27.08.2018). VI. De todo modo, no acórdão embargado, que contém, entre seus fundamentos determinantes, exegese acerca dos arts. 133 e 134 do CPC/2015, a Primeira Turma do STJ – por entender que, "sem a indicação da pessoa jurídica no ato de lançamento, ou sendo inexistentes as hipóteses dos arts. 134 e 135 do CTN, a imputação da responsabilidade a grupo econômico ou a pessoa jurídica dele integrante dependerá da desconsideração da personalidade jurídica, o que somente pode ocorrer com a instauração do referido incidente (art. 133 do CPC/2015)" – deu provimento ao Recurso Especial, "para cassar o acórdão recorrido e determinar o retorno dos autos ao Tribunal de origem para que ordene a instauração do incidente de desconsideração da personalidade da pessoa jurídica antes de decidir acerca do redirecionamento em questão". Todavia, o fundamento do acórdão embargado, alusivo aos arts. 133 e 134 do CPC/2015, não foi impugnado, nas razões recursais dos Embargos de Divergência, falta que atrai a incidência, por analogia, da Súmula 283 do STF. Nesse sentido: STJ, AgInt nos EREsp 1.278.755/MG, Rel. Ministra MARIA THEREZA DE ASSIS MOURA, CORTE ESPECIAL, *DJe* 28.02.2019. VII. Agravo interno improvido (STJ – AgInt nos EREsp. 1775269/PR, 2018/0280905-9, Rel. Min. Assusete Magalhães, Data de Julgamento: 07.04.2020, S1 – Primeira Seção, Data de Publicação: *DJe* 14.04.2020).

7.2.3. *Responsabilidade pela prática de infrações*

Após analisar as hipóteses de sujeição passiva indireta, passaremos a analisar a responsabilidade pela prática de infrações penais tributárias. Nesses casos, o CTN, ao prever a atividade do intérprete, é expresso em seu art. 112 de que deve ele interpretar a lei punitiva da maneira mais favorável ao acusado, em caso de dúvida quanto: a) à capitulação legal do fato; b) à natureza ou às circunstâncias materiais do fato, ou à natureza ou extensão dos seus efeitos; c) à autoria, à imputabilidade ou à punibilidade; e d) à natureza da penalidade aplicável, ou à sua graduação.

Ademais, o Direito Tributário traz a hipótese de **responsabilidade objetiva**, não ventilando para fins de aplicação da pena pecuniária, a existência de elemento subjetivo (dolo ou culpa) por parte do sujeito passivo.

Data maxima venia, a responsabilidade não pode ser objetiva em matéria tributária na prática de fraude. A boa-fé do contribuinte é elemento que deve ser considerado na aplicação da norma tributária, tendo em vista que em inúmeras hipóteses o contribuinte pode se ver diante de situações em que a conduta de terceiros poderá gerar impactos tributários negativos, e tais situações estão fora de seu controle.

É o que ocorre, por exemplo no caso da aplicação do princípio da não cumulatividade. Não raro uma empresa se credita do ICMS relativo à operação anterior, mas a empresa que lhe forneceu mercadorias e serviços foi declarada inapta pela autoridade fiscal. Caso se comprove sua boa-fé, não há que se falar em glosa do crédito tomado.

Não é diverso o posicionamento do STJ:

TRIBUTÁRIO E PROCESSUAL CIVIL – APROVEITAMENTO DO CRÉDITO DO ICMS – AÇÃO ANULATÓRIA DE DÉBITO FISCAL – AUSÊNCIA PARCIAL DE PREQUESTIONAMENTO – SÚMULA 211/STJ – HONORÁRIOS ADVOCATÍCIOS – SÚMULA 7 DO STJ.

1. A indicada afronta ao art. 373, I, do CPC não pode ser analisada, pois o Tribunal de origem não emitiu juízo de valor sobre esses dispositivos legais. O Superior Tribunal de Justiça entende ser inviável o conhecimento do Recurso Especial quando o artigo tido por violado não foi apreciado pelo Tribunal *a quo*, a despeito da oposição de embargos de declaração, haja vista a ausência do requisito do prequestionamento. Incide, na espécie, a Súmula 211/STJ.

2. O comerciante que adquire mercadoria cuja nota fiscal (emitida pela empresa vendedora) tenha sido posteriormente declarada inidônea é considerado terceiro de boa-fé, o que autoriza o aproveitamento do crédito do ICMS pelo princípio da não cumulatividade, desde que demonstrada a veracidade da compra e venda efetuada (em observância ao disposto no artigo 136, do CTN), sendo certo que o ato declaratório da inidoneidade somente produz efeitos a partir de sua publicação.

3. Por fim, a jurisprudência do STJ é firme no sentido de que o quantum da verba honorária, em razão da sucumbência processual, está sujeito a critérios de valoração delineados na lei processual. Sua fixação é ato próprio dos juízos das instâncias ordinárias, e só pode ser alterada em Recurso Especial quando tratar de valor irrisório ou exorbitante, o que não se configura. Dessa forma, modificar o entendimento proferido pelo aresto confrontado implica o reexame da matéria fático-probatória, o que é obstado ao STJ, conforme sua Súmula 7/STJ: "A pretensão de simples reexame de prova não enseja Recurso Especial".
4. Recurso Especial parcialmente conhecido e, nessa extensão, não provido (REsp. 1811109/SP, Min. Herman Benjamin – DJe 17.06.2019).

Em matéria tributária, a responsabilidade não pode ser presumida e menos ainda aplicada de forma objetiva, sob pena de punir o agente de boa-fé ou mesmo aquele que não tinha qualquer gestão sobre a operação de terceiros.

JURISPRUDÊNCIA

A responsabilidade objetiva deve ser rechaçada em matéria tributária, cabendo a análise e a caracterização da boa-fé nas relações jurídicas. Outro exemplo de afastamento da responsabilidade objetiva pelo STJ é a hipótese em que o contribuinte é induzido a erro. TRIBUTÁRIO – AGRAVO REGIMENTAL NO RECURSO ESPECIAL – IMPOSTO DE RENDA – RECOLHIMENTO A DESTEMPO – AUSÊNCIA DE RETENÇÃO PELO RESPONSÁVEL – JUROS DE MORA – RESPONSABILIDADE DA FONTE PAGADORA.

1. É indevida a imposição de juros de mora e multa ao contribuinte quando, induzido a erro pela fonte pagadora, inclui em sua declaração de ajuste os rendimentos como isentos e não tributáveis. Situação em que a responsabilidade pelo recolhimento da penalidade e juros de mora deve ser atribuída à fonte pagadora, a teor do art. 722, parágrafo único, do RIR/99 (Decreto n. 3.000/99). Precedentes: REsp 789.029/SC, Primeira Turma, Rel. Ministro Luiz Fux, julgado em 17.05.2007; REsp 374.603/SC, Primeira Turma, Rel. Ministro Francisco Falcão, julgado em 02.05.2006; EREsp 1334749-AL, Primeira Seção, Rel. Min. Sérgio Kukina, julgado em 22.10.2014; REsp. nº 1.218.222 – RS, Segunda Turma, Rel. Min. Mauro Campbell Marques, julgado em 04.09.2014.

2. Agravo regimental não provido (AgRg no REsp. 1451828/AL, Min. Mauro Campbell Marques, DJe 10.11.2014).

Visto isso, não podemos esquecer que a **lei ordinária** pode prever punições de caráter subjetivo, pois o art. 136 estabelece que disposição de lei pode contrariar a regra da responsabilização sem culpa. Destarte, cada ente federado tem a liberdade para instituir multas que serão aplicáveis somente nas hipóteses em que fora caracterizada a culpa ou dolo.

Há, ainda, hipóteses em que a responsabilidade do agente afasta a responsabilidade dos demais envolvidos no ato que ensejou a tributação. Estabelece o art. 137 a chamada **"responsabilidade pessoal do agente"**, que ocorre nas diversas situações ali previstas, todas elas denotadoras de culpa ou dolo, incluindo condutas tipificadas como crime. Portanto, presente o elemento subjetivo, e dado o proveito econômico obtido pelo agente, e somente

CAP. 7 • RESPONSABILIDADE TRIBUTÁRIA | **267**

por ele (não pelos demais envolvidos), de regra restará o mesmo, sozinho, responsabilizado pela infração (multa).

Tal situação pode ser visualizada no caso em que o caixa de um supermercado deixe de registrar o valor de determinada mercadoria abaixo do valor real para se beneficiar da diferença relativa ao recolhimento do ICMS. Nesse caso, será o caixa responsabilizado, somente ele, pela multa referente ao não recolhimento do imposto na forma correta. Todavia, a pessoa jurídica permanece na condição de sujeito passivo do tributo.

Hipótese distinta ocorre quando o empregado pratica um ilícito criminal tributário atendendo a comando de seus superiores. Aqui, não responderá sozinho pela conduta, pois se trata de uma exceção à regra da responsabilidade pessoal do agente, ao dispor que ela não incide quanto a atos praticados "no exercício regular de administração, mandato, função, cargo ou emprego, ou no cumprimento de ordem expressa emitida por quem de direito". Assim, conforme o grau de sua culpabilidade, ele poderá responder pelo ato, mas não sozinho, pois também será responsabilizado o mandante/superior (também aferido o grau de culpabilidade deste).

Para Ricardo Alexandre, a responsabilidade recai somente sobre a pessoa jurídica:

> As pessoas jurídicas possuem órgãos de deliberação que tomam as decisões mais importantes sobre a atuação da entidade no mundo jurídico. Quando o órgão diretivo delibera, os órgãos de execução são incumbidos de transformar em atos concretos as decisões tomadas. Nessa situação, o agente (administrador, mandatário, empregado etc.) é simplesmente um braço executório da vontade de outrem, atuando em exercício regular de administração, mandato, emprego etc., devendo a responsabilidade pela infração à legislação tributária porventura cometida recair sobre a própria pessoa jurídica.[12]

Entendemos pela impossibilidade de transferir a obrigação ao recolhimento do tributo para o empregado, ressalvada a hipótese em que sua conduta, exclusiva e dolosamente, tenha gerado o passivo tributário, ao passo que o funcionário representa os interesses da pessoa jurídica à qual ele está vinculado.

Como se pode ver, as hipóteses de responsabilidade tributária por transferência estão arroladas no CTN, o que não acontece nos casos de substituição tributária, previstas na CRFB e na legislação complementar.

PONTOS IMPORTANTES

Responsabilidade por substituição	Previsão na CRFB e na LC 87/1996 – a obrigação tributária nasce para o substituto, afastando o contribuinte da relação jurídica tributária.
Responsabilidade por transferência	Prevista no CTN – a obrigação tributária nasce para o contribuinte e é, por força de lei, transferida para o responsável.
Reserva de lei complementar	A responsabilidade tributária é assunto reservado à lei complementar.

---

[12] ALEXANDRE, Ricardo. *Direito Tributário Esquematizado*. São Paulo: Método, 2007. p. 331.

QUESTÕES DE PROVA

1. (Analista do Ministério Público – Área Jurídica – 2018 – FGV – MPE-AL) Com relação à responsabilidade tributária, analise as afirmativas listadas a seguir e assinale (V) para a afirmativa verdadeira e (F) para a falsa.

    ( ) No caso de hasta pública de bem imóvel, os créditos tributários relativos a impostos cujo fato gerador seja a propriedade, o domínio útil ou a posse de bens imóveis se sub-rogam sobre o respectivo preço.

    ( ) Os administradores de bens de terceiros respondem, subsidiariamente, pelos tributos devidos pelos administrados, nos fatos geradores que tiverem intervindo.

    ( ) No caso de transformação societária, como a fusão, a pessoa jurídica resultante desta operação societária será responsável pelos tributos devidos até a data do ato, pelas pessoas jurídicas fusionadas.

    Assinale a opção que apresenta a sequência correta, segundo a ordem apresentada.
    (A) V – V – F.
    (B) V – F – V.
    (C) V – F – F.
    (D) F – V – F.
    (E) F – V – V.

2. (Assessor Legislativo – 2018 – FUNRIO – AL-RR) Com relação ao tema Responsabilidade Tributária, é CORRETO afirmar que
    (A) finda a arrematação ocorrida em leilão, não pode o Fisco exigir qualquer diferença de crédito tributário do arrematante.
    (B) a pessoa natural ou jurídica que adquirir fundo de comércio de outra e continuar sua exploração fica pessoal e integralmente responsável pelos tributos devidos até a data da aquisição.
    (C) a responsabilidade dos sócios em matéria tributária será sempre pessoal nos casos em que a pessoa jurídica não tenha bens suficientes para o pagamento do crédito tributário.
    (D) o espólio será responsável tributário pelos fatos geradores ocorridos após a morte do *de cujus.*

3. (Auditor Júnior – 2018 – CESGRANRIO – Petrobras) Quando a substituição tributária ocorre com a aquisição de mercadoria do substituído, com adiamento do pagamento do tributo que será adimplido pelo substituto na operação posterior, fala-se da denominada substituição tributária
    (A) progressiva.
    (B) regressiva.
    (C) responsável.
    (D) excepcional.
    (E) negocial.

4. (Procurador do Município – 2017 – CESPE – Prefeitura de Fortaleza – CE) Julgue o seguinte item, a respeito de obrigação tributária e crédito tributário.

CAP. 7 • RESPONSABILIDADE TRIBUTÁRIA | **269**

A substituição tributária progressiva, modalidade de responsabilidade tributária por transferência, ocorre quando a obrigação de pagar é adiada para momento posterior ao fato jurídico tributário.

( ) Certo   ( ) Errado

5. (Auditor Fiscal – 2016 – AOCP – Prefeitura de Juiz de Fora – MG) É corrente que, desde que prevista em lei, a obrigação tributária pode ser constituída diretamente em relação a um terceiro que não o contribuinte, o que se observa nos casos de

(A) substituição tributária.

(B) sucessão tributária.

(C) transferência tributária.

(D) subsidiariedade tributária.

(E) imputação tributária.

6. (Analista de Gestão – Advogado – 2016 – FGV – COMPESA) Em 2016, Caio adquiriu um carro de João que tinha débitos do Imposto sobre Propriedade de Veículo Automotor – IPVA em atraso.

Sobre a responsabilidade de Caio pelo pagamento do IPVA do carro, assinale a afirmativa correta.

(A) Caio é pessoalmente responsável pelo pagamento do IPVA.

(B) Caio é subsidiariamente responsável pelo pagamento do IPVA.

(C) Caio é responsável solidário pelo pagamento do IPVA.

(D) Caio é substituto tributário pelo pagamento do IPVA.

(E) Caio não responde pelo pagamento do IPVA, uma vez que é João o contribuinte do imposto.

7. (Promotor de Justiça – Matutina – 2016 – MPE-SC) No tocante aos critérios de tributação, o legislador pode estabelecer a denominada substituição tributária, quando um terceiro, em razão de suas relações com o contribuinte, assume, "em lugar" do mesmo, a obrigação de apurar o montante do tributo devido, bem como de adimplir o pagamento tributário, afastando o contribuinte, automaticamente, de qualquer responsabilidade.

( ) Certo   ( ) Errado

8. (Fiscal Tributário – 2015 – VUNESP – Prefeitura de Arujá – SP) Caso o alienante de um estabelecimento empresarial, dentro do período de seis meses, que se conta da data da alienação, prossiga na exploração ou inicie nova atividade, no mesmo ou em outro ramo empresarial, o adquirente, pelos tributos relativos ao estabelecimento adquirido devidos até a data da alienação, responde

(A) integralmente.

(B) solidariamente com o alienante.

(C) subsidiariamente ao alienante.

(D) pessoalmente, independentemente da conduta do alienante.

(E) antes do alienante.

9. (Procurador – 2017 – VUNESP – Prefeitura de São José dos Campos – SP) Nos casos de impossibilidade de exigência do cumprimento da obrigação principal pelo contribuinte, respondem solidariamente com este nos atos que intervierem ou pelas omissões de que forem responsáveis, determinadas pessoas que a lei especifica, dentre as quais

(A) o inventariante, pelos tributos devidos pelo espólio.

(B) o adquirente, pelos tributos relativos aos bens adquiridos.

(C) o espólio, pelos tributos devidos pelo *de cujus* até a data da abertura da sucessão.

(D) o sucessor a qualquer título, pelos tributos devidos pelo *de cujus* até a data da abertura da sucessão.

(E) a pessoa jurídica de direito privado que resultar de fusão, incorporação ou transformação de outra ou em outra.

10. (Fiscal de Tributos – 2010 – EXATUS-PR – Prefeitura de Arapongas – PR) Segundo o Código Tributário Nacional, *a pessoa jurídica de direito privado que resultar de fusão, transformação ou incorporação de outra ou em outra*:

(A) É responsável pelos impostos devidos até 30 dias após o ato que resultou na fusão, transformação ou incorporação.

(B) Não é responsável pelos tributos devidos.

(C) É responsável pelos impostos e taxas devidos até o dia do ato que resultou na fusão, transformação ou incorporação.

(D) É responsável pelos tributos devidos até a data do ato que resultou na fusão, transformação ou incorporação.

Gabarito	
1	B
2	A
3	B
4	Errado
5	A
6	A
7	Errado
8	C
9	A
10	D

8

DENÚNCIA ESPONTÂNEA

Após cometer uma **infração tributária**, o indivíduo que se **arrepender** pode se **beneficiar** e evitar o pagamento da multa pela sua conduta ilícita. Prescreve o CTN, no art. 138, que "a responsabilidade é excluída pela denúncia espontânea da infração", ou seja, pode o infrator evitar a punição, caso confesse, autodenunciando-se à autoridade administrativa.

Assim, a denúncia espontânea representa a confissão espontânea do contribuinte que, antes de qualquer procedimento de fiscalização, comparece junto à autoridade fiscal e confessa o inadimplemento do tributo.

Conforme lição de Luciano Amaro, não há solenidade para a denúncia espontânea. Vejamos:

> A denúncia espontânea de infração não é ato solene, nem a lei exige que ela se faça desta ou daquela forma. A forma irá depender da natureza e dos efeitos da infração. Se, por exemplo, a infração consistiu em que certo contribuinte de um tributo sujeito a lançamento por homologação deixou de efetuar o pagamento no prazo legal, o modo de sanar essa infração é comparecer à repartição fiscal (ou aos bancos credenciados para receber e dar quitação do tributo) e pagar seu débito; na própria guia de recolhimento já se indicará que se trata de recolhimento a destempo, e, por isso, os juros de mora devem também ser recolhidos. Não se requerem outras providências burocráticas.[1]

Com isso, fica reforçado o posicionamento no sentido de que a denúncia espontânea é um direito do contribuinte.

Dessa feita, o instituto da denúncia espontânea não pode ser visto como uma premiação, ou benefício desarrazoado aos infratores, porque, em verdade, é um instrumento de **estímulo** ao cumprimento das obrigações tributárias. Isso porque são **excluídas** as **penalidades**, continuando a ser devidos o tributo, os juros e a correção monetária, sendo afastadas as sanções, somente. Dessa forma, caso o infrator se autodenuncie, afastará as penalidades cabíveis, sejam elas moratórias ou punitivas, sendo devido o tributo corrigido com juros e correção monetária. Tal posicionamento foi firmado pelo STJ no julgamento do REsp. 1062139/PR, *DJe* 19.11.2008.

---

[1] AMARO, Luciano. *Direito Tributário Brasileiro*. 15. ed. São Paulo: Saraiva, 2009. p. 453.

Em outras palavras, para que a **denúncia espontânea** produza os efeitos supracitados, excluindo as multas, deve ser seguida de **pagamento do tributo** devido. Ele tem de pagar o que deve antes do início de qualquer ação fiscal, pois, como instrumento de política tributária, a eficiência do instituto da autodenúncia seria praticamente aniquilada se bastasse o sujeito passivo comunicar a ocorrência do fato gerador sem o pagamento.

Atualmente, existe a possibilidade de **suspensão da exigibilidade do crédito** tributário por meio do **parcelamento**, previsto no art. 151, VI, do CTN, que consiste na hipótese que deve estar prevista em lei, em que preenchidos os requisitos, o devedor poderá parcelar suas dívidas.

A denúncia espontânea, então, não produzirá efeitos se não for seguida de pagamento integral do tributo com juros e correção monetária. Caso o infrator realize a autodenúncia e se enquadre em uma hipótese de parcelamento, não terá a multa excluída do montante devido, pois o parcelamento não pode se confundir com o pagamento que é, sim, causa de extinção do crédito tributário na forma do art. 156, I, do CTN. Isso porque o cumprimento da obrigação foi desmembrado, e só será quitada quando satisfeito integralmente o crédito. Tal posicionamento foi confirmado pelo vetusto Tribunal Federal de Recursos ao editar a Súmula 208. Sobre o assunto, leciona Leandro Paulsen:

> A denúncia espontânea deve ser considerada como instituto jurídico tributário. Não basta a simples informação sobre a infração, desacompanhada do pagamento. Pelo contrário, é requisito indispensável à incidência do art. 138 que o contribuinte se coloque em situação regular, cumprindo, ainda que a destempo, suas obrigações principais. Para que ocorra a denúncia espontânea, com efeito de elisão de penalidades, pois, exige-se o pagamento tributo e dos juros moratórios, sendo que a guia de recolhimento (DARF ou equivalente) já conterá os elementos necessários à sua identificação, servindo de comunicação ao Fisco. (...)[2]

Insta destacar que, para que se caracterize a denúncia espontânea, ela deve ocorrer **antes** da lavratura do termo de início de fiscalização, ou seja, antes de qualquer **procedimento fiscalizatório** por parte da autoridade administrativa. Caso contrário, não estará caracterizada a espontaneidade.

Na esfera federal, na hipótese de ter sido iniciada a fiscalização, poderá o contribuinte se beneficiar da denúncia espontânea, recolhendo o principal e os juros, até o vigésimo dia após iniciada a fiscalização, conforme art. 47 da Lei 9.430/96, que dispõe

> Art. 47. A pessoa física ou jurídica submetida a ação fiscal por parte da Secretaria da Receita Federal poderá pagar, até o vigésimo dia subsequente à data de recebimento do termo de início de fiscalização, os tributos e contribuições já declarados, de que for sujeito passivo como contribuinte ou responsável, com os acréscimos legais aplicáveis nos casos de procedimento espontâneo. (Redação dada pela Lei nº 9.532, de 1997)

Assim, caso não tenha pago o tributo, o contribuinte ainda poderá ter o benefício da denúncia espontânea, na esfera federal, após o início da fiscalização.

---

[2] PAULSEN, Leandro. *Direito Tributário* – Constituição e Código Tributário à Luz da Doutrina e Jurisprudência. 6. ed. Porto Alegre: Livraria do Advogado/ESMAFE, 2004. p. 969.

Importante destacar o posicionamento adotado pelo STJ no sentido de que é possível a apresentação de declaração retificadora durante o procedimento de fiscalização, mas antes da notificação do lançamento.

 JURISPRUDÊNCIA

PROCESSUAL CIVIL. TRIBUTÁRIO. AGRAVO INTERNO. RECURSO ESPECIAL. IMPOSTO DE RENDA. DECLARAÇÃO RETIFICADORA. POSSIBILIDADE DE ENTREGA APÓS O INÍCIO DE PROCEDIMENTO DE FISCALIZAÇÃO. ART. 147, § 1º, CTN. PROVIMENTO NEGADO.

1. A declaração de imposto de renda é o mecanismo ou o instrumento por meio do qual a parte contribuinte promove o lançamento por homologação do crédito tributário.

2. Nos termos da Súmula 436 do Superior Tribunal de Justiça (STJ): "A entrega de declaração pelo contribuinte reconhecendo débito fiscal constitui o crédito tributário, dispensada qualquer outra providência por parte do fisco".

3. Esse procedimento não oficioso de autoconstituição ou autolançamento (art. 150 do Código Tributário Nacional) é suficiente para a formatação definitiva do crédito tributário, cabendo ao fisco o exercício da sua prerrogativa de homologar, ou não, a modalidade de lançamento levada a efeito pela parte contribuinte.

4. Considerando que tanto a declaração original quanto a retificadora têm a mesma natureza jurídica, tendo a declaração original sido retificada, vale a informação mais recente constante da "declaração retificadora", que tem a mesma natureza e o mesmo efeito jurídico daquela, mas é posterior, sendo, conforme o art. 18 da Medida Provisória 2.189-49, de 23 de agosto de 2001, desnecessária a autorização da autoridade administrativa.

5. No caso em tela, o Tribunal de origem violou o disposto no art. 147, § 1º, do Código Tributário Nacional (CTN) ao não permitir a apresentação da declaração retificadora durante o processo de fiscalização, pois ainda não tinha sido lançado o tributo devido.

6. Agravo interno a que se nega provimento (AgInt no REsp 1.798.667/PB, 1ª Turma, Rel. Min. Paulo Sérgio Domingues, j. 17.6.2024, *DJe* 26.6.2024.)

Portanto, caberá a retificadora, sem que isso interfira no direito do contribuinte de constituir os seus créditos sem a imediata imposição de penalidades pelo fisco.

Além disso, o STJ editou a Súmula 360, que deixa claro que, nos tributos sujeitos a **lançamento por homologação**, não se caracteriza a denúncia espontânea nos casos em que o infrator presta as informações à autoridade administrativa, mas efetua o pagamento do tributo a destempo. Vejamos o teor da súmula: "O benefício da denúncia espontânea não se aplica aos tributos sujeitos a lançamento por homologação regularmente declarados, mas pagos a destempo".

Como se pode ver, a súmula é bastante coerente, pois no lançamento por homologação, que será analisado nos próximos capítulos, o contribuinte pratica o procedimento de apuração do tributo devido e encaminha as informações à autoridade administrativa. Assim, uma vez que o fiscal ou auditor já tenha em mãos tais informações, basta homologar ou não, já tendo se iniciado, então, o procedimento fiscalizatório.

No entanto, a súmula somente se aplica no caso de declaração efetivamente realizada, de modo que é cabível a denúncia espontânea se o tributo não for objeto de declaração. Em outras palavras, quando do tributo sujeito a lançamento por homologação, o contribuinte declarar determinado valor e não efetuar o pagamento previsto em lei, não poderá se aproveitar do benefício da denúncia espontânea no tocante aos valores efetivamente declarados, mas poderá fazê-lo com relação à parcela que não foi objeto de declaração. Vejamos:

JURISPRUDÊNCIA

> PROCESSUAL CIVIL – RECURSO ESPECIAL REPRESENTATIVO DE CONTROVÉRSIA – ARTIGO 543-C, DO CPC – TRIBUTÁRIO – IRPJ E CSLL – TRIBUTOS SUJEITOS A LANÇAMENTO POR HOMOLOGAÇÃO – DECLARAÇÃO PARCIAL DE DÉBITO TRIBUTÁRIO ACOMPANHADO DO PAGAMENTO INTEGRAL – POSTERIOR RETIFICAÇÃO DA DIFERENÇA A MAIOR COM A RESPECTIVA QUITAÇÃO – DENÚNCIA ESPONTÂNEA – EXCLUSÃO DA MULTA MORATÓRIA – CABIMENTO.
>
> 1. A denúncia espontânea resta configurada na hipótese em que o contribuinte, após efetuar a declaração parcial do débito tributário (sujeito a lançamento por homologação) acompanhado do respectivo pagamento integral, retifica-a (antes de qualquer procedimento da Administração Tributária), noticiando a existência de diferença a maior, cuja quitação se dá concomitantemente. 2. Deveras, a denúncia espontânea não resta caracterizada, com a consequente exclusão da multa moratória, nos casos de tributos sujeitos a lançamento por homologação declarados pelo contribuinte e recolhidos fora do prazo de vencimento, à vista ou parceladamente, ainda que anteriormente a qualquer procedimento do Fisco (Súmula 360/STJ) (Precedentes da Primeira Seção submetidos ao rito do artigo 543-C, do CPC: REsp 886.462/RS, Rel. Ministro Teori Albino Zavascki, julgado em 22.10.2008, DJe 28.10.2008; e REsp 962.379/RS, Rel. Ministro Teori Albino Zavascki, julgado em 22.10.2008, DJe 28.10.2008). 3. É que "a declaração do contribuinte elide a necessidade da constituição formal do crédito, podendo este ser imediatamente inscrito em dívida ativa, tornando-se exigível, independentemente de qualquer procedimento administrativo ou de notificação ao contribuinte" (REsp 850.423/SP, Rel. Ministro Castro Meira, Primeira Seção, julgado em 28.11.2007, DJ 07.02.2008). 4. Destarte, quando o contribuinte procede à retificação do valor declarado a menor (integralmente recolhido), elide a necessidade de o Fisco constituir o crédito tributário atinente à parte não declarada (e quitada à época da retificação), razão pela qual aplicável o benefício previsto no artigo 138 do CTN. 5. In casu, consoante consta da decisão que admitiu o recurso especial na origem (fls. 127/138): "No caso dos autos, a impetrante em 1996 apurou diferenças de recolhimento do Imposto de Renda Pessoa Jurídica e Contribuição Social sobre o Lucro, ano-base 1995 e prontamente recolheu esse montante devido, sendo que agora, pretende ver reconhecida a denúncia espontânea em razão do recolhimento do tributo em atraso, antes da ocorrência de qualquer procedimento fiscalizatório. Assim, não houve a declaração prévia e pagamento em atraso, mas uma verdadeira confissão de dívida e pagamento integral, de forma que resta configurada a denúncia

espontânea, nos termos do disposto no artigo 138, do Código Tributário Nacional".
6. Consequentemente, merece reforma o acórdão regional, tendo em vista a configuração da denúncia espontânea na hipótese sub examine. 7. Outrossim, forçoso consignar que a sanção premial contida no instituto da denúncia espontânea exclui as penalidades pecuniárias, ou seja, as multas de caráter eminentemente punitivo, nas quais se incluem as multas moratórias, decorrentes da impontualidade do contribuinte. 8. Recurso especial provido. Acórdão submetido ao regime do artigo 543-C, do CPC, e da Resolução STJ 08/2008 (STJ – REsp. 1149022/SP, 2009/0134142-4, Rel. Min. Luiz Fux, Data de Julgamento: 09.06.2010, S1 — Primeira Seção, Data de Publicação: *DJe* 24.06.2010).

Ademais, mas não menos importante, devemos destacar que os efeitos da denúncia espontânea (afastamento da multa e da responsabilidade) se dão somente em caso de pagamento, não sendo equiparada a ele a compensação, uma vez que está sujeita à **condição resolutiva**. Vejamos o posicionamento do STJ:

 JURISPRUDÊNCIA

TRIBUTÁRIO – COMPENSAÇÃO – CONDIÇÃO RESOLUTÓRIA – DENÚNCIA ESPONTÂNEA – REQUISITOS – INOCORRÊNCIA.

1. A jurisprudência do Superior Tribunal de Justiça consolidou-se no sentido de que é incabível a aplicação do benefício da denúncia espontânea, previsto no art. 138 do CTN, aos casos de compensação tributária, justamente porque, nessa hipótese, a extinção do débito estará submetida à ulterior condição resolutória da sua homologação pelo fisco, a qual, caso não ocorra, implicará o não pagamento do crédito tributário, havendo, por consequência, a incidência dos encargos moratórios. Precedentes.

2. Agravo interno desprovido (AgInt nos EDcl nos EREsp. 1657437/RS, Min. Gurgel de Faria, *DJe* 17.10.2018).[3]

---

[3] Tal entendimento foi reforçado no STJ no julgamento do AgInt no REsp 2.072.337/PE:

PROCESSUAL CIVIL E TRIBUTÁRIO. AGRAVO INTERNO NO RECURSO ESPECIAL. VIOLAÇÃO DO ART. 1.022 DO CPC/2015. ALEGAÇÕES GENÉRICAS. SÚMULA 284/STF. **ART. 138 DO CTN. DENÚNCIA ESPONTÂNEA. COMPENSAÇÃO TRIBUTÁRIA.** IMPOSSIBILIDADE. INDEVIDA INOVAÇÃO RECURSAL.

1. Tendo o recurso sido interposto contra decisão publicada na vigência do Código de Processo Civil de 2015, devem ser exigidos os requisitos de admissibilidade na forma nele previsto, conforme Enunciado Administrativo n. 3/2016/STJ.

2. Não se conhece do recurso quanto aos arts. 489 e 1.022 do CPC/2015, quando as razões recusais cingem-se à alegação genérica de violação e não indicam, de forma clara e objetiva, as questões acoimadas de vício, com a demonstração de sua relevância para o deslinde da causa, a ensejar o rejulgamento dos aclaratórios na origem. Incidência do óbice da Súmula 284/STF.

3. O entendimento da Corte de Origem encontra-se em consonância com a jurisprudência firmada pela Primeira Seção deste Superior Tribunal, segundo a qual não cabe a "aplicação do benefício da **denúncia espontânea** previsto no **art. 138 do CTN** aos casos de **compensação tributária**, justamente porque, nessa hipótese, a extinção do débito estará submetida à ulterior condição resolutória da sua homologação pelo Fisco, a qual, caso não ocorra, implicará o não pagamento do crédito tributário, havendo, por consequência, a incidência dos encargos moratórios" (AgInt EDcl EREsp 1.657.437/RS, relator Ministro Gurgel de Faria, Primeira Seção, *DJe* 17/10/2018).

Assim, como se pode ver, o **pagamento** integral efetivado antes de qualquer procedimento de fiscalização produzirá o efeito de afastar a multa, ao passo que haverá a extinção imediata do crédito, e o mesmo não acontece com a **compensação**, que fica sob a análise do fisco, sujeita à homologação posterior.

Da mesma forma, o **depósito judicial** também não tem o condão de afastar a multa em caso de denúncia espontânea, a despeito de suspender a exigibilidade do crédito tributário. Isso porque o afastamento da multa em razão do pagamento integral do tributo gera receita imediata para o fisco, o que não acontece com o depósito do montante integral, que somente estará disponível para a Fazenda com o término de eventual discussão.

Por fim, é importante destacar que, caso o contribuinte não entregue a declaração ou obrigação acessória relacionada ao tributo dentro do prazo legal, não há que se falar na aplicação da denúncia espontânea, ao passo que a multa pela ausência da entrega não será afastada, ainda que haja o pagamento integral do tributo. Esse entendimento é pacífico no STJ. Vejamos:

 JURISPRUDÊNCIA

> PROCESSUAL CIVIL – AGRAVO INTERNO NO AGRAVO – SUBMISSÃO À REGRA PREVISTA NO ENUNCIADO ADMINISTRATIVO 03/STJ – SUPOSTA OFENSA AO ART. 535 DO CPC/73 – AUSÊNCIA DE VÍCIOS NO ACÓRDÃO – EXECUÇÃO FISCAL – IMPOSTO DE RENDA – MULTA – ATRASO NA ENTREGA – LEGALIDADE – REQUISITOS DE VALIDADE DA CDA – ÓBICE DA SÚMULA 7/STJ – ARESTO ATACADO QUE CONTÉM FUNDAMENTOS CONSTITUCIONAIS SUFICIENTES PARA MANTÊ-LO – ÓBICE DA SÚMULA 126/STJ. (...)
>
> 4. É cediço o entendimento do Superior Tribunal de Justiça no sentido da legalidade da cobrança de multa pelo atraso na entrega da declaração de rendimentos, inclusive quando há denúncia espontânea, pois esta "não tem o condão de afastar a multa decorrente do atraso na entrega da declaração de rendimentos, uma vez que os efeitos do art. 138 do CTN não se estendem às obrigações acessórias autônomas" (AgRg no AREsp. 11340/SC, 2ª Turma, Rel. Min. Castro Meira, j. 13.09.2011, DJe 27.09.2011).

Como se pode ver, a obrigação acessória é autônoma com relação à obrigação principal, de modo que, ainda que seja afastada a multa relacionada ao tributo, será mantida a multa com relação à obrigação acessória descumprida, ou seja, caso o contribuinte atrase a entrega da Declaração de Contribuições e Tributos Federais (DCTF), a multa será mantida ainda que o tributo seja pago antecipadamente a qualquer procedimento de fiscalização.

---

4. Verifica-se que a alegação deduzida pela agravante concerne à questão a respeito da qual não houve discussão nas instâncias ordinárias, configurando indevida inovação de tese em sede de recurso.

5. Agravo interno não provido. (29.2.2024)

CAP. 8 • DENÚNCIA ESPONTÂNEA | **277**

PONTOS IMPORTANTES

Espontaneidade	A denúncia espontânea somente se caracteriza como tal caso a confissão seja realizada pelo contribuinte antes do procedimento de fiscalização.
Efeitos	O principal efeito da denúncia espontânea é afastar a aplicação da multa, o que ocorre quando a confissão é seguida de pagamento do tributo com juros e correção monetária.

CONSIDERAÇÕES – DENÚNCIA ESPONTÂNEA

Não se trata de premiação, e sim de um estímulo para o cumprimento das obrigações.

O arrependimento deve ocorrer antes de qualquer procedimento ficalizatório

Instituto que exclui apenas as penalidades; o sujeito não paga multa

Devem ser pagos: tributo + juros + correção monetária

Com a suspensão da exigibilidade do crédito por meio de parcelamento, não há a exclusão de multa

QUESTÕES DE PROVA

1. (Titular de Serviços de Notas e de Registros – Provimento – 2017 – CONSULPLAN – TJMG) Acerca da responsabilidade tributária por infrações, é correto afirmar:

    (A) De acordo como o princípio da responsabilidade objetiva, a responsabilidade por infração à legislação tributária, via de regra, independe da intenção do agente, porém a extensão dos efeitos do ato interfere naquela responsabilidade.

    (B) Certa pessoa jurídica é obrigada a entregar a declaração anual de imposto de renda, mas seu respectivo diretor descumpriu tal obrigação tributária acessória e, por ser o agente da infração, responde pessoalmente perante o Fisco.

    (C) A entrega de declaração pelo contribuinte, reconhecendo o débito fiscal constitui o crédito tributário, todavia não dispensa outras providências por parte do Fisco.

    (D) O benefício da denúncia espontânea não se aplica aos tributos sujeitos a lançamento por homologação regularmente declarados, mas pagos a destempo.

2. (Procurador do Município – 2017 – CESPE – Prefeitura de Fortaleza – CE) Considerando os dispositivos do CTN e a jurisprudência do STJ em relação ao ato administrativo do lançamento e à atividade desenvolvida para a constituição do crédito tributário, julgue o próximo item.

    Admite-se a concessão do benefício da denúncia espontânea na hipótese de o contribuinte, depois de apresentar declaração parcial do crédito tributário e realizar o respectivo pagamento, retificar a própria declaração e efetuar o pagamento complementar, antes de qualquer iniciativa da administração tributária.

    ( ) Certo   ( ) Errado

3. (Promotor Substituto – 2016 – MPE-PR) De acordo com o Código Tributário Nacional, assinale a alternativa incorreta:

(A) A obrigação tributária principal surge com a ocorrência do fato gerador, tem por objeto o pagamento de tributo ou penalidade pecuniária e extingue-se com o crédito dela decorrente.

(B) A obrigação tributária acessória quando inobservada converte-se em obrigação principal relativamente à penalidade pecuniária.

(C) A lei pode atribuir de modo expresso a responsabilidade pelo crédito tributário a terceira pessoa, vinculada ao fato gerador da respectiva obrigação, excluindo a responsabilidade do contribuinte ou atribuindo-a a este em caráter supletivo do cumprimento total ou parcial da referida obrigação.

(D) O benefício da denúncia espontânea não se aplica aos tributos sujeitos a lançamento por homologação regularmente declarados, mas pagos a destempo.

(E) São causas que suspendem a exigibilidade do crédito tributário: a moratória; o depósito do seu montante, ainda que parcial; as reclamações e os recursos, nos termos das leis reguladoras do processo tributário administrativo; a concessão de medida liminar em mandado de segurança; a concessão de medida liminar ou de tutela antecipada, em outras espécies de ação judicial e o parcelamento.

4. (Juiz Federal Substituto – 2016 – TRF-3ª Região) Considere a denúncia espontânea (art. 138 do CTN) e assinale a alternativa incorreta:

(A) Não se aplica aos tributos sujeitos a lançamento por homologação regularmente declarados, mas que são pagos a destempo.

(B) Só se considera espontânea a denúncia apresentada antes de qualquer medida de fiscalização relacionada com a infração fiscal.

(C) Aplica-se ao caso em que o contribuinte devedor confessa a dívida e obtém o parcelamento do débito tributário.

(D) Exclui a exigência da multa, mas não evita a incidência dos juros moratórios e da correção monetária do débito confessado.

5. (Procurador do Estado de Terceira Classe – 2014 – FCC – PGE-RN) Segundo o Código Tributário Nacional, a denúncia espontânea

(A) impede a constituição do crédito tributário relativamente aos juros de mora e à multa moratória.

(B) é causa de extinção do crédito tributário.

(C) tem lugar antes de qualquer procedimento administrativo ou medida de fiscalização relacionados com a infração.

(D) alcança a obrigação principal e a obrigação acessória, acarretando a exclusão do crédito tributário.

(E) só pode ser realizada nos tributos sujeitos a lançamento por homologação, desde que não tenha havido apresentação de declaração, quando exigida.

CAP. 8 • DENÚNCIA ESPONTÂNEA | **279**

6. **(Advogado – 2014 – FCC – SABESP) A denúncia espontânea da infração:**

(A) traz redução no valor do crédito tributário quando o sujeito passivo a faz antes do lançamento.

(B) é causa de exclusão do crime de sonegação fiscal, sendo matéria atinente ao Direito Penal Tributário quanto à infração decorrente de dolo específico.

(C) afasta a responsabilidade por infração, desde que anterior a qualquer medida de fiscalização ou procedimento administrativo e acompanhada do pagamento, se for o caso, do tributo devido e dos juros de mora.

(D) pode ser apresentada, para qualquer tributo, até o final da ação fiscal, procedimento administrativo de fiscalização, mas antes da lavratura do auto de infração e imposição de multa, desde que relacionada com a infração.

(E) afasta a incidência do crédito tributário, sendo forma de anistia do crédito tributário, desde que haja previsão em lei do ente competente e seja feita pelo sujeito passivo antes de qualquer medida de fiscalização pelo fisco.

7. **(Procurador – 2013 – CETRO – CREF-4ª Região – SP) Sobre a denúncia espontânea, assinale a alternativa correta.**

(A) Cabe denúncia espontânea quando se tratar de tributo declarado e não pago.

(B) Segundo o Superior Tribunal de Justiça (STJ), a denúncia espontânea se aplica ao descumprimento de obrigações puramente formais ou acessórias.

(C) Segundo o Superior Tribunal de Justiça (STJ), pagamento parcelado viabiliza exclusão das multas pela denúncia espontânea.

(D) Não se considera espontânea a denúncia apresentada após o início de qualquer procedimento administrativo ou medida de fiscalização, relacionados com a infração.

(E) O benefício da denúncia espontânea se aplica aos tributos sujeitos a lançamento por homologação regularmente declarados, mas pagos a destempo.

8. **(Procurador – 2013 – CESPE – TC-DF) No que tange à legislação tributária, à obrigação tributária, ao crédito tributário e à administração tributária, julgue os itens seguintes.**

Consoante a jurisprudência assentada, é lícita a aplicação do benefício da denúncia espontânea aos tributos sujeitos a lançamento por homologação regularmente declarados, mesmo quando estes forem pagos extemporaneamente.
( ) Certo   ( ) Errado

9. **(Procurador do Estado – 2012 – FMP Concursos – PGE-AC) Assinale a alternativa incorreta, de acordo com o Código Tributário Nacional.**

(A) A responsabilidade por infrações da legislação tributária, salvo disposição de lei em contrário, independe da intenção do agente ou do responsável.

(B) O benefício da denúncia espontânea não se aplica aos tributos sujeitos a lançamento por homologação, regularmente declarados, mas pagos a destempo.

(C) O prazo decadencial para lavratura do auto de lançamento sempre terá início no primeiro dia do exercício seguinte àquele em que o lançamento poderia ter sido efetuado.

(D) O sujeito passivo da obrigação principal diz-se contribuinte quando tenha relação pessoal e direta com a situação que constitua o respectivo fato gerador.

Manual de Direito Tributário – Volume Único – *Quintanilha*

10. (Auditor Fiscal do Município – 2012 – FCC – Prefeitura de São Paulo – SP) Um contribuinte infrator de dispositivo da legislação tributária, querendo sanear a irregularidade cometida, pretende promover a denúncia espontânea. Como essa infração resultou em sonegação do tributo, esse contribuinte infrator, para evitar a imposição de sanções fiscais sobre ele, decidiu efetuar o pagamento do tributo devido, acrescido dos juros de mora sobre ele incidentes.

Para que essa denúncia esteja revestida de espontaneidade, ela deverá ser feita antes

(A) do julgamento de impugnação apresentada contra o lançamento de ofício da penalidade pecuniária.

(B) do transcurso do prazo prescricional.

(C) da ocorrência do fato gerador da obrigação tributária principal à qual a infração está vinculada.

(D) do transcurso do prazo decadencial.

(E) de o fisco dar início a qualquer procedimento administrativo ou medida de fiscalização, relacionados com a infração.

Gabarito	
1	D
2	Certo
3	E
4	C
5	C
6	C
7	D
8	Errado
9	C
10	E

9

CRÉDITO TRIBUTÁRIO

9.1. Lançamento

Como visto nos capítulos anteriores, a ocorrência do fato gerador dá início a uma cadeia de acontecimentos que permite ao Estado o exercício do poder de tributar.

Então, com a prática do fato gerador, há o surgimento de um vínculo obrigacional em que, de um lado, há o Estado como sujeito ativo, ou seja, pessoa jurídica competente para a instituição e cobrança do tributo, e, de outro, o sujeito passivo dessa obrigação, que pode ser o contribuinte ou o responsável.

A prática do fato gerador e o consequente surgimento da obrigação tributária não são suficientes para que a dívida seja expressa em valores, devendo ela ainda ser quantificada, uma vez que a obrigação tributária não é líquida. A **quantificação da obrigação** se dá por meio do **lançamento**, que tem o condão de constituir o crédito tributário.

> Segundo Paulo de Barros Carvalho, "definimos crédito tributário como o direito subjetivo de que é portador o sujeito ativo da obrigação tributária e que lhe permite exigir o objeto prestacional, representado por uma importância em dinheiro".[1]

Em outras palavras, antes do lançamento, apesar de existir o vínculo obrigacional tributário, não há como o sujeito passivo cumprir a obrigação. Por outro lado, também resta inexigível pelo Estado tal montante, uma vez que indeterminado, carente de liquidez. Assim, somente após a prática do lançamento que surgirá a exigibilidade do crédito tributário.

Outrossim, como mencionado, para que seja quantificado o tributo, compete à autoridade administrativa praticar o lançamento, que consiste no procedimento administrativo previsto no art. 142 do CTN, em que o fisco apura o tributo devido e impõe a multa, caso seja cabível, ao caso concreto. O crédito tributário tem a mesma natureza da obrigação tributária principal, na forma do art. 139 do CTN, e as circunstâncias que modificam o crédito não afetam a obrigação que o originou, sendo, portanto, a obrigação tributária autônoma perante o crédito tributário. Desse modo, eventual vício no lançamento não tem o condão de afastar a obrigação tributária, cabendo até mesmo um lançamento substitutivo, desde que respeitado o prazo decadencial. Isso porque a obrigação persiste, sendo

---

[1] CARVALHO, Paulo de Barros. *Curso de direito tributário*. 21. ed. São Paulo: Saraiva, 2009. p. 398.

certo que o vício no procedimento de constituição do crédito tributário não impacta na obrigação tributária que surgiu com a prática do fato gerador.

É importante destacar que não basta que o lançamento seja praticado para a **constituição do crédito tributário**, devendo ser ele **notificado** ao sujeito passivo, sob pena de **decadência**, que consiste na perda do direito de constituir o crédito pelo lançamento, e é causa de extinção do crédito tributário, prevista no art. 156, V, do CTN. Assim, caso a autoridade competente pratique o lançamento, apurando o tributo devido, mas não notifique o sujeito passivo da obrigação, não há que se falar em constituição do crédito tributário.

A notificação do sujeito passivo é elemento indispensável para que esteja caracterizada a constituição do crédito tributário, uma vez que a prática do lançamento se dá no âmbito da autoridade fiscal, sendo de suma relevância a ciência do sujeito passivo da existência do crédito tributário. Com isso, somente estará constituído o crédito tributário se estiver ciente o sujeito passivo, sendo assim, indispensável sua notificação acerca do lançamento.

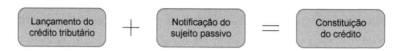

É importante destacar que obrigação e crédito tributário não se confundem. Vejamos a lição de Aliomar Baleeiro:

> Uma e outra nascem do fato gerador que coloca o sujeito passivo na posição de devedor do Fisco. Resulta daí o crédito tributário, que se reveste da mesma natureza jurídica daquela obrigação. Vale dizer, o crédito tributário nasce da obrigação e é consequência dela.
>
> O Título III do CTN regula esse crédito tributário em sua essência e formação em todas as suas etapas. A obrigação principal é a de pagar o tributo ou pena pecuniária, em princípio. O crédito tributário converte essa obrigação ilíquida em líquida e certa, exigível na data ou no prazo da lei, inclusive por execução expedita.[2]

Assim, o crédito é a obrigação tributária liquidada e exigível, mas ainda não é exequível, uma vez que a exequibilidade somente ocorrerá com a inscrição em dívida ativa.

O lançamento tem, portanto, natureza jurídica dúplice, ao passo que declara a existência da obrigação e constitui o crédito tributário.

Uma vez notificado o sujeito passivo, surgem o crédito tributário e a obrigação de efetuar o pagamento. Nesse caso, o tributo pode ser adimplido ou não, bem como pode ser objeto de **impugnação** na esfera administrativa, instaurando-se, na hipótese, o processo administrativo tributário.

É importante destacar que o lançamento é atividade privativa e obrigatória da autoridade fiscal, que deve ser praticada sob pena de responsabilidade funcional. Dessa forma, caberá ao auditor fiscal a apuração do tributo devido e a notificação do sujeito passivo, não podendo se esquivar de tal obrigação, sendo o lançamento obrigatório.

---

[2] BALEEIRO, Aliomar. *Direito Tributário Brasileiro*. 10. ed. rev. e atual,. por Flávio Bauer Novelli. Rio de Janeiro: Forense, 1992, p. 497.

No entanto, é importante frisar que o lançamento não é autoexecutório, ou seja, não cabe a imposição de qualquer sanção política para satisfazer o crédito tributário, sendo certo que a fase posterior à constituição definitiva do crédito tributário é a inscrição em dívida ativa para que, então, seja promovida a ação de execução fiscal.

Outro ponto relevante é a legislação que se aplica ao lançamento. No momento da sua prática, o procedimento deve se reportar à data da ocorrência do fato gerador, de modo que a lei vigente, quando do lançamento, a ele não se aplica, aplicando-se a lei vigente na data do fato gerador de obrigação tributária.

Tal entendimento fica claro quando da leitura do art. 143 do CTN, que é expresso em determinar que, quando o valor tributário esteja expresso em moeda estrangeira, a conversão deve considerar o câmbio efetivo da data do fato gerador da obrigação.

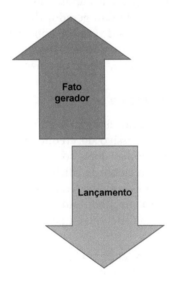

A regra possui algumas **exceções**, como as hipóteses em que a nova lei aumente as **garantias** e os **privilégios** do crédito tributário ou os **poderes da fiscalização**, bem como nos casos em que a lei nova reduza a penalidade ou deixe de tratar a conduta do agente como uma infração, desde que não haja **coisa julgada**. Também não retroagirá a lei que tenha como efeito a inclusão de terceiro na obrigação tributária, por previsão expressa no CTN. Mas, ainda que essa previsão não existisse, seria indevida a inclusão de um terceiro no momento do lançamento, ao passo que não há fato imponível contra ele, e o lançamento tem a mesma natureza da obrigação.

No art. 144, § 1º, do CTN temos, em verdade, hipóteses de retroatividade da norma tributária mais benéfica ao fisco e não ao contribuinte, pois retroagirão a lei que aumente as garantias e o privilégios do crédito tributário, bem como as leis que aumentem os poderes da fiscalização. Tomemos como exemplo a segunda hipótese. Quando a LC 105 passou a prever a transferência do sigilo bancário para a Receita Federal sem necessidade de autorização judicial, muito se discutiu se era possível sua aplicação aos fatos geradores praticados anteriormente à vigência da lei.

O STF, então, no julgamento do RE 601314, tema 225 da repercussão geral, entendeu pela possibilidade da lei que aumenta os poderes da fiscalização. Vejamos:

I – O art. 6º da Lei Complementar 105/01 não ofende o direito ao sigilo bancário, pois realiza a igualdade em relação aos cidadãos, por meio do princípio da capacidade contributiva, bem como estabelece requisitos objetivos e o translado do dever de sigilo da esfera bancária para a fiscal.
II – A Lei 10.174/01 não atrai a aplicação do princípio da irretroatividade das leis tributárias, tendo em vista o caráter instrumental da norma, nos termos do artigo 144, § 1º, do CTN.

Então, pela regra, caso o fato gerador de um tributo tenha sido praticado sob a vigência da lei "X" e o lançamento, dois anos após, sob a vigência da lei "Y", aplica-se ao lançamento a lei "X", vigente na data do fato gerador da obrigação tributária ressalvada a lei que aumenta as garantias e privilégios do crédito tributário e os poderes da fiscalização. Não podemos deixar de citar que, na forma do art. 106, II, do CTN, caso haja **penalidade**, se aplica a **menos severa** ao contribuinte, desde que não ocorra a coisa julgada.

9.1.1. Irrevisibilidade do lançamento

Outro ponto relevante que devemos abordar é a impossibilidade de revisão do lançamento após a notificação ao sujeito passivo do crédito tributário. Uma vez notificado ao sujeito passivo, o **lançamento** não poderá mais sofrer alterações, ressalvadas as hipóteses de impugnação do sujeito passivo, recurso de ofício e iniciativa de ofício da autoridade fiscal, conforme previsto no art. 145 do CTN. Trata-se do princípio da **inalterabilidade ou irrevisibilidade do lançamento**. Segundo Ruy Barbosa Nogueira: "A notificação é o último ato do procedimento formal de constituição do crédito tributário que o torna oponível ao contribuinte".[3]

Com isso, após a notificação do lançamento ao sujeito passivo, as hipóteses de alteração serão somente aquelas previstas no art. 145 do CTN, não cabendo qualquer outra.

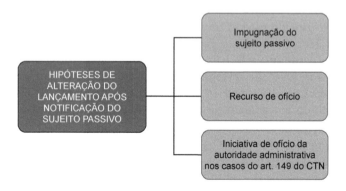

---

[3] NOGUEIRA, Ruy Barbosa. *Curso de direito tributário*. 14. ed. São Paulo: Saraiva, 1995. p. 293.

O inciso I do art. 145 do CTN prevê a **impugnação** do sujeito passivo como hipótese de alteração do lançamento após a notificação.

O Decreto 70.235/1972, que regulamenta o processo administrativo fiscal, prevê em seu art. 14 a possibilidade de oferecimento de impugnação do lançamento pelo sujeito passivo do crédito tributário. Por óbvio, ao questionar o crédito, o contribuinte devolve ao fisco a possibilidade de alterar o lançamento e rever o procedimento.

Importante frisar que a instauração da discussão administrativa do crédito tributário não é requisito preparatório ou necessário para a posterior propositura de eventual ação judicial, não havendo necessidade do exaurimento da esfera administrativa para o exercício do contraditório e ampla defesa em juízo. No entanto, tendo em vista que a impugnação **suspende** a exigibilidade do crédito tributário na forma do art. 151, III, do CTN, é bastante interessante para o contribuinte exercer o contraditório administrativo, uma vez que na forma do art. 206 do CTN fica resguardado o direito à certidão positiva com efeitos de negativa, enquanto a discussão estiver pendente de julgamento.

Já no inciso II do art. 145 do CTN, está previsto o recurso de ofício como hipótese de alteração do lançamento. Tal recurso está previsto no art. 34 do Decreto 70.235/1972. Vejamos:

> Art. 34. A autoridade de primeira instância recorrerá de ofício sempre que a decisão:
>
> I – exonerar o sujeito passivo do pagamento de tributo e encargos de multa de valor total (lançamento principal e decorrentes) a ser fixado em ato do Ministro de Estado da Fazenda; (Redação dada pela Lei nº 9.532, de 1997.)
>
> II – deixar de aplicar pena de perda de mercadorias ou outros bens cominada à infração denunciada na formalização da exigência.

O recurso de ofício é uma espécie de **remessa necessária**, em que a decisão administrativa de primeira instância deve ser levada ao segundo grau para **revisão**. Assim, na esfera federal, as decisões proferidas pelas Delegacias de Julgamento, enquadradas nas hipóteses do art. 34 do Decreto 70.235/1972, devem ser revistas pelo CARF. Atualmente, vige a Portaria 2 do Ministério da Fazenda, de 17.01.2023, que prevê em seu art. 1º que "O Presidente de Turma de Julgamento de Delegacia de Julgamento da Receita Federal do Brasil (DRJ) recorrerá de ofício sempre que a decisão exonerar sujeito passivo do pagamento de tributo e encargos de multa, em valor total superior a R$ 15.000.000,00 (quinze milhões de reais)".

Por fim, no tocante ao inciso III do citado artigo, seria a hipótese de a Fazenda rever de ofício o lançamento, o que somente é possível caso a situação seja enquadrada no art. 149 do CTN, que consiste basicamente nas hipóteses em que o contribuinte, de má-fé, tenta reduzir a carga tributária ou afastar a incidência do tributo, omitindo informações que está obrigado a fornecer.

Assim, o lançamento poderá ser revisto se verificada a existência de erro em sua elaboração, desde que o crédito tributário não esteja extinto pela decadência. A revisão pode ser feita de ofício pela autoridade fiscal, conforme previsto nos arts. 145, III, e 149, IV, ambos do CTN ou mesmo, a pedido do sujeito passivo. Também não caberá revisão de lançamento na hipótese de mudança de critério jurídico. Vejamos o posicionamento do STJ acerca do assunto:

TRIBUTÁRIO – AGRAVO REGIMENTAL NO AGRAVO DE INSTRUMENTO – EMBARGOS À EXECUÇÃO – MODIFICAÇÃO DO CRITÉRIO JURÍDICO ADOTADO PELO FISCO NO LANÇAMENTO EM RELAÇÃO A UM MESMO SUJEITO PASSIVO – REEXAME – SÚMULA 7 DO STJ – RESP. 1.130.545/RJ, REL. MIN. LUIZ FUX, *DJE* 22.02.2011, JULGADO SOB O REGIME DO ART. 543-C DO CPC – AGRAVO REGIMENTAL DESPROVIDO.

1. O Tribunal *a quo* concluiu ter havido mudança de critério jurídico adotado pela autoridade administrativa no exercício do lançamento em relação a um mesmo sujeito passivo. 2. A reapreciação da controvérsia, tal como lançada nas razões do Recurso Especial, demandaria necessariamente a incursão no acervo fático-probatório dos autos. Contudo, tal medida encontra óbice na Súmula 7 do STJ, segundo a qual a pretensão de simples reexame de prova não enseja Recurso Especial. 3. Em virtude do princípio da proteção à confiança, encartado no artigo 146 do CTN, segundo o qual a modificação introduzida, de ofício ou em consequência de decisão administrativa ou judicial, nos critérios jurídicos adotados pela autoridade administrativa no exercício do lançamento somente pode ser efetivada, em relação a um mesmo sujeito passivo, quanto a fato gerador ocorrido posteriormente à sua introdução (REsp 1.130.545/RJ, Rel. Min. LUIZ FUX, *DJe* 22.02.2011, submetido ao rito dos recursos repetitivos). 4. Agravo regimental desprovido (STJ – AgRg no Ag. 1314342/MG, 2010/0098338-2, 1ª Turma, Rel. Min. Napoleão Nunes Maia Filho, Data de Julgamento: 25/02/2014, Data de Publicação: *DJe* 10.03.2014).

Como podemos ver, a adoção de um novo critério jurídico para apuração do tributo somente poderá produzir efeitos *ex nunc* para garantir a segurança jurídica, conforme expressamente previsto no art. 146 do CTN.

Por fim, há hipóteses que dispensam o **lançamento formal**, para a constituição do crédito tributário, como é o caso de **confissão** pelo contribuinte. Na hipótese em que o contribuinte confessa que é devedor de determinado tributo, o fisco fica dispensado de praticar o lançamento, pois o crédito tributário se constituiu com a confissão. Não devem restar dúvidas de que, uma vez confessado pelo contribuinte que o tributo é devido, é **desnecessário** o lançamento pela autoridade fazendária. Vejamos o posicionamento do STJ:

 JURISPRUDÊNCIA

PROCESSO CIVIL – AGRAVO DE INSTRUMENTO – EXECUÇÃO FISCAL – PRESCRIÇÃO. 1 – A constituição definitiva do crédito tributário, nos tributos sujeitos a **lançamento por homologação**, ocorre com a entrega da DCTF ao Fisco que, deve promover a execução fiscal nos cinco anos subsequentes, sob pena de **prescrição**. 2 – No que se refere ao PIS, conforme se verifica da CDA nº 80.7.06.046150-99, os períodos devidos vão de 14/11/2001 a 15/1/2003, e a constituição do crédito se deu por **Termo de Confissão espontânea**, com notificação pessoal em 22/1/2002 – fls. 46/60. Quanto à COFINS, CDA nº 80.6.06.18000-25, os períodos devidos são os mesmos do PIS, bem como a constituição do crédito se deu por Termo de Confissão Espontânea com notificação pessoal na mesma data – fls.30/44. 3 – O ajuizamento da presente execução ocorreu em 22/03/2007 sendo, portanto, posterior à vigência da Lei Complementar 118/2005 (9/6/2005), que determina que o despacho do juiz que ordenar a citação interromperá a prescrição. O ajuizamento da execução ocorreu em 22/3/2007, sendo que o despacho que ordenou a citação deu-se em 23/3/2007, portanto, temos por consumado o evento prescricional sobre a dívida ativa. 4 – Agravo de instrumento improvido. Naquela decisão, tendo como pano de fundo o termo inicial do prazo prescricional para a ação executiva quanto a tributos sujeitos ao lançamento por homologação, o Tribunal de origem manteve a decisão que decretou a prescrição, entendendo que o referido termo inicial teria ocorrido na data do Termo de Confissão Espontânea do contribuinte, e não na data da entrega da declaração ou na data do vencimento do tributo, o que ocorrer por último. Foram rejeitados os embargos declaratórios opostos. No presente recurso especial, a recorrente aponta violação do art. 535, II, do CPC/1973, aduzindo, em suma, que, não obstante a oposição dos declaratórios, o Tribunal de origem não se manifestou sobre a questão de que o termo *a quo* do prazo prescricional se deu na data da entrega da declaração do contribuinte. Indica, ademais, ofensa ao art. 174 do CTN, bem como ao art. 5º do Decreto-Lei n. 2.124/1984, sustentando, em resumo, que o Tribunal de origem deveria ter reconhecido que o termo inicial do prazo prescricional, em se tratando de tributo sujeito ao lançamento por homologação, se dá ou com a entrega da declaração ou com o vencimento do tributo, o que ocorrer por último. Aduziu a existência de dissídio jurisprudencial. Apresentadas contrarrazões pela manutenção do acórdão recorrido. É o relatório. Decido. No caso, o Tribunal de origem, apreciando a questão do termo inicial do prazo prescricional da ação executiva de créditos relativos a tributos sujeitos ao lançamento por homologação, concluiu que, mesmo tendo havido a entrega da declaração pelo contribuinte, a constituição do crédito se dera mediante o Termo de Confissão Espontânea. Ocorre que, quanto a esse termo inicial, se verifica que, nos casos em que o contribuinte tenha entregue a declaração, há necessidade de identificar se a entrega de tal documento se deu em data anterior ou posterior ao vencimento do tributo. Com efeito, o Superior Tribunal de Justiça tem jurisprudência pacificada no sentido de que referido prazo prescricional tem início com a constituição definitiva do crédito tributário, que ocorre com a entrega da respectiva declaração pelo contribuinte, ou com o vencimento do tributo, sendo o termo *a quo* determinado pela data que for posterior. No mesmo diapasão, destacam-se os seguintes julgados, *in verbis*: PROCESSUAL CIVIL E TRIBUTÁRIO. PRESCRIÇÃO. TERMO INICIAL. TRIBUTO SUJEITO A LANÇAMENTO POR HOMOLOGAÇÃO, DECLARADO PELO CONTRIBUINTE. 1. De acordo com os precedentes do STJ, o termo inicial do prazo prescricional para o ajuizamento da ação executiva relativa aos tributos sujeitos ao lançamento por homologação tem início com a constituição definitiva do crédito tributário, que ocorre com a entrega da respectiva declaração pelo contribuinte, identificando o valor a ser recolhido, ou o do vencimento do tributo, o que for posterior. 2. Definida a exegese da legislação federal infringida, deverão os autos retornar à origem para que sejam confrontadas as datas de vencimento da exação e a data de entrega da DCTF, devendo a análise da prescrição considerar como seu termo inicial o que ocorreu por último. 3. Recurso Especial parcialmente provido (REsp n. 1.651.585/SP) PROCESSUAL CIVIL. TRIBUTÁRIO. AGRAVO REGIMENTAL NO AGRAVO EM RECURSO ESPECIAL. ARGUMENTOS INSUFICIENTES PARA DESCONSTITUIR A DECISÃO ATACADA. AUSÊNCIA DE PREQUESTIONAMENTO DOS ARTS. 142 E 173 DO CÓDIGO TRIBUTÁRIO NACIONAL. INCIDÊNCIA DA SÚMULA N. 211/STJ. TRIBUTO SUJEITO A LANÇAMENTO POR HOMOLOGAÇÃO. PRESCRIÇÃO QUINQUENAL. TERMO INICIAL. DATA DO VENCIMENTO DA OBRIGAÇÃO TRIBUTÁRIA. INCIDÊNCIA

> DA SÚMULA N. 83/STJ. (...) II –É pacífico o entendimento no Superior Tribunal de Justiça segundo o qual o termo inicial do prazo prescricional quinquenal para a cobrança de tributos sujeitos a lançamento por homologação é a data do vencimento da obrigação tributária, e, quando não houver pagamento, a data da entrega da declaração (STJ – REsp. 1652272/SP, 2017/0024581-2, Rel. Min. Francisco Falcão, *DJ* 23.10.2018).

Tal posicionamento também está consolidado na Súmula 436 do STJ.

Outra hipótese que dispensa o lançamento formal é a realização do **depósito do crédito tributário**. De acordo com o STJ, no julgamento do REsp. 969579/SP, com o depósito do **montante integral** ou **equivalente fiança bancária**, há uma hipótese de lançamento por homologação, porque o contribuinte calcula o tributo devido, ficando os valores sujeitos à homologação pelo fisco.

Lançamento Tributário – Considerações
1. O sujeito passivo deve ser notificado sobre a constituição do crédito tributário, sob pena de decadência (perda do direito de constituir o crédito pelo lançamento e causa de extinção do crédito tributário).
2. O lançamento é atividade privativa e obrigatória da autoridade fiscal, devendo ser praticado sob pena de responsabilidade funcional.
3. Salvo exceções, o lançamento reporta-se à lei vigente à época do fato gerador.
4. A ação judicial para discussão do crédito tributário independe de discussão na esfera administrativa, embora esta resguarde vantagens como a suspensão da exigibilidade do crédito e o direito à certidão positiva com efeitos de negativa.
5. O lançamento formal será dispensado em algumas hipóteses, a exemplo da confissão de que determinado tributo devido é feita pelo contribuinte; ou, ainda, no caso de depósito do crédito tributário, em que o lançamento se dá por homologação.

9.1.2. *Modalidades de lançamento*

O **lançamento**, que é privativo da autoridade fiscal, como visto, pode ocorrer em três modalidades distintas, quais sejam, o lançamento por **declaração**, de **ofício** e por **homologação**. Não podemos considerar o **arbitramento** como modalidade autônoma de lançamento, uma vez que é uma **subespécie** do lançamento de ofício, pois, quando o fisco discorda de algumas informações fornecidas pelo contribuinte, ele mesmo arbitra a base de cálculo do tributo, representando uma verdadeira hipótese de lançamento de ofício.

9.1.2.1. Lançamento por declaração

A primeira modalidade de lançamento a ser analisada é o lançamento por **declaração**, prevista no art. 147 do CTN.

Nessa modalidade, o sujeito passivo da obrigação tributária presta informações à autoridade administrativa tributária quanto aos fatos, cabendo à administração pública apurar o montante do tributo devido e notificar o sujeito passivo para pagamento. Participam dessa modalidade o sujeito passivo e o fisco, e, por isso, alguns autores o caracterizam como um lançamento misto.

Alguns impostos são lançados dessa forma, como é o caso do Imposto sobre Transmissão onerosa de Bens Imóveis (ITBI), por exemplo. Ao adquirir um imóvel, o contribuinte tem a incumbência de comunicar ao fisco a existência do negócio jurídico, informando ainda o valor da compra e os dados do imóvel adquirido. Com base nessas informações, a Fazenda Municipal pratica o lançamento e notifica o sujeito passivo. Frise-se que, caso a autoridade fazendária perceba que o valor declarado é inferior ao valor real da operação, deverá lançar de ofício o valor correto, arbitrando a base de cálculo.

Outro exemplo é o ITCMD, que também é lançado por declaração.

Assim, as características dessa modalidade de lançamento são a informação do sujeito passivo tributário à autoridade tributária e o lançamento, pelo fisco, após o recebimento das informações. Importante destacar que é possível a correção das informações prestadas na forma do art. 147, § 1º, do CTN, desde que seja comprovado o erro que fundamente a correção e tal procedimento seja antes do lançamento.

Caso o fisco discorde das informações prestadas, lançará de ofício a diferença que entender devida, podendo até mesmo desconsiderar as informações trazidas pelo contribuinte que, por sua vez, pode também questionar administrativamente ou em juízo o lançamento de ofício substitutivo praticado pela autoridade fiscal.

9.1.2.2. Lançamento de ofício

A segunda modalidade de lançamento é o lançamento **de ofício**, também conhecido como lançamento **direto**. Nele, a autoridade fazendária realiza todo o procedimento administrativo previsto no art. 142 do CTN, obtendo as informações e realizando o lançamento, sem qualquer auxílio ou participação do sujeito passivo da obrigação tributária ou de terceiro.

O IPTU e o IPVA são exemplos do lançamento de ofício, pois são tributos em que o contribuinte não participa do procedimento de constituição do crédito tributário, recebendo a notificação do lançamento para pagamento, sem contribuir com o fisco de qualquer forma. Importante destacar que, no tocante ao IPTU, o crédito é constituído com o envio do carnê ao contribuinte, estando dispensado o comprovante da efetiva entrega, conforme entendimento do STJ ao editar a Súmula 397.

O STJ estende tal posicionamento aos tributos lançados de ofício, e não somente ao IPTU, como se depreende do julgado que segue:

> AGRAVO INTERNO – EXECUÇÃO FISCAL – IPVA – PROCESSUAL CIVIL – LANÇAMENTO DE OFÍCIO. ART. 543-C DO CPC: APLICAÇÃO APENAS ÀS CORTES

DE SEGUNDA INSTÂNCIA – NOS TRIBUTOS SUJEITOS A LANÇAMENTO DE OFÍCIO, TAL COMO O IPVA, A PRÓPRIA REMESSA DA NOTIFICAÇÃO PARA PAGAMENTO CONSTITUI O CRÉDITO TRIBUTÁRIO, MOMENTO EM QUE SE INICIA O PRAZO PRESCRICIONAL PARA SUA COBRANÇA JUDICIAL – INCIDÊNCIA DA SÚMULA 83/STJ – AGRAVO DESPROVIDO.

1. O Tribunal de Origem consignou que não há nos autos comprovante da efetiva notificação do contribuinte, prova que cabia à agravante realizar, com vistas a afastar a prescrição. Assim, não há como considerar que a Fazenda Pública constituiu seu crédito tributário dentro do prazo decadencial, porque a notificação do sujeito passivo é requisito para a constituição definitiva do crédito, nos termos do artigo 145 do Código Tributário Nacional.

2. O Superior Tribunal de Justiça possui o entendimento firme de que nos tributos sujeitos a lançamento de ofício, tal como o IPVA e o IPTU, a própria remessa, pelo Fisco, da notificação para pagamento ou carnê constitui o crédito tributário, momento em que se inicia o prazo prescricional quinquenal para sua cobrança judicial, nos termos do art. 174 do CTN.

3. Destaca-se que a afetação de tema pelo Superior Tribunal de Justiça como representativo da controvérsia, nos termos do art. 543-C do CPC, não impõe o sobrestamento dos Recursos Especiais que tratem de matéria afetada, aplicando-se somente aos Tribunais de segunda instância. A propósito: AgRg no REsp 1.441.173/RS, Rel. Min. OG FERNANDES, *DJe* 4.2.2015, e AgRg no Ag 1.422.449/PE, Rel. Min. ROGERIO SCHIETTI CRUZ, *DJe* 19.12.2014.

4. O Tribunal de origem julgou nos moldes da jurisprudência pacífica desta Corte. Incidente, portanto, o enunciado 83 da Súmula do STJ.

5. Agravo interno não provido (AgInt no AREsp. 887406/SP, Min. Herman Benjamin, *DJe* 28.10.2016).

Dessa forma, caso a Fazenda comprove o envio do carnê dentro do prazo decadencial, estará constituído o crédito tributário, ainda que o contribuinte somente receba em data posterior, não sendo caracterizada a extinção do crédito tributário.

Nessa modalidade, a principal característica é a iniciativa da autoridade administrativa fiscal, independentemente de qualquer colaboração do sujeito passivo.

Ainda na análise do lançamento de ofício, o arbitramento enquadra-se nesse conceito, não sendo modalidade autônoma de lançamento. O arbitramento nada mais é do que a desconsideração pelo Fisco de alguma informação dada ou mesmo omitida pelo sujeito passivo da relação jurídica tributária, cabendo o lançamento de ofício.

O STJ tem alguns julgados reconhecendo a natureza de modalidade autônoma de lançamento. Vejamos:

 JURISPRUDÊNCIA

TRIBUTÁRIO – ICMS – ART. 148 DO CTN – ARBITRAMENTO DA BASE DE CÁLCULO – INDÍCIOS DE SUBFATURAMENTO.

1. A pauta fiscal é valor fixado prévia e aleatoriamente para a apuração da base de cálculo do tributo. Não se pode confundi-la com o arbitramento de valores

CAP. 9 • CRÉDITO TRIBUTÁRIO | **291**

previsto no art. 148 do CTN, que é modalidade de lançamento, regularmente prevista na legislação tributária.

2. O art. 148 do CTN deve ser invocado para a determinação da base de cálculo do tributo quando certa a ocorrência do fato imponível, o valor ou preço de bens, direitos, serviços ou atos jurídicos registrados pelo contribuinte não mereçam fé, ficando a Fazenda Pública, nesse caso, autorizada a proceder ao arbitramento mediante processo administrativo-fiscal regular, assegurados o contraditório e a ampla defesa.

3. Ao final do procedimento previsto no art. 148 do CTN, nada impede que a administração fazendária conclua pela veracidade dos documentos fiscais do contribuinte e adote os valores ali consignados como base de cálculo para a incidência do tributo.

4. Caso se entenda pela inidoneidade dos documentos, a autoridade fiscal irá arbitrar, com base em parâmetros fixados na legislação tributária, o valor a ser considerado para efeito de tributação.

5. No caso, havendo indícios de subfaturamento, os fiscais identificaram o sujeito passivo, colheram os documentos necessários à comprovação da suposta infração e abriram processo administrativo para apurar os fatos e determinar a base de cálculo do imposto a ser pago, liberando na sequência as mercadorias. Não se trata, portanto, de pauta fiscal, mas de arbitramento da base de cálculo do imposto, nos termos do que autoriza o art. 148 do CTN.

6. Recurso ordinário em mandado de segurança não provido (RMS 26964/GO, *DJe* 11.09.2008).

Não nos filiamos a tal corrente, tendo em vista que o arbitramento é a apuração do tributo devido por parte da Autoridade Fiscal, enquadrando-se perfeitamente no conceito de lançamento de ofício.

O arbitramento ocorre, por exemplo, quando, ao adquirir um imóvel no valor de R$ 500.000,00, o contribuinte informa ao Fisco que o valor da aquisição é de R$ 300.000,00 para recolher um ITBI menor. Ao perceber tal intenção, cabe ao Fisco desconsiderar a informação dada e lançar o tributo respectivo, com base de cálculo arbitrada.

Portanto, não estamos diante de uma modalidade autônoma de lançamento, mas sim de um lançamento de ofício substitutivo praticado pela autoridade fazendária, não podendo ser o arbitramento considerado modalidade autônoma de lançamento.

9.1.2.3. Lançamento por homologação

A terceira e última modalidade é o lançamento por **homologação**, previsto no art. 150 do CTN.

O lançamento por homologação é a modalidade mais adotada no sistema tributário brasileiro. Nessa modalidade, cabe ao sujeito passivo da obrigação tributária apurar o tributo devido, antecipar o pagamento e remeter as informações para a conferência do fisco. Com isso, alguns autores adotam a expressão autolançamento para caracterizar o lançamento por homologação. Discordamos dessa expressão, uma vez que o lançamento é atividade privativa da autoridade fiscal, não cabendo sua prática pelo contribuinte, conforme disposto no art. 142 do CTN.

Com isso, a apuração fica a sujeita à confirmação posterior da autoridade administrativa, momento pelo qual ocorrerá a homologação do crédito tributário, que pode ocorrer de forma tácita ou expressa.

A grande maioria dos impostos brasileiros é lançada por homologação, especialmente na esfera federal. Assim, são lançados por homologação, por exemplo, o Imposto de Renda, o IPI, o ICMS, entre outros.

Outrossim, a característica marcante dessa modalidade de lançamento é que o sujeito passivo antecipa o pagamento, não havendo prévio exame da autoridade tributária, que terá cinco anos, contados do fato gerador da obrigação, para analisar a declaração do sujeito passivo e homologar o lançamento. Caso a autoridade fazendária permaneça inerte, ocorrerá a **homologação tácita**, após o decurso de **cinco anos** contados do fato gerador da obrigação tributária, na forma do art. 150, § 4º, do CTN. Esse prazo é efetivamente o prazo decadencial aplicável aos tributos sujeitos ao lançamento por homologação.

Entretanto, caso o contribuinte apure o valor a menor ou não apure o tributo devido, cabe ao fisco constituir o crédito por meio do lançamento de ofício substitutivo.

Na hipótese de o contribuinte não apresentar a declaração no prazo previsto em lei, ou apresentar uma declaração com o tributo apurado a menor de forma fraudulenta, dolosa ou simulada, o prazo para que o lançamento de ofício substitutivo ocorra é contado na forma do art. 173, I, do CTN, ou seja, não serão cinco anos contados da data do fato gerador, mas, sim, contados do primeiro dia do exercício financeiro seguinte àquele em que o lançamento poderia ter sido praticado. Trata-se de prazo decadencial para constituição do crédito que não se interrompe e não se suspende.

Em suma, nas hipóteses de lançamento por homologação, caso o contribuinte incorra em erro na apuração do tributo devido, o prazo para homologação tácita do lançamento será de cinco anos contados da data do fato gerador, na forma do art. 150, § 4º, do CTN. No entanto, caso o contribuinte aja de forma dolosa, fraudulenta ou simulada, o prazo de cinco anos terá seu *dies a quo* no primeiro dia do exercício seguinte ao fato gerador, aplicando-se a regra geral de decadência prevista no art. 173, I, do CTN.

9.2. Causas de suspensão da exigibilidade do crédito tributário

Uma vez constituído o crédito tributário, o sujeito passivo tem perante o fisco uma dívida exigível, devidamente apurada. Com isso, caso requeira uma certidão de regularidade fiscal, fará jus somente à certidão positiva, que declara a existência de crédito constituído. Assim, uma vez praticado o lançamento e notificado o sujeito passivo, estará constituído o crédito tributário, sendo ele perfeitamente exigível do sujeito. Frise-se que exigibilidade não se confunde com exequibilidade. Constituído o crédito, a Fazenda poderá efetuar a cobrança do tributo, exigindo o crédito do sujeito passivo pelas vias administrativas. Todavia, a cobrança judicial somente será possível após a inscrição em dívida ativa tributária do crédito, que representa ato de controle da legalidade e é privativo da procuradoria respectiva.

Dessa forma, caso o contribuinte queira sustar a cobrança do tributo, ele poderá por óbvio efetuar o pagamento, mas poderá também buscar a suspensão da exigibilidade do crédito tributário.

As causas de **suspensão da exigibilidade** do crédito tributário estão previstas no art. 151 do CTN e são hipóteses que impedem a cobrança do tributo pelo fisco.

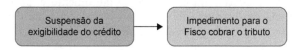

Em outras palavras, uma vez suspensa a exigibilidade do crédito tributário, o fisco fica impedido de promover a cobrança do tributo, quer seja judicial, quer seja administrativa. Frise-se que as causas de suspensão não obstam o lançamento, impossibilitando somente a cobrança do referido tributo. Assim, caso a cobrança ocorra na pendência de uma causa de suspensão da exigibilidade do crédito tributário, não poderá prosseguir. No entanto, o fisco não ficará impedido de praticar o lançamento, mas somente a cobrança no tributo.

Não poderia ter interpretação diversa a leitura do art. 142 do CTN em consonância com o art. 63 da Lei 9.430/1996, que deixam claro que o **lançamento** é **obrigatório** sob pena de responsabilidade funcional do agente e decadência do crédito tributário. Portanto, caso seja implementada uma causa de suspensão do crédito tributário antes da sua constituição, a autoridade fazendária deve praticar o lançamento com ressalva de cobrança, em razão da suspensão da exigibilidade do crédito e, caso não pratique o lançamento preventivo, poderá ocorrer a decadência do crédito tributário.

Uma vez implementada uma das seis causas de suspensão da exigibilidade do crédito, o contribuinte terá direito a certidão positiva com efeitos de negativa, na forma do art. 206 do CTN, e ficará o fisco impedido de efetuar a cobrança.

O CTN, ao prever as causas de suspensão da exigibilidade do crédito tributário após o lançamento, induz o intérprete a analisar que somente é possível a suspensão da exigibilidade após a sua constituição. Em outras palavras, não poderia haver a implementação de uma causa de suspensão da exigibilidade do crédito sem que ocorresse o lançamento. Tal posicionamento foi adotado pelo Professor Paulo de Barros Carvalho em sua obra:

> Por exigibilidade do crédito tributário havemos de compreender o direito que o credor tem de postular, efetivamente, o objeto da obrigação, e isto só ocorre, como é óbvio, depois de tomadas todas as providências necessárias à formalização da dívida, com a lavratura do ato de lançamento tributário.[4]

Data maxima venia, não nos filiamos a essa corrente, tendo em vista que é plenamente possível a suspensão da exigibilidade do crédito antes mesmo da sua constituição, como ocorre com a obtenção de uma liminar em sede de mandado de segurança preventivo, por exemplo. Nessa hipótese, o contribuinte poderá invocar o risco de violação do seu direito líquido e certo e, caso o juízo defira a liminar, o Fisco ficará impedido de cobrar, em razão da suspensão da exigibilidade na forma do art. 151, IV, do CTN, mas deverá constituir o crédito para prevenir a decadência, na forma do art. 63 da Lei 9.430/1996, supracitado.

---

[4] CARVALHO, Paulo de Barros. *Curso de Direito Tributário*. 6. ed. São Paulo: Saraiva, 1993. p. 288.

Neste sentido leciona Luciano Amaro:

As causas de suspensão do crédito tributário (inclusive a moratória, incluída como tal pelo CTN) podem ocorrer mesmo antes do lançamento e, portanto, não pressupõem a existência de "crédito tributário" no sentido que lhe deu o código (de entidade que só se constituiria pelo lançamento).[5]

Assim, se o crédito já estava com a exigibilidade suspensa antes da propositura do executivo fiscal, cabe a sua extinção. Porém, se a causa de suspensão é superveniente, deverá ser suspensa a execução fiscal até o deslinde da controvérsia.

 JURISPRUDÊNCIA

> TRIBUTÁRIO – EXECUÇÃO FISCAL – SUSPENSÃO DA EXIGIBILIDADE DO CRÉDITO TRIBUTÁRIO – HIPÓTESES PREVISTAS NO ART. 151 DO CTN – PROPOSITURA DA AÇÃO EXECUTIVA FISCAL APÓS A SUSPENSÃO – EXTINÇÃO DO FEITO – ENTENDIMENTO FIRMADO EM REPETITIVO – RESP PARADIGMA 1.140.956/SP – PREQUESTIONAMENTO IMPLÍCITO – POSSIBILIDADE. 1. A jurisprudência desta Corte tem a firme compreensão de que, se o crédito já se encontrava inexigível no momento da propositura do feito executivo, este deve ser extinto, mas, se a suspensão da exigibilidade só ocorreu no transcurso da execução, esta ficará sobrestada enquanto perdurar a causa suspensiva. 2. Para o atendimento do requisito do prequestionamento, não é necessário que o acórdão recorrido mencione expressamente os preceitos legais tidos como contrariados nas razões do recurso especial, sendo suficiente que a questão federal tenha sido apreciada pelo Tribunal local. Agravo regimental improvido (STJ – AgRg no AREsp. 751791/RS, 2015/0184070-5, 2ª Turma, Rel. Min. Humberto Martins, j. 1.º.10.2015, Data de Publicação: *DJe* 09.10.2015).

Ademais, é importante destacar que o **rol das causas de suspensão da exigibilidade do crédito** é **taxativo**, sendo cabíveis somente as seis causas de suspensão previstas no art. 151 do CTN, tendo em vista a interpretação literal determinada pelo art. 111, I, do mesmo diploma legal. Assim, não cabe outra hipótese de suspensão da exigibilidade do crédito além das previstas no CTN.

No entanto, de acordo com o STF, no julgamento da ADI 2405/RS não há reserva de lei complementar no ordenamento jurídico brasileiro para tratar das hipóteses de suspensão da exigibilidade do crédito tributário nem de sua extinção, cabendo aos estados-membros a previsão em regramento próprio. Tal posicionamento é uma alteração histórica da jurisprudência então consolidada nos tribunais.

Data maxima venia, discordamos do posicionamento adotado pelo STF, tendo em vista que o CTN é expresso ao determinar que as causas de extinção do crédito tributário são somente aquelas previstas no próprio CTN, não cabendo outra. Como se não bastasse, a Constituição determina que as normas gerais em matéria tributária devem ser tratadas por lei complementar, de modo que a interpretação deve considerar a restrição imposta pela referida lei.

---

[5] AMARO, Luciano. *Direito Tributário Brasileiro*. 16. ed. São Paulo: Saraiva, 2010. p. 404.

Já com relação ao crédito não tributário, como é o caso de multa imposta pelo exercício do poder de polícia, por exemplo, o STJ, no julgamento do REsp. 1381254/PR, entendeu pela possibilidade de suspensão da exigibilidade com apresentação de carta de fiança ou seguro garantia, não sendo limitadas as hipóteses de suspensão àquelas previstas no CTN. Tal entendimento foi rechaçado pelo STJ com relação ao crédito tributário no julgamento do REsp 1.737.209/RO. Vejamos:

JURISPRUDÊNCIA

TRIBUTÁRIO. ISSQN. AÇÃO ORDINÁRIA. SUSPENSÃO DA EXIGIBILIDADE DO TRIBUTO. SEGURO-GARANTIA. IMPOSSIBILIDADE DE EQUIPARAÇÃO A DINHEIRO PARA ESSE EFEITO. APLICAÇÃO DA SÚMULA 112/STJ.

HISTÓRICO DA DEMANDA

1. Trata-se, na origem, de Ação Ordinária cujo objeto é discutir crédito tributário relativo ao ISSQN. Para fins de suspensão da exigibilidade de tal crédito, as recorridas depositaram em juízo R$ 17.289.420,90, correspondentes à totalidade do valor controvertido no ano de 2009.

2. Após o trânsito em julgado, o juízo da primeira instância deferiu o levantamento, por ambas as partes, dos valores equivalentes às parcelas incontroversas. Quanto ao valor remanescente, foi indeferido o pedido de substituição do saldo remanescente por apólice de seguro-garantia.

3. As empresas Construções e Comércio Camargo Corrêa S/A e Energia Sustentável do Brasil S/A interpuseram Agravo de Instrumento contra a decisão, no qual alegaram dificuldades financeiras e pugnaram pela observância do princípio da menor onerosidade.

4. O Tribunal *a quo* deu provimento ao Agravo de Instrumento interposto pelas ora recorridas e determinou a "substituição do valor remanescente do depósito judicial pela apólice de seguro garantia ofertada".

5. O recorrente sustenta que "o depósito realizado em juízo pelas Recorridas, não foram realizados para garantir a execução, mas, sim, para suspender a exigibilidade do crédito tributário, isto em fase cognitiva".

6. Acrescenta que "não há previsão legal referentes a substituição de garantia, quando essa é apresentada para fins de suspender a exigibilidade do crédito tributário, nos termos do art. 151, inciso V, do Código Tributário Nacional, conforme decidido pelo Colenda Câmara do Egrégio Tribunal de Justiça do Estado de Rondônia".

DEPÓSITO-GARANTIA X DEPÓSITO-PAGAMENTO:

DISTINGUISHING

7. De acordo com a jurisprudência do STJ, os regimes jurídicos do "depósito garantia" e do "depósito pagamento" são diversos. O "depósito-garantia", de natureza processual, é realizado em Execução Fiscal e tem por escopo propiciar à parte executada o acesso à via de defesa do processo executivo, isto é, a oposição de Embargos à Execução Fiscal, nos termos do art. 16, I, da Lei 6.830/1980. O "depósito-pagamento", de natureza material, está previsto no art. 151, II, do CTN

e, em processo de conhecimento, possibilita apenas a suspensão da exigibilidade do crédito tributário em discussão até o final da lide.

8. O aresto vergastado partiu de premissa equivocada ao considerar a hipótese como substituição de penhora, questão de natureza processual, até porque o caso não é de Execução Fiscal, mas de Ação Ordinária ajuizada pela pessoa jurídica de direito privado, na qual não há lugar para efetivação de penhora.

9. Observa-se que o processo originário é a Ação Ordinária 0012257-22.2010.8.22.0001, em cujos autos foi realizado depósito para fins de suspensão de exigibilidade do crédito tributário, tema de direito material.

10. Na petição do Agravo de Instrumento interposto pela parte recorrida contra decisão que indeferiu o pedido de substituição do saldo remanescente por apólice de seguro-garantia, a própria parte recorrida consignou: "O processo originário consiste na Ação Ordinária n.º 0012257-22.2010.8.22.0001, ajuizada pelas ora Agravantes em face do Município de Porto Velho, no tocante à quantificação da base de cálculo do Imposto Sobre Serviços de Qualquer Natureza ('ISS') incidente sobre a prestação de serviços de construção civil da Usina Hidrelétrica Jirau ('UHE Jirau'), no exercício de 2009, tendo as ora Agravantes depositado em juízo a integralidade do valor controvertido, correspondente a R$ 17.289.420,90, em 13.05.2010, nos autos da Medida Cautelar n.º 0010594-38.2010.8.22.0001, preparatória da Ação Ordinária originária".

11. Estar o processo de conhecimento na fase de cumprimento de sentença em nada altera a natureza do instituto jurídico da suspensão da exigibilidade do crédito tributário.

INAPLICABILIDADE DO PRINCÍPIO DA MENOR ONEROSIDADE

12. Esclarece-se o questionamento do Ministro Mauro Campbell Marques acerca da avaliação feita pelo Tribunal de origem sob o princípio da menor onerosidade para deferir a substituição da penhora. É manifestamente impertinente a aplicação de tal princípio ao presente caso, conforme dito acima, pois é equivocada a premissa adotada na Corte estadual (substituição de penhora), na medida em que não há sequer penhora em Execução Fiscal, mas simples depósito voluntário feito pela empresa com a finalidade específica de suspender a exigibilidade do tributo. Reitere-se que o depósito em discussão foi realizado em Ação Ordinária para fins de suspensão da exigibilidade do crédito tributário, sob a regência do art. 151, II, do CTN.

13. O princípio da menor onerosidade é aplicável no processo (ou na fase processual) de execução e tem por finalidade propiciar, em favor da parte executada, que, havendo meios igualmente idôneos para a satisfação do crédito tributário, seja utilizado o meio menos oneroso. A hipótese dos autos, repita-se, não diz respeito à responsabilidade patrimonial do devedor, em processo (ou fase) de execução, mas à utilização de depósito judicial em Ação Ordinária, promovido voluntariamente (o depósito) pelo contribuinte com a finalidade específica de suspender a exigibilidade do tributo (resultado que não pode ser atingido com sua substituição por seguro-garantia). (...) (REsp 1.737.209/RO, Rel. Min. Herman Benjamin, *DJe* 1.º.7.2021).

Como se pode ver, o entendimento consolidado no STJ é no sentido de que a satisfação do crédito tributário é mais relevante que a menor onerosidade para o devedor. Com isso, é irrelevante que o seguro garantia seja suficiente para quitação da dívida, sendo descabido, ao passo que não está previsto no art. 151 do CTN.

📢 DICA

O art. 151 do CTN, que traz o rol das causas de suspensão da exigibilidade do crédito, é taxativo, conforme o art. 111, I, do mesmo diploma legal, devendo ser interpretado na sua literalidade.

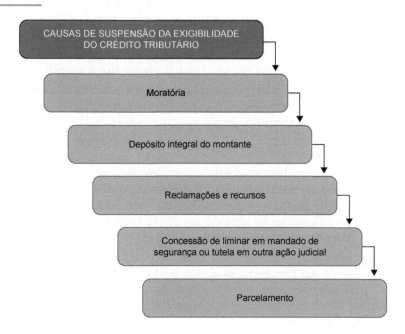

Por fim, caso o contribuinte queira suspender a exigibilidade do crédito tributário por meio de carta de fiança ou seguro garantia, hipóteses não previstas no CTN, é possível que seja requerida a suspensão por meio de liminar ou tutela em mandado de segurança ou outra ação judicial, mediante a garantia do juízo referida, mas a simples existência da carta ou do seguro não suspendem a exigibilidade do crédito de natureza tributária.

9.2.1. Moratória

A **moratória** é uma causa de suspensão da exigibilidade do crédito tributário e consiste na concessão de um **novo prazo** para pagamento do tributo, mais dilatado.

A concessão é, em geral, motivada por razões de ordem pública, como o estado de calamidade, por exemplo. Em outras palavras, a moratória é a possibilidade de o Estado conceder novas condições para o adimplemento das obrigações tributárias, com prazo mais dilatado. Essa concessão deve ser **justificada** e **motivada** e pode se dar em caráter **geral** ou **individual**.

A moratória em caráter geral é aquela que decorre diretamente da lei em benefício dos contribuintes de um modo geral. Ela beneficia indiscriminadamente e independe de qualquer ação ou requisito a ser preenchido pelo beneficiado. É uma moratória em que o beneficiado atua de forma passiva, não precisa tomar nenhuma atitude para que o benefício lhe seja outorgado.

A moratória de caráter individual também deve ter previsão legal, mas somente será efetivada em cada caso por despacho da autoridade administrativa, sendo concedida em função de características individuais/pessoais do beneficiado.

Frise-se que o beneficiário deve agir para obtê-la, pois somente é efetivada individualmente após o contribuinte comprovar o preenchimento dos requisitos autorizadores. Assim, a autoridade administrativa deve ser provocada pelo interessado, que deve fazer a prova de que atende às características e requisitos pessoais para concessão da moratória.

Uma vez atendidas as características, o **despacho** da autoridade administrativa é **ato vinculado**, pois, presentes os requisitos, a autoridade não pode deixar de conceder o benefício da dilação de prazo, uma vez que a lei já previu sua aplicação.

Como se pode ver, a moratória em caráter geral gera **direito adquirido**, enquanto aquela concedida em caráter individual não tem o mesmo efeito, pois o contribuinte deverá comprovar que preenche os requisitos legais para sua concessão.

Tem atribuição para instituir moratória o ente competente para instituir o tributo, na forma do art. 152, I, *a*, do CTN. A União pode conceder moratória de tributos estaduais e municipais quando ela for também conferida aos tributos federais e às obrigações de direito privado. Trata-se de uma espécie de moratória **heterônoma**, que fere o pacto federativo, uma vez que um ente não pode interferir na política fiscal de outro ente, devendo tal dispositivo ser interpretado conforme a Constituição, restando, por óbvio, inconstitucional, violando o art. 150, § 6º, da CRFB e a autonomia federativa dos entes políticos prevista no art. 18 da Carta Magna.

Importante destacar que a moratória somente poderá ser aplicada aos créditos já constituídos quando da sua concessão, pois, não tendo havido lançamento, não há que se falar em prazo para pagamento do tributo. Ademais, a moratória não se aplica nos casos de dolo, fraude ou simulação que aproveite o seu beneficiário.

Alexandre Rossato da Silva Ávila compara a moratória com o parcelamento para então diferenciar os institutos, uma vez que as normas aplicáveis à moratória se estendem ao parcelamento.

> A moratória e o parcelamento são institutos jurídicos interligados. As disposições relativas à moratória são aplicadas subsidiariamente ao parcelamento (art. 155-A, § 2º). A moratória consiste na concessão de um novo prazo para o pagamento do tributo, enquanto o parcelamento é a decomposição do crédito tributário em prestações.[6]

Assim, a moratória representa a dilação do prazo para o pagamento do tributo, podendo ser concedida em caráter geral ou individual, de acordo com a lei que instituir o benefício que deve prever o prazo e os requisitos para sua concessão.

9.2.2. *Depósito do montante integral*

A segunda causa de suspensão da exigibilidade do crédito tributário consiste em um **direito subjetivo** do contribuinte em realizar o depósito do **montante integral** do crédito tributário.

---

[6] ÁVILA, Alexandre Rossato da Silva. *Curso de Direito Tributário*. Porto Alegre: Verbo Jurídico, 2009. p. 316.

CAP. 9 • CRÉDITO TRIBUTÁRIO | **299**

De acordo com o STF, o depósito não é obrigatório ou mesmo requisito de admissibilidade de ação judicial ou recurso administrativo, sendo unicamente um direito do contribuinte, e não um dever.

O STF já se posicionou no sentido de que a garantia fundamental da inafastabilidade do Poder Judiciário, prevista nos arts. 5º, inciso XXXV, da CRFB, e 3º do CPC, não pode ser violada com a exigência de depósito prévio para discussão do crédito, seja na esfera administrativa ou na judicial.

O depósito, então, resta configurado como um direito do contribuinte, ficando afastado do Direito Tributário o brocardo conhecido como *solve et repete*, não podendo o contribuinte ser submetido à obrigação de realizar o pagamento para se restituir *a posteriori*.

Esse posicionamento está sumulado pelo STF. Ao editar a Súmula Vinculante 21, foi afastado o depósito prévio como requisito de admissibilidade do recurso administrativo e, ao editar a Súmula Vinculante 28, garantiu o acesso ao Judiciário, pois entendeu inconstitucional a exigência de depósito prévio como requisito de admissibilidade de ação judicial.

Com isso, o art. 38 da Lei 6.830/1980 (LEF) deve ser lido e interpretado conforme a Carta Magna, pois esse dispositivo prevê o depósito como requisito da ação anulatória do crédito tributário. Tal exigência demonstra-se inconstitucional, sob pena de violação da inafastabilidade do Judiciário, contraditório e ampla defesa, e tal posicionamento já havia sido sumulado pelo Tribunal Federal de Recursos (TFR), na Súmula 247.

No entanto, uma vez que o depósito é um direito do contribuinte, ele pode ser realizado, mas somente suspenderá a exigibilidade do crédito tributário se for **integral** e em **dinheiro**, na forma da Súmula 112 do STJ. Caso o contribuinte deposite valor inferior, não será suspensa a exigibilidade do crédito tributário, mas tal conduta não é vedada.

Ressalte-se que o que suspende a exigibilidade do crédito não é a distribuição da ação que tenha como objeto a discussão do crédito tributário, mas o depósito do montante integral realizado. Assim, uma vez depositado o valor em juízo, julgado procedente o pedido, ele retorna ao depositante corrigido e, caso seja improcedente, o depósito será convertido em renda e extinto o crédito tributário, na forma do art. 156, VI, do CTN.

Um assunto que merece atenção é a destinação do depósito caso o processo em que se discuta o crédito tributário seja julgado extinto sem resolução do mérito. Nessa hipótese, como o depósito não saiu da esfera patrimonial do contribuinte, não devem restar dúvidas de que caberá sua restituição integral ao autor da demanda. Nesse sentido, Hugo de Brito Machado:

Ocorrendo a extinção do processo sem julgamento de mérito o valor depositado deve ser devolvido ao depositante. Não cabe a conversão do depósito em renda, como erroneamente alguns juízes têm decidido. O valor depositado deverá, em tais casos, ser devolvido ao depositante. Com razão, portanto, o Superior Tribunal de Justiça quando assim decidiu:

Processual – Depósito Inibitório de Ação Fiscal – Extinção do Processo sem Julgamento do Mérito – Liberação em Favor de Terceiro – Ilicitude. Se o processo foi extinto sem julgamento do mérito, não é lícito entregar-se o valor do depósito inibitório de ação fiscal a terceira pessoa, não integrante da relação processual. Se não houve julgamento de mérito o depósito deve ser devolvido a quem o efetuou (REsp 319.954/RJ – Min. Gomes de Barros – RDDT 102 – Julgado em 18/11/2003 – DJU de 15/12/2003).

Realmente, a sentença de mérito, afirmando a validade da constituição do crédito tributário, empresta fundamento para a conversão do depósito em renda da Fazenda Pública credora, com a consequente extinção do crédito tributário cuja existência e validade está sendo afirmada. Se não há julgamento de mérito a sentença nada afirma sobre o crédito tributário. Não haverá, portanto, fundamento para a conversão do depósito em renda da Fazenda Pública. Não haverá título jurídico a justificar a transferência da propriedade do valor depositado.[7]

Apesar do posicionamento supracitado, o STJ firmou entendimento diverso, no sentido de que a extinção sem resolução do mérito terá como efeito a conversão do depósito em renda em favor do ente federado. Vejamos:

TRIBUTÁRIO E PROCESSUAL CIVIL – DEPÓSITOS JUDICIAIS – CONVERSÃO EM RENDA DA FAZENDA PÚBLICA – POSSIBILIDADE – EXTINÇÃO DO FEITO SEM JULGAMENTO DO MÉRITO – DIVERGÊNCIA JURISPRUDENCIAL. EXAME PREJUDICADO.

1. A Primeira Seção do STJ firmou o entendimento de que os depósitos judiciais devem ser convertidos em renda da Fazenda Pública nos casos de não haver êxito na demanda. Inclui-se nessa hipótese a extinção do feito sem julgamento do mérito (art. 267, VI, do CPC).

2. Fica prejudicada a análise da divergência jurisprudencial quando a tese sustentada já foi afastada no exame do Recurso Especial pela alínea "a" do permissivo constitucional.

3. Recurso especial não provido (REsp. 1745612/SP, Min. Herman Benjamin, *DJe* 11.03.2019).

Com todas as vênias, o posicionamento do STJ demonstra uma injusta solução, tendo em vista que, sem a análise do mérito, a conversão do depósito em renda poderá representar o pagamento indevido e, *a posteriori*, uma ação de repetição de indébito, gerando um aumento da litigiosidade.

Na esfera administrativa, é admissível também o depósito na hipótese de o contribuinte optar pela discussão administrativa do crédito tributário apesar de a suspensão se dar pela impugnação do auto de infração ou apresentação de recurso administrativo. Nessa hipótese, o contribuinte se beneficia pela sustação da fluência de juros e correção monetária, uma vez que o depósito já evitará esse acréscimo. Nesse mesmo sentido, Paulo de Barros Carvalho:

É somente quando efetuado na esfera judiciária que surge o depósito no seu montante integral como causa suspensiva da exigibilidade, posto que feito perante a Administração, seja ao impugnar o lançamento, seja ao interpor recurso aos órgãos superiores, a virtude suspensiva já está assegurada por tais expedientes.[8]

---

[7] MACHADO, Hugo de Brito. *Comentários ao Código Tributário Nacional*. São Paulo: Atlas, 2005. p. 210-211.

[8] CARVALHO, Paulo de Barros. *Curso de Direito Tributário*. 8. ed. São Paulo: Saraiva, 1996. p. 513.

Resta claro que nessa hipótese o depósito terá como única finalidade a suspensão de juros e correção monetária.

Por fim, mas não menos importante, devemos destacar que o depósito constitui o crédito tributário, dispensando o fisco da prática do lançamento. Isso porque, ao efetuar o depósito em garantia para efetivar a discussão judicial ou administrativa do crédito tributário, o efeito da procedência do pedido do contribuinte é a anulação do crédito e a devolução do depósito. Todavia, em caso de improcedência, o depósito converter-se-á em renda e extinguirá o crédito tributário, na forma do art. 156, VI, do CTN. Assim, o depósito efetivado constitui o crédito tributário.

 JURISPRUDÊNCIA

DEPÓSITO JUDICIAL – CONSTITUIÇÃO DO CRÉDITO TRIBUTÁRIO – CONTENCIOSO ADMINISTRATIVO – SUSPENSÃO DA EXIGIBILIDADE – PRESCRIÇÃO INTERCORRENTE – AUSÊNCIA DE PREVISÃO LEGAL – PRESCRIÇÃO – NÃO OCORRÊNCIA. 1. No julgamento do Recurso Especial n. 1.113.959/RJ, submetido ao rito do art. 543-C do Código de Processo Civil de 1973, sob a relatoria do Exmo. Ministro Luiz Fux, a Primeira Seção do Superior Tribunal de Justiça firmou o entendimento de que: "(...) o recurso administrativo suspende a exigibilidade do crédito tributário, enquanto perdurar o contencioso administrativo, nos termos do art. 151, III, do CTN, desde o lançamento (efetuado concomitantemente com auto de infração), sendo certo que somente a partir da notificação do resultado do recurso ou da sua revisão, tem início a contagem do prazo prescricional, afastando-se a incidência da prescrição intercorrente em sede de processo administrativo fiscal, pela ausência de previsão normativa específica". 2. Mesmo tendo sido constituído o crédito tributário pelo depósito, a existência do contencioso administrativo suspendeu a exigibilidade do crédito até sua decisão final, que ocorreu em 19/7/2004, conforme consignado no acórdão recorrido, não havendo que se falar em prescrição da execução ajuizada em 2008, dentro do lapso do art. 174 do CTN. 3. Agravo interno não provido (AgInt no Agravo em Recurso Especial 1304866/SP, *DJ* 30.10.2018).

Para finalizar, deve-se buscar a menor onerosidade ao contribuinte, de modo que a jurisprudência do STJ aceita a fiança bancária como forma de permitir o fornecimento de certidão positiva com efeitos de negativa, mas não como causa de suspensão da exigibilidade do crédito tributário, uma vez que o rol do art. 151 do CTN é taxativo. Vejamos:

 JURISPRUDÊNCIA

TRIBUTÁRIO E PROCESSUAL CIVIL – VIOLAÇÃO DO ART – 535 DO CPC – INEXISTENTE – EXISTÊNCIA DOS REQUISITOS LEGAIS PARA O DEFERIMENTO DA CAUTELAR – INCIDÊNCIA DA SÚMULA 7/STJ.
1. Não há a alegada violação do art. 535 do CPC, pois a prestação jurisdicional foi dada na medida da pretensão deduzida, como se depreende da leitura do acórdão recorrido, que enfrentou, motivadamente, os temas abordados no recurso de apelação, ora tidos por omitidos.

> 2. O oferecimento de **fiança** bancária não suspende a exigibilidade do crédito tributário, mas garante o débito exequendo, o que possibilita, todavia, a expedição de **Certidão Positiva** com **Efeitos** de **Negativa** (AgRg no AREsp. 701323/PE, Min. Humberto Martins, *DJe* 01.09.2015).

Assim, como se pode ver, também cabe a utilização da carta de fiança como hipótese de fornecimento da certidão positiva com efeitos de negativa, mas não como hipótese de suspensão da exigibilidade do crédito tributário por ausência de previsão no CTN.

9.2.3. *Reclamações e os recursos, nos termos das leis reguladoras do processo tributário administrativo*

Ao receber o **auto de infração**, resta constituído o **crédito tributário**. O sujeito passivo tem a possibilidade de efetuar o pagamento ou pode optar por exercer o contraditório administrativo, no âmbito do ente federado que o autuou, de acordo com as regras específicas da respectiva Fazenda.

Na esfera federal, o processo administrativo fiscal está regido pelo Decreto 70.235/1972, que prevê em seu art. 14 o prazo de 30 dias corridos para oferecimento de impugnação pelo sujeito passivo do auto de infração contra ele lavrado, restando clara a garantia do contraditório e ampla defesa, previstos no art. 5º, LV, da CRFB.

É importante destacar que o **protocolo** do recurso ou reclamação já **suspende** a exigibilidade do crédito até o exaurimento da esfera administrativa, concedendo ao contribuinte recorrente o direito à certidão positiva com efeitos de negativa. Assim, o STJ entende que a suspensão da exigibilidade do crédito tributário ocorrerá ainda que o protocolo da manifestação administrativa esteja intempestivo. *Verbis*:

JURISPRUDÊNCIA

> PROCESSUAL CIVIL E TRIBUTÁRIO – AGRAVO INTERNO NOS EMBARGOS DE DECLARAÇÃO NO RECURSO ESPECIAL – IMPUGNAÇÃO INTEMPESTIVA DE DÉBITO TRIBUTÁRIO NA VIA ADMINISTRATIVA – SUSPENSÃO DO PRAZO PRESCRICIONAL – ARTS. 151, III, E 174 DO CTN. 1. O Superior Tribunal de Justiça, atualmente, tem entendimento firme no sentido de que o recurso administrativo, mesmo quando interposto intempestivamente, suspende a exigibilidade do crédito tributário, bem como o curso do prazo prescricional, que somente volta a fluir da notificação do contribuinte acerca do trânsito em julgado da decisão administrativa. (...) (AgInt nos EDcl no REsp. 1394912/SC, *DJe* 04.04.2019).

Além disso, trata-se de um **direito fundamental** do contribuinte ao **contraditório e ampla defesa**, na forma do art. 5º, LV, da Carta, de modo que é inconstitucional a exigência de depósito prévio como requisito de admissibilidade de recurso administrativo, na forma da Súmula Vinculante 21 do STF.

Ademais, o prazo para decisão no processo administrativo fiscal é de 360 dias. Trata-se da aplicação do princípio da eficiência e duração razoável do processo, conforme previsto no art. 24 da Lei 11.457/2007, devendo tal regra, em razão de sua natureza processual, ser aplicada imediatamente aos processos em curso. Com isso, caso o contribuinte tenha interesse no julgamento mais célere para que seja solucionada a discussão administrativa do crédito tributário, poderá impetrar mandado de segurança após o decurso dos 360 dias supracitados para que o julgamento ocorra no prazo a ser determinado pelo juízo. Importante frisar que tal prazo não se aplica à consulta e aos mecanismos de soluções de disputas previstos nos acordos ou nas convenções internacionais para eliminar a dupla tributação dos quais o Brasil seja signatário, conforme previsão do art. 43 da Lei 14.596/2023.

Muito se discute também acerca do procedimento de consulta, que está previsto no art. 46 do Decreto 70.235/1972, regulamentado pela IN 2.058/2021. Trata-se de um requerimento de esclarecimento e, por não ter natureza ofensiva, não pode se enquadrar como reclamação ou recurso administrativo. Dessa forma, o prazo para pagamento do tributo não se suspende com a consulta.

Todavia, a IN 2.058/2021 corrige esse equívoco em seu art. 18:

> Art. 18. A consulta eficaz, formulada antes do prazo legal para recolhimento de tributo, impede a aplicação de multa de mora e de juros de mora relativamente à matéria consultada, a partir da data de sua protocolização até o 30º (trigésimo) dia seguinte à data da ciência da solução de consulta pelo consulente.
>
> Parágrafo único. Se a solução de consulta implicar pagamento de tributo, este deverá ser efetuado no prazo referido no *caput* ou no prazo legal de recolhimento, o que for mais favorável ao consulente.

Em contrapartida, ao fazer o pedido de compensação de tributo pago indevidamente, o contribuinte tem a suspensão da exigibilidade do crédito tributário até que seja proferido o resultado da análise do pedido. Caso o resultado seja positivo, estará extinta a exigibilidade do crédito, conforme previsto no art. 156, II, do CTN.

É importante destacar que o contribuinte não é obrigado a exaurir a esfera administrativa para inaugurar a discussão judicial do crédito tributário, no entanto, o ajuizamento de **demanda judicial** representa a **desistência tácita** da esfera administrativa, constituindo uma renúncia, na forma do art. 38, parágrafo único, da LEF.

Assim, o direito constitucional de petição e o princípio da legalidade não implicam a necessidade de esgotamento da via administrativa para discussão judicial da validade de crédito inscrito em Dívida Ativa da Fazenda Pública.

Percebe-se, então, que a discussão administrativa é uma opção para o contribuinte que pode ser adotada antes da discussão judicial do crédito tributário.

Por fim, não cabe a inauguração da esfera administrativa paralela com a ação judicial. Tal opção implica a desistência tácita da discussão administrativa do crédito tributário, na forma do art. 38, parágrafo único, do CTN.

Outro ponto relevante é a possibilidade de depósito das parcelas como causa de suspensão da exigibilidade do crédito tributário. A jurisprudência não é uníssona, mas entendemos que, uma vez parcelado o crédito, somente são devidas as parcelas mensais, e essa é a integralidade do crédito tributário. Com isso, caso o contribuinte queira discutir o parcelamento, deverá depositar mensalmente os valores integrais das parcelas, que são os únicos valores devidos, para suspender a exigibilidade do crédito tributário.

Ademais, é importante destacar que, caso a impugnação seja intempestiva, não haverá a suspensão da exigibilidade do crédito tributário, cabendo, inclusive o início da contagem do prazo prescricional na forma da Súmula 622 do STJ. Vejamos o posicionamento do STJ acerca da inexistência de suspensão da exigibilidade do crédito:

> TRIBUTÁRIO – EXECUÇÃO FISCAL – CRÉDITO TRIBUTÁRIO CONSTITUÍDO – DEFESA ADMINISTRATIVA APRESENTADA INTEMPESTIVAMENTE – NÃO SUSPENSÃO DA PRESCRIÇÃO.
>
> A apresentação de defesa administrativa intempestiva não enseja a suspensão da exigibilidade do crédito tributário, tampouco a suspensão do prazo prescricional.
>
> Precedentes: REsp 1.116.849/PR, rel. Min. Mauro Campbell Marques, 2ª T., julgado em 04.08.2011, *DJe* 15.08.2011; AgRg no RMS 33287/RJ, rel. Min. Hamilton Carvalhido, 1ª T., j. 22.02.2011, *DJe* 15.03.2011.
>
> Agravo regimental improvido (AgRg nos EDcl. no Resp. 1313765/AL, Rel. Min. Humberto Martins, *DJe* de 20.11.2012).

Com isso, caso o contribuinte apresente a defesa administrativa intempestiva, iniciar-se-á o prazo prescricional de cinco anos e, caso a análise pela esfera administrativa ocorra em prazo superior, estaremos diante da prescrição, que poderá ser reconhecida de ofício pelo juízo quando do ajuizamento da execução fiscal.

9.2.4. Concessão de medida liminar em mandado de segurança

O mandado de segurança é **remédio constitucional** previsto no art. 5º, LXIX, da CRFB, e regulamentado pela Lei 12.016/2009. Tem o condão de tutelar o direito líquido e certo não amparado por *habeas corpus* ou *habeas data*, ou seja, o mandado de segurança é residual com relação aos demais remédios constitucionais.

Pode ser impetrado na modalidade **repressiva** ou **preventiva**. Aquela, quando o contribuinte já sofreu violação do seu direito líquido e certo por ato coator da autoridade coatora, e na modalidade preventiva quando existir o justo receio da violação do direito líquido e certo, não cabendo a impetração do *writ* contra lei em tese. A sua impetração, por si, não suspende a exigibilidade do crédito. Somente a concessão da liminar em sede de mandado de segurança suspende a exigibilidade do crédito. Importante frisar que a lei de regência do mandado de segurança prevê a liminar em seu art. 7º, III, e é **vedada** a concessão de liminar em mandado de segurança em matéria tributária para a compensação de tributos e liberação de mercadorias importadas do exterior.

Há ainda a possibilidade de o juízo condicionar a concessão da liminar a efetivação de garantia, conforme previsto no citado diploma legal. Tal dispositivo deve ser interpretado conforme a Constituição, pois o depósito é um direito do contribuinte, e não um dever, sendo a sua compulsoriedade um abuso por parte do Poder Judiciário, uma vez que o depósito é causa autônoma de suspensão da exigibilidade do crédito tributário.

Frise-se que a impetração do mandado de segurança não produz nenhum efeito, sendo necessária a concessão da liminar para que efetivamente esteja suspensa a exigibilidade do crédito tributário.

JURISPRUDÊNCIA

> PROCESSUAL CIVIL – AGRAVO INTERNO NO RECURSO ESPECIAL – CÓDIGO DE PROCESSO CIVIL DE 2015 – APLICABILIDADE – LIMINAR EM MANDADO DE SEGURANÇA – SUSPENSÃO DA EXIGIBILIDADE DO CRÉDITO – REVOGAÇÃO – RETOMADA DO PRAZO PRESCRICIONAL – DESNECESSIDADE DE AGUARDAR O TRÂNSITO EM JULGADO – ARGUMENTOS INSUFICIENTES PARA DESCONSTITUIR A DECISÃO ATACADA – HONORÁRIOS RECURSAIS – NÃO CABIMENTO – APLICAÇÃO DE MULTA – ART. 1.021, § 4º, DO CÓDIGO DE PROCESSO CIVIL DE 2015 – DESCABIMENTO.
>
> I – Consoante o decidido pelo Plenário desta Corte na sessão realizada em 09.03.2016, o regime recursal será determinado pela data da publicação do provimento jurisdicional impugnado. *In casu*, aplica-se o Código de Processo Civil de 2015.
>
> II – Verifico que o acórdão recorrido está em confronto com orientação desta Corte, segundo a qual não é a mera existência de discussão judicial sobre o crédito tributário que suspende a sua exigibilidade, mas a existência de medida liminar, durante o tempo de sua duração, ou a concessão da ordem, a inibir a adoção de qualquer medida visando à satisfação do crédito por parte da Fazenda Nacional.
>
> III – Não apresentação de argumentos suficientes para desconstituir a decisão recorrida.
>
> IV – Honorários recursais. Não cabimento.
>
> V – Em regra, descabe a imposição da multa, prevista no art. 1.021, § 4º, do Código de Processo Civil de 2015, em razão do mero improvimento do Agravo Interno em votação unânime, sendo necessária a configuração da manifesta inadmissibilidade ou improcedência do recurso a autorizar sua aplicação, o que não ocorreu no caso.
>
> VI – Agravo Interno improvido (AgInt no AgInt no REsp. 1370146/PR, Min. Regina Helena Costa, *DJe* 27.02.2019).

Com isso, uma vez concedida a liminar em mandado de segurança, o fisco estará impedido de efetuar a cobrança enquanto perdurarem os efeitos da medida, sendo interrompida a incidência da multa de mora desde a concessão da liminar até 30 dias após a data da publicação da decisão judicial que considerar devido o tributo ou contribuição, na forma do art. 63, § 2º, da Lei 9.430/1996.

9.2.5. *Concessão de medida liminar ou de tutela antecipada, em outras espécies de ação judicial*

A concessão de liminar ou tutela em outra ação judicial foi introduzida pela LC 104/2001 ao art. 151 do CTN. Tal inclusão foi imprescindível em razão da necessidade de interpretação literal das causas de suspensão da exigibilidade do crédito, conforme determina o art. 111, I, do CTN, de modo que somente era possível a suspensão por meio de concessão de liminar em mandado de segurança, sendo necessária a alteração legislativa para garantir o direito do contribuinte.

Cabe aqui tecer o mesmo comentário acerca da liminar em mandado de segurança. Não basta o ajuizamento da demanda, pois somente a concessão da tutela tem o condão de suspender a exigibilidade do crédito tributário. Com a entrada em vigor do Código de Processo Civil, em 2015, a liminar deixou de existir, cabendo somente a tutela de urgência e a tutela de **evidência**, na forma do art. 294 do Código. Assim, por figurarem como tutela, ambos têm o condão de suspender a exigibilidade do crédito tributário, em caso de concessão pelo juízo.

Importante destacar que a tutela suspende a exigibilidade do crédito sendo concedida em qualquer instância pelo Poder Judiciário.

Por fim, insta destacar que é inconstitucional a exigência de depósito para concessão da tutela para suspensão da exigibilidade do crédito tributário. Isso porque a tutela tem requisitos próprios, previstos nos arts. 300 (tutela de urgência) e 311 do CPC (tutela de evidência), e em nenhum desses dispositivos o depósito é um requisito. Além disso, o STF já pacificou o entendimento no sentido de que o depósito é um direito do contribuinte e não um dever, sendo inconstitucional a sua exigência.

Vejamos, então, importante decisão do TJ-TO, ainda sob a égide do CPC de 1973, mas que é claro no sentido da inconstitucionalidade da exigência do depósito para concessão da tutela.

 JURISPRUDÊNCIA

> AGRAVO DE INSTRUMENTO – AÇÃO ANULATÓRIA DE DÉBITOS FISCAIS – TUTELA ANTECIPADA PARA SUSPENSÃO DA EXIGIBILIDADE DO CRÉDITO TRIBUTÁRIO CONDICIONADA A CAUÇÃO – PRESENÇA DOS REQUISITOS PREVISTOS NO ART. 273 CPC – DESNECESSIDADE DE DEPÓSITO INTEGRAL – SÚMULA VINCULANTE Nº 28 STF – RECURSO PROVIDO. 1. A Súmula Vinculante nº 28 do STF definiu que: É inconstitucional a exigência de depósito prévio como requisito de admissibilidade de ação judicial na qual se pretenda discutir a exigibilidade de crédito tributário. 2. O artigo 273 do Código de Processo Civil, disciplinador do instituto da antecipação de tutela, prevê que o magistrado deve analisar a verossimilhança das alegações, em conjunto com a prova inequívoca a ser carreada aos autos pela parte, bem como se está presente o fundado receio de dano irreparável ou de difícil reparação. 3. Assim, não há necessidade de depósito prévio (caução) para que haja a possibilidade de deferimento da tutela antecipada que visa suspender a exigibilidade do crédito tributário, basta que exista presença dos requisitos necessários à concessão da medida previstos no art. 273 CPC. 4. Agravo de Instrumento conhecido e provido (TJ-TO – AI 50007149120138270000, Rel. Maysa Vendramini Rosal).

Como se pode ver, tal exigência não pode ser realizada pelo Judiciário, sob pena de causar prejuízos irreparáveis ao contribuinte que poderá ser réu em execução fiscal e sofrer a constrição de seus bens de forma indevida.

Todavia, o STJ entende que é devida a exigência de depósito no caso em que a ação anulatória é julgada após o ajuizamento da execução fiscal. Vejamos:

EXECUÇÃO FISCAL – ANULATÓRIA – PRAZO – EMBARGOS.

Cuida-se de recurso especial em que o município recorrente aponta ser inadmissível o executado ajuizar ação anulatória após o transcurso do prazo para oposição dos embargos à execução e ser impossível a aplicação da teoria da causa "madura", porque a controvérsia dos autos demanda a análise de matéria de prova. Explica o Min. Relator que o ajuizamento da ação anulatória de lançamento fiscal é direito do devedor

CAP. 9 • CRÉDITO TRIBUTÁRIO | **307**

(direito de ação) insuscetível, portanto, de restrição, podendo ser exercido antes ou depois da propositura da ação exacional, não obstante o rito previsto nesses casos ser o da ação de embargos do devedor como instrumento hábil à desconstituição da obrigação tributária, cuja exigência já é exercida judicialmente pela Fazenda. Aponta que a diferença entre a ação anulatória e a de embargos à execução é a possibilidade de suspensão dos atos executivos até seu julgamento. Assim, na ação anulatória, para que haja suspensão do executivo fiscal, assumindo a mesma natureza dos embargos à execução, é necessário o depósito do valor integral do débito exequendo (art. 151 do CTN). Nesse caso, ostenta o crédito tributário o privilégio da presunção de sua legitimidade (art. 204 do CTN). Ressalta ainda que, no caso dos autos, o pedido de ação anulatória não teve a pretensão de suspender a exigibilidade do crédito tributário, mas de desconstituir lançamentos tributários eivados de ilegalidade. Daí haver lícito exercício do direito subjetivo de ação. Por fim, o Min. Relator considerou que, quanto à controvérsia sobre a necessidade de produção probatória, que inviabiliza a aplicação do art. 515, § 3º, do CPC, ela encontra óbice na Súm. n. 7-STJ. Diante do exposto, a Turma conheceu parcialmente do recurso e, nessa parte, negou-lhe provimento. Precedentes citados: REsp 854.942-RJ, DJ 26/3/2007; AgRg no REsp 701.729-SP, *DJe* 19/3/2009; REsp 747.389-RS, DJ 19/9/2005; REsp 764.612-SP, DJ 12/9/2005, e REsp 677.741-RS, DJ 7/3/2005. (REsp 1.136.282-SP, Rel. Min. Luiz Fux, julgado em 3/12/2009.)

Após o ajuizamento da execução fiscal, a anulatória é a defesa heterônoma do executado, assumindo a mesma natureza dos embargos à execução, sendo necessária, então, a apresentação de garantia para que ocorra a suspensão dos atos executivos até o seu julgamento.

9.2.6. *Parcelamento*

O parcelamento é a última causa de suspensão da exigibilidade do crédito tributário, e consiste em uma espécie de **moratória**. Esse posicionamento se firma no sentido de que, ao parcelar, o contribuinte suporta a dívida em prestações futuras, com um prazo de pagamento mais dilatado.

Frise-se que há uma diferença entre os institutos, sendo certo que a moratória exige uma razão de ordem pública para ser instituída, enquanto o parcelamento, não. O ente federado, ao instituir o parcelamento, deverá criar suas regras próprias, que devem ser seguidas pelo sujeito passivo para a adesão.

Não raro, o principal requisito para adesão ao parcelamento é a **confissão** da existência do tributo. Tal confissão não é absoluta, de modo que não faz que renasça crédito tributário eventualmente extinto pela decadência ou pela prescrição, por exemplo.

A decadência, na forma do art. 156, V, do CTN, é causa de extinção do crédito tributário. Assim, uma vez extinto o direito, não pode ser reavivado por qualquer sistemática de lançamento ou autolançamento, seja ela via documento de confissão de dívida, declaração de débitos, parcelamento ou de outra espécie qualquer (DCTF, GIA, DCOMP, GFIP etc.).

Assim, o parcelamento suspende a exigibilidade do crédito, que pode ser reavivado somente em caso de **inadimplemento**, conforme disposição da respectiva lei de concessão. Importante destacar que a jurisprudência do STJ se firmou no sentido de que o parcelamento feito após o prazo prescricional não o interrompe, cabendo a extinção do crédito tributário, conforme posicionamento firmado no julgamento do AgRg no AREsp. 51538/MG.

O parcelamento é causa de suspensão da exigibilidade do crédito tributário, e somente pode ser concedido por lei, não podendo o contribuinte pleitear o parcelamento senão nas hipóteses legais, de acordo com os requisitos legais.

Em razão da reserva de lei, não poderão ser criados outros requisitos por atos administrativos, como é o caso da instrução normativa.

O STJ firmou posicionamento no mesmo sentido, ou seja, os parcelamentos serão nas formas e condições previstas em lei, não cabendo limitações por atos administrativos.

 JURISPRUDÊNCIA

> TRIBUTÁRIO – PARCELAMENTO – LIMITE FINANCEIRO MÁXIMO – PORTARIA CONJUNTA PGFN/RFB N. 15/2009 – ILEGALIDADE.
>
> 1. O art. 155-A do CTN dispõe que o parcelamento será concedido na forma e condição estabelecidas em lei específica, enquanto o art. 153 do CTN, aplicado subsidiariamente ao parcelamento, estabelece que "a lei" especificará i) o prazo do benefício, ii) as condições da concessão do favor em caráter individual. e iii) sendo o caso: a) os tributos a que se aplica; b) o número de prestações e seus vencimentos, dentro do prazo a que se refere o inciso I, podendo atribuir a fixação de uns e de outros à autoridade administrativa, para cada caso de concessão em caráter individual, e c) as garantias que devem ser fornecidas pelo beneficiado no caso de concessão em caráter individual.
>
> 2. A concessão do parcelamento deve estrita observância ao princípio da legalidade, não havendo autorização para que atos infralegais, como portarias, tratem de requisitos não previstos na lei de regência do benefício.
>
> 3. Os arts. 11 e 13 da Lei n. 10.522/2002 delegam ao Ministro da Fazenda a atribuição para estabelecer limites e condições para o parcelamento exclusivamente quanto ao valor da prestação mínima e à apresentação de garantias, não havendo autorização para a regulamentação de limite financeiro máximo do crédito tributário para sua inclusão no parcelamento.
>
> 4. Hipótese em que o Tribunal Regional Federal da 4ª Região decidiu pela ilegalidade da Portaria Conjunta PGFN/RFB n. 15/2009, tendo em vista não haver limites de valores no art. 14-C da Lei n. 10.522/2002.
>
> 5. Recurso especial da Fazenda Nacional não provido (REsp. 1739641/RS, Min. Gurgel de Faria, *DJe* 29.06.2018).

O STJ assentou a jurisprudência no tocante ao parcelamento em um ponto relevante. Trata-se do julgamento do tema 1.012 dos recursos repetitivos, que é de grande impacto nas execuções fiscais:

> O bloqueio de ativos financeiros do executado via sistema BACENJUD, em caso de concessão de parcelamento fiscal, seguirá a seguinte orientação: (i) será levantado o bloqueio se a concessão é anterior à constrição; e (ii) fica mantido o bloqueio se a concessão ocorre em momento posterior à constrição, ressalvada, nessa hipótese, a possibilidade excepcional de substituição da penhora *online* por fiança bancária ou seguro garantia, diante das peculiaridades do caso concreto, mediante comprovação irrefutável, a cargo do executado, da necessidade de aplicação do princípio da menor onerosidade.

CAP. 9 • CRÉDITO TRIBUTÁRIO | **309**

Resta claro que, caso o contribuinte adira ao parcelamento após a penhora em execução fiscal, os valores bloqueados assim permanecerão, sendo cabível a substituição da garantia somente no caso de garantia com mesma liquidez e comprovada necessidade.

Por fim, importante destacar que, uma vez que os requisitos da moratória se aplicam ao parcelamento de forma subsidiária, não devem restar dúvidas de que os atos infralegais não poderão limitar os direitos concedidos por lei aos contribuintes.

Considerações quanto às causas de suspensão da exigibilidade do crédito tributário
1. Moratória: concessão de novo prazo para pagamento do tributo. Deve ser justificada e motivada.
2. Depósito do montante: não é requisito de admissibilidade para o ajuizamento de ação ou recurso administrativo; no entanto, somente suspenderá a exigibilidade do crédito tributário, se for feito de forma integral e em dinheiro.
3. Medida liminar em mandado de segurança (MS): o MS pode ser impetrado repressivamente (quando o contribuinte já sofreu violação) ou preventivamente (quando existir o justo receio da violação).
4. Medida liminar, tutela antecipada ou outra espécie de ação judicial: com o advento do novo CPC a liminar não mais existe, dando espaço agora às tutelas de urgência e de evidência. A tutela pode ser concedida em qualquer instância do Poder Judiciário.
5. Parcelamento: tem como requisito a confissão da existência do tributo. O parcelamento feito após o prazo prescricional não o interrompe, cabendo a extinção do crédito tributário.

9.3. Causas de extinção do crédito tributário

As causas de extinção do crédito tributário estão previstas no art. 156 do CTN e representam o fim da relação jurídica tributária. Em outras palavras, são as hipóteses em que o crédito nasce para o sujeito passivo e morre com o implemento de uma das causas de extinção previstas no Código.

Importante frisar que há causas de extinção do crédito tributário em que não ocorre a extinção da obrigação tributária, resguardado à Fazenda Pública o direito de praticar um novo lançamento, apto a constituir outro crédito tributário. Isso acontece, por exemplo, quando a causa extintiva tem relação com as formalidades da constituição do crédito.

Assim, digamos que haja vício no lançamento. Respeitado o prazo decadencial, o fisco poderá praticar um novo lançamento para sanar o vício, uma vez que a obrigação tributária estará intacta.

Todavia, de modo geral, as causas de extinção do crédito tributário afetam a própria obrigação tributária, extinguindo a relação jurídica entre o fisco e o sujeito passivo do crédito tributário.

Na forma do art. 141 do CTN, as causas de extinção são somente aquelas previstas no Código, não cabendo outra, de modo que o rol previsto no CTN é taxativo. Assim, não pode um município criar uma causa de extinção do crédito que não esteja prevista no CTN.

Entretanto, no julgamento da ADI 2405/RS o STF entendeu que é constitucional a lei do estado do Rio Grande do Sul que estendeu as causas de extinção do crédito tributário, sob o argumento de que não há reserva de lei complementar para tal na Carta Magna, de modo que cada estado-membro poderá instituir suas próprias causas de extinção de acordo com suas peculiaridades e interesses.

Com isso, é possível, por exemplo, que os estados prevejam como causa de extinção do crédito tributário a dação em pagamento de bens móveis, apesar de tal hipótese não estar prevista no CTN.

Luciano Amaro também defende a posição de que não se trata de um rol taxativo: "O rol do art. 156 não é taxativo. Se a lei pode o mais (que vai até o perdão da dívida tributária) pode também o menos, que é regular outros modos de extinção do dever de pagar tributo"[9].

Data venia, apesar do entendimento do STF e dos argumentos contrários à taxatividade do rol previsto no art. 156 do CTN, filiamo-nos à corrente que defende a taxatividade, pois o assunto é reservado a lei complementar, na forma do art. 146, III, da CRFB.

9.3.1. Pagamento

O crédito tributário extingue-se pelo **pagamento, que pode ocorrer** *in pecunia* **ou em uma das formas previstas no art. 162 do CTN, por exemplo, por meio de cheque.**

O Código ainda garante o pagamento por meio de estampilhas, que é um documento representativo do imposto pago. Na forma do Código, somente será considerado pago o tributo por meio de estampilhas pela sua inutilização.

A inutilização não se confunde com a perda ou destruição das estampilhas, que não garantem o direito à restituição dos valores pagos na sua aquisição. Também não caberá o direito à restituição da diferença se houver o pagamento a maior por erro do sujeito passivo, sendo garantido o direito à restituição caso o erro seja da Administração Tributária.

Por óbvio, uma vez pago o tributo, o estado não tem mais o que cobrar do contribuinte, extinguindo o crédito tributário.

O prazo para o pagamento será de 30 dias caso a legislação tributária não disponha de forma diversa, cabendo desconto pelo pagamento antecipado, conforme previsão expressa no CTN, em seu art. 160, parágrafo único.

É importante destacar que o pagamento antecipado, bem como a definição do prazo para pagamento, poderá estar previsto na legislação tributária, que abrange leis, decretos, instruções normativas e tratados, conforme previsto no art. 96 do CTN. Ademais, a alteração do prazo para o pagamento do tributo não se submete aos princípios da anterioridade e da noventena, podendo produzir efeitos imediatos, pois não representa a criação ou majoração de tributo, conforme posicionamento adotado pelo STF quando da edição da Súmula Vinculante 50 do STF.

Outro ponto relevante tem relação com as **penalidades**. Caso seja imputada multa ao contribuinte, o seu pagamento não afasta o pagamento do tributo, sendo ambos devidos e, como se não bastasse, o pagamento parcial não importa em presunção de pagamento das demais parcelas em aberto.

No caso de atraso no pagamento, aplicar-se-á juros de mora, sem prejuízo das penalidades devidas, na forma do art. 161 do CTN. Na esfera federal, a taxa de juros aplicada é a Sistema Especial de Liquidação e de Custódia (SELIC), conforme previsão do art. 13 da Lei 9.065/1995.

---

[9] AMARO, Luciano. *Direito Tributário Brasileiro*. 2. ed. São Paulo: Saraiva, 1998. p. 367-8.

CAP. 9 • CRÉDITO TRIBUTÁRIO | **311**

Quanto ao local do pagamento, quando não houver disposição expressa na legislação tributária, o pagamento será devido na repartição competente do domicílio do sujeito passivo do crédito tributário.

Outrossim, caso o indivíduo seja devedor de mais de um crédito tributário, não poderá escolher qual pagar, pois, na forma do art. 163 do CTN, deverá ser seguida a ordem de pagamento determinada, qual seja:

(I)   em primeiro lugar, aos débitos por obrigação própria (os débitos de que seja contribuinte), e, em segundo lugar, aos decorrentes de responsabilidade tributária;

(II) primeiramente, às contribuições de melhoria, depois às taxas e por fim aos impostos;

(III) na ordem crescente dos prazos de prescrição (os mais antigos em preferência aos mais novos, e valendo-se a preferência do que esteja mais perto de prescrever);

(IV) na ordem decrescente dos montantes (primeiro os de maior valor, e após os menores).

Trata-se de norma com pouca aplicabilidade com a modernização dos sistemas de cobrança. Quando editado o código, na década de 1960, era de grande utilidade para resolver os problemas gerados quando o contribuinte, ao efetuar o pagamento, não indicava qual tributo estaria pagando. Nessa época, o tributo era pago diretamente na repartição administrativa. Posteriormente, permitiu-se o pagamento por rede bancária, com guias e códigos específicos de receita.

A aplicação desse dispositivo pressupõe a existência de **crédito tributário vencido** para justificar a imputação do pagamento, não cabendo, caso ainda reste prazo em aberto.

Por fim, resta esclarecer que a imputação de pagamento pode ser regulamentada por ato administrativo porque não constitui causa de extinção do crédito tributário, representando apenas uma forma de processamento do pagamento. Daí porque, silenciando o Código Tributário sobre esse ponto específico, nada impede que a Administração expeça atos normativos que regulem o processamento da causa extintiva.

Como se pode ver, o fisco deve acompanhar a sequência prevista no dispositivo para efetuar a cobrança do tributo. Hugo de Brito Machado possui posicionamento diverso, no sentido do não cabimento da imputação do pagamento em matéria tributária. Vejamos:

> (...) não tem a Fazenda motivo para recusar o recebimento de um tributo ao argumento de que há dívida, ainda não paga, de outro tributo, ou de que o valor oferecido é menor que o efetivamente devido. Qualquer quantia oferecida pelo sujeito passivo pode ser recebida, sem prejuízo da posterior cobrança da diferença, se for o caso.[10]

Ademais, não caberia a imputação de pagamento como ocorre no direito civil (art. 943 do CC), tendo em vista que o interesse em receber é da Fazenda, que tem o poder/dever de exigir o pagamento do tributo.

---

[10] MACHADO, Hugo de Brito. *Curso de Direito Tributário*. 30. ed. São Paulo: Malheiros, 2009. p. 199.

Não devem restar dúvidas de que o pagamento do tributo é mais que um dever do contribuinte, sendo um verdadeiro direito que pode ser exercido em juízo nas hipóteses do art. 164 do CTN. Em outras palavras, o contribuinte poderá consignar o pagamento em juízo quando houver (i) recusa no recebimento, ou subordinação deste ao pagamento de outro tributo ou de penalidade, ou ao cumprimento de obrigação acessória; (ii) subordinação do recebimento ao cumprimento de exigências administrativas sem fundamento legal; e (iii) exigência, por mais de uma entidade pública de pagamento de tributo idêntico sobre o mesmo fato gerador.

A ação de consignação em pagamento é cabível nas hipóteses supracitadas para que o sujeito passivo do crédito tributário possa exercer o seu direito fundamental de pagar o tributo e, enquanto pendente de julgamento, o fisco não poderá efetuar a cobrança do tributo em discussão, o que somente ocorrerá em caso de improcedência do pedido, hipótese em que o depósito realizado pelo autor da demanda será convertido em renda, podendo o fisco efetuar a cobrança da diferença, na forma do art. 164, § 2º, do CTN.

Em matéria tributária, caso ocorra o **pagamento indevido**, é resguardado ao contribuinte o direito à **restituição**, independentemente de prévio protesto. Logo, ocorrendo pagamento a maior, realizando-se pagamento para o ente tributante diverso do devido ou aconteça a declaração de inconstitucionalidade do tributo pago, sem modulação dos efeitos, tem o contribuinte o direito à restituição do tributo pago indevidamente, corrigido pela SELIC, na forma do art. 39, § 4º, da Lei 9.250/1995.

Para tal, deverá promover a **ação de repetição de indébito**, regulamentada pelo CTN nos arts. 165 a 169.

Como se pode ver, todo pagamento indevido gera o direito a restituição, inclusive o pagamento de **dívida caduca** ou mesmo **prescrita**, na forma da jurisprudência pacífica no STJ. Isso se dá porque o pagamento se deu por um **crédito inexistente**, ao passo que já fora extinto. Importante destacar que a prescrição tributária vicia o crédito e não somente a pretensão, motivo pelo qual é cabível a repetição de indébito, contrariamente ao entendimento aplicável ao direito civil.

O único **pressuposto** para a repetição do indébito é o pagamento indevido de um tributo, ainda que tenha sido realizado de forma espontânea. Para Luciano Amaro, "basta evidenciar-se a inexistência de obrigação tributária para que caiba a devolução do que se tenha pago, a título de débito tributário".[11]

Não se deve dizer que tributo direto é o que não repercute, e o indireto, o que repercute. Isso porque ele pode ser direto, mas o contribuinte de direito repassa o encargo ao contribuinte de fato, por exemplo, o IPTU é imposto direto, mas o proprietário pode repassar o ônus de seu pagamento ao locatário. Isso não o transforma em imposto indireto.

No Sistema Tributário Brasileiro, os impostos podem ser classificados como diretos ou indiretos. Os impostos diretos são aqueles que, em geral, são pagos diretamente ao poder público, pelo contribuinte, em razão da ocorrência do fato gerador da obrigação tributária. Tais impostos não admitem a transmissão do ônus financeiro, ao passo que incidem sobre patrimônio e renda, via de regra. Assim, um comerciante não conseguirá

---

[11] AMARO, Luciano. *Direito Tributário Brasileiro*. 20. ed. São Paulo: Saraiva, 2014. p. 447.

repassar o Imposto de Renda para o consumidor final, tendo em vista que sequer saberá quanto será devido no respectivo período de apuração. Não cabe, assim, a repercussão financeira, que consiste na transferência do ônus tributário para terceiros.

Assim, imposto direito é aquele cujo pagamento é feito diretamente pelo contribuinte de fato, ou seja, quem efetua o pagamento é a mesma pessoa que suporta o ônus financeiro, sem que ocorra o repasse para terceiros.

No entanto, os impostos indiretos são aqueles exigidos sobre o consumo, como é o caso do ICMS, de competência dos estados, que incide sobre a circulação de mercadorias. Nessa hipótese, o comerciante poderá destacar o imposto na nota fiscal respectiva e repassá-lo ao consumidor final, tendo em vista que a base de cálculo é o valor do ato de comércio.

O mesmo acontece com o imposto dobre serviços de qualquer natureza (ISSQN), pois, como seu fato gerador é a prestação de um serviço, o repasse do ônus tributário é perfeitamente possível, porque ele incide sobre a operação.

Assim, o imposto indireto é aquele em que o valor do tributo está incluído no preço da mercadoria ou serviço adquirido pelo consumidor final, sendo o comerciante, industrial e prestador de serviço meros repassadores destes valores aos cofres públicos.

Antes do advento do CTN, o STF sumulou entendimento equivocado e consubstanciado na Súmula 71, no sentido de que os impostos indiretos não comportavam repetição, partiam do princípio de que nos impostos indiretos o ônus sempre era repassado ao contribuinte de fato. Assim, o contribuinte de direito estaria enriquecendo sem causa, caso fosse repetido o indébito.

O posicionamento foi corrigido com o advento da Súmula 546 do STF, que replica a regra do art. 166, CTN.

A grande questão que se coloca é se tem o contribuinte de fato legitimidade para a propositura da ação de repetição do indébito. Os tribunais têm negado essa legitimidade. O fundamento é que ele não integra a relação jurídico-tributária. Em razão desse anonimato perante o fisco é que não se admite.

A interpretação literal dá a entender que o contribuinte de direito pode requerer a repetição quando tiver havido repercussão desde que autorizado pelo contribuinte de fato. Tal situação gera clara ausência de interesse de agir.

No entanto, o STJ tem admitido a ação de repetição de indébito promovida pelo contribuinte de fato no caso de demanda contratada de energia elétrica. Vejamos:

JURISPRUDÊNCIA

> TRIBUTÁRIO – AGRAVO REGIMENTAL NO RECURSO ESPECIAL – ICMS – REPETIÇÃO DE INDÉBITO – DEMANDA CONTRATADA E NÃO UTILIZADA DE ENERGIA ELÉTRICA – LEGITIMIDADE ATIVA DO CONSUMIDOR – RESP 1.299.303/SC, PROCESSADO SOB O RITO DO ART. 543-C DO CPC. 1. Diante do que dispõe a legislação que disciplina as concessões de serviço público e da peculiar relação envolvendo o Estado-concedente, a concessionária e o consumidor, esse último tem legitimidade para propor ação declaratória c/c repetição de indébito na qual se busca afastar, no tocante ao fornecimento de energia elétrica, a incidência do ICMS sobre a demanda contratada e não utilizada (REsp 1299303/SC, 1ª Seção, Rel. Min. Cesar Asfor Rocha, *DJe* 14.08.2012).

No caso em análise, a legitimidade extraordinária do contribuinte de fato se dá em razão da característica da relação jurídica instaurada entre o consumidor e a companhia de energia elétrica, concessionária de serviço público. As concessionárias são submetidas às regras previstas na Lei 8.987/1995 que, em seu art. 9º, § 3º, prevê que os tributos incidentes sobre a atividade deverão impactar a tarifa do serviço, sendo repassada ao consumidor final. Assim sendo, a concessionária de serviços públicos não vai, em qualquer hipótese, suportar o ônus financeiro do ICMS, que será integralmente repassado ao consumidor final em razão do ajuste da tarifa aos tributos.

Dessa feita, não devem restar dúvidas de que, no tocante aos serviços públicos concedidos, a legitimidade para propositura da ação de repetição do indébito é do consumidor final.

Frise-se que, com relação ao IPTU, o legitimado para ingressar com a ação de repetição do indébito é o proprietário do imóvel e não o locatário e, caso o imóvel seja vendido, somente pode restituir o contribuinte ao tempo do pagamento indevido, não sendo transferido o direito a restituição para o adquirente.

Tal posicionamento resta claro com a edição da Súmula 614 do STJ que é expressa no sentido de que o "locatário não possui legitimidade ativa para discutir a relação jurídico--tributária de IPTU e de taxas referentes ao imóvel alugado nem para repetir indébito desses tributos". (Súmula 614, 1ª Seção, julgado em 09.05.2018, *DJe* 14.05.2018). Assim, no tocante ao IPTU, que é imposto direto, somente poderá litigar o proprietário do imóvel.

No tocante à legitimação passiva para figurar como réu na ação de repetição de indébito, é, via de regra, do sujeito ativo do crédito tributário, ou seja, aquele que recebeu o tributo.

No entanto, o STJ, ao editar a Súmula 447, entendeu que, no caso do imposto de renda retido na fonte (IRRF), pelo estado, de servidor público estadual, é o estado o titular da receita, e não a União, apesar da sua competência para instituir o imposto de renda. Isso porque o art. 157, I, da CRFB determina que pertence aos estados 100% da receita relativa ao IRRF dos servidores estaduais. Frise-se que, apesar de a súmula tratar somente dos servidores estaduais, tal posicionamento se aplica também aos servidores municipais, em razão da regra inserta no art. 158, I, da CRFB.

Com isso, a ação de repetição de indébito do IRRF estaduais deverá ser promovida em face do estado e, nos casos de servidores municipais, em face dos municípios, por aplicação analógica da Súmula 447 do STJ.

Outro caso excepcional está previsto no art. 16 do Decreto 6.433/2008, que regulamenta a transferência da capacidade tributária e da titularidade da receita entre União e Municípios, no tocante ao ITR.

Na hipótese em comento, apesar de o ITR ser arrecadado pelo município, que receberá a integralidade do imposto, a União deverá figurar no polo passivo da ação de repetição de indébito e qualquer outra ação.

Assim, geralmente, vai figurar no polo passivo da ação de repetição de indébito o sujeito ativo da relação jurídica tributária, ressalvadas as **exceções** já abordadas.

Ademais, o STJ editou a Súmula 666 que prevê que "a legitimidade passiva, em demandas que visam à restituição de contribuições de terceiros, está vinculada à **capacidade tributária ativa**; assim, nas hipóteses em que as **entidades terceiras** são meras destinatárias das contribuições, **não possuem** elas **legitimidade ad causam** para figurar no polo passivo, juntamente com a União".

CAP. 9 • CRÉDITO TRIBUTÁRIO | **315**

Tal decisão tem como fundamento o fato das contribuições para terceiros serem de competência da União Federal, sendo as entidades referidas somente as destinatárias da arrecadação. Com isso, não podem figurar no polo passivo da demanda repetitória das contribuições que as financiam, assim como não têm legitimidade para efetuar a sua cobrança.

A restituição deve ocorrer com o pagamento de juros e correção monetária, que recompõem o valor da moeda, de modo que são cabíveis no caso de restituição sob pena de enriquecimento sem causa do estado.

Desde a entrada em vigor do art. 39, § 4º, da Lei 9.250/1995, passou a ser devida a correção monetária pela taxa SELIC. Com isso, nas hipóteses de repetição de indébito tributário, podem ser demarcados dois momentos: antes da entrada em vigor da Lei 9.250/1995, incidia a correção monetária desde o pagamento indevido até a restituição ou compensação, conforme a Súmula 162 do STJ, acrescida de juros de mora a partir do trânsito em julgado, a teor da Súmula 188 do STJ e nos termos do art. 167, parágrafo único, do CTN. Após a edição da citada, aplica-se a taxa SELIC desde o recolhimento indevido, ou, se for o caso, a partir de 01.01.1996, não podendo ser cumulada, porém, com qualquer outro índice, seja de atualização monetária, seja de juros, porque a SELIC inclui, a um só tempo, o índice de inflação do período e a taxa de juros real.

O STJ firmou posicionamento no sentido da possibilidade de os estados adotarem a taxa SELIC como critério para correção dos valores a serem restituídos. Tal posicionamento está cristalino no teor da Súmula 523 do STJ, que determina que:

> A taxa de juros de mora incidente na repetição de indébito de tributos estaduais deve corresponder à utilizada para cobrança do tributo pago em atraso, sendo legítima a incidência da taxa Selic, em ambas as hipóteses, quando prevista na legislação local, vedada sua cumulação com quaisquer outros índices.

Já o **prazo** para o ajuizamento da repetição de indébito é de cinco anos, na forma do art. 168 do CTN, cujo termo inicial varia segundo a causa que deu origem à repetição. Se decorrer das hipóteses dos incisos I e II, será a data da extinção do crédito, ou seja, do pagamento. Se decorrer do inciso III, o termo inicial será o trânsito em julgado da decisão judicial ou quando se tornar definitiva a decisão administrativa.

Importante destacar que, na forma da Súmula 625 do STJ, "o pedido administrativo de compensação ou de restituição não interrompe o prazo prescricional para a ação de repetição de indébito tributário de que trata o art. 168 do CTN nem o da execução de título judicial contra a Fazenda Pública". Com isso, caso o contribuinte requeira a restituição administrativamente, não haverá a interrupção do prazo prescricional para o ajuizamento da repetição de indébito, devendo estar atento aos cinco anos para promoção da ação, sob pena de perecimento do direito.

Leandro Paulsen levanta interessante divergência acerca da natureza do referido prazo, afirmando se tratar de um prazo decadencial. Vejamos:

> o prazo para a repetição do indébito é de cinco anos, contados do pagamento indevido, o que se extrai da combinação do art. 168 do CTN com o art. 3º da LC 118/05. Tal prazo, considerado decadencial, é aplicável para pedidos de restituição tanto na esfera administrativa quanto judicial, bem como para o exercício do

direito à compensação, e não sofre nenhuma influência de eventual declaração de inconstitucionalidade pelo STF ou da edição de Resolução pelo Senado Federal.[12]

Filiamo-nos à corrente de que se trata de um prazo prescricional, pois há uma pretensão a ser exercida pelo contribuinte, e não um direito propriamente dito. Todavia, para encerrar a discussão,

Utilizar-se-á a expressão "decadência do direito do contribuinte" para a extinção do direito de pleitear o débito do Fisco pela via administrativa, e "prescrição do direito do contribuinte" para o exercício do direito de cobrar o débito do Fisco pela via judicial. As normas gerais e abstratas que regem a decadência e a prescrição do direito do contribuinte produzem regras individuais e concretas que veiculam, em seu antecedente, o fato concreto do decurso do tempo qualificado pela omissão do contribuinte e, em seu consequente, a extinção, respectivamente, do direito de pleitear administrativamente o débito e do direito à ação judicial de cobrança do débito do Fisco.

Convém salientar que as normas gerais e abstratas da decadência e a prescrição do direito do contribuinte são construídas, basicamente, a partir dos mesmos dispositivos do CTN, coisa que pode parecer estranha ao intérprete mais apegado ao plano da literalidade. Ocorre que o plano da literalidade não está em correspondência biunívoca com o plano das normas jurídicas, como se fosse possível ligar por um fio uma norma a um artigo, e vice-versa.[13]

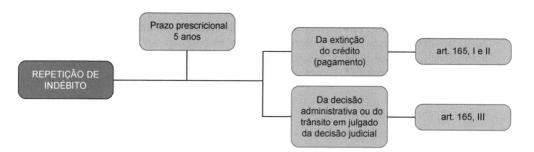

Na primeira hipótese, a regra advém da alteração legislativa trazida pela LC 118/2005, que deixou claro o prazo de cinco anos a contar do **pagamento**.

Na segunda hipótese, estamos diante de uma situação bastante clara, uma vez que a causa de pedir da repetição de indébito somente surge com a decisão judicial reconhecendo que o tributo é indevido. A explicação é simples, pois a causa de pedir nasce unicamente com a decisão judicial, de modo que não poderia haver contagem de prazo anteriormente, motivo pelo qual a contagem de prazo é apenas com o reconhecimento da ilegalidade ou inconstitucionalidade do tributo em sede de controle concentrado, desde que não haja modulação dos efeitos.

---

[12] PAULSEN, Leandro *Curso de Direito Tributário Completo.* 8. ed. São Paulo: Saraiva, 2017. p. 280.
[13] SANTI, Eurico Marcos Diniz de. Decadência e prescrição do direito do contribuinte e a LC nº 118: entre regras e princípios. In: CARVALHO, Aurora Tomazini de (Org.). *Decadência e Prescrição em Direito Tributário.* São Paulo: MP, 2008. p. 249.

JURISPRUDÊNCIA

> CONSTITUCIONAL – TRIBUTÁRIO – EMPRÉSTIMO COMPULSÓRIO – INCIDÊNCIA NA AQUISIÇÃO DE VEÍCULOS AUTOMOTORES – DECRETO-LEI N. 2.288/86. INCONSTITUCIONALIDADE – REPETIÇÃO DO INDÉBITO. Declarada a inconstitucionalidade das normas instituidoras do empréstimo compulsório incidente na aquisição de automóveis (RE 121.336), surge para o contribuinte o direito a repetição do indébito, independentemente do exercício financeiro em que se deu o pagamento indevido. Recurso extraordinário conhecido e provido (STF – RE 136805/RJ, 2ª Turma, Rel. Min. Francisco Rezek, Data de Julgamento: 29.03.1994, Data de Publicação: *DJ* 26.08.1994 PP-21891 EMENT VOL-01755-01 PP-00182).

Quanto ao **imposto de renda**, temos um entendimento específico, uma vez que o prazo prescricional para a repetição não deve contar do momento da retenção na fonte do imposto, pois não se trata de hipótese de antecipação de pagamento (AgRg no REsp. 1276535/RS). Nesse caso, o prazo deve ser contado da entrega da declaração anual de ajuste, pois é o momento em que o contribuinte reconhece perante o fisco a existência de um débito ou crédito do qual é titular. Entretanto, nos casos de antecipação do pagamento efetivamente, o prazo para a repetição de indébito deve ser contado da data em que ocorreu o pagamento antecipado indevido.

Por fim, mas não menos relevante, com relação ao direito à restituição do tributo pago indevidamente, o CTN ainda prevê, como direito do contribuinte, a **ação anulatória** de decisão administrativa que denega o pedido de restituição no art. 169 do CTN. Tal ação é pouco utilizada, pois o contribuinte, em geral, quando efetua um requerimento administrativo negado, promove em seguida a ação de repetição do indébito. No entanto, tal ação poderá ser vantajosa, se houver **vício formal** na decisão administrativa, pois, após o seu trânsito em julgado, caberá ao fisco nova análise e possível restituição que, por ser na esfera administrativa, não se dará por meio de precatório.

Importante destacar que o prazo para o ajuizamento dessa ação é de **dois anos**, o único prazo de dois anos no Direito Tributário que prevê, em geral, o prazo de cinco anos para propositura de demandas fiscais.

O pagamento é a forma natural de quitação e extinção do crédito tributário, e representa a entrega pelo sujeito passivo ao sujeito ativo do crédito tributário, da prestação pecuniária referente ao tributo cobrado.

DICA

> Na ausência de previsão quanto ao pagamento, o prazo será de 30 dias. Em caso de pagamento indevido é cabível a restituição por ação de repetição de indébito. Inclui-se como pagamento indevido a dívida caduca ou prescrita.

9.3.2. Compensação

A segunda hipótese de extinção do crédito é a **compensação**, que consiste no encontro de contas entre o contribuinte e o estado, e é cabível desde que haja lei autorizando o crédito e o débito para serem compensados.

A compensação tem seu conceito positivado no CC, em seu art. 368: "Se duas pessoas forem ao mesmo tempo credor e devedor uma da outra, as duas obrigações extinguem-se, até onde se compensarem".

Assim, se contribuinte e fisco forem, ao mesmo tempo, credor e devedor um do outro, as duas obrigações serão extintas após a compensação.

Frise-se que a compensação poderá ser requerida judicialmente, mas não será deferida por meio de tutela de urgência ou de evidência. Somente poderá ocorrer a compensação após o trânsito em julgado da sentença, por força do art. 170-A do CTN, endossado pelo STJ, quando da edição da Súmula 212. Importante frisar que apesar do cancelamento da Súmula 212 pelo STJ, a sua essência permanece válida com a manutenção do art. 170-A do CTN, no sentido de que não cabe liminar ou cautelar para compensação.

O mandado de segurança, remédio constitucional que tutela o direito líquido e certo não amparado por *habeas corpus* ou *habeas data*, não pode ser impetrado para obter a compensação, por demandar dilação probatória, e não pode ser impetrado para convalidar compensação já realizada pelo contribuinte (Súmula 460 do STJ), mas pode ser o remédio para que seja declarado o direito à compensação, na forma da Súmula 213 do STJ.

Em outras palavras, o mandado de segurança pode ser impetrado para a declaração do direito a compensação, mas não para que seja efetivada a compensação. Da mesma forma, não caberá mandado de segurança quando o provimento buscado for a convalidação de compensação já realizada, a teor da Súmula 460 do STJ.

Dessa forma, o mandado de segurança não poderá ser utilizado para efetivar a compensação em seu bojo, mas somente para que seja reconhecido o direito ao crédito a ser compensado. Tal posicionamento é pacífico no STJ. Vejamos:

EMBARGOS DE DIVERGÊNCIA EM RESP Nº 1.770.495 – RS (2018/0258035-7)

RELATOR: MINISTRO GURGEL DE FARIA

EMBARGANTE: INDÚSTRIA DE VINAGRES PRINZ LTDA.

ADVOGADOS: RAFAEL FERREIRA DIEHL E OUTRO(S) – RS040911

ALEXANDRE EIRAS DOS SANTOS – RS088840

FELIPE CORNELY – RS089506

JONATHAN ÁLEX KRZYZANIAK – RS092898

EMBARGADO: ESTADO DO RIO GRANDE DO SUL

PROCURADOR: LUIS CARLOS KOTHE HAGEMANN E OUTRO(S) – RS049394

DECISÃO

Trata-se de embargos de divergência interpostos pela INDÚSTRIA DE VINAGRES PRINZ LTDA. contra acórdão proferido pela Segunda Turma, Relator Ministro Francisco Falcão, assim ementado (e-STJ fl. 268): ADMINISTRATIVO. ICMS. COMPENSAÇÃO. UTILIZAÇÃO DO MANDADO DE SEGURANÇA. IMPOSSIBILIDADE. ENUNCIADO N. 213/STJ. I – Primeiramente, cumpre destacar que o Tribunal de origem concedeu parcial provimento ao recurso de apelação interposto pelo contribuinte para "reconhecer o direito da impetrante de excluir da base de cálculo de ICMS os valores referentes às mercadorias dadas em bonificação, do momento da impetração para o futuro", tendo em vista não ser possível, pela via mandamental, realizar a compensação dos tributos indevidamente pagos antes da impetração do aludido mandado de segurança. II – Nesse contexto, a jurisprudência do Superior Tribunal de Justiça é pacífica no sentido de que, em que pese ser possível, por meio de mandado de segurança, a declaração do direito à compensação de créditos ainda não atingidos pela prescrição (Súmula n. 213 do STJ), a via mandamental não é apta a produzir efeitos patrimoniais pretéritos, os quais devem ser reclamados administrativamente ou pela via judicial própria (Súmula n. 271/STF). Nesse sentido: AgInt no AREsp 1.032.984/PE, Rel. Ministro Benedito Gonçalves, Primeira Turma, julgado em 21.11.2017, *DJe* 27.11.2017; AgRg no AREsp 593.508/BA, Rel. Ministro Herman Benjamin, Segunda Turma, julgado em 17.03.2015, *DJe* 06.04.2015. III – Agravo interno improvido. A embargante aduz que o aresto recorrido divergiu de julgado da Primeira Turma – EDcl no AgInt no AREsp 308.956/MG, de minha relatoria, sintetizado nos termos da seguinte ementa: PROCESSUAL CIVIL E TRIBUTÁRIO. EMBARGOS DE DECLARAÇÃO. OMISSÃO. OCORRÊNCIA. MANDADO DE SEGURANÇA. DIREITO À COMPENSAÇÃO. SÚMULA 213 DO STJ. INDÉBITOS NÃO ATINGIDOS PELA PRESCRIÇÃO. UTILIZAÇÃO. POSSIBILIDADE. 1. Os embargos de declaração têm por escopo sanar decisão judicial eivada de obscuridade, contradição, omissão ou erro material (art. 1.022-CPC/2015). 2. Hipótese em que, reconhecida a existência de omissão, o acórdão embargado deve ser integrado para assentar que a declaração do direito à compensação tributária, nos termos da Súmula 213 do STJ, com créditos (indébitos) ainda não fulminados pela prescrição não implica concessão de efeitos patrimoniais pretéritos, vedados pelas Súmulas 269 e 271 do STJ. Precedentes. 3. Embargos de declaração acolhidos para negar provimento ao agravo interno fazendário na parte em que impugna a decisão do relator que declarou o direito à compensação tributária com créditos (indébitos) ainda não prescritos. Passo a decidir. Primeiramente, tempestivos os embargos. Da análise dos autos, verifica-se, a priori, a ocorrência de divergência interna sobre a adequação de mandado de segurança, visando à declaração do direito à compensação tributária de indébitos anteriores à impetração não atingidos pela prescrição. Ante o exposto, ADMITO os embargos para discussão. Abra-se vista à parte embargada para impugná--los no prazo legal (art. 267 do RISTJ). Publique-se. Intimem-se. Brasília (DF), 17 de outubro de 2019. MINISTRO GURGEL DE FARIA Relator (STJ – EREsp. 1770495/ RS 2018/0258035-7, Rel. Min. Gurgel de Faria, Data de Publicação: *DJ* 29.10.2019).

Como se pode ver, o juízo analisará em sede de mandado de segurança se o contribuinte tem direito ou não à compensação. Após proferida a sentença, caberá ao contribuinte buscar a compensação administrativamente, momento no qual o Fisco irá analisar os valores a serem compensados, tendo o contribuinte somente o direito resguardado pela decisão judicial.

Para reforçar o cabimento do mandado de segurança como sendo uma ação eficaz para reaver tributos pagos indevidamente, o STJ, no julgamento do EREsp 1.770.495/RS, confirmou o entendimento no sentido de que é cabível o mandado de segurança para compensar tributo pago indevidamente antes da sua impetração.

Ademais, na forma do art. 74 da Lei 9.430/1996, não há necessidade de que os tributos a serem compensados sejam de mesma espécie tributária, sendo requisito para a compensação somente que os tributos sejam administrados pelo mesmo ente federado, sendo requisito a identidade entre devedor e credor.

Assim, incabível a compensação de tributos administrados por entes distintos ou mesmo pessoas jurídicas distintas. Vejamos:

 JURISPRUDÊNCIA

> DIREITO TRIBUTÁRIO – IMPOSSIBILIDADE DE COMPENSAÇÃO DE PRECATÓRIO ESTADUAL COM CRÉDITO TRIBUTÁRIO FEDERAL. Não é possível a compensação de precatórios estaduais com dívidas oriundas de tributos federais. Isso porque, nessa hipótese, não há identidade entre devedor e credor. Precedentes citados: AgRg no AREsp 94.667/BA, 1ª Turma, *DJe* 02.04.2012; e AgRg no AREsp 125.196/RS, 2ª Turma, *DJe* 15.02.2013 (AgRg no AREsp. 334227/RS, Rel. Min. Sérgio Kukina, j. 06.08.2013, Informativo 528).

O STJ entendeu que é **incabível** a **compensação** de tributos federais com contribuições previdenciárias, uma vez que, apesar da criação da Receita Federal do Brasil, os tributos são arrecadados pelo mesmo órgão, mas têm características e destinação distintas, além do fato de o INSS e a União serem pessoas jurídicas distintas.

Nesse sentido, vejamos o posicionamento do STJ acerca do assunto:

TRIBUTÁRIO – APELAÇÃO – PIS E COFINS – COMPENSAÇÃO COM CONTRIBUIÇÕES PREVIDENCIÁRIAS – IMPOSSIBILIDADE – ART. 26 DA LEI Nº 11.457/2007 – ALEGAÇÃO DE INCONSTITUCIONALIDADE – IMPOSSIBILIDADE DE ANÁLISE NESTA CORTE – ACÓRDÃO RECORRIDO EM CONSONÂNCIA COM A JURISPRUDÊNCIA DESTA CORTE.

I – Deve-se afastar a apreciação, por esta Corte Superior, da arguida inconstitucionalidade do art. 26 da Lei n. 11.457/2007, cuja competência está jungida ao Supremo Tribunal Federal, ex vi do disposto no art. 102 da Constituição Federal, sob pena de usurpação daquela competência.

II – Por outro lado, no art. 26, parágrafo único, da Lei n. 11.457/2007, encontra-se explicitado que a possibilidade de compensação tributária com quaisquer tributos administrados pela Secretaria da Receita Federal, disposta no art. 74 da Lei 9.430/1996, não é absoluta, devendo ser ressalvadas as contribuições sociais a que se referem o art. 2º da Lei n. 11.457/2007, ou seja, aquelas previstas nas alíneas *a*, *b* e *c* do parágrafo único do art. 11 da Lei n. 8.212/1991. Nesse mesmo sentido: AgRg no REsp 1425405/PR, Rel. Min. HERMAN BENJAMIN, SEGUNDA TURMA, julgado em 05.06.2014, *DJe* 25.09.2014; AgRg no REsp 1466257/RS, Rel. Ministro SÉRGIO KUKINA, PRIMEIRA TURMA, julgado em 16.09.2014, *DJe* 24.09.2014.

III – Agravo interno improvido (AgInt no REsp. 1676842/AL Min. Francisco Falcão, *DJe* 06.03.2018).

Tal compensação cruzada era de fato vedada até a edição da Lei nº 13.670/2018, que passou a permitir a compensação de contribuições previdenciárias com quaisquer tributos administrados pela Receita Federal do Brasil, mas somente com relação aos créditos apurados com a utilização do e-social.

Com relação à tal limitação temporal, há decisões que reconhecem o direito à compensação de créditos anteriores à adoção do e-social pelo contribuinte desde que o reconhecimento do crédito se dê após a Lei nº 13.670/2018.

JURISPRUDÊNCIA

> Trata-se de mandado de segurança, com pedido liminar, por meio do qual pretende a Impetrante obter provimento jurisdicional a fim de que seja reconhecido e determinado às DD. Autoridades Coatoras seu direito de **realizar a compensação da integralidade dos créditos de *PIS* e *COFINS* reconhecidos nos autos dos Mandados de Segurança n°s 0025178-52.2006.403.6100 e 5005309-32.2017.4.03.6100, contra débitos correntes de *contribuições previdenciárias (cota patronal, SAT/RAT e Terceiras Entidades)*.**
>
> Em apertada síntese, relata a Impetrante que, em razão das atividades que desenvolve, está sujeita ao recolhimento de tributos e contribuições federais, dentre os quais, a contribuição previdenciária patronal, a contribuição ao Seguro Acidente do Trabalho ("SAT")/Risco Acidente do Trabalho ("RAT") ajustado (Contribuição ao SAT/RAT ajustado = Fator Acidentário de Prevenção ("FAP") X Contribuição ao SAT/RAT) e as contribuições destinadas a Terceiras Entidades ou Fundos (em conjunto denominadas "Contribuições Previdenciárias"), incidentes sobre o total da remuneração paga ou creditada, no decorrer do mês, aos segurados empregados e trabalhadores avulsos. Além disso, também está sujeita ao recolhimento das contribuições ao Programa de Integração Social ("PIS") e ao Financiamento da Seguridade Social ("COFINS") sobre sua receita bruta, nos termos das Leis n°s 10.637/2002 e 10.833/2003, respectivamente.
>
> Segue narrando que, por não se conformar com a inclusão do Imposto sobre Circulação de Mercadorias e Serviços em sua receita bruta, impetrou os Mandados de Segurança n°s 0025178-52.2006.403.6100 e 5005309-32.2017.4.03.6100 perante a Justiça Federal de São Paulo – SP e obteve decisões favoráveis que transitaram em julgado em **16.5.2019** e **15.5.2019**, respectivamente, reconhecendo o direito à exclusão do ICMS da base de cálculo do PIS e da COFINS e, consequentemente, o direito aos créditos de PIS e COFINS recolhidos a maior.
>
> Ato contínuo, em 4.12.2019, a Impetrante habilitou perante a Receita Federal do Brasil os créditos oriundos do Mandado de Segurança nº 0025178-52.2006.403.6100, o que originou o **Processo Administrativo nº 13804-722904/2019-02**, que abrange os créditos referentes ao período de 7/2004 a 12/2014. Da mesma forma, em 6.12.2019, a Impetrante habilitou perante a RFB os créditos oriundos do Mandado de Segurança nº 5005309-32.2017.4.03.6100, o que deu origem ao **Processo Administrativo nº 13804.722902/2019-13**, que abrange os créditos referentes ao período de 1/2015 a 6/2019.
>
> Habilitados os créditos, a Impetrante apresentou a **Declaração de Compensação nº 24461.33946.190220.1.7.57-7788**, referente aos créditos objeto do Pedido

de Habilitação do Processo Administrativo nº 13804.722902/2019-13, gerando o **Processo Administrativo nº 10166.745149/2020-34**.

Não obstante, em razão dos incisos I e II do § 1º do art. 26-A da Lei nº 11.457/2007, **o sistema impossibilitou a transmissão da referida DCOMP, impedindo a Impetrante de prosseguir com a compensação administrativa dos créditos de PIS e COFINS contra débitos correntes de contribuições previdenciárias**, pois, de acordo com a determinação prevista nos dispositivos, incluídos pela Lei nº 13.670/2018, **a Impetrante só poderia compensar créditos tributários apurados *posteriormente* à vigência do eSocial com débitos previdenciários também *posteriores*.**

A Impetrante destaca que **a DCOMP nº 24461.33946.190220.1.7.57-7788 abrange créditos apurados entre 2018 e 2019, créditos posteriores à entrada da empresa no eSocial, os quais são evidentemente passíveis de compensação**.

Em 19.10.2020, para os créditos apurados entre 2018 e 2019, a Impetrante protocolou novo pedido de compensação, gerando o **Processo Administrativo nº 10166.750666/2020-25**, que ainda pende de análise pela RFB.

Em suma, a DCOMP nº 24461.33946.190220.1.7.57-7788, que contém créditos apurados entre 2018 e 2019, gerou dois Processos Administrativos:

I. **Processo Administrativo nº 10166.745149/2020-34**, onde a Impetrante está impossibilitada de realizar a compensação com débitos vincendos de contribuições previdenciárias relativo à competência de agosto de 2020; e

II. **Processo Administrativo nº 10166.750666/2020-25**, onde a Impetrante pleiteia a compensação com débitos vincendos de contribuições previdenciárias de setembro de 2020.

Assim, explica a Impetrante haver duas situações distintas:

i) a primeira referente aos **créditos anteriores a 2018**, mas **que se tornaram definitivos somente a partir de 2019 com o trânsito em julgado da decisão nos referidos Mandados de Segurança e sua consequente habilitação perante a RFB**; e

ii) a segunda referente aos **créditos apurados entre 2018 a 2019**, constantes nos Processos Administrativos nos 10166.745149/2020-34 e 10166.750666/2020-25, que também estão sofrendo resistência pela RFB no que tange à compensação.

Sustenta a Impetrante que, para os **créditos apurados antes de 2018**, que somente se tornaram definitivos a partir de 2019 – no momento do trânsito em julgado e com a consequente habilitação na RFB –, deve ser afastado o impedimento do sistema operacional da RFB, que considera que o momento da *apuração* dos créditos se deu antes da utilização do eSocial, sendo os créditos, portanto, anteriores à edição da Lei nº 13.670/2018 e à IN RFB nº 1.717/2017. Por outro lado, ainda conforme o que alega, para os **créditos apurados entre 2018 e 2019**, o sistema sequer deveria apontar impedimentos, pois a apuração se deu somente após a entrada da empresa no eSocial, devendo ser liminarmente afastado tal impedimento.

A Impetrante ainda argumenta que referidos impedimentos não devem ser aplicados ao presente caso, porque, conforme decidido em sede de Recurso Repetitivo pelo C. Superior Tribunal de Justiça nos autos do Recurso Especial nº

CAP. 9 • CRÉDITO TRIBUTÁRIO | **323**

1.164.452/MG, **o procedimento para compensação dos créditos tributários oriundos de medida judicial deve observar a legislação vigente no momento do encontro de contas**. Além disso, **tal restrição se mostra inconstitucional e ilegal, por violar os princípios da isonomia, proporcionalidade e razoabilidade.**

Aduz a Impetrante que a legislação a ser aplicável ao caso em apreço deve ser aquela vigente a partir de maio de 2019, sobretudo porque **o efetivo encontro de contas entre créditos e débitos se dá após transitada em julgada a decisão judicial que reconhece o crédito e, consequentemente, possibilita a habilitação do crédito para compensação, de forma que interpretação diversa afrontaria o art. 170-A do CTN, que restringe a compensação dos créditos antes do trânsito em julgado**. Desse modo, sustenta que deve ser aplicado ao presente caso o entendimento fixado em sede de Recurso Repetitivo nos autos do Recurso Especial nº 1.164.452/MG (Temas 345 e 346).

Também deve ser reconhecido, conforme requerido, o direito da Impetrante em compensar os referidos créditos de PIS e COFINS com as contribuições destinadas a Terceiras Entidades ou Fundos, que, nos termos do art. 3º, §§ 2º e 3º, da Lei nº 11.457/2007, sujeitam-se aos mesmos prazos, condições, sanções e privilégios das contribuições previdenciárias, de modo que o art. 87 da IN RFB nº 1.717/2017, que substituiu o art. 59 da IN RFB nº 1.300/2012, arbitrariamente vedou a realização de compensações das contribuições destinadas a outras entidades ou fundos.

Em que pese tal vedação, lembra a Impetrante que o entendimento do C. STJ proferido nos autos do Recurso Especial nº 1.498.234/RS pacificou de forma favorável a possibilidade de realização destas compensações, e, com base nisso, a Procuradoria-Geral da Fazenda Nacional, em 21.12.2016, proferiu a Nota PGFN/CRJ/nº 1.245/2016, por meio da qual deixou de recorrer sobre a matéria relativa à compensação de contribuições de outras entidades, sugerindo "o encaminhamento de cópia da presente Nota à PGFN/CASTJ, para ciência, e à RFB, para conhecimento e providências no sentido de garantir a observância do entendimento firmado pelo STJ, inclusive no tocante à adequação dos atos normativos pertinentes à matéria", restando consignado o direito dos contribuintes de restituir e/ou efetuar a compensação administrativa com débitos de contribuições das empresas incidentes sobre a folha de salários e demais rendimentos do trabalho pagos a pessoas físicas, com fundamento no art. 89 da Lei nº 8.212/1991.

Ademais, destaca a Impetrante que, após a entrada em vigor da Lei nº 13.670/2018, a compensação dos valores indevidamente recolhidos de quaisquer tributos ou contribuições administradas pela Secretaria da Receita Federal do Brasil pode se dar com débitos das contribuições devidas a Terceiras Entidades, nos termos do art. 8º.

A Impetrante ainda sustenta que não há que se falar em impedimento de compensação dos créditos apurados entre 2018 e 2019 com débitos de agosto e setembro de 2020, conforme discriminados nos Processos Administrativos nᵒˢ 10166.745149/2020-34 e 10166.750666/2020-25, **tendo em vista que tais créditos foram apurados em período posterior à entrada da Impetrante no eSocial.**

Portanto, inequívoco o reconhecimento do direito da Impetrante em compensar os créditos de PIS e COFINS decorrentes dos Mandados de Segurança nᵒˢ 0025178-52.2006.403.6100 e 5005309-32.2017.4.03.6100 contra débitos correntes de contribuições previdenciárias, nos termos do art. 8º da Lei nº 13.670/2018 e nos arts. 65 e 87-A da IN RFB nº 1.717/2017, modificados pela IN RFB nº 1.810/2018.

A Impetrante ainda discorre sobre alegadas inconstitucionalidade e ilegalidade do art. 26-A da Lei nº 11.457/2007, sob a alegação de que "permitir a compensação entre débitos de tributos federais, mas vedar a compensação de créditos de contribuições previdenciárias, evidentemente não encontra qualquer razoabilidade, violando o art. 150, inciso II, da CF/1988 e o art. 2º da Lei nº 9.784/1999".

Sustenta, também, que, "além da contradição entre os dispositivos da própria norma, o parágrafo único do art. 26 da Lei nº 11.457/2007 também feria o preceito contido no art. 150, II da CF/1988, uma vez que a norma viola tratamento isonômico entre os contribuintes que apuram créditos relativos a contribuições sociais e previdenciárias, ambas administradas pela RFB, e que estão em situação de equivalência em relação à extinção do crédito tributário previsto no art. 156, II, do CTN", especialmente tendo em vista "que o art. 7º, § 2º, do Decreto-Lei nº 2.287/1986 é expresso ao determinar à RFB que, previamente à análise de pedidos de restituição ou ressarcimento de tributos pelos contribuintes, compense de 'ofício' os créditos de tributos e contribuições sociais com os débitos em aberto de contribuições previdenciárias", ou seja, para a RFB a compensação é válida, mas, para os contribuintes, não, ensejando latente ausência de isonomia, proporcionalidade e razoabilidade na aplicação desta vedação.

Ainda que o legislador tenha revogado o parágrafo único do art. 26 da Lei nº 11.457/2007 e adicionado o art. 26-A, permitindo expressamente que os contribuintes efetuem essas compensações nos termos do art. 8º da Lei nº 13.670/2018, ainda perdura a equivocada limitação temporal prevista nos incisos I e II do § 1º do art. 26-A da Lei nº 11.457/2007, incluído pela Lei nº 13.670/2018. Diante de tal evolução legislativa, sustenta a Impetrante que "ao impor limitação temporal às compensações com base no início de apuração pelo eSocial, a Lei nº 13.670/2018 feriu a isonomia no tratamento dos créditos entre os contribuintes dos grupos do eSocial, e mesmo que se alegue que estão em diferentes grupos de empresas, esses contribuintes estão sujeitos aos mesmos prazos e multas por compensação indevida".

Requer a concessão da medida liminar *inaudita altera pars* para:

(i) suspender e afastar a restrição imposta pelo art. 26-A da Lei nº 11.457/2007, de forma a **permitir à Impetrante que realize a compensação entre os débitos de contribuições previdenciárias (cota patronal, destinadas ao SAT/RAT e às Terceiras Entidades) e os créditos de PIS e COFINS reconhecidos nos autos dos Mandados de Segurança nºˢ 0025178-52.2006.403.6100 e 5005309-32.2017.4.03.6100**;

(ii) suspender e afastar a restrição para a **compensação entre os créditos apurados no período entre 2018 e 2019, com débitos de contribuições previdenciárias de agosto e setembro de 2020**, conforme constam nos Processos Administrativos nºˢ 10166.745149/2020-34 e 10166.750666/2020-25; e

(iii) determinar às DD. Autoridades Coatoras que se abstenham de praticar quaisquer atos punitivos contra a Impetrante, como negar expedição de Certidão de regularidade fiscal/previdenciária, impor autuações em

CAP. 9 • CRÉDITO TRIBUTÁRIO | **325**

decorrência de obrigações acessórias, ou lançamentos fiscais em razão da compensação das referidas contribuições.

Intimada a emendar a petição inicial, a Impetrante manifestou-se em Num. 40912212 e 41734378.

Os autos vieram conclusos para apreciação do pedido liminar.

É o relatório. Decido.

Inicialmente, recebo as petições de Num. 40912212 e 41734378 como emenda à inicial. Proceda a Secretaria às anotações pertinentes.

Passo ao exame da liminar.

As medidas liminares, para serem concedidas, dependem da existência de dois pressupostos, quais sejam, o indício do direito alegado e o perigo na demora na solução do feito.

Tenho que estão presentes os requisitos para a concessão da liminar.

A Lei nº 11.457/2007 criou a "Super Receita", sendo que a partir desse marco legislativo a Secretaria da Receita Federal passou a acumular a arrecadação dos tributos federais e contribuições sociais.

Em que pese a unificação do processo de arrecadação dos tributos e das contribuições sociais, a mencionada lei limitava a compensação das contribuições previdenciárias com os demais tributos.

A possibilidade de compensação de contribuições previdenciárias com os demais tributos passou a ser possível com a Lei nº 13.670/2018, com o advento do eSocial, **de forma restrita**.

A mencionada lei alterou dispositivos da Lei nº 11.457/2007 e, em seu art. 26-A, trouxe limitações a essa compensação, basicamente, **estabelecendo que somente seria possível a compensação de contribuições com tributos apurados após a utilização do eSocial**:

Art. 26-A. O disposto no art. 74 da Lei nº 9.430, de 27 de dezembro de 1996: (Incluído pela Lei nº 13.670, de 2018.)

I – aplica-se à compensação das contribuições a que se referem os arts. 2º e 3º desta Lei efetuada pelo sujeito passivo que utilizar o Sistema de Escrituração Digital das Obrigações Fiscais, Previdenciárias e Trabalhistas (eSocial), para apuração das referidas contribuições, observado o disposto no § 1º deste artigo; (Incluído pela Lei nº 13.670, de 2018.)

II – não se aplica à compensação das contribuições a que se referem os arts. 2º e 3º desta Lei efetuada pelos demais sujeitos passivos; e (Incluído pela Lei nº 13.670, de 2018.)

III – não se aplica ao regime unificado de pagamento de tributos, de contribuições e dos demais encargos do empregador doméstico (Simples Doméstico). (Incluído pela Lei nº 13.670, de 2018.)

§ 1º Não poderão ser objeto da compensação de que trata o inciso I do caput deste artigo: (Incluído pela Lei nº 13.670, de 2018.)

I – o débito das contribuições a que se referem os arts. 2º e 3º desta Lei: (Incluído pela Lei nº 13.670, de 2018.)

a) relativo a período de apuração anterior à utilização do eSocial para a apuração das referidas contribuições; e (Incluído pela Lei nº 13.670, de 2018.)

b) relativo a período de apuração posterior à utilização do eSocial com crédito dos demais tributos administrados pela Secretaria da Receita Federal do Brasil concernente a período de apuração anterior à utilização do eSocial para apuração das referidas contribuições; e (Incluído pela Lei nº 13.670, de 2018.)

II – o débito dos demais tributos administrados pela Secretaria da Receita Federal do Brasil: (Incluído pela Lei nº 13.670, de 2018.)

a) relativo a período de apuração anterior à utilização do eSocial para apuração de tributos com crédito concernente às contribuições a que se referem os arts. 2º e 3º desta Lei; e (Incluído pela Lei nº 13.670, de 2018.)

b) com crédito das contribuições a que se referem os arts. 2º e 3º desta Lei relativo a período de apuração anterior à utilização do eSocial para apuração das referidas contribuições. (Incluído pela Lei nº 13.670, de 2018.)

§ 2º A Secretaria da Receita Federal do Brasil disciplinará o disposto neste artigo. (Incluído pela Lei nº 13.670, de 2018.)

Entendo que é plausível a alegação da parte impetrante, considerando que **o reconhecimento de créditos ocorrido com o trânsito em julgado de decisões judiciais** *após* **a implantação do eSocial não se sujeita à limitação aparentemente imposta pela lei**.

Não obstante eventuais recolhimentos indevidos possam ter sido efetivados *antes* do advento da Lei nº 13.670/2018, somente há o reconhecimento do direito ao crédito – créditos incontroversos e, portanto, líquidos e certos – com a decisão judicial definitiva, após o que seria possível a compensação, nos termos do art. 170-A do CTN.

O reforço argumentativo no sentido de que o Fisco tributa os juros decorrentes de tais créditos como receitas financeiras, por entender que se trata de receita nova, de igual modo, é plausível para amparar a pretensão posta, uma vez que *não pode o Fisco incidir em tal contrariedade e entender que se trata de crédito novo para tributar e não o admitir como crédito novo para compensar.*

De uma maneira em geral, todos os créditos e débitos em questão são administrados pela Receita Federal do Brasil e a própria Lei nº 13.670/2018 já mitiga a impossibilidade de compensação de contribuições previdenciárias com os demais tributos por ela (RFB) administrados, para aqueles que efetivarem a escrituração digital das obrigações fiscais, previdenciárias e trabalhistas na apuração das mencionadas contribuições, não cabendo a interpretação restritiva do Fisco.

Com efeito, as compensações, nos moldes apresentados na presente demanda, não devem ser tratadas como não declaradas, devendo a autoridade se abster, nessas situações, de aplicar o disposto no art. 76, inciso XIX, da Instrução Normativa RFB nº 1.717/2017.

O *periculum in mora* se justifica uma vez que, caso não seja concedida a medida liminar, a Impetrante não poderá efetivamente aproveitar os créditos de PIS e COFINS reconhecidos em ação judicial transitada em julgado, se submetendo ao recolhimento das contribuições previdenciárias correntes, o que lhe retiraria parte da liquidez necessária ao regular desenvolvimento de suas atividades.

Ante o exposto **DEFIRO o pedido liminar** para:

(i) suspender e afastar a restrição imposta pelo art. 26-A da Lei nº 11.4577/2007, de forma a permitir à Impetrante que realize a compensação entre os débitos de contribuições previdenciárias (cota patronal, destinadas ao SAT/RAT e às Terceiras Entidades) e os créditos de PIS e COFINS reconhecidos nos autos dos Mandados de Segurança nᵒˢ 0025178-52.2006.403.6100 e 5005309-32.2017.4.03.6100;

(ii) suspender e afastar a restrição para a compensação entre os créditos apurados no período entre 2018 e 2019, com débitos de contribuições previdenciárias de agosto e setembro de 2020, conforme constam nos Processos Administrativos nᵒˢ 10166.745149/2020-34 e 10166.750666/2020-25; e

(iii) determinar às DD. Autoridades Coatoras que se abstenham de praticar quaisquer atos punitivos contra a Impetrante, como negar expedição de Certidão de regularidade fiscal/previdenciária, impor autuações em decorrência de obrigações acessórias, ou lançamentos fiscais em razão da compensação das referidas contribuições.

Ao menos inicialmente, reputo desnecessária a cominação de sanção por descumprimento da medida.

Notifique-se a Autoridade Impetrada para apresentar informações no prazo legal.

Intime-se o órgão de representação judicial da pessoa jurídica interessada, nos termos do art. 7º, inciso II, da Lei nº 12.016/09, cujo ingresso na lide fica desde já deferido. (...) (MANDADO DE SEGURANÇA CÍVEL nº 5021593-13.2020.4.03.6100, 2ª Vara Cível Federal de São Paulo, j. 18.11.2020).

Na forma do art. 74, § 3º, III, da Lei 9.430/1996, não cabe a compensação após o encaminhamento à procuradoria para inscrição em dívida ativa do crédito tributário administrado pela União. Tal regra é endossada pela Lei 6.830/1980, que veda a compensação em sede de embargos à execução fiscal no art. 16, § 3º. Assim, é descabida a compensação em sede de execução fiscal. Todavia, deve-se destacar o art. 66 da Lei 8.383/1991. Na forma do dispositivo citado, é cabível a compensação em sede de execução fiscal desde que a compensação tenha sido requerida antes do ajuizamento da ação de cobrança pelo fisco.

Outra hipótese está prevista na Súmula 394 do STJ, que dispõe que "é admissível, em embargos à execução, compensar os valores de imposto de renda retidos indevidamente na fonte com os valores restituídos apurados na declaração anual".

Ademais, a compensação deve estar prevista em lei, que deverá versar sobre todos os requisitos e condições, trata-se de **atividade vinculada**, não cabendo a aplicação da discricionariedade.

A lei que estabelece a compensação pode estipular condições e garantias, ou instituir os limites para que a autoridade administrativa o faça. Quer isso significar que, num ou noutro caso, a atividade é vinculada, não sobrando ao agente público qualquer campo de discricionariedade, antagônico ao estilo de reserva legal estrita que preside toda a normalização dos momentos importantes da existência das relações jurídicas tributárias.[14]

Além disso, havendo mais de um regime de compensação, não cabe a combinação entre eles, por terem condições e garantias específicas, não podendo ser confundidos,

---

[14] CARVALHO, Paulo de Barros. *Curso de Direito Tributário*. 21. ed. São Paulo: Saraiva, 2009. p. 449.

de modo que, para alterar o regime de compensação, cabe ao contribuinte desistir de um para aderir ao outro.

É importante frisar que a compensação se submete ao mesmo prazo prescricional para a ação de repetição do indébito tributário, tendo que ser a pretensão repetitória a mesma em ambos os casos.

A compensação é uma importante forma de agilizar a restituição de tributos pagos indevidamente, uma vez que a devolução em dinheiro somente se dá por meio de precatórios, que são pagos em um longo prazo de tempo. Assim, a utilização de créditos para compensação é uma forma rápida e eficiente para melhorar o fluxo de caixa da empresa.

Por fim, com relação aos tributos sujeitos ao lançamento por homologação, o contribuinte apura o tributo ou compensação devida e remete ao fisco para análise. Com isso, o contribuinte pode realizar o encontro de contas na entrega das declarações. No entanto, o fisco terá o **prazo de cinco anos** para efetuar a análise, podendo rever e glosar os créditos informados pelo contribuinte até que ocorra a homologação tácita. Nesse caso, somente a homologação vai extinguir o crédito tributário, e não a compensação realizada pelo contribuinte na apuração do tributo.

 DICA

> A compensação só pode ocorrer após trânsito em julgado de sentença. Não cabe MS para obter compensação, e sim para declarar o direito ao instituto. É incabível a compensação entre entes públicos diferentes, pois nesse caso não há identidade entre devedor e credor.

9.3.3. Transação

Transação é o acordo celebrado entre as partes, e somente será cabível no Direito Tributário na função terminativa do litígio, desde que haja também previsão legal autorizando tal prática. Essencialmente, a transação ocorre quando houver concessões mútuas entre credor e devedor, o que é bastante restrito em matéria tributária.

Importante destacar que o crédito tributário é um bem público, sendo, portanto, indisponível, de modo que a transação deve respeitar as restrições trazidas pela lei respectiva. Segundo José Onofre Batista Junior, "por certo, a transação administrativo-tributária deve ser celebrada pela Administração Fiscal no manejo do poder de polícia fiscal".[15]

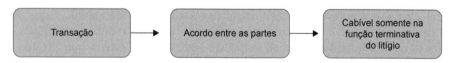

Segundo o art. 171 do CTN, é claro que não será cabível antes da existência do litígio tributário, sendo cabível a transação somente para findá-lo. Assim, foi editada a MP

---

[15] BATISTA JUNIOR, Onofre Alves. *Transações Administrativas*. São Paulo: Quartier Latin, 2007. p. 317.

899/2019, apelidada de MP do Contribuinte Legal, convertida na Lei 13.988/2020, que tem como objetivo regulamentar a transação tributária na esfera federal.

Na sua exposição de motivos, a medida provisória teve como objetivo regular a autocomposição de litígios objetivando a "redução de custos e correto tratamento dos contribuintes, sejam aqueles que já não possuem capacidade de pagamento, sejam aqueles que foram autuados".

A legislação então passou a adotar a transação de acordo com a conveniência e a oportunidade da Administração Pública, quando entender que está presente o interesse público, sendo possível a transação relativa aos créditos tributários já inscritos em dívida ativa e que sejam irrecuperáveis ou de difícil recuperação.

Assim, a transação é um meio ágil e mais barato para solução de conflitos tributários, sendo relevante instrumento para recuperação de créditos e equacionamento de passivo pelo sujeito passivo tributário.

9.3.4. Remissão

A remissão consiste no **perdão** pelo inadimplemento do tributo. Não deve ser confundida com a **anistia**, pois esta é causa de exclusão do crédito tributário e consiste no perdão da penalidade respectiva. A remissão somente poderá ser autorizada por lei e será concedida por despacho fundamentado, podendo ser total ou parcial. Somente caberá a remissão se atendida:

1 – a situação econômica do sujeito passivo;

2 – o erro ou ignorância excusáveis do sujeito passivo, quanto a matéria de fato;

3 – a diminuta importância do crédito tributário;

4 – as considerações de equidade, em relação com as características pessoais ou materiais do caso;

5 – as condições peculiares a determinada região do território da entidade tributante.

Uma distinção importante é que a remissão concedida é essencialmente para o **tributo**, podendo se estender para a **multa**. Já a anistia, causa de exclusão do crédito tributário, limita-se à **penalidade**.

É fundamental destacar que nem a remissão nem a anistia produzirão efeitos na esfera penal, persistindo eventual responsabilização criminal.

A remissão pode ser utilizada com base em critérios de **equidade**, conforme previsto no art. 172, IV, do CTN, mas não cabe a equidade para que seja afastada a incidência tributária, ou seja, em caso de inadimplemento, pode haver o perdão com base na equidade, mas o contribuinte não poderá se esquivar do tributo sob o mesmo fundamento.

Tal perdão pode ser concedido a qualquer tempo, cabendo inclusive sua aplicação após o ajuizamento da **execução fiscal**, com o respectivo afastamento da condenação em honorários advocatícios.

JURISPRUDÊNCIA

TRIBUTÁRIO – ICMS – FORNECIMENTO DE ALIMENTAÇÃO E BEBIDAS – REMISSÃO PARCIAL – LEI Nº 8.198, DE 1992, DO ESTADO DE SÃO PAULO. A **remissão parcial** prevista no art. 3º da Lei nº 8.198, de 1992, do Estado de São

Paulo, elidiu a presunção de certeza e liquidez da certidão de dívida ativa. (...) Execução fiscal legitimada pela legislação vigente na data do respectivo ajuizamento. Superveniente remissão do crédito tributário. Honorários de advogado indevidos: a) pelo credor, porque, à época da propositura, a ação tinha causa justificada; b) pelo devedor, porque o processo foi extinto sem a caracterização da sucumbência. Recurso especial conhecido e provido, em parte (STJ – 2ª Turma, REsp. 90609/SP, 1996/0017221-8, Rel. Min. Ari Pargendler, j. 09.03.1999, *DJ* 19.04.1999, p. 106).

A remissão então é a causa de extinção do crédito tributário que permite que a autoridade administrativa perdoe o contribuinte pelo inadimplemento do tributo após autorização legal.

DICA

Remissão é o perdão para o tributo, podendo se estender para a multa. Pode ser concedida a qualquer tempo, inclusive na fase de execução fiscal.

Na forma do art. 172 do CTN, a lei pode autorizar a autoridade administrativa a conceder, por despacho fundamentado, remissão total ou parcial do crédito tributário. Assim a concessão do benefício será por despacho da autoridade administrativa desde que haja previsão legal que autorize.

Por fim, a concessão da remissão deverá atender à situação econômica do sujeito passivo, ao erro ou ignorância escusáveis do sujeito passivo, quanto à matéria de fato, à diminuta importância do crédito tributário, a considerações de equidade, em relação com as características pessoais ou materiais do caso, e a condições peculiares a determinada região do território da entidade tributante e, como se não bastasse, somente poderá ser concedida pelo ente federado que tenha o poder de criar o tributo, ou seja, por aquele que detenha a competência.

9.3.5. *Prescrição e decadência*

9.3.5.1. Decadência

Conforme previsto no art. 146, III, *b*, da Carta Magna, o tratamento da **decadência** e da **prescrição** está reservado à **lei complementar**, de modo que as regras a elas relativas não podem estar previstas em medidas provisórias ou mesmo na lei ordinária, sob pena de inconstitucionalidade. Tal posicionamento foi endossado pelo STF quando da edição da Súmula Vinculante 08.

A decadência recebe tratamento no CTN, art. 173, e consiste na perda do direito de o fisco constituir o crédito tributário pelo lançamento. O prazo para a constituição do crédito tributário, que ocorre com a notificação do lançamento ao sujeito passivo da obrigação tributária, é de **cinco anos**. Tal prazo começa a contar no primeiro dia do exercício financeiro seguinte à prática do fato gerador, como regra geral.

CONSTITUIÇÃO DO CRÉDITO TRIBUTÁRIO
- Prazo: 5 anos
- Contados do 1º dia do exercício financeiro seguinte à prática do fato gerador

Ainda no tocante à contagem do prazo, tomemos como exemplo a seguinte situação: a empresa GQ Ltda. pratica o fato gerador de determinado tributo em 01.04.2021. O prazo decadencial para a constituição do crédito começa a contar, então, a partir de 01.01.2022, e é de cinco anos.

O prazo decadencial não se interrompe nem se suspende, de modo que a **suspensão** da exigibilidade do crédito não impede a ocorrência da decadência, devendo o fisco praticar o lançamento e notificar o sujeito passivo com o objetivo de prevenir a decadência, na forma do art. 63 da Lei 9.430/1996, ainda que suspensa a exigibilidade do crédito.

O STJ firmou posicionamento no mesmo sentido:

JURISPRUDÊNCIA

TRIBUTÁRIO – MEDIDA LIMINAR – SUSPENSÃO – LANÇAMENTO – CRÉDITO – POSSIBILIDADE – DECADÊNCIA CONFIGURADA. 1. A ordem judicial que **suspende** a **exigibilidade** do crédito tributário não tem o condão de impedir a Fazenda Pública de efetuar seu lançamento. 2. Com a liminar fica a Administração tolhida de praticar qualquer ato contra o devedor visando ao recebimento do seu crédito, mas não de efetuar os procedimentos necessários à regular constituição dele. Precedentes. 3. Recurso não conhecido (STJ – REsp. 119156/SP, 1997/0009833-8, 2ª Turma, Rel. Min. Laurita Vaz, j. 05.09.2002, *DJ* 30.09.2002, p. 210, *RSTJ* 163/180).

Assim, o **lançamento** deve ser praticado sob pena de **decadência**, ainda que esteja suspensa a exigibilidade do crédito tributário, de modo que a autoridade fiscal deve constituir o crédito e notificar o sujeito com a ressalva de exigência, uma vez que suspensa a exigibilidade do crédito.

No entanto, caso a suspensão se dê por meio do depósito do montante integral do crédito tributário, fica o fisco dispensado de lançar, uma vez que o crédito tributário é constituído pelo depósito.

JURISPRUDÊNCIA

RECURSO ESPECIAL – (...) ALEGAÇÃO DE DECADÊNCIA QUANTO AO DIREITO DE LANÇAR O CRÉDITO TRIBUTÁRIO – DEPÓSITO QUE EQUIVALE AO PAGAMENTO – DESNECESSIDADE DE LANÇAMENTO. 1. O depósito efetuado por ocasião do questionamento judicial do tributo suspende a exigibilidade do mesmo, enquanto perdurar contenda, *ex vi* do art. 151, II, do CTN e, por força do seu desígnio, implica lançamento tácito no montante exato do quantum depositado, conjurando eventual alegação de decadência do direito de constituir o crédito tributário. 2. Julgado improcedente o pedido da empresa e em havendo depósito, torna-se desnecessária a constituição do crédito tributário no quinquênio legal, não restando consumada a prescrição ou a decadência. 3. A sucumbência no mandado de segurança acarreta, consectariamente, a conversão dos depósitos outrora efetivados, em renda da União, extinguindo o crédito tributário consoante o *dictamem* do art. 156, VI, do CTN, restando desnecessário o lançamento por conta do próprio provimento judicial. (...) Nesse sentido, a doutrina clássica do tema, verbis: "No lançamento por homologação, o contribuinte, ocorrido o fato gerador, deve calcular e recolher o montante devido, independente de provocação. Se, em vez de efetuar o recolhimento simplesmente, resolve questionar judicialmente a obrigação tributária, efetuando o depósito, este faz as vezes do recolhimento, sujeito, porém, à decisão final transitada em julgado. Não há que se dizer que o decurso do prazo decadencial, durante a demanda, extinga o crédito tributário, implicando a perda superveniente do objeto da demanda e o direito ao levantamento do depósito. Tal conclusão seria equivocada, pois o depósito, que é predestinado legalmente à conversão em caso de improcedência da demanda, em se tratando de tributo sujeito a lançamento por homologação, equipara-se ao pagamento no que diz respeito ao cumprimento das obrigações do contribuinte, sendo que o decurso do tempo sem lançamento de ofício pela autoridade implica lançamento tácito no montante exato do depósito" (PAULSEN, Leandro, *Direito tributário*. 7. ed. São Paulo: Livraria do Advogado, p. 1227). 4. Recurso especial conhecido e desprovido (STJ – Ag 1216239 1ª Turma, Rel. Min. Luiz Fux, j. 13.05.2008).

Há, ainda, a regra específica aplicável a tributos sujeitos a **lançamento por homologação**, como é o caso do imposto de renda e do ICMS, por exemplo. São casos em que o contribuinte elabora os cálculos do tributo devido e encaminha para análise do fisco, antecipando o pagamento do tributo. Para esses tributos, dentro da regularidade do pagamento antecipado, o prazo decadencial é de **cinco anos** a contar no **fato gerador**, e não do primeiro dia do exercício financeiro seguinte, conforme previsto no art. 150, § 4º, do CTN.

Atualmente não há dúvidas acerca do fato de que a regra prevista no art. 173, I, do CTN é regra geral, e a regra prevista no art. 150, § 4º, do CTN é especial e se aplica somente aos tributos sujeitos ao lançamento por homologação. Não há que se falar na aplicação em conjunto dos dois dispositivos. Vejamos:

JURISPRUDÊNCIA

TRIBUTÁRIO. PROCESSUAL CIVIL. EMBARGOS À EXECUÇÃO FISCAL. ICMS. TRIBUTO SUJEITO A LANÇAMENTO POR HOMOLOGAÇÃO. PAGAMENTO A MENOR. OCORRÊNCIA DE FRAUDE. TERMO INICIAL. ART. 173, I, DO CTN. DECADÊNCIA NÃO CARACTERIZADA. CDA. VALIDADE. INCIDÊNCIA DA SÚMULA 7/STJ.

1. Nos casos de tributos sujeitos a lançamento por homologação não declarados e não pagos, o prazo decadencial conta-se nos moldes determinados pelo art. 173, I, do CTN, impossível, assim, a sua acumulação com o prazo determinado no art. 150, § 4º, do CTN.

CAP. 9 • CRÉDITO TRIBUTÁRIO | **333**

2. Contudo, uma vez efetuado o pagamento parcial antecipado pelo contribuinte, a decadência do direito de constituir o crédito tributário é regida pelo art. 150, § 4º, do CTN, salvo os casos de dolo, fraude ou simulação.

3. No caso em apreço, entendeu a Corte de origem que ocorreu fraude, razão pela qual, mesmo havendo pagamento a menor, afastou a aplicação do art. 150, § 4º, do CTN, fazendo incidir o art. 173, I, do mesmo diploma legal.

4. Não está caracterizada a decadência, já que não transcorreram mais de 5 anos entre primeiro dia do exercício seguinte (1.º/01/2002) àquele em que os lançamentos poderiam ter sido efetuados e a constituição definitiva do crédito (24/11/2006).

5. Quanto ao alegado vício de lançamento, a irresignação não comporta conhecimento ante o óbice da Súmula 7/STJ. Agravo regimental improvido (STJ, AgRg no REsp 1523619/MG, Rel. Min. Humberto Martins, *DJe* 13.11.2015).

É importante destacar que, se o tributo for declarado e não pago, se submete ao prazo prescricional, uma vez que constituído o crédito pela declaração. Em outras palavras, os créditos oriundos de declaração pelo contribuinte, e não pagos na data do vencimento da obrigação, conferem ao fisco a prerrogativa de exigir o pagamento, não havendo necessidade de prática do lançamento, uma vez que a confissão pelo sujeito passivo tem o condão de constituir o crédito. Com isso, a partir da confissão pelo sujeito passivo, que representa a constituição do crédito, inicia-se o prazo prescricional de cinco anos para a cobrança do débito, via ação judicial.

O posicionamento do STJ foi sumulado conforme o verbete 436, que prevê que: "A entrega de declaração pelo contribuinte, reconhecendo o débito fiscal, constitui o crédito tributário, dispensada qualquer outra providência, por parte do Fisco".

Assim, resta claro que o prazo decadencial é de cinco anos contados do primeiro dia do exercício seguinte àquele em que o lançamento poderia ter sido efetuado, mas, nos tributos sujeitos ao lançamento por homologação, deverá ser aplicada a regra específica, prevista no art. 150, § 4º, do CTN, que prevê o prazo de cinco anos contados da data do fato gerador, e não do primeiro dia do exercício financeiro seguinte.

No entanto, percebe-se que, no lançamento por homologação, o prazo decadencial acaba por ser menor, ao passo que é contado do próprio fato gerador da obrigação. Desta feita, caso o contribuinte não efetue o pagamento antecipado, ou o faça a menor com dolo, fraude ou simulação, aplica-se a regra geral do art. 173, I, do CTN e não a regra constante do art. 150, § 4º, do CTN. Isso porque o torpe não pode se beneficiar da própria torpeza, omitindo ou prejudicando a arrecadação dolosamente em detrimento do fisco.

Ademais, como no tributo sujeito ao lançamento por homologação é o contribuinte que apura o tributo devido, antecipa o pagamento envia ao fisco, o STJ entende que a ausência de entrega da declaração já caracteriza a má-fé do contribuinte. Tal posicionamento consta da Súmula 555 do STJ:

Quando não houver declaração do débito, o prazo decadencial quinquenal para o Fisco constituir o crédito tributário conta-se exclusivamente na forma do art. 173, I, do CTN, nos casos em que a legislação atribui ao sujeito passivo o dever de antecipar o pagamento sem prévio exame da autoridade administrativa.

Como se pode ver, não restam dúvidas de que, com relação ao prazo decadencial, a regra é clara: tributos sujeitos ao lançamento por declaração e ofício estão submetidos ao art. 173, I, do CTN, e tributos sujeitos ao lançamento por homologação estão sujeitos ao prazo previsto no art. 150, § 4º, convertendo-se à regra geral em caso de dolo, fraude ou simulação, que se presumem na ausência da entrega da declaração.

Já no tocante ao inciso II do art. 173, para alguns autores, trata-se de reabertura do prazo decadencial:

> (...) contrariando as insistentes construções do direito privado, pelas quais uma das particularidades do instituto da decadência está na circunstância de o prazo que lhe antecede não se interromper, nem se suspende, a postura do item II do art. 173 do Código desfaz qualquer convicção nesse sentido.[16]

Ousamos discordar do posicionamento *supra*, pois não se trata de hipótese de suspensão ou interrupção da decadência, mas, sim, do início de um **novo prazo**, uma vez que o lançamento foi anulado, deixando de produzir efeitos no Direito. Dessa forma, será aberto novo prazo para outro lançamento, substitutivo daquele primeiro eivado de vício formal.

A nulidade em questão abrange somente os vícios formais, que são aqueles que dizem respeito ao procedimento e forma do crédito. Vejamos:

AGRAVO DE INSTRUMENTO – EXECUÇÃO FISCAL – EXCEÇÃO DE PRÉ--EXECUTIVIDADE – LANÇAMENTO – ANULAÇÃO – VÍCIO FORMAL – DECADÊNCIA – INEXISTÊNCIA. O reconhecimento de forma indevida de apuração do tributo (regime de caixa no lançamento de IRPF incidente sobre valores recebidos acumuladamente) representa anulação do lançamento por vício formal, de modo que ao novo lançamento se aplica o prazo decadencial previsto no inciso II do art. 173 do Código Tributário Nacional (TRF-4 – AG 5047926442017404000, 5047926-44.2017.4.04.0000, 2ª Turma, Rel. Luiz Carlos Cervi, Data de Julgamento: 06.02.2018).

Caso o vício fosse material, no tocante ao conteúdo do lançamento, não caberia a aplicação do lançamento substitutivo, previsto no art. 173, II, do CTN.

Por fim, a regra do parágrafo único não encontra fundamento de constitucionalidade no Direito brasileiro. Iniciado o procedimento de lançamento do crédito tributário e notificado o contribuinte dentro do exercício em que ocorreu o fato gerador, tem início o curso do prazo decadencial para a constituição do crédito tributário, conforme o art. 173, parágrafo único, do CTN.

Entretanto, se a notificação do contribuinte da existência da fiscalização ocorrer após o primeiro dia do exercício seguinte àquele em que se deu o fato gerador, não surtirá efeitos no que se refere ao curso decadencial, permanecendo como data inicial aquela estipulada pelo art. 173, I, do CTN, primeiro dia do exercício seguinte àquele em que o lançamento poderia ter sido efetuado. A única interpretação cabível para o parágrafo único é que o

---

[16] CARVALHO, Paulo de Barros. *Curso de Direito Tributário*. 21. ed. São Paulo: Saraiva, 2009. p. 506.

CAP. 9 • CRÉDITO TRIBUTÁRIO | **335**

prazo decadencial se inicia com o início da fiscalização, caso ela ocorra antes do primeiro dia do exercício financeiro seguinte ao do fato gerador.

Em outras palavras, o início da contagem do prazo decadencial pode ser antecipado, mas nunca adiado, sob pena de violação da segurança jurídica.

O posicionamento do STJ segue nesse mesmo sentido de forma pacífica. Vejamos:

PROCESSUAL CIVIL E TRIBUTÁRIO – DECADÊNCIA – FATO GERADOR OCOR-RIDO EM 2005 – CONTEÚDO DA NOTIFICAÇÃO REALIZADA EM 2010 – QUES-TÃO RELEVANTE – AUSÊNCIA DE VALORAÇÃO – OMISSÃO CONFIGURADA.

1. O Tribunal de origem considerou não caracterizada decadência porque o fato gerador da obrigação tributária ocorreu em 2005, o termo inicial se deu em 1º.1.2006 (não houve pagamento antecipado); e a notificação do lançamento, em 23.12.2010.

2. Foram opostos Embargos de Declaração apontando que na data acima ocorreu a notificação do início de **fiscalização**, tendo ocorrido a constituição do crédito tributário somente em 2011, razão pela qual a notificação do lançamento, no exercício de 2011, não obstou a decadência em relação à competência de 2005.

3. Segundo a jurisprudência do STJ, a regra do art. 173, parágrafo único, do CTN, ao mencionar a "medida preparatória indispensável ao lançamento", apenas antecipa o termo inicial da decadência (para momento anterior ao estabelecido no art. 173, I, do CTN), não o prorrogando, entretanto, visto que este não se suspende ou interrompe.

4. A ausência de valoração a respeito do ponto suscitado nos aclaratórios (identificação do conteúdo da notificação realizada em 23.12.2010, isto é, se referente ao efetivo lançamento ou a mero início de **fiscalização**) constitui omissão a ser suprida.

5. Recurso especial parcialmente provido. Determinação de remessa dos autos à Corte local, para novo julgamento dos Embargos de Declaração (REsp. 1758098/SP, Min. Herman Benjamin, *DJe* 04.02.2019).

Assim, não restam dúvidas de que o prazo decadencial será antecipado nas hipóteses em que a fiscalização se inicie antes da contagem do prazo decadencial.

Como se não bastasse, importante frisar que, em matéria aduaneira, quando da aplicação da penalidade, por não se tratar de matéria tributária, não se aplica o CTN, mas, sim, o regulamento aduaneiro.

Em outras palavras, as sanções administrativas e tributárias não se confundem e, no tocante à pena de perdimento, devem ser aplicados os arts. 138 e 139 do Decreto-Lei 37/1966, que tratam do prazo para a autoridade competente impor as sanções cabíveis. Vejamos a decisão:

ADMINISTRATIVO E PROCESSUAL CIVIL – AUSÊNCIA DE PREQUESTIO-NAMENTO – SÚMULA 282/STF – VIOLAÇÃO AO ART. 535, II, DO CPC. INEXISTÊNCIA – LEGISLAÇÃO ADUANEIRA – IMPOSIÇÃO DE PENALIDA-DE – PERDIMENTO DOS BENS – EXPORTAÇÃO CLANDESTINA – PRAZO DECADENCIAL – CINCO ANOS.

1. A ausência de debate, na instância recorrida, sobre os dispositivos legais cuja violação se alega no recurso especial atrai, por analogia, a incidência da Súmula 282 do STF.

2. Não viola o artigo 535 do CPC, nem importa em negativa de prestação jurisdicional o acórdão que adota fundamentação suficiente para decidir de modo integral a controvérsia posta. Precedentes: EDcl no AgRg no EREsp 254949/SP, Terceira Seção,

Min. Gilson Dipp, DJ de 08.06.2005; EDcl no MS 9213/DF, Primeira Seção, Min. Teori Albino Zavascki, DJ de 21.02.2005; EDcl no AgRg no CC 26808/RJ, Segunda Seção, Min. Castro Filho, DJ de 10.06.2002.

3. Nos termos dos artigos 138 e 139 do Decreto-lei nº 37/66, é de cinco anos o prazo decadencial para a imposição das penalidades nele previstas.

4. Recurso especial parcialmente conhecido e, nessa parte, desprovido (REsp. 643185/SC, 2004/0031115-1).

Portanto, a regra a ser aplicada não é do CTN, mas do Regulamento Aduaneiro, cabendo a contagem da decadência, a partir do momento do desembaraço aduaneiro, não se cogitando a aplicação do art. 173, I, do CTN, com a contagem a partir do primeiro dia do exercício seguinte ao desembaraço, por não se tratar, repita-se, de matéria submetida ao CTN e possuir regra própria.

DICA

Prazo decadencial não se interrompe nem se suspende.

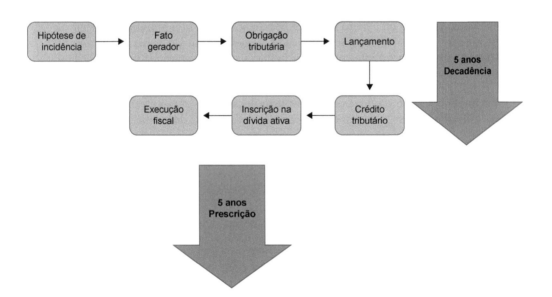

9.3.5.2. Prescrição

Assim, após a análise da decadência, passemos à análise da prescrição. Prevista no art. 174 do CTN, consiste na perda do fisco de cobrar em juízo o crédito tributário definitivamente constituído.

O prazo prescricional é de cinco anos, e o *dies a quo* para sua contagem é a **constituição definitiva** do crédito, que se dá quando ele não poderá sofrer alteração na esfera administrativa, ou seja, quando exaurida a esfera administrativa.

O STJ editou a Súmula 622 para pacificar o entendimento no sentido de que o prazo prescricional somente contará após o exaurimento da esfera administrativa, quer seja porque não foi inaugurada pelo contribuinte, quer seja pelo seu exaurimento quando não couber mais recursos. Vejamos o teor da didática súmula:

> Súmula nº 622, STJ: A notificação do auto de infração faz cessar a contagem da decadência para a constituição do crédito tributário; exaurida a instância administrativa com o decurso do prazo para a impugnação ou com a notificação de seu julgamento definitivo e esgotado o prazo concedido pela administração para o pagamento voluntário, inicia-se o prazo prescricional para a cobrança judicial.

Frise-se que, se estiver **suspensa** a exigibilidade do crédito, o fisco não pode promover a execução fiscal, não correndo, portanto, o prazo prescricional. Com isso, a prescrição começa a contar, então, após o exaurimento do prazo para pagamento espontâneo do tributo.

Não há que se falar em **prescrição intercorrente** na esfera administrativa tributária, tendo em vista que o fisco fica impedido de efetuar a cobrança, não cabendo a aplicação de qualquer punição pelo não exercício do direito de cobrar, considerando a impossibilidade legal de fazê-lo. Ademais, não há prejuízo para o sujeito passivo do crédito tributário que terá direito à certidão positiva com efeitos de negativa, conforme previsão do art. 206 do CTN, podendo praticar todos os atos da vida comum, como participar de licitações e tomar crédito.

No caso de implemento de qualquer das hipóteses de suspensão da exigibilidade do crédito, ocorrerá a suspensão do prazo prescricional, ressalvada a hipótese que implique o reconhecimento da existência da dívida pelo sujeito passivo, que terá o efeito de **interromper** o prazo, na forma do art. 174, parágrafo único, IV, do CTN. Tomemos como exemplo a adesão ao parcelamento, que tenha como requisito o reconhecimento da existência do crédito tributário pelo contribuinte. No momento em que ocorrer a adesão, o prazo prescricional estará interrompido, recomeçando integralmente, do início, quando finda a causa de interrupção.

Ademais, é importante destacar que a interrupção da prescrição com relação à empresa atinge também os devedores solidários.

⚖ JURISPRUDÊNCIA

TRIBUTÁRIO. RECURSO ESPECIAL. EXECUÇÃO FISCAL. PRESCRIÇÃO. CITAÇÃO DA EMPRESA. INTERRUPÇÃO DA PRESCRIÇÃO EM RELAÇÃO AOS SÓCIOS. PRAZO SUPERIOR A CINCO ANOS. PRESCRIÇÃO CONFIGURADA. 1. "Este Superior Tribunal de Justiça pacificou entendimento no sentido de que a citação da empresa interrompe a prescrição em relação aos seus sócios-gerentes para fins de redirecionamento da execução. Todavia, para que a execução seja redirecionada contra o sócio, é necessário que a sua citação seja efetuada no prazo de cinco anos a contar da data da citação da empresa executada, em observância ao disposto no citado art. 174 do CTN." (REsp 702211/RS, 1ª Turma, Min. Denise Arruda, DJ

> de 21.06.2007). 2. Recurso especial a que se dá provimento (STJ - REsp: 790034 SP 2005/0174286-4, Relator: Min. Teori Albino Zavascki, DJ de 17.12.2009, T1 - 1ª Turma, Data de Publicação: *DJe* 02.02.2010).

Já as causas de **interrupção** do prazo prescricional estão expressas no art. 174, parágrafo único, do CTN. Chamamos atenção para o parágrafo único, inciso I do referido dispositivo, que determina que o **despacho** do juiz interrompe a contagem do prazo prescricional. Assim, caso seja promovida a execução fiscal, o despacho do juiz ordenando a citação interrompe a prescrição, ainda que ocorrido após o prazo prescricional.

Com o excesso de processos e a conhecida morosidade do Poder Judiciário, muitas vezes o despacho em questão somente é proferido depois de findo o prazo prescricional. De acordo com o STJ, aplica-se ao exemplo em análise o art. 240, § 1º, do CPC de 2015, e a também a Súmula 106 do STJ, uma vez que as partes não podem ser prejudicadas pela morosidade do Judiciário. Assim, caso o processo permaneça sem movimentação em razão da inércia do Judiciário, não poderá o contribuinte se beneficiar da ineficiência na prestação jurisdicional para alegação da prescrição.

Como mencionado, as causas de suspensão da exigibilidade do crédito tributário **suspendem** a **prescrição**, retomando a contagem do momento em que houve a suspensão, pelo prazo restante.

No entanto, na hipótese de a causa de suspensão da exigibilidade ser precedida de **confissão**, o prazo será **interrompido,** e não suspenso, na forma do art. 174, parágrafo único, IV, do CTN. Tomemos como exemplo a hipótese do contribuinte que tenha aderido a um parcelamento como causa de suspensão da exigibilidade do crédito, e que tal parcelamento preveja a confissão como requisito de adesão, como é o caso do Programa de Recuperação Fiscal (REFIS). Quando interrompido pelo pedido de adesão ao regime, o prazo prescricional de cinco anos para a cobrança de créditos tributários devidos pelo contribuinte excluído do programa reinicia na data da decisão final do processo administrativo que determina a exclusão do devedor do referido regime de parcelamento de débitos fiscais. Nesse caso, o prazo será contado integralmente, pois reiniciará.

Podemos concluir que a prescrição é a **perda do direito** do fisco **cobrar** em juízo o crédito definitivamente constituído, no prazo de cinco anos, contados da data da constituição definitiva do crédito.

Devemos destacar ainda que, nos tributos sujeitos ao lançamento por homologação, o prazo prescricional tem início com a entrega da declaração.

Na hipótese, a declaração representa o reconhecimento da existência do crédito tributário, cabendo à Fazenda Pública inscrever o crédito em dívida ativa e proceder à sua cobrança judicial. No entanto, o fato de a declaração de débito ser realizada pelo contribuinte não significa preclusão administrativa para o fisco impugnar o montante desconhecido. Assim, dispõe o fisco do prazo para realizar o eventual lançamento suplementar, acaso existente saldo, prazo este decadencial, porquanto constitutivo da dívida. Relativamente ao valor declarado, a própria declaração de débito efetivada pelo contribuinte constitui o crédito tributário, prescindindo do procedimento de lançamento. Assim, pode o montante declarado ser desde logo objeto de execução fiscal, não havendo que falar em decadência, porquanto já constituído o crédito. No caso, estamos diante do prazo prescricional para o ajuizamento da execução fiscal.

Tal posicionamento foi sumulado, não cabendo dúvidas quanto ao início do prazo prescricional, na forma da Súmula 436 do STJ.

Como já dito anteriormente, decadência e prescrição são assuntos reservados à lei complementar, não podendo, em qualquer hipótese, ser tratados por lei ordinária, na forma do art. 146, III, *b*, da CRFB. Com base nesse fundamento, o STF editou a Súmula Vinculante 8 reconhecendo a natureza tributária das contribuições sociais e sua submissão às regras aplicáveis aos tributos. Vejamos o teor da súmula: "São inconstitucionais o parágrafo único do artigo 5º do Decreto-lei nº 1.569/1977 e os artigos 45 e 46 da Lei nº 8.212/1991, que tratam de prescrição e decadência de crédito tributário".

A citada lei previa prazo prescricional de 10 anos para as contribuições sociais, sendo, por óbvio, declarada inconstitucional. Assim, o prazo prescricional e mesmo o prazo decadencial em matéria tributária são aqueles previstos no CTN, norma geral de Direito Tributário.

Em razão do exposto, ao analisar o art. 2º, § 3º, da LEF, não há outra conclusão senão sua inaplicabilidade à dívida ativa tributária. Tal dispositivo prevê a **suspensão** da **prescrição** por 180 dias quando inscrito em dívida ativa o crédito. Essa regra é inaplicável à dívida ativa tributária, tendo em vista que a LEF é uma lei ordinária, e a prescrição é reservada à lei complementar em matéria de tributos. Assim, a aplicação do referido dispositivo é possível no tocante à dívida ativa não tributária, cabendo a suspensão da prescrição por 180 dias no caso de multa de trânsito inscrita em dívida ativa, por exemplo. Mas tal regra não se aplica aos tributos por não constar de lei complementar.

Outro ponto que não pode deixar de ser analisado é a contagem da prescrição para o redirecionamento da execução fiscal contra o responsável tributário.

O STJ, no julgamento do REsp. 1201993 firmou três teses com relação ao prazo prescricional na hipótese de redirecionamento de execução fiscal. A primeira deixa claro que, se a prática fraudulenta foi anterior à citação em execução, o prazo prescricional de cinco anos deverá ser contado da citação.

Já de acordo com a segunda tese, a citação positiva não provoca o início do prazo prescricional quando a dissolução irregular for a ela posterior. E, por fim, a terceira tese, que prevê que em qualquer hipótese a decretação da prescrição para redirecionamento prescinde da demonstração da **inércia** da Fazenda Pública.

Por último, mas não menos importante, a prescrição também será **interrompida** pelo **protesto judicial ou extrajudicial**, nos termos da Lei Complementar 208/2024.

9.3.5.2.1. *Prescrição intercorrente*

Depois de interrompido o prazo prescricional pelo despacho do juiz ordenando a citação do réu em execução fiscal, não pode o processo ficar parado eternamente para que sejam encontrados o devedor ou seus bens, sob pena de violação da segurança jurídica.

A LEF prevê em seu art. 40 a **retomada da contagem** do prazo prescricional no curso da ação de execução fiscal, caso não sejam encontrados o devedor ou seus bens, respeitado o procedimento nela previsto.

Na hipótese, o juízo ordenará a suspensão da execução fiscal, na forma do art. 40, § 1º, da LEF. Tal **suspensão** do processo terá duração de **um ano** para que o fisco diligencie em busca do devedor ou seus bens. Frise-se que não se trata de uma suspensão da prescrição, que foi interrompida com o despacho do juiz do ordenamento a citação, mas somente do curso processual.

Depois de findo o prazo de um ano, sem que sejam encontrados o devedor ou seus bens, será **arquivado** o processo, nos termos do art. 40, § 2º, da LEF.

Da decisão do juiz que determinar o arquivamento do processo, recomeçará a contagem do prazo prescricional que estava interrompido pelo despacho ordenando a citação. Ocorre que muitas vezes a decisão do juiz determinando o arquivamento dos autos não acontecia, em razão da grande quantidade de processos, ou mesmo da postura da Fazenda Pública, que fazia cargo dos autos para evitar a ocorrência da decisão e, por consequência, o reinício da prescrição.

O STJ, ciente de tal fato, editou a Súmula 314, que dispensou a decisão do juiz ordenando o arquivamento do feito, determinando a contagem automática, após um ano de suspensão do processo. Assim, após a suspensão do processo por um ano, terá início automático a contagem da prescrição intercorrente.

Ainda assim, a celeuma não estava resolvida, pois ainda caberia a discussão acerca do momento em que deveria ser determinada a suspensão do processo, pois muitas vezes a Fazenda buscava meios infrutíferos de encontrar o devedor após o retorno da citação inválida. Com isso, em sede de recurso repetitivo, o STJ firmou o seguinte posicionamento:

JURISPRUDÊNCIA

RECURSO ESPECIAL REPETITIVO – ARTS. 1.036 E SEGUINTES DO CPC/2015 (ART. 543-C, DO CPC/1973) – PROCESSUAL CIVIL – TRIBUTÁRIO – SISTEMÁTICA PARA A CONTAGEM DA PRESCRIÇÃO INTERCORRENTE (PRESCRIÇÃO APÓS A PROPOSITURA DA AÇÃO) PREVISTA NO ART. 40 E PARÁGRAFOS DA LEI DE EXECUÇÃO FISCAL (LEI N. 6.830/80).

1. O espírito do art. 40 da Lei n. 6.830/80 é o de que nenhuma execução fiscal já ajuizada poderá permanecer eternamente nos escaninhos do Poder Judiciário ou da Procuradoria Fazendária encarregada da execução das respectivas dívidas fiscais.

2. Não havendo a citação de qualquer devedor por qualquer meio válido e/ou não sendo encontrados bens sobre os quais possa recair a penhora (o que permitiria o fim da inércia processual), inicia-se automaticamente o procedimento previsto no art. 40 da Lei n. 6.830/80, e respectivo prazo, ao fim do qual restará prescrito o crédito fiscal. Esse o teor da Súmula n. 314/STJ: "Em execução fiscal, não localizados bens penhoráveis, suspende-se o processo por um ano, findo o qual se inicia o prazo da **prescrição quinquenal intercorrente**".

3. Nem o Juiz e nem a Procuradoria da Fazenda Pública são os senhores do termo inicial do prazo de 1 (um) ano de suspensão previsto no caput do art. 40 da LEF, somente a lei o é (ordena o art. 40: "(...) o juiz suspenderá (...)"). Não cabe ao Juiz ou à Procuradoria a escolha do melhor momento para o seu início. No primeiro momento em que constatada a não localização do devedor e/ou ausência de bens pelo oficial de justiça e intimada a Fazenda Pública, inicia-se automaticamente o prazo de suspensão, na forma do art. 40, caput, da LEF. Indiferente aqui, portanto, o fato de existir petição da Fazenda Pública requerendo a suspensão do feito por 30, 60, 90 ou 120 dias a fim de realizar diligências, sem pedir a suspensão do feito

CAP. 9 • CRÉDITO TRIBUTÁRIO | **341**

> pelo art. 40, da LEF. Esses pedidos não encontram amparo fora do art. 40 da LEF, que limita a suspensão a 1 (um) ano. Também indiferente o fato de que o Juiz, ao intimar a Fazenda Pública, não tenha expressamente feito menção à suspensão do art. 40, da LEF. O que importa para a aplicação da lei é que a Fazenda Pública tenha tomado ciência da inexistência de bens penhoráveis no endereço fornecido e/ou da não localização do devedor. Isso é o suficiente para inaugurar o prazo, *ex lege*.
>
> 4. Teses julgadas para efeito dos arts. 1.036 e seguintes do CPC/2015 (art. 543-C do CPC/1973):
>
> (...)
>
> 4.3.) A efetiva constrição patrimonial e a efetiva citação (ainda que por edital) são aptas a interromper o curso da prescrição intercorrente, não bastando para tal o mero posicionamento em juízo, requerendo, v.g., a feitura da penhora sobre ativos financeiros ou sobre outros bens. Os requerimentos feitos pelo exequente, dentro da soma do prazo máximo de **1 (um) ano de suspensão** mais o prazo de prescrição aplicável (de acordo com a natureza do crédito exequendo) deverão ser processados, ainda que para além da soma desses dois prazos, pois, citados (ainda que por edital) os devedores e penhorados os bens, a qualquer tempo – mesmo depois de escoados os referidos prazos –, considera-se interrompida a prescrição intercorrente, retroativamente, na data do protocolo da petição que requereu a providência frutífera.
>
> 4.4.) A Fazenda Pública, em sua primeira oportunidade de falar nos autos (art. 245 do CPC/73, correspondente ao art. 278 do CPC/2015), ao alegar nulidade pela falta de qualquer intimação dentro do procedimento do art. 40 da LEF, deverá demonstrar o prejuízo que sofreu (exceto a falta da intimação que constitui o termo inicial – 4.1., onde o prejuízo é presumido), por exemplo, deverá demonstrar a ocorrência de qualquer causa interruptiva ou suspensiva da prescrição.
>
> 4.5.) O magistrado, ao reconhecer a prescrição intercorrente, deverá fundamentar o ato judicial por meio da delimitação dos marcos legais que foram aplicados na contagem do respectivo prazo, inclusive quanto ao período em que a execução ficou (REsp. 1340553/RS, 18.10.2018).

Como se pode ver, uma vez caracterizada a tentativa frustrada de citação do devedor, e cientificada a Fazenda, automaticamente será suspenso o processo pelo prazo de um ano para que o fisco adote meios de encontrar o devedor ou seus bens. Findo tal prazo, automaticamente reiniciará a contagem do prazo de prescrição que estava interrompido pelo despacho citatório, conforme a Súmula 314 do STJ.

Resta caracterizada, então, a **prescrição intercorrente**, ou seja, aquela que ocorre no curso do processo. Nesse caso, poderá o juiz reconhecer de ofício a prescrição intercorrente, desde que ouvida a Fazenda Pública.

A necessidade de oitiva da Fazenda Pública exequente se dá em razão da necessidade de verificação da existência de alguma **causa suspensiva** ou **interruptiva da prescrição**, que tenha ocorrido durante o processo e não tenha sido informada nos autos.

Há ainda hipóteses em que os autos da execução fiscal ficam sem qualquer impulso pela Fazenda por anos. Com isso, caso o fisco exequente seja intimado para dar andamento ao feito e não o faça, após cinco anos de inércia deve o juiz, de ofício, reconhecer e decretar a **prescrição intercorrente**, em razão da segurança jurídica e da cristalina ausência de interesse de agir do estado. Para isso, basta que a **inércia** do fisco exequente se dê por um período igual ou superior a **cinco anos**, independentemente da suspensão do processo, em razão da boa-fé processual e da segurança jurídica. Ernesto José Toniolo entende que:

> Caso o credor permaneça inerte no exercício de seu direito, revelando em sua postura desinteresse, já não existe razão para protegê-lo em detrimento da segurança jurídica do executado (devedor ou não) e da sociedade. Como a inércia do credor no exercício da pretensão resulta em instabilidade jurídica, decorre dela a possibilidade de defesa do devedor, através da alegação de prescrição, ou de decretação de ofício pelo juiz em decorrência das alterações legislativas ocorridas no Brasil (introdução do § 4º do art. 40 da LEF pela Lei nº 11.051/2004 e a recente publicação da Lei nº 11.280/2006, que altera a redação do art. 219, § 5º, do CPC)[17].

A prescrição é importante causa de extinção do crédito tributário, devendo ser analisada casuisticamente para evitar prejuízos às partes.

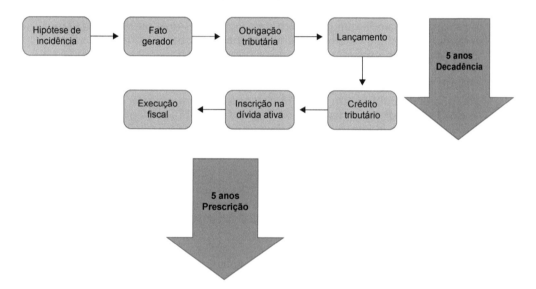

Importante destacar que o STJ entendeu que a ordem judicial de indisponibilidade de bens basta para interromper o prazo de prescrição interiormente na execução fiscal, não havendo necessidade da efetiva penhora. Vejamos:

> TRIBUTÁRIO. EXECUÇÃO FISCAL. PRESCRIÇÃO INTERCORRENTE. BLOQUEIO DE BENS. SISBAJUD. CNIB. EFETIVA CONSTRIÇÃO PATRIMONIAL. INTERRUPÇÃO DO PRAZO PRESCRICIONAL. POSSIBILIDADE. CITAÇÃO DE SÓCIO COOBRIGADO. AVISO DE RECEBIMENTO. ASSINATURA PESSOAL. DESNECESSIDADE. COMPROVAÇÃO DE ENTREGA NO ENDEREÇO DO EXECUTADO. PRECEDENTES DO STJ.

---

[17] TONIOLO, Ernesto José. *A prescrição intercorrente na Execução Fiscal*. Rio de Janeiro: Lúmen Júris, 2007. p. 79.

CAP. 9 • CRÉDITO TRIBUTÁRIO | **343**

I – Na origem, a municipalidade ajuizou execução fiscal para cobrança de débitos tributários. O contribuinte apresentou exceção de pré- executividade, que foi rejeitada pelo juízo da execução. Após interposição de agravo de instrumento, a decisão foi mantida pelo Tribunal a quo, sob fundamento de que o bloqueio de bens interrompe o prazo da prescrição intercorrente e a citação por aviso de recebimento assinada por terceiro seria válida.

II – Sobre a prescrição intercorrente, no julgamento do REsp n. 1.340.553/RS, proferido sob o rito do art. 543-C do CPC/1973, a Primeira Seção do Superior Tribunal de Justiça analisou e decidiu sobre a hipótese de prescrição intercorrente nos casos em que tenha sido suspenso o curso da execução diante da não localização do devedor ou não encontrados bens penhoráveis.

III – No referido julgamento, ficou decidido que "a efetiva constrição patrimonial e a efetiva citação (ainda que por edital) são aptas a interromper o curso da prescrição intercorrente, não bastando para tal o mero peticionamento em juízo, requerendo, v.g., a feitura da penhora sobre ativos financeiros ou sobre outros bens. Os requerimentos feitos pelo exequente, dentro da soma do prazo máximo de 1 (um) ano de suspensão mais o prazo de prescrição aplicável (de acordo com a natureza do crédito exequendo) deverão ser processados, ainda que para além da soma desses dois prazos, pois, citados (ainda que por edital) os devedores e penhorados os bens, a qualquer tempo – mesmo depois de escoados os referidos prazos –, considera-se interrompida a prescrição intercorrente, retroativamente, na data do protocolo da petição que requereu a providência frutífera".

IV – No caso dos autos, o recorrente sustenta que apenas a efetiva penhora teria o condão de interromper o prazo da prescrição intercorrente, e que o mero bloqueio de bens, por meio de sistema judicial, não poderia ser interpretado como efetiva constrição patrimonial.

V – Esta Corte Superior já decidiu que para interrupção do prazo prescricional é suficiente que os resultados das diligências da Fazenda Pública sejam positivos, independente da modalidade de constrição judicial de bens, como por exemplo: arresto, penhora, bloqueio de ativos via SISBAJUD. Confira-se: REsp n. 1.793.872/SP, relator Ministro Herman Benjamin, Segunda Turma, julgado em 19/3/2019, DJe de 29/5/2019.

VI – A lógica subjacente a essa interpretação é garantir a efetividade das execuções fiscais, sem se limitar à formalidade de uma penhora ou arresto definitivos. O bloqueio por meio do Sistema de Busca de Ativos do Poder Judiciário (SISBAJUD) ou a indisponibilidade por meio da Central Nacional de Indisponibilidade de Bens (CNIB), quando preenchidos os requisitos, por exemplo, asseguram ao exequente o direito de resguardar o crédito, permitindo, ao mesmo tempo, que o devedor apresente defesa, como frequentemente é alegada a impenhorabilidade dos bens.

VII – Assim, na esteira da jurisprudência deste Tribunal Superior, não merece reparo o acórdão do Tribunal a quo que entendeu que a constrição de bens interrompe o prazo prescricional, retroagindo à data da petição de requerimento da penhora feita pelo exequente.

VIII – Em relação à alegada nulidade da citação, observa-se que o entendimento do Tribunal a quo está alinhado com a jurisprudência desta Corte Superior, no sentido de que, na citação realizada via Correios com aviso de recebimento (AR) na execução fiscal, não é exigida a pessoalidade da citação, tampouco a assinatura do próprio executado no AR, sendo suficiente a comprovação inequívoca de que a correspondência foi entregue no endereço do executado. Na mesma linha: AgRg no AREsp n. 593.074/DF, relator Ministro Herman Benjamin, Segunda Turma, julgado em 4/12/2014, DJe de 19/12/2014; REsp n. 1.168.621/RS, relator Ministro Mauro Campbell Marques, Segunda Turma, DJe 26/4/2012.

IX – Recurso especial improvido (REsp 2.174.870/MG (2024/0368316-1), Rel. Min. Francisco Falcão, DJEN/CNJ de 10.02.2025).

Como se pode ver, trata-se de uma interpretação que amplia as hipóteses legais, garantindo proteção à Fazenda Pública.

Por fim, mas não menos importante, o STF julgou o Tema 390 da repercussão geral resolvendo o debate acerca da necessidade de lei complementar para tratar da prescrição intercorrente. De acordo com o Supremo, não há necessidade de lei complementar porque o art. 40 da Lei de Execuções Fiscais traz uma regra processual e não de direito material, não carecendo, assim, de lei complementar. Vejamos:

> É constitucional o art. 40 da Lei 6.830/1980 (Lei de Execução Fiscal – LEF), tendo natureza processual o prazo de um ano de suspensão da execução fiscal. Após o decurso desse prazo, inicia-se automaticamente a contagem do prazo prescricional tributário de cinco anos.

Assim, não restam dúvidas acerca da constitucionalidade do art. 40 da LEF.

9.3.6. Conversão de depósito em renda

O **depósito** é uma **garantia** que consiste em um direito do contribuinte, sendo certo que tem o condão de suspender a exigibilidade do crédito tributário, quando realizado com valor correspondente ao montante integral do crédito tributário.

O próprio STF já se posicionou no sentido de que a exigência de depósito prévio como requisito de admissibilidade de recurso administrativo ou mesmo de ação judicial é inconstitucional, conforme o teor das Súmulas Vinculantes 21 e 28, restando clara a inexigibilidade de depósito prévio como requisitos de demanda judicial.

Portanto, como o depósito tem como objetivo garantir o crédito, caso a decisão no processo judicial seja desfavorável ao contribuinte, haverá a conversão do montante depositado em renda em favor do ente federado e, consequentemente, a respectiva extinção do crédito tributário.

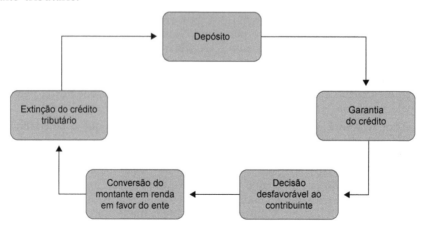

CAP. 9 • CRÉDITO TRIBUTÁRIO | **345**

Em processo administrativo, segundo Paulo de Barros Carvalho: "(...) a conversão dar-se-á trinta dias após a notificação do devedor, desde que não recorra ele ao Poder Judiciário".[18]

Em caso de **depósito judicial**, a conversão somente poderá ocorrer **após o trânsito em julgado da sentença**, devendo os valores ser depositados em conta do juízo.

9.3.7. *Pagamento antecipado e homologação do lançamento*

Nos tributos sujeitos ao lançamento **por homologação**, o **pagamento** é **antecipado** e a declaração é entregue ao sujeito ativo da obrigação tributária. Dessa forma, essa antecipação do pagamento **extingue** o crédito tributário, cabendo eventual lançamento de ofício da diferença, caso apurado pelo fisco competente.

Tomemos como exemplo o imposto sobre a renda da pessoa física. O trabalhador assalariado sofre mensalmente o desconto na fonte do imposto sobre a renda, cabendo o ajuste no ano seguinte. Esse desconto mensal consiste na antecipação do pagamento.

No lançamento por homologação, como dito anteriormente, cabe ao contribuinte apurar o tributo, e ao fisco, a conferência. Caso o fisco homologue os cálculos apresentados pelo contribuinte, estará extinto o crédito. O mesmo acontece quando se passam cinco anos do fato gerador, situação em que o lançamento estará tacitamente homologado, na forma do art. 150, § 4º, do CTN.

9.3.8. *Consignação em pagamento*

A ação de consignação em pagamento somente será cabível nas hipóteses previstas no art. 164 do CTN, regulamentado pelo art. 539 do CPC, e o legitimado ativo será o contribuinte ou o responsável tributário. É a clássica ação em que o contribuinte tem o objetivo de quitar a dívida tributária, e o fisco se nega a receber.

A primeira hipótese de cabimento da **ação de consignação em pagamento** está prevista no art. 164, I, do CTN, que dispõe que é cabível essa ação quando houver a subordinação do pagamento de um tributo ao pagamento de outro, indevido. Um exemplo é a hipótese em que a municipalidade exija do contribuinte o pagamento do IPTU e na mesma guia de pagamento exija o pagamento da inconstitucional taxa de limpeza urbana. Nesse caso, o contribuinte deve consignar em pagamento o valor do IPTU devido, excluindo o valor da taxa. Vejamos:

> TRIBUTÁRIO – CONSIGNAÇÃO EM PAGAMENTO – CABIMENTO – IPTU E TAXAS DE CONSERVAÇÃO E LIMPEZA – MUNICÍPIO DE CAMPINAS (SP) – PAGAMENTO PARCELADO DO IPTU INDEPENDENTE DA QUITAÇÃO DAS TAXAS DISCUTIDAS – APLICAÇÃO DO ART. 164, I, DO CTN – INCONSTI-TUCIONALIDADE DAS REFERIDAS TAXAS RECONHECIDA PELO STF – PRE-CEDENTES. É cabível a ação consignatória para pagamento dos valores devidos a título de IPTU, independentemente do recolhimento das taxas de coleta e remoção de lixo e de combate a sinistros, constantes dos mesmos carnês de cobrança, desde

---

[18] CARVALHO, Paulo de Barros. *Curso de Direito Tributário*. 21. ed. São Paulo: Saraiva, 2009. p. 513.

que o contribuinte entenda indevida a cobrança das referidas taxas e pretenda discuti-las judicialmente. Inteligência do art. 164, I do CTN. O STF pacificou o entendimento no sentido de que são inconstitucionais as taxas nomeadas, por não terem por objeto serviço público divisível, mensurável e específico, devendo ser custeado por meio do produto da arrecadação dos impostos gerais. Recurso especial conhecido e provido (STJ – REsp. 169951/SP, 1998/0024070-5, 2ª Turma, Rel. Min. Francisco Peçanha Martins, Data de Julgamento: 21.09.2004, Data de Publicação: *DJ* 28.02.2005, p. 260).

Outra hipótese prevista se dá quando há a subordinação do pagamento de um tributo ao pagamento da multa, quando indevida. Essa hipótese é bastante corriqueira e ocorre quando o contribuinte faz jus a denúncia espontânea, mas o fisco se nega a excluir a multa. Tomemos como exemplo o caso em que a empresa realiza auditoria interna e verifica o não pagamento de determinado tributo. Procura, então, antes de qualquer procedimento de fiscalização, a autoridade fiscal competente para efetuar o pagamento integral do tributo, com juros e correção monetária, como preceitua o art. 138 do CTN, mas o fisco, então, exige o pagamento da multa respectiva. Nesse caso, cabe a ação de consignação em pagamento para que o contribuinte efetue o pagamento do tributo, sendo afastada a multa.

Como se pode ver, a ação de consignação em pagamento é cabível sempre que o fisco subordine o contribuinte a uma cobrança indevida para o pagamento do tributo, não sendo cabível essa ação para discutir o crédito tributário.

Também é cabível a ação de consignação em pagamento no caso de subordinação do pagamento ao cumprimento de exigências administrativas sem fundamento legal.

Outrossim, também é cabível a ação de consignação em pagamento quando dois entes federados exigirem tributos idênticos sobre o mesmo fato gerador. O art. 164, III, do CTN deve ser interpretado de forma extensiva para reconhecer o cabimento da consignatória sempre que o contribuinte for exigido por mais de um ente federado sobre o mesmo fato gerador. Assim, é cabível a ação de consignação em diversas hipóteses, como na exigência de ISS por dois municípios sobre um mesmo serviço prestado, ou mesmo na hipótese em que União e município exijam ITR e IPTU respectivamente sobre um mesmo imóvel.

DICA

> Na consignação em pagamento, o contribuinte pretende pagar dívida, a qual o Fisco se nega a receber. Tem cabimento nas situações em que o pagamento do tributo está subordinado a uma cobrança indevida ou exigências administrativas não previstas em lei, ou, ainda, quando dois entes federados exigirem o mesmo tributo sobre o mesmo fato gerador.

Ademais, muito já se discutiu acerca da consignação em pagamento como causa de suspensão da exigibilidade do crédito tributário. Luciano Amaro tem posicionamento no sentido de que a ação de consignação em pagamento suspende a exigibilidade do crédito:

(...) na pendência de ação de consignação, entendemos que a **exigibilidade** da obrigação fica **suspensa**, o que é confirmado pelo § 2º, segunda parte, ao dizer que, julgada improcedente a consignação (e não antes), o crédito é cobrável.[19]

No entanto, *data maxima venia*, o rol das causas de suspensão da exigibilidade do crédito tributário é taxativo, na forma do art. 111, I, do CTN, não sendo contemplada a ação de consignação em pagamento. Dessa forma, não se trata de uma causa de suspensão *stricto sensu* da exigibilidade do crédito tributário, de modo que não permite, por exemplo, que o contribuinte obtenha certidão positiva com efeitos de negativa, conforme previsto no art. 206 desse diploma legal. Assim, a consignação em pagamento impede o prosseguimento da ação de cobrança, mas não suspende a exigibilidade do crédito tributário, não permitindo o fornecimento da certidão positiva com efeitos de negativa.

Caso o contribuinte queira suspender a exigibilidade do crédito tributário, deverá depositar o montante integral do referido crédito, e não somente o montante que entende devido, ao passo que o depósito é um direito do contribuinte. Tal posicionamento foi adotado pelo STJ.

JURISPRUDÊNCIA

> TRIBUTÁRIO – AÇÃO DE CONSIGNAÇÃO EM PAGAMENTO – DEPÓSITO INTEGRAL – DIVERGÊNCIA ACERCA DE QUAL ENTE FEDERATIVO DETÉM A COMPETÊNCIA PARA A COBRANÇA DE TRIBUTO RELATIVO AO MESMO FATO GERADOR – SUSPENSÃO DO CRÉDITO TRIBUTÁRIO. 1. O recorrente objetivou com a propositura da ação consignatória exercer o seu direito de pagar corretamente, sem que tenha que suportar uma dupla cobrança sobre o mesmo fato gerador pelo Estado e pelo Município. Não se trata, pois, de discussão acerca do valor devido, mas, sim, de verificar qual é o ente federativo competente para a cobrança do respectivo tributo, tendo o recorrente, inclusive, realizado o depósito integral do valor devido nos autos da ação consignatória. 2. O tribunal recorrido assentou que foi autorizado, nos autos do processo consignatório, o depósito judicial do valor do ICMS cobrado, e suspensão da exigibilidade dos créditos tributários em discussão. 3. Dadas as peculiaridades do caso concreto, em que pese a propositura da ação de consignação não ensejar a suspensão do crédito tributário, houve o depósito integral do montante cobrado, razão pela qual não poderia o Estado de Minas Gerais promover a execução fiscal. Assim, excepcionalmente, é possível aplicar ao caso em comento a sistemática do enunciado da Súmula 112 desta Corte (o depósito somente suspende a exigibilidade do crédito tributário se for integral e em dinheiro). 3. Considerando ter sido a ação consignatória interposta previamente à ação executiva, impõe-se reconhecer a sua extinção, pois, segundo a jurisprudência desta Corte, a exigibilidade do crédito tributário encontrava-se suspensa. 4. Recurso especial provido (STJ – REsp. 1040603/MG, 2008/0054826-0, 2ª Turma, Rel. Min. Mauro Campbell Marques, Data de Julgamento: 09.06.2009, Data de Publicação: *DJe* 23.06.2009).

Assim, é cabível o depósito do montante integral do crédito tributário, com o objetivo de suspensão da exigibilidade do crédito e obtenção de certidão positiva com efeitos

---

[19] AMARO, Luciano. *Direito Tributário Brasileiro*. 15. ed. São Paulo: Saraiva, 2009. p. 395.

de negativa, na forma do art. 151, II, do CTN, c/c o art. 206 do CTN, uma vez que a consignação em pagamento não é hipótese de fornecimento da referida certidão. Nesse caso, o montante integral a ser depositado é o maior valor cobrado pelo fisco, e não o somatório da cobrança, nas hipóteses de bitributação.

Igualmente, não há previsão de cabimento da ação consignatória para compelir o fisco a conceder prazo de parcelamento diverso do previsto em lei. O depósito realizado na consignatória é modo de **extinção da obrigação**, com força de pagamento, e a correspondente ação tem por objetivo ver atendido o direito do devedor de liberar-se da obrigação e de obter quitação. Com isso, não cabe a consignação para que o contribuinte seja incluído em parcelamento, pois este é causa de suspensão da exigibilidade do crédito, e aquele, causa de extinção, ou seja, o parcelamento e a consignatória têm objetivos e finalidades distintas.

Do mesmo modo, não se discute o montante devido em sede de ação de consignação em pagamento.

JURISPRUDÊNCIA

RECURSO ESPECIAL Nº 1.531.857 - RJ (2015/0108202-7) RELATOR: MINISTRO MAURO CAMPBELL MARQUES RECORRENTE: MUNICÍPIO DO RIO DE JANEIRO PROCURADOR: ROGÉRIO LEITE LOBO E OUTRO (S) RECORRIDO: DIRIJA DISTRIBUIDORA RIO JACAREPAGUA DE AUTOMÓVEIS LTDA ADVOGADOS: JOSÉ DE ASSIS MEDEIROS NETO E OUTRO (S) ANDRÉ FURTADO TRIBUTÁRIO. RECURSO ESPECIAL. AÇÃO DE CONSIGNAÇÃO EM PAGAMENTO. DISCUSSÃO ACERCA DO DÉBITO TRIBUTÁRIO. INADEQUAÇÃO DA VIA ELEITA. PRECEDENTES. 1. "A ação consignatória, que é de natureza meramente declaratória, tem por objetivo apenas liberar o devedor de sua obrigação com a quitação de seu débito, por meio de depósito judicial, quando o credor injustificadamente se recusa a fazê-lo". (AgRg nos EREsp 690.478/RS, Rel. Ministro HUMBERTO MARTINS, PRIMEIRA SEÇÃO, julgado em 14.05.2008, DJe 26.05.2008) 2. É pacífico o entendimento desta Corte Superior no sentido de que a ação de consignação em pagamento é via inadequada para discutir a exigibilidade e a extensão do crédito tributário. 3. Recurso especial provido. DECISÃO Trata-se de recurso especial interposto em face de acórdão proferido pelo Tribunal de Justiça do Estado do Rio de Janeiro, assim ementado: AGRAVO INOMINADO EM APELAÇÃO CÍVEL. AGRAVO CONTRA DECISÃO MONOCRÁTICA DO RELATOR QUE DEU PARCIAL PROVIMENTO AO RECURSO. TRIBUTÁRIO. DEMANDA CONSIGNATÓRIA. PRETENSÃO DE CONSIGNAÇÃO EM PAGAMENTO DO VALOR QUE ENTENDE DEVIDO A TÍTULO DE IPTU ENQUANTO BUSCA, NOUTRA DEMANDA, A REVISÃO DO VALOR VENAL DO RESPECTIVO IMÓVEL, BASE DE CÁLCULO PARA A COBRANÇA DE IPTU. ALEGAÇÃO DE EXACERBAÇÃO. IMPROCEDÊNCIA DO PEDIDO CONSIGNATÓRIO. APELO AUTORAL, BUSCANDO A REFORMA DA SENTENÇA. POSSIBILIDADE DE CONSIGNAR O MONTANTE QUE SE ENTENDE DEVIDO ENQUANTO SE DISCUTE A REGULARIDADE DA FIXAÇÃO DA BASE DE CÁLCULO PARA INCIDÊNCIA DE TRIBUTO, ALIADA A PROCEDÊNCIA DO PEDIDO REVISIONAL. INCIDÊNCIA DE JUROS LEGAIS E CORREÇÃO MONETÁRIA SOBRE A DIFERENÇA APURADA. PARCIAL PROVIMENTO. 1. Segundo jurisprudência do E. STJ, não há qualquer vedação legal a que o contribuinte lance mão da ação consignatória para ver satisfeito o seu direito de pagar corretamente o tributo quando entende que o fisco está exigindo

CAP. 9 • CRÉDITO TRIBUTÁRIO | **349**

prestação maior que a devida. 1.1. Ademais, a procedência do pedido revisional do valor venal do respectivo imóvel formulado pela contribuinte em demanda cujo processo tramita em apenso revela, pois, que o fisco municipal se equivocou quando do arbitramento da base de cálculo (valor venal) do imóvel em referência, dando causa à propositura da presente consignação em pagamento. 2. Noutra senda, a despeito das teses defensivas, o que a contribuinte pretende com a presente demanda é, em verdade, o reconhecimento da existência da obrigação tributária com o afastamento daquela quantia considerada excessiva, e não o afastamento da própria obrigação tributária. 3. Em arremate, incidirão juros legais e correção monetária sobre a diferença entre a quantia que a contribuinte entendia devida e aquela apurada pelo perito. 4. Entendimentos do E. STJ e desta E. Corte acerca dos temas. Reforma parcial que se impõe. Dado parcial provimento ao apelo, na forma do artigo 557, § 1º-A, do CPC, para, reformando a sentença, julgar parcialmente procedente o pedido consignatório. Aplicação do artigo 557, *caput*, do CPC c/c artigo 31, VIII, do Regimento Interno deste E. Tribunal. Opostos embargos de declaração, foram rejeitados Nas razões do recurso especial, interposto com fundamento nas alíneas a e c do permissivo constitucional, sustenta o recorrente violação aos artigos 267 e 295 do CPC e 164 do CTN, pois a ação de consignação de pagamento se revela incabível para discussão do valor venal do tributo. Inepta, pois a petição inicial. Em contrarrazões ao recurso especial aduz o recorrido incidência do óbice da Súmula 7/STJ. Aduz que a revisão do valor venal foi discutida na ação em apenso. O recurso especial foi admitido pelo Tribunal de origem. É o relatório. Decido. Inicialmente cumpre esclarecer que os requisitos de admissibilidade estão preenchidos, tratando-se a controvérsia acerca da interpretação jurídica da utilização da ação de consignação de pagamentos em matéria tributária, o que afasta o alegado óbice do recorrido de incidência do óbice da Súmula 7/STJ. Cuida-se, na origem, de ação consignatória proposta pelo recorrido buscando a consignação de tributos a fim de discutir exigibilidade e a extensão do crédito tributário. O município do Rio de Janeiro aduz nas razões do recurso especial que a ação de consignação para pagamento busca questionar o valor dos lançamentos do IPTU, sendo a via utilizada inviável. A irresignação merece ser acolhida. Em conformidade com o art. 164, I, do Código Tributário Nacional, o Superior Tribunal de Justiça tem afirmado que a importância do crédito tributário pode ser consignada judicialmente pelo sujeito passivo, no caso de recusa de recebimento, ou subordinação deste ao pagamento de outro tributo ou de penalidade, ou ao cumprimento de obrigação acessória. A Primeira Seção firmou-se no sentido de que a ação de consignação em pagamento possui natureza meramente declaratória, ou seja, objetiva somente liberar o devedor de sua obrigação tributária. Nesse sentido: EXECUÇÃO FISCAL AÇÃO DE CONSIGNAÇÃO EM PAGAMENTO PARCELAMENTO DO DÉBITO TRIBUTÁRIO IMPOSSIBILIDADE. 1. A ação consignatória, que é de natureza meramente declaratória, tem por objetivo apenas liberar o devedor de sua obrigação com a quitação de seu débito, por meio de depósito judicial, quando o credor injustificadamente se recusa a fazê-lo. 2. Recolher parceladamente o valor do débito fiscal na seara da ação consignatória é desviar-se da finalidade por ela pretendida. 3. De acordo com o Min. Luiz Fux, a referida ação não pode ser servil à obtenção de parcelamento do débito tributário, sob pena de se estar fazendo da legislação, que prevê o referido benefício, letra morta. Agravo regimental improvido. (AgRg nos EREsp 690.478/RS, Rel. Ministro HUMBERTO MARTINS, PRIMEIRA SEÇÃO, julgado em 14.05.2008, *DJe* 26.05.2008) Entretanto, esta Corte Superior tem decidido que a ação consignatória é imprópria se o devedor pretende discutir a exigibilidade e a extensão do crédito tributário. Nesse sentido: PROCESSUAL CIVIL. TRIBUTÁRIO. AGRAVO REGIMENTAL. RECURSO ESPECIAL. AÇÃO DE CONSIGNAÇÃO EM PAGAMENTO. DISCUSSÃO ACERCA DO DÉBITO TRIBUTÁRIO E POSSIBILIDADE DE PARCELAMENTO. INADEQUAÇÃO DA VIA ELEITA. PRECEDENTES. AGRAVO REGIMENTAL A QUE SE NEGA PROVIMENTO. 1. É pacífico o entendimento desta Corte Superior no sentido de que a ação de consignação em pagamento é via inadequada para forçar a concessão de parcelamento e discutir a exigibilidade e a extensão do crédito tributário (precedentes citados: AgRg no Ag 1.285.916/RS, Rel. Min. Benedito Gonçalves, *DJe* 15.10.2010; AgRg no REsp 996.890/SP, Rel. Min. Herman Benjamin, *DJe* 13.3.2009; REsp 1.020.982/RS, Rel. Min. Mauro Campbell Marques, *DJe* 3.2.2009; AgRg no Ag 811.147/RS, Rel. Min. Teori Albino Zavascki, DJ 29.3.2007). 2. Agravo regimental a que se nega provimento. (AgRg no REsp 1270034/RS, Rel. Ministro MAURO CAMPBELL MARQUES, SEGUNDA TURMA, julgado em 23.10.2012, *DJe* 06.11.2012) TRIBUTÁRIO E PROCESSUAL CIVIL. AGRAVO REGIMENTAL. AÇÃO DE CONSIGNAÇÃO EM PAGAMENTO. DISCUSSÃO SOBRE A EXIGIBILIDADE E A EXTENSÃO DO CRÉDITO TRIBUTÁRIO. INADEQUAÇÃO DA VIA ELEITA. AUSÊNCIA DE PREQUESTIONAMENTO. SÚMULA N. 282 DO STF. 1. A recorrente demonstra mero inconformismo em seu agravo regimental que não se mostra capaz de alterar os fundamentos da decisão agravada. 2. Se o recorrente não aponta o relevante vício capaz de ensejar a nulidade do acórdão, restringindo-se à afirmação genérica no sentido de que não houve esclarecimento das omissões apontadas nos embargos declaratórios, há incidência da súmula 284 do STF. 3. Não há como, apreciar o mérito da controvérsia com base em dita malversação do artigo 620 do CPC e dos artigos 138 e 161 do CTN, pois não houve o devido prequestionamento. Incide, no ponto, o óbice da Súmula n. 282 do Supremo Tribunal Federal, por analogia. 4. Trata-se o presente caso de ação de consignação proposta pela parte recorrente visando a discussão da obtenção do parcelamento do seu débito no prazo de 120 vezes, bem como a exclusão dos encargos reputados ilegais, tais como a taxa SELIC e os juros excedentes a 12% ao ano. É pacífico o entendimento desta Corte Superior no sentido de que a ação de consignação em pagamento é via inadequada para forçar a concessão de parcelamento e discutir a exigibilidade e a extensão do crédito tributário. Precedentes. 5. Há pelo menos cinco anos foi firmada a orientação do Superior Tribunal de Justiça no sentido de que "[o] deferimento do parcelamento do crédito fiscal subordina-se ao cumprimento das condições legalmente previstas. Dessarte, afigura-se inadequada a via da ação de consignação em pagamento, cujo escopo é a desoneração do devedor, mediante o depósito do valor correspondente ao crédito, e não via oblíqua à obtenção de favor fiscal, em burla à legislação de regência" (REsp 554.999/RS, Rel. Min. Luiz Fux, Primeira Turma, *DJU* 10.11.2003). 6. Agravo regimental não provido. (AgRg no REsp 909.267/RS, Rel. Ministro MAURO CAMPBELL MARQUES, SEGUNDA TURMA, julgado em 16/03/2010, *DJe* 30.03.2010) TRIBUTÁRIO. RECURSO ESPECIAL. AÇÃO DE CONSIGNAÇÃO EM PAGAMENTO. IPTU. DISSENSO SOBRE O VALOR DO TRIBUTO E NÃO SOBRE A RECUSA OU SEU MOTIVO. VIA JUDICIAL ELEITA INADEQUADA. ART. 164 DO CTN. INTERPRETAÇÃO. 1. Trata-se de ação de consignação em pagamento ajuizada por Marco Antonio Potthoff Silva requerendo: a) o reconhecimento da proibição de progressividade das alíquotas do IPTU por tratar-se de imposto de natureza real; b) a constatação de que sua propriedade cumpre função social; c) a possibilidade de consignar a primeira parcela, de um total de

CAP. 9 • CRÉDITO TRIBUTÁRIO | **351**

dez, calculada pela alíquota de 0,2% do valor venal do imóvel, consoante Lei Complementar Municipal nº 07/73. A sentença, julgando antecipadamente a lide, considerou improcedentes os pedidos pela exclusiva razão de ter o autor depositado apenas a primeira das dez parcelas que se dispôs a consignar. O autor interpôs apelação, sendo o processo extinto sem julgamento de mérito por o TJRS entender que: a) falta interesse de agir ao autor da demanda, por ausência de comprovação de resistência à sua pretensão; b) a consignação em pagamento pressupõe a demonstração de recusa do credor quanto ao recebimento do valor ofertado, o que não foi provado nos autos. Em sede de recurso especial sustenta o autor negativa de vigência e dissídio jurisprudencial quanto aos seguintes dispositivos: arts. 890, §§ 1º a 4º, do CPC e 164, I, II e III, §§ 1º e 2º, do CTN. Contrarrazões defendendo que: a) o valor consignado pelo autor não tem o condão de suspender a exigibilidade do crédito tributário, nos termos do art. 151, II, do CTN, uma vez que não corresponde à sua integralidade; b) a ação de consignação em pagamento é de cognição sumária, não comportando discussões quanto ao valor a ser pago. Parecer do Ministério Público do Estado do Rio Grande do Sul opinando pela admissão parcial do recurso especial. 2. É assegurada ao devedor a possibilidade de utilizar-se da ação de consignação em pagamento para exercer o seu direito de pagar o que deve, cumprindo a prestação conforme as previsões legais, em face da recusa do credor em receber o seu crédito sem justa causa. 3. No caso presente não se constata a negativa de recebimento dos valores por parte do Fisco nem a imposição de obrigações administrativas ilegais, ou a exigência de tributo idêntico sobre um mesmo fato gerador por mais de uma pessoa de direito público. Trata-se apenas de pretensão de discutir o próprio valor do tributo questionado, socorrendo-se, para tanto, da ação consignatória. 4. Inocorrentes as hipóteses taxativamente previstas no art. 164, incisos I, II e III, do CTN, que dão supedâneo à propositura da ação consignatória, há de se reconhecer a inadequação da via eleita. 5. Recurso especial improvido. (REsp 685.589/RS, Rel. Ministro JOSÉ DELGADO, PRIMEIRA TURMA, julgado em 22.02.2005, DJ 11.04.2005, p. 201) Dessa forma, merece ser reformado o acórdão recorrido, pois divergindo da jurisprudência do STJ, a fim de reconhecer a impossibilidade da utilização da ação de consignação de pagamento para discutir a exigibilidade e a extensão do crédito tributário. Diante do exposto, com base no art. 557, § 1º-A, do CPC, dou provimento ao recurso especial, nos termos da fundamentação. Inversão do ônus da sucumbência. Publique-se. Intimem-se. Brasília (DF), 29 de maio de 2015. Min. Mauro Campbell Marques, Relator (STJ - REsp: 1531857 RJ 2015/0108202-7, Relator: Min. Mauro Campbell Marques, Data de Publicação: *DJ* 18.06.2015).

A negativa de recebimento é, portanto, requisito fundamental para o cabimento da ação de consignação em pagamento.

9.3.9. *Decisão administrativa irreformável, assim entendida a definitiva na órbita administrativa, que não mais possa ser objeto de ação anulatória*

A **coisa julgada** é instituto de processo civil, não se aplicando às discussões administrativas. No entanto, em um dado momento a discussão administrativa se exaure, não cabendo mais recursos.

Se o requerimento administrativo é favorável ao contribuinte, não tem o fisco interesse em promover a respectiva execução fiscal, restando clara a ausência de interesse de agir. A Procuradoria-Geral da Fazenda Nacional (PGFN) elaborou o Parecer PGFN/CRJ 1087/2004, que permite que a discussão seja levada ao Judiciário para **anulação da decisão administrativa**. Ora, seria uma ação judicial do fisco contra o fisco, caracterizando verdadeira confusão entre as partes.

No entanto, caso a decisão seja contrária ao sujeito passivo do crédito tributário, será cabível a discussão judicial do crédito tributário, em razão do princípio da inafastabilidade do Poder Judiciário, previsto no art. 5º, XXXV, da CRFB.

Insta destacar que o ajuizamento da ação anulatória da decisão administrativa pelo fisco não se demonstra cabível, uma vez que próprio ente federado decidiu em favor do contribuinte após o exercício do contraditório em sua órbita procedimental. Tal ação causaria uma importante confusão de partes, ao passo que a União seria ao mesmo tempo autora e ré da postulação em juízo. Nesse sentido:

> Percorrido o *iter* procedimental e chegando a entidade tributante a ponto de decidir, definitivamente, sobre a inexistência de relação jurídica tributária ou acerca da ilegalidade do lançamento, cremos que não teria sentido pensar na propositura, pelo Fisco, de ação anulatória daquela decisão.[20]

Não devem restar dúvidas de que a decisão administrativa favorável ao contribuinte não pode ser anulada por ação judicial do fisco, extinguindo o crédito tributário.

9.3.10. Decisão judicial passada em julgado

A **coisa julgada** está prevista no art. 502 do CPC e consiste na **imutabilidade** da sentença judicial, sendo uma garantia constitucional que nem sequer a norma pode violar.

Com isso, caso haja uma decisão judicial transitada em julgado em favor do contribuinte, estará extinto o crédito tributário.

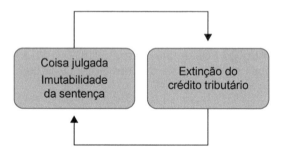

Importante destacar que os STF julgou os Temas 881 e 885 da repercussão geral no sentido de que a alteração da jurisprudência em sede de controle concentrado altera

---
[20] CARVALHO, Paulo de Barros. *Curso de Direito Tributário*. 21. ed. São Paulo: Saraiva, 2009. p. 515.

o ordenamento jurídico e automaticamente impacta nas decisões transitadas em julgado. Vejamos:

1. As decisões do STF em controle incidental de constitucionalidade, anteriores à instituição do regime de repercussão geral, não impactam automaticamente a coisa julgada que se tenha formado, mesmo nas relações jurídicas tributárias de trato sucessivo.

2. Já as decisões proferidas em ação direta ou em sede de repercussão geral interrompem automaticamente os efeitos temporais das decisões transitadas em julgado nas referidas relações, respeitadas a irretroatividade, a anterioridade anual e a noventena ou a anterioridade nonagesimal, conforme a natureza do tributo.

Como se pode ver, ainda que amparado pela coisa julgada, caso o STF altere sua jurisprudência para entender que um tributo passa a ser devido, a coisa julgada perde efeito, e o tributo volta a ser devido, sendo desnecessária a promoção de ação rescisória.

9.3.11. Dação em pagamento em bens imóveis

A dação em pagamento consiste na entrega de **bens imóveis** pelo sujeito passivo com o objetivo de quitar o crédito tributário. Há necessidade de lei do respectivo ente federado para concessão da possibilidade de pagamento por meio de bens imóveis.

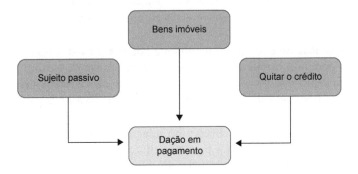

Vejamos:

JURISPRUDÊNCIA

> PROCESSUAL CIVIL. TRIBUTÁRIO. RECURSO ESPECIAL. EXTINÇÃO DO CRÉDITO TRIBUTÁRIO. DAÇÃO EM PAGAMENTO DE BEM IMÓVEL (CTN, ART. 156, XI). PRECEITO NORMATIVO DE EFICÁCIA LIMITADA. 1. O inciso XI, do art. 156 do CTN (incluído pela LC 104/2001), que prevê, como modalidade de extinção do crédito tributário, "a dação em pagamento em bens imóveis, na forma e condições estabelecidas em lei", é preceito normativo de eficácia limitada, subordinada à intermediação de norma regulamentadora. O CTN, na sua condição de lei complementar destinada a "estabelecer normas gerais em matéria de legislação tributária" (CF, art. 146, III), autorizou aquela modalidade

> de extinção do crédito tributário, mas não a impôs obrigatoriamente, cabendo assim a cada ente federativo, no domínio de sua competência e segundo as conveniências de sua política fiscal, editar norma própria para implementar a medida. 2. Recurso especial improvido (STJ - REsp: 884272 RJ 2006/0195694-8, Relator: Min. Teori Albino Zavascki, DJ de 06.03.2007, T1 – 1ª Turma, Data de Publicação: DJ 29.03.2007 p. 238).

Na esfera federal, a dação em pagamento de bens imóveis foi regulamentada pela Lei 13.259/2016 e regulamentada pela portaria PGFN 32/2018. Não é cabível a dação em pagamento de bens imóveis para quitação de tributos oriundos do regime do Simples Nacional, e a dação em pagamento deve compreender a integralidade do débito objeto de liquidação, não sendo admitidos pagamentos parciais.

Nos casos em que o bem imóvel ofertado pelo contribuinte não tenha o valor suficiente para cobrir o débito, terá a oportunidade de realizar a complementação em dinheiro da diferença entre o valor da totalidade da dívida e o valor do bem imóvel oferecido em pagamento.

Em contrapartida, caso o bem imóvel oferecido tenha valor superior ao da dívida tributária, deverá o contribuinte apresentar renúncia expressa, por instrumento público, ao direito de perceber eventual compensação por parte da União.

É importante destacar que somente se admite a dação em pagamento de **bens imóveis** em matéria tributária, não sendo possível a dação em pagamento de bens móveis como causa de extinção do crédito.

Ademais, as **causas de extinção** são somente aquelas previstas no CTN, na forma de seu art. 141, não podendo o ente federado prever outra causa de extinção que não aquelas dispostas no mesmo código. Além disso, a aquisição de materiais pela administração pública deve se dar por meio de licitação, de modo que a dação em pagamento em bens móveis violaria tal regra.

O STF adotou posicionamento diverso no julgamento da ADI 2405/RS, entendendo que não há reserva de lei complementar para a instituição das causas de extinção do crédito tributário, sendo possível que cada ente federado possa ampliar as hipóteses previstas no CTN. Com isso, será cabível a instituição de dação em pagamento de bens móveis como causa de extinção do crédito tributário, por exemplo.

No mesmo sentido, vejamos o posicionamento de Luciano Amaro:

> A dação em pagamento, na lei civil, dá-se quando o credor consente "em receber prestação diversa da que lhe é devida" (CC/2002, art. 356). **O Código Tributário Nacional, no texto acrescentado pela Lei Complementar n. 104/2001, só prevê a dação de imóveis, o que não impede, a nosso ver, que outros bens (títulos públicos, por exemplo) sejam utilizados para esse fim, sempre, obviamente, na forma e condições que a lei estabelecer.**
>
> (...)
>
> **O rol do art. 156 não é exaustivo. Se a lei pode o mais (que vai até o *perdão* da dívida tributária) pode também o menos, que é regular outros modos de extinção do dever de pagar tributo.** A *dação em pagamento*, por exemplo, não figurava naquele rol até ser acrescentada pela Lei Complementar n. 104/2001; como essa lei só se refere à dação de *imóveis*, a dação de *outros bens* continua não listada, mas nem

por isso se deve considerar banida. Outro exemplo, que nem sequer necessita de disciplina específica na legislação tributária, é a *confusão*, que extingue a obrigação se, na mesma pessoa, se confundem a qualidade de credor e a de devedor (CC/2002, art. 381). Há, ainda, a *novação* (CC/2002, art. 360).[21]

Como se pode ver, a doutrina possui vasto posicionamento favorável à dação em pagamento de bens móveis e à possibilidade de instituição de novas causas de extinção do crédito tributário além daquelas previstas no CTN. Foi exatamente com base nesse conceito que decidiu o STF no julgamento da ADI 2405/RS.[22]

Com relação ao argumento de que a dação em pagamento de bens móveis violaria a necessidade de licitação para contratação de bens pela administração pública, adotado pelo STF no julgamento da ADI 1917, não cabe sua aplicação à possibilidade de dação em pagamento de bens imóveis, ao passo que, naquele caso, a dação em pagamento seria de materiais para atendimento aos programas do governo do Distrito Federal, o que se diferencia da possibilidade de dar em pagamento um bem móvel que não necessariamente será aplicado pela administração pública na persecução do interesse da coletividade, mas poderá ser alienado e convertido em moeda.

Importante destacar que. em provas de concurso que abranjam questões de múltipla escolha, a tendência do gabarito é a utilização da letra da lei, cabendo o debate em provas discursivas e orais.

9.4. Causas de exclusão do crédito tributário

As causas de exclusão do crédito tributário estão previstas no art. 175 do CTN, e são somente duas: **isenção** e **anistia**.

A **exclusão** do crédito impede a sua constituição, ou seja, é o impedimento à existência de um tributo que seria devido, não se confundindo com a extinção, em que o tributo nasce para então deixar de existir. Aqui, o tributo sequer nascerá.

Por serem causas de exclusão do crédito, nos casos de isenção e anistia o contribuinte não fica desobrigado do cumprimento das **obrigações acessórias**, por serem deveres formais, instrumentais. Além do mais, em matéria tributária, a obrigação acessória é **autônoma** com relação à obrigação principal. É exatamente pelo exame dessas

---

[21] AMARO, Luciano. *Direito Tributário Brasileiro*. 20. ed. São Paulo: Saraiva, 2014. p. 416-417.

[22] AÇÃO DIRETA DE INCONSTITUCIONALIDADE – DIREITO TRIBUTÁRIO – LEI DO ESTADO DO RIO GRANDE DO SUL 11.475/2000 – PROCESSO ADMINISTRATIVO FISCAL – COBRANÇA JUDICIAL DE CRÉDITOS INSCRITOS EM DÍVIDA ATIVA DA FAZENDA PÚBLICA – REVOGAÇÃO DE PARTE DA NORMA IMPUGNADA – CONHECIMENTO PARCIAL DA AÇÃO – PRECEDENTES – PREVISÃO DE MODALIDADES DE EXTINÇÃO DO CRÉDITO TRIBUTÁRIO EM LEI ESTADUAL – POSSIBILIDADE – ESTABELECIMENTO DE COMPETÊNCIAS E IMPOSIÇÃO DE ATRIBUIÇÕES AO PODER EXECUTIVO POR LEI DE INICIATIVA PARLAMENTAR – INCONSTITUCIONALIDADE FORMAL E VIOLAÇÃO À SEPARAÇÃO DE PODERES – IMPOSIÇÃO DE CONDIÇÃO PARA REPARTIÇÃO OBRIGATÓRIA DE RECEITAS TRIBUTÁRIAS POR LEI ESTADUAL – INCONSTITUCIONALIDADE – COMPENSAÇÃO DE PRECATÓRIOS COM DÉBITOS DECORRENTES DE OPERAÇÕES FINANCEIRAS DE BANCOS PÚBLICOS ESTADUAIS – ALTERAÇÃO DA SISTEMÁTICA DE INSTITUTO DE DIREITO CIVIL – COMPETÊNCIA PRIVATIVA DA UNIÃO (ART. 22, I, DA CF) – INCONSTITUCIONALIDADE – COMPENSAÇÃO DE DÍVIDAS TRIBUTÁRIAS COM PRECATÓRIOS – POSSIBILIDADE – PRECEDENTES – CONFIRMAÇÃO DA MEDIDA CAUTELAR EM MENOR EXTENSÃO – AÇÃO DIRETA DE INCONSTITUCIONALIDADE JULGADA PROCEDENTE EM PARTE.

obrigações que o administrador vai verificar se o sujeito passivo faz jus à isenção ou à anistia. Passemos à análise das causas.

 DICA

Nos casos de isenção e anistia, a obrigação acessória subsiste, pois independe da obrigação principal.

9.4.1. Isenção

De acordo com o STF, a **isenção** consiste na **dispensa** legal do pagamento do tributo. Assim, há a obrigação tributária e o respectivo crédito, mas não há a obrigação do pagamento, que fica dispensado. Em outras palavras, a isenção é a dispensa do pagamento de um **tributo devido** em face da ocorrência de seu fato gerador. Constitui exceção instituída por lei à regra jurídica da tributação.

A lei que concede a isenção suspende a eficácia da norma tributante, não representando uma revogação. Assim, a norma isentiva retira a eficácia da norma tributante, mas não a vigência. Quando a lei isentiva é revogada, consequentemente, a norma tributante se restabelece, ou seja, passa a produzir efeitos novamente.

A isenção não se confunde com a imunidade e com a não incidência. A imunidade é a não incidência constitucionalmente qualificada enquanto a não incidência é a ausência de previsão legal para a incidência tributária, ou seja, é o inverso da incidência. Acerca da não incidência, vejamos os ensinamentos de Vittorio Cassone:

> (...) temos três situações que caracterizam a não incidência:
>
> 1 – se dá quando o fato não se enquadra (não se subsume) ao campo material que se pretende correlacionar. Exemplos: uma pessoa física que recebe certa quantia em dinheiro a título de indenização. Tal situação caracteriza a "não incidência" em relação ao IR; ou uma pessoa física que vende, esporadicamente, um bem móvel, caracterizando-se a "não incidência em relação ao ICMS";
>
> 2 – ocorre quando o fato não corresponde ao campo territorial próprio (incompetência territorial). Exemplos: O município de Belo Horizonte não tem competência territorial para exigir o IPTU em relação a um imóvel situado no município de Ouro Preto; o Estado de São Paulo não tem competência territorial para exigir o ICMS em relação a um fato gerador que ocorra no Estado do Rio de Janeiro.
>
> 3 – Situação de "não incidência", assim qualificados pela própria Constituição. É o caso, por exemplo, do IPI que "não incidirá" sobre produtos industrializados destinados ao exterior (art. 153, parágrafo 2º, III).
>
> Nota-se que é hipótese que se situa no campo material e territorial de incidência do IPI, mas a Constituição a exclui desse campo para que ocorra a "não incidência". No fundo, confunde-se com "imunidade" propriamente dita, o mesmo ocorrendo com outras disposições constitucionais, tal como a "não incidência" do IR sobre

rendimentos provenientes de aposentadoria e pensão pagos à pessoa com idade superior a 65 anos (art. 153, parágrafo 2º, II) (...).[23]

Com isso, não devem restar dúvidas de que a isenção é a dispensa legal do pagamento do tributo que incidirá, sendo afastada a sua cobrança, ao passo que a isenção é a barreira imposta ao lançamento.

A isenção deve ser interpretada literalmente, conforme regra prevista no art. 111, II, do CTN, e não se estende às taxas e contribuições de melhoria por serem tributos contraprestacionais. É claro que, caso seja instituída uma isenção específica para tais espécies tributárias, ela produzirá seus regulares efeitos. A interpretação literal tem fundamento no fato de que a isenção é um **benefício fiscal**, que deve ser concedido por lei, ou seja, caso o Judiciário interprete a isenção de forma elástica, invadirá a reserva de lei, violando a vontade do legislador.

O STJ reforça esse posicionamento em diversos julgados. Vejamos:

JURISPRUDÊNCIA

TRIBUTÁRIO – AGRAVO INTERNO NO RECURSO ESPECIAL – TRATADO INTERNACIONAL – ITAIPU BINACIONAL – PRESTAÇÃO DE SERVIÇOS E AQUISIÇÃO DE PRODUTOS DE INFORMÁTICA – ISENÇÃO TRIBUTÁRIA – INEXISTÊNCIA – PRECEDENTES DO STJ – AGRAVO INTERNO IMPROVIDO.

I. Agravo interno aviado contra decisão que julgara Recurso Especial interposto contra acórdão publicado na vigência do CPC/2015.

II. Na origem, o Tribunal *a quo* decidiu que os "prestadores de serviços ou fornecedores de bens à Itaipu Binacional não são alcançados pela isenção tributária, porquanto o intuito do tratado binacional fora desonerar apenas a própria empresa transnacional em suas operações diretas, conferindo isenção tributária apenas nas relações nas quais a própria empresa ostentar a qualidade de sujeito passivo da relação tributária".

III. O acórdão recorrido apresenta-se em harmonia com a orientação da jurisprudência do Superior Tribunal de Justiça, no sentido de que a "isenção prevista no Tratado Internacional tem por objetivo beneficiar, exclusivamente, a Itaipu, e não as empresas que com ela realizam negócios jurídicos cujo suporte constitua o fato gerador de obrigações tributárias, ressalvada expressa previsão legal nesse sentido" (STJ, REsp 1.143.398/PR, Rel. Min. HERMAN BENJAMIN, SEGUNDA TURMA, DJe 24.09.2010). Nesse sentido: STJ, AgRg no REsp 1.173.955/PR, Rel. Min. BENEDITO GONÇALVES, PRIMEIRA TURMA, DJe 25.11.2010; REsp 686.355/PR, Rel. Min. CASTRO MEIRA, SEGUNDA TURMA, DJ 25.04.2005; AgRg nos EDcl no AgRg no AREsp 159.973/PR, Rel. Min. MAURO CAMPBELL MARQUES, SEGUNDA TURMA, DJe 03.09.2012.

IV. Agravo interno improvido (AgInt no REsp 1696991/DF, Ministra Assusete Magalhães – DJe 20.05.2019).

---

[23] CASSONE, Vittorio. *Direito Tributário*. 11. ed. São Paulo: Atlas, 1999. p. 116.

Entretanto, a interpretação da isenção deve se dar com base na isonomia e na busca pelo objetivo da norma concessiva da isenção, de modo que pessoas que estejam em condições similares devem receber o benefício. Vejamos:

JURISPRUDÊNCIA

> PROCESSUAL CIVIL E TRIBUTÁRIO – ENUNCIADO ADMINISTRATIVO N. 2/STJ – RECURSO EM MANDADO DE SEGURANÇA – IPVA – ISENÇÃO EM RELAÇÃO AO VEÍCULO CUJO PROPRIETÁRIO, NÃO CONDUTOR, É PESSOA COM TRANSTORNO DO ESPECTRO AUTISTA – PRINCÍPIOS CONSTITUCIONAIS DA ISONOMIA TRIBUTÁRIA E DA DIGNIDADE DA PESSOA HUMANA – INTERPRETAÇÃO CONFORME A CONSTITUIÇÃO – RECURSO PROVIDO.
>
> 1. A controvérsia jurídica é referente à possibilidade de isenção de IPVA para pessoa com transtorno do espectro autista que não é condutora do veículo mencionado no *mandamus*.
>
> 2. É discriminatória e fere o princípio da isonomia tributária a exigência de que o veículo seja conduzido pelo próprio solicitante, uma vez que exclui aqueles que dependem de outra pessoa para se locomover, como no presente caso.
>
> 3. O fato de o veículo ser conduzido por terceira pessoa não constitui impedimento para ser deferida a isenção do IPVA, pois a intenção do legislador é justamente viabilizar a locomoção das pessoas com transtorno do espectro autista.
>
> 4. Ademais, faz-se premente uma interpretação extensiva do artigo 5º, inciso V, da Lei estadual nº 2.877/2007 para contemplar em suas hipóteses normativas, a possibilidade da concessão do benefício fiscal de IPVA à pessoa com transtorno do espectro autista independentemente da avaliação a respeito da capacidade de condução de seu próprio veículo automotor, uma vez que em situações fáticas idênticas a estas, o Estado do Rio de Janeiro defere isenção de ICMS (Convênio Confaz nº 38/2012), sem condicioná-lo a tal requisito. Assim, em razão de esta discriminação normativa provocar distinção entre contribuintes inseridos em idêntica situação fática, deve-se prevalecer a exegese normativa que ora se propõe ao inciso V, do artigo 5º, da Lei estadual 2.877/2007, sob pena de se violar o princípio da isonomia tributária (art. 150, II, da CF/1988).
>
> 5. Afora a sobredita exegese do artigo 5º, inciso V, da Lei estadual nº 2.877/2007, remanescem hígidas as demais disposições normativas da lei estadual quanto aos requisitos para a concessão da isenção do IPVA, sobretudo, quando limitam o gozo do regime fiscal a um único veículo por beneficiário, em cada espécie e categoria, nos termos da regulamentação infralegal, e, bem como nos termos das alterações introduzidas pela Lei estadual nº 7.582/2017; 6. Recurso em mandado de segurança provido (RMS 51424/RJ, Ministro Mauro Campbell Marques, *DJe* 14.05.2019).

Percebe-se com clareza que não há extensão da isenção criando uma nova hipótese que não esteja na lei, sendo respeitado o art. 111, II, do CTN. No caso em tela, o que resta caracterizado é a manutenção do direito para quem está na mesma situação, de acordo com a finalidade da lei.

Ademais, a isenção produzirá efeitos desde a sua concessão até a sua eventual revogação. Frise-se que isenção não se confunde com remissão, não produzindo efeitos sobre

CAP. 9 · CRÉDITO TRIBUTÁRIO | **359**

os tributos devidos até a data da sua instituição, mas somente para o futuro. Isenção não é perdão, mas dispensa do pagamento do tributo, de modo que não pode ser aplicado aos fatos geradores já praticados quando da sua instituição.

Importante destacar que, caso o tributo tenha sido criado por lei complementar, a isenção também deverá ser tratada por lei complementar. Isso porque, como a isenção é caracterizada como **renúncia fiscal**, o quórum para sua determinação deve ser o mesmo **quórum** previsto para a criação do tributo.

A isenção pode ser concedida a prazo certo ou a prazo indeterminado. No caso de isenção concedida por prazo indeterminado, a **revogação** pode ocorrer a qualquer tempo.

No entanto, caso a isenção seja concedida por prazo determinado e sob condições, não poderá ser revogada enquanto não tiver findado o prazo. Os requisitos em questão são cumulativos. Em outras palavras, a **irrevogabilidade** da isenção concedida, nos termos do art. 178 do CTN, só ocorrerá se atendidos, **cumulativamente**, os **requisitos** de prazo e condições determinadas. No entanto, admitir-se a irrevogabilidade de uma isenção concedida por prazo indeterminado é suprimir a competência legislativa de todas as legislaturas posteriores à concessão da isenção.

O assunto é, inclusive, objeto da Súmula 544 do STF: "Isenções tributárias concedidas, sob condição onerosa, não podem ser livremente suprimidas".

Ademais, a isenção poderá ser concedida em **caráter geral** ou **individual**.

Isenção individual somente será concedida se os requisitos legais estiverem presentes, o que não ocorre com a **isenção geral**, que já produz efeitos com a simples publicação da lei que concede o benefício. Assim, o contribuinte deve comprovar que preenche os requisitos da lei para o gozo da isenção para que lhe seja concedido o benefício pela autoridade fiscal.

Além disso, a isenção pode ser classificada como **objetiva**, que é aquela que considera a matéria tributária, ou **subjetiva**, que leva em conta a pessoa do contribuinte. Aquela tem como foco somente o tributo, enquanto essa tem como foco aqueles beneficiados.

A isenção somente será constitucional se concedida por lei. Não pode o decreto tratar do assunto, senão de maneira regulamentar. Repita-se que, caso o tributo esteja submetido à reserva de lei complementar, a isenção deverá também estar prevista em lei complementar.

Portanto, a isenção consiste na dispensa legal do pagamento e pode ser concedida em caráter geral ou individual, devendo sempre estar prevista em lei. Uma vez concedida, pode ser revogada a qualquer tempo, ressalvada se condicionada e concedida por prazo determinado. Frise-se que tal assunto já foi objeto da Súmula 544 pelo STF: "Isenções tributárias concedidas, sob condição onerosa, não podem ser livremente suprimidas".

Ademais, a revogação da isenção não representa a criação de novo tributo, de modo que não se aplica a anterioridade clássica ou nonagesimal, produzindo efeitos imediatamente. O STF já se posicionou nesse sentido: "Súmula 615. O princípio constitucional da anualidade (§ 29 do art. 153 da Constituição Federal) não se aplica à revogação de isenção do ICM".

Data maxima venia, a **cobrança imediata** de tributo até então isento representa uma clara **violação** ao **princípio da não surpresa**, gerando insegurança jurídica para o contribuinte, que pode, a qualquer tempo, ser obrigado a recolher o tributo integral, causando descompasso em suas contas e finanças. Tal posicionamento vem sendo adotado pelo STF em uma clara evolução da sua jurisprudência.

Promovido aumento indireto do ICMS por meio da revogação de benefício fiscal, surge o dever de observância ao princípio da anterioridade, geral e nonagesimal, constante das alíneas "b" e "c" do inciso III do art. 150 da CF/88 (STF –RE 564225 AgR, 1ª Turma, Rel. Min. Marco Aurélio, julgado em 02.09.2014).

Por fim, mas não menos importante, cabe frisar que a isenção somente poderá ser concedida pelo ente federado que detenha a competência tributária, sendo vedada a isenção heterônoma em nosso ordenamento jurídico. Assim, somente os municípios poderão conceder isenção de tributos municipais, por exemplo, e tal regra está insculpida nos arts. 150, § 6º, e 151, III, da CRFB.

No entanto, tal regra comporta **exceções**. A primeira delas diz respeito ao exercício da soberania pela União ao celebrar tratados internacionais. Nesse caso, a **União** exerce a **competência plena**, podendo conceder isenção de tributos de competência de quaisquer entes federados.

Outra hipótese está autorizada na própria CRFB, art. 156, § 3º, ao determinar que compete à lei complementar federal afastar a cobrança do ISS nos serviços prestados ao exterior. Por fim, a terceira exceção está prevista no citado art. 150, § 6º, da Lei Maior, que determina que os benefícios fiscais de ICMS terão regulamentação própria. Nesse caso, o estado somente poderá conceder benefício fiscal de ICMS se expressamente autorizado pelo convênio, por unanimidade, conforme disposto no art. 1º da LC 24/1975.

Importante destacar que o convênio celebrado entre os Estados que autoriza a concessão da isenção não garante o benefício, que deve ser concedido pelo respectivo Estado, respeitando o princípio da legalidade.

Nesse sentido, firmou entendimento o STF quando do julgamento da ADI 5.929/DF:

JURISPRUDÊNCIA

CONCESSÃO. INCENTIVO FISCAL DE ICMS. NATUREZA AUTORIZATIVA DO CONVÊNIO CONFAZ. 1. PRINCÍPIO DA LEGALIDADE ESPECÍFICA EM MATÉRIA TRIBUTÁRIA. 2. TRANSPARÊNCIA FISCAL E FISCALIZAÇÃO FINANCEIRA-ORÇAMENTÁRIA.
1. O poder de isentar submete-se às idênticas balizar do poder de tributar com destaque para o princípio da legalidade tributária que a partir da EC n. 03/1993 adquiriu destaque ao prever lei específica para veiculação de quaisquer desonerações tributárias (art.150 § 6.º, *in fine*).
2. Os convênios CONFAZ têm natureza meramente autorizativa ao que imprescindível a submissão do ato normativo que veicule quaisquer benefícios e incentivos fiscais à apreciação da Casa Legislativa.
3. A exigência de submissão do convênio à Câmara Legislativa do Distrito Federal evidencia observância não apenas ao princípio da legalidade tributária, quando é exigida lei específica, mas também à transparência fiscal que, por sua vez, é pressuposto para o exercício de controle fiscal-orçamentário dos incentivos fiscais de ICMS.
4. Ação Direta de Inconstitucionalidade julgada improcedente.
(ADI 5.929/DF, Rel. Min. Edson Fachin, j. 14.02.2020, Tribunal Pleno, *DJe* 06.03.2020).

Como se pode ver, a isenção de ICMS tem que estar prevista em lei estadual após a autorização do convênio, mas caso exista a autorização sem que tenha sido editada a lei, o benefício não será devido.

DICAS

Isenção
1. É a dispensa legal do pagamento de tributo.
2. Trata-se de benefício fiscal.
3. Pode ser concedida por prazo certo ou indeterminado.
4. Cabível sua revogação a qualquer tempo*.

DICAS

1. Isenção de tributo submetido à reserva de lei complementar também deverá estar prevista em lei complementar.
2. Ressalvadas as exceções legais, a isenção só poderá ser concedida pelo ente detentor da competência tributária.

9.4.2. Anistia

A anistia é a segunda modalidade de exclusão do crédito tributário e consiste no **perdão** das penalidades, abrangendo exclusivamente as **infrações**, não se confundindo com a remissão. A remissão, também conceituada como perdão, alcança tributo, e a anistia alcança penalidade. As duas juntas alcançam todo o crédito. A anistia deve ser concedida por lei ou medida provisória, sendo descabida a concessão do benefício por espécie normativa diversa.

Caso a anistia tenha sido concedida mediante fraude, deverá ser revogada, mas somente após o devido processo legal:

JURISPRUDÊNCIA

AGRAVO REGIMENTAL – TRIBUTÁRIO – **REVOGAÇÃO DE ANISTIA** FISCAL POR OCORRÊNCIA DE FRAUDE – NECESSIDADE DE PROCESSO ADMINISTRATIVO PARA APURAR SE HOUVE QUALQUER DAS RESSALVAS DO ART. 180 DO CTN – PRECEDENTES DO STJ. 1. A jurisprudência da Primeira Seção sedimentou entendimento de que somente deve ser repudiada por ilegalidade a revogação da anistia se não engendrado o procedimento administrativo com obediência ao contraditório e ao devido processo legal. Lícita é a revogação da anistia. Se inocorridas, *in casu*, comprovação do desatendimento das garantias pétreas constitucionais obedecido o contraditório. (...) (STJ – AgRg no Ag 431059/PR, 2001/0147185-2, 1ª Turma, Rel. Min. Luiz Fux, j. 13.08.2002, *DJ* 23.09.2002, p. 277).

Tal qual a isenção, a anistia pode ser concedida em caráter geral ou individual. A **anistia geral** decorre diretamente da lei e é absoluta, abrangendo as penalidades relativas a todos os tributos, sem qualquer condição. Portanto, basta a previsão legal para que o sujeito passivo tenha direito ao benefício.

Em contrapartida, a anistia concedida de forma **limitada** depende de requerimento expresso do sujeito passivo e está sujeita às condições previstas em lei. Trata-se de ato vinculado e, caso o sujeito passivo faça jus ao benefício, a Fazenda Pública deverá lhe conceder o benefício, cabendo também a sua revogação caso caracterizada a existência de dolo por parte do sujeito passivo.

A anistia é o perdão da penalidade tributária não abrangendo eventual prática criminosa em que tenha o contribuinte se envolvido.

 DICAS

Anistia
1. Consiste no perdão das penalidades.
2. Pode ser concedida por lei ou medida provisória.
3. Quando concedida por fraude, deve ser revogada (exigindo devido processo legal).
4. Não se confunde com a remissão, que perdoa os tributos.

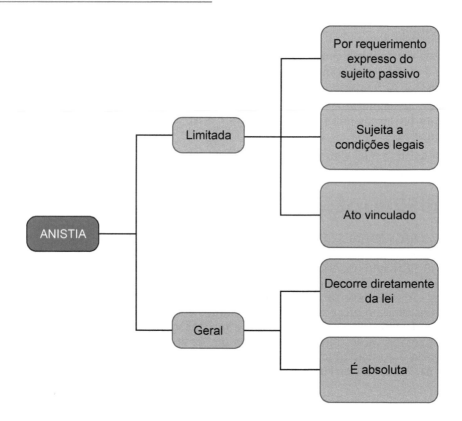

PONTOS IMPORTANTES

Crédito tributário	Constituído pela notificação do lançamento
Lançamento	Procedimento administrativo que apura a obrigação tributária e constitui o crédito tributário. São três as modalidades, quais sejam, lançamento por declaração, de ofício e por homologação.
Causas de suspensão da exigibilidade do crédito tributário	Moratória Depósito do montante integral Recurso ou reclamação administrativa Concessão de liminar em MS Concessão de liminar ou tutela em outra a ação judicial Parcelamento
Causas de extinção do crédito	Pagamento Compensação Transação Remissão Prescrição e decadência Conversão do depósito em renda Antecipação do pagamento e homologação do lançamento Consignação em pagamento Decisão administrativa em que não caiba mais recursos Decisão judicial transitada em julgado Dação em pagamento de bens imóveis
Causas de exclusão do crédito	Isenção Anistia

QUESTÕES DE PROVA

1. (Analista Portuário – Área Jurídica – 2018 – CESPE – EMAP) Julgue o item a seguir, relativo ao lançamento e à execução fiscal.

    O lançamento por homologação, também denominado pela doutrina como autolançamento, exige a antecipação do pagamento do tributo sem prévio exame da autoridade administrativa.
    ( ) Certo   ( ) Errado

2. (Procurador do Município – 2018 – CESPE – PGM – Manaus-AM) Julgue o item que se segue à luz do que dispõe o Código Tributário Nacional.

    O lançamento regularmente notificado ao sujeito passivo pode ser modificado em razão do provimento de recurso de ofício.
    ( ) Certo   ( ) Errado

3. (Defensor Público – 2018 – FCC – DPE-RS) Sobre o crédito tributário, é correto afirmar:

    (A) A anistia é causa de exclusão do crédito tributário.

    (B) A isenção é causa de extinção do crédito tributário.

    (C) A compensação é causa de suspensão do crédito tributário.

364 | Manual de Direito Tributário – Volume Único – *Quintanilha*

(D) A moratória é causa de exclusão do crédito tributário.

(E) A prescrição é causa de exclusão do crédito tributário.

4. **(Titular de Serviços de Notas e de Registros – Provimento – 2018 – IESES – TJAM) Sobre o crédito tributário, assinale a alternativa INCORRETA com relação ao previsto no Código Tributário Nacional:**

(A) A suspensão do crédito tributário dispensa o cumprimento das obrigações assessórias dependentes da obrigação principal cujo crédito seja suspenso.

(B) A anistia é modalidade de exclusão do crédito tributário.

(C) São modalidades de extinção do crédito tributário o pagamento, a decadência, a conversão do depósito em renda e a compensação.

(D) A moratória é modalidade de suspensão da exigibilidade do crédito tributário.

5. **(Titular de Serviços de Notas e de Registros – Remoção – 2018 – IESES – TJAM) Suspendem a exigibilidade do crédito tributário:**
I – A concessão de medida liminar em mandado de segurança.
II – A transação.
III – O pagamento.
IV – A prescrição e a decadência.
A sequência correta é:

(A) Apenas as assertivas I, II e III estão corretas.

(B) Apenas a assertiva I está correta.

(C) Apenas as assertivas II e IV estão incorretas.

(D) As assertivas I, II, III e IV estão corretas.

6. **(Analista Judiciário – Oficial de Justiça Avaliador Federal – 2018 – CESPE – STJ) À luz das disposições do Código Tributário Nacional (CTN), julgue o item a seguir.**

O parcelamento pelo Fisco suspende a exigibilidade do crédito tributário parcelado.
( ) Certo ( ) Errado

7. **(Assessor Técnico Legislativo – 2018 – FUNRIO – AL-RR) Um projeto de lei do Estado de Roraima, com a intenção de buscar a recuperação de receita tributária, prevê o cancelamento de multas já lançadas em decorrência do não pagamento do IPVA dos anos de 2015 a 2017, nos casos em que o contribuinte vier a realizar o pagamento do imposto até a data prevista no referido projeto.**

Pode-se afirmar que será instituída uma espécie de

(A) anistia.

(B) isenção.

(C) remissão parcial.

(D) moratória.

8. **(Delegado de Polícia Civil – 2018 – NUCEPE – PC-PI) Assinale a alternativa que não contempla hipótese de extinção do crédito tributário expressamente prevista no Código Tributário Nacional:**

(A) Remissão.

(B) Compensação.

CAP. 9 • CRÉDITO TRIBUTÁRIO | **365**

(C) Isenção.

(D) Dação em pagamento em bens imóveis, na forma e condições estabelecidas em lei.

(E) Decisão judicial passada em julgado.

9. **(Juiz Substituto – 2017 – VUNESP – TJSP) Sobre a dação em pagamento, é correto afirmar que:**

(A) é instituto de direito civil acolhido pelo Código Tributário Nacional, como forma de extinção do crédito tributário, mediante a entrega de bens, no modo e condições estabelecidos em decreto do Chefe do Poder Executivo da pessoa jurídica de direito público credora.

(B) é instituto de direito civil acolhido pelo Código Tributário Nacional, como forma de extinção do crédito tributário, mediante a entrega de bens móveis e imóveis, no modo e condições estabelecidos em lei.

(C) é instituto de direito civil acolhido pelo Código Tributário Nacional, como forma de extinção do crédito tributário, mediante a entrega de bens imóveis, no modo e condições estabelecidos pela lei.

(D) é instituto de direito civil não expressamente acolhido pelo Código Tributário Nacional, mas que pode ser admitido pela legislação específica dos entes tributantes como forma de extinção do crédito tributário, mediante a entrega de bens.

10. **(Procurador Jurídico – 2017 – VUNESP – Prefeitura de Porto Ferreira – SP) De acordo com o que dispõe o Código Tributário Nacional, a lei pode facultar, nas condições que estabeleça, objetivando o término do litígio com a consequente extinção do crédito tributário, que os sujeitos ativo e passivo da obrigação tributária, mediante concessões mútuas, celebrem**

(A) compensação.

(B) conversão do depósito em renda.

(C) dação em pagamento.

(D) transação.

(E) parcelamento.

Gabarito	
1	Certo
2	Certo
3	A
4	A
5	B
6	Certo
7	C
8	C
9	C
10	D

10

GARANTIAS E PRIVILÉGIOS DO CRÉDITO TRIBUTÁRIO

Embora não seja simples a diferenciação entre os institutos, é possível afirmar que a **garantia** do crédito tributário assegura o direito de o fisco receber o crédito tributário, enquanto os **privilégios** se referem à ordem de pagamento com relação a outros credores.

10.1. Garantias

No Brasil, há uma tendência de transferir as garantias do contribuinte para o fisco. Essa tendência fica bastante clara com a previsão de arrolamento administrativo de bens e transferência do sigilo bancário independentemente de decisão judicial, além da caracterização de fraude à execução fiscal que independe do ajuizamento da respectiva ação, por exemplo.

Como se não bastasse, na forma do art. 183 do CTN, as garantias previstas no código não excluem outras que possam ser criadas por lei, ou seja, as garantias do crédito tributário são importantes para a satisfação do crédito tributário, bem público que merece a proteção da legislação.

É importante destacar que a natureza das garantias não altera a natureza do crédito tributário. Em outras palavras, a penhora de bem imóvel em uma execução fiscal não faz com que o crédito altere sua natureza deixando de ser tributário para ser por garantia real.

Entendemos que o **arrolamento administrativo** de bens é **inconstitucional** e não se coaduna com ordenamento jurídico brasileiro, pois, apesar de não constituir uma penhora, não impedindo a alienação de bens do devedor, grava os bens do contribuinte sem permitir o contraditório e a ampla defesa, garantias constitucionais fundamentais.

A alienação dos bens arrolados não é vedada, mas é fato que nenhum comprador vai adquirir um bem objeto de arrolamento e, se assim o fizer, o fará em valor bastante inferior ao valor de mercado para compensar o risco da perda do bem para o fisco.

No entanto, o Judiciário não vem demonstrando esse posicionamento:

 JURISPRUDÊNCIA

ARROLAMENTO ADMINISTRATIVO DE BENS – ART. 64 DA LEI Nº 9.532, DE 1997 – CRÉDITOS COM EXIGIBILIDADE SUSPENSA. O arrolamento de bens disciplinado no artigo 64 da Lei nº 9.532, de 1997 é um procedimento administrativo por meio do qual a autoridade fiscal realiza um levantamento dos bens dos contribuintes, arrolando-os, sempre que o valor dos créditos tributários de sua responsabilidade for superior a trinta por cento do seu patrimônio conhecido. Apurada a existência de bens imóveis, é providenciado o competente registro, que tem a finalidade de dar publicidade, a terceiros, da existência de dívidas tributárias. O arrolamento em questão visa a assegurar a realização do crédito fiscal, bem como a proteção de terceiros, não violando o direito de propriedade, o princípio da ampla defesa e o devido processo legal, pois é **medida meramente acautelatória** e de **interesse público**, a fim de evitar que contribuintes que possuem dívidas fiscais consideráveis em relação a seu patrimônio, desfaçam-se de seus bens sem o conhecimento do Fisco e de terceiros interessados. Diante da natureza da determinação, também **não há falar em violação aos princípios da ampla defesa e do devido processo legal**. Contudo, havendo impugnações na esfera administrativa, estas suspendem a exigibilidade dos créditos, conforme o artigo 151, III, do CTN, devendo, nesse caso, ser anulado o arrolamento (TRF-4 – AMS 4940/RS, 1999.71.04.004940-1, 2ª Turma, Rel. Vilson Darós, j. 17.05.2001, *DJ* 20.06.2001, p. 657).

A crítica a tal posicionamento se dá inclusive pela previsão da medida cautelar fiscal como instrumento de proteção do crédito tributário. Tal ação está prevista na Lei 8.397/1992 e tem como objetivo proteger e garantir a satisfação do crédito tributário.

Ora, se existe uma ação específica, com rito abreviado para garantir a satisfação do crédito pela Fazenda Pública, não há razões para existir o arrolamento administrativo, uma vez que se trata de verdadeira arbitrariedade, posto não submetida à análise do Poder Judiciário.

Via de regra, todos os bens do sujeito passivo respondem pelo pagamento do crédito fiscal, mesmo aqueles com garantia real e os gravados, estando afastados somente os bens apontados em lei como absolutamente impenhoráveis, na forma do art. 184 do CTN, que prevê que respondem pelo crédito tributário a totalidade dos bens e das rendas do sujeito passivo.

Entretanto, a impenhorabilidade do bem de família é matéria de ordem pública, cabendo ao juízo a decretação de ofício e a proteção do bem.

JURISPRUDÊNCIA

ADMINISTRATIVO E PROCESSO CIVIL – EXECUÇÃO – BEM DE FAMÍLIA – RESIDÊNCIA DEFINITIVA – IMPENHORABILIDADE – ALEGAÇÃO APÓS OFERECIDO O BEM À PENHORA. O instituto da impenhorabilidade do bem de família, destinado à residência do casal ou entidade familiar, é matéria de ordem pública, nada impedindo que executado alegue a incidência da Lei 8.009/90, mesmo após ter indicado o bem à penhora. Precedentes do STJ. Agravo de instrumento improvido (TRF-4 – AG 10556/PR, 2002.04.01.010556-3, 3ª Turma, Rel. Maria de Fátima Freitas Labarrère, j. 15.10.2002, *DJ* 23.10.2002, p. 654).

Entendemos que se trata de direito **indisponível**, de modo que a proteção do **bem de família** não pode ser objeto de **renúncia**. O conceito do bem de família está bastante extenso no Direito brasileiro, abrangendo o imóvel do solteiro, dos casais homoafetivos e os casos em que os proprietários se deslocam por motivo de trabalho. Vejamos:

JURISPRUDÊNCIA

CIVIL E PROCESSO CIVIL. RECURSO ESPECIAL. INDICAÇÃO DO DISPOSITIVO LEGAL VIOLADO. AUSÊNCIA. SÚMULA 284/STF. BEM DE FAMÍLIA. IMÓVEL DESOCUPADO, MAS AFETADO À SUBSISTÊNCIA DOS DEVEDORES. IMPENHORABILIDADE. DESNECESSIDADE DE PROVAR A INEXISTÊNCIA DE OUTROS BENS IMÓVEIS. ART. ANALISADO: 5º DA LEI 8.009/1990. 1. Embargos à execução distribuídos em 04/12/2006, dos quais foi extraído o presente recurso especial, concluso ao Gabinete em 15/08/2013. 2. A controvérsia cinge-se a decidir se o imóvel dos recorrentes constitui bem de família. 3. Não se conhece do recurso especial quando ausente a indicação expressa do dispositivo legal violado. 4. A regra inserta no art. 5º da Lei 8.009/1990, por se tratar de garantia do patrimônio mínimo para uma vida digna, deve alcançar toda e qualquer situação em que o imóvel, ocupado ou não, esteja concretamente afetado à subsistência da pessoa ou da entidade familiar. 5. A permanência, à que alude o referido dispositivo legal, tem o sentido de moradia duradoura, definitiva e estável, de modo a excluir daquela proteção os bens que são utilizados apenas eventualmente, ou para mero deleite, porque, assim sendo, se desvinculam, em absoluto, dos fins perseguidos pela norma. 6. Como a ninguém é dado fazer o impossível (*nemo tenetur ad impossibilia*), não há como exigir dos devedores a prova de que só possuem um único imóvel, ou melhor, de que não possuem qualquer outro, na medida em que, para tanto, teriam eles que requerer a expedição de certidão em todos os cartórios de registro de imóveis do país, porquanto não há uma só base de dados. 7. Recurso especial parcialmente conhecido e, nessa parte, provido (STJ - REsp: 1400342 RJ 2013/0229898-3, Rel. Min. Nancy Andrighi, Data de Julgamento: 08.10.2013, T3 – 3ª turma, *DJe* 15.10.2013).

No caso dos solteiros, o assunto foi sumulado: "**Súmula 364 do STJ**. O conceito de impenhorabilidade de bem de família abrange também o imóvel pertencente a pessoas solteiras, separadas e viúvas".

Como se não bastasse, a proteção do bem de família se estende ainda nas hipóteses em que o imóvel esteja locado e a renda seja revertida para a subsistência do devedor, conforme o teor da Súmula 486 do STJ: "É impenhorável o único imóvel residencial do devedor que esteja locado a terceiros, desde que a renda obtida com a locação seja revertida para a subsistência ou a moradia da sua família".

Com isso, ressalvadas as hipóteses previstas em lei, deve-se garantir a proteção ao bem de família em matéria tributária, não cabendo à proteção no tocante ao bem de família clausulado, mas somente àquele com a proteção da lei.

No Informativo 791, o STJ firmou o entendimento no sentido de que "mesmo quando o devedor aliena o imóvel que lhe sirva de residência, deve ser mantida a cláusula de impenhorabilidade". Tal entendimento reforça a manutenção da impenhorabilidade do bem de família, ainda que a sua alienação se dê após a constituição do crédito tributário.

Outrossim, ainda no tocante à impenhorabilidade, o STJ entende que é cabível a penhora da sede do estabelecimento comercial. Vejamos: "**Súmula 451** – É legítima a penhora da sede do estabelecimento comercial".

Assim, atualmente há jurisprudência que admite penhora de faturamento da empresa, dos ativos, e recebíveis, ao passo que não há proteção legal a tais bens. Todavia, não poderá ser inviabilizada a continuidade da atividade.

Como mencionado, as **garantias** na relação jurídica tributária são do fisco, e não do contribuinte. Assim, presume-se fraudulenta a alienação de bens do devedor após a inscrição em dívida ativa do crédito tributário, sendo desnecessário ajuizamento da execução fiscal, na forma do art. 185 do CTN.

De acordo com o STJ, a presunção de fraude é absoluta na hipótese em que o devedor aliene bens ou se desfaça de seu patrimônio após a inscrição em dívida ativa do crédito tributário.

JURISPRUDÊNCIA

TRIBUTÁRIO – AGRAVO REGIMENTAL NO AGRAVO EM RECURSO ESPECIAL – EXECUÇÃO FISCAL – EMBARGOS DE TERCEIRO – ALIENAÇÃO DO BEM POSTERIOR À CITAÇÃO DO DEVEDOR – FRAUDE À EXECUÇÃO CARACTERIZADA – ART – 185 DO CTN – DESNECESSIDADE DE COMPROVAÇÃO DO CONSILIUM FRAUDIS (RESP 1.141.990/PR, JULGADO SOB O RITO DOS RECURSOS REPETITIVOS) – RESSALVA DO PONTO DE VISTA DO RELATOR – AGRAVO REGIMENTAL DA COOPERATIVA A QUE SE NEGA PROVIMENTO. 1. Ao julgar o REsp. 1.141.990/PR, da relatoria do eminente Ministro LUIZ FUX, sob a sistemática do representativo da controvérsia, esta Corte Superior assentou o entendimento de que não se aplica à Execução Fiscal o Enunciado 375 da Súmula de sua jurisprudência, segundo o qual o reconhecimento da fraude à execução depende do registro da penhora do bem alienado ou da prova de má-fé do terceiro adquirente. Sendo assim, há presunção absoluta da fraude à execução quando a alienação é efetivada após a inscrição do débito tributário em Dívida Ativa, ou, em sendo a alienação feita em data anterior à entrada em vigor da LC 118/2005, presume-se fraudulenta quando feita após a citação do devedor, sendo desnecessária, portanto, a discussão acerca da má-fé ou não do adquirente. 2. Faço a ressalva do meu entendimento pessoal, para afirmar a impossibilidade de presunção absoluta em favor da Fazenda Pública. Isso porque nem mesmo o direito à vida tem caráter absoluto, que dirá questões envolvendo pecúnia. No entanto, acompanho a jurisprudência, porquanto já está consolidada em sentido contrário. 3. Agravo Regimental da Cooperativa a que se nega provimento (STJ – AgRg no AREsp. 696938/RS, 2015/0088890-6, 1ª Turma, Rel. Min. Napoleão Nunes Maia Filho, Data de Julgamento: 09.03.2020, Data de Publicação: *DJe* 11.03.2020).

Como se pode ver, a presunção de fraude é absoluta, cabendo o desfazimento automático do negócio jurídico.

Fazemos, nesse caso, um contraponto à jurisprudência do STJ, porque não há qualquer razoabilidade na aplicação da presunção absoluta de fraude. Não basta, nosso ver, a inscrição em dívida ativa do crédito tributário para que seja caracterizada a fraude, de forma absoluta, mesmo porque deve ser analisada a boa-fé do sujeito passivo do crédito tributário, que muitas vezes aliena seus bens sem sequer saber da existência do crédito. Assim, só é possível presumir a fraude à execução caso a alienação do bem do devedor ocorra após citado em execução fiscal. Ademais, a própria dívida ativa goza de presunção relativa de liquidez e certeza, e não absoluta.

Como se pode ver, há necessidade de ciência do sujeito passivo do crédito tributário. Regina Helena Costa aborda o assunto em sua obra:

(...) trata-se de **presunção relativa**, que somente poderá ser afastada diante de prova inequívoca de que a alienação ou seu começo não configura fraude. Há necessidade de que reste demonstrado que o devedor tinha ciência da inscrição do débito em Dívida Ativa.

Não se pode punir o contribuinte que sequer está ciente da inscrição em dívida ativa. Assim, entendemos que a presunção no dispositivo em análise é relativa, e não absoluta, apesar do posicionamento já pacificado pelo STJ.

Destaque-se que, no Informativo 782, o STJ firmou o entendimento no sentido de que "considera-se fraudulenta a alienação, mesmo quando há transferências sucessivas do bem, feita após a inscrição do débito em dívida ativa, sendo desnecessário comprovar a má-fé do terceiro adquirente". Ou seja, ainda que o adquirente sequer conheça o devedor originário, caberá a presunção de fraude.

Frise-se que o STJ afasta a aplicabilidade da sua Súmula 375, de modo que não há sequer necessidade de registro da penhora. Vejamos: "**Súmula 375**. O reconhecimento da fraude à execução depende do registro da penhora do bem alienado ou da prova de má-fé do terceiro adquirente".

Ressalvado nosso posicionamento, o STJ já se posicionou no sentido da presunção *juris et de jure*, como já dito:

 JURISPRUDÊNCIA

> TRIBUTÁRIO – EXECUÇÃO FISCAL CONTRA EMPRESA EXTINTA IRREGULARMENTE – RESPONSABILIDADE DOS SÓCIOS PELO DÉBITO FISCAL, COM OS NOMES INCLUÍDOS NA CERTIDÃO DA DÍVIDA ATIVA. No sistema jurídico-tributário vigente, o sócio-gerente é **responsável – por substituição** – pelas **obrigações tributárias** resultantes de atos praticados com infração à lei ou cláusula, do contrato social, especialmente quando, como no caso vertente, a firma executada desaparece, extinguindo-se irregularmente, estando os nomes dos sócios incluídos na certidão de dívida ativa (art. 135 do CTN). Presume-se fraudulenta a alienação de bens (ou seu começo) por sujeito passivo em débito para com a Fazenda Pública por crédito tributário regularmente inscrito como dívida ativa e em fase de execução. A presunção de fraude, consoante definição legal (art. 185 do CTN) é *juris et de jure*, inadmitindo prova em contrário. (...) (STJ – REsp. 28142/SP, 1992/0025767-4, 1ª Turma Rel. Min. Demócrito Reinaldo, j. 18.06.1998, DJ 08.09.1998, p. 25).

Assim, uma vez inscrito em **dívida ativa** o crédito tributário, o devedor deve resguardar tantos bens quanto suficientes para saldar a dívida tributária, sob pena de caracterização de fraude à execução fiscal, invalidando negócio jurídico independentemente da eventual boa-fé do adquirente.

No entanto, para que seja decretada a indisponibilidade de bens, há de serem exauridas as buscas por bens penhoráveis, sendo a constrição a última medida possível, conforme o teor da Súmula 560 do STJ:

> Súmula 560. A decretação da indisponibilidade de bens e direitos, na forma do art. 185-A do CTN, pressupõe o exaurimento das diligências na busca por bens penhoráveis, o qual fica caracterizado quando infrutífero o pedido de constrição

sobre ativos financeiros e a expedição de ofícios aos registros públicos do domicílio do executado, ao Denatran ou Detran.

Como se pode ver, a **constrição de bens** do devedor tem de respeitar o **devido processo legal** e a **menor onerosidade** para o executado. Apesar de o crédito tributário ser um bem público, há direitos e garantias fundamentais que devem ser respeitados, como a continuidade da empresa e a dignidade da pessoa humana, que não podem ser violados com o objetivo de satisfação do crédito tributário.

 DICAS

1. A garantia do crédito tributário assegura o direito de o fisco receber o crédito tributário. Não se trata de garantia do contribuinte.

2. Os privilégios referem-se à ordem de pagamento com relação a outros credores.

3. Presunção (relativa) de fraude: somente se a alienação do bem pelo devedor ocorrer após sua citação em execução fiscal.

4. A constrição de bens do devedor deve observar o devido processo legal, bem como a menor onerosidade para o executado.

10.2. Privilégios ou preferências

Após tratar das garantias, que são meios assecuratórios para a satisfação do crédito tributário, passemos à análise das preferências ou privilégios, que representam a forma com a qual o crédito é tratado frente aos demais créditos. Em outras palavras, ao falarmos de privilégios do crédito tributário, estamos tratando da sua relação com os demais créditos que o sujeito passivo seja devedor.

No caso de falência, por exemplo, na forma dos arts. 186 do CTN, e 83 da Lei 11.101/2005, com redação dada pela Lei 14.112/2020, o crédito tributário tem importante **preferência**. Os dispositivos citados determinam como devem ser pagos os débitos do falido após a decretação de falência. Primeiramente, serão pagos os decorrentes da **legislação trabalhista**, limitados a 150 salários-mínimos por credor; após, serão pagos os créditos decorrentes de **acidente do trabalho**, os quais não se submetem a qualquer limite.

Depois, serão pagos os créditos com **garantia real**, limitados ao valor do bem gravado, para somente então serem pagos os **créditos tributários**. Incluem-se no conceito de créditos tributários os encargos de 20% inseridos nas cobranças promovidas pela União. Vejamos o posicionamento do STJ:

 JURISPRUDÊNCIA

PROCESSUAL CIVIL E FALIMENTAR – CLASSIFICAÇÃO DE CRÉDITOS – ENCARGO LEGAL INSCRITO EM DÍVIDA ATIVA DA UNIÃO – NATUREZA JURÍDICA – CRÉDITO NÃO TRIBUTÁRIO – PREFERÊNCIA CONFERIDA AOS CRÉDITOS TRIBUTÁRIOS – EXTENSÃO.

1. Nos termos do art. 1º do DL n. 1.025/1969, o encargo de 20% inserido nas cobranças promovidas pela União, pago pelo executado, é crédito não tributário

CAP. 10 • GARANTIAS E PRIVILÉGIOS DO CRÉDITO TRIBUTÁRIO | **373**

destinado à recomposição das despesas necessárias à arrecadação, à modernização e ao custeio de diversas outras (despesas) pertinentes à atuação judicial da
Fazenda Nacional.

2. Por força do § 4º do art. 4º da Lei n. 6.830/1980, foi estendida expressamente
ao crédito não tributário inscrito em dívida ativa a preferência dada ao crédito
tributário, já existente antes da LC n. 118/2005.

(...)

4. Para os fins do art. 1.036 do CPC/2015, firma-se a seguinte tese: "O encargo
do DL n. 1.025/1969 tem as mesmas preferências do crédito tributário devendo,
por isso, ser classificado, na falência, na ordem estabelecida pelo art. 83, III, da
Lei n. 11.101/2005 (REsp. 1525388/SP, *DJe* 03.04.2019).

Outro ponto que precisa ser abordado é a necessidade de interpretação do art. 186, parágrafo único, I do CTN. Nele, resta claro que as importâncias sujeitas à restituição também são pagas antecipadamente.

Art. 186. O crédito tributário prefere a qualquer outro, seja qual for sua natureza ou o tempo de sua constituição, ressalvados os créditos decorrentes da legislação do trabalho ou do acidente de trabalho. (Redação dada pela Lcp nº 118, de 2005.)

Parágrafo único. Na falência: (Incluído pela Lcp nº 118, de 2005.)

I – o crédito tributário não prefere aos créditos extraconcursais ou às importâncias passíveis de restituição, nos termos da lei falimentar, nem aos créditos com garantia real, no limite do valor do bem gravado; (Incluído pela Lcp nº 118, de 2005.)

Como se pode ver, os valores que não pertencem à massa falida deverão ser restituí-dos antecipadamente aos demais créditos. Nesse sentido é forte a jurisprudência do STJ:

JURISPRUDÊNCIA

PROCESSUAL CIVIL – FALÊNCIA – CONTRIBUIÇÃO PREVIDENCIÁRIA DESCON-
TADA DOS EMPREGADOS E NÃO REPASSADA À SEGURIDADE SOCIAL – AÇÃO
DE RESTITUIÇÃO MOVIDA PELO INSS – CONCURSO DE CREDORES – PREFE-
RÊNCIA – SÚMULA 417 DO STF. 1. "Pode ser objeto de restituição, na falência,
dinheiro em poder do falido, recebido em nome de outrem, ou do qual, por
lei ou contrato, não tivesse ele a disponibilidade" (Súmula 417 do STF). 2. As
contribuições previdenciárias descontadas pela massa falida, dos salários dos
empregados, e não repassadas aos cofres previdenciários, devem ser restituídas
antes do pagamento de qualquer crédito, ainda que trabalhista, porque se trata
de bens que não integram o patrimônio do falido. Incidência da Súmula nº 417
do STF. (Precedentes: REsp 780.971/RS, Rel. Ministro TEORI ALBINO ZAVASCKI,
PRIMEIRA TURMA, julgado em 05/06/2007, DJ 21/06/2007; REsp 769.174/RS,
Rel. Ministro JOSÉ DELGADO, PRIMEIRA TURMA, julgado em 15/12/2005, DJ
06/03/2006; REsp 686.122/RS, Rel. Ministro LUIZ FUX, PRIMEIRA TURMA, julgado
em 08/11/2005, DJ 28/11/2005; REsp 511356/RS, Relator Ministro FRANCIULLI
NETTO, Segunda Turma, DJ de 04.04.2005; REsp 631529/RS, Relator Ministro
CASTRO MEIRA, Segunda Turma, DJ de 30.08.2004; REsp 557373/RS, Relator

> Ministro FRANCISCO FALCÃO, Primeira Turma, DJ de 28.04.2004; RESP 284276/PR, Primeira Turma, Relator Ministro GARCIA VIEIRA, DJ de 11.06.2001). 3. É que o *caput* do art. 51 da Lei 8.212/91 explicita o privilégio dos créditos do INSS, os quais equipara aos créditos da União, deixando claro que os valores descontados dos empregados pertencem à autarquia previdenciária, a qual poderá reivindicá-los, litteris: "Art. 51. O crédito relativo a contribuições, cotas e respectivos adicionais ou acréscimos de qualquer natureza arrecadados pelos órgãos competentes, bem como a atualização monetária e os juros de mora, estão sujeitos, nos processos de falência, concordata ou concurso de credores, às disposições atinentes aos créditos da União, aos quais são equiparados. Parágrafo único. O Instituto Nacional do Seguro Social-INSS reivindicará os valores descontados pela empresa de seus empregados e ainda não recolhidos". 4. A Lei de Falências vigente à época dos fatos (Decreto-lei 7.661/45), a seu turno, autoriza a restituição de coisa arrecadada, *verbis*: "Art. 76. Pode ser pedida a restituição de coisa a arrecadada em poder do falido quando seja devida em virtude de direito real ou de contrato". 5. Recurso especial provido (STJ – REsp. 1183383/RS, 2010/0036272-4, 1ª Turma, Rel. Min. Luiz Fux, Data de Julgamento: 05.10.2010, Data de Publicação: *DJe* 18.10.2010).

Ademais, importante destacar que os tributos a serem pagos durante o período da falência são qualificados como *extraconcursais*, ou seja, devem ser pagos fora do concurso de credores. É o que ocorre, por exemplo, com o IPTU sobre a propriedade do imóvel do falido. As obrigações referentes ao imposto citado devem ser quitadas anualmente no curso do processo falimentar. Esses valores são extraconcursais, não sendo submetidos ao concurso de credores, sendo pagos, portanto, antecipadamente.

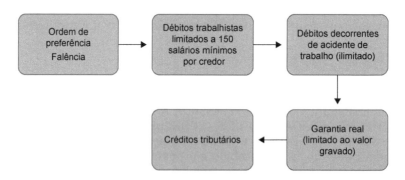

Também está fora do concurso a restituição do adiantamento de contrato de câmbio: "**Súmula 307 do STJ**. A restituição de adiantamento de contrato de câmbio, na falência, deve ser atendida antes de qualquer crédito".

A preferência também é processual. A Fazenda Pública tem à sua disposição o rito processual abreviado da LEF, que é mais célere e eficiente do que a habilitação na falência. Como se não bastasse, caso seja promovida a execução fiscal e sejam penhorados bens do devedor antes de decretada a falência, a execução fiscal poderá prosseguir, mas a gestão dos bens deverá ser realizada pelo juízo universal. Tal posicionamento já foi pacificado no STJ:

JURISPRUDÊNCIA

RECURSO ESPECIAL Nº 1.527.400 - PR (2015/0092667-2) RELATOR: MINISTRO NAPOLEÃO NUNES MAIA FILHO RECORRENTE: FAZENDA NACIONAL RECORRIDO: ECORA S/A - EMPRESA DE CONSTRUÇÃO E RECUPERAÇÃO DE ATIVOS RECORRIDO: ALVARO PAOLO DIAZ ROJAS RECORRIDO: HELCIO PONDE GODINHO RECORRIDO: IGREJA BATISTA DO PAROLIM ADVOGADO: NELSON JOAO SCHAIKOSKI - PR015414 DECISÃO PROCESSUAL CIVIL E TRIBUTÁRIO. RECURSO ESPECIAL. EXECUÇÃO FISCAL. PENHORA ANTERIOR À DECRETAÇÃO DA FALÊNCIA DO DEVEDOR. PRODUTO DA ARREMATAÇÃO QUE DEVERÁ SER REMETIDO AO JUÍZO FALIMENTAR. RECURSO ESPECIAL DA FAZENDA NACIONAL PROVIDO. 1. Trata-se de Recurso Especial interposto pela FAZENDA NACIONAL, com fundamento no art. 105, III, alíneas a e c da Constituição Federal, no qual se insurge contra acórdão proferido pelo egrégio Tribunal Regional Federal da 4a. Região, assim ementado: ADMINISTRATIVO. EXECUÇÃO FISCAL. DECRETAÇÃO DE FALÊNCIA. LEVANTAMENTO DA PENHORA. 1. A jurisprudência do STJ é pacífica no sentido de que a falência superveniente do devedor não ocasiona a desconstituição da penhora efetuada anteriormente à quebra, devendo o produto da alienação dos bens penhorados ser repassado ao juízo universal da falência, para apuração das preferências. 2. Apesar de o trâmite da execução fiscal ser independente do processo de falência e do entendimento jurisprudencial citado, observa-se que as decisões agravadas mostram soluções razoáveis e adequadas à lide, pois levam em consideração as circunstâncias do caso concreto, dentre as quais se destacam os inúmeros embargos de terceiro e petições opostos com o objetivo de desconstituir as penhoras realizadas há mais de nove anos nos autos da execução fiscal, muitas já levantadas, buscado, com isso, evitar a ocorrência de tumulto processual desnecessário (fls. 271). 2. Nas razões do seu Apelo Raro, a parte recorrente aponta violação dos arts. 29 da Lei 6.830/1980, 186 e 187 do CTN bem como divergência jurisprudencial. Sustenta, em síntese, que deve ser mantida a penhora realizada na Execução Fiscal anteriormente à decretação da falência da parte executada. 3. Sem contrarrazões (fls. 301), o Recurso foi admitido na origem (fls. 304). 4. É o relatório. 5. A insurgência merece prosperar. 6. Com efeito, verifica-se que a pretensão recursal encontra-se em consonância com a jurisprudência desta Corte de que a decretação da falência da parte executada, após a realização da penhora no executivo fiscal, não tem o condão de liberar a constrição efetivada, devendo o produto da arrematação ser colocado à disposição do juízo falimentar para garantia de quitação dos créditos trabalhistas. Nesse sentido: EXECUÇÃO FISCAL? PENHORA ANTERIOR À DECRETAÇÃO DA FALÊNCIA DO DEVEDOR? PACIFICAÇÃO DA MATÉRIA PELA CORTE ESPECIAL E PELA PRIMEIRA SEÇÃO DO STJ, NO SENTIDO DE ARRECADAR O PRODUTO DA PENHORA PARA O JUÍZO FALIMENTAR. 1. A controvérsia dos autos resume-se à possibilidade de o bem imóvel, objeto de penhora em execução fiscal, ser arrecadado pela massa falida após penhora, ou mesmo após o leilão daquele bem perante o juízo da execução fiscal. 2. A Súmula 44 do extinto Tribunal Federal de Recursos assim dispõe: "ajuizada a execução fiscal anteriormente à falência, com penhora realizada antes desta, não ficam os bens penhorados sujeitos à arrecadação no juízo falimentar; proposta a execução fiscal contra massa falida, a penhora far-se-á no rosto dos autos do processo da quebra, citando-se o síndico". 3. Entretanto, em vista da preferência dos créditos trabalhistas em face dos créditos tributários, o produto da arrematação realizada na execução fiscal deve ser colocado à disposição do juízo falimentar para garantir a quitação dos créditos trabalhistas. Trata-se de interpretação sistemática dos arts. 29 da Lei n. 6.830/80 e 186 e 187, estes do Código Tributário Nacional - CTN. 4. Precedentes: EREsp 444.964/RS; Rel. Min. Eliana Calmon, DJ 9.12.2003; AgRg no REsp 815.161/SP, Rel. Min. José Delgado, julgado em 11.4.2006, DJ 22.5.2006; REsp 440.787/RS, Rel. Min. Eliana Calmon, Segunda Turma, DJU 13.9.2004. Agravo regimental improvido (AgRg no REsp. 783.318/SP, Rel. Min. HUMBERTO MARTINS, *DJe* 14.4.2009). PROCESSUAL CIVIL. AGRAVO REGIMENTAL. EXECUÇÃO FISCAL. PENHORA ANTERIOR À DECRETAÇÃO DA FALÊNCIA DO DEVEDOR. ARREMATAÇÃO. PRODUTO DA VENDA. JUÍZO DA EXECUÇÃO. ENTENDIMENTO DO RELATOR. PACIFICAÇÃO DA MATÉRIA PELA CORTE ESPECIAL E PELA 1ª SEÇÃO DO STJ NO SENTIDO DO JUÍZO FALIMENTAR. RESSALVA. 1. Agravo regimental contra decisão que proveu recurso especial. 2. O acórdão *a quo* asseverou que, no caso de bem penhorado em sede de execução fiscal, o produto de sua arrecadação reverterá para o juízo universal da falência, e não para o da execução. 3. Entendimento deste Relator no sentido de que: a) quando já está em curso execução fiscal e, posteriormente, dá-se a quebra da executada, permanece o produto da arrematação sob a égide daquele processo; b) o juízo da falência não alcança execução fiscal já aparelhada, devendo, se for o caso de credor preferencial, colocar-se este na ordem de preferência do seu crédito; c) o produto da arrematação não deve ser posto à disposição da massa falida. 4. No entanto, embora tenha o posicionamento acima assinalado, rendo-me, com a ressalva do meu ponto de vista, à posição assumida pela ampla maioria da Corte Especial e da 1ª Seção deste Sodalício, pelo seu caráter uniformizador no trato das questões jurídicas no país, na linha de que: A Corte Especial, no julgamento do REsp 118148/RS, e, posteriormente, a Primeira Seção, no EREsp 444964/RS, pacificaram entendimento de que a preferência do crédito trabalhista há de subsistir quer a execução fiscal tenha sido aparelhada antes ou depois da decretação da falência e, mesmo já aparelhada a execução fiscal com penhora, uma vez decretada a falência da empresa executada, sem embargo do prosseguimento da execução singular, o produto da alienação deve ser remetido ao juízo falimentar, para que ali seja entregue aos credores, observada a ordem de preferência legal? (EREsp nº 536033/RS, Corte Especial, Relª Minª Eliana Calmon, DJ de 09/02/2005). 5. Com a ressalva de meu ponto de vista, homenageio, em nome da segurança jurídica, o posicionamento do STJ. 6. Agravo regimental provido. Na sequência, nega-se provimento ao recurso especial (AgRg no REsp. 815.161/SP, Rel. Min. JOSÉ DELGADO, DJ 22.5.2006, p. 174). 7. Diante do exposto, dá-se provimento ao Recurso Especial da FAZENDA NACIONAL. 8. Publique-se. Intimações necessárias. Brasília (DF), 1º de agosto de 2019. NAPOLEÃO NUNES MAIA FILHO MINISTRO RELATOR (STJ - REsp: 1527400 PR 2015/0092667-2, Rel. Min. Napoleão Nunes Maia Filho, Data de Publicação: *DJ* 05.08.2019).

Com isso, a Fazenda Pública não pode sequer requerer a falência do devedor por ausência de interesse de agir, uma vez que, decretada a falência, o fisco vai se submeter ao concurso de credores. Vejamos:

JURISPRUDÊNCIA

> PROCESSO CIVIL – PEDIDO DE FALÊNCIA FORMULADO PELA FAZENDA PÚBLICA COM BASE EM CRÉDITO FISCAL – ILEGITIMIDADE – FALTA DE INTERESSE – DOUTRINA – RECURSO DESACOLHIDO. I – Sem embargo dos respeitáveis fundamentos em sentido contrário, a Segunda Seção decidiu adotar o entendimento de que a Fazenda Pública não tem legitimidade, e nem interesse de agir, para requerer a falência do devedor fiscal. II – Na linha da legislação tributária e da doutrina especializada, a cobrança do tributo é atividade vinculada, devendo o fisco utilizar-se do instrumento afetado pela lei à satisfação do crédito tributário, a execução fiscal, que goza de especificidades e privilégios, não lhe sendo facultado pleitear a falência do devedor com base em tais créditos (STJ – REsp. 164389/MG, 1998/0010726-6, Rel. Min. Castro Filho, Data de Julgamento: 13.08.2003, S2 – Segunda Seção, Data de Publicação: *DJ* 16.08.2004, p. 130).

No entanto, a 1ª Câmara de Direito Empresarial do Tribunal de Justiça do Estado de São Paulo (TJ-SP) admitiu o pedido de falência pelo poder público, ementado da seguinte forma:

JURISPRUDÊNCIA

> FALÊNCIA – PEDIDO FORMULADO PELA UNIÃO FEDERAL – SENTENÇA QUE INDEFERIU A PETIÇÃO INICIAL E JULGOU EXTINTO O FEITO, SEM JULGAMENTO DO MÉRITO, POR FALTA DE INTERESSE DE AGIR DA FAZENDA PÚBLICA – HIPÓTESE DE ANULAÇÃO – PEDIDO DE FALÊNCIA COM BASE NO ART. 94, II, DA LEI Nº 11.101/05 –. CASO CONCRETO EM QUE RESTOU FRUSTRADA A EXECUÇÃO FISCAL – ESGOTAMENTO DOS MEIOS DISPONÍVEIS À UNIÃO PARA SATISFAÇÃO DO CRÉDITO – INTERESSE DE AGIR – HIPÓTESE QUE NÃO CONFIGURA VIOLAÇÃO AOS PRINCÍPIOS DA IMPESSOALIDADE E DA PRESERVAÇÃO DA EMPRESA – EFEITOS DE EVENTUAL DECRETAÇÃO DE FALÊNCIA RELEVANTES PARA A PRESERVAÇÃO DA LIVRE-CONCORRÊNCIA, EM COMBATE AOS AGENTES ECONÔMICOS NOCIVOS AO MERCADO – FAZENDA PÚBLICA QUE SE SUBMETE AO CONCURSO MATERIAL DE CREDORES, E, PORTANTO, TAMBÉM TEM INTERESSE NO PEDIDO DE QUEBRA – APELAÇÃO PROVIDA PARA ANULAR A SENTENÇA (TJ-SP – Apelação Cível 1001975-61.2019.8.26.0491, Rel. Des. Alexandre Lazzarini, 1ª Câmara de Direito Empresarial, j. 16.07.2020).

Trata-se de uma importante decisão que deverá ser analisada pelo STJ, sobretudo se considerarmos todas as preferências materiais e processuais que detém a Fazenda Pública. Entendemos, *data venia*, que não há fundamentos ou interesse de agir para o requerimento de falência pela Fazenda Pública, que deveria, inclusive, prezar pela continuidade da atividade e não pela sua quebra.

Na sequência, resta claro que o fisco não é obrigado a se habilitar na falência para satisfação do seu crédito e menos ainda se sujeitar ao concurso de credores, cabendo a utilização do rito processual da execução fiscal, que deverá ser proposta normalmente com o objetivo de satisfazer do crédito tributário em cobrança.

Assim, apesar de a Fazenda não estar obrigada à habilitação na falência, poderá fazê-lo, cabendo, nesse caso, a desistência da execução fiscal tendo em vista a impossibilidade de manutenção de dupla garantia, conforme posicionamento do STJ.

JURISPRUDÊNCIA

> RECURSO ESPECIAL – HABILITAÇÃO DE CRÉDITO NA FALÊNCIA – CRÉDITO TRIBUTÁRIO CONSIDERADO PRESCRITO.
>
> 1. O crédito tributário prefere a qualquer outro, seja qual for sua natureza ou o tempo de sua constituição, ressalvados os créditos decorrentes da legislação do trabalho ou do acidente de trabalho e, no caso de devedor falido, os créditos extraconcursais, as importâncias passíveis de restituição e os créditos com garantia real, no limite do valor do bem gravado (artigo 186 do CTN).
>
> 2. Sob tal perspectiva, o artigo 187 do mesmo diploma – assim como a Lei de Execução Fiscal (Lei 6.830/80, artigo 29) – dispõe que a cobrança judicial do crédito tributário não é sujeita a concurso de credores ou habilitação em falência, recuperação judicial, liquidação, inventário ou arrolamento.
>
> 3. Nesse contexto, os créditos tributários não se submetem ao concurso formal (ou processual) instaurado com a decretação da falência ou com o deferimento da recuperação judicial, vale dizer, não se subordinam à *vis attractiva* (força atrativa) do Juízo falimentar ou recuperacional, motivo pelo qual as execuções fiscais devem ter curso normal nos juízos competentes (artigo 76 da Lei 11.101/2005).
>
> 4. De outro vértice, os credores tributários sujeitam-se ao concurso material (ou obrigacional) decorrente da falência ou da recuperação judicial, pois deverão ser respeitadas as preferências, por exemplo, dos créditos trabalhistas e daqueles com garantia real, sem olvidar-se do pagamento prioritário dos créditos extraconcursais e das importâncias passíveis de restituição.
>
> 5. Malgrado a prerrogativa de cobrança do crédito tributário via execução fiscal, inexiste óbice para que o **Fisco** (no exercício de juízo de conveniência e oportunidade) venha a requerer a **habilitação** de seus créditos nos autos do procedimento falimentar, submetendo-se à **ordem de pagamento** prevista na Lei 11.101/2005, o que implicará **renúncia** a utilizar-se do rito previsto na Lei 6.830/80, ante o descabimento de garantia dúplice (...) (REsp. 1466200/SP – *DJe* 12.02.2019).

A falência posterior à execução fiscal não impede a continuidade do processo, mas também determina que o produto da alienação de bens penhorados seja remetido ao juízo da falência. Vejamos o posicionamento do STJ:

JURISPRUDÊNCIA

> PROCESSUAL CIVIL – RECURSO ESPECIAL – TRIBUTÁRIO – EXECUÇÃO FISCAL – PRODUTO DA ALIENAÇÃO DOS BENS PENHORADOS – REMESSA AO JUÍZO UNIVERSAL DA FALÊNCIA. 1. A Corte Especial/STJ firmou orientação no sentido de que a falência superveniente do devedor não paralisa o processo de execução fiscal, tampouco implica a desconstituição das penhoras já realizadas. Contudo, o produto da alienação dos bens penhorados deve ser remetido ao juízo universal

da falência, para que a satisfação dos créditos obedeça à ordem de preferência legal (STJ – REsp. 766426/SP, 2005/0115080-6, 1ª Turma, Rel. Min. Denise Arruda, j. 18.03.2008, *DJ* 28.04.2008, p. 1).

No Informativo 762, o STJ entendeu que "o Juízo da Recuperação Judicial não pode anular ou simplesmente desconsiderar ou suspender os atos de constrição determinados pelo Juízo da Execução Fiscal, porque o novo regramento da questão exige dele postura proativa, cooperativa, que também contemple os interesses da Fazenda Pública, somente se opondo aos atos constritivos de forma fundamentada e razoável".

Assim, a substituição do objeto da constrição ou da forma satisfativa compete ao juízo da recuperação judicial, enquanto os atos constritivos, sem alienação, ao juízo da execução fiscal.

Na forma do parágrafo único do art. 187 do CTN, bem como no art. 29 da Lei de Execuções Fiscais, estava prevista a preferência da União na cobrança dos créditos tributários. Tal dispositivo foi declarado como não recepcionado pelo STF no julgamento da ADPF nº 357/DF:

JURISPRUDÊNCIA

> ARGUIÇÃO DE DESCUMPRIMENTO DE PRECEITO FUNDAMENTAL. CONSTITUCIONAL. TRIBUTÁRIO. PARÁGRAFO ÚNICO DO ART. 187 DO CÓDIGO TRIBUTÁRIO NACIONAL. PARÁGRAFO ÚNICO DO ART. 29 DA LEI N. 6.830/1980. CONCURSO DE PREFERÊNCIA ENTRE OS ENTES FEDERADOS NA COBRANÇA JUDICIAL DOS CRÉDITOS TRIBUTÁRIOS E NÃO TRIBUTÁRIOS. INCOMPATIBILIDADE DAS NORMAS IMPUGNADAS COM A CONSTITUIÇÃO DA REPÚBLICA DE 1988. AFRONTA AO INC. III DO ART. 19 DA CONSTITUIÇÃO. ARGUIÇÃO JULGADA PROCEDENTE. 1. A arguição de descumprimento de preceito fundamental viabiliza a análise de constitucionalidade de normas legais pré-constitucionais insuscetíveis de conhecimento em ação direta de inconstitucionalidade. Precedentes. 2. A autonomia dos entes federados e a isonomia que deve prevalecer entre eles, respeitadas as competências estabelecidas pela Constituição, é fundamento da Federação. O federalismo de cooperação e de equilíbrio posto na Constituição da República de 1988 não legitima distinções entre os entes federados por norma infraconstitucional. 3. A definição de hierarquia na cobrança judicial dos créditos da dívida pública da União aos Estados e Distrito Federal e esses aos Municípios descumpre o princípio federativo e contraria o inc. III do art. 19 da Constituição da República de 1988. 4. Cancelamento da Súmula n. 563 deste Supremo Tribunal editada com base na Emenda Constitucional n. 1/69 à Carta de 1967. 5. Arguição de descumprimento de preceito fundamental julgada procedente para declarar não recepcionadas pela Constituição da República de 1988 as normas previstas no parágrafo único do art. 187 da Lei n. 5.172/1966 (Código Tributário Nacional) e no parágrafo único do art. 29 da Lei n. 6.830/1980 (Lei de Execuções Fiscais). (STF, ADPF 357/DF, Rel. Min. Cármen Lúcia, j. 24.06.2021, *DJe* 07.10.2021).

Tal entendimento tem como fundamento o art. 19, III, da Carta, uma vez que a existência de hierarquia entre os entes federados fere a isonomia e o pacto federativo. Em razão da adoção do entendimento *supra*, foi também cancelada a Súmula 563 do STF.

Ocorre que, no tocante às autarquias federais, o STJ editou a Súmula 497, que dispõe que: "Os créditos das autarquias federais preferem aos créditos da Fazenda estadual desde que coexistam penhoras sobre o mesmo bem".

De acordo com esse entendimento, os créditos das autarquias federais prefeririam aos créditos estaduais e municipais, equiparando-se aos créditos de titularidade da União, seguindo a redação do art. 187, parágrafo único, do CTN. No entanto, com o julgamento da ADPF nº 357, a tendência é que a referida súmula seja cancelada, tendo em vista que sua interpretação e consolidação se baseava no entendimento anterior da Corte Superior.

Importante destacar que a **extinção das obrigações** do falido somente é possível após a comprovação de quitação dos tributos, na forma do art. 191 do CTN. Assim, a exigência de **certidão negativa** de débitos tributários é **imprescindível** para que o falido seja liberado de suas obrigações. Parece óbvio o previsto no dispositivo em análise, mas não podemos nos esquecer de que a cobrança do crédito não está submetida ao juízo da falência. Com isso, com o objetivo de evitar fraudes, para que as obrigações do falido sejam extintas, deve ser apresentada a respectiva certidão negativa de débitos fiscais.

Já o art. 191-A determina que a concessão da recuperação judicial somente é possível após a prova de **quitação dos tributos**. O dispositivo é objeto de duras críticas por parte da doutrina, uma vez que ele praticamente inviabiliza o deferimento da recuperação judicial, posto que as dívidas de grande monta da empresa em vias de falência são, em verdade, créditos tributários.

O Professor Ives Gandra Martins aborda o assunto:

Ora, se a recuperação judicial teve por objeto amparar as empresas em dificuldades, para que continuassem produtivas, assegurando empregos e recolhimento de tributos, tal exigência de certidões negativas é incompatível com a finalidade da norma legal.

De fato, é absurdo impedir o deferimento de recuperação judicial com base na existência de créditos tributários em aberto, caracterizando uma sanção política para obrigar o contribuinte a pagar o tributo. Nesse sentido, Hugo de Brito Machado:

Sabemos todos que os que necessitam da recuperação judicial estão em dificuldades financeiras. Sabemos também que as empresas em dificuldade financeira geralmente devem tributos. É evidente, portanto, que colocar a concessão de recuperação judicial na dependência da prova de quitação de todos os tributos como prescreve o art. 191-A (...) é inviabilizar inteiramente o exercício do direito à recuperação judicial. (...) Nada justifica, portanto, a colocação desse colossal obstáculo ao exercício do direito à recuperação judicial. É flagrante, portanto, a irrazoabilidade desse obstáculo configurado pela exigência da prova de quitação de todos os tributos.

Com o objetivo de dar efetividade à possibilidade de concessão de recuperação judicial às empresas devedoras de tributos, foi editada a Lei 13.043/2014, que instituiu um parcelamento de dívidas fiscais no âmbito federal, especialmente para as sociedades em recuperação judicial. Tal situação é favorável, tendo em vista que a exigência da certidão de regularidade fiscal somente é cabível no momento da concessão da recuperação, e não no ajuizamento da demanda, e, com o parcelamento, fica suspensa a exigibilidade do crédito tributário.

Por fim, importante destacar que a Lei 14.112/2020 trouxe uma alteração relevante para o procedimento de aprovação da recuperação judicial porque com a possibilidade de parcelamento trazida pela alteração legislativa, a apresentação de certidão de regularidade fiscal passa a ser requisito relevante. Isso ocorre porque no art. 57 da referida lei, fica claro que deve ser apresentada a certidão negativa ou positiva com efeitos de negativa, após a juntada aos autos do plano aprovado pela assembleia geral de credores. Caso não seja apresentada a referida certidão, o pedido de recuperação judicial será convolado em falência. Ocorre que, antes das alterações, os juízes de um modo geral rechaçavam a necessidade de certidão por ausência de um procedimento específico na lei de recuperação. Procedimento esse, que agora está presente.

A relativização da exigência, conforme abordado *supra*, cai por terra com a citada nova lei que alterou a legislação falimentar, ao passo que há agora previsão de parcelamento pelo devedor para pagamento de IRPJ e CSLL e ampliação do parcelamento das dívidas com a Fazenda Nacional em até 120 (cento e vinte) parcelas, cabendo, inclusive, a quitação de até 30% da dívida com a utilização de créditos decorrentes de prejuízo fiscal e base negativa da CSLL.

Como se pode ver, a alteração legislativa facilita a negociação de dívidas tributárias da empresa em recuperação com a União Federal, mas joga por terra o argumento do cabimento de prosseguimento da recuperação sem a apresentação de certidões.

📢 DICA

A extinção das obrigações do falido requer prova de quitação de todos os tributos.

PONTOS IMPORTANTES

Garantias – são previsões na legislação que têm como objetivo proteger o crédito tributário.
Privilégios – são previsões que buscam a satisfação do crédito tributário de forma mais eficaz.
Lei que aumenta garantias e privilégios do crédito tributário deverá retroagir.

QUESTÕES DE PROVA

1. (Procurador – 2017 – VUNESP – Prefeitura de São José dos Campos – SP) Nos termos da lei, o crédito tributário prefere a qualquer outro, seja qual for sua natureza ou o tempo de sua constituição, ressalvados os créditos decorrentes da legislação do trabalho ou do acidente do trabalho. Nesse sentido, é correto afirmar que na falência, a multa tributária prefere apenas aos créditos

    (A) com garantia real.
    (B) com privilégio especial.
    (C) com privilégio geral.
    (D) quirografários.
    (E) subordinados.

2. (Procurador Jurídico – 2017 – VUNESP – Câmara de Mogi das Cruzes – SP) Em relação às preferências do crédito tributário, estabelecidas pelo Código Tributário Nacional,

(A) o crédito tributário prefere aos créditos extraconcursais ou às importâncias passíveis de restituição, nos termos da lei falimentar, bem como aos créditos com garantia real, no limite do valor do bem gravado.

(B) são extraconcursais os créditos tributários decorrentes de fatos geradores ocorridos no curso do processo de falência.

(C) a multa tributária prefere apenas aos créditos com garantia real.

(D) são pagos preferencialmente a quaisquer outros, os créditos tributários vencidos, a cargo de pessoas jurídicas de direito público ou privado em liquidação judicial ou voluntária, exigíveis no decurso da liquidação, sendo vedada a cobrança dos créditos vincendos.

(E) é inconstitucional a lei que estabeleça limites e condições para a preferência dos créditos decorrentes da legislação do trabalho.

3. (Consultor de Processo Legislativo – 2016 – FCC – AL-MS) Sobre as garantias e privilégios do crédito tributário, o Código Tributário Nacional dispõe que

(A) o concurso de preferência somente se verifica entre pessoas jurídicas de direito público, na seguinte ordem: Municípios, Estados, Distrito Federal e União.

(B) a natureza das garantias atribuídas ao crédito tributário altera a natureza deste e da obrigação tributária a que corresponda.

(C) são extraconcursais os créditos tributários decorrentes de fatos geradores ocorridos no curso do processo de falência.

(D) o crédito tributário prefere a qualquer outro, seja qual for sua natureza ou o tempo de sua constituição, sem exceção.

(E) se presume fraudulenta a alienação ou oneração de bens ou rendas, ou seu começo, por sujeito passivo em débito para com a Fazenda Pública, a partir do momento em que o crédito tributário foi formalizado por lançamento tributário.

4. (Auditor Fiscal Tributário da Receita Municipal – 2016 – FGV – Prefeitura de Cuiabá – MT) Sobre as garantias e os privilégios do crédito tributário, assinale a afirmativa correta.

(A) Na falência, o crédito tributário prefere a qualquer outro, seja qual for sua natureza ou o tempo de sua constituição, ressalvados apenas, os créditos extraconcursais ou as importâncias passíveis de restituição, nos termos da lei falimentar, e os créditos com garantia real, no limite do valor do bem gravado.

(B) Presume-se fraudulenta a alienação ou oneração de bens ou rendas, por sujeito passivo em débito para com a Fazenda Pública, por crédito tributário regularmente inscrito em dívida ativa.

(C) O juiz pode determinar a indisponibilidade de bens e direitos do executado antes da sua citação, como forma de assegurar a garantia do juízo na execução fiscal.

(D) A cobrança judicial do crédito tributário está sujeita à habilitação em falência e recuperação judicial.

(E) Na falência, a multa tributária prefere apenas aos créditos subordinados e quirografários.

CAP. 10 • GARANTIAS E PRIVILÉGIOS DO CRÉDITO TRIBUTÁRIO | **383**

5. (Procurador da Procuradoria Especial – 2015 – FCC – TCM-RJ) Sobre as garantias e privilégios do crédito tributário, considere:

I – Existe presunção *iure et iure* de fraude à execução a alienação de bens após a citação do devedor no processo de execução fiscal.

II – A penhora de bem imóvel em sede de execução fiscal por débito tributário federal gera a indisponibilidade deste bem imóvel.

III – O crédito tributário não prefere aos créditos extraconcursais, mas se decorrente de fato gerador ocorrido no curso do processo de falência são considerados extraconcursais.

IV – As multas tributárias não gozam da mesma preferência do crédito decorrente do tributo, ficando em último lugar, após os créditos quirografários.

Está correto o que se afirma APENAS em

(A) I e II.

(B) III e IV.

(C) I, II e III.

(D) I, III e IV.

(E) II, III e IV.

6. (Analista Judiciário – Judiciária – 2018 – CESPE – STJ) Julgue o item que se segue, a respeito das disposições do Código Tributário Nacional (CTN).

As garantias do crédito tributário estão taxativamente previstas no CTN.
( ) Certo ( ) Errado

7. (Delegado de Polícia Civil – 2018 – NUCEPE – PC-PI) Considerando o previsto no Código Tributário Nacional sobre as garantias e privilégios do crédito tributário, assinale a alternativa CORRETA.

(A) Responde pelo pagamento do crédito tributário a totalidade dos bens e das rendas, de qualquer origem ou natureza, do sujeito passivo, seu espólio ou sua massa falida, ressalvados apenas os gravados por cláusula de inalienabilidade ou impenhorabilidade.

(B) Presume-se fraudulenta a alienação ou oneração de bens ou rendas, ou seu começo, por sujeito passivo em débito para com a Fazenda Pública, por crédito tributário regularmente inscrito como dívida ativa, salvo se houverem sido reservados, pelo devedor, bens ou rendas suficientes ao total pagamento da dívida inscrita.

(C) A enumeração das garantias e privilégios contidas no Código Tributário Nacional tem caráter exaustivo, sendo vedada, ainda que por lei, a criação de outras.

(D) O crédito tributário prefere sempre a qualquer outro, seja qual for sua natureza ou o tempo de sua constituição, ressalvados, unicamente, os créditos decorrentes da legislação do trabalho ou do acidente de trabalho.

(E) São extraconcursais os créditos tributários decorrentes de fatos geradores ocorridos antes do processo de falência, e concursais os créditos tributários decorrentes de fatos geradores ocorridos no curso do processo de falência.

8. (Juiz Substituto – 2017 – VUNESP – TJSP) A alienação ou oneração de bens imóveis presume-se em fraude à execução em relação à Fazenda Pública a partir

(A) do protesto da Certidão da Dívida Ativa.

(B) da inscrição do débito tributário na Dívida Ativa.

(C) do ajuizamento da ação de execução fiscal.

(D) do despacho que ordenou a citação do executado.

9. (Procurador – 2016 – VUNESP – IPSMI) De acordo com o Código Tributário Nacional (CTN), presume-se fraudulenta a alienação ou oneração de bens ou rendas, ou seu começo, por sujeito passivo em débito para com a Fazenda Pública, por crédito tributário

(A) regularmente inscrito como dívida ativa.

(B) devidamente constituído, mesmo que não inscrito na dívida ativa.

(C) em fase de constituição, mesmo que não inscrito na dívida ativa.

(D) regularmente inscrito como dívida ativa em fase de execução.

(E) não pago na data do seu vencimento.

10. (Juiz Substituto – 2016 – VUNESP – TJRJ) No tocante às garantias e privilégios do crédito tributário, é correto afirmar que

(A) a natureza das garantias atribuídas ao crédito tributário altera a natureza deste e a da obrigação tributária a que corresponda.

(B) na falência, o crédito tributário prefere aos créditos extraconcursais e aos créditos com garantia real.

(C) a multa tributária, no processo falimentar, prefere apenas aos créditos quirografários.

(D) responde pelo crédito tributário a totalidade dos bens e das rendas, de qualquer origem ou natureza, do sujeito passivo, excetuados os gravados com cláusula de impenhorabilidade.

(E) a extinção das obrigações do falido requer prova de quitação de todos os tributos.

Gabarito	
1	E
2	B
3	C
4	B
5	E
6	Errado
7	B
8	B
9	A
10	E

11

ADMINISTRAÇÃO TRIBUTÁRIA

A administração tributária tem fundamento na Constituição, sobretudo porque é por meio da arrecadação que o Estado existe, podendo entregar a toda a população o mínimo existencial.

Assim, com o objetivo de fortalecer a atividade fiscalizatória, combater a sonegação e fomentar a arrecadação, prevê o art. 37 da CRFB:

Art. 37. A administração pública direta e indireta de qualquer dos Poderes da União, dos Estados, do Distrito Federal e dos Municípios obedecerá aos princípios de legalidade, impessoalidade, moralidade, publicidade e eficiência e, também, ao seguinte: (Redação dada pela Emenda Constitucional nº 19, de 1998.)

(...)

XVIII – a administração fazendária e seus servidores fiscais terão, dentro de suas áreas de competência e jurisdição, precedência sobre os demais setores administrativos, na forma da lei;

(...)

XXII – as administrações tributárias da União, dos Estados, do Distrito Federal e dos Municípios, atividades essenciais ao funcionamento do Estado, exercidas por servidores de carreiras específicas, terão recursos prioritários para a realização de suas atividades e atuarão de forma integrada, inclusive com o compartilhamento de cadastros e de informações fiscais, na forma da lei ou convênio. (Incluído pela Emenda Constitucional nº 42, de 19.12.2003.)

Como se pode ver, a administração fazendária tem precedência sobre os demais setores administrativos e tem recursos prioritários para o exercício da fiscalização. A lógica constitucional é simples: quanto mais eficiente a administração tributária maior será a arrecadação. Desse modo, devem estar integradas as atividades de fiscalização dos entes federados, de modo a aumentar a efetividade de sua atuação.

A avaliação de desempenho das administrações tributárias de todas as esferas é de competência privativa do Senado Federal, conforme disposto no art. 52 da CRFB:

Art. 52. Compete privativamente ao Senado Federal:

(...)

XV – avaliar periodicamente a funcionalidade do Sistema Tributário Nacional, em sua estrutura e seus componentes, e o desempenho das administrações tributárias da

União, dos Estados e do Distrito Federal e dos Municípios. (Incluído pela Emenda Constitucional nº 42, de 19.12.2003.)

Como se não bastasse, a fiscalização e o controle do comércio exterior são exercidas pelo Ministério da Fazenda, conforme o art. 237 da CRFB.

Art. 237. A fiscalização e o controle sobre o comércio exterior, essenciais à defesa dos interesses fazendários nacionais, serão exercidos pelo Ministério da Fazenda.

Como se pode ver, a arrecadação tem, acima de tudo, a função de manutenção e proteção da justiça fiscal, ao passo que a sonegação fiscal e outros instrumentos ilícitos de redução de carga tributária causam descompasso econômico e prejudicam a concorrência entre os integrantes do mercado, prejudicando a economia nacional.

A **atribuição** das **autoridades administrativas** em matéria de fiscalização é regulada pela legislação tributária, sendo, portanto, indispensável, que a fiscalização seja feita por pessoas às quais a legislação atribua competência para tanto, em caráter geral, ou especificadamente, em função do tributo objeto da fiscalização. Com isso, a fiscalização somente poderá ser realizada pela autoridade fiscal competente, conforme determinado pela legislação tributária.

O STJ, no julgamento do EREsp 1.571.933/SC, entendeu que o SENAI possui autonomia para fiscalizar e cobrar contribuição adicional, seguindo a Solução de Consulta 66 DISIT/SRRF04. Assim, no tocante a tais contribuições, não cabe à Receita Federal a fiscalização e constituição do crédito tributário, mas sim ao próprio SENAI.

A Emenda Constitucional 132/2023 trouxe uma importante alteração, a reunião do ICMS e do ISS no IBS, que será o IVA subnacional cuja competência será compartilhada.

Entretanto, a capacidade será exercida pelo Comitê Gestor, que deverá ter suas regras previstas em lei complementar. De acordo com o texto da emenda, as administrações tributárias e procuradorias dos Estados, do Distrito Federal e dos Municípios, poderão definir as hipóteses de delegação ou de compartilhamento de competências, cabendo ao Comitê Gestor a coordenação dessas atividades administrativas com o objetivo de integrar os entes federativos.

Assim, caberá à lei complementar prever as regras gerais acerca dessa capacidade compartilhada, com o objetivo de evitar a sobreposição de atividades.

Ademais, as competências exclusivas das carreiras da administração tributária e das procuradorias dos Estados, do Distrito Federal e dos Municípios serão exercidas, no Comitê Gestor e na representação deste, por servidores das referidas carreiras, na forma da lei complementar.

Por fim, caberá também à lei complementar estabelecer a estrutura e a gestão do Comitê Gestor, restando ao regimento interno dispor sobre sua organização e funcionamento, sendo afastada, nesse caso, a reserva de lei complementar. Como se pode ver, a administração do IBS será compartilhada entre os entes federados por meio do Comitê Gestor.

É importante destacar que, mesmo que o sujeito passivo do crédito tributário seja **imune** ou **isento**, as obrigações acessórias não ficam dispensadas, e tais pessoas também estão sujeitas à fiscalização, que não pode ser inibida ou dispensada em qualquer hipótese.

A administração tributária deve ter amplo acesso às informações do sujeito passivo do crédito tributário, podendo obter acesso aos documentos fiscais e às informações contábeis que sejam objeto da fiscalização.

 DICA

O poder de fiscalização das autoridades administrativas relacionado à cobrança de tributos aplica-se também àquelas pessoas que gozem de imunidade tributária ou de isenção pessoal.

Por outro lado, há **limites** que são impostos à fiscalização, que deve respeitar os direitos e as garantias fundamentais do contribuinte. Tais limites ficam claros, por exemplo, nas Súmulas 70, 323, 439 e 547 do STF.

Vejamos o teor da Súmula 70, que determina que "É inadmissível a interdição de estabelecimento como meio coercitivo para cobrança de tributo".

Percebe-se pelo teor da súmula que devem ser respeitadas a **livre-concorrência** e a **continuidade da empresa**, garantindo a regra constitucional prevista no art. 170 da Carta. Ademais, a interdição do estabelecimento é caracterizada como meio indireto para cobrança no tributo, o que é vedado em nosso ordenamento jurídico, uma vez que o fisco tem a seu favor um rito processual mais célere e favorável para a satisfação do crédito tributário, que é a Lei 6.830/1980, Lei de Execuções Fiscais (LEF).

Outrossim, é indevida a apreensão de mercadorias para obrigar o contribuinte a pagar o tributo, na forma da Súmula 323 do STF: "É inadmissível a apreensão de mercadorias como meio coercitivo para pagamento de tributos", o que caracteriza mais uma limitação relevante à atividade de fiscalização.

A **Constituição Tributária** garante o direito à livre locomoção, vedando que tributos impeçam a garantia fundamental de ir, vir e permanecer em tempos de paz, ressalvada a cobrança de pedágio. Com isso, não é cabível a apreensão de mercadorias com o objetivo de obrigar o contribuinte a quitar o tributo, cabendo mandado de segurança para efetivar o direito à liberdade de tráfego.

Por outro lado, o STF decidiu, no julgamento do RE 1090591, tema 1.042 da repercussão geral, que é "É constitucional vincular o despacho aduaneiro ao recolhimento de diferença tributária apurada mediante arbitramento da autoridade fiscal".

No caso concreto analisado pelo STF, a Receita Federal realizou a retenção de mercadorias importadas sob alegação de subfaturamento, ou seja, o valor declarado pelo importador estaria inferior ao valor real das mercadorias, reduzindo, por via de consequência, os tributos incidentes na operação. Assim, somente seria liberada a carga se efetivado o pagamento do tributo e multas respectivas ou efetivado o depósito em garantia.

O STF, então, entendeu que não se trata de retenção de mercadoria, mas, sim, exigência de pagamento do tributo e multas como requisito para o desembaraço aduaneiro da carga. Com isso, o STF entendeu que não se aplica a sua Súmula 323 no caso de mercadoria importada do exterior, pois o requisito para o desembaraço é o pagamento de tributo e multas. Entretanto, nas hipóteses de barreiras fiscais internas, a retenção de mercadorias para obrigar o contribuinte a recolher o tributo é indevida, sendo cabível somente na hipótese de suspeita de prática criminosa. Com isso, na hipótese de ausência de recolhimento do tributo, não cabe a retenção de mercadorias, mas sim a lavratura do respectivo auto de infração e liberação da carga.

Ademais, todos os livros comerciais estão sujeitos à fiscalização, que não pode extrapolar o objeto do procedimento fiscalizatório, conforme teor da Súmula 439 do STF, que dispõe que "Estão sujeitos à fiscalização tributária ou previdenciária quaisquer livros comerciais, limitado o exame aos pontos objeto da investigação".

Assim, fiscalização pode verificar todos os livros fiscais e obrigações acessórias do sujeito passivo do crédito tributário, desde que de acordo com o objeto da fiscalização. O contribuinte pode, legitimamente, negar-se a entregar documentos que não sejam atinentes ao objeto investigado pela autoridade fiscal. Entretanto, será obrigado a entregar todos os livros e documentos de que dispuser e estejam relacionados com o procedimento investigatório sob pena de caracterizar embaraço à fiscalização. Na esfera federal, poderá ser determinado procedimento especial, conforme previsto no art. 33 da Lei 9.430/1996:

> Art. 33. A Secretaria da Receita Federal pode determinar regime especial para cumprimento de obrigações, pelo sujeito passivo, nas seguintes hipóteses:
>
> I – embaraço à fiscalização, caracterizado pela negativa não justificada de exibição de livros e documentos em que se assente a escrituração das atividades do sujeito passivo, bem como pelo não fornecimento de informações sobre bens, movimentação financeira, negócio ou atividade, próprios ou de terceiros, quando intimado, e demais hipóteses que autorizam a requisição do auxílio da força pública, nos termos do art. 200 da Lei nº 5.172, de 25 de outubro de 1966;
>
> II – resistência à fiscalização, caracterizada pela negativa de acesso ao estabelecimento, ao domicílio fiscal ou a qualquer outro local onde se desenvolvam as atividades do sujeito passivo, ou se encontrem bens de sua posse ou propriedade;
>
> III – evidências de que a pessoa jurídica esteja constituída por interpostas pessoas que não sejam os verdadeiros sócios ou acionistas, ou o titular, no caso de firma individual;
>
> IV – realização de operações sujeitas à incidência tributária, sem a devida inscrição no cadastro de contribuintes apropriado;
>
> V – prática reiterada de infração da legislação tributária;
>
> VI – comercialização de mercadorias com evidências de contrabando ou descaminho;
>
> VII – incidência em conduta que enseje representação criminal, nos termos da legislação que rege os crimes contra a ordem tributária.

Dessa forma, resta claro que deve o contribuinte ou responsável fiscalizado colaborar com a administração tributária.

Como se não bastasse, o contribuinte não pode ser impedido de praticar os atos administrativos necessários ao bom exercício da sua atividade econômica ou profissional, a teor da Súmula 547 do STF, que dispõe que "não é lícito a autoridade proibir que o contribuinte em débito adquira estampilhas, despache mercadorias nas alfândegas e exerça suas atividades profissionais".

Mais uma vez, o STF firma posicionamento no sentido da liberdade e continuidade da atividade econômica, não cabendo a interferência do fisco. Sacha Calmon Navarro Coêlho aborda o assunto:

> (...) O Fisco não pode promover "devassas". Primeiro tem que delimitar a que veio, documentalmente, de modo que o contribuinte fiscalizado possa franquear-lhe os livros pertinentes. Oficialidade, vinculação à lei, razoabilidade, polidez, lealdade, são absolutamente necessários à ação fiscal, desde o início, sob pena de nulidade dos atos administrativos, responsabilização civil do estado e enquadramento criminal dos agentes fiscais responsáveis pelo ilícito, sem prejuízo do competente inquérito administrativo.[1]

Importante frisar que também há disposições no CC que determinam a necessidade de manutenção e guarda da escrituração da empresa. Vejamos:

> Art. 1.193. As restrições estabelecidas neste Capítulo ao exame da escrituração, em parte ou por inteiro, não se aplicam às autoridades fazendárias, no exercício da fiscalização do pagamento de impostos, nos termos estritos das respectivas leis especiais.
>
> Art. 1.194. O empresário e a sociedade empresária são obrigados a conservar em boa guarda toda a escrituração, correspondência e mais papéis concernentes à sua atividade, enquanto não ocorrer prescrição ou decadência no tocante aos atos neles consignados.

O CTN confirma tal tratamento para o Direito Tributário:

> Art. 195. Para os efeitos da legislação tributária, não têm aplicação quaisquer disposições legais excludentes ou limitativas do direito de examinar mercadorias, livros, arquivos, documentos, papéis e efeitos comerciais ou fiscais, dos comerciantes industriais ou produtores, ou da obrigação destes de exibi-los.
>
> Parágrafo único. Os livros obrigatórios de escrituração comercial e fiscal e os comprovantes dos lançamentos neles efetuados serão conservados até que ocorra a prescrição dos créditos tributários decorrentes das operações a que se refiram.

Como se não bastasse, a apreensão de documentos pela autoridade fiscal independe de autorização judicial, ao passo que são documentos obrigatórios que têm de ser entregues à autoridade fiscal, que podem comprovar a situação real da pessoa fiscalizada. Não é diferente o posicionamento do STJ:

JURISPRUDÊNCIA

APELAÇÃO CÍVEL – ANULATÓRIA DE DÉBITO FISCAL – AUSÊNCIA DE ILEGALIDADE NO PROCEDIMENTO ADMINISTRATIVO TRIBUTÁRIO – AUTO DE INFRAÇÃO – REGULARIDADE – LAVRATURA DO TERMO DE INÍCIO DE FISCALIZAÇÃO – DESNECESSIDADE

---

[1] COÊLHO, Sacha Calmon Navarro. *Curso de Direito Tributário Brasileiro*. 11. ed. Rio de Janeiro: Forense, 2011. p. 766.

– APREENSÃO DE DOCUMENTOS FISCAIS SEM MANDADO JUDICIAL – POSSIBILI-DADE. DESPROVIMENTO.

1. Não há nulidade na lavratura do auto de infração que se reveste dos requisitos necessários para atender exigência da legislação.

2. Rejeita-se a alegação de vício por insegurança na determinação e motivação da infração, em face os documentos que garantem a integridade e origem das informações da ação fiscal realizada no estabelecimento empresarial, pautando, a autoridade fiscalizadora, em elementos suficientes para comprovar a exigibilidade tributária.

3. Ao Fisco estadual é autorizada a entrada na sede de empresa sob fiscalização, a fim de verificar o cumprimento de obrigações tributárias, cabendo ao contribuinte submeter-se ao procedimento (obrigação tributária acessória). Nesta hipótese poderão os agentes públicos exigir a apresentação de determinados documentos fiscais ou proceder à imediata apreensão, independentemente de autorização judicial (presunção de legitimidade), sem implicar prejuízo à proteção ao domicílio ou ao sigilo de dados, nos termos dos artigos 195 e 198 do Código Tributário Nacional. Precedentes.

4. Apelo desprovido.

5. Honorários majorados em grau recursal (TJ-GO – 01758000920138090051, 4ª Câmara Cível, Rel. Beatriz Figueiredo Franco, Data de Julgamento: 20.09.2019, Data de Publicação: *DJ* de 20.09.2019).

Ademais, o procedimento de fiscalização deve ser informado pelos princípios gerais aplicáveis à administração pública, entre eles a legalidade, a impessoalidade, a moralidade, a publicidade e a eficiência. Contudo, especificamente ao procedimento fiscal, deve ser respeitado também o princípio documental.

O art. 196 do CTN aborda o princípio documental, que exige a formalização dos atos praticados durante a fiscalização. Vejamos o que diz Luciano Amaro: "O princípio documental informa o procedimento fiscal. As diligências e investigações desenvolvidas pelas autoridades fiscais devem ser reduzidas a escrito e ordenadas logicamente".[2]

A segurança jurídica é resguardada pelo princípio documental, pois somente as informações escritas que terão validade jurídica durante a fiscalização.

Além disso, desde a edição da LC 105/2001, a Receita Federal do Brasil tem adotado um expediente no mínimo absurdo em seus atos fiscalizatórios: a quebra do **sigilo bancário** do contribuinte sem prévia autorização judicial. Todavia, apesar de entendermos dessa forma, o STF já se manifestou pela constitucionalidade, conforme será visto, de modo que é possível a transferência do sigilo bancário da instituição financeira para o fisco.

As instituições que são obrigadas a prestar tais informações são muitas, conforme previsto no art. 1º, § 1º, da referida lei complementar, entre elas bancos, corretoras de câmbio, sociedades de crédito, administradoras de cartão de crédito, sociedades de arrendamento mercantil, cooperativas de crédito, associações de poupança e empréstimo, bolsas de valores e de mercadorias e futuros, por exemplo. Frise-se que o conceito é tão dilatado que até mesmo as empresas de *factoring* estão incluídas na lei.

---

[2] AMARO, Luciano. *Direito Tributário Brasileiro*. 15. ed. São Paulo: Saraiva, 2009. p. 482.

CAP. 11 • ADMINISTRAÇÃO TRIBUTÁRIA | **391**

Acima do sigilo bancário está o direito constitucional a intimidade e privacidade do indivíduo. É teratológica a norma em comento, pois o contribuinte é constrangido por ter suas despesas, seu perfil de consumo e seus hábitos expostos para terceiros sem qualquer fundamento jurídico, mediante uma mera liberalidade da Receita Federal.

Segundo Milton Fernandes, o direito a intimidade é referente ao modo de ser da pessoa, que consiste na exclusão do conhecimento, de outros, de tudo a que ele se refira.[3]

O ordenamento jurídico brasileiro garante o direito à proteção da esfera íntima da pessoa. Vejamos o tratamento constitucional, previsto no art. 5º:

Art. 5º (...)

X – são invioláveis a intimidade, a vida privada, a honra e a imagem das pessoas, assegurado o direito a indenização pelo dano material ou moral decorrente de sua violação.

Assim, estamos diante de uma **garantia constitucional**, que somente poderá ser restringida por decisão judicial fundamentada ou, nas hipóteses previstas no ordenamento jurídico, pelas comissões parlamentares de inquérito.

Antônio Ramos de Vasconcelos aborda o direito à intimidade frente ao sigilo bancário:

(...) a quebra de sigilo bancário, fiscal ou telefônico, atividade que se reveste de extrema gravidade jurídica e cuja prática pressupõe, necessariamente, a competência do órgão judiciário ou legislativo que a determina, só deve ser decretada, e sempre em caráter de excepcionalidade, quando existentes fundados elementos de suspeita que se apoiem em indícios idôneos, reveladores de possível autoria de prática delituosa por parte daquele que sofre a investigação penal, competência realizada pelo Estado. A relevância da garantia do sigilo, que traduz uma das projeções realizadoras do direito à intimidade, impõe, por isso mesmo, cautela e prudência na determinação da ruptura da esfera de intimidade que o ordenamento jurídico, em norma de salvaguarda, pretendeu subordinar a cláusula de reserva constitucional.[4]

Percebe-se de forma clara que a violação do sigilo bancário toca na intimidade do contribuinte, o que somente pode ocorrer em situações extremas, como na investigação da prática criminosa, na persecução penal, que é a *ultima ratio* do Direito.

O envio de informações de depósito por instituições bancárias à Receita Federal de forma indiscriminada, sem autorização judicial, viola a intimidade do indivíduo. Mesmo diante de um ilícito criminal, há necessidade de decisão judicial fundamentada, conforme previsto na Carta Magna.

No entanto, os tribunais superiores têm entendido pelo cabimento da transferência do sigilo administrativamente.

---

[3] FERNANDES, Milton. *Direito à Intimidade*. São Paulo: Saraiva, 1977. p. 99.
[4] VASCONCELOS, Antonio Ramos de. Proteção Constitucional do Sigilo Bancário, Fiscal e Telefônico. *Jurisprudência do Supremo Tribunal Federal*, n. 214, p. 5, 1996.

JURISPRUDÊNCIA

TRIBUTÁRIO E PROCESSUAL CIVIL. VIOLAÇÃO A DISPOSITIVOS CONSTITUCIONAIS. COMPETÊNCIA DO STF. IRPF. EXTRATOS BANCÁRIOS. RENDIMENTOS NÃO JUSTIFICADOS. ARBITRAMENTO. APLICAÇÃO RETROATIVA DO ART. 42 DA LEI N. 9.430/96. IMPOSSIBILIDADE. APLICAÇÃO IMEDIATA DA LEI N. 8.021/90. PRECEDENTES. REEXAME DE PROVAS. SÚMULA 7/STJ. SIGILO BANCÁRIO. APLICAÇÃO RETROATIVA DA LC N. 105/01 E DA LEI N. 10.174/01. POSSIBILIDADE. 1. A apontada inconstitucionalidade da Lei Complementar 105/2001 não foi analisada, porquanto isso implicaria imiscuir na competência reservada ao apelo nobre dirigido ao Excelso Pretório. 2. A jurisprudência da Primeira Turma desta Corte inaugurou novo entendimento sobre o tema, no sentido da inaplicabilidade da Súmula 182/TFR e da possibilidade de autuação do Fisco com base em demonstrativos de movimentação bancária, em decorrência da aplicação imediata da Lei n. 8.021/90 e Lei Complementar n. 105/2001, como exceção ao princípio da irretroatividade tributária. 3. A Lei n. 8.021/90 já albergava a hipótese de lançamento do imposto de renda por arbitramento com base em depósitos ou aplicações bancárias, quando o contribuinte não comprovar a origem dos recursos utilizados nessas operações. 4. Tendo o Tribunal de origem considerado legal o lançamento tributário com base nas provas contidas nos autos, não cabe a esta Corte Superior averiguar se a autuação deu-se com supedâneo apenas em depósitos ou extratos bancários, porquanto implicaria reexame de matéria de fato, o que é incompatível com os limites impostos à via especial, nos termos da Súmula 7/STJ. 5. O Tribunal de origem firmou entendimento no sentido de que a quebra do sigilo bancário, prevista na Lei Complementar n. 105/01 e na Lei n. 10.174/01, não depende de prévia autorização judicial e que é possível sua aplicação, inclusive retroativa. 6. O entendimento está em harmonia com a jurisprudência do STJ, firmada em recurso repetitivo, no julgamento do REsp 1.134.665/SP (*DJe* 16.3.2011), relatoria do Min. Luiz Fux, no sentido de que "as leis tributárias procedimentais ou formais, conducentes à constituição do crédito tributário não alcançado pela decadência, são aplicáveis a fatos pretéritos, razão pela qual a Lei 8.021/90 e a Lei Complementar 105/2001, por envergarem essa natureza, legitimam a atuação fiscalizatória/investigativa da Administração Tributária, ainda que os fatos imponíveis a serem apurados lhes sejam anteriores". Agravo regimental improvido (STJ - AgRg no AREsp: 473896 PR 2014/0028384-0, Relator: Min. Humberto Martins, DJ de 27.03.2014, T2 – 2ª Turma, Data de Publicação: *DJe* 02.04.2014).

O STF, no julgamento do RE 601314, firmou posicionamento no sentido da **constitucionalidade** da transferência de sigilo bancário sem autorização judicial, tendo em vista que o auditor fiscal não pode divulgar as informações dos contribuintes obtidas durante o procedimento fiscal, o que garantiria o **sigilo** e a **privacidade**. Assim, o sigilo é transferido da instituição financeira para a autoridade fiscal que não poderá, por vedação legal, divulgar as informações obtidas durante o procedimento de fiscalização.

Não é diferente o posicionamento do CARF. Ao analisar a possibilidade de quebra do sigilo fiscal para comprovação de omissão de receitas, o Conselho entendeu que, se ao contribuinte foi oportunizado entregar as informações solicitadas e ele não o fez, resta claro o embaraço à fiscalização.

JURISPRUDÊNCIA

> ASSUNTO: NORMAS GERAIS DE DIREITO TRIBUTÁRIO Ano-calendário: 200 – SIGILO BANCÁRIO – DESCUMPRIMENTO REITERADO DAS INTIMAÇÕES. INDISPENSABILIDADE DAS INFORMAÇÕES – RMF. POSSIBILIDADE.
> Os extratos e documentos bancários da sociedade empresária são meros documentos de suporte da escrita contábil. Desta forma, a contribuinte tem o dever jurídico de mantê-los em boa ordem e apresentá-los à fiscalização. Na espécie, o descumprimento reiterado e injustificado das intimações configurou embaraço à fiscalização nos termos do artigo 33 da Lei nº 9.430/1996 e possibilitou a aplicação do artigo 6º da Lei Complementar nº 105/2001, conforme remissão expressa do artigo 3º, VII, do Decreto nº 3.724/2001 (Processo 10240.001712/2007-51, Ac. 1401-004.480 – Sessão: 15.07.2020).

O STF voltou a analisar o assunto no julgamento do RE 1055941 e adotou o posicionamento no sentido de que, além de possível a obtenção de informações pela Receita Federal, é possível o compartilhamento com o Ministério Público das informações obtidas no curso do procedimento fiscalizatório. Vejamos o teor do tema 990 da repercussão geral:

> Tema 990 – Possibilidade de compartilhamento com o Ministério Público, para fins penais, dos dados bancários e fiscais do contribuinte, obtidos pela Receita Federal no legítimo exercício de seu dever de fiscalizar, sem autorização prévia do Poder Judiciário.

Percebe-se uma extensão do posicionamento adotado em 2016, permitindo a utilização das informações obtidas pela fiscalização pelos órgãos de persecução criminal.

Outro ponto relevante que deve ser destacado é o **sigilo profissional**, que deve ser respeitado. Algumas profissões exercem atividades que são sigilosas pela sua própria natureza. Vejamos o posicionamento de Paulo de Barros sobre o assunto:

> O psicólogo, o médico, o advogado, o sacerdote e tantas outras pessoas que, em virtude de seu cargo, ofício, função, ministério, atividade ou profissão, se tornam depositárias de confidências, muitas vezes relevantíssimas para o interesse do Fisco, não estão cometidas do dever de prestar as informações previstas no art. 197.[5]

O fisco não pode promover a divulgação de informações obtidas no exercício da fiscalização, que estão sujeitas a sigilo. No entanto, nada impede a inclusão no Cadastro Informativo dos Créditos não Quitados (CADIN) de órgãos e entidades federais, não caracterizando divulgação indevida das informações obtidas.

Tal cadastro foi criado pelo Decreto 1.006/1993 e hoje é tratado pela Lei 10.522/2002, que tem como objeto o alistamento informativo dos devedores de obrigações pecuniárias vencidas e não pagas.

Uma vez inscrito no **CADIN**, o contribuinte pode buscar a exclusão, sendo admitida pelo Poder Judiciário em alguns casos, principalmente se foi indevida a inclusão de seu nome:

---

[5] CARVALHO, Paulo de Barros. *Curso de Direito Tributário*. 21. ed. São Paulo: Saraiva, 2009. p. 622.

JURISPRUDÊNCIA

> PROCESSUAL CIVIL E TRIBUTÁRIO – CPC, ART – 535 – AUSÊNCIA DE VIOLAÇÃO – SUSPENSÃO DA INSCRIÇÃO DO DEVEDOR NO CADIN – REQUISITOS. LEI 10.522/2002, art. 7º: oferecimento de garantia idônea e suficiente ou suspensão da exigibilidade do crédito tributário. (...) 2. A suspensão da inscrição do devedor no Cadastro de Contribuintes, a teor do art. 7º da Lei 10.522/2002, somente se dá quando: existe ação ajuizada com o objetivo de discutir a natureza da obrigação ou o seu valor, com o oferecimento de garantia idônea e suficiente ao juízo, ou está suspensa a exigibilidade do crédito tributário objeto do registro, nos termos da lei. (...) (STJ – REsp. 1044161/SP, 2008/0067730-0, 2ª Turma, Rel. Min. Eliana Calmon, j. 19.08.2008, *DJe* 22.09.2008).

Frise-se que o simples ajuizamento da ação judicial discutindo o crédito não afasta a inscrição no CADIN, o que somente ocorrerá caso a inclusão tenha sido equivocada ou em caso de oferecimento de garantia pelo devedor.

Outro tópico importante é a possibilidade de Comissões Parlamentares de Inquérito (CPIs) solicitarem informações ao fisco. O Direito brasileiro admite tal solicitação, que deve ser fundamentada, tendo em vista tratar-se de ato de constrangimento.

 ## JURISPRUDÊNCIA

> CPMI – QUEBRA DE SIGILO BANCÁRIO, FISCAL, TELEFÔNICO E TELEMÁTICO – FUNDAMENTAÇÃO DO ATO – SUFICIÊNCIA – INDEFERIMENTO DA LIMINAR. 1. Com a inicial de folha 2 a 19, busca-se afastar ato da Comissão Parlamentar Mista de Inquérito (CPMI) do Banestado que implicou a determinação de quebra de sigilo bancário, fiscal, telefônico e telemático dos impetrantes. (...) A Comissão Parlamentar de Inquérito atua na fase simplesmente investigatória. Vale dizer, tem como escopo levantar os dados concernentes a certos fatos, objetivando, se for o caso, o encaminhamento das peças ao titular da ação penal. Parte, assim, de elementos precários, longe ficando de revelar, ao primeiro exame, a convicção a respeito da participação de cada qual. Medidas que visem à elucidação dos acontecimentos hão de ser tomadas, é certo, de maneira segura, consciente, sem, no entanto, partir-se para impor a robustez dos elementos autorizadores das deliberações. (...) Neste exame preliminar, entendo fundamentada a determinação de quebra de sigilo. (...) (STF – MS 24749/DF, Rel. Min. Marco Aurélio, j. 06.02.2004, *DJ* 18.02.2004, p. 41).

As Fazendas Públicas podem prestar auxílio mútuo com o objetivo de otimizar a fiscalização e obter resultados mais favoráveis. Tal assistência deve ser por meio de **convênio** que deve ser celebrado entre os **entes federados**. Desse modo, admite-se a **prova emprestada** de outro ente. Em outras palavras, o art. 199 do CTN prevê a mútua assistência entre as entidades da Federação em matéria de fiscalização de tributos, autorizando a permuta de informações, desde que observada a forma estabelecida, em caráter geral ou específico, por lei ou convênio.

A fiscalização é uma atividade de estado deveras importante para a satisfação do crédito tributário, sendo facultada ao fiscal a utilização da força policial, caso necessário. Tal requisição não pode ser indiscriminada pelo simples impedimento à vista das obrigações acessórias, por exemplo. A utilização de força policial deve ser fundamentada e justificada, como no caso de desacato, fiscalização de fronteiras reconhecidamente perigosas etc.

Ademais, deve ser resguardada a inviolabilidade de domicílio a que deve se submeter a fiscalização.

JURISPRUDÊNCIA

> FISCALIZAÇÃO TRIBUTÁRIA – APREENSÃO DE LIVROS CONTÁBEIS E DOCUMENTOS FISCAIS REALIZADA, EM ESCRITÓRIO DE CONTABILIDADE, POR AGENTES FAZENDÁRIOS E POLICIAIS FEDERAIS, SEM MANDADO JUDICIAL – INADMISSIBILIDADE. Espaço privado, não aberto ao público, sujeito à proteção constitucional da **inviolabilidade domiciliar** (CF, art. 5º, XI). Subsunção ao conceito normativo de "casa". Necessidade de ordem judicial. Administração pública e fiscalização tributária. Dever de observância, por parte de seus órgãos e agentes, dos **limites jurídicos** impostos pela Constituição e pelas leis da República. Impossibilidade de utilização, pelo Ministério Público, de prova obtida com transgressão à garantia da inviolabilidade domiciliar. Prova ilícita. Inidoneidade jurídica. *Habeas corpus* deferido. Administração tributária. Fiscalização. Poderes. Necessário respeito aos direitos e garantias individuais dos contribuintes e de terceiros. Não são absolutos os poderes de que se acham investidos os órgãos e agentes da administração tributária, pois o Estado, em tema de tributação, inclusive em matéria de fiscalização tributária, está sujeito à observância de um complexo de direitos e prerrogativas que assistem, constitucionalmente, aos contribuintes e aos cidadãos em geral. Na realidade, os poderes do Estado encontram, nos direitos e garantias individuais, limites intransponíveis, cujo desrespeito pode caracterizar ilícito constitucional. (...) A garantia da inviolabilidade domiciliar como limitação constitucional ao poder do Estado em tema de fiscalização tributária. Conceito de **"casa"** para efeito de proteção constitucional. Amplitude dessa noção conceitual, que também compreende os espaços privados não abertos ao público, onde alguém exerce **atividade profissional**: necessidade, em tal hipótese, de mandado judicial (CF, art. 5º, XI). Para os fins da proteção jurídica a que se refere o art. 5º, XI, da Constituição da República, o conceito normativo de "casa" revela-se abrangente e, por estender-se a qualquer compartimento privado não aberto ao público, onde alguém exerce profissão ou atividade (CP, art. 150, § 4º, III), compreende, observada essa específica limitação espacial (área interna não acessível ao público), os **escritórios profissionais**, inclusive os de contabilidade, "embora sem conexão com a casa de moradia propriamente dita" (Nelson Hungria). Doutrina. Precedentes. Sem que ocorra qualquer das situações excepcionais taxativamente previstas no texto constitucional (art. 5º, XI), nenhum agente público, ainda que vinculado à administração tributária do Estado, poderá, contra a vontade de quem de direito (*invito domino*), ingressar, durante o dia, **sem mandado judicial**, em espaço privado não aberto ao público, onde alguém exerce sua atividade profissional, sob pena de a prova resultante da diligência de busca e apreensão assim executada reputar-se inadmissível, porque impregnada de ilicitude material. Doutrina. Precedentes específicos, em tema de fiscalização tributária, a propósito de escritórios de contabilidade (STF). O atributo da autoexecutoriedade dos atos administrativos, que traduz expressão concretizadora do *privilège du préalable*, não prevalece sobre a garantia constitucional da inviolabilidade domiciliar, ainda que se cuide de atividade exercida pelo Poder Público em sede de fiscalização tributária. Doutrina. Precedentes. Ilicitude da prova. Inadmissibilidade

de sua produção em juízo (ou perante qualquer instância de poder). Inidoneidade jurídica da prova resultante de transgressão estatal ao regime constitucional dos direitos e garantias individuais. (...) A questão da doutrina dos **frutos da árvore envenenada** (*fruits of the poisonous tree*): a questão da ilicitude por derivação. Ninguém pode ser investigado, denunciado ou condenado com base, unicamente, em provas ilícitas, quer se trate de ilicitude originária, quer se cuide de ilicitude por derivação. Qualquer novo dado probatório, ainda que produzido, de modo válido, em momento subsequente, não pode apoiar-se, não pode ter fundamento causal nem derivar de prova comprometida pela mácula da ilicitude originária. A exclusão da prova originariamente ilícita – ou daquela afetada pelo vício da ilicitude por derivação – representa um dos meios mais expressivos destinados a conferir efetividade à garantia do *due process of law* e a tornar mais intensa, pelo banimento da prova ilicitamente obtida, a tutela constitucional que preserva os direitos e prerrogativas que assistem a qualquer acusado em sede processual penal. Doutrina. Precedentes. – A doutrina da **ilicitude por derivação** (teoria dos "frutos da árvore envenenada") repudia, por constitucionalmente inadmissíveis, os meios probatórios, que, não obstante produzidos, validamente, em momento ulterior, acham-se afetados, no entanto, pelo vício (gravíssimo) da ilicitude originária, que a eles se transmite, contaminando-os, por efeito de repercussão causal. Hipótese em que os novos dados probatórios somente foram conhecidos, pelo Poder Público, em razão de anterior transgressão praticada, originariamente, pelos agentes estatais, que desrespeitaram a **garantia constitucional** da inviolabilidade domiciliar (STF – HC 93050/RJ, 2ª Turma, Rel. Min. Celso de Mello, j. 10.06.2008, *DJe*-142 divulg. 31.07.2008, Data de Publicação: 01.08.2008, Ement. 02326-04/700).

Como se pode ver, a fiscalização deve respeitar a garantia fundamental da **inviolabilidade do domicílio**, sendo inúteis e imprestáveis as provas produzidas com a violação de tal garantia. Ademais, caso os livros fiscais não sejam apresentados, o fisco poderá arbitrar o tributo, sendo completamente descabida a invasão de locais privados sob o argumento de fiscalizar o contribuinte.

Por fim, importante destacar que o início do procedimento de fiscalização tem como efeito o afastamento da denúncia espontânea e a antecipação do marco inicial para contagem da decadência, na forma do art. 173, parágrafo único, do CTN.

PONTOS IMPORTANTES

Fiscalização	A lei retroagirá quando aumentar os poderes da fiscalização.
Limites	Súmula 70 do STF – É inadmissível a interdição de estabelecimento como meio coercitivo para cobrança de tributo.
	Súmula 323 do STF – É inadmissível a apreensão de mercadorias como meio coercitivo para pagamento de tributos.
	Súmula 439 do STF – Estão sujeitos à fiscalização tributária ou previdenciária quaisquer livros comerciais, limitado o exame aos pontos objeto da investigação.
	Súmula 547 do STF – Não é lícito à autoridade proibir que o contribuinte em débito adquira estampilhas, despache mercadorias nas alfândegas e exerça suas atividades profissionais.
Convênio	Os entes federados podem firmar convênios para aprimorar a fiscalização e trocar informações.

CAP. 11 • ADMINISTRAÇÃO TRIBUTÁRIA | **397**

☑☐ QUESTÕES DE PROVA

1. **(Procurador do Município – 2018 – CESPE – PGM – Manaus – AM)** Julgue o item que se segue à luz do que dispõe o Código Tributário Nacional.

    As informações relativas às representações fiscais para fim penal são sigilosas, sendo vedada a sua divulgação ou publicização.

    ( ) Certo   ( ) Errado

2. **(Titular de Serviços de Notas e de Registros – Provimento – 2018 – IESES – TJAM)** Com relação à Administração Tributária e seu mecanismo de fiscalização, assinale a alternativa INCORRETA com relação ao previsto no Código Tributário Nacional:

    (A)   Os tabeliães, escrivães e demais serventuários de ofício, quando intimados por escrito, são obrigados a prestar à autoridade administrativa todas as informações de que disponham com relação aos bens, negócios ou atividades de terceiros, ressalvadas hipóteses de segredo em razão de seu ofício.

    (B)   Os livros obrigatórios de escrituração comercial e fiscal e os comprovantes dos lançamentos neles efetuados serão conservados até que ocorra a prescrição dos créditos tributários decorrentes das operações a que se refiram.

    (C)   A legislação tributária aplica-se às pessoas naturais ou jurídicas, contribuintes ou não, exceto às que gozem de imunidade tributária ou de isenção de caráter pessoal.

    (D)   A Fazenda Pública da União, na forma estabelecida em tratados, acordos ou convênios, poderá permutar informações com Estados estrangeiros no interesse da arrecadação e da fiscalização de tributos.

3. **(Procurador do Município – 2018 – FAUEL – Prefeitura de Paranavaí-PR)** Assinale a alternativa INCORRETA, a respeito da administração tributária.

    (A)   Sujeitam-se à fiscalização tributária as pessoas naturais ou jurídicas, contribuintes ou não, inclusive as que gozem de imunidade tributária ou de isenção de caráter pessoal.

    (B)   São inadmissíveis a interdição de estabelecimento e a apreensão de mercadorias como meio coercitivo para cobrança de tributo.

    (C)   A autoridade administrativa que proceder ou presidir a quaisquer diligências de fiscalização lavrará os termos necessários para que se documente o início do procedimento, na forma da legislação aplicável, que fixará prazo máximo para a conclusão daquelas.

    (D)   A certidão negativa expedida com dolo ou fraude, que contenha erro contra a Fazenda Pública, responsabiliza pessoalmente o funcionário que a expedir, pelo crédito tributário e juros de mora acrescidos.

    (E)   Estão sujeitos à fiscalização tributária ou previdenciária quaisquer livros comerciais, podendo ser examinados em sua integralidade, ainda que não diga respeito aos pontos objeto da investigação.

4. **(Auditor Fiscal da Receita Estadual – Administração Tributária – 2016 – FCC – SEGEP-MA)** Todas as pessoas jurídicas de direito público podem editar normas relacionadas com os tributos de sua competência. Não obstante isso, o CTN contém regras a respeito de fiscalização de tributos. De acordo com o CTN,

    (A)   a competência e os poderes das autoridades administrativas, em matéria de fiscalização, será regulada, necessariamente, por lei, ordinária ou complementar, ou por medida provisória, conforme o caso.

(B) os livros fiscais e os documentos que comprovem os lançamentos efetuados neles devem ser conservados até que ocorra a decadência dos créditos tributários decorrentes das operações a que eles se referem.

(C) a legislação tributária que disciplina a atividade de fiscalização, de maneira geral ou específica, aplica-se às pessoas naturais ou jurídicas, desde que revistam a condição de contribuintes, com exclusão daquelas que gozem de imunidade tributária ou de isenção de caráter pessoal.

(D) as disposições que excluem ou limitam o direito de a Fazenda Pública examinar mercadorias, livros fiscais e documentos não têm aplicação, mesmo que previstas em lei.

(E) a legislação tributária que disciplina a atividade de fiscalização, de maneira geral ou específica, aplica-se às pessoas naturais ou jurídicas, inclusive as que gozem de isenção de caráter pessoal, desde que revistam a condição de contribuintes, mas excluídas as que gozem de imunidade tributária.

5. **(Defensor Público – 2015 – FCC – DPE-SP) No âmbito da Administração Tributária e da defesa dos direitos dos contribuintes em juízo, é correto afirmar:**

(A) Consolidou-se na jurisprudência do Supremo Tribunal Federal a tese segundo a qual é cabível o emprego de ação civil pública para impedir a cobrança de tributo, fundamentada na defesa de direitos individuais homogêneos dos contribuintes.

(B) De acordo com decisão do Supremo Tribunal Federal, é legítima a postura do Estado em apreender mercadorias quando essas não estiverem acompanhadas de documentação fiscal idônea a provar sua origem e em retê-las até a comprovação de procedência.

(C) O termo sanções políticas engloba uma série de exigências apostas ao contribuinte pela Administração Tributária com vistas a, de maneira indireta, impor àquele o pagamento de tributo, sendo sinônimo de obrigações acessórias.

(D) O oferecimento de fiança bancária não ilide a inclusão e não determina a exclusão do nome do contribuinte no CADIN, uma vez que, segundo o artigo 151 do Código Tributário Nacional, não é causa de suspensão da exigibilidade do crédito tributário.

(E) O Superior Tribunal de Justiça admite a aplicação do instituto da denúncia espontânea nos casos de imposto sujeito ao lançamento por homologação.

6. **(Juiz Federal Substituto – 2017 – CESPE – TRF-5ª Região) Em cada uma das opções a seguir, é apresentada uma situação hipotética. Assinale a opção que apresenta situação que configura quebra de sigilo fiscal conforme as disposições do CTN.**

(A) Com base nas informações constantes dos livros fiscais obtidos em determinada empresa, o funcionário do fisco lavrou auto de infração e, ao final do procedimento administrativo, sem autorização judicial, encaminhou a informação para apuração criminal.

(B) A Fazenda Pública divulgou, por meio de sistemas públicos, sem autorização dos contribuintes, a concessão de moratória ou parcelamentos.

(C) Um funcionário da Receita Federal, tendo tomado conhecimento de informações fiscais por conta de sua função, repassou-as a outro funcionário da Receita Federal, do mesmo setor, para providências funcionais, sem expressa autorização da chefia direta.

CAP. 11 • ADMINISTRAÇÃO TRIBUTÁRIA | **399**

(D) Tendo tomado conhecimento de informações fiscais, um funcionário do fisco lavrou o devido auto de infração e, após o prazo de impugnação, encaminhou-o para a inscrição na dívida ativa, sem conhecimento do secretário da Receita Federal.

(E) Tendo verificado práticas ilícitas de natureza tributária, no curso de processo administrativo fiscal, o funcionário do fisco encaminhou a informação ao Ministério Público, ao final do procedimento administrativo, bem como repassou para um jornalista amigo as informações, sob a promessa de sigilo da fonte.

7. **(Consultor de Processo Legislativo – 2016 – FCC – AL-MS) Acerca das regras sobre a Administração Tributária, constantes no Código Tributário Nacional – CTN, é correto afirmar:**

(A) As autoridades administrativas federais poderão requisitar o auxílio da força pública federal, estadual ou municipal, e reciprocamente, quando vítimas de embaraço ou desacato no exercício de suas funções, ou quando necessário à efetivação de medida prevista na legislação tributária, salvo quando se configure fato definido em lei como crime ou contravenção.

(B) Para os efeitos da legislação tributária, não têm aplicação quaisquer disposições legais excludentes ou limitativas do direito de examinar mercadorias, livros, arquivos, documentos, papéis e efeitos comerciais ou fiscais, dos comerciantes industriais ou produtores, ou da obrigação destes de exibi-los.

(C) A autoridade administrativa que proceder ou presidir quaisquer diligências de fiscalização lavrará os termos necessários para que se documente o início do procedimento, na forma do CTN, que, expressamente, fixa prazo máximo de quinze dias para a conclusão daquelas.

(D) Os livros obrigatórios de escrituração comercial e fiscal e os comprovantes dos lançamentos neles efetuados serão conservados até que a autoridade fiscal, em diligência no estabelecimento, autorize a destruição dos referidos documentos.

(E) As regras do CTN sobre Administração Tributária e fiscalização não se aplicam às pessoas naturais ou jurídicas que gozem de imunidade tributária ou de isenção de caráter pessoal.

Gabarito	
1	Errado
2	C
3	E
4	D
5	B
6	E
7	B

12

DÍVIDA ATIVA

A dívida ativa representa o crédito público que pode ser objeto de execução fiscal, abrangendo a dívida ativa de natureza tributária ou não tributária. A Lei 4.320/1964 cuida dos conceitos:

> Art. 39. Os créditos da Fazenda Pública, de natureza tributária ou não tributária, serão escriturados como receita do exercício em que forem arrecadados, nas respectivas rubricas orçamentárias. (Redação dada pelo Decreto Lei nº 1.735, de 1979.)
>
> § 1º Os créditos de que trata este artigo, exigíveis pelo transcurso do prazo para pagamento, serão inscritos, na forma da legislação própria, como Dívida Ativa, em registro próprio, após apurada a sua liquidez e certeza, e a respectiva receita será escriturada a esse título. (Incluído pelo Decreto Lei nº 1.735, de 1979.)
>
> § 2º Dívida Ativa Tributária é o crédito da Fazenda Pública dessa natureza, proveniente de obrigação legal relativa a tributos e respectivos adicionais e multas, e Dívida Ativa não Tributária são os demais créditos da Fazenda Pública, tais como os provenientes de empréstimos compulsórios, contribuições estabelecidas em lei, multa de qualquer origem ou natureza, exceto as tributárias, foros, laudêmios, aluguéis ou taxas de ocupação, custas processuais, preços de serviços prestados por estabelecimentos públicos, indenizações, reposições, restituições, alcances dos responsáveis definitivamente julgados, bem assim os créditos decorrentes de obrigações em moeda estrangeira, de sub-rogação de hipoteca, fiança, aval ou outra garantia, de contratos em geral ou de outras obrigações legais. (Incluído pelo Decreto Lei nº 1.735, de 1979.)

Assim, a dívida ativa tributária é aquela originária de tributos e acessórios relacionados, como é o caso de multa por importação irregular de cigarros, que jamais irá ser caracterizada como tributo, pois se trata de sanção por ato ilícito, mas por ter origem tributária, tal multa irá ser caracterizada como dívida ativa tributária, aplicando a ela, por exemplo, o art. 185 do CTN no tocante à caracterização de fraude à execução.

Já a dívida ativa não tributária pode ser caracterizada como aquela que não tem relação com tributos, mas com demais créditos de que o poder público seja titular, como é o caso de laudêmios e multas não tributárias, por exemplo.

A inscrição em dívida ativa é o ato de controle da legalidade do crédito tributário e somente poderá ocorrer após a constituição **definitiva** do crédito tributário. A atribuição para realização da inscrição é da Procuradoria da Fazenda. Assim, cabe ao procurador verificar se o **lançamento** foi praticado de acordo com as normas vigentes, realizando a inscrição em dívida ativa caso esteja de acordo com a legalidade. Para Paulo de Barros

Carvalho "(...) é a derradeira oportunidade que a Administração tem de rever os requisitos jurídicos legais dos atos praticados".[1]

A Lei Complementar 73/1993, Lei Orgânica da Advocacia-Geral da União, dispõe que:

> Art. 12. À Procuradoria-Geral da Fazenda Nacional, órgão administrativamente subordinado ao titular do Ministério da Fazenda, compete especialmente:
> I – apurar a liquidez e certeza da dívida ativa da União de natureza tributária, inscrevendo-a para fins de cobrança, amigável ou judicial.

Assim, com relação aos tributos federais, cabe à Procuradoria da Fazenda Nacional inscrever em dívida ativa os créditos da União, apurando sua liquidez e certeza.

Importante destacar que há hipóteses em que não cabe a inscrição em dívida ativa, em razão da ausência de previsão legal. Tal situação ocorre, por exemplo, nos casos de recebimento indevido de benefício previdenciário pelo particular.

Nessa hipótese, para que a Fazenda busque a restituição, não cabe a inscrição em dívida ativa de valor correspondente a benefício previdenciário indevidamente recebido e não devolvido ao Instituto Nacional de Seguridade Social (INSS). Tal impossibilidade advém do fato de que nas leis que regulamentam o custeio e os benefícios relacionados ao INSS (Lei 8.212/1991 e Lei 8.213/1991) não há dispositivo legal semelhante ao disposto no parágrafo único do art. 47 da Lei 8.112/1990 – o qual prevê a inscrição em dívida ativa de valores não pagos pelo servidor público federal que tiver sido demitido, exonerado ou tiver sua aposentadoria ou disponibilidade cassada. Em outras palavras, se o legislador quisesse que o recebimento indevido de benefício previdenciário ensejasse a inscrição em dívida ativa, teria previsto expressamente na Lei 8.212/1991 ou na Lei 8.213/1991, o que não fez. Vejamos:

JURISPRUDÊNCIA

> PROCESSUAL CIVIL E TRIBUTÁRIO – BENEFÍCIO PREVIDENCIÁRIO INDEVIDAMENTE PAGO QUALIFICADO COMO ENRIQUECIMENTO ILÍCITO – IMPOSSIBILIDADE DE INSCRIÇÃO EM DÍVIDA ATIVA POR AUSÊNCIA DE LEI EXPRESSA – NÃO INCLUSÃO NO CONCEITO DE DÍVIDA ATIVA NÃO TRIBUTÁRIA – EXECUÇÃO FISCAL – IMPOSSIBILIDADE – NECESSIDADE DE AJUIZAMENTO DE AÇÃO PRÓPRIA – APLICABILIDADE DO ART. 115, § 3º, DA LEI 8.213/1991 – INOVAÇÃO LEGISLATIVA – CRÉDITO CONSTITUÍDO ANTERIORMENTE À VIGÊNCIA DA MP 780/2017 – FUNDAMENTO AUTÔNOMO NÃO IMPUGNADO – DEFICIÊNCIA NA FUNDAMENTAÇÃO.
>
> 1. O acórdão impugnado decidiu em consonância com o entendimento fixado em Recurso Especial repetitivo de que, ocorrido enriquecimento ilícito em razão do recebimento de benefício previdenciário indevidamente, não podem os valores pagos ser inscritos em **dívida ativa**, nos termos dos arts. 2º e 3º da Lei 6.830/1980 e § 2º do art. 39 da Lei 4.320/1964, porquanto ausente autorização legal específica. (...) (REsp. 1793438/SP, *DJe* 22.04.2019).

---

[1] CARVALHO, Paulo de Barros. *Curso de Direito Tributário*. 8. ed. São Paulo: Saraiva, 1996. p. 371.

Também não pode ser considerada dívida ativa a obrigação de pagar indenização referente ao **dano ao erário**, ao passo que necessita da apuração da responsabilidade civil no caso concreto. Vejamos:

JURISPRUDÊNCIA

> PROCESSUAL CIVIL – EXECUÇÃO FISCAL – DNER – INDENIZAÇÃO POR DANOS AO PATRIMÔNIO DECORRENTES DE ACIDENTE AUTOMOBILÍSTICO – INADEQUAÇÃO DA VIA ELEITA – PRECEDENTES DO STJ. 1. Cinge-se a questão à possibilidade de cobrança, mediante inscrição em dívida ativa pelo DNER, de danos causados em Rodovia Federal. 2. Na hipótese, descabe utilizar a via da Execução Fiscal para ressarcimento de dano causado em decorrência de acidente automobilístico em via pública, por não se enquadrar no conceito de **dívida ativa não tributária** do art. 39 da Lei 4.320/1964. Precedentes do STJ. 3. Recurso Especial não provido (STJ - REsp: 719583 RS 2005/0011845-2, Rel. Min. Herman Benjamin, DJ de 17.12.2009, T2 – 2ª Turma, *DJe* 02.02.2010).

Outrossim, multas que tenham sido aplicadas em sentenças penais condenatórias também serão objeto de inscrição em dívida ativa e posterior execução fiscal, conforme entendimento adotado com a edição da Súmula 521 do STJ.

Assim, os créditos tributários que estejam definitivamente constituídos, ou seja, após exaurida a esfera administrativa, e não sejam quitados no prazo legal, deverão ser inscritos em dívida ativa, conforme disposto no art. 201 do CTN.

A dívida ativa regularmente inscrita goza de **presunção** relativa de certeza e liquidez, e a certidão de inscrição respectiva tem o efeito de prova pré-constituída. Tal presunção, todavia, é **relativa**, podendo ser elidida por prova inequívoca a cargo do sujeito passivo ou do terceiro a quem aproveite. A liquidez diz respeito ao seu montante e à certeza, quanto a sua legalidade.

A certeza abrange os sujeitos, o direito e o objeto.

JURISPRUDÊNCIA

> EXECUÇÃO FISCAL – CORRESPONSABILIDADE DOS SÓCIOS INDICADOS NA CDA – PROVA DA QUALIDADE DE SÓCIOS-GERENTES, DIRETORES OU ADMINISTRADORES PELO EXEQUENTE – DESNECESSIDADE – PRESUNÇÃO DE CERTEZA DA CDA FORMULADA COM BASE NOS DADOS CONSTANTES DO ATO CONSTITUTIVO DA EMPRESA. (...) A certidão da dívida ativa, sabem-no todos, goza de **presunção *juris tantum*** de liquidez e certeza. "A certeza diz com os sujeitos da relação jurídica (credor e devedor), bem como com a natureza do direito (direito de crédito) e o objeto devido (pecúnia)" (in *Código Tributário Nacional comentado*. São Paulo: RT, 1999. p. 786), podendo ser ilidida por prova inequívoca, a cargo do sujeito passivo ou de terceiro a que aproveite, nos termos do parágrafo único do artigo 204 do CTN, reproduzido no artigo 3º da Lei 6.830/80, e não deve o magistrado impor ao exequente gravame não contemplado pela legislação de regência. No tocante à alínea *c*, tem-se

que merece ser provido o recurso, pois a solução jurídica apontada no aresto paradigma está em nítido confronto com o entendimento exarado no v. acórdão recorrido. Recurso especial provido (STJ – REsp. 278741/SC, 2000/0096238-4, 2ª Turma, Rel. Min. Franciulli Netto, j. 26.03.2002, DJ 16.09.2002, p. 163).

O **ônus da prova** é invertido, cabendo ao sujeito passivo do crédito tributário a comprovação de que a CDA não é líquida ou certa, e a cobrança é indevida. Após a inscrição em dívida ativa, poderá ser promovida a execução fiscal, regida pela Lei 6.830/1980.

O termo de inscrição em dívida ativa deve preencher os requisitos que estão previstos nos arts. 202 do CTN e 2º, § 5º, da LEF.

A ausência de quaisquer dos requisitos em questão vicia a CDA e, por via de consequência, a execução fiscal. Frise-se que a hipótese é de nulidade da execução fiscal, tendo em vista que seu fundamento é nulo por não poder ser caracterizado como prova da existência do crédito tributário.

JURISPRUDÊNCIA

PROCESSUAL CIVIL E TRIBUTÁRIO – CERTIDÃO DA DÍVIDA ATIVA – (...) AUSÊNCIA DE REQUISITO DE VALIDADE.

1. "[A] jurisprudência desta Corte é pacífica no sentido de que a Certidão de Dívida Ativa deve, obrigatoriamente, sob pena de nulidade, preencher todos os requisitos constantes do art. 202 do Código Tributário Nacional" (REsp 781.797/RS, Rel. Min. Denise Arruda, 1ª Turma, DJ 17.05.2007).

2. No caso concreto, a CDA não atende a requisito previsto nos arts. 202, II, do CTN, e 2º, § 5º, inciso III, da Lei 6.830/80, na medida em que nela não constou o fato que deu origem à dívida, elemento indispensável para o adequado exercício do direito de defesa por parte do devedor (AgRg no AREsp. 88092/SP, Min. Benedito Gonçalves, DJe 17.04.2012).

O termo de inscrição deve apresentar a indicação do número do livro e o número de folhas em que foi inscrita a dívida ativa. O Tribunal de Justiça do Rio Grande do Sul (TJRGS) já se manifestou reconhecendo a nulidade do título.

JURISPRUDÊNCIA

AUSÊNCIA DE INDICAÇÃO DO LIVRO E DA FOLHA DE INSCRIÇÃO DO CRÉDITO E DA DISCRIMINAÇÃO DOS VALORES EXIGIDOS EM CADA EXERCÍCIO FISCAL – NULIDADE DECRETADA (TJRGS – AGV 70050855949/RS, 2ª Câmara Cível, DJ 09.10.2012).

Também deve constar da CDA a data de inscrição em dívida ativa, conforme prevê o art. 202, IV, do CTN. A jurisprudência não diverge nesse ponto, restando nula a CDA.

JURISPRUDÊNCIA

> AGRAVO DE INSTRUMENTO EXECUÇÃO FISCAL. TARIFA DE ÁGUA E ESGOTO. PRINCÍPIO DA ESPECIFICAÇÃO. LIVRO, FOLHA, NÚMERO DE INSCRIÇÃO E DATA DESTA. CONSOLIDAÇÃO NUM SÓ VALOR DE MAIS DE UM EXERCÍCIO, SEM A DISCRIMINAÇÃO DO PRINCIPAL, ATUALIZAÇÃO MONETÁRIA, JUROS MORATÓRIOS E MULTA. NULIDADE DA CDA. 1. Nulidade da CDA. 1.1 - Princípio da especificação. Dentre os requisitos do termo de inscrição da dívida ativa, um é citar especificamente a disposição da lei em que o crédito esteja fundado, o qual deve constar também na CDA, do qual esta é espelho, sendo que a omissão é causa de nulidade, a qual pode-deve ser pronunciada inclusive *ex officio* (CTN, art. 202, III, e parágrafo único, e art. 203; LEF, art. 2º, § 5º, III, e § 6º).O princípio da especificação da disposição da lei exige, mais que a simples menção à lei, a disposição da lei, vale dizer, do artigo, inciso, alínea, etc. 1.2 - Livro, folha, número de inscrição e número desta. É imprescindível que na CDA conste o livro, folha, número e data da inscrição em dívida ativa (CTN, arts. 202-3; LEF, art. 2º, § 5º, V, e § 6º). Ausência desses requisitos. 1.3 - Não é admissível a CDA englobar mais de um exercício sem fazer em relação a cada um as discriminações dos valores, inclusive multa, juros e correção monetária, sob pena de violação ao art. 202 do CTN.2. Dispositivo. Agravo de instrumento desprovido. (TJ-RS - AI: 70051135002 RS, Rel. Irineu Mariani, DJ de 17.10.2012, Primeira Câmara Cível, Data de Publicação: 30.10.2012).

Como se não bastasse, deve constar da CDA a prova de notificação do lançamento, sob pena de nulidade.

 JURISPRUDÊNCIA

> TRIBUTÁRIO - IMPOSTO PREDIAL E TERRITORIAL URBANO (IPTU) - LANÇAMENTO - INEXISTÊNCIA DE PROVA DA NOTIFICAÇÃO - PROCESSUAL - UTILIZAÇÃO DE FICÇÕES E PRESUNÇÕES - INVERSÃO DO ÔNUS DA PROVA - PROVA NEGATIVA. 1. Se do lançamento fiscal o contribuinte não foi regularmente **notificado** (CTN, artigo 145) e tampouco lhe foi assegurado o direito ao contraditório e à ampla defesa (CF, artigo 5º, LV), é nula a inscrição do crédito tributário em dívida ativa e, consequentemente, a execução calcada em certidão dela extraída. 2. Em relação aos tributos cujo lançamento resulta de procedimento de ofício (CTN, artigo 149) - Imposto sobre Propriedade Predial e Territorial Urbana (IPTU), Taxa de Licença para Localização e Funcionamento (TLL) e Taxa de Verificação do Cumprimento de Posturas e Normas Urbanísticas (TVPNU), entre outros -, a emissão do carnê equivale ao lançamento e sua entrega ao contribuinte satisfaz a exigência da notificação. Cumpre ao município provar a entrega do carnê - e não apenas a remessa - ao contribuinte, não constituindo pressuposto de validade da notificação que seja por ele pessoalmente recebido. 3. A lei é "a única fonte aceitável e válida para a instituição de presunções e ficções no direito tributário" (*Iso Chaitz Scherkerkewitz*). 4. Nos casos em que o réu nega a existência de um fato, "pela regra do ônus da prova, o réu estará isento de qualquer atividade probatória,

pois caberá ao autor provar que o fato existiu, e não ao réu que tal fato não se deu" (Luiz Rodrigues Wambier, Flávio Renato Correia de Almeida e Eduardo Talamini) (TJSC – Ap. Civ. 2004.030443-6, Rel. Des. Newton Trisotto, j. 01.02.2005).

No entanto, tendo em vista a celeridade e a economia processual, há, no direito brasileiro, a possibilidade de **substituição** da CDA até a decisão de primeira instância. Assim, pela celeridade processual, caso os vícios formais sejam verificados, deve ser aberto prazo para o exequente substituir a CDA e dar prosseguimento à execução fiscal, apesar do CTN ser claro no tocante à nulidade da certidão de dívida ativa que não preencha os requisitos legais.

Atualmente, para o STJ, a nulidade resta condicionada à comprovação de prejuízo à defesa.

JURISPRUDÊNCIA

PROCESSUAL CIVIL E TRIBUTÁRIO – RECURSO ESPECIAL – EXECUÇÃO FISCAL – CERTIDÃO DE DÍVIDA ATIVA – REQUISITOS PARA CONSTITUIÇÃO VÁLIDA – NULIDADE NÃO CONFIGURADA. 1. Conforme preconiza os arts. 202 do CTN, e 2º, § 5º, da Lei nº 6.830/80, a inscrição da dívida ativa somente gera presunção de liquidez e certeza na medida em que contenha todas as exigências legais, inclusive, a indicação da natureza do débito e sua fundamentação legal, bem como forma de cálculo de juros e de correção monetária. 2. A finalidade desta regra de constituição do título é atribuir à CDA a certeza e liquidez inerentes aos títulos de crédito, o que confere ao executado elementos para opor embargos, obstando execuções arbitrárias. 3. A pena de nulidade da inscrição e da respectiva CDA, prevista no art. 203 do CTN, deve ser interpretada *cum granu salis*. Isto porque o insignificante defeito formal que não compromete a essência do título executivo não deve reclamar por parte do exequente um novo processo com base em um novo lançamento tributário para apuração do tributo devido, posto conspirar contra o princípio da efetividade aplicável ao processo executivo extrajudicial. 4. Destarte, a nulidade da CDA não deve ser declarada por eventuais falhas que **não geram prejuízos para o executado** promover a sua a defesa. 5. Estando o título formalmente perfeito, com a discriminação precisa do fundamento legal sobre que repousam a obrigação tributária, os juros de mora, a multa e a correção monetária, revela-se descabida a sua invalidação, não se configurando qualquer óbice ao prosseguimento da execução (STJ – AgRg no Ag 485548/RJ, 2002/0135676-7, 1ª Turma, Rel. Min. Luiz Fux, j. 06.05.2003, *DJ* 19.05.2003, p. 145).

Com isso, é cabível a **substituição** da CDA até a decisão de primeira instância, cabendo o respeito aos limites impostos pela Súmula 392 do STJ, que dispõe:

A Fazenda Pública pode substituir a CDA até a prolação da sentença de embargos, quando se tratar de correção de erro material ou formal, vedada a modificação do sujeito passivo da execução.

Não devem restar dúvidas de que é inviável a alteração do sujeito passivo do crédito tributário, sobretudo porque deve ser resguardado ao sujeito passivo o direito ao exercício do contraditório e ampla defesa.

Situação interessante acontece quando o devedor vem a óbito antes da citação em execução fiscal. Nesse caso, caberá a extinção do feito, pois não será possível a substituição do polo passivo, somente sendo cabível o redirecionamento da execução fiscal contra o espólio caso a citação ocorra antes do óbito do devedor.

O mesmo acontece quando o fisco busca a substituição da CDA para incluir novo fundamento para a cobrança. Nesse caso, deve ser resguardado o direito ao contraditório e à ampla defesa, concedendo ao devedor a possibilidade de impugnação administrativa do crédito tributário.

JURISPRUDÊNCIA

PROCESSUAL CIVIL E TRIBUTÁRIO – RECURSO ESPECIAL – EXECUÇÃO FISCAL – CONSELHOS DE FISCALIZAÇÃO PROFISSIONAL – ANUIDADES – AUSÊNCIA DE OMISSÃO – NORMA INCONSTITUCIONAL – COMPETÊNCIA EXCLUSIVA DO STF – SUBSTITUIÇÃO DA CDA INVIÁVEL – NOVO LANÇAMENTO – SÚMULAS 392/STJ E 83/STJ – REEXAME PROBATÓRIO VEDADO – SÚMULA 7/STJ. 1. Não se configurou a ofensa aos arts. 489, § 1º, IV, e 1.022, II, do CPC/2015, pois o Tribunal de origem refutou fundamentadamente o pleito de substituição da CDA e a suposta inexistência de fato gerador da cobrança em tela. 2. O cerne do acórdão combatido é a inconstitucionalidade, "tanto do art. 58, § 4º, da Lei nº 9.649/98, quanto do art. 2º, da Lei nº 11.000/04" conforme Tema 540 fixado em repercussão geral pelo Supremo Tribunal Federal. 3. Não obstante tenham sido invocadas normas federais, é notório que se mostra indissociável a análise de suas possíveis violações com a ponderação constitucional conferida pelo STF, a quem compete exclusivamente tal análise, segundo dispõe o art. 102, III, da Carta Maior, razão pela qual não é possível averiguar a tese recursal. 4. Ainda que fosse superado tal óbice, a insurgência não mereceria prosperar. Conforme exarado pelo Tribunal Regional, diante da inconstitucionalidade da norma que lastreava os títulos exequendos, "a substituição da CDA a partir da invocação de novo fundamento legal para a cobrança da dívida implica a realização de novo lançamento, oportunizando-se ao contribuinte o oferecimento de impugnação pela via administrativa" (fl. 167, e-STJ). 5. Assim sendo, vê-se que o posicionamento da Corte de piso está em consonância com o STJ, na medida em que a alteração desejada pelo ente público transborda a simples correção de erro material ou formal da CDA – conforme Súmula 392/STJ – significando verdadeira alteração da causa de pedir, o que não está albergado pelo art. 2º, § 8º, da Lei 6.830/80. Incidência da Súmula 83/STJ. 6. Doutro giro, não cabe apreciar se a CDA que instrui a Execução Fiscal preenche os requisitos formais para instauração do feito, por demandar revisão da matéria fático-probatória, vedação contida na Súmula 7/STJ. 7. Recurso Especial parcialmente conhecido, apenas quanto à preliminar de omissão e, nesse ponto, negado provimento (REsp. 1822887/RS, Min. Herman Benjamin, *DJe* 11.10.2019).

Outro ponto relevante é a regra prevista na parte final do art. 203 do CTN, que contrasta com o art. 2º, § 8º, da Lei 6.830/1980.

Art. 203. A omissão de quaisquer dos requisitos previstos no artigo anterior, ou o erro a eles relativo, são causas de nulidade da inscrição e do processo de cobrança dela decorrente, mas a nulidade poderá ser sanada até a decisão de primeira instância, mediante substituição da certidão nula, devolvido ao sujeito passivo, acusado ou interessado o prazo para defesa, que somente poderá versar sobre a parte modificada.

De acordo com o CTN, caso haja a substituição da CDA, caberá a devolução do prazo para a defesa relativo à parte alterada somente, o que não acontece com a previsão da LEF, que devolve o prazo para manifestação sem qualquer restrição.

> Art. 2º Constitui Dívida Ativa da Fazenda Pública aquela definida como tributária ou não tributária na Lei nº 4.320, de 17 de março de 1964, com as alterações posteriores, que estatui normas gerais de direito financeiro para elaboração e controle dos orçamentos e balanços da União, dos Estados, dos Municípios e do Distrito Federal.
> (...)
> § 8º Até a decisão de primeira instância, a Certidão de Dívida Ativa poderá ser emendada ou substituída, assegurada ao executado a devolução do prazo para embargos.

Como se pode ver, a Lei 6.830/1980 (lei processual) garante a devolução integral do prazo para oferecimento de embargos na hipótese de substituição da CDA. Tal medida garante o contraditório e ampla defesa, garantias fundamentais do litigante em juízo, que foram, inclusive, incorporadas ao CPC em 2015. Com isso, não há qualquer prejuízo às partes ou ao processo caso haja a devolução do prazo para manifestação integral após a substituição da CDA pela Fazenda pública. Pelo contrário, pois tal medida garante a paridade de armas e o equilíbrio da relação processual.

Outrossim, como se trata de matéria processual, a LEF, por ser mais abrangente, deve ser aplicada em detrimento do CTN, garantindo o acesso a uma ordem jurídica justa.

Nesse sentido, Dinamarco:

> Não basta afirmar o caráter instrumental do processo sem praticá-lo, ou seja, sem extrair desse princípio fundamental e da sua afirmação os desdobramentos teóricos e práticos convenientes. Pretende-se que em torno do princípio da instrumentalidade do processo se estabeleça um novo método do pensamento do processualista e do profissional do foro. O que importa acima de tudo é colocar o processo no seu devido lugar, evitando os males do exagerado processualismo e ao mesmo tempo cuidar de predispor o processo e o seu uso de modo tal que os objetivos sejam convenientemente conciliados e realizados tanto quanto possível. O processo há de ser, nesse contexto, instrumento eficaz para o acesso à ordem jurídica justa.[2]

Ademais, outro ponto relevante que é importante destacar é que a ausência de prévio processo administrativo não enseja a **nulidade** da CDA, no caso de tributos lançados de ofício.

JURISPRUDÊNCIA

> DIREITO TRIBUTÁRIO – FORMAÇÃO DA CERTIDÃO DE DÍVIDA ATIVA. A ausência de prévio processo administrativo não enseja a nulidade da Certidão de Dívida Ativa

---

[2] DINAMARCO, Cândido Rangel. *A Instrumentalidade do Processo*. São Paulo: Malheiros. 2001. p. 309-310.

(CDA) nos casos de tributos sujeitos a lançamento de ofício. Com efeito, cabe ao contribuinte impugnar administrativamente a cobrança tributária e não ao fisco que, com observância da lei aplicável ao caso, lançou o tributo (*Informativo* 531, STJ).

Outro ponto relevante que deve ser abordado é a possibilidade de protesto da CDA. A Lei 12.767/2012 alterou o art. 1º da Lei 9.492/1997, incluindo as CDAs como títulos sujeitos ao protesto.

Então, muito se discutiu acerca da possibilidade de **protesto** da CDA. Filiamo-nos à corrente contrária a tal possibilidade, uma vez que o protesto viola o contraditório e a ampla defesa, pois o sujeito passivo do crédito tributário não poderá elidir a presunção relativa de liquidez e certeza da CDA. O STJ já adotou o mesmo posicionamento, que protege o contribuinte das incursões indevidas do estado.

JURISPRUDÊNCIA

PROCESSUAL CIVIL E TRIBUTÁRIO. EXECUÇÃO FISCAL. CERTIDÃO DA DÍVIDA ATIVA. PROTESTO DE CDA. LEI 9.492/1997. DESNECESSIDADE. POSICIONAMENTO ASSENTADO EM AMBAS AS TURMAS DA PRIMEIRA SEÇÃO DO STJ. ACÓRDÃO PROLATADO ANTES DA VIGÊNCIA DA LEI Nº 12.767/2012. APLICAÇÃO DA ALTERAÇÃO LEGISLATIVA. IMPOSSIBILIDADE. 1. Ambas as Turmas componentes da Primeira Seção do STJ, ao realizarem interpretação do art. 1º da Lei nº 9.492/97, com redação anterior à alteração promovida pela Lei nº 12.767/2012, sedimentaram entendimento no sentido de ser desnecessário o protesto prévio da CDA, por se tratar de título detentor de presunção de liquidez e certeza, servindo tão-somente para aparelhar a execução fiscal, nos termos do art. 38 do CTN. 2. O acórdão recorrido foi prolatado antes da vigência da Lei nº 12.767/2012, pela qual se incluiu parágrafo único ao art. 1º da Lei nº 9.492/97, admitindo a possibilidade do protesto de certidões de dívida ativa. Assim, seja ante a ausência do indispensável requisito do prequestionamento, seja em respeito à segurança jurídica, considerando a remansosa jurisprudência do STJ sobre o tema à época do julgamento, inviável a aplicação do novel regramento à hipótese dos autos. 3. Agravo regimental a que se nega provimento (STJ – AgRg no REsp: 1109579 PR 2008/0281316-7, Rel. Min. Sérgio Kukina, *DJ* 15.12.2015, 1ª Turma, *DJe* 03.02.2016).

No entanto, o STJ alterou seu posicionamento e pacificou o entendimento no sentido de que é devido o protesto da CDA a despeito de todos os argumentos contrários.

JURISPRUDÊNCIA

TRIBUTÁRIO – PROTESTO DE CERTIDÃO DE DÍVIDA ATIVA – PARÁGRAFO ÚNICO DO ART. 1º DA LEI N. 9.492/97, INCLUÍDO PELA LEI N. 12.737/2012 – APLICAÇÃO A SITUAÇÕES ANTERIORES À ALTERAÇÃO LEGISLATIVA – POSSIBILIDADE – NATUREZA MERAMENTE INTERPRETATIVA. 1. A orientação da Segunda Turma deste Tribunal Superior é no sentido de admitir o **protesto da CDA**, mesmo para os casos em que o crédito foi inscrito em Dívida Ativa em período anterior à inserção do parágrafo único do art. 1º da Lei n. 9.492/1997, levada a efeito pela

> Lei n. 12.737/2012, tendo em vista o caráter meramente interpretativo da novel legislação. 2. Recurso especial provido (REsp. 1596379/PR, Min. Diva Malerbi, desembargadora convocada TRF-3ª Região, DJe 14.06.2016).

Nessa mesma linha, o STF consolidou a jurisprudência no sentido de que é possível o protesto da CDA, no julgamento da ADI 5135, com o entendimento de que "o protesto das Certidões de Dívida Ativa constitui mecanismo constitucional e legítimo, por não restringir de forma desproporcional quaisquer direitos fundamentais garantidos aos contribuintes e, assim, não constituir sanção política."

Importante destacar ainda que no julgamento do REsp 1.895.557, o STJ firmou o posicionamento no sentido de que não há necessidade de lei local para que o ente federado possa promover o protesto da Certidão de Dívida Ativa. Vejamos:

 JURISPRUDÊNCIA

> CIVIL E TRIBUTÁRIO. PROTESTO DE CDA. LEI N. 9.492/1997. NORMA NACIONAL. PLENA EFICÁCIA. ADOÇÃO PELA FAZENDA MUNICIPAL. POSSIBILIDADE. LEI LOCAL AUTORIZATIVA. DESNECESSIDADE.
>
> 1. "A Fazenda Pública possui interesse e pode efetivar o protesto da CDA, documento de dívida, na forma do art. 1º, parágrafo único, da Lei 9.492/1997, com a redação dada pela Lei 12.767/2012" (Tese firmada no Tema n. 777 do STJ).
>
> 2. A Lei n. 9.492/1997, por tratar de matéria afeta ao direito civil e comercial, é de competência legislativa privativa da União (art. 22, I, da CF/1988), sendo, portanto, de caráter nacional, dispensando autorização legislativa local para a sua imediata aplicação pela Fazenda Pública estadual ou municipal.
>
> 3. Hipótese em que basta à Fazenda Pública credora atender ao procedimento previsto na própria Lei n. 9.492/1997 para obter o protesto de seu título de crédito (CDA), não havendo necessidade de lei específica do ente tributante que preveja a adoção dessa medida, visto que a citada lei federal (nacional) já é dotada de plena eficácia.
>
> 4. O Poder Legislativo de cada ente federativo pode deliberar por restringir a atuação da sua Administração, estabelecendo, por exemplo, condições mínimas de valor e de tempo, para que a CDA seja levada a protesto, sendo certo que, na ausência dessas restrições legais ao protesto, não há óbice para que a Fazenda Pública cobre seu crédito por essa via extrajudicial, que, a toda evidência, é menos grave e onerosa em comparação com o ajuizamento de execução fiscal.
>
> 5. Recurso especial provido.

Assim, mesmo que não haja lei estadual ou municipal, é possível o protesto da certidão de dívida ativa pelos entes federados respectivos.

Como se pode ver, o contraditório e a ampla defesa foram **mitigados** pela decisão do STJ, consolidada pelo STF, uma vez que o protesto é um ato unilateral que dificulta a defesa do contribuinte. Via de consequência, com grandes poderes também deverão ser impostas grandes responsabilidades à Fazenda Pública, de modo que o protesto indevido gera o dever de indenizar, tendo em vista os prejuízos causados ao contribuinte. Isso porque, tão logo seja protestada a certidão, o contribuinte sofre com restrição de crédito e dificuldades de contratação, o que não ocorre com a promoção da execução fiscal. Assim, o dever de indenizar é inarredável. Vejamos:

 JURISPRUDÊNCIA

> RESPONSABILIDADE CIVIL – PROTESTO DE CDA REALIZADO APÓS PARCELAMENTO ADMINISTRATIVO DAS DÍVIDAS – IRREGULARIDADE – ALEGAÇÃO DO MUNICÍPIO DE QUE O APONTAMENTO DOS TÍTULOS OCORREU ANTES DE EFETIVADO O ACORDO – IRRELEVÂNCIA – DEVER DO CREDOR DE COMUNICAR O TABELIONATO PARA QUE NÃO EFETUASSE O PROTESTO – **DANO MORAL** CONFIGURADO – MANUTENÇÃO DO VALOR DA INDENIZAÇÃO (R$ 5.000,00) E DOS HONORÁRIOS (10% SOBRE A CONDENAÇÃO) – RECURSO DESPROVIDO. Nos casos de protesto indevido de título ou inscrição irregular em cadastros de inadimplentes, o dano moral configura-se *in re ipsa*, prescindindo de prova, ainda que a prejudicada seja pessoa jurídica. (...) (TJSC – AC 20140821720 Criciúma 2014.082172-0, Paulo Henrique Moritz Martins da Silva, 16.02.2016).

Assim, caso o **protesto** seja indevido, deve o contribuinte ser indenizado pelos prejuízos que lhe foram causados.

Em suma, o fisco dispõe de dois meios para satisfação do crédito tributário, judicialmente por meio da **execução fiscal,** e extrajudicialmente por meio do **protesto da certidão de dívida ativa**. Outrossim, outros meios como proibição de emissão de notas fiscais, suspensão das atividades etc. devem ser considerados hipóteses de sanção política e afastados pelo Judiciário em razão da ausência de previsão legal em nosso ordenamento jurídico e estarem caracterizados como sanções políticas.

Por fim, o art. 2º, § 3º, da LEF prevê que a inscrição em dívida ativa suspende a prescrição por 180 dias. Tal regra não se aplica à dívida ativa tributária, ao passo que prescrição e decadência em matéria tributária são assuntos reservados à lei complementar, conforme previsto no art. 146, III, *b*, da CRFB, cujo entendimento foi consolidado pelo STF quando da edição da Súmula Vinculante 08.

Todavia, não significa que tal regra não foi recepcionada pela Carta de 1988, aplicando-se à dívida ativa não tributária, conforme entendimento pacífico no STJ:

 JURISPRUDÊNCIA

> PROCESSUAL CIVIL E TRIBUTÁRIO – AGRAVO INTERNO NOS EMBARGOS DE DECLARAÇÃO NO AGRAVO EM RECURSO ESPECIAL – PROTESTO JUDICIAL – CITAÇÃO POR EDITAL – EXCEPCIONALIDADE – NULIDADE QUE IMPEDE O RECONHECIMENTO DA INTERRUPÇÃO DA PRESCRIÇÃO – INSCRIÇÃO EM DÍVIDA ATIVA – SUSPENSÃO DA PRESCRIÇÃO POR 180 DIAS – INAPLICABILIDADE EM RELAÇÃO À EXECUÇÃO FISCAL DE CRÉDITOS TRIBUTÁRIOS – SÚMULA 106 DO STJ – AUSÊNCIA DE INDICAÇÃO DE DISPOSITIVO DE LEI VIOLADO – INVIABILIDADE DO REEXAME DE FATOS E PROVAS – SÚMULA 7 DO STJ – AGRAVO INTERNO DO MUNICÍPIO DE GUARULHOS/SP A QUE SE NEGA PROVIMENTO. 1. Em casos idênticos ao dos presentes autos, é consistente o entendimento jurisprudencial de que o protesto judicial levado a efeito pelo Município não foi capaz de interromper a prescrição, porquanto

realizado de forma geral e inespecífica, sendo, por isso, incapaz de dar a devida ciência ao devedor e pôr termo à prescrição (REsp. 1.663.068/SP, Rel. Min. HERMAN BENJAMIN, *DJe* 16.6.2017), bem como que a convocação editalícia só é admitida após o esgotamento das outras modalidades de citação. Precedentes: AgRg no Ag 1.301.068/SP, Rel. Min. HERMAN BENJAMIN, *DJe* 14.9.2010; Resp. 1.122.789/RS, Rel. Min. ELIANA CALMON, *DJe* 26.2.2010; AgRg no Ag 1.327.857/SP, Rel. Min. CESAR ASFOR ROCHA, *DJe* 24.2.2011. 2. Nestes autos, sequer se problematizou o polêmico expediente adotado pela Fazenda Pública, cujo protesto judicial teve o fim único de tentar escapar dos prazos prescricionais, a todos os demais impostos. 3. A tese de que o despacho citatório teria interrompido a prescrição também é de improcedência manifesta, pois vigorava a redação original do art. 174, parágrafo único, I do CTN, segundo o qual a prescrição se interrompe pela citação pessoal feita ao devedor. Tratando-se de norma geral em matéria de Direito Tributário, não se haveria de aplicar lei ordinária, a teor do art. 146, III da CF/1988. 4. Agravo Interno do MUNICÍPIO DE GUARULHOS/SP a que se nega provimento (STJ – AgInt nos EDcl no AREsp. 1055230/SP, 2017/0030568-0, 1ª Turma, Rel. Min. Napoleão Nunes Maia Filho, Data de Julgamento: 17.12.2019, Data de Publicação: *DJe* 19.12.2019).

Com isso, a inscrição em dívida ativa de uma multa de trânsito, por exemplo, irá suspender a prescrição por 180 dias, e o mesmo não ocorre no caso do IPVA.

Por fim, importante frisar que o STJ entendeu que a "Administração Pública pode inscrever em cadastros de restrição de crédito os seus inadimplentes, ainda que não haja inscrição prévia em dívida ativa".

Tal entendimento, constante do Informativo 785, deixa claro que, caso haja inadimplência comprovada, deve ser aplicada a menor onerosidade para a Administração Pública, de modo a tornar a satisfação do crédito mais eficaz.

Considerações sobre dívida ativa e CDA
1. Dívida ativa é ato de controle de legalidade.
2. A inscrição ocorre quando, após a constituição definitiva do crédito tributário, o devedor não realiza o pagamento.
3. Existem exceções quanto ao cabimento da inscrição, a exemplo do recebimento indevido de benefício previdenciário, pois não há previsão legal.
4. A CDA tem efeito de prova pré-constituída.
5. Identificados vícios formais na CDA, deve ser aberto prazo para o exequente substituí-la e dar prosseguimento à execução fiscal.
6. Não é necessário o protesto de CDA, contudo, se feito indevidamente, acarretará indenização pelos prejuízos causados.

QUESTÕES DE PROVA

1. (Controlador Interno – 2018 – VUNESP – Câmara de Indaiatuba-SP) De acordo com o que dispõe a Lei nº 6.830/80, a dívida ativa regularmente inscrita goza de presunção de certeza e liquidez. Quanto a tal presunção, é correto afirmar que

    (A) é relativa.

CAP. 12 • DÍVIDA ATIVA | **413**

(B)   não admite prova em contrário a ser produzida pelo executado.

(C)   somente pode ser ilidida pelo próprio executado.

(D)   somente pode ser ilidida por terceiro a quem aproveite.

(E)   pode ser ilidida por qualquer tipo de prova, independentemente de ser inequívoca.

2.   **(Auditor do Estado – Bloco II – 2018 – CESPE – SEFAZ-RS) Autoridade fazendária lavrou termo de inscrição de dívida ativa contendo apenas os seguintes dados: nome do devedor, quantia devida, data da inscrição e número do processo administrativo do qual se originou.**

   De acordo com o CTN, o termo deveria conter, ainda, obrigatoriamente,

   (A)   a memória de cálculo detalhada dos juros de mora.

   (B)   os responsáveis tributários.

   (C)   o endereço do devedor.

   (D)   o CPF e o RG do devedor.

   (E)   a previsão legal do crédito.

3.   **(Advogado – 2016 – CRO-SC) Segundo o § 5º do art. 2º da Lei 6.830/80 (Lei de Execução Fiscal), o termo de inscrição em dívida ativa precisa conter alguns dados imprescindíveis à sua execução, dentre eles podemos citar:**

   (A)   O número do processo administrativo ou do auto de infração não é necessário para executar o título.

   (B)   Somente a data no Registro de Dívida Ativa é necessária para a execução do Termo.

   (C)   A origem, a natureza e o fundamento legal ou contratual da dívida são dispensáveis, entretanto a indicação, se for o caso, de estar a dívida sujeita à atualização monetária é fundamental.

   (D)   O nome do devedor, dos corresponsáveis e, sempre que conhecido, o domicílio ou residência de um e de outro e o valor originário da dívida, bem como o termo inicial e a forma de calcular os juros de mora e demais encargos previstos em lei ou contrato.

4.   **(Procurador Municipal – Bloco I – 2016 – FUNDATEC – Prefeitura de Porto Alegre-RS) Em relação às indicações dos elementos obrigatórios do termo de inscrição da dívida ativa tributária, previstos no Código Tributário Nacional, assinale a alternativa INCORRETA.**

   (A)   O nome do devedor e, sempre que possível, o seu domicílio ou a residência.

   (B)   A quantia devida e a maneira de calcular os juros de mora acrescidos.

   (C)   A origem e a natureza do crédito, mencionando especificamente a disposição da lei em que seja fundado.

   (D)   A data em que foi inscrita.

   (E)   O número do processo judicial de que se originar o crédito.

5.   **(Técnico de Nível Superior – Analista de Orçamento e Finanças Públicas – 2016 – FCC – Prefeitura de Teresina-PI) A respeito da inscrição da dívida ativa tributária, considere:**

   I – A dívida regularmente inscrita goza de absoluta presunção de certeza e liquidez.

   II – A dívida regularmente inscrita tem o efeito de prova pré-constituída.

   III – A inscrição da dívida ativa é o ato de constituição do crédito tributário.

Está correto o que consta APENAS em

(A) I e II.

(B) II.

(C) I e III.

(D) II e III.

(E) I.

6. (Procurador Jurídico – 2016 – VUNESP – Câmara de Marília-SP) No que se refere à Dívida Ativa, a omissão de quaisquer dos requisitos previstos em lei, ou o erro a eles relativo, são causas de nulidade da inscrição e do processo de cobrança dela decorrente, mas a nulidade poderá ser sanada

(A) a qualquer tempo ou grau de jurisdição, mediante correção da certidão anulável, visto que referida nulidade não é alcançada pela preclusão consumativa.

(B) até decisão de segunda instância, mediante correção da certidão anulável, mas antes da interposição de recurso especial ou extraordinário.

(C) até decisão de primeira instância, mediante substituição da certidão nula.

(D) a qualquer tempo ou grau de jurisdição, mediante substituição da certidão nula.

(E) antes da sentença de julgamento a ser proferida em sede de ação anulatória de lançamento tributário.

7. (Juiz de Direito Substituto – 2016 – FAURGS – TJRS) No que se refere ao termo de inscrição da dívida ativa, considere os conjuntos de informações abaixo.

I – Nome do devedor, número da carteira de identidade, domicílio e número do cadastro da pessoa física.

II – Nome do devedor, quantia devida e maneira de calcular os juros de mora acrescidos.

III – Nome do devedor, número da carteira de identidade, residência e número do cadastro da pessoa física.

IV – A origem e natureza do crédito, a data em que a dívida ativa foi inscrita e o número do cadastro de pessoa física.

Quais possuem apenas itens obrigatórios ao termo de inscrição da dívida ativa?

(A) Apenas I.

(B) Apenas II.

(C) Apenas I e III.

(D) Apenas II e IV.

(E) Apenas I, III e IV.

8. (Fiscal de Tributos – 2015 – FGV – Prefeitura de Niterói-RJ) Para a validade da Certidão da Dívida Ativa, NÃO é essencial:

(A) a data da inscrição.

(B) a origem, a natureza e o fundamento legal ou contratual da dívida.

(C) a autenticação da autoridade competente.

(D) o domicílio ou residência do devedor.

(E) a indicação do livro e da folha da inscrição.

Gabarito	
1	A
2	E
3	D
4	E
5	B
6	C
7	B
8	D

13
CERTIDÕES

O direito à certidão é uma garantia fundamental resguardada no art. 5º, XXXIV, *b*, da Lei Maior para que o cidadão possa defender seus direitos ou esclarecer situações que esteja envolvido. Assim, todo cidadão tem direito ao atestado ou parecer sobre sua situação perante o poder público.

A certidão possui, portanto, natureza declaratória da condição fática e/ou jurídica do indivíduo perante a Administração Pública. Para Hely Lopes Meirelles, a certidão se limita a trasladar as informações constantes dos arquivos públicos:

> Certidões são cópias ou fotocópias fiéis e autenticadas de atos ou fatos constantes de processo, livro ou documento que se encontre nas repartições públicas. Podem ser de inteiro teor ou resumidos, desde que expressem fielmente o que se contém no original de onde foram extraídas. Em tais atos o Poder Público não manifesta sua vontade, limitando-se a trasladar para o documento a ser fornecido ao interessado o que consta de seus arquivos. As certidões administrativas, desde que autenticadas, têm o mesmo valor probante do original, como documento público que são.[1]

Em matéria tributária, podem ser fornecidas três modalidades de certidões: a certidão negativa, a positiva e a positiva com efeitos de negativa.

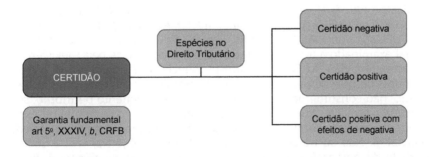

A certidão **negativa** é a comprovação de que não há **crédito tributário** vencido em nome do sujeito passivo. Ela representa os dados extraídos dos sistemas da pessoa jurídica acerca da incidência tributária e da inexistência de crédito tributário contra o solicitante.

---

[1] MEIRELLES, Hely Lopes. *Direito Administrativo Brasileiro*. São Paulo: Malheiros, 2004. p. 182.

Frise-se que o débito somente pode ser caracterizado como tal se formalizado mediante **lançamento** ou **confissão** do sujeito passivo do crédito tributário, não podendo o fisco negar o fornecimento se não houver a constituição do respectivo crédito.

Dessa forma, o fisco não pode se negar a fornecer a certidão de regularidade fiscal, nem mesmo condicionar a sua entrega, sendo óbvio que a negativa de fornecimento será cabível caso o contribuinte não faça jus à certidão, mas somente nessa hipótese.

Importante destacar que a **negativa** do fisco deve ser **fundamentada,** não cabendo, por exemplo, a negativa de certidão negativa para matriz de uma empresa, quando a filial possuir dívidas tributárias. Há jurisprudência no sentido de que há independência entre elas, de modo que não pode ser negada a certidão.

 JURISPRUDÊNCIA

> AGRAVO DE INSTRUMENTO – PESSOA JURÍDICA COM DIVERSOS ESTABELECI-MENTOS – OBRIGAÇÕES TRIBUTÁRIAS – CERTIDÃO DE REGULARIDADE FISCAL. 1. Em linha de princípio, cada estabelecimento tem seu domicílio tributário, onde as obrigações tributárias são geradas, de modo que os respectivos encargos são exigidos conforme a situação específica e peculiar de cada filial. 2. No caso, o débito da matriz de São Paulo não pode ser óbice ao fornecimento da certidão de regularidade fiscal das filiais de outros Estados da Federação. 3. Agravo de instrumento improvido (TRF-4 – AG 51916/RS, 2003.04.01.051916-7, 1ª Turma, Rel. Ricardo Teixeira do Valle Pereira, j. 16.06.2004, DJ 04.08.2004, p. 231).

Ademais, em caso de dívida da pessoa jurídica, o sócio tem direito à certidão da pessoa física, uma vez que no Direito Tributário não há **responsabilidade objetiva**. Vejamos:

 JURISPRUDÊNCIA

> PROCESSO CIVIL E TRIBUTÁRIO – EMPRESA INADIMPLENTE PERANTE O FISCO – CERTIDÃO NEGATIVA – FORNECIMENTO AO SÓCIO NA QUALIDADE DE PESSOA FÍSICA – VIOLAÇÃO AO ART. 535 DO CPC – INEXISTÊNCIA. 1. Tendo o Tribunal examinado a tese indicada no especial, conclui-se pela inexistência de violação ao art. 535 do CPC. 2. A jurisprudência da Primeira Seção firmou-se no sentido de que não se admite a responsabilidade objetiva, mas subjetiva do sócio, não constituindo infração à lei o não recolhimento de tributo, sendo necessária a prova de que agiu o mesmo dolosamente, com fraude ou excesso de poderes, excepcionando-se a hipótese de dissolução irregular da sociedade comercial. 3. Não se tratando de responsabilidade objetiva, tem o sócio, na qualidade de pessoa física, direito a certidão negativa de débito. 4. Recurso especial improvido (STJ - REsp: 439198 ES 2002/0061785-9, Rel. Min. ELIANA CALMON, DJ de 27.05.2003, T2 – 2ª Turma, DJ 23.06.2003 p. 323 RDDT vol. 96 p. 226 RNDJ vol. 45 p. 147).

Entretanto a jurisprudência preponderante no STJ atualmente é no sentido da impossibilidade de emissão da certidão. Vejamos:

Processual civil e tributário. Embargos de Divergência em Agravo em Recurso Especial. Certidão Negativa de Débitos – CND ou Certidão Positiva com Efeito de Negativa de Débitos – CPEND. Pendência em nome da matriz ou da filial. Emissão. Impossibilidade. Autonomia administrativa e operacional da filial. Existência. Autonomia para fins de regularidade fiscal. Ausência.

I – Consoante o decidido pelo Plenário desta Corte, na sessão realizada em 09.03.2016, o regime recursal será determinado pela data da publicação do provimento jurisdicional impugnado. Aplica-se, *in casu*, o Código de Processo Civil de 2015.

II – É preciso ter presente, consoante disposto em normas de direito privado, que filial (i) não se constitui mediante registro de ato constitutivo, (ii) encerra conformação secundária em relação à pessoa jurídica de direito privado; e (iii) a inscrição no CNPJ é decorrente da considerável amplitude da "identificação nacional cadastral única".

III – A regularidade fiscal no tocante aos créditos tributários diz com a pessoa, física ou jurídica, que detém aptidão para figurar no polo passivo de relação jurídica tributária. Nesse prisma, cuida-se de situação pertinente àquele que figura como sujeito passivo da obrigação tributária, ente revestido de personalidade jurídica.

IV – Conquanto haja autonomia operacional e administrativa da filial, tais características não alcançam o contexto da emissão de certidões negativas de pendências fiscais, as quais se inserem na seara da empresa e não do estabelecimento.

V – A Administração Tributária não deve emitir CND e/ou CPEND à filial na hipótese em que há pendência fiscal oriunda da matriz ou de outra filial.

VI – Embargos de Divergência providos (Embargos de Divergência em Agravo em Recurso Especial 2.025.237 - GO (2021/0363194-1).

O mesmo acontece quando estamos tratando de pessoas jurídicas distintas com sócios em comum.

JURISPRUDÊNCIA

> TRIBUTÁRIO – CERTIDÃO NEGATIVA DE DÉBITOS – PESSOA JURÍDICA INADIMPLENTE COM MESMOS SÓCIOS DA PESSOA JURÍDICA QUE REQUER A CERTIDÃO. **Impossibilidade de recusa** no fornecimento da certidão 1. O fato de um dos sócios de pessoa jurídica ser devedor do fisco, seja na qualidade de pessoa física ou de integrante de outra empresa que possua dívidas fiscais, não autoriza o Estado a recusar a expedição de certidão negativa de débitos à entidade que mantém o pagamento de seus tributos em dia (REsp 493.135/ES, 2ª Turma, Rel. Min. João Otávio de Noronha, *DJ* 03.08.2006). 2. Recurso especial a que se nega provimento (STJ – REsp. 792570/RS, 2005/0179734-3, 1ª Turma, Rel. Min. Teori Albino Zavascki, j. 21.08.2008, *DJe* 01.09.2008).

Ademais, com relação à figura do grupo econômico, a sua simples existência não autoriza a caracterização de responsabilidade tributária, não impedindo o fornecimento de certidão negativa ou positiva com efeitos de negativa, sendo vedação a expedição somente se comprovado o dolo ou a fraude. Com esse entendimento, o Tribunal Regional Federal da 5ª Região autorizou o fornecimento de certidão nos seguintes moldes:

JURISPRUDÊNCIA

PROCESSUAL E TRIBUTÁRIO. GRUPO ECONÔMICO DE FATO. DÉBITO DE TERCEIROS. CERTIDÃO NEGATIVA DE DÉBITO (CND) OU CERTIDÃO POSITIVA COM EFEITO DE NEGATIVA (CPD-EN). EXPEDIÇÃO. POSSIBILIDADE. APELAÇÃO PROVIDA.

1. Apelação interposta por ASSOCIAÇÃO DE ENSINO E CULTURA PIO DÉCIMO LTDA (FACULDADE PIO DÉCIMO – FPD) contra sentença que, em ação mandamental, denegou a segurança objetivando a emissão de Certidão Negativa de Débitos Fiscais ou Certidão Positiva de Débito com Efeito de Negativa (CPD-EN).

2. Conforme destacado no ato decisório impugnado, o objeto do presente *mandamus* reside em reconhecer ou não o direito da impetrante, na qualidade de responsável solidária por dívida de ente integrante de grupo econômico, obter certidão negativa de débito/certidão positiva de débito com efeito de negativa.

3. Não cabe, no caso concreto, discutir a ausência de oportunidade ao terceiro (ora recorrente) de apresentar defesa no âmbito administrativo, sob a alegação de que estar-se-ia condenando o responsável tributário sem qualquer chance de defesa, sob a suposta alegação de mitigação aos princípios da ampla defesa e do contraditório, isso porque, tema não objeto de ataque direto e específico pelo impetrante e, ainda que houvesse sido, dado o momento de sua edição e ciência pelo afetado, já estaria configurada a decadência da via específica do mandado de segurança.

4. O debate quanto a (in)existência de grupo de fato à época dos fatos geradores implicaria em inevitável dilação probatória, a inviabilizar a própria ação mandamental.

5. Uma vez ajuizada a execução fiscal, os meios cabíveis para a defesa do suposto responsável tributário são os embargos à execução e a exceção de pré-executividade.

6. As sociedades integrantes de grupo econômico de fato, que se relacionam sem que exista um acordo sobre sua organização formal, administrativa e obrigacional, não deixam de ter autonomia patrimonial e administrativas próprias, mantendo suas personalidades jurídicas e independência.

7. A sociedade ou órgão que domine a direção unitária do grupo apenas define questões estratégicas que são objeto de deliberação, fixando diretrizes a serem seguidas mediante uma planificação das atividades.

8. Compete à lei imputar a responsabilidade tributária em função dessa competência decisória concreta, e não em razão do simples pertencimento ao grupo econômico, sob pena de violação ao que dispõe o art. 128 do CTN.

9. A eventual vinculação somente poderá ser operacionalizada quanto a fatos geradores que possam se configurar, economicamente, como consequências destes, limitando-se à situações em que estiver diante de fatos geradores em atos ou negócios jurídicos cuja realização for efetivamente decorrente de decisão da direção unitária.

10. O reconhecimento da existência de grupo econômico não legitima, por si só, a Receita Federal redirecionar o passivo tributário/cobrança de crédito tributário e consequentes efeitos advindos, a exemplo da certidão negativa de débitos, somente sendo autorizada a medida quando verificado, além da subordinação

de uma ou mais empresas a uma empresa ou grupo de pessoas, que as dirige, controla e administra, o interesse comum do fato gerador (art. 124, CTN) ou a fraude devidamente comprovada (art. 50, CC/02). Neste último caso, necessitando, ainda, de autorização judicial prévia ao redirecionamento.

11. A Lei 13.874/2019 (Nova Lei de Liberdade Econômica) promoveu alteração art. 50, do CC, cujo parágrafo 4º é ex-presso no sentido de que *"A mera existência de grupo econômico sem a presença dos requisitos de que trata o caput deste artigo não autoriza a desconsideração da personalidade da pessoa jurídica"*.

12. Tem-se, pois, que o mero "interesse comum" não autoriza a desconsideração da personalidade jurídica de ente integrante de grupo econômico de fato por simples comodidade do Fisco, inexistindo, nos autos, demonstração de que *a fraude ou de que a parte se* beneficiava dos resultados auferidos ou que participava dos lucros decorrentes das operações que desencadearam a cobrança pela administração.

13. Apelação provida para reformar a sentença e determinar à autoridade coatora que proceda à emissão de Certidão Negativa de Débitos Fiscais/Certidão Positiva de Débito com Efeito de Negativa à impetrante, salvo a existência de outra pendência impeditiva (Apelação Cível 0804712-34.2020.4.05.8500, 3ª Turma, Relator Desembargador Federal Rogério Fialho Moreira, j. 14/06/2021).

O STF julgou, em sede de repercussão geral, a possibilidade de o Município obter certidão negativa, ainda que a Câmara possua débitos com a Fazenda Nacional.

Tema 743 – "É possível ao Município obter certidão positiva de débitos com efeito de negativa quando a Câmara Municipal do mesmo ente possui débitos com a Fazenda Nacional, tendo em conta o princípio da intranscendência subjetiva das sanções financeiras."

Trata-se do princípio da intranscendência subjetiva das sanções financeiras, de modo que uma pessoa não pode ser impedida de exercer seus direitos por débitos de terceiros.

Outro assunto importante no que diz respeito à certidão em matéria tributária é tratado no verbete da Súmula 569 do STJ, que dispõe: "Na importação, é indevida a exigência de nova certidão negativa de débito no desembaraço aduaneiro, se já apresentada a comprovação da quitação de tributos federais quando da concessão do benefício relativo ao regime de *drawback*".

Não devem restar dúvidas de que, uma vez fornecida a certidão negativa, e devidamente apresentada pelo contribuinte às autoridades fiscais, sua reapresentação é desnecessária.

Além da certidão negativa, o sujeito passivo poderá receber a certidão **positiva, que** é aquela que representa a existência do crédito tributário constituído, certificando a sua existência. A certidão positiva simplesmente informa que há tributo em aberto e o indivíduo é devedor.

Por fim, ainda há a hipótese de fornecimento da certidão **positiva com efeitos de negativa,** que é o documento suficiente para o contribuinte participar de licitações e contratar com o Poder Público de um modo geral. Tal certidão será fornecida nas hipóteses do art. 206 do CTN, em geral, quando garantido o juízo ou suspensa a exigibilidade do crédito tributário.

JURISPRUDÊNCIA

> PROCESSUAL CIVIL – MANDADO DE SEGURANÇA – **CERTIDÃO POSITIVA COM EFEITOS DE NEGATIVA** – ART. 206 DO CTN – SÚMULA 7/STJ. 1. A certidão positiva com **efeitos** de negativa somente pode ser expedida quando no processo de execução tiver sido efetivada a penhora ou quando estiver suspensa a exigibilidade do crédito tributário (art. 151 do CTN), nos termos do art. 206 do CTN. 2. *In casu*, restou consignado pelo Tribunal *a quo*, que a penhora efetuada restou integral e suficiente para **garantia da execução**. 3. Consectariamente, infirmar referida conclusão implicaria sindicar matéria fática, interditada ao E. STJ em face do Enunciado Sumular nº 07 desta Corte. 4. Agravo regimental desprovido (STJ – AgRg no REsp: 947427 RS 2007/0095979-8, Rel. Min. Luiz Fux, DJ de 05.08.2008, T1 – 1ª Turma, *DJe* 15.09.2008).

Com o objetivo de obter a referida certidão, o sujeito passivo do crédito tributário ainda pode se antecipar à execução fiscal, oferecendo **caução** por meio de **ação cautelar**.

 ## JURISPRUDÊNCIA

> TRIBUTÁRIO E PROCESSUAL CIVIL – RECURSO ESPECIAL E ADESIVO – ART. 206 DO CTN – CERTIDÃO POSITIVA COM EFEITO DE NEGATIVA – POSSIBILIDADE – FUNDAMENTO INATACADO E AUSÊNCIA DE PREQUESTIONAMENTO. 1. É possível ao devedor, enquanto não promovida a execução fiscal, ajuizar ação para antecipar a prestação da garantia em juízo com o objetivo de obter a expedição de certidão positiva com efeito de negativa. 2. Precedentes. 3. O recurso especial adesivo não atacou o fundamento do acórdão recorrido, quanto à suspensão da exigibilidade do crédito tributário, além do que não houve análise, pelo Tribunal de origem das teses trazidas nas razões recursais. Súmulas 284 e 282/STF. 4. Recurso especial da Fazenda improvido e não conhecido o recurso adesivo (STJ - REsp: 815629 RS 2005/0212096-1, Rel. Min. Eliana Calmon, DJ 21.03.2006, T2 – 2ª Turma, j. 09.05.2006 p. 208).

O STJ reafirmou o posicionamento que já havia sido adotado anteriormente.

 ## JURISPRUDÊNCIA

> PROCESSUAL CIVIL E TRIBUTÁRIO – AÇÃO CAUTELAR PARA ASSEGURAR A EXPEDIÇÃO DE **CERTIDÃO POSITIVA COM EFEITOS DE NEGATIVA**. 1. Dispõe o artigo 206 do CTN que: tem os mesmos efeitos previstos no artigo anterior a certidão de que conste a existência de créditos não vencidos, em curso de cobrança executiva em que tenha sido efetivada a penhora, ou cuja exigibilidade esteja suspensa. A **caução** oferecida pelo contribuinte, antes da propositura da execução fiscal é equiparável à penhora antecipada e viabiliza a certidão pretendida. 2. É viável a antecipação dos efeitos que seriam obtidos com a penhora no executivo fiscal, através de caução de eficácia semelhante. A percorrer-se entendimento diverso, o contribuinte que contra si tenha ajuizada ação de execução fiscal ostenta

CAP. 13 • CERTIDÕES | **423**

> condição mais favorável do que aquele contra o qual o Fisco não se voltou judicialmente ainda. (...). 3. Deveras, não pode ser imputado ao contribuinte solvente, isto é, aquele em condições de oferecer bens suficientes à garantia da dívida, prejuízo pela demora do Fisco em ajuizar a execução fiscal para a cobrança do débito tributário. Raciocínio inverso implicaria em que o contribuinte que contra si tenha ajuizada ação de execução fiscal ostenta condição mais favorável do que aquele contra o qual o Fisco ainda não se voltou judicialmente. (...) 5. Outrossim, instigada a Fazenda pela caução oferecida, pode ela iniciar a execução, convertendo-se a garantia prestada por iniciativa do contribuinte na famigerada penhora que autoriza a expedição da certidão. 6. Recurso especial desprovido (STJ – REsp. 536037/PR, 2003/0078756-9, 1ª Turma, Rel. Min. Teori Albino Zavascki, j. 12.04.2005, *DJ* 23.05.2005, p. 151, *RDDT* 120/139, *RIP* 32/132).

Ocorre que, com a entrada em vigor no Código de Processo Civil (CPC) de 2015, o **processo cautelar foi extinto**, de modo que o contribuinte deverá buscar as **tutelas de urgência** ou de **evidência** para garantir seu direito.

Com isso, caso suspensa a exigibilidade do crédito tributário ou garantido o juízo na execução fiscal em sua integralidade, o contribuinte tem direito à certidão positiva com efeitos de negativa.

Assim, é plenamente possível o fornecimento de certidão positiva com efeitos de negativa caso garantido juízo por carta de fiança ou seguro garantia em ação anulatória anterior à execução fiscal, ainda que ausente tal previsão nos arts. 206 e 151, ambos do CTN. Isso porque o crédito tributário estará garantido e será satisfeito caso seja julgado improcedente o pleito desconstitutivo, cabendo a tutela provisória para que seja fornecida a referida certidão.

Importante destacar que, caso a certidão seja fornecida com dolo ou fraude, não produzirá efeitos perante o fisco. O simples erro não enseja a aplicação desse artigo, devendo ficar caracterizados o **dolo** ou a **fraude**, sem os quais não poderá ocorrer a punição do funcionário.

A teor da Súmula 446 do STJ, "declarado e não pago o débito tributário pelo contribuinte, é legítima a recusa de expedição de certidão negativa ou positiva com efeito de negativa".

Por óbvio, tal negativa é cabível, tendo em vista a existência de crédito tributário constituído, ao passo que fora entregue a declaração, conforme determina a Súmula 436 do STJ. Assim, a certidão que deverá ser fornecida nos casos *supra* é a **positiva, à qual o** contribuinte somente terá direito efeitos de negativa caso implemente uma das hipóteses do art. 206 do CTN.

Considerações sobre as Certidões
1. Certidão negativa é a comprovação de que inexiste crédito tributário vencido em nome do indivíduo.
2. Certidão positiva, por sua vez, é aquela que representa a existência do crédito tributário constituído.
3. Certidão positiva com efeitos de negativa é o documento suficiente para o contribuinte participar de licitações e contratar com o Poder Público. Geralmente é fornecida nas hipóteses em que o juízo está garantido ou suspensa a exigibilidade do crédito tributário.
4. Certidão fornecida com dolo ou fraude não produzirá efeitos perante o fisco.

QUESTÕES DE PROVA

1. **(Procurador Jurídico – 2018 – VUNESP – Câmara de Campo Limpo Paulista-SP)** No âmbito das relações dos particulares com a Administração Pública, é comum a exigência por parte desta da apresentação de certidões que atestem a regularidade fiscal do cidadão em face de suas obrigações. A esse respeito, é correto afirmar que

   (A) a certidão positiva expedida com dolo ou fraude, que contenha erro contra a Fazenda Pública, responsabiliza pessoalmente o funcionário que a expedir, pelo crédito tributário e juros de mora acrescidos.

   (B) a certidão negativa será sempre expedida nos termos em que tenha sido requerida e será fornecida dentro de vinte dias da data da entrada do requerimento na repartição.

   (C) a lei não poderá exigir que a prova da quitação de determinado tributo seja feita por certidão negativa expedida pela Fazenda Pública, para além dos casos expressamente previstos pela Constituição Federal.

   (D) a certidão de que conste a existência de créditos não vencidos, em curso de cobrança executiva em que tenha sido efetivada a penhora, ou cuja exigibilidade esteja suspensa, tem efeitos de certidão positiva de débitos, impedindo o exercício dos direitos sujeitos à comprovação de regularidade fiscal.

   (E) independentemente de disposição legal permissiva, será dispensada a prova de quitação de tributos, quando se tratar de prática de ato indispensável para evitar a caducidade de direito, respondendo, porém, todos os participantes no ato pelo tributo porventura devido.

2. **(Assessor Técnico Legislativo – 2018 – FUNRIO – AL-RR)** A alternativa que assegura ao contribuinte o direito de obter Certidão Positiva de Débito com Efeito de Negativa é a seguinte:

   (A) quando, apesar de declarado o tributo devido e não pago, o contribuinte ainda não tenha sido intimado sobre a inscrição do referido crédito tributário em Dívida Ativa.

   (B) quando o contribuinte tenha impetrado mandado de segurança, ainda que a liminar não tenha sido concedida pelo juízo.

   (C) nos casos em que houver penhora de bens do contribuinte no valor equivalente ao total do débito exequendo.

   (D) após o encerramento do processo administrativo fiscal, mas antes da execução fiscal.

3. **(Procurador do Município – 2018 – CESPE – PGM – Manaus-AM)** Julgue o item que se segue à luz do que dispõe o Código Tributário Nacional.

   A certidão positiva que indique a existência de um crédito tributário já vencido, mas submetido a parcelamento, tem os mesmos efeitos de uma certidão negativa.
   ( ) Certo ( ) Errado

4. **(Procurador do Estado – 2017 – CESPE – PGE-SE)** Uma certidão positiva com efeitos de negativa consiste em

   (A) documento administrativo que indica a existência de créditos inexigíveis ou que já estão garantidos, embora não sirva para a comprovação de regularidade do pagamento de tributos.

   (B) certidão judicial que indica a existência de créditos exigíveis e não garantidos, apesar de não servir para a comprovação de regularidade do pagamento de determinado tributo.

(C) certidão judicial usada para a comprovação de regularidade do pagamento de determinado tributo, ainda que indique a existência de créditos vencidos e exigíveis.

(D) documento administrativo utilizado para a comprovação de regularidade do pagamento de determinado tributo, ainda que indique a existência de créditos garantidos ou inexigíveis.

(E) certidão administrativa ou judicial que serve para a comprovação de regularidade do pagamento de determinado tributo e que certifica a existência de créditos exigíveis e não adimplidos, mesmo sem garantia.

5. **(Assistente Jurídico e Procurador Jurídico – 2017 – VUNESP – Prefeitura de Andradina--SP) Tem os mesmos efeitos da certidão negativa a certidão de que conste a existência de créditos**

(A) em curso de cobrança executiva, independentemente de ter sido efetuada a penhora.

(B) vencidos, mas já inscritos na dívida ativa.

(C) vencidos, independentemente de terem sido inscritos ou não na dívida ativa.

(D) que estejam em moratória.

(E) inscritos na dívida ativa, desde que ainda não promovida sua execução judicial.

6. **(Procurador do Estado – 2016 – CESPE – PGE-AM) Considerando o desenvolvimento da relação jurídica tributária, julgue o próximo item.**

A penhora de bem ou de direito que promova a satisfação integral do crédito tributário assegurará ao sujeito passivo da relação jurídica tributária o direito de obter certidão positiva com os mesmos efeitos da certidão negativa.
( ) Certo   ( ) Errado

7. **(Auditor de Controle Externo – Área Fiscalização – Direito – 2016 – CESPE – TCE-PA) Julgue o item subsequente, relativo ao imposto sobre serviços de qualquer natureza (ISSQN) e à certidão negativa.**

A administração tributária poderá fornecer certidão positiva com os mesmos efeitos da certidão negativa na hipótese de créditos tributários com exigibilidade suspensa ou de créditos objeto de execução fiscal garantidos por penhora.
( ) Certo   ( ) Errado

8. **(Advogado Societário – 2015 – FGV – CODEMIG) A sociedade empresária Ômega Ltda. foi autuada pelo Fisco estadual pelo não recolhimento do ICMS. Após o transcurso de todo o processo administrativo fiscal, o auto de infração foi mantido pela Administração tributária. Irresignados, os administradores de Ômega Ltda. decidem ajuizar mandado de segurança com pedido de liminar, objetivando a suspensão da exigibilidade do crédito. A liminar foi concedida, condicionada à apresentação de caução, fiança ou depósito. Foi apresentada carta de fiança no valor integral do crédito tributário. Após três meses, o Tribunal de Justiça do Estado dá provimento a agravo de instrumento proposto pelo Estado, cassando a liminar. Considerando a situação descrita, Ômega Ltda. apresenta requerimento de certidão de regularidade fiscal.**

Em relação ao crédito tributário do auto de infração, será concedida certidão:

(A) positiva, pois o crédito tributário está suspenso pela garantia judicial.

(B) positiva com efeito de negativa, pois o crédito tributário está garantido por conta da carta de fiança apresentada.

(C) negativa, pois o crédito está sendo discutido judicialmente.

(D) positiva, pois o crédito está plenamente exigível.

(E) negativa, pois o crédito está com a exigibilidade suspensa.

9. **(Fiscal da Fazenda – 2015 – FEPESE – Prefeitura de Balneário Camboriú-SC) É correto afirmar sobre as certidões tributárias.**

(A) A certidão negativa de débito declara a inexistência de débito tributário para o sujeito ativo.

(B) O Fisco dispõe do prazo de até trinta dias para expedir a certidão negativa de débito, a contar da data de entrada do requerimento.

(C) A existência de créditos não vencidos, em curso de cobrança executiva em que tenha sido efetivada a penhora, ou cuja exigibilidade esteja suspensa, não assegura ao devedor o direito de obter a certidão tributária.

(D) A certidão negativa expedida com dolo ou fraude, que contenha erro contra a Fazenda Pública, responsabiliza pessoalmente o funcionário que a expedir, pelo crédito tributário e juros de mora acrescidos.

(E) Deferido o pedido de emissão de certidão tributária, caberá à Fazenda Pública competente decidir acerca do conteúdo do documento a ser lavrado.

10. **(Procurador do Estado – 2015 – PUC-PR – PGE-PR) Entende-se por sanções políticas tributárias as restrições não razoáveis ou desproporcionais ao exercício de atividade econômica ou profissional lícita, utilizadas como meio de indução ou coação a pagamento de tributos.**

Sobre as sanções políticas tributárias, assinale a alternativa CORRETA.

(A) O protesto de certidão de dívida ativa, nos termos da jurisprudência mais recente do Superior Tribunal de Justiça, configura sanção política.

(B) A exigência de Certidão Negativa de Débitos Tributários – CND como requisito prévio à participação em licitações é exemplo de sanção política.

(C) De acordo com entendimento pacífico do Superior Tribunal de Justiça, a Fazenda Pública tem legitimidade e interesse para requerer a falência da empresa insolvente devedora de tributos.

(D) A retenção de mercadoria pelo tempo estritamente necessário à lavratura do auto de infração não configura sanção política.

(E) Segundo recente entendimento do Supremo Tribunal Federal, não se admite o cancelamento da inscrição da empresa no cadastro de contribuintes de determinado imposto em razão de dívidas tributárias, ainda que comprovado intuito deliberado de não pagar o imposto e violação à livre-concorrência.

Gabarito	
1	E
2	C
3	Certo
4	D
5	D
6	Certo
7	Certo
8	D
9	D
10	D

14

IMPOSTOS EM ESPÉCIE

A Constituição delimita a **competência tributária** de cada ente federado nos arts. 153, 155 e 156. Tal competência consiste no poder de **criar** o tributo e não se confunde com a capacidade tributária que abrange a fiscalização e a arrecadação.

Na forma do art. 7º do CTN, a competência tributária, que consiste no poder de criar o tributo, é **indelegável,** enquanto a capacidade tributária, que consiste nos poderes de fiscalizar e arrecadar o tributo, pode, sim, ser objeto de delegação e transferência para outro ente federado. Assim, quando um ente federado recebe a atribuição de criar um tributo pela Constituição, não pode jamais transferir para outro ente, podendo permitir que outro ente efetive a arrecadação somente.

Um exemplo da transferência da capacidade é o que ocorre com o ITR, de competência da União. Na forma do art. 153, § 4º, III, da CRFB, os municípios que assim optarem poderão fiscalizar e arrecadar o ITR adotando a capacidade tributária. Todavia, a competência não será transferida, ficando o município impedido de conceder qualquer benefício fiscal, por exemplo, limitando-se ao exercício da fiscalização e da arrecadação.

Ademais, o não exercício da competência tributária não autoriza que outro ente federado institua o tributo que não foi criado, conforme previsto no art. 8º do CTN.

A **repartição de competências** é clara na Constituição, sendo certo que o Distrito Federal não possui competência própria, acumulando a competência dos estados e dos municípios. Frise-se que essa não é a única hipótese de competência cumulativa no Direito Tributário. Na forma do art. 147 da CRFB, nos territórios federais, a União exercerá sua competência e vai acumular a competência dos estados. Sendo o território dividido em municípios, cada um exercerá sua competência. No entanto, caso o território não seja repartido em municípios, a União vai cumular também a competência municipal, ou seja, a competência plena, pois já exercerá a competência própria e a dos estados.

No mais, como já dito, a Carta delimita a competência de cada ente federado, não cabendo a sua transferência. Vejamos o posicionamento de Luciano Amaro:

> o poder de criar tributos é repartido entre os vários entes políticos, de modo que cada um tem competência para impor prestações tributárias, dentro da esfera que lhe é assinalada pela Constituição. Temos assim a competência tributária – ou seja, a aptidão para criar tributos – da União, dos Estados, do Distrito Federal e dos Municípios. Todos têm, dentro de certos limites, o poder de criar determinados tributos e definir o seu alcance, obedecidos os critérios de partilha de competência estabelecidos pela Constituição. A competência engloba, portanto, um amplo poder político no que respeita a decisões sobre a própria criação do tributo e sobre a amplitude da incidência, não obstante o legislador esteja submetido a vários balizamentos.[1]

Competência, portanto, não se confunde com **capacidade** no Direito Tributário. Ademais, é importante frisar que a competência tributária é facultativa, não cabendo ao ente federado a obrigatoriedade de instituição do tributo.

O art. 11 da LC 101/2000 (LRF) dispõe que "constituem requisitos essenciais da responsabilidade na gestão fiscal a instituição, previsão e efetiva arrecadação de todos os tributos da competência constitucional do ente da Federação." Tal dispositivo já foi objeto de muitos debates, pois obrigaria o ente federado a instituir os tributos previstos na Carta.

O entendimento consolidado no STF, no julgamento da ADI 2238, publicado no *DJE* de 15.09.2020, foi no sentido da defendida facultatividade, pois a Carta não obriga que os entes federados instituam o tributo, mas somente preveem sua criação. Vejamos:

> (...) A mensagem normativa do parágrafo único do art. 11 da LRF, de instigação ao exercício pleno das competências impositivas fiscais tributárias dos Entes locais, não conflita com a Constituição Federal, traduzindo-se como fundamento de subsidiariedade, congruente com o Princípio Federativo, e desincentivando dependência de transferências voluntárias. (...).

Com isso não restam mais dúvidas de que o exercício da competência tributária é facultativo, não cabendo ao ente federado a obrigação de instituir o tributo. Tanto é assim, que o imposto sobre grandes fortunas, apesar de previsão constitucional, ainda não foi instituído.

Além disso, é importante destacar a existência de um terceiro instituto que não se confunde com competência e capacidade, que é a **titularidade da receita**. Eventualmente, o ente federado pode não deter a competência ou sequer a capacidade, mas será titular da receita oriunda daquele tributo. É o que ocorre nos casos de repartição direta de receitas, previstos nos arts. 157 e 158 da CRFB.

Nas hipóteses de repartição direta de receitas, o montante financeiro auferido com o tributo pertence a outro ente federado, que não aquele que detém a capacidade ou a competência tributária. Não se trata de uma divisão da arrecadação, mas de uma parcela da receita que é própria de outro ente federado. Tomemos como exemplo o caso do

---

[1] AMARO, Luciano. *Direito Tributário*. 12. ed. São Paulo: Saraiva, 2006. p. 93.

IPVA, imposto de competência dos estados. O art. 158, III, da CRFB deixa claro que 50% da sua arrecadação pertence aos municípios em que o imposto foi arrecadado. Assim, o imposto é de competência dos estados, mas 50% da sua arrecadação é municipal, sendo a municipalidade a titular da receita.

Como forma de proteção ao federalismo fiscal, o STF editou a proposta de Súmula Vinculante 30, com a seguinte redação: "É inconstitucional lei estadual que, a título de incentivo fiscal, retém parcela do ICMS pertencente aos municípios". Tal súmula permanece pendente de publicação tendo em vista sua redação e a necessidade de delimitação de sua abrangência.

No tocante ao imposto de renda, os arts. 157 e 158 da CRFB determinam que pertencem aos estados e aos municípios respectivamente a integralidade do imposto de renda pago aos seus servidores. O STF, no julgamento do tema 1.130 da repercussão geral, entendeu que nas hipóteses de repartição direta de receitas, o imposto de renda retido na fonte pertence aos estados e municípios.

Vejamos o resultado do julgamento:

JURISPRUDÊNCIA

> RECURSO EXTRAORDINÁRIO. REPERCUSSÃO GERAL. INCIDENTE DE RESOLUÇÃO DE DEMANDAS REPETITIVAS (IRDR). DIREITO TRIBUTÁRIO. DIREITO FINANCEIRO. REPARTIÇÃO DE RECEITAS ENTRE OS ENTES DA FEDERAÇÃO. TITULARIDADE DO IMPOSTO DE RENDA INCIDENTE NA FONTE SOBRE RENDIMENTOS PAGOS, A QUALQUER TÍTULO, PELOS MUNICÍPIOS, A PESSOAS FÍSICAS OU JURÍDICAS CONTRATADAS PARA PRESTAÇÃO DE BENS OU SERVIÇOS. ART. 158, INCISO I, DA CONSTITUIÇÃO FEDERAL. RECURSO EXTRAORDINÁRIO DESPROVIDO. TESE FIXADA. 1. A Constituição Federal de 1988 rompeu com o paradigma anterior – no qual verificávamos a tendência de concentração do poder econômico no ente central (União) –, implementando a descentralização de competências e receitas aos entes subnacionais, a fim de garantir-lhes a autonomia necessária para cumprir suas atribuições. 2. A análise dos dispositivos constitucionais que versam sobre a repartição de receitas entre os Entes Federados, considerando o contexto histórico em que elaborados, deve ter em vista a tendência de descentralização dos recursos e os valores do federalismo de cooperação, com vistas ao fortalecimento e autonomia dos entes subnacionais. 3. A Constituição Federal, ao dispor no art. 158, I, que pertencem aos Municípios "o produto da arrecadação do imposto da União sobre renda e proventos de qualquer natureza, incidente na fonte, sobre rendimentos pagos, a qualquer título, por eles, suas autarquias e pelas fundações que instituírem e mantiverem", optou por não restringir expressamente o termo "rendimentos pagos", por sua vez, a expressão "a qualquer título" demonstra nitidamente a intenção de ampliar as hipóteses de abrangência do referido termo. Desse modo, o conceito de rendimentos constante do referido dispositivo constitucional não deve ser interpretado de forma restritiva. 4. A previsão constitucional de repartição das receitas tributárias não altera a distribuição de competências, pois não influi na privatividade do ente federativo em instituir e cobrar seus próprios impostos, influindo, tão somente, na distribuição da receita arrecadada, inexistindo, na presente hipótese, qualquer ofensa ao art. 153, III, da Constituição Federal. 5. O direito subjetivo do ente federativo beneficiado com a participação no produto da arrecadação do Imposto de Renda Retido na Fonte

– IRRF, nos termos dos arts. 157, I, e 158, I, da Constituição Federal, somente existirá a partir do momento em que o ente federativo competente criar o tributo e ocorrer seu fato imponível. No entanto, uma vez devidamente instituído o tributo, não pode a União – que possui a competência legislativa – inibir ou restringir o acesso dos entes constitucionalmente agraciados com a repartição de receitas aos valores que lhes correspondem. 6. O acórdão recorrido, ao fixar a tese no sentido de que "O artigo 158, I, da Constituição Federal de 1988 define a titularidade municipal das receitas arrecadadas a título de imposto de renda retido na fonte, incidente sobre valores pagos pelos Municípios, a pessoas físicas ou jurídicas contratadas para a prestação de bens ou serviços", atentou-se à literalidade e à finalidade (descentralização de receitas) do disposto no art. 158, I, da Lei Maior. 7. Ainda que em dado momento alguns entes federados, incluindo a União, tenham adotado entendimento restritivo relativamente ao disposto no art. 158, I, da Constituição Federal, tal entendimento vai de encontro à literalidade do referido dispositivo constitucional, devendo ser extirpado do ordenamento jurídico pátrio. 8. A delimitação imposta pelo art. 64 da Lei 9.430/1996 – que permite a retenção do imposto de renda somente pela Administração federal – é claramente inconstitucional, na medida em que cria uma verdadeira discriminação injustificada entre os entes federativos, com nítida vantagem para a União Federal e exclusão dos entes subnacionais. 9. Recurso Extraordinário a que se nega provimento. Fixação da seguinte tese para o TEMA 1130: "Pertence ao Município, aos Estados e ao Distrito Federal a titularidade das receitas arrecadadas a título de imposto de renda retido na fonte incidente sobre valores pagos por eles, suas autarquias e fundações a pessoas físicas ou jurídicas contratadas para a prestação de bens ou serviços, conforme disposto nos arts. 158, I, e 157, I, da Constituição Federal" (STF – RE 1293453/RS, 5008835-44.2017.4.04.0000, Rel. Min. Alexandre de Moraes, j. 11.10.2021, Tribunal Pleno, *DJe* 22.10.2021).

Ademais, o STF reconheceu a obrigatoriedade de os estados efetuarem o repasse aos municípios de 25% do ICMS arrecadado no seu território, quando o crédito relativo ao imposto for extinto por compensação ou transação. A decisão foi tomada no julgamento da **ADI 3.837**.

Como se pode ver, essa parte abrange a repartição direta de receitas em que um percentual da arrecadação pertence a outro ente federado, não se confundindo com a repartição indireta, prevista no art. 159 da CRFB em que um ente entregará parte de sua arrecadação para outro ente.

Assim, no julgamento do RE 705423, o ponto em debate foi a redução dos repasses a título de fundo de participação em razão dos benefícios fiscais concedidos pela União. Nesse caso, foi aprovada a seguinte tese em sede de repercussão geral:

Tema 653: É constitucional a concessão regular de incentivos, benefícios e isenções fiscais relativos ao Imposto de Renda e Imposto sobre Produtos Industrializados por parte da União em relação ao Fundo de Participação de Municípios e respectivas quotas devidas às Municipalidades.

Como pode-se notar, parece uma decisão antagônica com relação à tese adotada para redação da proposta da Súmula Vinculante 30 do STF, e não poderia ser diferente, tendo em vista que os assuntos são diversos. A repartição de receitas não se confunde com a titularidade da receita, em que o fruto da arrecadação pertence a ente federado diverso daquele que detém a competência.

Na sequência, ultrapassado esse importante debate, passemos à análise dos impostos de competência de cada ente federado.

 **DICAS**

> 1. Competência tributária = poder de criar tributo ≠ capacidade tributária (fiscalização e arrecadação).
> 2. A competência tributária é indelegável.
> 3. O Distrito Federal não possui competência própria, pois acumula a dos estados e a dos municípios.

14.1. Impostos de competência da União

Na forma do art. 153 da CRFB, a competência da União abrange oito impostos, que são: Imposto de Importação (II), Imposto de Exportação (IE), Imposto de Renda (IR), IPI, ITR, Imposto sobre Operações Financeiras de Crédito, Câmbio, Seguros e Operações com Valores Mobiliários (IOF) e o Imposto sobre Grandes Fortunas (IGF), que ainda não foi instituído no Brasil e o Imposto Seletivo (IS) inserido pela Emenda Constitucional nº 132/2023.

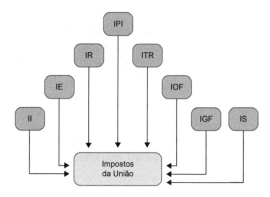

14.1.1. Imposto de Importação – II

a) Legislação e súmulas aplicáveis
- CRFB, arts. 5º, XLVI, *b*; 150, § 1º; 153, I e § 1º
- CTN, arts. 19 a 22
- Decreto-Lei 37/1966
- Decreto 6.759/2009
- Súmulas: STJ, 95; TFR, 192

b) Fato gerador

O II é um imposto de competência da União, previsto no art. 153, I, da CRFB, e tem como fato gerador a entrada jurídica de **mercadoria estrangeira** no território nacional. A referida entrada, para fins tributários, somente ocorre com o **registro** no Sistema de Comércio Exterior (SISCOMEX), ou seja, o fato gerador somente resta caracterizado com a entrada jurídica do produto estrangeiro, sendo a entrada física um indiferente tributário.

Importante frisar que o imposto somente incidirá nos casos em que a mercadoria ingresse no território com o objetivo de ser integrada à **economia nacional**, não incidindo sobre mercadorias que estejam de passagem, como ocorre com navios que realizam paradas para reabastecimento, por exemplo.

A entrada física é, portanto, um indiferente tributário, incidindo o imposto somente com o registro no SISCOMEX. Vejamos a jurisprudência sobre o assunto.

 JURISPRUDÊNCIA

> TRIBUTÁRIO E PROCESSUAL CIVIL – RECURSO ESPECIAL DA FAZENDA NACIONAL – ART. 535, II, DO CÓDIGO DE PROCESSO CIVIL DE 1973 – DEFICIÊNCIA NA FUNDAMENTAÇÃO – SÚMULA 284/STF – IMPOSTO DE IMPORTAÇÃO – ARTS. 105 E 144 DO CÓDIGO TRIBUTÁRIO NACIONAL – ART. 23 DO DECRETO-LEI Nº 37/1966 – REDUÇÃO DE ALÍQUOTA POR RESOLUÇÃO POSTERIOR À APRESENTAÇÃO PARA DESPACHO ADUANEIRO – EXTENSÃO DOS EFEITOS ÀQUELA DATA – CABIMENTO.
> (...)
> 2. O fato gerador do imposto de importação materializa-se no ato em que se apresenta a declaração de importação, o qual, por sua vez, dispara o procedimento denominado despacho aduaneiro. É o que se depreende da leitura dos arts. 19 do CTN, c/c o art. 1º do Decreto-Lei nº 37/1966, 72 e 73, I, do Decreto nº 6.759/2009.

A **finalidade** do II vai além de arrecadar recursos para a União, porque ele funciona como um instrumento de controle e intervenção do Estado na economia. Ele exerce controle na balança comercial e funciona como um valioso instrumento de política econômica, caracterizando-se, portanto, como um **imposto extrafiscal**.

O elemento material desse imposto é a entrada real ou ficta do produto importado no território nacional por meio do SISCOMEX. Após o registro da importação no SISCOMEX, ocorre o despacho aduaneiro de importação e, por fim, o desembaraço aduaneiro. A expressão "produto" refere-se à mercadoria ou bem destinado ao uso ou consumo pelo importador. Frise-se que somente incide o imposto se a entrada tiver como objetivo a integração do produto na economia nacional. Assim, sem a finalidade de comércio não deverá incidir o II.

 JURISPRUDÊNCIA

> TRIBUTÁRIO – IMPOSTO DE IMPORTAÇÃO – FUNÇÃO EXTRAFISCAL – QUADROS NACIONAIS QUE RETORNARAM AO BRASIL SEM FINS COMERCIAIS o ART. 19 DO CTN – ART. 1º DO DECRETO-LEI Nº 37/66 – AUSÊNCIA DE VIOLAÇÃO – NÃO SE TRATA DE MERCADORIA COMERCIÁVEL – NÃO INCIDÊNCIA DO IMPOSTO DE IMPORTAÇÃO.

> 1. Interpretam-se as normas referentes ao Imposto de Importação no contexto da atual função extrafiscal desta exação, tida como instrumento de regulação do comércio exterior.
> 2. O termo mercadoria constante do artigo 1º do Decreto nº 37/66 deve ser entendido no seguinte sentido: "Aquilo que é objeto de comércio; bem econômico destinado à venda; mercancia", conforme anotado no Novo Dicionário Eletrônico Aurélio, versão 5.11a.
> 3. *In casu*, os quadros saíram e voltaram, com o registro pertinente, com a destinação "enfeite de residência particular", sem finalidade de comércio, não se tratando, portanto, de mercadoria e não incidindo na espécie o imposto de importação. Recurso especial improvido (REsp. 601022/RJ, Min. Humberto Martins, *DJe* 16.12.2009).

Ademais, o imposto somente incide sobre o produto estrangeiro que ingressa no território nacional, não incidindo sobre a entrada de produtos nacionais previamente exportados que retornem ao Brasil, na forma do art. 1º, § 1º, do Decreto-Lei 37/1966. Assim, não incide o II com a entrada do produto nacional que foi exportado e retorna ao território nacional por motivo alheio à vontade do exportador. Vejamos:

JURISPRUDÊNCIA

> TRIBUTÁRIO – IMPOSTO DE IMPORTAÇÃO – DEVOLUÇÃO DE MERCADORIAS EXPORTADAS POR EQUÍVOCO – RETORNO POR MOTIVO ALHEIO À VONTADE DO EXPORTADOR – ART. 1º, § 1º, ALÍNEA "E", DO DECRETO-LEI Nº 37/66 – NÃO INCIDÊNCIA DA EXAÇÃO.
> 1. O fato gerador do imposto de importação é, consoante o art. 19 do CTN e o art. 1º do DL 37/66, a entrada de produto estrangeiro em território nacional. O § 1º do art. 1º do DL 37/66 também considera estrangeira, para fins de incidência do imposto de importação, a mercadoria nacional ou estrangeira exportada que retornar ao Brasil, salvo se tal retorno, dentre outras hipóteses, ocorrer por fatores alheios à vontade do exportador, consoante exceção prevista na alínea "e" do referido dispositivo, com reprodução no art. 70, V, do Decreto nº 4.345/2002 (Regulamento Aduaneiro de 2002).
> 2. A devolução das mercadorias na hipótese ocorreu por fator alheio à vontade do exportador, eis que não é razoável cogitar que este tenha dirigido sua vontade livre e consciente no envio equivocado de mercadorias para o exterior, sobretudo em razão dos incômodos suportados por ambos, importador e exportador, e as despesas que este terá de arcar no reenvio de mercadorias ao estrangeiro. Assim, o caso está albergado pela exceção prevista na alínea "e" do § 1º do art. 1º do Decreto-Lei nº 37/66, não havendo que se falar em incidência de imposto de importação.
> 3. Recurso especial não provido (REsp. 1213245/RS, Min. Mauro Campbell Marques, *DJe* 25.11.2010).

O julgado é bastante restritivo às situações previstas no decreto-lei, mas, *data maxima venia*, discordamos do posicionamento. O regramento constitucional é claro no sentido da incidência do imposto de importação quando da entrada do produto estrangeiro, e não de produto nacional que fora exportado e retorna ao território nacional por qualquer motivo.

Nesses casos, o produto continua sendo nacional, não podendo em qualquer hipótese ser caracterizado como produto estrangeiro, de modo que não deve incidir o II quando da entrada em território brasileiro do produto nacional exportado ao exterior.

A adoção do entendimento diverso é permitir que o ordenamento jurídico infraconstitucional restrinja direitos constitucionalmente garantidos.

Por fim, mas não menos importante, devemos destacar que o II está sujeito a alguns regimes especiais, como isenções e reduções, que são utilizados como instrumentos extrafiscais.

Nos arts. 13, 14 e 15 do Decreto-Lei 37/1966, há isenções específicas, como no caso de bagagem acompanhada, por exemplo. Mas, além disso, existem regimes aduaneiros especiais, que permitem a suspensão do tributo nos casos de importação de insumos para fabricação de produtos destinados à exportação.

No art. 78 do Decreto-Lei 37/1966, está previsto o regime conhecido como *drawback*, que pode ser visto como um importante instrumento de desenvolvimento e estímulo às exportações, pois os insumos são importados para industrialização e posterior exportação do produto manufaturado, sem a incidência ou mesmo com a suspensão do II nessa entrada dos insumos.

Importante frisar que, para que se aplique a suspensão da incidência do II nesses casos, deverá ocorrer a exportação do produto manufaturado, caso contrário, será devida a incidência do tributo.

Outro regime também importante é o de admissão temporária, previsto no art. 75 do Decreto-Lei 37/1966, que permite que mercadorias sejam importadas e permaneçam no país por prazo previamente fixado com a suspensão dos tributos.

c) Base de cálculo

A **base de cálculo** é o preço normal que a mercadoria ou sua similar atingiria ao tempo da exportação, conforme previsto no art. 75 do Decreto 6.759/2009.

A interpretação adequada à expressão "valor aduaneiro" é o conceito de "valor que servir ou que serviria de base para o cálculo do imposto de importação", o qual deveria ser, posteriormente, acrescido do ICMS e do valor das próprias contribuições.

Assim, o **valor aduaneiro**, na importação, não é necessariamente aquele pelo qual foi realizado o eventual negócio jurídico, mas "o preço normal que o produto, ou seu similar, alcançaria, ao tempo da importação, em uma venda em condições de livre-concorrência, para entrega no porto ou lugar de entrada do produto no País", tal como previsto no art. 20, II, do CTN relativamente ao imposto sobre a importação.

O conceito, aliás, é corrente no âmbito do comércio exterior, com referências expressas na legislação, de modo que se deve considerar a previsão constitucional como dizendo respeito ao sentido técnico da expressão, constante do próprio Acordo Geral sobre Tarifas e Comércio (GATT).

Cabe considerar que a referência ao preço para entrega no porto ou lugar de entrada do produto no país faz com que a base de cálculo seja o preço CIF (*cost, insurance and freight*), sigla esta que representa a cláusula que obriga o vendedor tanto pela contratação e pagamento do frete como do seguro marítimo por danos durante o transporte, e toda mercadoria submetida a despacho de importação está sujeita ao controle do correspondente valor aduaneiro, que é a base de cálculo, repita-se, do imposto sobre a importação.

CAP. 14 • IMPOSTOS EM ESPÉCIE | **437**

Frise-se que o valor aduaneiro não abrange o montante devido a título do próprio imposto sobre a importação e dos demais impostos eventualmente incidentes sobre a importação, como o IPI e o ICMS, tampouco o montante de novas contribuições.

Em suma, o **valor aduaneiro** é composto pelo custo de transporte, custos operacionais de carga e descarga, e o seguro.

Ademais, o "Acordo sobre a Implementação do Artigo VII do Acordo Geral sobre Tarifas e Comércio de 1994 – GATT", promulgado pelo Decreto 1.355/1994, determina, em seu art. 1º, que: "o valor aduaneiro de mercadorias importadas será o valor de transação, isto é, o preço efetivamente pago ou a pagar pelas mercadorias, em uma venda para exportação para o país de importação".

Percebe-se, do exposto, que o Acordo sobre Valoração da Organização Mundial do Comércio (OMC) estabelece um sistema de valoração baseado em valores reais, rejeitando valores teóricos ou estimados. O artigo 8.3 dispõe que os acréscimos previstos no artigo 8 "serão baseados exclusivamente em dados objetivos e quantificáveis". Portanto, a dedução dos custos de transporte incluídos nos preços C & F e CIF deverá ser feita tomando como base **custos reais**, os quais seriam os valores efetivamente pagos, por exemplo, **ao transportador ao agente** de carga internacional pelo transporte das mercadorias objeto da transação.

O Decreto 1.765, de 28.12.1995, declarou vigentes diversas decisões e resoluções firmadas no âmbito do Mercado Comum do Sul (MERCOSUL), entre elas a Decisão CMC 17/1994, que aprovou a Norma de Aplicação sobre Valoração Aduaneira das Mercadorias, estabelecendo que

> (...) a base de cálculo dos direitos aduaneiros para a importação será o valor aduaneiro das mercadorias importadas, ingressadas a qualquer título no território do MERCOSUL, apurado segundo as normas do Acordo sobre a Implementação do Artigo VII do GATT.

O conceito de valor aduaneiro está previsto no art. 1º do Acordo, qual seja, o valor efetivo da transação. Não raro, a autoridade fiscal se utiliza do arbitramento para definir o valor aduaneiro, quando discorda da declaração do contribuinte no SISCOMEX. Nesses casos, o STF reconheceu a possibilidade de condicionar o desembaraço aduaneiro ao pagamento de eventual diferença tributária apurada pela autoridade fiscal no Informativo 994. Vejamos:

> O Tribunal, por unanimidade, apreciando o tema 1.042 da repercussão geral, conheceu do recurso extraordinário e deu-lhe provimento para, reformando o acórdão impugnado, assentar compatível, com a Lei Maior, o condicionamento do desembaraço aduaneiro de mercadoria importada ao pagamento de diferença de tributo e multa decorrente de arbitramento implementado pela autoridade fiscal, invertidos os ônus de sucumbência, nos termos do voto do Relator. Foi fixada a seguinte tese: "É constitucional vincular o despacho aduaneiro ao recolhimento de diferença tributária apurada mediante arbitramento da autoridade fiscal". Falou, pela recorrente, o Dr. Paulo Mendes de Oliveira, Procurador da Fazenda Nacional. Não participou deste julgamento, por motivo de licença médica, o Ministro Celso de Mello. Plenário, Sessão Virtual de 4.9.2020 a 14.9.2020 (Sessão iniciada na Presidência do Ministro Dias Toffoli e finalizada na Presidência do Ministro Luiz Fux).

Ademais, no julgamento do processo 16561.720173/2013-55, a 3ª Turma da Câmara Superior do CARF entendeu que royalties pagos por empresa do mesmo grupo econômico devem compor o valor aduaneiro, posto que o seu pagamento é condição de venda da mercadoria.

Frise-se que quando houver discussão com relação ao valor aduaneiro das mercadorias importadas é possível o oferecimento de garantia para sua liberação:

TRIBUTÁRIO. PROCESSUAL CIVIL. MANDADO DE SEGURANÇA. IMPOR-TAÇÃO. VALOR ADUANEIRO. DÚVIDA. LIBERAÇÃO DAS MERCADORIAS. EXIGÊNCIA DE GARANTIA. POSSIBILIDADE. 1. O artigo 51, § 1º, do Decreto--lei n. 37/1966, autoriza o desembaraço de mercadorias importadas, mediante o oferecimento de caução, quando pesar exigência fiscal relativa ao valor aduaneiro, com repercussão no valor dos tributos. 2. O C. Supremo Tribunal Federal, no julgamento do Tema 1042, firmou tese segundo a qual "É constitucional vincular o despacho aduaneiro ao recolhimento de diferença tributária apurada mediante arbitramento da autoridade fiscal." 3. Havendo fundada dúvida quanto ao correto valor das mercadorias submetidas a despacho aduaneiro, não há que se falar em ilegalidade na interrupção do desembaraço e tampouco na exigência de garantia como condição de liberação das mercadorias, desde que inexistente qualquer outra causa impeditiva, de modo a resguardar os interesses da Fazenda Pública caso se decida pela prática de subfaturamento ao final do processo administrativo. 4. Remessa necessária tida por interposta e apelação da impetrante desprovidas (ApCiv 0009464932013403104/SP, TRF-3, 4ª Turma, Rel. Des. Federal Leila Paiva Morrison, j. 22.9.2024, DJEN 26.9.2024).

Por fim, mas não menos importante, devemos destacar que o art. 20, III, do CTN prevê que a base de cálculo é o valor da arrematação no caso de leilão de mercadoria apreendida.

É importante destacar que a utilização do valor da arrematação como base de cálculo do II restringe-se aos leilões promovidos pela autoridade aduaneira nos quais são alienados os bens abandonados e aqueles que sofrem apreensão preliminar para posterior imposição de pena de perdimento. Nesses casos, a base de cálculo será o **preço da arrematação** e não o valor aduaneiro. Todavia, se a hasta pública for realizada por outra autoridade, como a autoridade judicial, por exemplo, poderá ser adotada base de cálculo diversa.

d) Alíquotas

A alíquota pode ser **específica** (unidade de medida adotada pela lei tributária), ***ad valorem*** (preço normal que a mercadoria ou sua similar atingiria ao tempo da importação) ou ser o **preço da arrematação**, quando o produto for apreendido ou abandonado, conforme os arts. 214 e 215 do Decreto 6.759/2009.

A alíquota específica é a menos aplicada em nosso ordenamento jurídico. Ela consiste na cobrança em dinheiro sobre uma base de cálculo determinada por critérios técnicos, como, por exemplo, uma cobrança de R$ 10,00 por quilograma de determinada mercadoria.

Já a alíquota *ad valorem* é a mais comumente adotada em nosso ordenamento jurídico, que consiste em um percentual aplicável sobre a base de cálculo.

A **alíquota** exigível do contribuinte é aquela válida na data da ocorrência do **fato gerador**. Compete à Câmara do Comércio Exterior alterar as alíquotas do II, na forma do art. 1º da Lei 8.085/1990, tratando-se de uma verdadeira exceção ao princípio da legalidade. Importante destacar que somente a alíquota poderá ser alterada por ato do poder executivo, não sendo possível a alteração da base de cálculo, uma vez que não foi recepcionado o art. 21 do CTN nessa parte, conforme interpretação do art. 153, § 1º, da CRFB.

e) Sujeito passivo

Na forma do art. 31 do Decreto-Lei 37/1966, o importador, o destinatário da remessa postal internacional e o adquirente de mercadoria entrepostada são os contribuintes do II, bem como o arrematante em caso de leilão realizado pela autoridade aduaneira. O entreposto aduaneiro é um regime aduaneiro especial que permite, tanto na importação quanto na exportação, o depósito de mercadorias, em local alfandegado, com suspensão do pagamento de tributos e sob controle fiscal aduaneiro.

Serão responsáveis, na forma dos arts. 105 do Decreto 6.759/2009, e do Decreto-Lei 37/1966, o transportador, o depositário e qualquer outra pessoa que a lei designar, sendo a responsabilidade solidária prevista no art. 106 do Decreto 6.759/2009.

O STJ já se manifestou no sentido da impossibilidade de se atribuir responsabilidade ao agente transportador, conforme diz a Súmula 192 do extinto TFR.

No tocante ao agente marítimo, segue o posicionamento do STJ:

 JURISPRUDÊNCIA

> RECURSO ESPECIAL – RESPONSABILIDADE DO AGENTE MARÍTIMO – ART. 2º, INCISO VII, DO DECRETO Nº 19.473/30 – PREQUESTIONAMENTO – AUSÊNCIA – INCIDÊNCIA DA SÚMULA Nº 211/STJ – DIREITO COMERCIAL – MANDATO MERCANTIL – AGENTE MARÍTIMO COMO MANDATÁRIO DO ARMADOR (MANDANTE) – ART. 140 DO CÓDIGO COMERCIAL – RESPONSABILIDADE DO MANDATÁRIO PERANTE TERCEIROS – IMPOSSIBILIDADE – DESFIGURAÇÃO DA NATUREZA JURÍDICA DO MANDATO MERCANTIL – AFASTADA A RESPONSABILIDADE DO AGENTE MARÍTIMO PERANTE TERCEIROS – REEXAME DE PROVAS – INVIABILIDADE – SÚMULA Nº 7/STJ.
> (...)
> 2. O agente marítimo atua como mandatário mercantil do armador e tem confiada a ele a função de armador, recebendo poderes para, em nome daquele, praticar atos e administrar seus interesses de forma onerosa (art. 653 do Código Civil). Assim, a natureza jurídica da relação entre o agente marítimo perante o armador é a de mandato mercantil.
> 3. O mandatário não tem **responsabilidade** pelos danos causados a terceiros, pois não atua em seu próprio nome, mas em nome e por conta do mandante.
> 4. O agente marítimo, como mandatário mercantil do armador (mandante), não pode ser responsabilizado pelos danos causados a terceiros por atos realizados a mando daquele, quando nos limites do mandato. Precedentes do STJ.
> 5. O Tribunal de origem, para decidir pela responsabilidade solidária da agente marítima e afastar a natureza de mandato mercantil do caso em tela, o fez com base nos elementos fático-probatórios presentes nos autos. Assim, a reforma

> do julgado demandaria o reexame do contexto fático-probatório, procedimento vedado na estreita via do recurso especial, a teor da Súmula nº 7/STJ.
>
> 6. Recurso especial não provido (REsp. 246107/RJ, 2000/0006240-5, *DJe* 07.03.2012).

Assim, tendo em vista que o **agente marítimo** atua como **mandatário**, não há que falar na responsabilidade tributária.

Por fim, mas não menos importante, o II não se submete aos princípios da anterioridade ou da noventena, podendo ser cobrado imediatamente e, além disso, não se submete ao princípio da legalidade no tocante à alteração da alíquota, que pode ser modificada por qualquer ato do Poder Executivo.

Outrossim, quando aplicada a pena de perdimento, no tocante ao II, a garantia de restituição ou compensação decorre da **não incidência** prevista pela legislação, conforme disposto nos arts. 1º, § 4º, III, do Decreto-Lei 37/1966, e 71 do Regulamento Aduaneiro:

DECRETO-LEI 37/1966

Art. 1º O Imposto sobre a Importação incide sobre mercadoria estrangeira e tem como fato gerador sua entrada no Território Nacional (...)

§ 4º **O imposto não incide sobre mercadoria estrangeira**: (...)

III – **que tenha sido objeto de pena de perdimento**, exceto na hipótese em que não seja localizada, tenha sido consumida ou revendida.

DECRETO 6759/2009

Art. 71. **O imposto não incide** sobre:

(...)

III – **mercadoria estrangeira que tenha sido objeto da pena de perdimento**, exceto na hipótese em que não seja localizada, tenha sido consumida ou revendida.

Tal posicionamento se estende às contribuições para o PIS e a COFINS incidentes na importação; a legislação acompanha o entendimento trazido anteriormente acerca da **não incidência**, conforme disposto no art. 2º, inciso III, da Lei 10.865/2004:

Art. 1º Ficam instituídas a Contribuição para os Programas de Integração Social e de Formação do Patrimônio do Servidor Público incidente na Importação de Produtos Estrangeiros ou Serviços – PIS/PASEP-Importação e a Contribuição Social para o Financiamento da Seguridade Social devida pelo Importador de Bens Estrangeiros ou Serviços do Exterior – COFINS-Importação, com base nos arts. 149, § 2º, inciso II, e 195, inciso IV, da Constituição Federal, observado o disposto no seu art. 195, § 6º.

Art. 2º As contribuições instituídas no art. 1º desta Lei **não incidem sobre**: (...)

III – **bens estrangeiros que tenham sido objeto de pena de perdimento**, exceto nas hipóteses em que não sejam localizados, tenham sido consumidos ou revendidos.

O CARF entende da mesma forma, favorável a restituição dos tributos devidos na importação no caso de aplicação da pena de perdimento.

Acórdão 3803-005.863, publicado em 05.06.2014
PERDIMENTO DEFINITIVO. RESTITUIÇÃO DE TRIBUTOS PAGOS.
O perdimento definitivo de mercadoria apreendida durante o despacho aduaneiro de importação afasta a incidência dos tributos sobre a importação, ao teor do inciso III do § 4º do art. 1º do Decreto-lei nº 37/66, porquanto a mercadoria foi localizada, não foi consumida nem revendida. Corolário disso, os tributos pagos por ocasião do registro da declaração de importação devem ser restituídos.

Assim, não devem restar dúvidas de que, uma vez recolhidos os tributos e aplicada a pena de perdimento, é cabível a repetição do indébito tendo em vista que não ocorreu o fato gerador, uma vez que as mercadorias não ingressaram no território nacional para serem integradas à economia pátria.

Considerações sobre o II
1. Para o Direito Tributário, a entrada de mercadoria estrangeira no território nacional somente se dá com o registro na aduana (e não com a entrada física).
2. Resumidamente o valor aduaneiro é composto pelo custo de transporte, pelos custos operacionais de carga e descarga, e pelo seguro.
3. A alíquota pode ser específica, *ad valorem* ou preço da arrematação, quando o produto for apreendido ou abandonado.

PARA REFORÇAR

II	
Extrafiscal	Tem como principal finalidade a função interventiva estatal no âmbito da atividade econômica, ou seja, do comércio exterior. Serve como uma espécie de controle da União sobre a economia, regulando a balança comercial.
Direto	O ônus econômico recai diretamente sobre o contribuinte e não permite o fenômeno da repercussão tributária.
Real	É um tributo real, cobrado em razão do fato gerador objetivamente considerado. Não leva em conta a capacidade econômica e nem características pessoais do contribuinte. Leva em consideração a coisa objeto da tributação e não as características do seu titular.
Não vinculado	Art. 16 do CTN. Seu fato gerador não depende de uma atuação e contraprestação específica da atividade estatal. Além disso, por ser imposto, sua receita não poderá ser vinculada, conforme o art. 167, IV, CRFB.
Proporcional	Sua alíquota é fixa e a sua base de cálculo é variável.
Exceção à legalidade e à anterioridade	É um imposto extrafiscal, então, precisa de celeridade para ter as suas alíquotas aumentadas e/ou diminuídas, por isso, não há a necessidade de lei para tal alteração. O art. 153, § 1º, da CRFB autoriza que o Poder Executivo altere suas alíquotas sem necessidade de lei. A permissão **alcança só as alíquotas**, e não a base de cálculo, que é objeto de reserva legal.
	O imposto pode ser cobrado de imediato, pois é exceção à anterioridade e à noventena, na forma do art. 150, § 1º, CRFB.

Legislação	Art. 153, § 1º, CRFB, Lei 8032/1990 e Decreto 6759/2009. Arts. 19 a 22, CTN. Decreto 660/2002 (SISCOMEX); Decreto 6759/2009; Decreto-Lei 37/1966. Súmula 192 do extinto TFR.
	Regimes Aduaneiros. Há regimes aduaneiros especiais e regimes aduaneiros atípicos. O primeiro dá um tratamento tributário diverso a uma mercadoria que possui sua importação e exportação controladas. O segundo é criado para atender a determinadas situações econômicas peculiares, de certos polos regionais ligados ao comércio exterior.
	Drawback. É um dos regimes mais importantes. Foi incluído pelo DL 37/1966 e consiste na suspensão ou eliminação de tributos incidentes sobre insumos importa-dos para a utilização de um produto exportado. É um incentivo para as exportações, pois reduz o preço dos produtos exportados. Há três modalidades de *drawback*: a isenção, a suspensão e a restituição de certos tributos.
	Zona Primária e Zona Secundária. Art. 3º do Decreto 6754/2009.
	O II é de competência da União Federal.
	O contribuinte do II é o importador, o destinatário da remessa postal internacional e o adquirente de mercadoria entreposta. O **entreposto aduaneiro** é um regime aduaneiro especial que permite, tanto na importação quanto na exportação, o depósito de mercadorias, em local alfandegado, com suspensão do pagamento de tributos e sob controle fiscal aduaneiro.
	Será **contribuinte/responsável** (art. 105 do Decreto 6759/2009) o transportador, o depositário e qualquer outra pessoa que a lei designar. Responsável solidário: art. 106 do Decreto 6759/2009.
	O STJ já se manifestou no sentido da impossibilidade de se atribuir responsabilida-de ao agente transportador, conforme diz a Súmula 192 do extinto TFR.
	O fato gerador do II se consuma com a entrada dos produtos no território nacional. Se os produtos só estão de passagem, estão dentro de um avião que pousa no Brasil, mas que vai decolar logo em seguida, por exemplo, não há fato gerador do II. O fato gerador se consuma na data do registro da declaração de importação e aplica-se a alíquota vigente nesta época.
	O importador tem o direito de exigir que se aplique o regime jurídico então vigen-te. Mas se há algo novo que o beneficie, como a diminuição da alíquota, isso será aplicado à sua importação também. Ver art. 73 do Decreto 6759/2009.
	A base de cálculo é o preço normal que a mercadoria ou sua similar atingiria ao tempo da exportação. Ver art. 75 do Decreto 6759/2009. A **alíquota** pode ser **es-pecífica** (unidade de medida adotada pela lei tributária), *ad valorem* (preço normal que a mercadoria ou sua similar atingiria ao tempo da importação) ou ser o preço da arrematação, quando o produto for apreendido ou abandonado. Arts. 214 e 215 do Decreto 6759/2009. A base de cálculo do II será a quantidade da mercadoria, se a alíquota for específica, a expressão monetária do produto importado quando a alíquota for *ad valorem* e o preço da arrematação do bem adquirido.
	A alíquota específica pode ser determinada em moeda nacional ou estrangeira. A alíquota aplicável é aquela válida na data da ocorrência do fato gerador. Compete à Câmara do Comércio Exterior alterar as alíquotas do II (art. 1º da Lei 8085/1990).
	Arts. 91, 92, 94, 96 e Decreto 6759/2009.
	As mercadorias importadas não podem ser retidas na alfândega com o fim de compelir o pagamento de tributos, pois isso viola o livre-exercício da atividade econômica (arts. 5º, XIII, e 170, parágrafo único, CRFB).

14.1.2. Imposto de Exportação – IE

a) **Legislação e súmulas aplicáveis**
- CRFB, art. 153, II e § 1º
- CTN, arts. 23 a 28
- Decreto-Lei 1.578/1977
- Decreto 6.759/2009

b) **Fato gerador**

O IE é de competência da União, previsto nos arts. 153, II, da CRFB, e 23 do CTN. No entanto, nem sempre foi assim. Esse imposto já foi de competência dos estados, conforme previsão da Constituição de 1891, tendo sido transferido para a União somente com a EC 18/1965, que corrigiu esse equívoco.

É similar ao II, mas incide na **saída jurídica** do produto nacional ou nacionalizado para o exterior. Assim, considera-se ocorrido o fato gerador do IE no momento em que é efetivado o registro de exportação no SISCOMEX, não incidindo, portanto, sobre a saída física do bem. Vejamos:

JURISPRUDÊNCIA

> TRIBUTÁRIO – AGRAVO REGIMENTAL – RECURSO ESPECIAL – IMPOSTO DE EXPORTAÇÃO – FATO GERADOR – OCORRÊNCIA – REGISTRO DE VENDAS NO SISCOMEX – ANTERIORIDADE – PUBLICAÇÃO – RESOLUÇÃO DO BACEN.
> I – A jurisprudência da Primeira Turma desta Corte pacificou entendimento no sentido de que o fato gerador do imposto de exportação sobre o açúcar é contado do **registro** de vendas no SISCOMEX e, sendo este anterior à publicação da Resolução do BACEN nº 2.163/95, deve-se incidir a alíquota de 2% e não a de 40% prevista na referida norma.
> II – Agravo regimental improvido (AgRg no AgRg no REsp. 225546/PR, Min. Francisco Falcão, *DJ* 16.11.2004, p. 185).

Importante destacar que o imposto incidirá sobre a saída do produto nacional ou nacionalizado para o exterior.

c) **Base de cálculo**

A base de cálculo do IE é o preço normal que a mercadoria, ou similar, alcançaria, ao tempo da exportação, em uma venda em condições de livre-concorrência no mercado internacional. Quando o preço da mercadoria for de difícil apuração e for suscetível de oscilações bruscas no mercado internacional, a Câmara de Comércio Exterior fixará critérios específicos ou estabelecerá pauta de valor mínimo, para a apuração do cálculo, na forma dos arts. 214 do Decreto 6.759/2009, e 26 do CTN. Vejamos o teor do art. 2º do Decreto-Lei 1.578/1977:

> Art. 2º A base de cálculo do imposto é o preço normal que o produto, ou seu similar, alcançaria, ao tempo da exportação, em uma venda em condições de

livre-concorrência no mercado internacional, observadas as normas expedidas pelo Poder Executivo, mediante ato da CAMEX – Câmara de Comércio Exterior.

Na forma do art. 2º do Decreto-Lei 1.578/1977, devem ser observadas as normas editadas pela Câmara de Comércio Exterior (CAMEX).

Importante destacar que nas hipóteses em que o preço da mercadoria for sujeito a oscilações constantes de mercado, poderá ser estipulado pelo Poder Executivo critério específico para apuração ou mesmo uma pauta de valor, conforme disposto no art. 2º, § 3º, do Decreto-Lei 1.578/1977.

Ademais, na forma do art. 24 do CTN, deverão ser deduzidos todos os tributos incidentes na exportação de sua base de cálculo, com o claro objetivo de aumentar a competitividade do produto nacional no mercado internacional.

d) Alíquota

A alíquota pode ser **específica** ou *ad valorem*, não sendo permitida elevação superior a 150%, conforme previsto no art. 3º, parágrafo único, do Decreto-Lei 1.578/1977.

Por ser um imposto extrafiscal, ou seja, com finalidade interventiva, precisa de flexibilidade em suas alterações, de modo que **não se submete** à **anterioridade** e à **noventena** e, como se não bastasse, não se submete ao princípio da **legalidade** quando sofrer alteração da alíquota, na forma do art. 150, § 1º, c/c o art. 153, § 1º, ambos da CRFB. Vejamos um didático julgado sobre o assunto:

> TRIBUTÁRIO – IMPOSTO DE EXPORTAÇÃO – AÇÚCAR – REGISTRO DE VENDAS NO SISTEMA SISCOMEX ANTERIOR À PUBLICAÇÃO DA RESOLUÇÃO BACEN Nº 2.163/95 – OCORRÊNCIA DO FATO GERADOR – INAPLICABILIDADE DA ALÍQUOTA DE 40%.
>
> Ocorrido o fato gerador do **imposto de exportação** com o registro de vendas no SISCOMEX, em data anterior à publicação da Resolução BACEN nº 2.163/95, que estabeleceu a alíquota de 40% do tributo, não é cabível a aplicação de tal percentual no caso e consoante o disposto na legislação de regência. Recurso improvido (REsp. 384401/SC, Rel. Min. Garcia Vieira, *DJ* 25.03.2002, p. 00210).

Dessa forma, a **alíquota** do imposto poderá ser alterada por ato do **Poder Executivo**, sem caracterizar violação ao princípio da legalidade. Frise-se que a Carta Magna trata tão somente de alíquota, e não da base de cálculo. Assim, resta claro que o disposto no art. 26 do CTN que permite a alteração da base de cálculo do imposto por ato do executivo não foi recepcionado pela Carta Magna.

e) Sujeito passivo

O contribuinte é aquele que remete a mercadoria para o exterior, ou seja, o exportador. Não precisa ser empresário ou pessoa jurídica, pois a exportação como fato gerador do imposto em causa pode ser eventual e sem intuito de lucro. O art. 8º do Decreto-Lei 1578/1977 permite que se aplique **subsidiariamente** ao IE a legislação relativa ao II, no que couber. Assim, é admitida a responsabilidade tributária no IE.

Ademais, importante frisar que a competência para instituir o IE é da União, ao passo que o disposto no art. 9º do Decreto-Lei 1.578/1977 não transfere a competência ao determinar que o produto da arrecadação constituirá reserva monetária a crédito no Banco Central do Brasil. Vejamos:

JURISPRUDÊNCIA

> PROCESSUAL CIVIL E TRIBUTÁRIO – REPETIÇÃO DE INDÉBITO – IMPOSTO DE EXPORTAÇÃO – ILEGITIMIDADE PASSIVA DO BANCO CENTRAL.
>
> 1. O art. 9º do Decreto-Lei 1.578/1977 determinava: "O produto da arrecadação do imposto de exportação constituirá reserva monetária, a crédito do Banco Central do Brasil, a qual só poderá ser aplicada na forma estabelecida pelo Conselho Monetário Nacional".
>
> 2. O fato de "o produto da arrecadação" ser destinado ao Banco Central do Brasil não tem o condão de fazer da autarquia **sujeito ativo do imposto**. A União, ente que detém a competência tributária, na forma do art. 23 do CTN, possui também a qualidade de sujeito ativo do Imposto de Exportação. Cabe a ela o dever de restituir o tributo indevidamente pago. Precedentes do Tribunal Federal de Recursos.
>
> 3. No caso dos autos, a União figurou no polo passivo, tendo sido condenada à repetição do indébito. Desse modo, a exclusão do Bacen da lide não inviabiliza a restituição das quantias indevidamente pagas pela empresa recorrida.
>
> 4. Recurso Especial provido (REsp. 742481/MG, Min. Herman Benjamin, *DJe* 27.08.2009).

Por fim, o IE não se submete aos princípios da anterioridade ou da noventena, podendo ser cobrado imediatamente e, além disso, não se submete ao princípio da legalidade no tocante à alteração da alíquota, que pode ser alterada por qualquer ato do Poder Executivo.

Considerações sobre o IE
1. O IE incide na saída jurídica do produto nacional ou nacionalizado para o exterior.
2. Entende-se por saída o registro da exportação no SISCOMEX, e não a saída física.
3. A alíquota pode ser específica ou *ad valorem*.
4. Pode ter sua alíquota alterada por ato do Poder Executivo.

PARA REFORÇAR

IE	
Extrafiscal	Tem como principal finalidade a intervenção estatal na economia, principalmente no âmbito do comércio exterior. Serve como uma espécie de controle da União sobre a economia, regulando a balança comercial.
Direto	Ônus econômico recai diretamente sobre o contribuinte e não permite o fenômeno da repercussão tributária.

Real	É um tributo real, cobrado em razão do fato gerador objetivamente considerado. Não leva em conta a capacidade econômica e nem características pessoais do contribuinte. Leva em consideração a coisa objeto da tributação e não as características do seu titular.
Não vinculado	Art. 16, CTN. Seu fato gerador não depende de uma atuação e contraprestação específica da atividade estatal. Além disso por ser um imposto, sua receita não poderá ser vinculada, conforme o art. 167, IV, CF.
Proporcional	A alíquota é fixa, e a base de cálculo é variável.
Exceção à legalidade e à anterioridade	É um imposto extrafiscal então precisa de celeridade para ter as suas alíquotas aumentadas e diminuídas. Assim, o art. 153, § 1º, CRFB autoriza que o Poder Executivo altere suas alíquotas sem necessidade de lei, por simples ato administrativo. A permissão **alcança somente as alíquotas**, e não a base de cálculo, que é objeto de reserva legal. O Presidente pode delegar aos seus ministros a alteração das alíquotas e, atualmente, o SISCOMEX é o responsável pelas alterações.
	Além disso, por ser extrafiscal, o IE pode ser cobrado de imediato, pois é exceção à anterioridade e à noventena, conforme previsto no art. 150, § 1º, CRFB.
Legislação	Art. 153, II e § 1º, CRFB. Decreto-Lei 1578/1977. Decreto-Lei 6759/2009 (Regulamento Aduaneiro). arts. 23 a 28, CTN.

- **Lançamento por declaração.** Art. 147, CTN.

- Antes, era tributada a exportação entre Estados-Membros, e por isso foi inserida a expressão "exportação para o estrangeiro" no CTN.

- O contribuinte é aquele que remete a mercadoria para o exterior. Não precisa ser empresário, pois a exportação, fato gerador do imposto em análise, pode ser eventual e sem intuito de lucro, e ainda assim será fato gerador do IE.

- O art. 8º do Decreto-Lei 1578/1977 permite que se aplique subsidiariamente ao IE a legislação relativa ao II, no que couber.

- Considera-se ocorrido o **fato gerador** do IE no momento em que é efetivado o registro de exportação no SISCOMEX, quando é caracterizado o fato gerador, que é a saída da mercadoria do território aduaneiro. O registro de exportação é o único registro indispensável para a efetivação de todas as operações de comércio.

- **Base de cálculo:** Art. 24 CTN. A alíquota pode ser específica ou *ad valorem*. A base de cálculo é o preço normal que a mercadoria, ou sua similar, alcançaria, ao tempo da exportação, em uma venda em condições de livre-concorrência no mercado internacional. Quando o preço da mercadoria for de difícil apuração e for suscetível de oscilações bruscas no mercado internacional, a Câmara de Comércio Exterior fixará critérios específicos ou estabelecerá pauta de valor mínimo, para a apuração do cálculo. Art. 214 do Decreto 6.759/2009; art. 26, CTB.

- **Zona Franca de Manaus (ZFM).** A ZFM foi criada com o objetivo de estimular a industrialização da cidade e sua área adjacente, bem como ampliar o mercado de trabalho da Região Norte. É uma área de livre-comércio, onde não são cobrados impostos de importação sobre os produtos comprados no exterior. Qualquer mercadoria exportada da ZFM para o exterior está isenta do IE.

- Validade da majoração de alíquota do IE para 150% incidente sobre a exportação de armas e munições destinadas a países das Américas do Sul, Central e do Caribe. A pesada tributação das exportações dos armamentos visa a combater o contrabando consistente no retorno ao Brasil de armamento aqui mesmo fabricado (STJ).

14.1.3. *Imposto de Renda – IR*

a) Legislação e súmulas aplicáveis

- CRFB, art. 153, III e § 2º

CAP. 14 • IMPOSTOS EM ESPÉCIE | **447**

- CTN, arts. 43 a 45
- Leis 7.713/1988; 8.981/1995; 9.249/1995; 9.250/1995; e 9.430/1996
- Decreto 9.580/2018
- Súmulas: STJ, 125, 136, 215, 386, 463 e 498; STF, 584, 598 e 627

b) Fato gerador

O **IR** é um imposto de competência da União, com previsão nos arts. 153, III, da CRFB, e 43 do CTN. Tem como fato gerador a **disponibilidade econômica** ou **jurídica** de qualquer natureza, caracterizada pelo **acréscimo patrimonial**. Isso significa que quem aufere renda é contribuinte do IR. A **renda** é, então, caracterizada como riqueza nova, ou seja, aumento da capacidade de compra pelo contribuinte.

Dessa forma, o IR incidirá todas as vezes que o contribuinte, pessoa física ou jurídica, realizar um aumento do seu patrimônio.

O CTN prevê a incidência do IR da seguinte forma:

Art. 43. O imposto, de competência da União, sobre a renda e proventos de qualquer natureza tem como fato gerador a aquisição da disponibilidade econômica ou jurídica:
I – de renda, assim entendido o produto do capital, do trabalho ou da combinação de ambos;
II – de proventos de qualquer natureza, assim entendidos os acréscimos patrimoniais não compreendidos no inciso anterior.

O conceito de renda é de fácil entendimento, sendo proveniente do trabalho, como o salário, e do capital, como é o caso do lucro obtido na venda de um imóvel, por exemplo.

O IR, entretanto, também incidirá sobre os proventos de qualquer natureza, caracterizados como quaisquer ganhos, proveitos e lucros realizados.

Nos dizeres do Ministro Humberto Martins, relator do AgRg no REsp. 86.287/RS:

Por fim, não há como equiparar indenizações com proventos, assim entendidos os acréscimos patrimoniais não compreendidos nas hipóteses anteriores, uma vez que a indenização torna o patrimônio lesado indene, mas não maior do que era antes da ofensa ao direito. O conceito de acréscimos patrimoniais abarca salários, abonos e vantagens pecuniárias, mas não indenizações.

Assim, a verba indenizatória não é considerada fato gerador do IR, pois não há aumento patrimonial do indivíduo e não se caracteriza como riqueza nova, tratando-se apenas de recomposição de uma perda patrimonial, assim como no caso de doação, que representa um decréscimo patrimonial, não podendo ser exigido o imposto do doador.

No entanto, fixando o conceito de verba indenizatória, não há falar na incidência do IR sobre tais pagamentos. A indenização é recomposição e não riqueza nova tributável. Com isso, a verba indenizatória quer seja pelo dano moral não se caracteriza como fato gerador do imposto sobre a renda, conforme verbete da Súmula 498 do STJ, que dispõe: "**Não incide** imposto de renda sobre a indenização por danos morais". Ademais, também não incide IR pela indenização por danos materiais.

Note-se que não é qualquer **dano material** que está fora da incidência do IR. Apenas haverá recomposição patrimonial no caso de pagamento de **dano emergente** e na **perda de uma chance**, pois se recompensa aquilo que já perdeu com a finalidade de se retornar ao *status quo ante*.

Em contrapartida, na indenização pelo **lucro cessante**, recompensa-se aquilo que o indivíduo deixará de auferir, ou seja, um acréscimo patrimonial. Logo, incidirá o IR nesta última hipótese.

Tal posicionamento foi objeto de solução de consulta da Receita Federal do Brasil que pacificou a discussão. Vejamos:

> **IRPF – INDENIZAÇÃO – DANOS EMERGENTES – LUCROS CESSANTES SOLUÇÃO DE CONSULTA DISIT/SRRF06 Nº 6049, DE 03 DE NOVEMBRO DE 2016 (PUBLICADO(A) NO DOU DE 10/11/2016, SEÇÃO 1, PÁG. 28)**
> **ASSUNTO: Imposto sobre a Renda de Pessoa Física – IRPF**
> **INDENIZAÇÃO: DANOS EMERGENTES. LUCROS CESSANTES**
> Os valores recebidos a título de lucros cessantes, por representarem acréscimo patrimonial estão sujeitos à incidência do imposto na fonte, calculado de acordo com a tabela progressiva mensal e são considerados como antecipação do devido na Declaração de Ajuste Anual. Não são tributáveis os valores recebidos a título de danos emergentes, os quais não representam acréscimo patrimonial, por ser mera reposição do valor de patrimônio anteriormente existente.
> SOLUÇÃO DE CONSULTA VINCULADA À *SOLUÇÃO DE CONSULTA COSIT Nº 372*, DE 18 DE DEZEMBRO DE 2014. DISPOSITIVOS LEGAIS: *Lei nº 5.172*, de 1966 (Código Tributário Nacional – CTN), *art. 43*, inc. I e II, e *art. 111*; *Lei nº 7.713*, de 1988, arts. *2º e 3º*; *Decreto nº 3.000*, de 1999 (RIR/99) arts. *55, inc. VI e XIV, 620 e 639*; *IN RFB nº 1.500*, de 29 de outubro de 2014, art. 3º, §§ 1º e 3º e art. 22, inc. X.

Como se não bastasse, o STF, no julgamento do tema 962 da repercussão geral, RE 1.063.187, entendeu que não incide Imposto de Renda da pessoa jurídica (IRPJ) e contribuição social sobre o lucro líquido – CSLL sobre a SELIC na devolução de tributos pagos indevidamente. O julgamento foi no sentido de que a correção pela SELIC não caracteriza um aumento patrimonial, mas sim uma indenização pelo atraso no pagamento da dívida.

Ademais, algumas verbas trabalhistas também ficam fora da incidência do IR por serem verbas indenizatórias, como é o caso das férias não gozadas, que são recebidas em dobro, por exemplo, bem como o adicional de férias.

JURISPRUDÊNCIA

> **Súmula 125 do STJ.** O pagamento de férias não gozadas por necessidade do serviço não está sujeito à incidência do Imposto de Renda.
> **Súmula 386 do STJ.** São isentas de imposto de renda as indenizações de férias proporcionais e o respectivo adicional.

Também não tem natureza remuneratória o pagamento a título de **aviso prévio indenizado**, não sendo caracterizado, portanto, o fato gerador do IR. Todavia, se o funcionário trabalha efetivamente no aviso prévio, o IR será devido, pois se trata de remuneração, caracterizando-se como renda tributável.

O mesmo acontece com verbas como salário, hora extra e pagamento de férias, que são caracterizados como riqueza nova, sendo, portanto, tributáveis pelo IR. No tocante à hora extra, o assunto já foi, inclusive, sumulado pelo STJ: "Súmula 463. Incide IR sobre os valores percebidos a título de indenização por horas extraordinárias trabalhadas, ainda que decorrentes de acordo coletivo".

Cabe aqui uma crítica ao teor da Súmula 463 do STJ. A verba paga a título de horas extras não possui natureza jurídica indenizatória, e sim remuneratória, de modo que a súmula não prevê a incidência de IR sobre indenização, mas sobre remuneração.

No **plano de demissão voluntária**, o funcionário é incentivado a pedir demissão. Esse incentivo é feito com pagamento de verbas em valores superiores àqueles devidos, de modo a compensar o fim do vínculo empregatício e as verbas que deixarão de ser percebidas pelo empregado. Assim, tendo em vista a nítida natureza indenizatória, o STJ editou a Súmula 215, que dispõe que "a indenização recebida pela adesão a programa de incentivo à demissão voluntária não está sujeita à incidência do imposto de renda", reconhecendo a natureza indenizatória do montante pago a título de plano de incentivo à demissão, não sendo fato gerador de IR.

Tal entendimento, *data maxima venia*, merece críticas, uma vez que, se há uma compensação do que deixará de ganhar, não se trata de uma recomposição patrimonial, pois nada se perdeu. O raciocínio mais adequado deveria ser aquele aplicado aos lucros cessantes, motivo pelo qual permanece a crítica.

Devemos analisar ainda a Súmula 136 do STJ no sentido de que "O pagamento de licença-prêmio não gozada por necessidade do serviço não está sujeito ao imposto de renda". A lógica do caso é a mesma aplicável no caso das férias pagas em dobro se não forem gozadas, ou seja, o indivíduo é recompensado pela perda de um direito que lhe é garantido, de modo que a natureza é indenizatória.

Em suma, no tocante às verbas trabalhistas podemos utilizar o entendimento do STJ firmado no julgamento da Pet 6243 de São Paulo. Vejamos:

JURISPRUDÊNCIA

TRIBUTÁRIO – EMBARGOS DE DIVERGÊNCIA – IMPOSTO DE RENDA – ART. 43 DO CTN – VERBAS: NATUREZA INDENIZATÓRIA X NATUREZA REMUNERATÓRIA.

1. O fato gerador do imposto de renda é a aquisição de disponibilidade econômica ou jurídica decorrente de acréscimo patrimonial (art. 43 do CTN).

2. A jurisprudência desta Corte, a partir da análise do art. 43 do CTN, firmou entendimento de que estão sujeitos à tributação do imposto de renda, por não possuírem natureza indenizatória, as seguintes verbas:

a) "indenização especial" ou "gratificação" recebida pelo empregado quando da rescisão do contrato de trabalho por liberalidade do empregador; b) verbas pagas a título de indenização por horas extras trabalhadas; c) horas extras; d) férias gozadas e respectivos terços constitucionais; e) adicional noturno; f) complementação temporária de proventos; g) décimo terceiro salário; h) gratificação de produtividade; i) verba recebida a título de renúncia à estabilidade provisória decorrente de gravidez; e j) verba decorrente da renúncia da estabilidade sindical.

3. Diferentemente, o imposto de renda não incide sobre:

a) APIPs (ausências permitidas por interesse particular) ou abono-assiduidade não gozados, convertidos em pecúnia; b) licença-prêmio não gozada, convertida em pecúnia; c) férias não gozadas, indenizadas na vigência do contrato de trabalho e respectivos terços constitucionais; d) férias não gozadas, férias proporcionais e respectivos terços constitucionais, indenizadas por ocasião da rescisão do contrato de trabalho; e) abono pecuniário de férias; f) juros moratórios oriundos de pagamento de verbas indenizatórias decorrentes de condenação em reclamatória trabalhista; g) pagamento de indenização por rompimento do contrato de trabalho no período de estabilidade provisória (decorrente de imposição legal e não de liberalidade do empregador).

4. Hipótese dos autos em que se questiona a incidência do imposto de renda sobre verbas pagas pelo empregador em decorrência da renúncia do período de estabilidade provisória levada a termo pelo empregado no momento da rescisão do contrato de trabalho.

5. Embargos de divergência não providos (Pet 6243/SP, Min. Eliana Calmon, *DJe* 13.10.2008).

Frise-se que também não incide imposto de renda sobre a compensação pela limitação decorrente da instalação de linhas de alta tensão na propriedade privada – servidão administrativa, conforme entendimento firmado no Informativo 769 do STJ, por se tratar de verba indenizatória.

Como se pode ver, o **IR** incidirá sobre a riqueza nova, o acréscimo patrimonial, restando claro o fato gerador do imposto. Mais duas verbas que não podemos deixar de abordar são as verbas pagas aos membros do Poder Judiciário a título de auxílio-moradia e as verbas pagas aos oficiais de justiça como auxílio-condução. Ambas possuem natureza indenizatória, não incidindo IR, pois têm como objetivo a recompensa de uma despesa que, no caso dos magistrados, é a moradia em local diverso, e no caso dos oficiais de justiça é o desgaste de seus veículos.

Ademais, a primeira Turma do STF, consolidou o entendimento no sentido de que não incide Imposto de Renda sobre o ganho de capital na doação de bens e direitos em adiantamento de legítima realizada a valor de mercado, nos termos do Recurso Extraordinário 1.439.539. A base do entendimento é a ausência de acréscimo patrimonial quando o doador transfere seu patrimônio, que em verdade sobre uma subtração, reduzindo sua riqueza.

Ainda com relação às verbas trabalhistas, o STJ consolidou o entendimento, no Informativo 528, de que os valores pagos ao trabalhador pelo período de estabilidade provisória nos casos de demissão sem justa causa no respectivo período tem natureza indenizatória e não remuneratória, não incidindo IR:

 ## JURISPRUDÊNCIA

DIREITO TRIBUTÁRIO – NÃO INCIDÊNCIA DE IR SOBRE VERBA INDENIZATÓRIA DECORRENTE DE DEMISSÃO SEM JUSTA CAUSA NO PERÍODO DE ESTABILIDADE PROVISÓRIA.

Não incide imposto de renda sobre o valor da indenização paga ao empregado demitido sem justa causa no período de estabilidade provisória. Precedentes

CAP. 14 • IMPOSTOS EM ESPÉCIE | **451**

> citados: REsp 1.335.511-PB, Segunda Turma, *DJe* 10.10.2012; e AgRg no REsp 1.011.594-SP, Segunda Turma, *DJe* 28.9.2009; AgRg no REsp 1.215.211-RJ, Rel. Min. Napoleão Nunes Maia Filho, Primeira Turma, julgado em 6.8.2013.

Tal posicionamento se justifica porque, caso o empregado seja demitido no período de estabilidade, deverá ser indenizado pela violação do seu direito, sendo reforçado tal entendimento na Solução de Consulta – COSIT 48:

> Solução de Consulta no 48 – Cosit
>
> 26 de fevereiro de 2015
>
> ASSUNTO: IMPOSTO SOBRE A RENDA DE PESSOA FÍSICA – IRPF
>
> CONTRATO DE TRABALHO – RESCISÃO – ESTABILIDADE – INDENIZAÇÃO – ISENÇÃO.
>
> O valor recebido a título de indenização por rescisão de contrato de trabalho, no período de estabilidade garantido por convenção coletiva de trabalho homologada pela Justiça do Trabalho, constitui rendimento isento do imposto sobre a renda.
>
> Dispositivos Legais: CF/1988, art. 7º, incisos I e XXVI; RIR/1999, art. 39, inciso XX; e DL nº 5.452, de 1943, art. 496.

Com isso, se a mulher grávida for demitida no prazo de estabilidade provisória, por exemplo, os valores por ela devidos com relação ao período em questão não deverão ser tributados pelo IR, ao passo que não caracterizam riqueza nova, mas, sim, uma recomposição de perda.

A EC 41/2003 tratou do abono de permanência que consiste na opção realizada pelo servidor público em continuar em atividade mesmo tendo preenchido os requisitos para a aposentadoria, conforme previsão do art. 40, § 19, da CRFB.

> Art. 40. (...)
>
> § 19 O servidor de que trata este artigo que tenha completado as exigências para aposentadoria voluntária estabelecidas no § 1º, III, a, e que opte por permanecer em atividade fará jus a um abono de permanência equivalente ao valor da sua contribuição previdenciária até completar as exigências para aposentadoria compulsória contidas no § 1º, II. (Incluído pela Emenda Constitucional nº 41, 19.12.2003.)[2]

Nesses casos, há uma clara verba remuneratória que consiste na contraprestação ao trabalhador que continuará exercendo sua função laborativa, sendo devido o IR. Tal entendimento foi consolidado no STJ:

---

[2] A EC nº 103/2019 atualizou a redação do dispositivo, mas tal alteração não representa alteração da interpretação. Vejamos:

> § 19 Observados critérios a serem estabelecidos em lei do respectivo ente federativo, o servidor titular de cargo efetivo que tenha completado as exigências para a aposentadoria voluntária e que opte por permanecer em atividade poderá fazer jus a um abono de permanência equivalente, no máximo, ao valor da sua contribuição previdenciária, até completar a idade para aposentadoria compulsória. (Redação dada pela Emenda Constitucional nº 103, de 2019.)

JURISPRUDÊNCIA

IMPOSTO DE RENDA SOBRE O ABONO DE PERMANÊNCIA – TERMO *A QUO* – JULGADO PARADIGMA EM CONSONÂNCIA COM A ORIENTAÇÃO DO STJ EM RECURSO REPRESENTATIVO DA CONTROVÉRSIA – RESP 1.192.556/PE, JULGADO SOB O RITO DO ART. 543-C DO CPC/1973 – ACÓRDÃO EMBARGADO QUE MODULA OS EFEITOS DO REPETITIVO – IMPOSSIBILIDADE – EMBARGOS DE DIVERGÊNCIA PROVIDOS. 1. Cuida-se de Embargos de Divergência contra acórdão da Primeira Turma do STJ que entendeu que incide imposto de renda sobre o abono de permanência, mas somente a partir de 6/9/2010, modulando os efeitos do REsp 1.192.556/PE, representativo da controvérsia. 2. O acórdão da Primeira Turma do STJ, apesar da nomenclatura utilizada, determinou, para o presente caso, a "modulação dos efeitos" do acórdão proferido pela Primeira Seção no REsp 1.192.556/PE, julgado sob o rito do art. 543-C do Código de Processo Civil de 1973. Nos presentes autos, o voto vencedor do Ministro Benedito Gonçalves remete à fundamentação utilizada no acórdão exarado no REsp 1.596.978/RJ. 3. Já a Segunda Turma do STJ entende pela plena adoção do acórdão proferido pela Primeira Seção no REsp 1.192.556/PE, julgado sob o rito do art. 543-C do CPC/1973, independentemente se os fatos geradores e/ou a ação ajuizada são anteriores ao seu advento (AgRg no REsp 1.418.580 RS. Relator Ministro Mauro Campbell Marques, Segunda Turma, *DJe* 5.2.2014; AgInt no REsp 1.590.222/DF, Rel. Ministro Herman Benjamin, Segunda Turma, *DJe* 17.11.2016, e AgRg nos EDcl no REsp 1.528.006/DF, Relatora Ministra Assusete Magalhães, Segunda Turma, *DJe* 17.3.2016). 4. Deste modo, o cotejo analítico não apresenta dificuldades, uma vez que a discrepância entre os arestos está literal e especificamente demonstrada, vale dizer, enquanto o primeiro, o aresto combatido, determina que a tese assentada no REsp 1.192.556/PE, julgado sob o rito do art. 543-C do CPC/73, não deve atingir "fatos geradores passados quando maléfica ao sujeito passivo da obrigação tributária", o acórdão paradigma entende pela plena aplicação daquele precedente repetitivo, sem nenhuma espécie de modulação temporal de seus efeitos, posicionamento esse que deve prevalecer no presente caso. 5. Embargos de Divergência providos (bem. de Div. em REsp. 1548456/BA, *DJ* 16.04.2019).

Como se não bastasse, também vale o debate acerca da incidência do IR nos casos de negociação de cláusula de não concorrência entre a empresa e o seu colaborador desligado. O STJ entendeu pela incidência por caracterizar remuneração:

 ## JURISPRUDÊNCIA

PROCESSUAL CIVIL E TRIBUTÁRIO – NEGATIVA DE PRESTAÇÃO JURISDICIONAL – INOCORRÊNCIA – IMPOSTO DE RENDA – PACTO DE NÃO CONCORRÊNCIA – VERBAS RECEBIDAS – ISENÇÃO – INEXISTÊNCIA.

1. Conforme estabelecido pelo Plenário do STJ, "aos recursos interpostos com fundamento no CPC/2015 (relativos a decisões publicadas a partir de 18 de março de 2016) serão exigidos os requisitos de admissibilidade recursal na forma do novo CPC" (Enunciado Administrativo n. 3/STJ).

2. Inexiste violação do art. 535 do CPC/1973 quando o Tribunal de origem enfrenta os vícios alegados nos embargos de declaração e emite pronunciamento fundamentado, ainda que contrário à pretensão da recorrente.

3. Nos termos do art. 43 do Código Tributário Nacional, o imposto sobre a renda e proventos de qualquer natureza tem como fato gerador a aquisição da disponibilidade econômica ou jurídica: I – de renda, assim entendido o produto do capital, do trabalho ou da combinação de ambos; ou II – de proventos de qualquer natureza, assim entendidos os acréscimos patrimoniais não compreendidos no inciso anterior, sendo que "a incidência do imposto independe da denominação da receita ou do rendimento, da localização, condição jurídica ou nacionalidade da fonte, da origem e da forma de percepção".

4. Eventual isenção do imposto sobre a renda e proventos de qualquer natureza não pode ser reconhecida se inexistir expressa previsão em lei, com a especificação das condições e requisitos para sua concessão (arts. 111 e 176 do CTN).

5. *In casu*, não estando prevista na lei isenção específica para as verbas recebidas em face de pacto de não concorrência e confidencialidade, os valores devem ser regularmente tributados pelo Imposto de Renda, por caracterizarem acréscimo patrimonial.

6. "Pacífico o entendimento da Primeira Seção desta Corte no sentido de que a verba paga por liberalidade do empregador, isto é, verba paga na ocasião da rescisão unilateral do contrato de trabalho sem obrigatoriedade expressa em lei, convenção ou acordo coletivo, tem natureza remuneratória" (REsp 1.102.575/MG, Rel. Ministro MAURO CAMPBELL MARQUES, PRIMEIRA SEÇÃO, julgado pela sistemática dos repetitivos em 23/09/2009).

7. Recurso especial desprovido (REsp. 1679495/SP, 2017/0144161-6, Rel. Min. Gurgel de Faria, *DJE* 10.03.2020).

Como se pode ver, resta caracterizado o aumento patrimonial que se submete à tributação. Não temos dúvidas do acerto do julgamento do STJ, tendo em vista que a cláusula de não concorrência é um acordo celebrado entre empresa e colaborador para que ele não integre outra empresa do mesmo ramo, gerando concorrência. Não se trata de indenização, mas, sim, de uma remuneração para que o empregado não utilize seus conhecimentos contra o antigo empregador.

Além disso, há casos em que o direito pleiteado em juízo é entregue pelo Judiciário acumuladamente, anos depois. Nesses casos, o IR deve incidir de acordo com a tabela aplicável no período em que o benefício deveria ter sido pago, e não sobre o montante global pago, como ocorre no caso de benefício previdenciário pago em atraso, por exemplo. Vejamos o posicionamento do STJ sobre o assunto.

JURISPRUDÊNCIA

DIREITO TRIBUTÁRIO – IMPOSTO DE RENDA SOBRE O VALOR GLOBAL PAGO EM ATRASO E ACUMULADAMENTE A TÍTULO DE BENEFÍCIO PREVIDENCIÁRIO.

No caso de **benefício previdenciário** pago em atraso e acumuladamente, não é legítima a cobrança de imposto de renda com parâmetro no montante global pago extemporaneamente. Isso porque a incidência do imposto de renda deve observar as tabelas e alíquotas vigentes na época em que os valores deveriam ter sido adimplidos, devendo ser observada a renda auferida mês a mês pelo segurado (AgRg no AREsp. 300240/RS, Rel. Min. Humberto Martins, j. 09.04.2013, *Informativo* 519).

O IR também incide sobre o ganho de capital, que corresponde à diferença entre o valor de compra e o valor de venda de determinado ativo, seja ele imobilizado ou financeiro. Esse ganho de capital está presente na compra de ações, por exemplo, ou mesmo na compra e venda de imóveis, que caracteriza o lucro imobiliário. Nesse caso, aplica-se a alíquota de **progressividade específica** sobre a diferença entre valor de compra e valor de venda do respectivo ativo. Vejamos:

I – 15% sobre a parcela dos ganhos que não ultrapassar R$ 5.000.000,00;

II – 17,5% sobre a parcela dos ganhos que exceder R$ 5.000.000,00 e não ultrapassar R$ 10.000.000,00;

III – 20% sobre a parcela dos ganhos que exceder R$ 10.000.000,00 e não ultrapassar R$ 30.000.000,00; e

IV – 22,5% sobre a parcela dos ganhos que ultrapassar R$ 30.000.000,00.

Com isso, o ganho de capital deverá ser calculado de acordo com a tabela progressiva, conforme alteração trazida pela Lei 13.259/2016, aplicável a pessoas físicas e jurídicas.

Além disso, segundo o STJ, incide IR sobre os juros de mora decorrentes de **ação de repetição do indébito** para as pessoas jurídicas. Vejamos:

 JURISPRUDÊNCIA

DIREITO TRIBUTÁRIO – INCIDÊNCIA DE IRPJ E CSLL SOBRE OS JUROS DE MORA DECORRENTES DE REPETIÇÃO DO INDÉBITO – RECURSO REPETITIVO (ART. 543-C DO CPC E RES. 8/2008-STJ).

Incidem IRPJ e CSLL sobre os juros decorrentes da mora na devolução de valores determinada em ação de repetição do indébito tributário. O STJ entende que, embora os juros de mora na repetição do indébito tributário decorrente de sentença judicial configurem verbas indenizatórias, eles possuem natureza jurídica de lucros cessantes, constituindo evidente acréscimo patrimonial, razão pela qual é **legítima** a tributação pelo IRPJ, salvo a existência de norma específica de isenção ou a constatação de que a verba principal a que se referem os juros é isenta ou está fora do campo de incidência do imposto (tese em que o acessório segue o principal). No caso da repetição do indébito, o tributo (principal), quando efetivamente pago, pode ser deduzido como despesa (art. 7º da Lei nº 8.541/1992) e, *a contrario sensu*, se o valor for devolvido, deve integrar as receitas da empresa a fim de compor o lucro real e o lucro líquido ajustado como base de cálculo do IRPJ e da CSLL. Desse modo, a tese da acessoriedade dos juros de mora não socorre aos contribuintes, pois a verba principal não escapa à base de cálculo das referidas exações. Ainda, conforme a legislação do IRPJ, os juros moratórios – dada a natureza de lucros cessantes – encontram-se dentro da base de cálculo dos impostos, na medida em que compõem o lucro operacional da empresa (REsp. 1138695/SC, Rel. Min. Mauro Campbell Marques, j. 22.05.2013, *Informativo* 521).

Entretanto, o assunto foi analisado pelo STF em sede de repercussão geral, tema 962, em que foi fixado o entendimento no sentido de que "é inconstitucional a incidência do IRPJ e da CSLL sobre os valores atinentes à taxa Selic recebidos em razão de repetição de indébito tributário".

Frise-se que, com relação às pessoas físicas, foi fixado o mesmo entendimento quando da análise do tema 808 da repercussão geral, no julgamento do recurso extraordinário 855.091. Assim, "não incide Imposto de Renda sobre os juros de mora devidos pelo atraso no pagamento de remuneração por exercício de emprego, cargo ou função". O entendimento é que os juros por atraso têm como objetivo a recomposição do patrimônio, e não um aumento patrimonial em si.

Outro debate interessante se dá com relação à remuneração dos depósitos judiciais.

JURISPRUDÊNCIA

> DIREITO TRIBUTÁRIO – INCIDÊNCIA DE IRPJ E CSLL SOBRE OS JUROS REMUNE-RATÓRIOS DEVIDOS NA DEVOLUÇÃO DOS DEPÓSITOS JUDICIAIS – RECURSO REPETITIVO (ART. 543-C DO CPC E RES. 8/2008-STJ). Incidem IRPJ e CSLL sobre os juros remuneratórios devidos na devolução dos **depósitos judiciais** efetuados para **suspender a exigibilidade do crédito tributário**. Inicialmente, é importante estabelecer que a taxa Selic pode possuir natureza jurídica de acordo com a previsão legal ou relação jurídica que origina sua incidência, ou seja, ora pode ter natureza de juros compensatórios, ora de juros moratórios ou até mesmo de correção monetária. Nesse contexto, o art. 1º, § 3º, da Lei 9.703/1998, que regula os depósitos judiciais para fins de suspensão da exigibilidade de tributos, estabelece que o depósito, após o encerramento da lide, deve ser devolvido ao depositante vitorioso "acrescido de juros", na forma do art. 39, § 4º, da Lei 9.250/1995 (Selic). Esta lei, por sua vez, atribui a natureza jurídica de juros à remuneração do capital depositado. Portanto, a natureza jurídica da remuneração do capital é de juros remuneratórios, o que resulta em acréscimo patrimonial que compõe a esfera de disponibilidade do contribuinte. Assim, considerando o fato de que a legislação do IRPJ trata os juros como receitas financeiras, deve-se concluir que incidem IRPJ e CSLL sobre os juros remuneratórios decorrentes dos depósitos judiciais devolvidos (REsp. 1138695-SC, Rel. Min. Mauro Campbell Marques, j. 22.05.2013, *Informativo* 521).

Também é firme a jurisprudência nos TRFs, como é o caso do TRF da 3ª Região:

JURISPRUDÊNCIA

> TRIBUTÁRIO – MANDADO DE SEGURANÇA – IRPJ E CSLL INCIDENTES SOBRE RENDIMENTOS DE DEPÓSITOS JUDICIAIS E INDÉBITO TRIBUTÁRIO – INCLUSÃO NA BASE DE CÁLCULO – NATUREZA REMUNERATÓRIA E DE LUCROS CESSANTES – POSSIBILIDADE – RECURSO DESPROVIDO. 1. Trata-se de mandado de segurança objetivando o reconhecimento do direito da impetrante à não incidência do IRPJ e CSLL sobre a taxa SELIC recebida em decorrência dos valores pagos em virtude de repetição de indébito tributário judicial e devolução de depósitos judiciais. 2. É tranquila orientação

jurisprudencial do STJ no sentido de que se sujeitam à tributação do Imposto de Renda Pessoa Jurídica – IRPJ e Contribuição Social sobre o Lucro Líquido – CSLL os juros remuneratórios incidentes na devolução dos depósitos judiciais, bem como os juros em repetição de indébito, conforme restou consolidado no julgamento do REsp n. 1.138.695/SC, submetido ao regime do art. 543-C do CPC/73. No mesmo sentido, são os precedentes mais modernos desta Turma. 3. O Plenário do Supremo Tribunal Federal reconheceu a existência de Repercussão Geral em relação ao Tema 962 (incidência de IRPJ e CSLL sobre a taxa SELIC recebida no indébito tributário), porém, não houve decisão determinando o sobrestamento dos feitos que versam sobre a matéria. Logo, enquanto não houver manifestação definitiva da Corte Suprema, há que se reconhecer o entendimento vinculante do julgado do STJ (REsp 1.138.695/SC). 4. Recurso de apelação desprovido (TRF-3 – ApCiv. 50006755220204036111/SP, 3ª Turma, Rel. Des. Federal Nery da Costa Junior, Data de Julgamento: 01.10.2020, Data de Publicação: Intimação via sistema Data: 07.10.2020).

Outro ponto objeto de discussão é a incidência do IR sobre benefícios fiscais, como é o caso do crédito presumido do ICMS, por exemplo. Tal benefício consiste no fato de que a empresa poderá se compensar de um crédito de ICMS que não existiu, sendo, em verdade, fictício. Nessa hipótese não que há falar em aumento patrimonial tributável pelo IR, pois não há qualquer acréscimo. Vejamos:

JURISPRUDÊNCIA

TRIBUTÁRIO – MANDADO DE SEGURANÇA – PIS, COFINS, IRPJ – CSLL – CRÉDITO PRESUMIDO DE ICMS. Os créditos presumidos de ICMS não configuram acréscimo patrimonial da empresa, mas, ao revés, consubstanciam-se em benefício fiscal concedido pelo Estado no intuito de fomentar a economia, em nada se equiparando ou confundindo com lucro ou renda, base de cálculo do PIS, COFINS, IRPJ e da CSLL. Precedentes desta Corte e do STJ (TRF-4 – APL 5065663-03.2017.4.04.7100/RS, 1ª Turma, Rel. Francisco Donizete Gomes, j. 13.03.2019).

O assunto foi pacificado pela Receita Federal com a publicação da Solução de Consulta Cosit 15, de 18.03.2020:

ASSUNTO: IMPOSTO SOBRE A RENDA DE PESSOA JURÍDICA – IRPJ

SUBVENÇÃO PARA INVESTIMENTO. CRÉDITO DE ICMS. ESTORNO.

O valor correspondente ao crédito outorgado de ICMS pelo Estado de São Paulo, com base no art. 41 do Anexo III do Regulamento do ICMS, aprovado pelo Decreto nº 45.490, de 30 de novembro de 2000 c/c a Portaria CAT nº 35, de 26 de maio de 2017, é uma receita que pode ser excluída da base de cálculo do IRPJ, por ser legalmente considerado uma subvenção para investimento, desde que observados os requisitos estabelecidos na legislação de regência.

O valor do crédito de ICMS tomado na entrada no insumo e estornado para obtenção da benesse fiscal não pode ser considerado como custo ou despesa para fins de apuração da base de cálculo do IRPJ. Assim, se este valor for deduzido na apuração do lucro líquido, deverá ser adicionado na determinação do lucro real do período correspondente.

Dispositivos Legais: Lei nº 12.973, de 2014, arts. 30 e 50; LC nº 160, de 2017, art. 10; Decreto nº 9.580, de 2018, arts. 301 e 302; Instrução Normativa RFB nº 1.700, de 2017, arts. 62, 68, 131 e 198; Parecer CST nº 112, de 1978 e Pronunciamentos Técnicos CPC nº 00 (R1) e 07 (R1).

ASSUNTO: CONTRIBUIÇÃO SOCIAL SOBRE O LUCRO LÍQUIDO – CSLL SUBVENÇÃO PARA INVESTIMENTO. CRÉDITO DE ICMS. ESTORNO.

O valor correspondente ao crédito outorgado de ICMS pelo Estado de São Paulo, com base no art. 41 do Anexo III do Regulamento do ICMS, aprovado pelo Decreto nº 45.490, de 30 de novembro de 2000 c/c a Portaria CAT nº 35, de 26 de maio de 2017, é uma receita que pode ser excluída da base de cálculo da CSLL, por ser legalmente considerada uma subvenção para investimento, desde que observados os requisitos estabelecidos na legislação de regência.

O valor do crédito de ICMS tomado na entrada no insumo e estornado para obtenção da benesse fiscal não pode ser considerado como custo ou despesa para fins de apuração da base de cálculo da CSLL. Assim, se este valor for deduzido na apuração do lucro líquido, deverá ser adicionado na determinação do resultado ajustado do período correspondente.

Dispositivos Legais: Lei nº 12.973, de 2014, arts. 30 e 50; LC nº 160, de 2017, art. 10; Decreto nº 9.580, de 2018, arts. 301 e 302; Instrução Normativa RFB nº 1.700, de 2017, arts. 62, 69, 131 e 198; Parecer CST nº 112, de 1978 e Pronunciamentos Técnicos CPC nº 00 (R1) e 07 (R1).

Como se pode ver, o aumento patrimonial e a riqueza nova são requisitos para a caracterização do fato gerador do IR, não cabendo sua incidência nos casos em que não haja enriquecimento. Importante destacar que foi publicada ao término de 2023 a Lei 14.789 que trouxe uma nova sistemática para a tributação federal sobre as subvenções, prevendo não a exclusão, mas um crédito a ser compensado.[3]

---

[3] Art. 6º A pessoa jurídica habilitada poderá apurar crédito fiscal de subvenção para investimento, que corresponderá ao produto das receitas de subvenção e da alíquota de 25% (vinte e cinco por cento) relativa ao IRPJ.

Parágrafo único. O crédito fiscal deverá ser apurado na Escrituração Contábil Fiscal (ECF) relativa ao período de apuração de reconhecimento das receitas de subvenção.

Art. 7º Na apuração do crédito fiscal, poderão ser computadas somente as receitas de subvenção que:

I – estejam relacionadas à implantação ou à expansão do empreendimento econômico; e

II – sejam reconhecidas após o protocolo do pedido de habilitação da pessoa jurídica.

Art. 8º Na apuração do crédito fiscal, somente poderão ser computadas as receitas:

I – que sejam relacionadas às despesas de depreciação, amortização ou exaustão ou de locação ou arrendamento de bens de capital, relativas à implantação ou à expansão do empreendimento econômico; e

II – que tenham sido computadas na base de cálculo do IRPJ e da Contribuição Social sobre o Lucro Líquido (CSLL).

§ 1º Não poderão ser computadas na apuração do crédito fiscal:

I – a parcela das receitas que superar o valor das despesas a que se refere o inciso I do caput deste artigo;

II – a parcela das receitas que superar o valor das subvenções concedidas pelo ente federativo; e

Outrossim, o STJ julgou o tema 1182 dos recursos repetitivos e consolidou a seguinte tese:

1. Impossível excluir os benefícios fiscais relacionados ao ICMS, – tais como redução de base de cálculo, redução de alíquota, isenção, diferimento, entre outros – da base de cálculo do IRPJ e da CSLL, salvo quando atendidos os requisitos previstos em lei (art. 10, da Lei Complementar 160/2017 e art. 30, da Lei 12.973/2014), não se lhes aplicando o entendimento firmado no ERESP 1.517.492/PR que excluiu o crédito presumido de ICMS das bases de cálculo do IRPJ e da CSLL.
2. Para a exclusão dos benefícios fiscais relacionados ao ICMS, – tais como redução de base de cálculo, redução de alíquota, isenção, diferimento, entre outros – da base de cálculo do IRPJ e da CSLL não deve ser exigida a demonstração de concessão como estímulo à implantação ou expansão de empreendimentos econômicos.
3. Considerando que a Lei Complementar 160/2017 incluiu os §§ 4º e 5º ao art. 30 da Lei 12.973/2014 sem, entretanto, revogar o disposto no seu § 2º, a dispensa de comprovação prévia, pela empresa, de que a subvenção fiscal foi concedida como medida de estímulo à implantação ou expansão do empreendimento econômico não obsta a Receita Federal de proceder ao lançamento do IRPJ e da CSSL se, em procedimento fiscalizatório, for verificado que os valores oriundos do benefício fiscal foram utilizados para finalidade estranha à garantia da viabilidade do empreendimento econômico.

Ademais, o STJ julgou o Tema 1160 da repercussão geral, fixando o entendimento no sentido que "o IR e a CSLL incidem sobre a correção monetária das aplicações financeiras, porquanto estas se caracterizam legal e contabilmente como Receita Bruta, na condição de Receitas Financeiras componentes do Lucro Operacional".

Por fim, cumpre ressaltar que a Súmula 584 do STF dispõe que ao **IR** calculado sobre os rendimentos do ano-base aplica-se a lei vigente no exercício financeiro em que deve ser apresentada a declaração. Tal **súmula** é flagrantemente **inconstitucional**, pois viola o princípio da **irretroatividade** (art. 150, II, *a*, da CRFB) na medida em que é aplicada uma nova lei sobre um fato gerador pretérito (no vigor de outra lei). Ademais, o IR não se **submete** ao princípio da noventena, mas somente à **anterioridade clássica**. Eis o motivo pelo qual a referida súmula fora cancelada pelo STF.

O art. 153, § 2º, da CRFB prevê que o IR se submete obrigatoriamente a três **princípios** ou critérios. São eles: a generalidade, a universalidade e a progressividade.

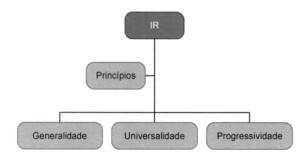

III – as receitas decorrentes de incentivos de IRPJ e do próprio crédito fiscal de subvenção para investimento.

A **generalidade** impõe que **todas as pessoas**, físicas e jurídicas, estão abrangidas pela incidência do IR, invariavelmente. Por tal princípio é possível extrair que a capacidade tributária passiva independe da capacidade civil (art. 126, CTN), ou seja, não interessa se o indivíduo é maior, menor ou se a empresa foi ou não constituída e está regular, de modo que, se o fato gerador for praticado, o IR será devido. Assim, o menor que aufira renda deve recolher o imposto sobre a renda, sendo o contribuinte da exação.

Por esse critério, a empresa irregular também será contribuinte do IR, sendo irrelevante o motivo da irregularidade.

Já a **universalidade** impõe que toda e **qualquer renda** esteja abrangida pela incidência do IR. Corolário a esse princípio está o princípio do *pecunia non olet* (dinheiro não cheira), de modo que a ilicitude do ato originário da renda não interfere na incidência do imposto (art. 118, I, CTN). Se auferir renda, o indivíduo deve pagar o IR, ainda que a capacidade econômica tenha se originado em um ilícito, seja cível ou criminal. Não seria razoável que aqueles que praticam ilícitos e auferem renda não suportem a tributação respectiva, enquanto as demais camadas da população que auferiram renda de forma honesta devem recolher o imposto em questão.

Com isso, caso o indivíduo aufira renda com a prática do crime do tráfico de drogas ou corrupção, por exemplo, o IR será devido.

Ademais, ainda com base na universalidade, se o contribuinte brasileiro aufere renda no exterior, estando ele domiciliado no Brasil, o imposto deverá ser recolhido à União. Tal posicionamento, como já dito, é o desdobramento da **universalidade**, pois toda a renda auferida pelo contribuinte é fato gerador do imposto. O brasileiro somente deixa de contribuir com o IR no Brasil caso deixe de residir no país de forma definitiva.

Já a **progressividade** é um instrumento da **capacidade contributiva** (art. 145, § 1º, CRFB), que consiste no aumento da alíquota de acordo com o aumento da base de cálculo. Quanto maior a renda maior é o imposto sobre a renda, com o nítido objetivo de distribuir riquezas. As alíquotas da pessoa física no Brasil vão desde a isenção até 27,5%, e incidem sobre toda a renda percebida, representando uma tributação de acordo com a capacidade econômica do sujeito passivo.

c) Base de cálculo

A base de cálculo do Imposto de Renda da Pessoa Jurídica (IRPJ) é o montante real, arbitrado ou presumido, conforme previsto no art. 44 do CTN.

O contribuinte do IR pode ser tanto a pessoa física quanto a pessoa jurídica. Na incidência para a pessoa física, a base de cálculo do IR é toda a renda obtida, com ressalvas das deduções legais. Frisamos que existem hipóteses de isenção, mas a regra é a incidência do imposto sobre toda a riqueza auferida pelo sujeito passivo da obrigação tributária. No tocante às isenções, o art. 6º da Lei 7.713/1988 prevê algumas hipóteses, que, aliás, devem ser interpretadas **literalmente** de acordo com a jurisprudência do STJ.

JURISPRUDÊNCIA

> DIREITO TRIBUTÁRIO – INCIDÊNCIA DO IMPOSTO DE RENDA SOBRE OS RENDIMENTOS AUFERIDOS PELO PORTADOR DE CARDIOPATIA GRAVE NÃO APOSENTADO.
>
> O portador de cardiopatia grave não tem direito à isenção do imposto de renda sobre seus vencimentos no caso em que, mesmo preenchendo os requisitos para a aposentadoria por invalidez, opte por continuar trabalhando. O art. 6º, XIV, da Lei nº 7.713/1988 exige, para que se reconheça o direito à isenção, a presença de dois requisitos cumulativos: que os rendimentos sejam relativos a aposentadoria, pensão ou reforma; e que a pessoa física seja portadora de uma das doenças ali elencadas. (...) Por fim, deve-se considerar que a parte final do inciso XIV do art. 6º da Lei nº 7.713/1988, ao estabelecer que haverá isenção do imposto de renda "mesmo que a doença tenha sido contraída depois da aposentadoria ou reforma", tem por objetivo apenas afastar o risco de tratamento diferenciado entre os inativos. Assim, não são isentos os rendimentos auferidos pelo contribuinte não aposentado em razão de sua atividade, ainda que se trate de pessoa portadora de uma das moléstias ali referidas (RMS 31637/CE, Rel. Min. Castro Meira, j. 05.02.2013, *Informativo* 516).

Com base no entendimento exposto, o STJ julgou pelo sistema de recursos repetitivos a possibilidade de concessão da isenção do imposto de renda para aqueles contribuintes que não estão aposentados, ou seja, que permanecem na ativa. Foi consolidado o seguinte entendimento:

Não se aplica a isenção do imposto de renda prevista no inciso XIV do artigo 6º da Lei 7.713/1988 (seja na redação da Lei 11.052/2004 ou nas versões anteriores) aos rendimentos de portador de moléstia grave que se encontre no exercício de atividade laboral.

Importante destacar que o IR estará afastado nos casos de algumas doenças previstas na citada lei, e o STJ evoluiu no conceito para prever a isenção, mesmo que ausente a contemporaneidade dos sintomas, conforme o teor da Súmula 627 do STJ: "O contribuinte faz jus à concessão ou à manutenção da isenção do IR, não se lhe exigindo a demonstração da contemporaneidade dos sintomas da doença nem da recidiva da enfermidade".

Ademais, o direito à isenção se dá com o diagnóstico e a prova da doença, não havendo necessidade de laudo médico oficial, a teor da Súmula 598 do STJ:

É desnecessária a apresentação de laudo médico oficial para o reconhecimento judicial da isenção do imposto de renda, desde que o magistrado entenda suficientemente demonstrada a doença grave por outros meios de prova (Súmula 598, 1ª Seção, julgado em 08.11.2017, *DJe* 20.11.2017).

Ademais, o STJ vem reforçando que o rol das isenções é taxativo, afastando a sua aplicação se a doença não constar na lei. Assim, pessoa com alienação mental tem direito à isenção, ainda que causada por mal de Alzheimer, ao passo que a alienação está expressa na lei. Vejamos:

PROCESSUAL CIVIL E TRIBUTÁRIO. AGRAVO INTERNO NO RECURSO ESPECIAL. IMPOSTO DE RENDA DA PESSOA FÍSICA – IRPF. CONTRIBUINTE PORTADOR DO "MAL DE ALZHEIMER". ISENÇÃO LEGAL ESTABELECIDA PARA ALIENAÇÃO MENTAL. ACÓRDÃO RECORRIDO PELO RECONHECIMENTO DO DIREITO. REVISÃO. EXAME DE PROVA. INADMISSIBILIDADE. 1. Tendo o recurso sido interposto contra decisão publicada na vigência do Código de Processo Civil de 2015, devem ser exigidos os requisitos de admissibilidade na forma nele previsto, conforme Enunciado Administrativo n. 3/2016/STJ.2. No REsp n. 1.814.919/DF, repetitivo, a Primeira Seção reafirmou entendimento jurisprudencial, segundo o qual a isenção do imposto de renda prevista no art. 6º, inc. XIV, da Lei n. 7.713/1988 só alcança os portadores das moléstias lá elencadas que estejam aposentados. E, por ocasião do julgamento do REsp n. 1.116.620/BA, também na sistemática dos recursos repetitivos, a Primeira Seção definiu ser taxativo o rol das moléstias elencadas no art. 6º, inc. XIV, da Lei 7.713/1988, de tal sorte que concessão da isenção deve-se restringir às situações nele enumeradas.3. A Lei n. 7.713/1988, em seu art. 6º, inc. XIV, dispõe que ficam isentos do imposto de renda os proventos de aposentadoria percebidos pelos portadores de alienação mental, mas não faz referência específica ao mal de Alzheimer. Não obstante, em razão da doença de Alzheimer poder resultar em alienação mental, este Tribunal Superior já decidiu pela possibilidade de os portadores desse mal terem direito à isenção do imposto de renda. Precedente específico da Segunda Turma.4. No caso dos autos, reconhecido o direito pelas instâncias ordinárias, o conhecimento do recurso encontra óbice na Súmula 7 do STJ, porquanto eventual conclusão pela inexistência de alienação mental no portador de mal de Alzheimer dependeria da produção de prova, providência inadequada na via do especial.5. Agravo interno não provido (AgInt no REsp 2.082.632/DF 2023/0224937-0, 1ª Turma, Rel. Min. Benedito Gonçalves, j. 18.3.2024, DJe 2.4.2024).

Como se pode ver, a pessoa física é tributada na totalidade da sua renda, respeitadas as isenções e deduções legais.

Já a pessoa jurídica terá efetivamente como base de cálculo do IR o **montante real**, **arbitrado** ou **presumido**, na forma do art. 44 do CTN, e sua alíquota é fixa, de 15%, cabendo ainda o adicional de 10% nas hipóteses previstas em lei.

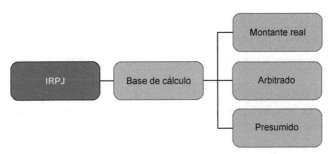

No regime de tributação pelo **lucro real**, a pessoa jurídica deverá recolher o IR sobre o montante que é efetivamente o lucro da empresa, após as adições e exclusões legais cabíveis, na forma do art. 14 da Lei 9.249/1995. As pessoas jurídicas que estão obrigadas a recolher o IRPJ pelo regime do lucro real são aquelas elencadas no art. 14 da Lei 9.718/1998, alterado pela Lei 12.814/2013, que são as empresas que faturam mais de R$ 78.000.000,00 por ano, que tenham rendimentos provenientes do exterior e instituições financeiras, por exemplo. Elas devem, **obrigatoriamente**, recolher o IRPJ pelo regime do lucro real.

Como dito, nesse regime, a pessoa jurídica apura seu lucro contábil com a elaboração do Demonstrativo de Resultados do Exercício (DRE) e, após, para encontrar o lucro real, precisa efetivar as adições previstas no art. 260 do Decreto nº 9.580/2018 e as exclusões do art. 261 do mesmo diploma legal.

Assim, terá o lucro que deverá ser oferecido à tributação.

Já no regime do **lucro presumido** não há qualquer obrigatoriedade para adesão, sendo um regime facultativo para aqueles que não estejam obrigados ao lucro real, e consiste no regime de tributação em que a lei presume a base de cálculo do imposto.

Tomemos como exemplo os serviços hospitalares. A base de cálculo do IRPJ é de 8% do faturamento da pessoa jurídica. Já empresa prestadora de serviços em geral tem 32% do seu faturamento considerados como base de cálculo do imposto, na forma do art. 15 da Lei 9.249/1995.

O exemplo seguinte ajudará a compreender melhor o cálculo do lucro presumido: imagine a mesma empresa faturando R$ 100.000,00. Se o seu objeto for a prestação de serviços, a base de cálculo será de 32% sobre o faturamento, logo, R$ 32.000,00. Sobre tal valor é que incidirá a alíquota de 15% do IRPJ. Portanto, a empresa deverá recolher R$ 4.800,00 de IR. Ressalte-se que quem não estiver obrigado a recolher o IR pelo lucro real poderá recolher pelo lucro presumido (art. 13 da Lei 9.718/1998).

Vejamos os percentuais de presunção na forma da legislação:

Atividade	IRPJ	CSLL
Regra geral	8%	12%
Serviços em geral	32%	32%
Serviços hospitalares	8%	12%
Transporte em geral	16%	12%
Transporte de carga	8%	12%
Construção civil com materiais	8%	12%
Construção civil sem materiais	32%	32%
Revenda de combustíveis	1,6%	12%

Como se pode ver, se a margem de lucro real da empresa for superior ao percentual de lucro presumido e for possível a opção, a empresa terá melhores resultados com a escolha pelo regime de lucro presumido.

No entanto, se a margem de lucro for pequena ou houver prejuízo, a preferência deve ser a adoção do regime do lucro real, que pode ser adotado também pelas empresas que não estejam obrigadas. Após optar por um dos regimes de recolhimento, a pessoa jurídica somente poderá modificá-lo no exercício financeiro subsequente, salvo se, no decorrer do exercício, acontecer uma das hipóteses do art. 14 da Lei 9.718/1998, caso em que obrigatoriamente a empresa deverá migrar do lucro presumido para o lucro real. A opção pelo regime de recolhimento é feita com o pagamento do primeiro IR do exercício financeiro, na forma do art. 13, § 1º, da Lei 9.718/1998.

Por fim, o **lucro arbitrado** é o regime de tributação de renda em que o fisco determina o lucro da empresa, ou mesmo o contribuinte em hipóteses específicas. Tal regime é aplicável quando a contabilidade da pessoa jurídica for imprestável ou simplesmente não existir, cabendo ao fisco o arbitramento do lucro.

Tal regime somente é aplicável nos casos em que o contribuinte não declara, não apura, não registra os valores, ou seja, o contribuinte não tem os livros contábeis ou, tendo, sua contabilidade não é proba. Portanto, a Receita Federal efetua o lançamento do tributo, na forma do art. 148 do CTN. O lançamento por arbitramento nada mais é do que **lançamento de ofício**.

Importante frisar que o contribuinte também pode optar por arbitrar seu lucro, conforme previsto no art. 604 do Regulamento do Imposto de Renda, Decreto 9.580/2018. Para isso, deve ser conhecida a receita bruta da pessoa jurídica, e deve estar enquadrada em uma das hipóteses do art. 603.[4]

A escolha pelo regime de recolhimento (lucro real ou presumido) influencia a apuração e recolhimento de PIS/COFINS. Se a empresa decidir apurar o IRPJ pelo lucro real, obrigatoriamente o regime de apuração de PIS/COFINS é o regime não cumulativo. O regime não cumulativo permite que a empresa tome crédito na operação seguinte, pelo tributo recolhido na operação anterior, na forma das Leis 10.637/2002 e 10.833/2003. No regime não cumulativo, a empresa continua tomando crédito de todos os insumos necessários ao exercício de sua atividade, situação semelhante à que ocorre com o ICMS.

Já na empresa que apura o IRPJ pelo lucro presumido, o regime de apuração de PIS/COFINS deverá ser o cumulativo, não tendo direito a qualquer crédito para compensação, na forma da Lei 9.718/1998.

---

[4] Art. 603. O imposto sobre a renda, devido trimestralmente, no decorrer do ano-calendário, será determinado com base nos critérios do lucro arbitrado, quando (Lei nº 8.981, de 1995, art. 47; e Lei nº 9.430, de 1996, art. 1º): I – o contribuinte, obrigado à tributação com base no lucro real, não mantiver escrituração na forma das leis comerciais e fiscais ou deixar de elaborar as demonstrações financeiras exigidas pela legislação fiscal; II – o contribuinte não escriturar ou deixar de apresentar à autoridade tributária os livros ou os registros auxiliares de que trata o § 2º do art. 8º do Decreto-Lei nº 1.598, de 1977; III – a escrituração a que o contribuinte estiver obrigado revelar evidentes indícios de fraudes ou contiver vícios, erros ou deficiências que a tornem imprestável para: a) identificar a efetiva movimentação financeira, inclusive bancária; ou b) determinar o lucro real; IV – o contribuinte deixar de apresentar à autoridade tributária os livros e os documentos da escrituração comercial e fiscal, ou o livro-caixa, na hipótese prevista no parágrafo único do art. 600; V – o contribuinte optar indevidamente pela tributação com base no lucro presumido; VI – o comissário ou o representante da pessoa jurídica estrangeira deixar de escriturar e apurar o lucro da sua atividade separadamente do lucro do comitente residente ou domiciliado no exterior, observado o disposto no art. 468; e VII – o contribuinte não mantiver, em boa ordem e de acordo com as normas contábeis recomendadas, livro-razão ou fichas utilizados para resumir e totalizar, por conta ou subconta, os lançamentos efetuados no livro diário.

Cumpre ressaltar, outrossim, que, além dos regimes de recolhimento supramencionados, existe o regime do **Simples Nacional** ou "Supersimples" (LC 123/2006), no qual o recolhimento dos impostos é realizado em guia única, mensalmente, com base no faturamento da pessoa jurídica nos 12 meses anteriores ao mês de apuração.

O regime do Simples Nacional é um regime facultativo pelo qual podem optar pessoas jurídicas com faturamento de até R$ 360.000,00 (trezentos e sessenta mil reais) para microempresas, e até R$ 4.800.000,00 (quatro milhões e oitocentos mil reais) para empresas de pequeno porte.

Nesse regime, diversos tributos são pagos em guia única com redução das obrigações acessórias e da carga tributária. Com isso, uma empresa que exerça a atividade de comércio e seja optante pelo regime do Simples Nacional irá recolher em uma mesma guia IRPJ, CSLL, PIS, COFINS, ICMS e contribuição previdenciária.

Trata-se, portanto, de um microcosmo de tributação que instrumentaliza a isonomia tributária, concedendo benefício para as pessoas jurídicas menores, para que possam se manter no mercado.

d) Alíquotas

Conforme já abordado anteriormente, o IR tem como base o princípio da progressividade, que é um verdadeiro instrumento da capacidade contributiva, de modo que quanto maior a renda maior deverá ser a alíquota do imposto.

Tal princípio é claramente aplicável no IRPF, cuja alíquota é variável.

Assim, a tabela progressiva é aplicada da seguinte forma (IRPF, 2021):

até R$ R$ 2.259,20	Isento
de R$ 2.259,21 até R$ 2.826,65	7,5%
de R$ 2.826,66 até R$ 3.751,05	15%
de R$ 3.751,06 até R$ 4.664,68	22,5%
acima de R$ 4.664,69	27,5%

Tais valores fazem referência aos recebimentos mensais do contribuinte.

Ademais, no ganho de capital também é aplicável a alíquota progressiva na forma dos arts. 1º e 2º da Lei 13.259/2016, que alterou a Lei 8.981/1995.

Art. 1º O art. 21 da Lei nº 8.981, de 20 de janeiro de 1995, passa a vigorar com as seguintes alterações:

Art. 21. O ganho de capital percebido por pessoa física em decorrência da alienação de bens e direitos de qualquer natureza sujeita-se à incidência do imposto sobre a renda, com as seguintes alíquotas:

I – 15% (quinze por cento) sobre a parcela dos ganhos que não ultrapassar R$ 5.000.000,00 (cinco milhões de reais);

II – 17,5% (dezessete inteiros e cinco décimos por cento) sobre a parcela dos ganhos que exceder R$ 5.000.000,00 (cinco milhões de reais) e não ultrapassar R$ 10.000.000,00 (dez milhões de reais);

III – 20% (vinte por cento) sobre a parcela dos ganhos que exceder R$ 10.000.000,00 (dez milhões de reais) e não ultrapassar R$ 30.000.000,00 (trinta milhões de reais); e

IV – 22,5% (vinte e dois inteiros e cinco décimos por cento) sobre a parcela dos ganhos que ultrapassar R$ 30.000.000,00 (trinta milhões de reais).

Antes da alteração legislativa supracitada, aplicava-se a alíquota fixa de 15% sobre o ganho, caracterizado pela diferença entre o valor de aquisição e o valor de venda do ativo.

No tocante à pessoa jurídica, a alíquota do IR é de 15%. Todavia, deverá ser aplicado o adicional de 10% sobre o lucro presumido que ultrapassar R$ 60.000,00 (sessenta mil reais) no trimestre e no lucro real, que ultrapassar o mesmo valor no trimestre ou R$ 20.000,00 (vinte mil reais) mensais.

Importante frisar que tramita no Senado Federal o PL nº 2.337/21 que atualiza a base de cálculo do Imposto de Renda da pessoa física e traz diversas modificações, como a redução da alíquota para as pessoas jurídicas e o fim da isenção prevista para a distribuição de lucros e dividendos. Quando do fechamento dessa edição, não havia sido elaborado o relatório pelo Senador Ângelo Coronel.

e) Sujeito passivo

O contribuinte do IR é a pessoa física ou jurídica que aufere renda ou disponibilidade econômica de qualquer natureza; já o responsável é aquele que a lei determina como tal, ou seja, é o titular da disponibilidade econômica, conforme disposto no art. 45 do CTN.

Ademais, o CTN autoriza que a lei determine a fonte pagadora da renda como responsável tributária pelo recolhimento do imposto sobre renda, e tal situação se aplica no Direito Tributário brasileiro. Vejamos a jurisprudência sobre o assunto.

JURISPRUDÊNCIA

> TRIBUTÁRIO – IMPOSTO DE RENDA – RETENÇÃO NA FONTE – RESPONSABILIDADE TRIBUTÁRIA – PAGAMENTO – OBRIGAÇÃO DA FONTE PAGADORA DECORRENTE DE LEI – ARTS. 27 DA LEI Nº 8.218/91, 121, PARÁGRAFO ÚNICO, II, E 45, PARÁGRAFO ÚNICO, DO CTN. 1. O fenômeno da responsabilidade ("substituição") tributária encontra-se inserto no parágrafo único do art. 45 do CTN, o qual prevê a possibilidade de a lei atribuir à fonte pagadora da renda ou dos proventos tributáveis a condição de responder pelo imposto cuja retenção e recolhimento lhe caibam, em combinação com o disposto no inciso II do parágrafo único do art. 121, segundo o qual "responsável" é aquele que, sem revestir a condição de contribuinte, tenha obrigação decorrente de disposição expressa de lei. 2. Responsável tributário é aquele que, sem ter relação direta com o fato gerador, deve efetuar o pagamento do tributo por atribuição legal, nos termos do art. 121, parágrafo único, II, c/c 45, parágrafo único, do CTN. 3. O art. 27 da Lei nº 8.218/91 atribuiu à fonte pagadora a retenção e o recolhimento do imposto de renda relativo a valores recebidos em virtude de decisão judicial. Neste caso, cabe ao BRDE, fonte pagadora, responder judicialmente pelo não pagamento da referida exação. 4. "A obrigação tributária nasce por efeito da incidência da norma jurídica originária e diretamente contra o contribuinte ou contra o substituto legal tributário; a sujeição

> passiva é de um ou de outro, e, quando escolhido o substituto legal tributário, só ele, ninguém mais, está obrigado a pagar o tributo" (Min. Ari Pargendler, REsp 86465/RJ, *DJ* 07.10.1996). 5. Na vigência da Lei nº 8.218/91, a "fonte pagadora" é a responsável pelo desconto na fonte do imposto de renda. *In casu*, alega-se que o INSS não forneceu o documento comprobatório da retenção na fonte e, ainda, repassou à recorrida apenas 80% do total reconhecido, judicialmente, a contribuinte. Ausência de prova. Importância recebida do INSS em reclamação trabalhista correspondente à verba salarial. Omissão em declará-la ao Fisco. 6. O contribuinte está obrigado a comprovar, em sua declaração anual do imposto de renda, as quantias recebidas de questões judiciais e a registrar o quantum retido na fonte para fins de compensação. 7. Se a retenção não é provada e há omissão na declaração, o imposto é devido pelo próprio contribuinte. 8. Recurso provido (STJ – REsp. 637636/SC, 2004/0003321-7, 1ª Turma, Rel. Min. José Delgado, j. 03.08.2004, *DJ* 20.09.2004, p. 207).

Assim sendo, o responsável pela retenção do IR é a fonte pagadora, enquanto o contribuinte é aquele que efetivamente aufere a renda.

Por fim, destacamos que pode haver a solidariedade passiva do IR, como ocorre nos casos em que haja acréscimo patrimonial do casal, por exemplo. Nessa hipótese, aplica-se o art. 124, I, do CTN, caso os cônjuges estejam casados sob o regime de comunhão de bens, tendo em vista a existência de interesse comum.

Considerações sobre o IR
1. O IR caracteriza-se pelo acréscimo patrimonial do contribuinte.
2. Verba indenizatória, seja pelo dano moral ou recomposição do dano material (especificamente recomposição patrimonial do dano emergente ou pela perda de uma chance), não é fato gerador do IR.
3. Na hipótese de indenização pelo lucro cessante, incidirá o IR.
4. Em algumas verbas trabalhistas indenizatórias, como férias não gozadas pagas em dobro e o aviso prévio indenizado, também não incide o IR.
5. Princípios norteadores do IR: generalidade, universalidade e progressividade.
6. A ilicitude do ato originário da renda não interfere na incidência do IR.

 ## PARA REFORÇAR

IR	
Fiscal	Finalidade de arrecadar recursos para a União. Não possui função extrafiscal ou parafiscal.
Princípios	Ele só fica restrito à anterioridade do exercício financeiro contida no art. 150, III, *b*, da CRFB, e é exceção quanto à noventena. O IR também é regido pelos princípios da capacidade contributiva (art. 145, § 1º, CRFB), da progressividade, da generalidade e da universalidade.
	Progressividade: a alíquota do IR aumenta numa proporção direta ao aumento da base de cálculo.
	Generalidade: todos devem pagar o IR, sem haver desigualdades sobre o ponto de vista tributário. Assim, a capacidade tributária independe da capacidade civil.

Princípios	*Universalidade*: todas as pessoas que estejam subordinadas à lei brasileira, independentemente de serem nacionais ou estrangeiros, serão tributadas de forma idêntica, desde que estejam no mesmo patamar em termos de capacidade econômica. Ademais, todas as rendas estão abrangidas pela incidência do IR, ainda que tenham sido obtidas de forma ilícita, pois, se houve aumento patrimonial, o tributo é devido.
	Extraterritorialidade: o IR alcança fatos que não ocorrem no Brasil, prestigiando assim o princípio da extraterritorialidade, como exemplo, lucros, rendimentos e ganhos de capital auferidos no exterior por residente no Brasil.
Direto	O ônus econômico recai diretamente sobre o contribuinte; não há repercussão tributária.
Pessoal	O IR não é cobrado em razão do fato gerador objetivamente considerado, mas leva em conta características pessoais do contribuinte, ou seja, a sua capacidade econômica. Assim, quanto maior a capacidade econômica do contribuinte maior será a tributação sobre a renda.
Não vinculado	Art. 16, CTN. Seu fato gerador não depende de uma atuação e contraprestação específica da atividade estatal. É um tributo que não pode ter receita vinculada, conforme o art. 167, IV, da CRFB.
Imposto sobre a Renda e Proventos	É alcançado pelas imunidades previstas no art. 150, VI da CRFB.
Complexivo	O fato gerador não é instantâneo. Ele se protrai no tempo e se refere a todo exercício financeiro (art. 144, § 2º, CTN). O pagamento do IR pode ser feito de forma antecipada, através da retenção na fonte ou pagamento de carnê-leão pelo próprio contribuinte.
Legislação	Art. 153, III, CRFB. Arts. 157 a 159, CEFB. Art. 121, CTN. Art. 45, CTN. Decreto 9580/2018 (Regulamento do Imposto de Renda). Leis 7713/1988 e 9250/1995. Lei 4506/1964 (IRPJ). Súmula 394, STJ, Súmula 386, STJ, Súmula 262, STJ, Súmula 215, STJ, Súmula 184, STJ, Súmula 136, STJ, Súmula 125, STJ, Súmula 425, STJ, Súmula 430, STJ. Súmula 436, STJ, Súmula 446, STJ, Súmula 447, STJ, Súmula 598, STJ e Súmula 627, STJ, além das Súmulas 343, STF, 584, STF (cancelada) e 586, STF.

- **Lançamento por homologação.** Art. 150, CTN. Há uma obrigação acessória que é entregue no ano-exercício referente ao ano-base anterior, no qual ocorreu o fato gerador. Súmula 436, STJ.

- O elemento subjetivo se divide em renda (o acréscimo patrimonial proveniente do capital, do trabalho ou da combinação de ambos), e em proventos (decorrem de uma atividade já extinta, mas que ainda é remunerada ou de acréscimos patrimoniais não compreendidos no conceito de renda). O STJ entendeu que não incide IR sobre as verbas indenizatórias ou provenientes de dano moral ou material porque todas essas são formas de ressarcimento, de recomposição do *status quo ante*.

- **IR e JETOM.** Os valores percebidos pelos parlamentares a título de ajuda de custo pelo comparecimento às convocações extraordinárias não estão sujeitos ao IR, nem os gastos de início e fim da sessão legislativa. Essas verbas têm natureza jurídica indenizatória.

- **IR e Cooperativas.** Incide o IR sobre o resultado das aplicações financeiras realizadas pelas cooperativas (AREsp. 655022/RJ, 2015/0011867-0).

- **IR e auxílio-condução.** Não incide o IR sobre verba paga a título de ajuda de custo pelo uso de veículo para exercício de funções profissionais. É verba indenizatória e não remuneratória.

- **IR e desapropriação.** O STJ entendeu que não incide o IR sobre a indenização referente à desapropriação, seja por necessidade ou por interesse social. Ela não representa um acréscimo patrimonial. Não há ganho de capital e nem lucro nesse caso. O valor que o ex-proprietário recebe é uma forma de reposição pela terra que ele perdeu. A expressão "desapropriação" foi declarada inconstitucional pelo STJ no art. 1º, § 2º, inciso II, do Decreto-Lei 1641/1978.

• **Sigilo bancário e autorização.** A quebra de sigilo bancário é permitida (Lei 8021/1990 e LC 105/2001) sem prévia autorização judicial, com o objetivo de constituir o crédito tributário. A administração é autorizada a quebrar o sigilo para poder identificar o patrimônio, os rendimentos e as atividades econômicas do contribuinte, respeitados os direitos individuais. Mas o sigilo bancário não tem caráter absoluto.
• **Contribuintes:** a) Pessoas físicas residentes ou domiciliadas no Brasil ou no exterior; b) pessoas jurídicas. Algumas pessoas físicas são equiparadas às pessoas jurídicas para efeito de tributação, como, por exemplo, as pessoas físicas que promovem a incorporação de direito ou de fato, de prédios em condomínio ou loteamento de terrenos. O DL 2072/1983 revogou todas as outras formas de equiparação da pessoa física à pessoa jurídica.
• **Regime de IR de Pessoas Jurídicas.** Pode ser: a) lucro real; b) lucro presumido; c) lucro arbitrado; ou Simples Nacional.
• **Lucro Real.** As pessoas jurídicas poderão determinar o lucro com base em balanço levantado no dia 31 de dezembro de cada ano ou mediante balancetes trimestrais. Pessoas jurídicas que possuem receita superior a 78 milhões de reais, cujas atividades sejam de bancos comerciais, bancos de investimento e bancos de desenvolvimento e afins terão de ter esse regime obrigatório. Também serão regidas pelo lucro real pessoas jurídicas que: a) tiverem lucros, rendimentos ou ganhos de capital oriundos do exterior; b) que usufruam de benefícios fiscais relativos à isenção ou redução do imposto; c) que, no decorrer do ano-calendário tenham efetuado pagamento mensal pelo regime de estimativa; d) que explorem as atividades de prestação cumulativa e contínua de serviços de assessoria creditícia, gestão de créditos etc.; e) que explorem as atividades de securitização de créditos imobiliários, financeiros e agronegócio.
• **Lucro presumido.** Art. 13, Lei 9718/1998. A opção pela tributação com base no lucro presumido será definitiva em relação a todo o ano-calendário.
• **Lucro arbitrado.** Quando a pessoa jurídica não cumprir suas obrigações fiscais, realizar uma fraude etc. Art. 44, CTN c/c o art. 148, CTN. O arbitramento também pode ser feito pelo contribuinte (art. 47 da Lei 8.981/1995).
• **Simples Nacional.** Instituído pela LC 123/2006 trazendo um tratamento favorecido e diferenciado para microempresas e empresas de pequeno porte e agora também para microempreendedor individual.
• **IR e planos de programa de demissão voluntária ou aposentadoria.** A verba indenizatória que decorre de adesão ao plano de incentivo à demissão ou à aposentadoria está fora da incidência do IR.
• **Isenção do IR.** Casos descritos na lei do IR, como o caso da neoplasia maligna. Art. 6º, XIV, da Lei 7.713/1988.

14.1.4. Imposto sobre Produtos Industrializados – IPI

a) Legislação e súmulas aplicáveis

- CRFB, art. 153, IV, § 3º
- CTN, arts. 46 a 51
- Leis 4.502/1964 e 9.363/1996
- Decreto 7.212/2010
- Súmulas: STF, 591; STJ, 95, 411, 494, 495

b) Fato gerador

O **IPI** é um imposto de competência da União, previsto nos arts. 153, IV, da CRFB, e 46 do CTN, e tem como fato gerador a **industrialização, que consiste na alteração da essência dos produtos pelo método industrial**. Assim, considera-se produto industrializado o produto que tenha sido submetido a qualquer operação que lhe modifique a natureza ou a finalidade, ou o aperfeiçoe para o consumo, conforme disposto no art. 46, parágrafo único, do CTN.

Em outras palavras, incidirá o IPI quando ocorrer a alteração da essência do produto pelo método industrial, de modo que, por exclusão, os métodos artesanais e artísticos não podem ser considerados fatos geradores do imposto. Vejamos o disposto no art. 4º do Regulamento do IPI (Decreto 7.212/2010):

Art. 4º Caracteriza industrialização qualquer operação que modifique a natureza, o funcionamento, o acabamento, a apresentação ou a finalidade do produto, ou o aperfeiçoe para consumo, tal como (*Lei nº 5.172, de 1966, art. 46, parágrafo único*, e *Lei nº 4.502, de 1964, art. 3º, parágrafo único)*:

I – a que, exercida sobre matérias-primas ou produtos intermediários, importe na obtenção de espécie nova (transformação);

II – a que importe em modificar, aperfeiçoar ou, de qualquer forma, alterar o funcionamento, a utilização, o acabamento ou a aparência do produto (beneficiamento);

III – a que consiste na reunião de produtos, peças ou partes e de que resulte um novo produto ou unidade autônoma, ainda que sob a mesma classificação fiscal (montagem);

IV – a que importe em alterar a apresentação do produto, pela colocação da embalagem, ainda que em substituição da original, salvo quando a embalagem colocada se destine apenas ao transporte da mercadoria (acondicionamento ou reacondicionamento); ou

V – a que, exercida sobre produto usado ou parte remanescente de produto deteriorado ou inutilizado, renove ou restaure o produto para utilização (renovação ou recondicionamento).

Assim, resta claro que o IPI somente incidirá quando ocorrer um processo industrial, e deverá ser recolhido no momento da saída do produto do estabelecimento que realizou a industrialização.

Basicamente, são três as hipóteses de industrialização que caracterizam o fato gerador do IPI: a **transformação**, o **beneficiamento** e o **acondicionamento**.

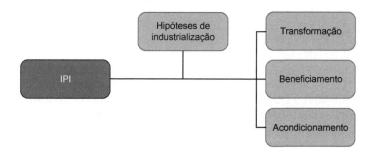

A transformação é modificação de um bem da vida em outro, a exemplo do que acontece com o minério, que se transforma em chapa de aço após a industrialização pela empresa siderúrgica.

Já o beneficiamento consiste no aperfeiçoamento (melhoramento) de um produto por meio da industrialização, que é o que ocorre, por exemplo, com alimentos. Muitas pessoas são alérgicas à lactose. e a indústria alimentícia produz linhas completas de alimentos sem lactose. Como se pode ver, trata-se de uma melhoria do bem da vida por um processo industrial. Além disso, o acondicionamento também é caracterizado como fato gerador do IPI quando se tratar de um ato de embalar em um procedimento industrial. Assim, as garrafas *pet* e as caixinhas *tetra pak* são exemplos de embalagens industriais que caracterizam o fato gerador do IPI.

Ademais, a COSIT consolidou a Solução de Consulta 97, publicada em 01.04.2019, entendendo pela incidência do IPI sobre a atividade de impressão 3D. Vejamos:

> Assunto: Imposto sobre Produtos Industrializados – IPI Operação de Industrialização
> A atividade de impressão em 3D, assim entendida aquela que se utiliza de equipamentos para a produção de modelos tridimensionais físicos (prototipagem rápida) a partir de modelos virtuais, que operam em câmaras fechadas, através de tecnologia de deposição de filamentos termoplásticos fundidos, utilizando um tipo de material ou mais, mediante deposição de camadas, caracteriza-se como uma operação de industrialização na modalidade de transformação, nos termos do art. 4º, inciso I, do RIPI/2010. O estabelecimento que executar essa operação, desde que resulte em produto tributado, ainda que de alíquota zero ou isento, é considerado contribuinte do IPI, devendo submetê-lo à incidência do imposto quando da saída de seu estabelecimento, de acordo com os artigos 8º, 24, inc. II, e 35 do RIPI/2010. Essa atividade não será considerada industrialização se o produto resultante for confeccionado por encomenda direta do consumidor ou usuário, na residência do preparador ou em oficina, desde que, em qualquer caso, seja preponderante o trabalho profissional, nos termos do art. 5º, inc. V, c/c art. 7º, II, "a" e "b", do RIPI/2010. Dispositivos Legais: art. 4º, inciso I e art. 5º, inc. V, c/c art. 7º, II, "a" e "b", do RIPI/2010.

Não concordamos com tal situação por entendermos que a impressão 3D não caracteriza atividade industrial, por não caracterizar, ao menos por enquanto, operação em série e organizada.

O efetivo fato gerador do IPI é saída do produto industrializado do estabelecimento industrial, não incidindo o referido imposto caso não haja a troca de titularidade.

JURISPRUDÊNCIA

> TRIBUTÁRIO E PROCESSUAL CIVIL. RECURSO ESPECIAL. ART. 535 DO CPC/1973. VIOLAÇÃO. ALEGAÇÃO GENÉRICA. DEFICIÊNCIA DE FUNDAMENTAÇÃO. IPI. SAÍDA DO ESTABELECIMENTO DO CONTRIBUINTE. AUSÊNCIA. MERO DESLOCAMENTO DO PRODUTO PARA PRESTAÇÃO DE SERVIÇOS. NÃO INCIDÊNCIA.
>
> 1. Conforme estabelecido pelo Plenário do STJ, "aos recursos interpostos com fundamento no CPC/1973 (relativos a decisões publicadas até 17 de março de 2016) devem ser exigidos os requisitos de admissibilidade na forma nele prevista, com as interpretações dadas até então pela jurisprudência do Superior Tribunal de Justiça" (Enunciado Administrativo n. 2).
>
> 2. A alegação genérica de ofensa ao art. 535 do CPC/1973,
>
> desacompanhada de causa de pedir suficiente à compreensão da controvérsia e sem a indicação precisa dos vícios de que padeceria o acórdão impugnado, atrai a aplicação da Súmula 284 do STF.
>
> 3. O aspecto material do IPI alberga dois momentos distintos e necessários: a) industrialização, que consiste na operação que modifique a natureza, o funcionamento, o acabamento, a apresentação ou a finalidade do produto, ou o aperfeiço e para o consumo, nos termos do art. 4º do Decreto n. 7.212/2010 (Regulamento do IPI); b) transferência de propriedade ou posse do produto industrializado, que deve ser onerosa.

4. A saída do estabelecimento a que refere o art. 46, II, do CTN, que caracteriza o aspecto temporal da hipótese de incidência, pressupõe, logicamente, a mudança de titularidade do produto industrializado.

5. Havendo mero deslocamento para outro estabelecimento ou para outra localidade, permanecendo o produto sob o domínio do contribuinte, não haverá incidência do IPI, compreensão esta que se alinha ao pacífico entendimento jurisprudencial do Superior Tribunal de Justiça, consolidado em relação ao ICMS, que se aplica, guardada as devidas peculiaridades, ao tributo sob exame, nos termos da Súmula do STJ, in verbis: "Não constitui fato gerador do ICMS o simples deslocamento de mercadoria de um para outro estabelecimento do mesmo contribuinte".

6. Hipótese em que a sociedade empresária promove a detonação ou desmonte de rochas e, para tanto, industrializa seus próprios explosivos, utilizando-os na prestação dos seus serviços, não promovendo a venda desses artefatos separadamente, quer dizer, não transfere a propriedade ou posse do produto que industrializa.

7. In casu, a "saída" do estabelecimento dá-se a título de mero deslocamento até o local onde será empregado na sua atividade fim, não havendo que se falar em incidência de IPI, porquanto não houve a transferência de propriedade ou posse de forma onerosa, um dos pressupostos necessários para a caracterização da hipótese de incidência do tributo.

8. Recurso especial conhecido em parte e desprovido (REsp 1.402.138/RS (2013/0298017-6), Min. Gurgel de Faria, DJe 22.5.2020).

Por esse mesmo raciocínio, o STJ editou a Súmula 671 consolidando o entendimento no sentido de que "não incide o IPI quando sobrevém furto ou roubo do produto industrializado após sua saída do estabelecimento industrial ou equiparado e antes de sua entrega ao adquirente".

Além disso, é considerado fato gerador do IPI o **desembaraço aduaneiro** de produto industrializado proveniente do exterior, na forma do art. 46, I, do CTN. No julgamento do RE 723651, o STF alterou seu posicionamento histórico para entender que o IPI incidirá na importação de produtos industrializados ainda que realizada por não contribuinte para uso próprio. Vejamos:

 JURISPRUDÊNCIA

AGRAVO REGIMENTAL EM RECURSO EXTRAORDINÁRIO COM AGRAVO. DIREITO TRIBUTÁRIO. IMPOSTO SOBRE PRODUTOS INDUSTRIALIZADOS. IMPORTAÇÃO DE BENS PARA USO PRÓPRIO. CONSUMIDOR FINAL. INCIDÊNCIA. 1. O Tribunal, no julgamento do Tema 643 da sistemática da repercussão geral, cujo recurso--paradigma é o RE-RG 723.651, decidiu que incide, na importação de bens para uso próprio, o Imposto sobre Produtos Industrializados (IPI). 2. É neutro, para o fim de aplicação do precedente vinculante, tratar-se de contribuinte habitual ou não do IPI, bem como as especificidades relacionadas à produção do objeto da importação. 3. Agravo regimental a que se nega provimento. (ARE 1.205.041 AgR-segundo, Rel. Min. Edson Fachin).

Tal posicionamento foi uma alteração importante da jurisprudência, pois o STF entendia que a incidência violaria o princípio da não cumulatividade, que é de aplicabilidade obrigatória ao IPI, tendo em vista que o importador não iria comercializar o veículo após a importação, acumulando o imposto que não seria repassado. O STJ já havia decidido pela não incidência do imposto na hipótese. Vejamos o que ele disse em sede de recurso repetitivo.

 JURISPRUDÊNCIA

> PROCESSUAL CIVIL – TRIBUTÁRIO. RECURSO ESPECIAL – VIOLAÇÃO AO ART. 535 DO CPC – INOCORRÊNCIA. – INCIDÊNCIA DO IPI SOBRE VEÍCULO AUTOMOTOR IMPORTADO PARA USO PRÓPRIO – IMPOSSIBILIDADE CONSUMIDOR FINAL – PRINCÍPIO DA NÃO CUMULATIVIDADE.
> (...)
> 2. É firme o entendimento no sentido de que não incide IPI sobre veículo importado para uso próprio, tendo em vista que o fato gerador do referido tributo é a operação de natureza mercantil ou assemelhada e, ainda, por aplicação do princípio da não cumulatividade. (...) (STJ – REsp. 1396488/SC, Min. Humberto Martins, *DJe* 17.03.2015).

A alteração do posicionamento se deu sob o argumento de que a manutenção da incidência do imposto é um instrumento de proteção à isonomia, uma vez que o fabricante de veículos nacionais está sujeito ao imposto.

Portanto, não cabe outra interpretação senão a não incidência do IPI quando ocorrer a importação para uso próprio de veículo que não possua similar nacional, ao passo que não há falar em isonomia nessa hipótese.

No caso de aplicação da pena de perdimento da mercadoria importada, não devem restar dúvidas de que caso o IPI tenha sido recolhido deverá ser restituído ao importador. No Regulamento Aduaneiro, Decreto 6.759/2009, resta claro que o fato gerador do IPI é o desembaraço aduaneiro do produto de procedência estrangeira. Com isso, com a aplicação da pena de perdimento não ocorre o fato gerador, cabendo o afastamento do tributo. Vejamos a jurisprudência sobre o assunto:

 JURISPRUDÊNCIA

> APELAÇÃO CÍVEL – NACIONALIZAÇÃO DE BENS IMPORTADOS – ADMISSÃO TEMPORÁRIA – IMPORTAÇÃO IRREGULAR – PERDIMENTO DE BENS – CONVERSÃO EM RENDA DA UNIÃO – NÃO INCIDÊNCIA DO IMPOSTO DE IMPORTAÇÃO, PIS E COFINS.
> (…) A imposição da pena de perdimento de bens encontra amparo na legislação pátria e é consequência do cometimento de dano ao Erário, oriundo de conduta dolosa (TRF2, 4ª Turma Especializada, AC 468828. Rel. Des. Fed. LUIS ANTONIO SOARES, EDJF2R, 2.12.2011). A autoridade aduaneira, como órgão da Administração Pública, está adstrita ao princípio da legalidade, tendo o poder-dever de aplicar sanções administrativas quando constatadas **irregularidades**. O IPI incide ainda que a importação seja inválida, irregular ou ilegal em virtude da aplicação do princípio do ***non olet***. Tanto o Imposto de Importação como o PIS e a COFINS não incidem nos casos de aplicação da pena de perdimento de bens, por força do art. 1º, § 4º, II,

do Decreto-lei nº 37/66 e do art. 2º, III, da Lei 10.865/2004. 6. Apelação parcialmente provida apenas no tocante à conversão em renda da União dos valores referentes ao PIS e à COFINS, considerando que tais tributos não incidem nos casos de decretação da pena de perdimento de bens. Condenação de verbas honorárias mantida.

Assim, não devem restar dúvidas de que não deverá incidir o IPI no caso de perdimento, cabendo o direito à repetição do indébito tributário.

Outro debate relevante se dá com relação à incidência do IPI na revenda de produto industrializado importado do exterior. Vejamos a jurisprudência do STJ.

JURISPRUDÊNCIA

EMBARGOS DE DIVERGÊNCIA EM RECURSO ESPECIAL – DIREITO TRIBUTÁRIO – RECURSO REPRESENTATIVO DA CONTROVÉRSIA – ART. 543-C DO CPC – IMPOSTO SOBRE PRODUTOS INDUSTRIALIZADOS – IPI – FATO GERADOR – INCIDÊNCIA SOBRE OS IMPORTADORES NA REVENDA DE PRODUTOS DE PROCEDÊNCIA ESTRANGEIRA – FATO GERADOR AUTORIZADO PELO ART. 46, II, C/C O ART. 51, PARÁGRAFO ÚNICO, DO CTN – SUJEIÇÃO PASSIVA AUTORIZADA PELO ART. 51, II, DO CTN, C/C ART. 4º, I, DA LEI Nº 4.502/64 – PREVISÃO NOS ARTS. 9º, I, E 35, II, DO RIPI/2010 (DECRETO Nº 7.212/2010).

1. Seja pela combinação dos artigos 46, II e 51, parágrafo único, do CTN – que compõem o fato gerador, seja pela combinação do art. 51, II, do CTN, art. 4º, I, da Lei nº 4.502/64, art. 79 da Medida Provisória nº 2.158-35/2001, e art. 13 da Lei nº 11.281/2006 – que definem a sujeição passiva, nenhum deles até então afastados por inconstitucionalidade, os produtos importados estão sujeitos a uma nova incidência do IPI quando de sua saída do estabelecimento importador na operação de revenda, mesmo que não tenham sofrido industrialização no Brasil.

2. Não há qualquer ilegalidade na incidência do IPI na saída dos produtos de procedência estrangeira do estabelecimento do importador, já que equiparado a industrial pelo art. 4º, I, da Lei nº 4.502/64, com a permissão dada pelo art. 51, II, do CTN.

3. Interpretação que não ocasiona a ocorrência de *bis in idem*, dupla tributação ou bitributação, porque a lei elenca dois fatos geradores distintos, o desembaraço aduaneiro proveniente da operação de compra de produto industrializado do exterior e a saída do produto industrializado do estabelecimento importador equiparado a estabelecimento produtor, isto é, a primeira tributação recai sobre o preço de compra onde embutida a margem de lucro da empresa estrangeira e a segunda tributação recai sobre o preço da venda, onde já embutida a margem de lucro da empresa brasileira importadora. Além disso, não onera a cadeia além do razoável, pois o importador na primeira operação apenas acumula a condição de contribuinte de fato e de direito em razão da territorialidade, já que o estabelecimento industrial produtor estrangeiro não pode ser eleito pela lei nacional brasileira como contribuinte de direito do IPI (os limites da soberania tributária o impedem), sendo que a empresa importadora nacional brasileira acumula o crédito do imposto pago no desembaraço aduaneiro para ser utilizado como abatimento do imposto a ser pago na saída do produto como contribuinte de direito (não cumulatividade), mantendo-se a tributação apenas sobre o valor agregado.

(...) 5. Tese julgada para efeito do art. 543-C, do CPC: "os produtos importados estão sujeitos a uma nova incidência do IPI quando de sua saída do estabelecimento importador na operação de revenda, mesmo que não tenham sofrido industrialização no Brasil (...) (EREsp. 1403532/SC, Min. Napoleão Nunes Maia Filho, *DJe* 18.12.2015).

Como se pode ver, a incidência do IPI na revenda de produto importado é admitida pelo STJ, ainda que não ocorra qualquer tipo de industrialização ou modificação da mercadoria pelo importador.

Outrossim, o assunto foi julgado pelo STF, com repercussão geral reconhecida no RE 946648, tema 906, no sentido da incidência do IPI na revenda de importados.

Violação ao princípio da isonomia (art. 150, II, da Constituição Federal) ante a incidência de IPI no momento do desembaraço aduaneiro de produto industrializado, assim como na sua saída do estabelecimento importador para comercialização no mercado interno.

O entendimento foi reforçado pelo tema 912 do STJ que definiu que "Os produtos importados estão sujeitos a uma nova incidência do IPI quando de sua saída do estabelecimento importador na operação de revenda, mesmo que não tenham sofrido industrialização no Brasil."

Por óbvio, tal incidência é devastadora ao passo que cria uma barreira de proteção ao produto nacional, violando os termos do GATT, tratado do qual o Brasil é signatário e prevê a isonomia e a neutralidade tributária, mas o entendimento do STF considerou somente o princípio da isonomia, uma vez que o produto nacional é fato gerador do referido imposto.

Ademais, o IPI não incidirá sobre os produtos industrializados destinados ao exterior, como instrumento de estímulo às exportações. Trata-se de uma **imunidade expressa**, prevista no art. 153, § 3º, III, da CRFB.

Outro debate relevante acerca da incidência do IPI foi julgado pelo STJ. Trata-se da incidência do imposto quando ocorrer o furto ou roubo da mercadoria após a saída do estabelecimento industrial. A União exigia o tributo sob o argumento de que o fato gerador fora realizado. No entanto, o STJ firmou posicionamento no sentido de que a operação mercantil não se concretiza, não cabendo a exigência do IPI.

 ## JURISPRUDÊNCIA

TRIBUTÁRIO – EMBARGOS DE DIVERGÊNCIA EM RECURSO ESPECIAL – IPI – FATO GERADOR – ROUBO DA MERCADORIA APÓS A SAÍDA DO ESTABELECIMENTO DO FABRICANTE – EMBARGOS DE DIVERGÊNCIA DA CONTRIBUINTE PROVIDOS.

Discute-se nos presentes autos se a saída física do produto do estabelecimento industrial ou equiparado é suficiente para a configuração do fato gerador do IPI, sendo irrelevante a ausência de concretização do negócio jurídico subjacente em razão do furto e/ou roubo das mercadorias.

A controvérsia já se encontra superada em ambas as Turmas de Direito Público do Superior Tribunal de Justiça, restando consolidado o entendimento de que a operação passível de incidência da exação é aquela decorrente da saída do produto industrializado do estabelecimento do fabricante e que se aperfeiçoa com a transferência da propriedade do bem, porquanto somente quando há a efetiva entrega do produto ao adquirente a operação é dotada de relevância econômica capaz de ser oferecida à tributação.

> Na hipótese em que ocorre o roubo/furto da mercadoria após a sua saída do estabelecimento do fabricante, a operação mercantil não se concretiza, inexistindo proveito econômico para o fabricante sobre o qual deve incidir o tributo. Ou seja, não se configura o evento ensejador de incidência do IPI, não gerando, por conseguinte, a obrigação tributária respectiva. (...) (EREsp. 734.03/RS, 1ª Seção, Rel. Min. Napoleão Nunes Maia Filho, j. 14.11.2018, *DJe* 21.11.2018).

Como se pode ver, não deverá incidir o IPI caso ocorra o roubo após a saída da mercadoria do estabelecimento do contribuinte, uma vez que o fato gerador do imposto não ocorrerá.

Além disso, ressalte-se que o STF editou a Súmula 591, na qual a imunidade ou a isenção tributária do comprador não se estende ao produtor, contribuinte do IPI.

Também devemos destacar o teor da Súmula 156 do STJ, que dispõe que "a prestação de serviço de composição gráfica, personalizada e sob encomenda, ainda que envolva fornecimento de mercadorias, está sujeita, apenas, ao ISS". Tal posicionamento deixa claro que o ponto de distanciamento entre o IPI e o ISS é a personalização da obrigação assumida. Assim, caso ocorra a customização, incide o ISS e não o IPI.

O IPI é um imposto com marcante característica extrafiscal, de modo que sua finalidade é além da arrecadação, tendo como objetivo regular a economia, intervindo por meio da sua incidência. Nesse sentido, não se sujeita à anterioridade de exercício, mas deve respeitar a **noventena** nos casos de criação ou majoração (art. 150, III, *b* e *c*, e § 1º, da CRFB). Entretanto, nos casos de extinção ou redução, não se aplica nenhum dos **princípios da não surpresa** (anterioridade de exercício e noventena) ao IPI, como ocorre com todos os tributos.

c) Base de cálculo

A base de cálculo do IPI, nos casos de produto industrializado proveniente do exterior é a mesma do II, ou seja, o **preço efetivo** da importação. No entanto, deve ser acrescida ainda na base de cálculo o valor do II, as despesas para entrada no Brasil e os encargos cambiais, conforme previsto no art. 47, I, do CTN.

Já na forma do art. 47, II, do CTN, a base de cálculo nas operações internas é o preço efetivo da mercadoria, ou seja, o valor da operação e, em caso de omissão, o preço corrente do produto no mercado atacadista.

Importante destacar que o STF já entendeu que os descontos incondicionais não integram a base de cálculo do IPI. Vejamos:

JURISPRUDÊNCIA

> IMPOSTO SOBRE PRODUTOS INDUSTRIALIZADOS – VALORES DE DESCONTOS INCONDICIONAIS – BASE DE CÁLCULO – INCLUSÃO – ARTIGO 15 DA LEI Nº 7.798/89 – INCONSTITUCIONALIDADE FORMAL – LEI COMPLEMENTAR – EXIGIBILIDADE. Viola o artigo 146, inciso III, alínea "a", da Carta Federal norma ordinária segundo a qual hão de ser incluídos, na base de cálculo do Imposto sobre Produtos Industrializados – IPI, os valores relativos a descontos incondicionais concedidos quando das operações de saída de produtos, prevalecendo o disposto na alínea "a" do inciso II do artigo 47 do Código Tributário Nacional (RE 567935/SC, Rel. Min Marco Aurélio, *DJe* 04.11.2014).

Nos casos de contratos de financiamento, os juros também não devem integrar a base de cálculo do IPI, pois não integram o ciclo de produção da mercadoria. Vejamos:

 JURISPRUDÊNCIA

> PROCESSUAL CIVIL E TRIBUTÁRIO – AGRAVO REGIMENTAL – AUSÊNCIA DE OMISSÃO, CONTRADIÇÃO OU FALTA DE MOTIVAÇÃO NO ACÓRDÃO *A QUO* – IPI – JUROS DECORRENTES DO CONTRATO DE FINANCIAMENTO – NÃO INCIDÊNCIA NA BASE DE CÁLCULO – PRECEDENTES.
> (...)
> 2. Acórdão *a quo* segundo o qual os juros e correção monetária decorrentes da venda financiada de produtos industrializados não podem ser incluídos na base de cálculo do IPI, eis que não fazem parte do processo de industrialização e produção.
> (...)
> 4. Os juros decorrentes do contrato de financiamento não incidem sobre a base de cálculo do IPI, uma vez que não integram o ciclo de produção de mercadorias.
> (...) (AgRg no Ag 887406/RS, Min. José Delgado, *DJ* 30.08.2007 p. 226).

Como se pode ver, deve-se analisar o preço do produto e as despesas necessárias para que tal valor seja atingido. Daí será encontrada a base de cálculo do IPI.

Por fim, no caso de arrematação de bens apreendidos ou abandonados, na forma do art. 47, III, do CTN, a base de cálculo será o respectivo preço alcançado.

d) Alíquotas

Em virtude de sua essência extrafiscal, o IPI também pode ter suas alíquotas modificadas por ato do **Poder Executivo**, não havendo necessidade de edição de lei, na forma do art. 153, § 1º, da CRFB. Note-se que a **exceção à legalidade** é apenas com relação à **alíquota**, e não com relação à base de cálculo, que somente poderá ser alterada por lei.

O IPI é também um imposto indireto, admitindo o repasse do ônus financeiro ao elo seguinte da cadeia produtiva, bem como está **sujeito** ao **lançamento por homologação**, na forma do art. 150 do CTN.

O IPI não integra a base de cálculo do ICMS, quando a operação for realizada entre contribuintes e configure fato gerador dos dois impostos, na forma do art. 155, § 2º, XI, da CRFB.

É um imposto obrigatoriamente **seletivo**, em função da **essencialidade** do produto. Por seletividade entende-se que, quanto mais essencial o produto menor será a alíquota do IPI, e, quanto menos essencial o produto maior será sua alíquota. Um bom exemplo da aplicação desse princípio acontece com o cigarro, que tem uma alíquota altíssima, pois é produto não essencial.

O STF, no julgamento do Recurso Extraordinário nº 606.314/PE, fez a distinção entre o conteúdo e a embalagem, entendendo que o princípio da seletividade se aplica somente ao conteúdo e não à embalagem.

JURISPRUDÊNCIA

DIREITO TRIBUTÁRIO. RECURSO EXTRAORDINÁRIO COM REPERCUSSÃO GERAL. IPI. SELETIVIDADE EM FUNÇÃO DA ESSENCIALIDADE. GARRAFÕES, GARRAFAS E TAMPAS PLÁSTICAS. POSSIBILIDADE DE TRIBUTAÇÃO. 1. Recurso extraordinário em face de acórdão que entendeu que os garrafões, garrafas e tampas plásticas produzidos pela recorrida deveriam se submeter à alíquota zero de IPI pelo fato de que eram utilizados para acondicionar água mineral, bem essencial. 2. A observância à seletividade e a atribuição de alíquota zero a produtos essenciais são fenômenos que não se confundem. O princípio da seletividade não implica imunidade ou completa desoneração de determinado bem, ainda que seja essencial. Desse modo, os produtos em análise podem ser tributados a alíquotas superiores a zero, sem que isso configure desrespeito ao preceito constitucional. Precedentes. 3. Não há ofensa à vedação ao confisco, uma vez que as alíquotas pretendidas pelo Poder Executivo, de 10% e 15%, não geram expropriação patrimonial dos consumidores. Os produtos destinados ao acondicionamento de bens essenciais não devem necessariamente ter as mesmas alíquotas desses últimos, sob pena de se desconsiderarem as características técnicas que os distinguem e as políticas fiscais que os Poderes Legislativo e Executivo pretendem implementar. 4. Provimento do recurso extraordinário da União, a fim de reformar o acórdão do tribunal *a quo*, denegando a ordem ante a ausência de direito líquido e certo da recorrida ao reenquadramento dos seus produtos, garrafões, garrafas e tampas plástica (posição 3923.30.00 da TIPI), como embalagens de produtos alimentícios (posição 3923.90.00 da TIPI). Fixação da seguinte tese: "É constitucional a fixação de alíquotas de IPI superiores a zero sobre garrafões, garrafas e tampas plásticas, ainda que utilizados para o acondicionamento de produtos essenciais".
(STF – RE: 606.314 PE, Rel. Min. Roberto Barroso, j. 12.05.2021, Tribunal Pleno, Data de Publicação: 06.07.2021).

Como se pode ver, o acondicionamento de bens essenciais não precisa ter as mesmas alíquotas que o produto que está contido na embalagem. Tal entendimento é, *data maxima venia*, contraditório, pois no caso concreto, tratava-se de água, item que precisa de embalagem para sua comercialização.

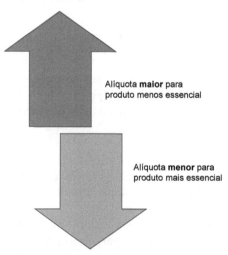

Outra característica importante é que o IPI é um imposto plurifásico, incidindo em todas as fases da industrialização. Por isso, submete-se ao **princípio da não cumulatividade**, o que o faz ser reconhecido como um imposto sobre o valor agregado em cada operação, tal qual o ICMS.

Importante destacar que o direito ao crédito do imposto recolhido na operação anterior é resguardado na operação seguinte, no entanto, caso o crédito não seja objeto de **compensação** por culpa do contribuinte, não é permitida a aplicação da correção monetária ao crédito acumulado.

No entanto, caso a oposição ao creditamento se dê em razão de **negativa indevida** por parte do fisco, é cabível a aplicação da correção monetária. Vejamos teor da Súmula 411 do STJ: "é devida a correção monetária ao creditamento do IPI quando há oposição ao seu aproveitamento decorrente de resistência ilegítima do Fisco".

Além disso, diferente do que ocorre com o ICMS, a aquisição de ativo fixo não resguarda direito ao crédito: "Súmula 495 do STJ. A aquisição de bens integrantes do ativo permanente da empresa não gera direito a creditamento de IPI". Todavia, no caso de aquisição de matérias-primas, produtos intermediários e insumos, o direito ao crédito está resguardado. Vejamos:

 ## JURISPRUDÊNCIA

> TRIBUTÁRIO – IPI – CREDITAMENTO DE VALORES PAGOS NA AQUISIÇÃO DE BENS DE USO E CONSUMO UTILIZADOS NO PROCESSO PRODUTIVO – DESGASTE INDIRETO – INEXISTÊNCIA DO DIREITO AO CRÉDITO.
> 1. "A dedução do IPI pago anteriormente somente poderá ocorrer se se tratar de insumos que se incorporam ao produto final ou, não se incorporando, são consumidos no curso do processo de industrialização, de forma imediata e integral" (RESP 30.938/PR, Rel. Min. Humberto Gomes De Barros, *DJ* de 07.03.1994; RESP 500.076/PR, Rel. Min. Francisco Falcão, 1ª Turma, *DJ* de 15.03.2004).
> 2. No caso dos autos, ficou assentado que os bens de uso e consumo sofreram desgaste indireto no processo produtivo, não sendo cabível o creditamento do IPI pago na sua aquisição.
> 3. Recurso especial a que se nega provimento (REsp. 608181/SC, Min. Teori Albino Zavascki, *DJ* 27.03.2006, p. 161).

Como se pode ver, somente os insumos que são consumidos na produção mantêm o direito ao crédito.

Por fim, mas não menos importante, devemos destacar o teor da Súmula Vinculante 58 no sentido de que "inexiste direito a crédito presumido de IPI relativamente à entrada de insumos isentos, sujeitos à alíquota zero ou não tributáveis, o que não contraria o princípio da não cumulatividade".

e) Sujeito passivo

Na forma do art. 51 do CTN, o sujeito passivo do IPI poderá ser o importador, o industrial, o comerciante de produtos industrializados ou a arrematante de produtos apreendidos ou abandonados.

Já a figura do responsável está prevista no art. 26 do Regulamento do IPI, sendo caracterizado como tal "o industrial ou equiparado a industrial, mediante requerimento, em relação às operações anteriores, concomitantes ou posteriores às saídas que promover, nas hipóteses e condições estabelecidas pela Secretaria da Receita Federal do Brasil".

Frise-se que a Emenda Constitucional 132/2023 criou o imposto sobre valor agregado e um dos seus reflexos é a extinção do IPI, sendo mantido somente sobre os produtos que sejam fabricados na Zona Franca de Manaus, de modo a resguardar a sua competitividade.

Considerações sobre o IPI
1. O IPI tem como fato gerador a industrialização, que é a alteração da essência do produto pelo método industrial, ou seja, não incide sobre métodos artesanais e artísticos.
2. Também é considerado fato gerador do IPI o desembaraço aduaneiro de produto industrializado proveniente do exterior.
3. São hipóteses de industrialização: a transformação (modificação), o beneficiamento (aperfeiçoamento) e o acondicionamento (embalagem).
4. São imunes ao IPI os produtos industrializados destinados ao exterior.
5. Pode ter suas alíquotas modificadas por ato do Poder Executivo.
6. Trata-se de imposto seletivo (essencialidade).
7. IPI é um imposto plurifásico, pois incide em todas as fases da industrialização.

PARA REFORÇAR

IPI	
Extrafiscal	É um imposto extrafiscal, ou seja, tem como principal finalidade a intervenção estatal na economia, podendo estimular ou desestimular a indústria.
Indireto	É possível a transferência do ônus econômico do tributo para o contribuinte de fato. Permite, assim, a repercussão tributária. O contribuinte é a pessoa que gera e inicia o ciclo econômico e transfere o encargo para outro participante do mesmo fato gerador; o contribuinte de fato.
Real	É um tributo real, cobrado em razão do fato gerador objetivamente considerado. Não leva em conta a capacidade econômica e nem características pessoais do contribuinte. Leva em consideração a coisa objeto da tributação, e não as características do seu titular.
Não vinculado	Art. 16, CTN. Seu fato gerador não depende de uma atuação e contraprestação específica da atividade estatal. Sua receita também não poderá ser vinculada, conforme disposto no art. 167, IV, CRFB.
Plurifásico	O IPI incide em todas as etapas da cadeia de circulação, sendo classificado então como um imposto plurifásico.
Não cumulativo	O art. 153, § 3º, CRFB determina que o IPI será não cumulativo. Ele permite a compensação do que for devido em cada operação relativa à cadeia de produção de circulação de mercadorias industrializadas. O sujeito passivo pode creditar-se do imposto anteriormente cobrado em operações de que tenha resultado a entrada da mercadoria, real ou simbólica, no estabelecimento, inclusive a destinada ao seu uso ou consumo ao ativo permanente.
Seletividade	A alíquota do IPI deverá variar de acordo com a essencialidade do produto. A aplicação da seletividade é obrigatória para o IPI.

Exceção à legalidade e à anterioridade	O IPI é um imposto extrafiscal, então, precisa de celeridade para ter as suas alíquotas aumentas ou diminuídas, por isso há uma exceção ao princípio da legalidade no tocante à alteração das alíquotas, que podem ser alteradas por ato do Poder Executivo. A permissão **alcança somente as alíquotas**, e não a base de cálculo, que é objeto de reserva legal.
	Já no tocante aos princípios da anterioridade e da noventena, o IPI não se submete ao primeiro, podendo ser cobrado no mesmo exercício financeiro da sua criação ou majoração, mas deve respeitar a anterioridade nonagesimal, na forma do art. 150, § 1º, da CRFB.
Imunidades	O IPI não incide na exportação para o exterior de produtos industrializados, conforme regra imunizante específica, prevista no art. 153, § 3º, da CRFB. No entanto, as imunidades genéricas previstas no art. 150, VI, da CRFB não se aplicam ao IPI.
Legislação	Art. 153, § 3º, II, CRFB. Art. 153, IV. Arts. 157 a 159, CRFC. Arts. 46 a 51, CTN. Art. 97, CTN. Súmulas 360, 411, 446, STJ, Súmula 591, STF. Lei 4502/1964. Decreto 4554/2002, Decreto 4502/2002. **Decreto 7.212/2010**. Art. 3º, Lei 4502/1964, e Decreto 2.637/1998. Lei 9779/1999. Lei 9363/1996, art. 1º. Art. 153, § 3º, III, CRFB. Art. 74 da Lei 9430/1996.

- **Lançamento por homologação.** Art. 150, CTN.

- Fato gerador é o desembaraço aduaneiro (quando ele vem do exterior), a saída dele do estabelecimento e sua arrematação, quando apreendido ou abandonado e levado a leilão. O Decreto 7212/2012 previa o que não constitui como fato gerador do IPI.

- O produto industrializado é o que tenha sido submetido a qualquer operação que lhe modifique a natureza ou finalidade, ou que o aperfeiçoe para o consumo. Assim, o IPI abrange todos os produtos, mesmo que eles tenham a alíquota zero.

- O produto industrializado pode ser aquele que sofre: a) transformação; b) beneficiamento; c) montagem; d) acondicionamento ou recondicionamento; e) renovação ou recondicionamento. O acondicionamento e a montagem, se feitos para o usuário final, serão fatos geradores do ISS, ao passo que personalizados.

- **ISS e IPI.** O art. 4º do Regulamento Geral do IPI (Decreto 7212/2010) considera o beneficiamento como uma das operações que caracterizam a industrialização. Para saber se incide ISS ou IPI devemos sempre olhar a destinação final do produto.

- **IPI e acoplamento de motor a lancha.** Não incide o IPI porque não se trata de um processo industrial. O bem não é aperfeiçoado e nem modificado, e nem se configura como produto novo ou unidade autônoma. Art. 3º da Lei 4502/1964 e art. 3º do Decreto 87981/1982.

- **Isenção de IPI ou alíquota zero e compensação de créditos.** O IPI permite a compensação do que for devido em cada operação com o montante cobrado nas anteriores (art. 153, § 3º, II, CRFB). A não cumulatividade tem como objetivo limitar a incidência tributária nas cadeias de produção e circulação mais extensas. A cada capa da cadeia, o imposto só incide sobre o valor adicionado nessa etapa. Art. 49, CTN. Isso funciona através do sistema de débitos e créditos. O direito ao crédito pressupõe recolhimento anterior do tributo, cobrança implementada pelo fisco. Isso serve tanto para o produto sujeito à alíquota zero quando para o produto isento. O princípio da não cumulatividade permite a compensação do que for devido em cada operação com o montante cobrado nas anteriores. Quando há alíquota zero, não existe crédito e compensação a nada, porque nada foi pago antes! A incidência da alíquota se dá sobre o preço total. O crédito se dá em relação ao que foi realmente recolhido. O contribuinte só começou a poder se creditar do IPI quando ele incidisse sobre matérias-primas utilizadas na industrialização de produtos isentos ou tributados com alíquota zero a partir da Lei 9779/1999. Assim, a compensação deve levar em consideração o que foi recolhido nas operações anteriores. Se na operação final houver isenção, não haverá compensação do que foi recolhido anteriormente porque há a ausência do objeto. O art. 153, § 3º, II, CRFB contempla a compensação, considerando os valores devidos, ou seja, o que foi recolhido anteriormente e o que é cobrado na operação subsequente. Já é previsto para o ICMS, também no art. 155, § 2º, II, CRFB, que a isenção ou não incidência não gerará crédito para a compensação com o montante devido nas operações ou prestações seguintes. Antes da Lei 9779/1999 era indiscutível esse credenciamento devido à isenção. Não cabia crédito para compensação quando havia isenção. Isso era claro. Só quando essa lei foi editada que surgiu essa discussão.

CAP. 14 • IMPOSTOS EM ESPÉCIE | **481**

- **a) Entradas desoneradas com saídas oneradas:** Em 2007 isso foi definitivamente julgado pelo STF, que determinou que há a impossibilidade de compensação de créditos de IPI relativos à aquisição de matéria-prima não tributada ou sujeita à alíquota zero. Assim, quando um comerciante compra um insumo não tributado ou sujeito a alíquota zero, indiscutivelmente não existe direito a crédito. Na aquisição de insumos isentos, isso ainda é muito controvertido. A tendência é de se afirmar que, quando o IPI não foi pago na operação de entrada (devido a isenção, não incidência e alíquota zero), **não há direito ao crédito por parte do adquirente**. A adquirente não terá crédito nem no caso de o insumo ser isento, e nem no caso de ser imune. Se não houve tributação na entrada, não haverá o direito ao crédito na saída. Pelo mecanismo da não cumulatividade, a empresa não pode deduzir qualquer crédito presumido, seja relativo ao insumo isento ou ao imune.

- **b) Entradas oneradas com saídas desoneradas:** Outra situação é quando os insumos são comprados com a cobrança do IPI, mas os produtos que são o resultado desse insumo industrializado são vendidos sem a cobrança do IPI (por não incidência, isenção ou alíquota zero). O STF deu a mesma solução para o que prevê para o ICMS, dizendo que se deve cancelar o crédito referente às operações anteriores. O crédito da operação anterior só pode ser usado com a finalidade de se compensar os débitos da operação subsequente. Atualmente está em vigor o art. 11 da Lei 9779/1999. Esse artigo *autoriza a manutenção e a utilização dos créditos de IPI mesmo diante de saídas desoneradas*. Mas é importante notar que isso só se aplica aos insumos recebidos no estabelecimento industrial *a partir de 01.01.1999*, porque foi essa lei que estabeleceu o que era "compensação". Assim, antes da Lei 9779/1999 não havia base legal para o direito ao creditamento.

- Por não existir previsão legal também, o STF entendeu que não há o direito à correção monetária dos créditos escriturais. Mas o STJ entendeu que há o direito à correção monetária quando legítimo direito ao credenciamento é impedido e negado por causa de resistência oposta por ilegítimo ato administrativo ou normativo do fisco.

- **Selo de controle de IPI.** A imposição difere de taxas e de preço público. A exigência do selo de controle do IPI tem natureza jurídica de obrigação acessória porque, mesmo que apresente um custo para o contribuinte, se amolda no conceito exposto no art. 113, § 2º, do CTN: "a obrigação acessória decorre da legislação tributária e tem por objeto as prestações, positivas ou negativas, nela previstas no interesse da arrecadação ou da fiscalização dos tributos". O pagamento devido em razão da impressão de selo de controle do IPI corresponde a uma taxa devida em razão da impressão de selos de controle de IPI corresponde a uma taxa devida em razão da prestação de um serviço público. A obrigação acessória de selar alguns produtos não se confunde com a obrigação de pagar o custo advindo da impressão dos selos. Os custos abrangidos pela impressão dos selos são financiados por essa taxa, por isso que ela é legítima.

- O direito ao crédito de IPI, fundado no princípio da não cumulatividade, decorrente de aquisição de matéria-prima, produto intermediário e material de embalagem utilizados na fabricação de produtos isentos ou sujeitos à alíquota zero só ocorreu com a vigência da Lei 9779/1999. Antes disso, não há o direito ao crédito!

- **Energia elétrica e o creditamento do IPI.** Se a energia elétrica for produto intermediário na industrialização, não há o direito ao crédito do IPI. Apesar de ambos serem não cumulativos, o ICMS incide sobre a circulação de mercadorias, e o IPI incide sobre a circulação de produtos industrializados. A energia é mercadoria, mas jamais será produto intermediário, ou mesmo produto, porque não resulta do processo de produção, mas, sim, do processo de extração. Quanto à correção monetária de crédito escritural, ela só ocorre no caso de haver resistência ilegal do fisco de conceder o creditamento que era devido.

- **IPI e bens do ativo permanente.** Pode ocorrer o creditamento do IPI na aquisição de bens que integram o ativo permanente da empresa ou insumos que não se incorporam ao produto final, ou sofrem desgaste durante o processo de industrialização. Art. 226, I, Decreto 7.212/2010. O direito ao creditamento se dá quando o estabelecimento adquire produtos que não são consumidos no processo de industrialização, mas são componentes do maquinário que se desgastam indiretamente no processo de produção, e o preço se integra na planilha de custos do produto final.

- **Sujeito ativo.** É o estado no qual se verifica a incidência do IPI. Quando for uma mercadoria vinda do exterior, será competente o estado no qual estiver localizado o estabelecimento do importador.

- **Contribuinte ou responsável do IPI.** Qualquer pessoa, física ou jurídica que realize com habitualidade ou em volume que caracterize o intuito comercial, operações com produtos industrializados. Pode ser ou dando saída a produtos industrializados ou importando eles. Por não ser cumulativo, o sujeito passivo deve efetuar a compensação por meio do regime de créditos e débitos. A lei atribui quem é responsável pelo recolhimento do IPI também.

482 | Manual de Direito Tributário – Volume Único – *Quintanilha*

- **Substituição tributária para frente (substituição progressiva).** É quando há um fato gerador presumido. Art. 150, § 7º, CRFB. Ocorre quando uma terceira pessoa, normalmente um industrial, se responsabiliza pelo pagamento do tributo. O art. 128 CTN dispõe, ainda, que o responsável deve estar vinculado ao fato gerador. Muitos autores, como Cláudio Carneiro, discutem que este modo de substituição é inconstitucional. Isto porque, de acordo com a legislação tributária, só existe obrigação tributária com a efetiva ocorrência do fato gerador. Assim, não haveria espaço para a lei tipificar uma responsabilidade cujo fato gerador ainda não ocorreu, pois é um fato gerador presumido. Antes de estar previsto no art. 150, § 7º, CRFB, a substituição tributária para frente era considerada inconstitucional, porque não pode haver uma obrigação tributária sem ocorrer o fato gerador. Mas o STF entendeu que nesse caso há um fato gerador presumido, e que, caso esse não se realize depois, o contribuinte pode pedir a restituição do valor que pagou. A substituição para frente se aplica tanto para os impostos quanto para as contribuições. Os autores alegam que tal modalidade é inconstitucional, ainda porque, quando o fato gerador é presumido, não há uma simples antecipação do pagamento, há também um efeito confiscatório.

- O IPI é devido nas seguintes três situações: a) no desembaraço aduaneiro, quando de procedência estrangeira; b) a sua saída dos estabelecimentos quando fabricado no Brasil, e ~~c) a sua arrematação, quando apreendido ou abandonado e levado a leilão~~. A Lei 4.502/1964 não contempla mais esse último item, então, a letra c não é mais hipótese de incidência do IPI. Assim, ***não incide mais*** **o IPI nos casos de produtos industrializados na arrematação, quando apreendido ou abandonado e levado a leilão.**

- O prazo para o recolhimento do tributo não é matéria reservada à lei. O art. 66 da Lei 7.450/1985 permitiu que a legislação tributária alterasse o prazo.

- A alíquota do IPI vai variar de acordo com a essencialidade do produto. Art. 153, § 3º, I, CRFB. O *IPI* será seletivo, e o ICMS *poderá ser* seletivo. A alíquota pode ser alterada por ato do Poder Executivo. Essa permissão atinge apenas as alíquotas e não mais a base de cálculo. A base de cálculo é objeto de reserva legal, conforme o art. 97, CTN. O Presidente pode delegar aos seus ministros a alteração das alíquotas (STF).

- STF: A dedução de descontos incondicionais na tributação do IPI só faz sentido se considerada a aplicação da alíquota do tributo sobre o valor real (concreto) da operação. A dedução dos descontos incondicionais não é permitida quando a incidência do tributo dá-se sobre valor previamente fixado.

- **Falsificação de selo do IPI:** O STF entendeu que a falsificação dos selos do IPI não teve a intenção de fraudar o fisco, e sim dar a aparência de autenticidade de produtos falsificados (maços de cigarro). A competência para julgar é do Juízo de Direito, pois não há prejuízo à União.

- Lei 9.363/1996, art. 1º: Não tem direito ao crédito presumido de IPI a empresa comercial que adquire produto acabado no mercado interno, não o fabricando ou fornecendo insumos para que terceiros fabriquem o bem a ser exportado.

- O custo com a aquisição de selos de controle do IPI integra o preço final da mercadoria comercializada e está compreendido no "valor da operação", que vem a ser a base de cálculo do ICMS (art. 13, § 1º, da LC 87/1996).

- Na atividade de construção civil não incide o IPI, porque a edificação de imóveis não se qualifica como industrialização. Decreto 7.212/2010. O construtor é o consumidor final dessas mercadorias.

- STF: não há como compensar crédito presumido do IPI sobre os valores relativos à exportação, porque não incide IPI na exportação conforme determina o art. 153, §3º, III, CRFB. Além disso, as normas isentas são interpretadas restritivamente, conforme determina o art. 111, CTN.

- A isenção pode sempre ser revogada imediatamente porque ela não se equipara à majoração de tributo. A mudança da forma de pagamento para parcela única, por exemplo, também não. A modificação do prazo de recolhimento da obrigação tributária não se sujeita ao princípio da anterioridade. Assim, a extinção ou redução de um desconto condicional para pagamento do IPI poderia ter efeitos imediatos.

- Os princípios da não cumulatividade e da seletividade não dão direito ao crédito presumido de IPI para o contribuinte adquirente de insumos não tributados ou sujeitos à alíquota zero.

14.1.5. *Imposto sobre Operações Financeiras de Crédito, Câmbio, Seguros e com Valores Mobiliários – IOF*

a) Legislação e súmulas aplicáveis

- CRFB, art. 153, V, §§ 1º e 5º
- CTN, arts. 63 a 67

- Decreto 6.306/2007
- Súmulas: STJ, 185; STF, 664

b) Fato gerador

O **IOF** é um imposto de competência da União, previsto nos arts. 153, V, da CRFB, e 63 do CTN, e tem como fato gerador as operações de crédito, câmbio e seguro ou operações relativas a títulos ou valores mobiliários.

Operação de crédito é quando há **empréstimo**. Aqui, o IOF incide independentemente dos juros. Os contratos de **financiamentos** também são operações de crédito, motivo pelo qual também incide o IOF. No cheque especial também incide IOF, pois há disponibilidade financeira por parte do banco. Já no cartão de crédito somente incidirá IOF se houver a postergação do pagamento, que ocorre, por exemplo, quando o consumidor paga o mínimo da fatura ou somente parcela do valor devido, mas, do contrário, não será fato gerador do referido imposto.

Na forma do art. 3º do Decreto 6.306/2007, o fato gerador do IOF crédito é "a entrega do montante ou do valor que constitua o objeto da obrigação, ou sua colocação à disposição do interessado".

Outra hipótese que também enseja a incidência de IOF é o contrato de **faturização** (*factoring*), correspondente a compra e venda de crédito (art. 58, Lei 9.532/1997).

O STF, no julgamento da ADI-MC 1763, de relatoria do Ministro Sepúlveda Pertence, reconheceu a incidência do IOF sobre as operações de *factoring*. Mas é importante destacar que há distinção entre os diferentes contratos de *factoring* e seus efeitos tributários.

O contrato de *factoring* funciona como uma espécie de venda de faturamento da empresa a um terceiro, que terá o direito de efetuar a cobrança, podendo receber uma comissão ou mesmo antecipar ao vendedor parcela dos recursos recebíveis.

Com isso, se houver a antecipação de recebíveis, há indiscutivelmente a incidência de IOF em razão da natureza creditória da operação. O mesmo acontece com a compra pura e simples do faturamento da empresa.

Todavia, na hipótese em que a natureza da operação seja simplesmente a cobrança, não estaremos diante de um fato gerador de IOF, pois não haverá crédito envolvido.

Não devem restar dúvidas acerca da incidência do IOF sobre os contratos de *factoring*. Vejamos:

JURISPRUDÊNCIA

AGRAVO REGIMENTAL NO RECURSO EXTRAORDINÁRIO – MEDIDA CAUTELAR – AÇÃO DIRETA – CONTROLE CONCENTRADO – DECISÃO LIMINAR – JULGAMENTO IMEDIATO DE RECURSOS EXTRAORDINÁRIOS – POSSIBILIDADE – IOF – INCIDÊNCIA SOBRE OPERAÇÃO DE *FACTORING* – ARTIGO 58 DA LEI Nº 9.532/97 – ADI Nº 1.763-MC – LIMINAR INDEFERIDA – CONSTITUCIONALIDADE. 1. Assente, na Corte, a orientação de que o julgamento de medida cautelar em ação direta de inconstitucionalidade permite a análise imediata dos recursos que tratam da matéria nela debatida. Precedentes. 2. No julgamento da ADI nº 1.763-MC, o Plenário da Corte manteve a presunção de constitucionalidade do art. 58 da Lei

> nº 9.532/97, no que previu a incidência do IOF sobre as operações de *factoring*.
> 3. Nego provimento ao agravo regimental (RE 347781 AgR, Relator (a): Min. DIAS TOFFOLI, Segunda Turma, julgado em 19/05/2017, ACÓRDÃO ELETRÔNICO DJe-114 DIVULG 30-05-2017 PUBLIC 31-05-2017) (STF – AgR RE 347781/RS, 2ª Turma, Rel. Min. Dias Toffoli, Data de Julgamento: 19.05.2017).

No contrato de mútuo também incide IOF, ainda que seja um contrato não mercantil entre empresas de mesmo grupo econômico, a teor do posicionamento do STJ, no julgamento do REsp. 522294. Assim, o STF reafirmou a incidência do IOF nos termos do Tema 104 da repercussão geral, nos seguintes termos: "É constitucional a incidência do IOF sobre operações de crédito correspondentes a mútuo de recursos financeiros entre pessoas jurídicas ou entre pessoa jurídica e pessoa física, não se restringindo às operações realizadas por instituições financeiras".

A **operação de câmbio** corresponde à troca de moeda nacional ou estrangeira, ou documento que a represente. Nesse caso, repita-se, o IOF incide na hora da troca de moeda. Os gastos no exterior também são passíveis de incidência de IOF pelo câmbio, na conversão da moeda. De acordo com o Decreto 6.306/2007, na operação de câmbio, o fato gerador "é a entrega de moeda nacional ou estrangeira, ou de documento que a represente, ou sua colocação à disposição do interessado, em montante equivalente à moeda estrangeira ou nacional entregue ou posta à disposição por este".

O STJ, no julgamento do REsp. 621482, entendeu pela incidência do IOF na liquidação do contrato de câmbio. Vejamos:

 ## JURISPRUDÊNCIA

> TRIBUTÁRIO – IOF – CONTRATO DE CÂMBIO RELATIVO A EMPRÉSTIMOS CONTRATADOS NO EXTERIOR – INCIDÊNCIA – ART. 63, II, DO CTN – INCONSTITUCIONALIDADE DA LEI 8.894/94 – IMPOSSIBILIDADE DE EXAME NA VIA DO ESPECIAL.
> 1. A teor do disposto no art. 63, II, do CTN, a liquidação de contrato de câmbio relativo a empréstimo contratado no exterior constitui fato gerador do IOF. (...) (REsp. 621482/SP, Min. João Otávio de Noronha, *DJ* 21.03.2006, p. 111).

Já na operação de **seguro** incidirá o IOF sobre o valor pago (prêmio), qualquer que seja o seguro. Na forma do art. 18 do Decreto 6.306/2007, o fato gerador do IOF "é o recebimento do prêmio". Com isso, toda e qualquer operação de seguro será considerada fato gerador do IOF.

A reforma tributária aprovada em 2023 alterou também o IOF, e, em 2027, as operações com seguros não serão mais consideradas em sua hipótese de incidência. Sobre os seguros incidirá o **Imposto Sobre Valor Agregado**, nos termos da lei complementar que deverá ser editada e deverá prever o regime específico de tributação. No caso, a operação de seguros passa a estar sob a incidência do Imposto Sobre Bens e Serviços – IBS.

O IOF também incidirá nas operações com **valores mobiliários**, ou seja, aquelas operações realizadas em bolsas (exemplo: debêntures) ou balcão. Na forma do art. 25 do

Decreto 6.306/2007, o fato gerador "é a aquisição, cessão, resgate, repactuação ou pagamento para liquidação de títulos e valores mobiliários".

O IOF também incide sobre o **ouro,** quando este estiver na condição de ativo financeiro, na forma do art. 153, § 5º, da CRFB, não cabendo a incidência de outro imposto. Importante destacar que, quando o ouro circular na forma de joia, por exemplo, será considerado uma mercadoria, tributável pelo ICMS.

O IOF não incide sobre poupança, conforme a Súmula 664 do STF, tampouco sobre depósitos judiciais, matéria também sumulada pelo STJ no verbete 185. Não poderia ser diferente, tendo em vista que tais operações não se caracterizam como de crédito, câmbio, seguros ou valores mobiliários, mas somente um depósito de parte do patrimônio do próprio contribuinte.

c) Base de cálculo

A base de cálculo do IOF está prevista no art. 64 do CTN, da seguinte forma:

I – quanto às operações de crédito, o montante da obrigação, compreendendo o principal e os juros;

II – quanto às operações de câmbio, o respectivo montante em moeda nacional, recebido, entregue ou posto à disposição;

III – quanto às operações de seguro, o montante do prêmio;

IV – quanto às operações relativas a títulos e valores mobiliários:

a) na emissão, o valor nominal mais o ágio, se houver;

b) na transmissão, o preço ou o valor nominal, ou o valor da cotação em Bolsa, como determinar a lei;

c) no pagamento ou resgate, o preço.

Na forma do Decreto 6.306/2007, o tratamento da base de cálculo está previsto nos arts. 7º, para as operações de crédito, 14, para as operações com câmbio, 21, com relação às operações que envolvam seguros, e 28, quando das operações com valores mobiliários.

d) Alíquotas

Em virtude de sua essência extrafiscal, o IOF também pode ter suas alíquotas modificadas por ato do Poder Executivo, não havendo necessidade de edição de lei, na forma do art. 153, § 1º, da CRFB. Note-se que a exceção à legalidade é apenas com relação à alíquota, e nunca à base de cálculo.

No entanto, devemos destacar que, na forma do Decreto 6.306/2007, há hipóteses em que a alíquota será de 0%.

É o que ocorre, por exemplo, nas operações de crédito efetuadas com recursos da Agência Especial de Financiamento Industrial (FINAME), conforme previsto no art. 8º, IX, do Decreto 6.306/2007.

É um imposto extrafiscal cuja finalidade não é somente a arrecadação em si, mas principalmente regular a economia. Nesse sentido, não se sujeita à anterioridade de exercício, tampouco à anterioridade nonagesimal ou noventena (art. 150, III, alíneas *b* e *c,* e § 1º, da CRFB), podendo ser cobrado imediatamente.

O Decreto 6.306/2007 define as alíquotas de IOF específicas para cada operação.

e) Sujeito passivo

Na forma do art. 121, parágrafo único, I, do CTN, contribuinte é aquele que possui relação direta e econômica com o fato gerador da obrigação tributária.

No caso do IOF, diversos são os fatos da vida que são considerados em sua hipótese de incidência, de modo que teremos de separar os assuntos em tópicos para facilitar a explicação.

No caso das **operações de crédito**, os contribuintes do IOF são as **pessoas físicas ou jurídicas tomadoras de crédito,** conforme previsto no art. 4º do Decreto 6.306/2007. Já os responsáveis pelo recolhimento são:

> Art. 5º São responsáveis pela cobrança do IOF e pelo seu recolhimento ao Tesouro Nacional:
>
> I – as instituições financeiras que efetuarem operações de crédito (Decreto-lei nº 1.783, de 1980, art. 3º, inciso I);
>
> II – as empresas de *factoring* adquirentes do direito creditório, nas hipóteses da alínea "b" do inciso I do art. 2º (Lei nº 9.532, de 1997, art. 58, § 1º);
>
> III – a pessoa jurídica que conceder o crédito, nas operações de crédito correspondentes a mútuo de recursos financeiros.

Com relação às **operações de câmbio**, são considerados contribuintes "os **compradores ou vendedores** de moeda estrangeira nas operações referentes às transferências financeiras para o ou do exterior", conforme art. 12 do já citado decreto. Por outro lado, os responsáveis são as empresas autorizadas a operar câmbio no Brasil.

Já quanto às **operações de seguros**, são contribuintes os **segurados**, quer sejam pessoas físicas ou jurídicas, e são consideradas responsáveis as seguradoras ou pessoas jurídicas com atribuição para cobrança do prêmio.

Por fim, nas operações com **valores mobiliários**, são contribuintes "os **adquirentes**, no caso de aquisição de títulos ou valores mobiliários, e os **titulares de aplicações financeiras**, nos casos de resgate, cessão ou repactuação", conforme previsto no art. 26, I, do Decreto 6.306/2007. Quanto aos responsáveis, o art. 27 do decreto traz o rol respectivo:

> I – as instituições autorizadas a operar na compra e venda de títulos e valores mobiliários;
>
> II – as bolsas de valores, de mercadorias, de futuros e assemelhadas, em relação às aplicações financeiras realizadas em seu nome, por conta de terceiros e tendo por objeto recursos destes;
>
> III – a instituição que liquidar a operação perante o beneficiário final, no caso de operação realizada por meio do SELIC ou da Central de Custódia e de Liquidação Financeira de Títulos – CETIP;
>
> IV – o administrador do fundo de investimento;
>
> V – a instituição que intermediar recursos, junto a clientes, para aplicações em fundos de investimentos administrados por outra instituição, na forma prevista em normas baixadas pelo Conselho Monetário Nacional;
>
> VI – a instituição que receber as importâncias referentes à subscrição das cotas do Fundo de Investimento Imobiliário e do Fundo Mútuo de Investimento em Empresas Emergentes.

Assim, não restam dúvidas de quem seja o sujeito passivo desse imposto.

Considerações sobre o IOF
1. O IOF incide nas operações de crédito, câmbio, seguro, valores mobiliários, contrato de faturização, e sobre o ouro.
2. Não obedece ao princípio da não surpresa, ou seja, não se sujeita à anterioridade de exercício nem à noventena.
3. Não incide sobre poupança e depósitos judiciais.
4. Por ser imposto extrafiscal, pode ter suas alíquotas modificadas por ato do Poder Executivo.

PARA REFORÇAR

IOF	
Extrafiscal	É um imposto extrafiscal, ou seja, tem como principal finalidade a intervenção estatal na economia, podendo estimular ou desestimular a atividade econômica.
Direto	Ônus econômico recai diretamente sobre o contribuinte, e não se admite a repercussão tributária. Não há de se falar, aqui, em contribuinte de fato e de contribuinte de direito.
Real	É um tributo cobrado em razão do fato gerador objetivamente considerado. Não leva em conta a capacidade econômica e nem características pessoais do contribuinte. Leva em consideração a coisa objeto da tributação, e não as características do seu titular.
Não vinculado	Art. 16, CTN. Seu fato gerador não depende de uma atuação e contraprestação específica da atividade estatal. Sua receita também não poderá ser vinculada, conforme disposto no art. 167, IV, CRFB.
Exceção à legalidade e à anterioridade	O IOF é um imposto extrafiscal, então, precisa de celeridade para ter as suas alíquotas alteradas. Por isso, suas alíquotas poderão ser alteradas por ato administrativo, não havendo necessidade de lei. Essa desnecessidade de lei formal para alterar o IOF **alcança só as alíquotas** e não a base de cálculo, que é objeto de reserva legal.
	O IOF também é uma exceção à anterioridade clássica e à noventena, para que sua cobrança seja célere de modo que o imposto possa intervir na economia. Assim, para o IOF cumprir a sua finalidade, **pode ser cobrado imediatamente**.
Imunidades	Apesar de o STF ter decidido que a imunidade recíproca está restrita à instituição de impostos sobre o patrimônio ou a renda ou os serviços das pessoas jurídicas de direito público e não alçam o IPI, o mesmo tribunal julgou que a mesma imunidade se estende ao IOF. O art. 2º, § 3º, do Decreto 6306/2007 exclui a incidência do IOF sobre as operações realizadas pela Administração Pública, desde que vinculadas às finalidades essenciais. As entidades assistenciais sem fins lucrativos não são contribuintes do IOF. O STF julgou que, devido à imunidade recíproca, o IOF não pode ser cobrado nas operações financeiras realizadas pelos municípios.
Proporcional	As alíquotas do IOF são proporcionais e variam de acordo com a natureza das operações financeiras ou de mercado de capitais. O valor final cresce proporcionalmente ao valor do bem ou serviço objeto de tributação. Em outras palavras, a alíquota é fixa e a base de cálculo é variável.

Legislação	Súmulas 185 e 360, STJ, Súmula 664, STF. Art. 153, V, CRFB. Art. 150, § 1º, CRFB. Súmula 34, TFR. Art. 2º, § 3º, do Decreto 6306/2007. Art. 150, CTN. Art. 149, II, CTN. Súmula 360, STJ. Art. 63, CTN. Art. 64, CTN. Arts. 2º, 11, 18, 25 do Decreto 6.306/2007. Lei 5.143/1966. Art. 1º, II. Art. 1º, I e II, do Decreto-Lei 1.783/1980. Lei 5.172/1966, art. 63, IV. Lei 8.894/1994, art. 2º, II, "a" e "b". Art. 153, § 5º, CRFB. Art. 15, § 1º, III, d, da Lei 9.249/1995. Art. 58 da Lei 9.532/1997. Art. 2º, Decreto 6.306/2007. Art. 3º, Decreto-Lei 2.471/1988, e art. 61 do Decreto 4.494/2002. Art. 66, CTN. Art. 3º, I, da Lei 8.894/1994, e art. 58 da Lei 9.532/1997.

- Imposto sobre a circulação de riquezas que incide sobre operações de crédito, câmbio, seguros e títulos ou valores mobiliários. É de competência da União. Art. 63, CTN.

- A alíquota pode ser alterada por ato do Poder Executivo, e é exceção à anterioridade e à noventena.

- O lançamento é por homologação (art. 150, CTN), mas também pode ser lançado de ofício nas hipóteses do art. 149, II, CTN.

- O ouro, quando definido como ativo financeiro, será fato gerador de IOF (art. 154, § 5º, CRFB). Mas, quando for mercadoria, será fato gerador de ICMS.

- O STJ entendeu que não incide IOF sobre depósitos judiciais. Súmula 185, STJ.

- O IOF não incide sobre o saque de caderneta de poupança. Súmula 664, STF.

- *Factoring*. O STF entendeu que o *factoring* é uma operação de crédito, então, incide o IOF. Art. 15, § 1º, III, *d*, da Lei 9249/1995. Art. 58 da Lei 9.532/1997.

- **Fiança onerosa.** A fiança vincula todo o patrimônio do fiador. Se o fiador não tiver patrimônio para pagar a dívida, o credor não vai receber nada do fiador em virtude do inadimplemento. A fiança é um contrato acessório que visa a reforçar um contrato principal. A fiança dá ao credor uma garantia de pagamento, já que o fiador dá como garantia o seu patrimônio caso o devedor não tenha patrimônio para adimplir a sua obrigação contratual. Assim, a fiança é um contrato acessório, unilateral, solene e gratuito. Por esse motivo, não incide o IOF nem o ISS, porque não se trata de obrigação de fazer.

- Compete à Secretaria Federal do Brasil a administração do IOF, e, por isso, o STJ entendeu que o BACEN não é parte legítima para figurar no polo passivo de ação judicial em que o município discute a exigência do IOF.

- O sujeito passivo do IOF pode ser contribuinte ou responsável. Art. 66, CTN. Os arts. 4º e 5º do Decreto 6.306/2007 determinam quem são os contribuintes do IOF e quem será responsável pela cobrança do imposto. Os contribuintes são as pessoas físicas ou jurídicas tomadoras de créditos. Art. 3º, I, da Lei 8.894/1994 e art. 58 da Lei 9.532/1997.

- Responsáveis pelo IOF: a) Instituições financeiras que concedem crédito (art. 3º, I, do Decreto-Lei 1.783/1980); b) empresas de *factoring* que adquirem o direito creditório (art. 2º, I, *b*, da Lei 9.532/1997, e art. 58, § 1º); c) a pessoa jurídica que conceder o crédito, nas operações de crédito correspondentes a mútuo de recursos financeiros (art. 13, § 2º, da Lei 9.799/1999).

- Na forma dos arts. 12 e 13 do Decreto 6.306/2007: são contribuintes do IOF os compradores ou vendedores de moeda estrangeira nas transferências para o exterior ou provindas do exterior (art. 6º da Lei 8.894/1994). As instituições que operam o câmbio são responsáveis pelo recolhimento do IOF.

- **Operações de Seguro.** Arts. 19 e 20 do Decreto 6.306/2007. Pessoas físicas ou jurídicas seguradas. As seguradoras ou instituições financeiras a quem as seguradoras encarregarem a cobrança do prêmio. Arts. 3º, inciso II, da Lei 1.783/1980, e 7º do Decreto-Lei 2.471/1988. Em 2027 deixará de incidir IOF sobre operações com seguros para incidir o imposto sobre valor agregado, conforme EC 132/2023.

- Operações referentes a títulos e valores mobiliários. Arts. 26 e 27 do Decreto 6.306/2007. Os contribuintes são os que adquirem títulos ou valores mobiliários, os titulares de aplicações financeiras (art. 2º do Decreto-Lei 1.783/1980, e art. 3º, II, da Lei 8.894/1994) e as instituições financeiras e demais instituições autorizadas a funcionar pelo BACEN (art. 3º, III, Lei 8.894/1994). São responsáveis pela cobrança do IOF: art. 3º, IV, do Decreto-Lei 1.783/1980.

- O IOF, por ser um imposto federal, obedece ao princípio da territorialidade para todas as operações ocorridas no território nacional. Para cada uma das operações de crédito incide uma alíquota diferente. Nas aplicações de renda fixa, por exemplo, o IOF é pago sobre os ganhos obtidos. As alíquotas são maiores quanto menos tempo você aplica o dinheiro, e vice-versa.

> • **IOF e Decadência.** O STF entendeu que, constituído o crédito tributário, o marco inicial da decadência se define pela regra do art. 173, I, CTN. O fisco tem de lançá-lo com base na ocorrência do fato gerador.
>
> • O STF declarou que é constitucional o Art. 1º, I da Lei 8.033/90 e, portanto, incide o IOF sobre a transmissão ou resgate de títulos ou valores mobiliários.

14.1.6. *Imposto Territorial Rural – ITR*

a) Legislação e súmulas aplicáveis

- CRFB, art. 150, VI e § 4º
- CTN, art. 29
- Lei 9.393/1996
- CC, arts. 79, 1.196, 1.228 e 1.390
- Decreto-Lei 57/1966
- Decreto 6.433/2008

b) Fato gerador

O **ITR,** de competência da União, previsto nos arts. 153, VI, da CRFB, e 29 do CTN, tem como fato gerador a propriedade, domínio útil, e a posse de bem **imóvel** por natureza situado em **área rural** ou com **destinação rural**.

O imposto é de competência da União, mas a capacidade pode ser transferida para os municípios que assim optarem na forma do art. 153, § 4º, III, da CRFB. Caso seja feita tal opção, o município será titular de 100% da receita proveniente do ITR arrecadado em seu território, conforme disposto no art. 158, II, da Carta.

Temos de analisar, então, os conceitos envolvidos no fato gerador. Primeiramente, devemos discorrer sobre a **propriedade**, que consiste nos direitos de **usar** (*ius utendi*), **gozar** (*ius fruendi*), **dispor** (*ius abutendi*) e **reivindicar** o **bem**. A propriedade é tratada no art. 1.228 da Lei 10.406/2002 (CC) e não se confunde com os demais direitos reais. Assim, para incidir o ITR é preciso verificar se há *animus domini*, ou seja, a intenção de o sujeito ser proprietário. Se ele somente detém o imóvel por um contrato de locação, por exemplo, não há *animus domini* e, portanto, não há fato gerador do ITR (lembrando que os contratos particulares não podem ser opostos ao fisco, na forma do art. 123, CTN). É o caso do locatário e do comodatário.

Também é contribuinte o titular do **domínio útil**, que consiste em um direito real em que o indivíduo tem o direito de exercer a **posse plena** sobre o bem imóvel, mas se trata de uma situação de "quase propriedade". Bons exemplos são as enfiteuses, mantidas por força do art. 2.038, CC, e o usufruto, previsto no art. 1.390 do CC.

Por fim, mas não menos importante, a **posse** pode ser também fato gerador do ITR (art. 1.196, CC). Entretanto, a posse somente será fato gerador do imposto se for com o intuito de usucapir o bem, ou seja, a posse a ensejar a cobrança do ITR é apenas aquela exercida como se dono fosse (*posse ad usucapionem*).

O ITR incide sobre o bem imóvel por natureza (art. 79, CC) enquanto o IPTU, imposto de competência municipal incidente sobre a propriedade de bens em área urbana, incide sobre o imóvel por acessão física (área construída). Assim, o ITR só incide sobre a terra nua (territorial), já o IPTU incide sobre o imóvel e todas as suas benfeitorias (predial).

Além disso, o ITR somente incide sobre o imóvel situado em área rural, caracterizada como tal na forma do próprio CTN em seu art. 32, § 1º.

No entanto, mesmo que não possua qualquer dos requisitos previstos no § 1º do art. 32, não incidirá o ITR, mas, sim, o IPTU, se houver lei municipal declarando a área como urbanizável ou de expansão urbana, conforme previsto no § 2º do mesmo artigo do CTN. Tal posicionamento foi confirmado pelo STJ com a edição da Súmula 626.

 JURISPRUDÊNCIA

> A incidência do IPTU sobre imóvel situado em área considerada pela lei local como urbanizável ou de expansão urbana não está condicionada à existência dos melhoramentos elencados no art. 32, § 1º, do CTN.
>
> Assim, a área rural que sofre melhoramentos e é destinada à expansão urbana está sujeita ao IPTU. A partir da aprovação do loteamento, começa a incidir o IPTU, na forma da Lei 9.393/1996.

Como se não bastasse, é importante destacar que a destinação do imóvel define, também, se o ele é rural ou urbano, não sendo o único critério a sua localização. O Decreto-Lei 57/1966 foi recepcionado pela CRFB com *status* de lei complementar. Assim, caso o imóvel esteja em área urbana e possua destinação rural, incidirá o ITR e não o IPTU. Nesse sentido, vem decidindo o STJ, conforme se verifica da ementa do v. acórdão proferido em caráter de recurso repetitivo:

 JURISPRUDÊNCIA

> TRIBUTÁRIO – IMÓVEL NA ÁREA URBANA – DESTINAÇÃO RURAL – IPTU – NÃO INCIDÊNCIA – ART. 15 DO DL 57/1966 – RECURSO REPETITIVO – ART. 543-C DO CPC.
>
> Não incide IPTU, mas ITR, sobre imóvel localizado na área urbana do Município, desde que comprovadamente utilizado em exploração extrativa, vegetal, agrícola, pecuária ou agroindustrial (art. 15 do DL 57/1966) (Resp. 1112646/SP, 1ª Seção, Rel. Min. Herman Benjamim, *DJe* 28.08.2009).

Por fim, o ITR não é devido pelo proprietário que teve o seu imóvel esbulhado, pois não resta caracterizado o fato gerador do imposto, uma vez que os elementos da propriedade não estão presentes.

Ademais, houve violação do dever constitucional do Estado em garantir a propriedade e grave omissão do dever de garantir a observância dos direitos fundamentais da Constituição.

 JURISPRUDÊNCIA

> TRIBUTÁRIO – ITR – INCIDÊNCIA SOBRE IMÓVEL – INVASÃO DO MOVIMENTO "SEM TERRA" – PERDA DO DOMÍNIO E DOS DIREITOS INERENTES À PROPRIEDADE – IMPOSSIBILIDADE DA SUBSISTÊNCIA DA EXAÇÃO TRIBUTÁRIA – PRINCÍPIO DA PROPORCIONALIDADE – RECURSO ESPECIAL NÃO PROVIDO.

CAP. 14 • IMPOSTOS EM ESPÉCIE | **491**

1. Conforme salientado no acórdão recorrido, o Tribunal *a quo*, no exame da matéria fática e probatória constante dos autos, explicitou que a recorrida não se encontraria na posse dos bens de sua propriedade desde 1987.

2. Verifica-se que houve a efetiva violação ao dever constitucional do Estado em garantir a propriedade da impetrante, configurando-se uma grave omissão do seu dever de garantir a observância dos direitos fundamentais da Constituição.

3. Ofende os princípios básicos da razoabilidade e da justiça o fato de o Estado violar o direito de garantia de propriedade e, concomitantemente, exercer a sua prerrogativa de constituir ônus tributário sobre imóvel expropriado por particulares (proibição do *venire contra factum proprium*).

4. A propriedade plena pressupõe o domínio, que se subdivide nos poderes de usar, gozar, dispor e reivindicar a coisa. Em que pese ser a propriedade um dos fatos geradores do ITR, essa propriedade não é plena quando o imóvel encontra-se invadido, pois o proprietário é tolhido das faculdades inerentes ao domínio sobre o imóvel.

5. Com a invasão do movimento "sem terra", o direito da recorrida ficou tolhido de praticamente todos seus elementos: não há mais posse, possibilidade de uso ou fruição do bem; consequentemente, não havendo a exploração do imóvel, não há, a partir dele, qualquer tipo de geração de renda ou de benefícios para a proprietária.

6. Ocorre que a função social da propriedade se caracteriza pelo fato de o proprietário condicionar o uso e a exploração do imóvel não só de acordo com os seus interesses particulares e egoísticos, mas pressupõe o condicionamento do direito de propriedade à satisfação de objetivos para com a sociedade, tais como a obtenção de um grau de produtividade, o respeito ao meio ambiente, o pagamento de impostos etc.

7. Sobreleva nesse ponto, desde o advento da Emenda Constitucional nº 42/2003, o pagamento do ITR como questão inerente à função social da propriedade. O proprietário, por possuir o domínio sobre o imóvel, deve atender aos objetivos da função social da propriedade; por conseguinte, se não há um efetivo exercício de domínio, não seria razoável exigir desse proprietário o cumprimento da sua função social, o que se inclui aí a exigência de pagamento dos impostos reais.

8. Na peculiar situação dos autos, ao considerar-se a privação antecipada da posse e o esvaziamento dos elementos de propriedade sem o devido êxito do processo de desapropriação, é inexigível o ITR diante do desaparecimento da base material do fato gerador e da violação dos referidos princípios da propriedade, da função social e da proporcionalidade.

9. Recurso especial não provido (REsp. 1144982/PR, Min. Mauro Campbell Marques, *DJe* 15.10.2009).

Como se pode ver, o Estado não pode se aproveitar da sua própria inércia e omissão para cobrar ITR da propriedade que foi invadida. O proprietário perdeu as faculdades inerentes ao direito de propriedade (art. 1.228, CC), não caracterizando o fato gerador do imposto, conforme posicionamento firmado pelo STJ no julgamento do REsp. 963499. Ressalte-se também que a área de preservação ambiental é excluída da base de cálculo do

ITR, sem haver necessidade de ato declaratório ambiental do Instituto Brasileiro do Meio Ambiente e dos Recursos Naturais Renováveis (IBAMA), em razão de isenção concedida pelo art. 10, § 1º, II, *a*, Lei 9.393/1996. Vejamos:

 JURISPRUDÊNCIA

> REMESSA OFICIAL – AÇÃO ORDINÁRIA – UNIÃO (FAZENDA NACIONAL) – IMPOSTO TERRITORIAL RURAL (ITR) – PROPRIEDADE INSERIDA EM ÁREA DE PROTEÇÃO AMBIENTAL CRIADA POR ESTADO DA FEDERAÇÃO – NATUREZA DO REFERIDO TRIBUTO – ISENÇÃO – HIPÓTESES PREVISTAS NAS LEIS Nºs 8.171/91 E 9.393/96 – AVERBAÇÃO DA ÁREA NO REGISTRO DE IMÓVEIS E APRESENTAÇÃO DO ATO DECLARATÓRIO AMBIENTAL (ADA) – DISPENSABILIDADE – PROPRIETÁRIO PRIVADO DA POSSE DO IMÓVEL – OCUPAÇÃO PELO MOVIMENTO DOS TRABALHADORES SEM TERRA – O ITR é considerado um tributo de caráter extrafiscal, utilizado não apenas com vistas ao desestímulo de latifúndios improdutivos, mas, também, de forma a incentivar a utilização racional dos recursos naturais, contexto no qual ganham destaque as isenções, especialmente aquelas a beneficiar áreas destinadas à preservação do meio ambiente, seja em função da mera manutenção da vegetação nativa, seja em razão de sua utilização de forma ecologicamente sustentável. A legislação ambiental (Lei nº 8.171/91, art. 104) prevê serem isentas do ITR as áreas de preservação permanente, de reserva legal e de interesse ecológico para a proteção dos ecossistemas, nestas últimas incluídas as Reservas Particulares do Patrimônio Nacional (RPPNs), as Áreas de Proteção Ambiental (APAs) e as Áreas de Relevante Interesse Ecológico, bem como (Lei nº 9.393/96, art. 10) relaciona aquelas comprovadamente imprestáveis (declaradas de interesse ecológico por órgão ambiental) e aquelas sob regime de servidão florestal. Em se tratando de isenção de ITR relativo à Área de Proteção Ambiental, desnecessária a averbação de sua existência no registro de imóveis (exigida apenas no caso de reserva legal) e/ou de apresentação de Ato Declaratório Ambiental, sequer de declaração de tal fato (emitida por órgão competente, federal ou estadual), específica para a propriedade objeto do tributo, pois, além de a legislação não estabelecer expressamente tal requisito, o proprietário pode comprovar por outros meios a situação da área rural considerada. A parte autora encontra-se privada da posse, do uso e da fruição da propriedade, o que inviabiliza a exploração econômica por parte daquela (TRF-4 – Remessa Necessária Cível 50128599220164047003/PR, 5012859-92.2016.4.04.7003, 2ª Turma, Rel. Maria de Fátima Freitas Labarrère, Data de Julgamento: 04.08.2020).

Assim, as áreas de proteção ambiental não deverão ser consideradas para fins de incidência do ITR.

c) Base de cálculo

Na forma do art. 30 do CTN, a **base de cálculo** do ITR é o **valor fundiário do imóvel**, que consiste no valor da terra nua sem benfeitorias ou quaisquer espécies de construções. Importante frisar que isso não ocorre com o IPTU, por exemplo, que tem como fato gerador a propriedade, domínio útil ou posse, de bem imóvel por natureza ou acessão física.

CAP. 14 • IMPOSTOS EM ESPÉCIE | **493**

Importante lembrar que cabe ao contribuinte identificar a base de cálculo, na forma do art. 10[5] da Lei 9.393/1996.

O imposto incide de acordo com o princípio da progressividade, variando de acordo com o atendimento à função social da propriedade, na forma do art. 153, § 4º, I, da CRFB, de modo que a área tributável será somente aquela em que seja possível a produção.

---

[5] Art. 10. A apuração e o pagamento do ITR serão efetuados pelo contribuinte, independentemente de prévio procedimento da administração tributária, nos prazos e condições estabelecidos pela Secretaria da Receita Federal, sujeitando-se a homologação posterior. § 1º Para os efeitos de apuração do ITR, considerar-se-á: I – VTN, o valor do imóvel, excluídos os valores relativos a: a) construções, instalações e benfeitorias; b) culturas permanentes e temporárias; c) pastagens cultivadas e melhoradas; d) florestas plantadas; II – área tributável, a área total do imóvel, menos as áreas: a) de preservação permanente e de reserva legal, previstas na Lei nº 12.651, de 25 de maio de 2012; (Redação dada pela Lei nº 12.844, de 2013.) (*Vide* art. 25 da Lei nº 12.844, de 2013.) b) de interesse ecológico para a proteção dos ecossistemas, assim declaradas mediante ato do órgão competente, federal ou estadual, e que ampliem as restrições de uso previstas na alínea anterior; c) comprovadamente imprestáveis para qualquer exploração agrícola, pecuária, granjeira, aquícola ou florestal, declaradas de interesse ecológico mediante ato do órgão competente, federal ou estadual; d) sob regime de servidão ambiental; (Redação dada pela Lei nº 12.651, de 2012.) e) cobertas por florestas nativas, primárias ou secundárias em estágio médio ou avançado de regeneração; (Incluído pela Lei nº 11.428, de 2006.) f) alagadas para fins de constituição de reservatório de usinas hidrelétricas autorizada pelo poder público. (Incluído pela Lei nº 11.727, de 2008.) III – VTNt, o valor da terra nua tributável, obtido pela multiplicação do VTN pelo quociente entre a área tributável e a área total; IV – área aproveitável, a que for passível de exploração agrícola, pecuária, granjeira, aquícola ou florestal, excluídas as áreas: a) ocupadas por benfeitorias úteis e necessárias; b) de que tratam as alíneas do inciso II deste parágrafo; (Redação dada pela Lei nº 11.428, de 2006.) V – área efetivamente utilizada, a porção do imóvel que no ano anterior tenha: a) sido plantada com produtos vegetais; b) servido de pastagem, nativa ou plantada, observados índices de lotação por zona de pecuária; c) sido objeto de exploração extrativa, observados os índices de rendimento por produto e a legislação ambiental; d) servido para exploração de atividades granjeira e aquícola; e) sido o objeto de implantação de projeto técnico, nos termos do art. 7º da Lei nº 8.629, de 25 de fevereiro de 1993; VI – Grau de Utilização – GU, a relação percentual entre a área efetivamente utilizada e a área aproveitável. § 2º As informações que permitam determinar o GU deverão constar do DIAT. § 3º Os índices a que se referem as alíneas "b" e "c" do inciso V do § 1º serão fixados, ouvido o Conselho Nacional de Política Agrícola, pela Secretaria da Receita Federal, que dispensará da sua aplicação os imóveis com área inferior a: a) 1.000 há, se localizados em municípios compreendidos na Amazônia Ocidental ou no Pantanal mato-grossense e sul-mato-grossense; b) 500 ha, se localizados em municípios compreendidos no Polígono das Secas ou na Amazônia Oriental; c) 200 ha, se localizados em qualquer outro município. § 4º Para os fins do inciso V do § 1º, o contribuinte poderá valer-se dos dados sobre a área utilizada e respectiva produção, fornecidos pelo arrendatário ou parceiro, quando o imóvel, ou parte dele, estiver sendo explorado em regime de arrendamento ou parceria. § 5º Na hipótese de que trata a alínea "c" do inciso V do § 1º, será considerada a área total objeto de plano de manejo sustentado, desde que aprovado pelo órgão competente, e cujo cronograma esteja sendo cumprido pelo contribuinte. § 6º Será considerada como efetivamente utilizada a área dos imóveis rurais que, no ano anterior, estejam: I – comprovadamente situados em área de ocorrência de calamidade pública decretada pelo Poder Público, de que resulte frustração de safras ou destruição de pastagens; II – oficialmente destinados à execução de atividades de pesquisa e experimentação que objetivem o avanço tecnológico da agricultura.

Assim, são excluídas do cálculo as áreas como construções, instalações e benfeitorias, área de preservação permanente e reserva legal, de interesse ecológico para a proteção dos ecossistemas etc., na forma do art. 10, § 1º, da Lei 9.393/1996.

d) Alíquota

As alíquotas são escalonadas de acordo com a área total do imóvel e seu grau de utilização. Tal método tem como objetivo atender ao determinado na CRFB, art. 153, § 4º, I, que dispõe que o ITR será progressivo em razão da função social da propriedade.

Assim sendo, alíquotas do imposto deverão variar de acordo com o atendimento ou não da função social da propriedade rural, de modo que os imóveis com maior produção, considerando a área possível, terão uma alíquota de ITR menor, enquanto os imóveis com menor produção terão o ITR maior, obrigatoriamente.

Assim, as alíquotas serão progressivas da seguinte forma (art. 11):

Área total do imóvel (em hectares)	Grau de utilização – GU (em %)				
	Maior que 80	Maior que 65 até 80	Maior que 50 até 65	Maior que 30 até 50	Até 30
Até 50	0,03	0,20	0,40	0,70	1,00
Maior que 50 até 200	0,07	0,40	0,80	1,40	2,00
Maior que 200 até 500	0,10	0,60	1,30	2,30	3,30
Maior que 500 até 1.000	0,15	0,85	1,90	3,30	4,70
Maior que 1.000 até 5.000	0,30	1,60	3,40	6,00	8,60
Acima de 5.000	0,45	3,00	6,40	12,00	20,00

e) Sujeito passivo

O sujeito passivo do ITR será o proprietário, o titular do domínio útil ou o detentor da posse com *animus domini*, do bem imóvel por natureza situado em área rural.

Aqui, vale um comentário relevante acerca do sujeito ativo. Conforme disposto no art. 153, VI, da CRFB, o ente competente para instituição do ITR é a União Federal. Frise-se que a competência tributária é indelegável, não cabendo sua transferência a outro ente federado, conforme disposto no art. 7º do CTN.

Todavia, a capacidade tributária é transferível, conforme disposto no mesmo artigo, de modo que um ente federado poderá transferir para outro os poderes de fiscalização e arrecadação. No tocante ao ITR, o art. 153, § 4º, III, da CRFB autoriza que os municípios façam a opção por fiscalizar e arrecadar o imposto, passando então a exercer a capacidade tributária.

Ao exercer essa opção, o município passará a fazer jus a 100% da receita arrecadada e não somente 50% que lhe pertencem caso a opção não seja feita, na forma do art. 158, II, da CRFB. A opção pela arrecadação é regulada pela Lei 11.250/2005 e pelo Decreto 6.433/2008.

Importante destacar que a competência não se transfere, mas somente a capacidade tributária, de modo que qualquer isenção poderá ser concedida por lei federal, ao passo que o art. 150, § 6º, da CRFB veda que sejam concedidos benefícios fiscais por entes federados que não detenham a competência tributária. Ademais, na forma do art. 1º, §

2º, da citada lei, "a opção de que trata o *caput* deste artigo não poderá implicar redução do imposto ou qualquer outra forma de renúncia fiscal".

O decreto regulamentador prevê em seu art. 16 que todas as ações judiciais em que seja discutido o ITR cedido aos municípios deverão ser promovidas em face da União Federal, cabendo aos municípios prestar auxílio à Procuradoria-Geral da Fazenda Nacional sobre matéria de fato, com relação aos atos de fiscalização e cobrança. Vejamos:

> Art. 16. Os processos relativos ao ITR serão ajuizados em face da União, que será representada em juízo pela Procuradoria-Geral da Fazenda Nacional.
>
> § 1º Os Municípios e o Distrito Federal prestarão auxílio sobre matéria de fato à Procuradoria-Geral da Fazenda Nacional, em relação aos atos de fiscalização e cobrança derivados da opção a que se refere este Decreto, na forma a ser disciplinada em ato do CGITR. (Redação dada pelo Decreto nº 6.621, de 2008.)
>
> § 2º Os créditos tributários oriundos da aplicação deste Decreto serão apurados, inscritos em Dívida Ativa da União e cobrados judicialmente pela Procuradoria-Geral da Fazenda Nacional, sendo os valores correspondentes transferidos aos Municípios ou ao Distrito Federal na exata razão da fiscalização por eles efetivada. (Redação dada pelo Decreto nº 6.621, de 2008.)

Apesar da literalidade do dispositivo, entendemos que o município ou o Distrito Federal deverá figurar no polo passivo da demanda, em litisconsórcio passivo, tendo em vista ter participado da relação jurídica que gerou a causa de pedir da demanda.

No entanto, é importante destacar que a execução fiscal para satisfação do crédito referente ao ITR é promovida pela União Federal, conforme previsto no § 2º do citado artigo. Dessa forma, não caberá qualquer litisconsórcio, já que resta claro pelo arcabouço legislativo que a União Federal não abre mão de sua competência tributária em qualquer momento.

Assim, as ações em que se discute o ITR cedido aos municípios e ao Distrito Federal deverão ser promovidas em face da União e dos municípios em litisconsórcio (em razão da causa de pedir) e, quando se tratar de cobrança do tributo, o legitimado ativo para inscrição em dívida ativa e consequente execução fiscal será somente a União Federal.

Considerações sobre o IGF
1. Tem como fato gerador a propriedade, o domínio útil e a posse (com intuito de usucapir) de bem imóvel situado em área rural ou com destinação rural.
2. O ITR não é devido pelo proprietário que teve o seu imóvel esbulhado.
3. Área de preservação ambiental é excluída da base de cálculo do ITR – isenção.

✍ PARA REFORÇAR

ITR	
Fiscal	A finalidade do ITR é predominantemente fiscal, ou seja, de arrecadar recursos para a União.
Progressividade extra-fiscal	O ITR assume uma finalidade extrafiscal em razão da aplicação da progressividade. Devido à EC 42/2003, o ITR será progressivo (art. 153, § 4º, III, CRFB) para coibir o descumprimento da função social da propriedade rural (art. 186, CRFB). A progressividade tem como finalidade desestimular a propriedade improdutiva, de modo que será maior quanto menor for a utilização do solo pelo contribuinte.

Direto	O ônus econômico recai diretamente sobre o contribuinte, que é o proprietário do imóvel, titular do domínio útil ou possuidor com *animus domini*. Não é admitida a transmissão do ônus financeiro.
Real	É um tributo cobrado em razão do fato gerador objetivamente considerado. Não leva em conta a capacidade econômica e nem características pessoais do contribuinte. Leva em consideração a coisa objeto da tributação, e não as características do seu titular.
Não vinculado	Art. 16, CTN. Seu fato gerador não depende de uma atuação e contraprestação específica da atividade estatal. Sua receita também não poderá ser vinculada, conforme disposto no art. 167, IV, CRFB.
Incidência monofásica	O fato gerador recai sobre a propriedade, a posse, ou o domínio útil de imóvel localizado na região rural. A tributação é estável e permanente. O CTN trata a propriedade em sentido amplo.
Imposto sobre o patrimônio	Dada a base econômica do seu fato gerador, é classificado como um imposto sobre o patrimônio. É alcançado pelas imunidades previstas no art. 150, VI, da CRFB.
Complexivo	O fato gerador do ITR ocorre no dia 1º de janeiro de cada ano na forma do art. 1º da Lei 9393/1996, e abrange todo o exercício financeiro, assim como o IPTU.
Imunidades	O ITR **não incidirá** sobre pequenas glebas rurais, definidas em lei, quando o proprietário que as explore não possua outro imóvel (art. 153, § 4º, II, CRFB). Art. 191, CRFB. O art. 184, § 5º, CRFB traz outra imunidade: a União tem competência para desapropriar por interesse social, para fins de reforma agrária, o imóvel que não esteja cumprindo a sua função social, mediante prévia e justa indenização em títulos da dívida agrária. São isentas de impostos federais, estaduais e municipais as operações de transferência de imóveis desapropriados para fins de reforma agrária. O ITR incidirá sobre o imóvel declarado de interesse social para fins de reforma agrária enquanto a propriedade não for efetivamente transferida, salvo se ocorrer a imissão provisória da posse, conforme o art. 2º do Decreto 4382/2002. Além disso, são aplicáveis ao ITR as imunidades do art. 150, VI, da CRFB.
Legislação	Art. 153, VI, CRFB. Arts. 29 a 31, CTN. Lei 9.393/1996 (revogou a Lei 8.847/1994). Decreto 4.382/2002 (trata da fiscalização, arrecadação e administração do ITR). Art. 158, CRFB. Decreto 6.433/2008. Súmulas 160 e 360, STJ, e Súmula 595, STF. Súmula 669, STF. *Lei 4.504/1964 (Estatuto da Terra)*. Art. 191, CRFB. Arts. 10 e 11 da Lei 9.393/1996. Art. 41 do Decreto 4.382/2002. Arts. 6º e 7º, § 1º, do Decreto 4.382/2002, e arts. 1º, § 3º, 5º e 6º da Lei 9.393/1996.

- **O fato gerador do ITR** é a propriedade, o domínio útil ou a posse do bem imóvel em natureza e somente por natureza situado em área rural ou com destinação rural.

- A **base de cálculo** do ITR é o valor fundiário do imóvel, na forma do art. 30 do CTN. Ou seja, o valor da terra nua tributável. A base de cálculo será sempre instituída por lei formal, conforme disposto no art. 97, II, CTN. A atualização do valor monetário da base de cálculo não é majoração e pode ser feita por ato administrativo, mas tem de respeitar o índice oficial de correção monetária, conforme a Súmula 160 do STJ e o art. 97, § 2º, do CTN.

- A lei federal estabelece as alíquotas do ITR. Ela se baseia no **grau de utilização do imóvel** que é o percentual entre a área efetivamente utilizada pela atividade rural e a área aproveitável do imóvel. As alíquotas serão progressivas quando houver descumprimento da função social da propriedade rural (art. 153, § 4º, CRFB). **Não é uma forma de sanção por ato ilícito, e sim uma tributação extrafiscal**, pois serve para estimular ou desestimular uma prática: o desaproveitamento da propriedade rural.

- Art. 153, III, § 4º, CRFB (inserido pela EC 42/2003) estabeleceu que o ITR será fiscalizado e cobrado pelos municípios que assim optarem, desde que não implique redução do imposto ou qualquer outra forma de renúncia fiscal. Não houve delegação de competência. Houve delegação das funções de fiscalização, lançamento e cobrança do ITR, ou seja, da capacidade tributária.

- O art. 85, § 3º, CTN foi declarado **inconstitucional** pelo STF, e o art. 4º do Decreto-Lei 57/1966 também, porque não havia previsão constitucional de **20% do produto do ITR serem destinados ao Instituto Nacional de Colonização e Reforma Agrária (INCRA)**.

- O ITR está sujeito ao lançamento por homologação, diferentemente do IPTU, que tem o seu lançamento de ofício. Art. 10 da Lei 9.393/1996.

- O ITR incide sobre o bem imóvel por natureza (art. 79, CC – territorial) enquanto o IPTU incide sobre o imóvel por natureza e por acessão física (art. 79, CC – predial). Assim, o ITR só incide sobre a terra nua, já o IPTU incide sobre o imóvel e todas as suas benfeitorias.

- O sujeito passivo do ITR pode ser contribuinte ou responsável, também. Art. 121, CTN. Art. 5º, Decreto 4.382/2002. O contribuinte é o proprietário, titular do domínio útil ou possuidor que tenha a intenção de ser dono da coisa. Art. 6º do Decreto 4.382/2002, e arts. 5º e 6º da Lei 9393/1996.

- O ITR recai sobre o imóvel situado em área rural, incidindo o IPTU em área urbana (art. 32, § 1º, do CTN) ou de expansão urbana (art. 32, § 2º, do CTN). Importante frisar que o imóvel situado em área urbana com destinação rural será considerado fato gerador do ITR, por força do art. 15 do Decreto 57/1966.

- O art. 6º da Lei 5868/1972 teria revogado o art. 15 do Decreto-Lei 57/1966, mas esse dispositivo foi declarado inconstitucional porque não era previsto em lei complementar, conforme exige o art. 146 da CRFB.

- **Área urbanizável ou de expansão urbana**. Art. 32, § 2º, CTN. Não é necessário que a área onde esteja localizado o imóvel tenha todos os melhoramentos elencados no artigo. Assim, a área rural destinada à urbanização, mas que ainda não sofreu esta afetação, ainda estará sujeita ao ITR. A partir da aprovação do loteamento para fins de urbanização ou de expansão da área urbana, passa a incidir o IPTU. A incidência do IPTU independe de exigências legais e administrativas.

- A área rural que sofre melhoramentos e é destinada à expansão urbana está sujeita ao IPTU. A partir da aprovação do loteamento, começa a incidir o IPTU (a Lei 9393/1996 acabou com controvérsia).

- A obrigação tributária, quanto ao IPTU e ao ITR, acompanha o imóvel em todas as suas mutações subjetivas, ainda que se refira a fatos imponíveis anteriores à alteração da titularidade do imóvel. Arts. 130 e 131, I, CTN.

- O ITR **não é devido** pelo proprietário que teve a posse sobre o **imóvel esbulhada**. Houve violação do dever constitucional do estado em garantir a propriedade e grave omissão do dever de garantir a observância dos direitos fundamentais da CRFB. O estado não pode se aproveitar da sua própria inércia e omissão para cobrar ITR da propriedade que foi invadida. O proprietário perdeu as faculdades inerentes ao direito de propriedade. O proprietário, nesse caso, não tem mais posse, possibilidade de uso ou fruição do bem, e não pode explorar seu imóvel. Ele não tem qualquer tipo de benefício e renda provindo do imóvel. Assim, o ITR não pode ser exigido diante do desaparecimento do fato gerador e da violação dos princípios da propriedade, da função social e da proporcionalidade.

- **Área de preservação ambiental**. Essa área é excluída da base de cálculo do ITR, sem haver necessidade de ato declaratório ambiental do IBAMA.

14.1.7. *Imposto sobre Grandes Fortunas – IGF*

O IGF ainda não foi instituído no Brasil, apesar da previsão constitucional. É importante destacar que o referido imposto está reservado à lei complementar, na forma do art. 153, VII, da CRFB, de modo que não poderá ser criado por medida provisória ou mesmo lei ordinária.

Frise-se que não é o caso de a lei complementar tratar das regras gerais do imposto, mas, sim, da sua instituição efetivamente, pois não há qualquer lógica interpretativa a repetição da regra geral da reserva de lei complementar para tratamento dos impostos, prevista no art. 146, III, *a*, da CRFB para o IGF, que também é um imposto.

Uma eventual instituição desse imposto não caracterizaria *bis in idem* o imposto de renda, tendo em vista que fortuna é aquilo que ultrapassa a simples renda, restando claro que são fatos geradores distintos.

Diversas propostas tramitam nas casas legislativas, entre elas o PLP 101/2021, que cria uma contribuição no lugar de um imposto, não se enquadrando no contexto aqui previsto, mas sim no exercício da competência residual da União, e o PLP nº 215/2020, que institui o imposto sobre grandes fortunas, nos moldes do art. 153, VII, da CRFB, com alíquota de 2,5% sobre os possuidores de grandes fortunas, que seriam aqueles com patrimônio líquido superior a cinquenta milhões de reais. Esses são somente dois exemplos dos inúmeros que tramitam no Brasil.

Considerações sobre o IGF
1. Embora previsto constitucionalmente, ainda não foi instituído no Brasil.
2. Trata-se de imposto reservado à lei complementar, assim, não pode ser criado por lei ordinária ou medida provisória.

14.1.8. *Imposto Seletivo – IS*

A reforma tributária trouxe para o ordenamento jurídico brasileiro mais um imposto de competência da União Federal, que é o imposto seletivo, que incidirá sobre os produtos e serviços nocivos à saúde e ao meio ambiente e está previsto no art. 153, VIII, da Carta.

A lógica do imposto seletivo é tributar os produtos e serviços que não sejam essenciais a vida humana ou que de alguma forma sejam prejudiciais ao meio ambiente. Assim, ele incidirá sobre todos os bens e serviços não essenciais, inclusive a sua importação, nos termos da lei complementar.

Entretanto, a sua regulamentação e instituição estão reservados a lei complementar, que definirá o conceito de nocividade ou de ausência de essencialidade. Todavia, a reforma previu expressamente que os serviços de energia elétrica e telefonia são essenciais, não cabendo a incidência do imposto seletivo sobre esses serviços. Percebe-se que o constituinte derivado seguiu o entendimento adotado pelo STF no julgamento do Tema 745 da repercussão geral.

Ademais, esse imposto não incidirá na exportação, com ressalva dos produtos extrativistas que serão submetidos ao referido imposto em qualquer situação e sua alíquota será de 1%.

O imposto seletivo não integrará sua própria base de cálculo, e sua alíquota será determinada por lei ordinária. Esse é um ponto relevante, porque a instituição do referido imposto se dá por lei complementar, mas o tratamento da alíquota será por lei ordinária ou medida provisória, que tem força de lei.

O IS incidirá por fora, ou seja, não integrará a sua base de cálculo e poderá ter o mesmo fato gerador e base de cálculo de outros tributos. Com isso, uma mesma operação poderá ser tributada pelo IS, IBS, CBS e, enquanto não terminar a transição da reforma, também pelo ICMS e ISS.

Foi aprovada no Congresso Nacional a Lei Complementar nº 214/2025, regulamentando a Reforma Tributária, e nela está o tratamento do Imposto Seletivo. De acordo a referida norma, são prejudiciais à saúde ou ao meio ambiente veículos, embarcações e aeronaves, produtos fumígenos, bebidas alcoólicas, bebidas açucaradas e bens minerais extraídos, concursos de prognósticos e *fantasy sport*. Com isso, tais atividades estarão abrangidas pela incidência do Imposto Seletivo.

Assim, o fato gerador do Imposto Seletivo pode ser caracterizado pelas seguintes situações:

I – do primeiro fornecimento a qualquer título do bem, inclusive decorrente dos negócios jurídicos mencionados nos incisos I a VIII do § 2º do art. 4º desta Lei Complementar;

II – da arrematação em leilão público;

III – da transferência não onerosa de bem produzido;

IV – da incorporação do bem ao ativo imobilizado pelo fabricante;

V – da extração de bem mineral;

VI – do consumo do bem pelo fabricante;

VII – do fornecimento ou do pagamento do serviço, o que ocorrer primeiro; ou

VIII – da importação de bens e serviços.

Frise-se que não integrarão sua base de cálculo o montante da CBS, do IBS e do próprio Imposto Seletivo incidentes na operação bem como os descontos incondicionais.

Por fim, o contribuinte do Imposto Seletivo será o fabricante, na primeira comercialização, na incorporação do bem ao ativo imobilizado, na tradição do bem em transação não onerosa e no consumo do bem, o importador na entrada do bem de procedência estrangeira no território nacional; o arrematante em caso de arrematação, ou o produtor-extrativista que realiza a extração, na primeira comercialização, no consumo, na transação não onerosa ou na exportação do bem.

14.2. Impostos estaduais

Na forma do art. 155 da CRFB, compete aos estados instituir o ITCMD, o ICMS e o IPVA terrestre.

DICA

ITCMD, ICMS e IPVA são de competência dos estados.

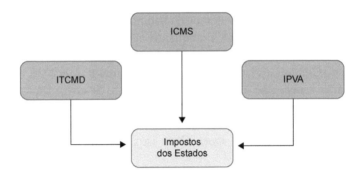

14.2.1. Imposto sobre Transmissão Causa Mortis e Doação – ITCMD

a) Legislação e súmulas aplicáveis

- CRFB, arts. 24, § 3º; 145, § 1º; 155, § 1º; 34, § 3º, Ato das Disposições Constitucionais Transitórias (ADCT)
- CTN, arts. 35 a 42
- CC, arts. 538 e 1.784
- Súmulas: STF, 112; 113; 114; 115; 328; 331; 435 e 590

b) Fato gerador

O **ITCMD** tem como fato gerador a **transmissão gratuita** de quaisquer bens, móveis ou imóveis, seja essa transmissão *intervivos* ou *causa mortis*. Assim, o imposto deve ser recolhido em caso de doação e no momento da transmissão *causa mortis*.

Importante frisar que o mesmo dispositivo que trata do ITCMD também regulamenta o ITBI, qual seja, o art. 35 do CTN, ao passo que até a entrada em vigor da Constituição de 1988 ele era um único imposto. Foi a Constituição de 1988 que os separou em dois impostos distintos, mantendo a competência de instituir o ITCMD (incidente sobre a transmissão gratuita de quaisquer bens) para os estados e a competência para a instituição do ITBI (incidente sobre a transmissão onerosa de bens imóveis) para os municípios.

O ITCMD está reservado à lei complementar se o doador tiver domicílio ou residência no exterior ou se o *de cujus* possuísse bens, fosse residente ou domiciliado ou tivesse tido o seu inventário processado no exterior, na forma do art. 155, § 1º, III, *a* e *b*, da CRFB.

Ocorre que tal lei complementar não foi instituída. Assim, os estados poderiam instituir o ITCMD pela interpretação dos arts. 24, § 3º, da CRFB, e 34, § 3º, do ADCT, que deixam claro que cabe aos estados instituírem as normas necessárias à aplicação do sistema tributário, na ausência de lei complementar ou lei geral. Assim, como a lei geral não foi instituída para o caso concreto, a exigência seria possível desde que cada estado e o Distrito Federal instituíssem suas leis próprias pela exigência do referido imposto, nas situações em que ausente a lei federal respectiva.

Entretanto, tal assunto foi objeto de repercussão geral, tema 825, em que o STF firmou posicionamento diverso, concluindo que: "É vedado aos estados e ao Distrito Federal instituir o ITCMD nas hipóteses referidas no art. 155, § 1º, III, da Constituição Federal sem a intervenção da lei complementar exigida pelo referido dispositivo constitucional". Com isso, enquanto não for instituída a lei complementar nacional acerca do assunto, é indevida a cobrança do ITCMD e o STF, por meio do julgamento da ADO 67, determinou o prazo de 12 meses para que seja editada a referida lei complementar pelo Congresso Nacional.

Com a aprovação da reforma tributária, o texto da Emenda Constitucional nº 132/2023 prevê que deverá incidir o ITCMD quando o doador é domiciliado no exterior ou quando o inventário for processado no exterior até que seja editada a lei complementar respectiva. Em outras palavras, o constituinte derivado garantiu a cobrança do ITCMD nas hipóteses *supra* ainda que não seja editada a lei complementar, garantindo a arrecadação dos Estados e do Distrito Federal. Importante frisar que como se trata da exigência de tributo até então indevido, de acordo com decisão do supremo, devem ser respeitadas a anterioridade e a noventena. Da mesma forma, a emenda em questão não convalida eventuais normas estaduais anteriores, sendo necessária a edição de novas leis para adequação ao novo sistema constitucional que se desenha.

Outro ponto relevante é o debate acerca da incidência do ITCMD na extinção de usufruto. Os estados exigem tal exação sob o argumento de que se trata de uma transmissão gratuita de direitos. No entanto, não devem restar dúvidas de que o imposto não é devido, ao passo que a extinção de usufruto não caracteriza uma liberalidade, mas, sim, um efeito contratual, de modo que a exigência do imposto é indevida.

O assunto é bastante controverso. O TJRGS entende pela incidência:

APELAÇÃO CÍVEL – REGISTRO DE IMÓVEIS – SUSCITAÇÃO DÚVIDA – PRELIMINAR DE NULIDADE DA SENTENÇA – INTIMAÇÃO DO ESTADO – EXTINÇÃO DE USUFRUTO – INCIDÊNCIA ITCD – EXIGÊNCIA DE RECOLHIMENTO DO IMPOSTO ANTES DO REQUERIMENTO – DEVIDA A COMPROVAÇÃO DE PAGAMENTO PARA FINS DE REGISTRO DE EXTINÇÃO DE USUFRUTO – SENTENÇA MODIFICADA – PRELIMINAR – NULIDADE DA SENTENÇA POR FALTA DE CITAÇÃO DO ESTADO. Não merece acolhimento a preliminar suscitada tendo em vista que o caso se refere a Suscitação de Dúvida apresentada pelo Tabelião de Registro de Imóveis e, se refere a procedimento submetido ao Poder Judiciário, em atividade de caráter administrativo, que tem por objetivo a verificação da legalidade ou ilegalidade dos atos praticados pelo Oficial do Registro de Imóveis. Desnecessidade de regularização do processo judicial, contudo, nada impede que o interessado, terceiro prejudicado e/ou o Ministério Público ingressem no feito, podendo recorrer da decisão, pois neste caso há previsão legal, conforme o art. 202 da Lei de Registros Públicos. Mérito. A extinção de usufruto é fato gerador da incidência de ITCD. Correto o entendimento do Registrador que requereu o pagamento do imposto pelo nu-proprietário antes de realizar a averbação de extinção de usufruto nas matrículas dos bens imóveis. Inteligência da Lei Estadual nº 8.821/89 e Decreto Estadual nº

33.156/89. DESACOLHERAM A PRELIMINAR E, NO MÉRITO, DERAM PROVIMENTO AO APELO. UNÂNIME (TJRGS – AC 70082183062/RS, 17ª Câmara Cível, Rel. Giovanni Conti, Data de Julgamento: 31.10.2019, Data de Publicação: 08.11.2019).

Já o Tribunal de Justiça do Estado de Goiás (TJGO) entende que se trata somente de consolidação da posse, não caracterizando o fato gerador do ITCMD. Vejamos:

JURISPRUDÊNCIA

REMESSA NECESSÁRIA – MANDADO DE SEGURANÇA – IMPOSTO DE TRANSMISSÃO *CAUSA MORTIS* E DOAÇÃO – ITCMD – USUFRUTO – MORTE DO USUFRUTUÁRIO – CANCELAMENTO/EXTINÇÃO – FATO GERADOR – NÃO CARACTERIZADO – CONSOLIDAÇÃO DA POSSE. No caso de doação de imóvel com reserva de usufruto vitalício ao doador, incide o ITCMD somente sobre o ato de transmissão da nua-propriedade, pois então se aperfeiçoa o fato gerador da exação – transmissão de propriedade com encargo –, não se divisando nova geração do tributo com a extinção do usufruto decorrente da morte do usufrutuário, pois então não ocorre nova transmissão de direitos ou do domínio da coisa, mas somente sua liberação do encargo que a afetava, tornando o nu-proprietário senhor pleno e absoluto da propriedade e posse direta do imóvel, ou seja, ocorre a consolidação da propriedade plena sob sua titularidade, conferindo-lhe todos os atributos inerentes ao domínio, notadamente o de possuir, usar e gozar da coisa. REMESSA NECESSÁRIA CONHECIDA E DESPROVIDA (TJGO – Reexame Necessário 02330854820198090087, 2ª Câmara Cível, Rel. Des. José Carlos de Oliveira, Data de Julgamento: 25.05.2020, Data de Publicação: *DJ* de 25.05.2020).

Filiamo-nos à corrente de não incidência, pois ausente a liberalidade que caracteriza o fato gerador do ITCMD.

Outrossim, o ITCMD incide sobre quaisquer transmissões gratuitas, seja por meio de doação ou pela transmissão *causa mortis*, respeitadas as isenções concedidas em cada estado. Assim, passemos à análise detida de cada uma dessas hipóteses.

a) Transmissão *causa mortis*

O ITCMD incide na transmissão *causa mortis*, caracterizada na forma do art. 1.784 do CC, recaindo no momento do falecimento do *de cujus*, quando ocorre a abertura da sucessão. Vejamos: "Art. 1.784. Aberta a sucessão, a herança transmite-se, desde logo, aos herdeiros legítimos e testamentários".

Desse modo, com o evento morte, ocorre a abertura da sucessão e, consequentemente, a incidência do ITCMD. Assim, a legislação aplicável ao fato gerador é aquela vigente na data da morte, tendo sido essa jurisprudência consolidada pelo STF, de acordo com o art. 144 do CTN, no sentido de que a lei aplicável ao lançamento é a vigente na data do fato gerador da obrigação tributária. Vejamos:

JURISPRUDÊNCIA

> STF, Súmula 112. O imposto de transmissão *causa mortis* é devido pela alíquota vigente ao tempo da abertura da sucessão.

Como se pode ver, a legislação aplicável é aquela vigente quando do evento morte, não se aplicando outra norma. Todavia, é importante frisar que o momento do recolhimento do tributo não se dá imediatamente após a morte, considerando que há processos de inventário e partilha que duram longos anos. Com isso, como instrumento de justiça, o STF editou a Súmula 113, que prevê que "o imposto de transmissão *causa mortis* é calculado sobre o valor dos bens na data da avaliação".

Tal súmula tem como objetivo evitar o enriquecimento sem causa do contribuinte, já que o valor de um bem se deteriora com o passar dos anos, devendo ser atualizado até o momento da partilha.

Com o mesmo objetivo, o STF editou a Súmula 114, que dispõe que "o imposto de transmissão *causa mortis* não é exigível antes da homologação do cálculo". Como se pode ver, trata-se de mais um posicionamento acertado, que diz respeito ao montante a ser transferido aos herdeiros. Isso porque, somente após a homologação das informações apresentadas pelos herdeiros, a avaliação da fazenda estadual e a homologação do juízo é que o tributo será efetivamente recolhido.

Assim, suponha que o indivíduo A venha a falecer, deixando dois herdeiros, B e C, que possuem direitos hereditários sobre um imóvel de R$ 100.000,00. Cada herdeiro pagará o ITCMD sobre o quinhão que receberá, ou seja, a alíquota do ITCMD incidirá sobre cada quinhão de R$ 50.000,00, considerando que concorrem de forma igual ao patrimônio deixado pelo *de cujus*.

Como se não bastasse, o herdeiro poderá renunciar ao direito de herança, conforme previsto no art. 1.804 do CC, sendo admitidas no direito civil duas **modalidades de renúncia**: a **abdicativa**, caso em que o renunciante não indica o beneficiário da renúncia, e a **translativa**, que ocorre quando o beneficiário é indicado no plano de partilha.

Considerando a situação narrada, imaginemos que B decida não receber seu quinhão hereditário. Se a renúncia for translativa, incidirá o ITCMD duas vezes, um na transmissão de A para B, e outro na transmissão de B para C. Isso porque, para renunciar em favor de um único herdeiro, o beneficiário terá recebido a parte que lhe cabe.

Entretanto, sendo a renúncia abdicativa, haverá apenas a incidência de um ITCMD sobre o valor integral do montante, já que na verdade nunca foi dividido, e será integralmente transferido do falecido A para o herdeiro C, sem que transite pelo patrimônio de B, ora renunciante.

Pode ocorrer que não haja renúncia, hipótese em que cada um (B e C) pagará o ITCMD sobre seus quinhões hereditários. No entanto, imagine que B não tenha renunciado ao seu quinhão, tenha o recebido e agora queira dispor de sua parte. Nesse caso, há duas opções: B vende sua parte para C, oportunidade em que incidirá o ITBI (**cessão onerosa**) ou B doa sua parte, oportunidade em que incidirá ITCMD (**cessão gratuita**).

Cumpre ressaltar que, na forma do art. 155, § 1º, da CRFB, no tocante aos bens móveis, o ITCMD incide no local do processamento do inventário, enquanto no tocante aos bens imóveis o ITCMD incide no local da situação do bem. Importante destacar que o inventário deverá ser processado no local do último domicílio do *de cujus*, a teor do art. 1.985 do CC.

Ademais, incidirá o ITCMD ainda que no caso de morte presumida, conforme jurisprudência consolidada na Súmula 331 do STF, que reconhece que "é legítima a incidência do imposto de transmissão *causa mortis* no inventário por morte presumida".

Em caso de morte do promitente vendedor, "calcula-se o imposto de transmissão *causa mortis* sobre o saldo credor da promessa de compra e venda de imóvel, no momento da abertura da sucessão do promitente vendedor", conforme teor da Súmula 590 do STF. Tal posicionamento é facilmente explicado, considerando que o herdeiro receberá o direito ao crédito que ainda resta ser quitado pelo promitente comprador, caracterizando-se como patrimônio do herdeiro.

Com relação aos valores já quitados, somente incidirá o ITCMD caso ainda estejam no patrimônio do *de cujus* quando da sua morte.

Por fim, mas não menos importante, a Súmula 435 do STF dispõe que, no caso de morte de um dos acionistas, o ITCMD é devido, pela transferência de suas ações a seus herdeiros, ao Estado em que tem sede a companhia. Note-se que o entendimento da referida súmula se aplica analogicamente às sociedades contratuais e à morte de seus sócios.

Ademais, assunto atual e relevante é a incidência ou não do ITCMD sobre os planos de previdência privada. A **previdência privada** consiste em uma espécie de investimento com regramento próprio em que o participante acumula recursos financeiros que lhe fornecerão uma fonte futura de renda, podendo ser **aberta** ou **fechada**.

É regulamentada pela LC 109/2001, que, em seu art. 2º trata do **regime de previdência complementar**.

Como se pode ver, os planos de previdência complementar são regidos por entidades abertas, que instituem e operam planos de benefícios de caráter previdenciário, conforme previsto no art. 36 da LC 109/2001.

> Tais planos têm a mesma natureza dos seguros de vida, conforme previsto no art. 73 do referido diploma, vejamos: "Art. 73. As entidades abertas serão reguladas também, no que couber, pela legislação aplicável às sociedades seguradoras".

Em razão do exposto, deve ser aplicado ao caso concreto o art. 794 do CC, que dispõe que, no seguro de vida ou de acidentes pessoais para o caso de morte, o capital estipulado não está sujeito às dívidas do segurado, nem se considera herança para todos os efeitos de direito.

Por não serem considerados herança, nem o seguro de vida nem a previdência privada, a incidência do ITCMD viola o ordenamento jurídico, ao passo que o Direito Tributário não pode violar os conceitos e institutos do Direito Civil, conforme previsto no art. 110 do CTN.

Com relação ao plano de previdência Vida Gerador de Benefício Livre (VGBL), o STJ consolidou o entendimento pela não incidência. Vejamos:

JURISPRUDÊNCIA

> TRIBUTÁRIO E PROCESSUAL CIVIL. RECURSO ESPECIAL. ITCMD. VALORES RECEBIDOS POR BENEFICIÁRIO DE PLANO VGBL INDIVIDUAL – VIDA GERADOR DE BENEFÍCIO LIVRE, EM DECORRÊNCIA DA MORTE DO SEGURADO. NÃO INCIDÊNCIA DAS

SÚMULAS 280 E 284/STF E 5 E 7/STJ. NATUREZA LEGAL DA CONTROVÉRSIA. PLA-NO VGBL. NATUREZA DE SEGURO DE VIDA. NÃO INCIDÊNCIA DO ITCMD. PRECE-DENTES DO STJ. RECURSO ESPECIAL CONHECIDO E IMPROVIDO. I. Recurso Especial interposto contra acórdão publicado na vigência do CPC/2015. II. Na origem, trata--se de Mandado de Segurança, objetivando reconhecer a "inexigibilidade da inclu-são do seguro de vida VGBL em nome do falecido em sua sobrepartilha e da cobrança do ITCD sobre o seguro". O Juízo singular concedeu a segurança, "para, reconhecendo a ilegalidade da cobrança do ITCD sobre valores aplicados em VGBL, determinar que o impetrado se abstenha de incluir estes valores na base de cál-culo" do tributo. O Tribunal de Justiça do Rio Grande do Sul manteve a sentença. III. No acórdão recorrido não houve discussão e decisão fundamentada a respeito da legislação estadual que dispõe sobre o ITCMD. O aresto impugnado extraiu sua conclusão a partir apenas da interpretação do art. 794 do CC/2002 – que dispõe que o seguro de vida não está sujeito às dívidas do segurado, nem se considera herança, para todos os efeitos de direito – e do conceito de VGBL Individual – Vida Gerador de Benefício Livre constante do site da SUSEP. No acórdão recorrido, o Tribunal de origem apenas transcreve o art. 1º do Decreto estadual 33.156/89, mas o faz lateralmente, *en passant*, sem sobre ele emitir qualquer consideração ou dele extrair qualquer fundamentação que o levasse a negar provimento à Apelação do Estado do Rio Grande do Sul. Em termos lógicos, o acórdão recorrido está estru-turado em três premissas: i) o ITCMD incide sobre a transmissão *causa mortis*, isto é, sobre os bens que se transmitem pela sucessão hereditária; ii) o art. 794 do CC/2002 estabelece que o seguro de vida, para todos os efeitos, não se considera herança; e iii) o VGBL consiste em seguro de vida. É da conjugação dessas três premissas que a Corte extraiu a conclusão de que o VGBL não pode ser tributado pelo ITCMD. Revela-se patente, pois, que a discussão central do presente feito gira em torno da correta interpretação do art. 794 do CC/2002, dispositivo que o Tri-bunal de origem fez incidir, na espécie, e que o Estado do Rio Grande do Sul pretende afastar, no Recurso Especial. IV. Poder-se-ia cogitar da incidência da Sú-mula 284/STF, na espécie, ao fundamento de que o art. 794 do CC/2002 não teria comando suficiente a sustentar a pretensão do Estado do Rio Grande do Sul. A esse argumento, é possível acrescentar outro na mesma linha. Dir-se-ia que, em se tratando de causa tributária, o art. 794 do CC/2002 deveria ser conjugado com outros dispositivos do Código Tributário Nacional, como os arts. 109 e 110, ou até mesmo com outros dispositivos de lei federal, como os arts. 79 e 83 da Lei 11.196/2005. Há nisto, porém, um equívoco. Em lição lapidar, o Ministro ARI PAR-GENDLER, no REsp 324.638/SP (*DJU* de 25/06/2001) anotou que "o recurso especial interposto pela letra 'a' supõe a indicação da norma que foi aplicada sem ter inci-dido, ou que deixou de ser aplicada não obstante tenha incidido, ou que, muito embora tenha incidido, foi mal aplicada, por interpretação errônea; e o respectivo conhecimento implica, sempre, o provimento para afastar a norma que foi aplica-da sem ter incidido, ou para aplicar a norma que deixou de ser aplicada a despei-to de ter incidido, ou para dar a norma, incidente e aplicada, a melhor interpre-tação". No caso concreto, o Tribunal de origem, assentando a incidência do art. 794 do CC/2002, aplicou-o à espécie, daí por que o ente público, supondo a não incidência do aludido dispositivo legal, toma-o por violado. O ente público recor-rente, consoante a lição do Ministro ARI PARGENDLER, indicou como violada a "norma que foi aplicada sem ter", no seu entendimento, "incidido". Irreprochável, portanto, a admissibilidade do Recurso Especial, ante a Súmula 284/STF. V. Alguns Estados editaram leis prevendo expressamente a incidência do ITCMD sobre o

VGBL. Em casos tais, não cabe a esta Corte Superior verificar a compatibilidade da lei local com a lei federal. Com efeito, "nos casos em que há conflito entre lei local e lei federal, a questão só pode ser resolvida pelo Supremo Tribunal Federal, nos termos da EC 45/2004, que passou para a Corte Suprema a competência para apreciar, em Recurso Extraordinário, as decisões que julgarem válida lei local contestada em face de lei federal (art. 102, III, *d*, da CF)" (STJ, AgInt no AREsp 1.588.963/RJ, Rel. Ministro MANOEL ERHARDT (Desembargador Federal convocado do TRF/5ª Região), PRIMEIRA TURMA, *DJe* de 20.05.2021). Isso não se dá, porém, no caso concreto, em que a legislação estadual, como transcrita no acórdão recorrido, é genérica, prevendo a incidência do ITCMD sobre a) propriedade ou domínio útil de bens imóveis e de direitos a eles relativos; e b) bens móveis, títulos e créditos, bem como dos direitos a eles relativos, além de ela não ter sido debatida, no aresto recorrido, que dela não extraiu fundamento para a sua conclusão. VI. A Segunda Turma do STJ, em sessão virtual encerrada em 29/03/2021, no julgamento do AgInt no AREsp 1.702.870/RS, de relatoria do Ministro FRANCISCO FALCÃO (*DJe* de 06.04.2021), deixou de conhecer de Recurso Especial versando questão idêntica à que ora se apresenta. Na oportunidade, o Relator afirmou que "a irresignação do recorrente acerca da incidência de ITCMD sobre o plano VGBL, vai de encontro às convicções do julgador a quo, que, com lastro no conjunto probatório constante dos autos, ou seja, as cláusulas do contrato, decidiu que o plano específico se enquadra na categoria de seguro pessoal, sendo aplicável o art. 794 do CC". O entendimento, porém, respeitosamente, merece ser revisto. A questão posta no Recurso Especial é de direito, ou seja, a de saber se podem ser tributados pelo ITCMD os valores recebidos pelo beneficiário, em decorrência da morte do titular de plano VGBL, produto financeiro profundamente regulamentado e padronizado. Assim posta a questão, ressai irrelevante a análise da situação fática concreta ou dos termos contratuais, razão pela qual deve ser afastado o óbice da Súmula 7/STJ e, até mesmo, o da Súmula 5/STJ. VII. A par das razões técnicas acima apontadas, o conhecimento do Apelo traz vantagens institucionais. A controvérsia tem potencial multiplicador e pode ensejar decisões divergentes nos diversos Tribunais de Justiça do país. Prova disso é o acórdão do Tribunal de Justiça de Minas Gerais, apontado como paradigma, no Recurso Especial. Desse modo, o julgamento do mérito, por este Superior Tribunal de Justiça, permite o incremento de segurança jurídica, seja qual for o resultado, ao mercado financeiro, setor da atividade econômica que presumivelmente movimenta cifras elevadas, contribuindo para o desenvolvimento nacional. VIII. Consoante esclarece a Superintendência de Seguros Privados – SUSEP, autarquia federal vinculada ao Ministério da Economia, responsável pelo controle e fiscalização dos mercados de seguro, previdência privada aberta, capitalização e resseguro, "o VGBL Individual – Vida Gerador de Benefício Livre é um seguro de vida individual que tem por objetivo pagar uma indenização, ao segurado, sob a forma de renda ou pagamento único, em função de sua sobrevivência ao período de diferimento contratado". IX. Não é outro o entendimento da Quarta Turma deste Superior Tribunal de Justiça, para a qual o VGBL "tem natureza jurídica de contrato de seguro de vida" (AgInt nos EDcl no AREsp 947.006/SP, Rel. Ministro LÁZARO GUIMARÃES (Desembargador Federal convocado do TRF/5ª Região), QUARTA TURMA, *DJe* de 21.05.2018). No julgamento do AgInt no AREsp 1.204.319/SP – no qual a Corte de origem concluíra pela natureza securitária do VGBL, não podendo ele ser incluído na partilha –, a Quarta Turma do STJ fez incidir a Súmula 83/STJ, afirmando que "o entendimento da Corte Estadual está em harmonia com a jurisprudência do Superior Tribunal de

CAP. 14 • IMPOSTOS EM ESPÉCIE | **507**

Justiça a respeito do tema. Incidência da Súmula 83 do STJ" (STJ, AgInt no AREsp 1.204.319/SP, Rel. Ministro LUIS FELIPE SALOMÃO, QUARTA TURMA, *DJe* de 20.04.2018). X. Embora tratando de questão tributária diversa, a Segunda Turma do STJ, no REsp 1.583.638/SC (Rel. Ministro MAURO CAMPBELL MARQUES, *DJe* de 10.08.2021), já teve a oportunidade de assentar que o plano VGBL constitui espécie de seguro. Também tratando de questão diversa, a saber, a constitucionalidade da cobrança de alíquotas diferenciadas de CSLL para empresas de seguros, o Supremo Tribunal Federal, no julgamento da ADI 5.485/DF (Rel. Ministro LUIZ FUX, TRIBUNAL PLENO, *DJe* de 03.07.2020), já teve a oportunidade de afirmar, em obiter dictum, a natureza securitária do VGBL. XI. Assim, não apenas a jurisprudência reconhece a natureza de seguro do plano VGBL, mas também a própria agência reguladora do setor econômico classifica-o como espécie de seguro de vida. Resta evidente, pois, que os valores a serem recebidos pelo beneficiário, em decorrência da morte do segurado contratante de plano VGBL, não se consideram herança, para todos os efeitos de direito, como prevê o art. 794 do CC/2002. Nesse sentido: STJ, AgInt nos EDcl no REsp 1.618.680/MG, Rel. Ministra MARIA ISABEL GALLOTTI, QUARTA TURMA, *DJe* de 11.09.2018; AgInt nos EDcl no AREsp 947.006/SP, Rel. Ministro LÁZARO GUIMARÃES (Desembargador Federal convocado do TRF/5ª Região), QUARTA TUR-MA, *DJe* de 21.05.2018. XII. Reforça tal compreensão o disposto no art. 79 da Lei 11.196/2005, segundo o qual, no caso de morte do segurado, "os seus beneficiários poderão optar pelo resgate das quotas ou pelo recebimento de benefício de ca-ráter continuado previsto em contrato, independentemente da abertura de inven-tário ou procedimento semelhante". XIII. Não integrando a herança, isto é, não se tratando de transmissão *causa mortis*, está o VGBL excluído da base de cálculo do ITCMD. Nessa linha, a Resposta à Consulta Tributária 5.678/2015, em que o Fisco paulista conclui pela não incidência do ITCMD, na espécie. XIV. Registre-se que, em precedentes recentes, a Terceira Turma do STJ tem reconhecido a natureza de "investimento" dos valores aportados ao plano VGBL, durante o período de diferi-mento, assim entendido "o período compreendido entre a data de início de vigên-cia da cobertura por sobrevivência e a data contratualmente prevista para início do pagamento do capital segurado" (art. 5º, XXI, da Resolução 140/2005, do Conselho Nacional de Seguros Privados), de modo que seria possível a sua inclu-são na partilha, por ocasião da dissolução do vínculo conjugal. Reconhece, ainda, que "a natureza securitária e previdenciária complementar desses contratos é marcante, no momento em que o investidor passa a receber, a partir de determi-nada data futura e em prestações periódicas, os valores que acumular ao longo da vida". Nesse sentido: STJ, REsp 1.880.056/SE, Rel. Ministra NANCY ANDRIGHI, TERCEIRA TURMA, *DJe* de 22.03.2021; REsp 1.698.774/RS, Rel. Ministra NANCY ANDRIGHI, TERCEIRA TURMA, *DJe* de 09.09.2020. XV. O aludido entendimento, contudo, não parece contradizer a tese ora esposada. Primeiro, porque ali estava em questão, não o art. 794, mas o art. 1.659, VII, do CC/2002, que dispõe sobre os bens excluídos do regime da comunhão parcial de bens. Em segundo lugar, porque, com a morte do segurado, sobreleva o caráter securitário do plano VGBL, sobretudo com a prevalência da estipulação em favor do terceiro beneficiário, como deixa expresso o art. 79 da Lei 11.196/2005. XVI. Não se descarta a hipóte-se em que o segurado pratique atos ou negócios jurídicos com a finalidade de dissimular a ocorrência do fato gerador do ITCMD. Nesse caso, incumbe à Admi-nistração tributária comprovar a situação e efetuar o lançamento tributário, nos termos do parágrafo único do art. 116 do CTN. Isto, porém, não foi o que ocorreu, na espécie, não tendo o Estado agitado qualquer alegação nesse sentido. XVII.

> Recurso Especial conhecido e improvido (REsp 1.961.488/RS, 2ª Turma, Rel. Min. Assusete Magalhães, j. 16.11.2021, *DJe* 17.11.2021).

Como se pode ver, a natureza securitária é inegável e afasta a incidência do tributo.

Tal entendimento foi consolidado pelo STF, no sentido da não incidência do ITCMD tanto sobre o VGBL quanto sobre o PGBL, nos seguintes termos: "é inconstitucional a incidência do Imposto sobre Transmissão Causa Mortis e Doação (ITCMD) quanto ao repasse, para os beneficiários, de valores e direitos relativos ao plano Vida Gerador de Benefício Livre (VGBL) ou ao Plano Gerador de Benefício Livre (PGBL) na hipótese de morte do titular do plano".

Outro assunto interessante é a incidência do imposto em análise nos casos em que ocorra comoriência.

A **comoriência** é um instituto do Direito Civil que ocorre quando duas ou mais pessoas falecem no mesmo momento e, quando não é possível identificar quem morreu em primeiro lugar.

> O referido instituto está previsto no art. 8º do CC, vejamos: "Se dois ou mais indivíduos falecerem na mesma ocasião, não se podendo averiguar se algum dos comorientes precedeu aos outros, presumir-se-ão **simultaneamente mortos**".

Trata-se, então, de uma morte simultânea de duas ou mais pessoas. Partindo de uma leitura despretensiosa, o instituto não teria grande importância. No entanto, a comoriência tem grande influência no Direito das Sucessões e no Direito Tributário, no tocante à incidência do ITCMD, previsto nos arts. 155, I, da CFRB, e 35 do CTN. Tal imposto incide na transmissão gratuita de quaisquer bens, seja *intervivos* ou *causa mortis*.

Isso porque, como já dito, o fato gerador do imposto é a transmissão *causa mortis*, caracterizada, na forma do art. 1.784 do CC. Assim, com a morte, ocorre a transmissão dos bens do *de cujus* aos herdeiros.

Outrossim, com a abertura da sucessão, que ocorre com a morte da pessoa natural, a herança do *de cujus* transfere-se automaticamente aos herdeiros, caracterizando-se o fato gerador do ITCMD. No entanto, para que tal fato ocorra, pressupõe-se que os herdeiros estejam vivos.

Assim, em caso de comoriência de pessoas ligadas por vínculos sucessórios, como deverá ocorrer a incidência do ITCMD, já que não é possível a transmissão de herança a mortos?

De acordo com Maria Berenice Dias:

> Não havendo a possibilidade de saber quem é herdeiro de quem, a lei presume que as mortes foram concomitantes. Desaparece o vínculo sucessório entre ambos. Com isso, um não herda do outro e os bens de cada um passam aos seus respectivos herdeiros.[6]

---

[6] DIAS, Maria Berenice. *Manual de Direito das Sucessões*. 7. ed. rev. atual. e ampl. São Paulo: Revista dos Tribunais, 2010. p. 286.

Como se pode ver não há vínculo sucessório entre os comorientes, de modo que, caso marido e mulher venham a falecer simultaneamente, não deverá sequer ser analisado o regime de bens do casal, pois não são eles herdeiros entre si, cabendo a transmissão, automaticamente, aos seus descentes, caso existam.

Diante do exposto, tendo em vista que o Direito Tributário não pode alterar "a definição, o conteúdo e o alcance de institutos, conceitos e formas de direito privado", na forma do art. 110 do CTN, não restam dúvidas de que não haverá a incidência do ITCMD entre os comorientes em caso de morte simultânea, por não ser caracterizada a existência de sucessão entre eles.

Por fim, o STJ firmou posicionamento no sentido de que, no arrolamento sumário, não há que se falar em comprovação do recolhimento do ITCMD como requisito para entrega dos formais de partilha. Vejamos:

JURISPRUDÊNCIA

> Cinge-se a controvérsia a definir sobre a possibilidade de, sob a égide do novo Código de Processo Civil, encerrar-se o processo de arrolamento sumário, com a expedição e entrega de formais de partilha e alvarás aos sucessores, sem a prévia quitação dos tributos devidos para com a Fazenda Pública. Inicialmente cumpre salientar que a sucessão *causa mortis*, independentemente do procedimento processual adotado, abrange os tributos relativos aos bens do espólio e às suas rendas, porquanto integrantes do passivo patrimonial deixado pelo *de cujus*, e constitui fato gerador dos tributos incidentes sobre a transmissão do patrimônio propriamente dita, dentre eles o ITCM. Segundo o que dispõe o art. 192 do CTN, a comprovação da quitação dos tributos referentes aos bens do espólio e às suas rendas é condição *sine qua non* para que o magistrado proceda a homologação da partilha. Registre-se que essa norma não é de natureza processual, mas, sim, de direito material, porquanto se refere ao levantamento e à quitação de parte destacada do passivo do espólio deixado pelo *de cujus*, encerrando prerrogativa da Fazenda Pública de recuperar seus créditos tributários antes que os ativos sejam destinados ao pagamento de outros credores ou à partilha com os sucessores, sendo certo que esse direito de preferência está inclusive expressamente assegurado no art. 189 do CTN. Apesar disso, o novo Código de Processo Civil, em seu art. 659, § 2º, traz uma significativa mudança normativa no tocante ao procedimento de arrolamento sumário, ao deixar de condicionar a entrega dos formais de partilha ou da carta de adjudicação à prévia quitação dos tributos concernentes à transmissão patrimonial aos sucessores. Assim, essa inovação normativa em nada altera a condição estabelecida no art. 192 do CTN, de modo que, interpretando conjuntamente esses dispositivos legais, é possível concluir que, no arrolamento sumário, o magistrado deve exigir a comprovação de quitação dos tributos relativos aos bens do espólio e às suas rendas para homologar a partilha (condição expressamente prevista para o inventário processado na forma de arrolamento – art. 664, § 5º) e, na sequência, com o trânsito em julgado, expedir os títulos de transferência de domínio e encerrar o processo, independentemente do pagamento do imposto de transmissão (REsp. 1704359/DF, Rel. Min. Gurgel de Faria, por maioria, j. 28.08.2018, *DJe* 02.10.2018).

Frise-se que todos os tributos referentes aos bens e rendas do espólio deverão estar recolhidos, mas não o ITCMD, que incidirá da transmissão e não sobre o patrimônio.

b) Transmissão gratuita *intervivos*

O ITCMD também incidirá sobre toda e qualquer **doação** que, na forma do art. 538 do CC, seja considerada "o contrato em que uma pessoa, por liberalidade, transfere do seu patrimônio bens ou vantagens para o de outra".

Assim, incidirá o ITCMD nas hipóteses de "mesada" que é paga pelos pais a seus filhos e presentes de modo geral, por exemplo.

Ademais, também incidirá o ITCMD sobre várias situações da vida, como é o caso do divórcio com excesso na partilha, por exemplo. Tal hipótese ocorre quando o regime de bens do casal é de comunhão, total ou parcial de bens, em que um cônjuge recebe um patrimônio maior que o do outro. Assim, caso ocorra a divisão irregular dos bens, de modo que a cônjuge virago (esposa) fique com 55%, e o cônjuge varão (marido) fique com 45%, do patrimônio do casal, o cônjuge varão renunciou a 5% do seu patrimônio, ou seja, promoveu uma doação para a cônjuge virago, hipótese em que incidirá o ITCMD sobre tal parcela da meação (5%) doada. Diferente seria se a cônjuge virago indenizasse o cônjuge varão pela pequena diferença, recompondo a meação. Nessa hipótese, como cada um ficaria com 50% do patrimônio, não há que falar na incidência do ITCMD. Repita-se: não incide ITCMD sobre a meação, tendo em vista ser parte do patrimônio de cada cônjuge.

c) Base de cálculo

Conforme previsto no art. 38 do CTN, a **base de cálculo** do ITCMD é o **valor venal** dos bens ou direitos transmitidos.

Com relação a bens móveis em geral ou mesmo com relação aos bens imóveis objeto de transmissão não surgem grandes discussões, pois basta analisar o seu valor de mercado. No entanto, o mesmo não ocorre no caso de transmissão de quotas societárias. Nesses casos, muitos estados buscam o valor patrimonial dessas quotas, sem considerar o patrimônio líquido, e não a avaliação dos ativos da sociedade.

> Não devem restar dúvidas de que na busca pela definição do valor patrimonial deve ser adotado o conceito de patrimônio líquido, definido no art. 182 da Lei 6.404/1976: "A conta do capital social discriminará o montante subscrito e, por dedução, a parcela ainda não realizada".

A jurisprudência tem andado nesse sentido. Vejamos:

 JURISPRUDÊNCIA

APELAÇÃO E REEXAME NECESSÁRIO – MANDADO DE SEGURANÇA– ITCMD – DOAÇÃO DE QUOTAS DE CAPITAL SOCIAL – BASE DE CÁLCULO DO TRIBUTO – CÁLCULO QUE DEVE RECAIR SOBRE O VALOR PATRIMONIAL DAS AÇÕES E NÃO O ATIVO QUE INTEGRA O PATRIMÔNIO DA EMPRESA – EXEGESE DO ART. 14, § 3º, DA LEI 10.705/2000 – COMPLEMENTAÇÃO DO RECOLHIMENTO DO REFERIDO TRIBUTO – INADMISSIBILIDADE – OBSERVÂNCIA AO PRINCÍPIO DA LEGALIDADE – PRESENÇA

DO DIREITO LÍQUIDO E CERTO (...) (TJ-SP – AC 1005873-09.2016.8.26.0032, 11ª Câmara de Direito Público do Tribunal de Justiça de São Paulo, Rel. Marcelo L. Theodósio, j. 19.06.2018, Data de Publicação: 05.07.2018).

Assim, não devem restar dúvidas de que a base de cálculo do imposto é o valor dos bens na data do fato gerador, cabendo a atualização dos valores ao término do inventário, antes de homologada a partilha, como medida de evitar o enriquecimento sem causa do particular.

d) Alíquota

No art. 155, § 1º, IV, da CRFB resta claro que a **alíquota máxima** será fixada por resolução do **Senado Federal**. Atualmente, as alíquotas adotadas pelos estados não podem ultrapassar 8%, nos termos da Resolução 9/1992.

Ademais, em recente posicionamento, o STF adotou a possibilidade de aplicação do princípio da progressividade ao ITCMD, apesar da ausência de previsão constitucional expressa. O **STF** aplicou a **progressividade** no ITCMD ao interpretar tal imposto à luz do **princípio da capacidade contributiva**, previsto no art. 145, § 1º, da CRFB. Atenção: a progressividade no ITCMD era **facultativa**, cabendo ao Poder Público a análise dos critérios de conveniência e oportunidade. Vejamos a jurisprudência anterior à Reforma Tributária.

 JURISPRUDÊNCIA

Em conclusão, o Plenário, por maioria, deu provimento a recurso extraordinário, interposto pelo Estado do Rio Grande do Sul, para assentar a constitucionalidade do art. 18 da Lei gaúcha 8.821/1989, que prevê o **sistema progressivo** de alíquotas para o Imposto sobre a Transmissão *Causa Mortis* de Doação (ITCD) – v. Informativos 510, 520 e 634. Salientou-se, inicialmente, que o entendimento de que a progressividade das alíquotas do ITCD seria inconstitucional decorreria da suposição de que o § 1º do art. 145 da CF a admitiria exclusivamente para os impostos de caráter pessoal. Afirmou-se, entretanto, que todos os impostos estariam sujeitos ao princípio da capacidade contributiva, mesmo os que não tivessem caráter pessoal. Esse dispositivo estabeleceria que os impostos, sempre que possível, deveriam ter caráter pessoal. Assim, todos os impostos, independentemente de sua classificação como de caráter real ou pessoal, poderiam e deveriam guardar relação com a capacidade contributiva do sujeito passivo. Aduziu-se, também, ser possível aferir a capacidade contributiva do sujeito passivo do ITCD, pois, tratando-se de imposto direto, a sua incidência poderia expressar, em diversas circunstâncias, progressividade ou regressividade direta. Asseverou-se que a **progressividade** de alíquotas do imposto em comento não teria como descambar para o confisco, porquanto haveria o controle do teto das alíquotas pelo Senado Federal (CF, art. 155, § 1º, IV). Ademais, assinalou-se inexistir incompatibilidade com o Enunciado 668 da Súmula do STF (...). Por derradeiro, esclareceu-se que, diferentemente do que ocorreria com o IPTU, no âmbito do ITCD não haveria a necessidade de emenda constitucional para que o imposto fosse progressivo (RE 562.045, Rel. p/ o ac. Min. Cármen Lúcia, j. 06.02.2013, Plenário, *Informativo* 694, com repercussão geral) (No mesmo sentido: RE 542485, 1ª Turma, Rel. Min. Marco Aurélio, j. 19.02.2013, *DJe* 08.03.2013).

Como se pode ver, caberia ao respectivo estado criar as regras específicas aplicáveis ao ITCMD, determinando o contribuinte e as alíquotas aplicáveis, devendo ser respeitada a alíquota máxima determinada pelo Senado Federal, cabendo, então, a aplicação da progressividade.

Todavia, a Emenda Constitucional 132/2023 passou a prever a aplicação obrigatória da progressividade ao ITCMD, de modo que as alíquotas devem variar de acordo com a base de cálculo do imposto devendo os Estados se adaptar à nova realidade do sistema tributário alterando suas legislações.

e) Sujeito passivo

De acordo com o CTN, em seu art. 42, o contribuinte do imposto pode ser qualquer das partes envolvidas na operação tributada, cabendo à legislação estadual a sua definição.

Considerando a característica do tributo e seu fato gerador, devem ser considerados contribuintes na transmissão *causa mortis*, o herdeiro ou o legatário; no fideicomisso, o fiduciário; na doação: o donatário; na cessão de herança ou de bem ou direito a título não oneroso, o cessionário.

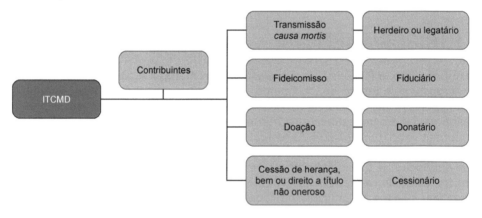

Não devem restar dúvidas de que a lei poderá atribuir a responsabilidade a outras pessoas que participem da relação jurídica, conforme disposto no art. 121, parágrafo único, II, do CTN.

Importante lembrar que a Reforma Tributária passou a prever a não incidência do ITCMD nas transmissões e doações para instituições sem fins lucrativos.[7]

---

[7] Art. 155. (...)
§ 1º (...)
VII – não incidirá sobre as transmissões e as doações para as instituições sem fins lucrativos com finalidade de relevância pública e social, inclusive as organizações assistenciais e beneficentes de entidades religiosas e institutos científicos e tecnológicos, e por elas realizadas na consecução dos seus objetivos sociais, observadas as condições estabelecidas em lei complementar.

Considerações sobre ITCMD
1. Incide quando da transmissão gratuita de bens móveis ou imóveis, seja por doação ou no momento da transmissão *causa mortis*.
2. Toda doação é fato gerador do ITCMD.
3. Ao interpretar referido imposto à luz do princípio da capacidade contributiva, o STF entendeu pela aplicação da progressividade.
4. A progressividade no ITCMD é facultativa, cabendo ao Poder Público analisar a conveniência e a oportunidade de sua aplicabilidade.

PARA REFORÇAR

ITCMD	
Fiscal	Finalidade de arrecadar recursos para os estados.
Direto	Trata-se de um imposto que não admite a transmissão do ônus financeiro, devendo ser suportado pelo contribuinte.
Real	É um tributo *propter rem*, cobrado em razão do fato gerador objetivamente considerado. Não leva em conta a capacidade econômica e nem características pessoais do contribuinte. Leva em consideração a coisa objeto da tributação, e não as características do seu titular. Todavia, o STF firmou posicionamento no sentido de que o ITCMD poderá variar de acordo com a capacidade contributiva, dependendo da previsão em lei estadual. Assim, caso o estado faça a opção por exigir o ITCMD progressivo, sua característica será de imposto pessoal.
Não vinculado	Art. 16, CTN. Seu fato gerador não depende de uma atuação e contraprestação específica da atividade estatal, e sua receita não poderá ser vinculada a qualquer atividade estatal.
Proporcional/Progressivo	A alíquota por essência, não deve variar em razão da base de cálculo. Todavia, após o julgamento do STF que reconheceu a possibilidade da aplicação do princípio da capacidade contributiva ao ITCMD, cabe aos estados a previsão da aplicação da progressividade de alíquotas por lei própria.
Legislação	Art. 155, I, CRFB. Art. 155, § 1º, CRFB. Arts. 147 e 35, CTN. Art. 34, § 6º, ADCT c/c o art. 24, § 3º, CRFB. Art. 155, IV, § 1º, CRFB. Resolução do Senado 9/1992. Súmula 112, 113, 114, 115, 331, 509, 542, 590, STF. Art. 1.951, CC.
• O fato gerador recairá sempre sobre a transmissão gratuita de quaisquer bens.	
• A alíquota máxima do ITCMD é fixada por resolução do Senado Federal, estando vigente no Brasil a Resolução nº 9/1992, que fixou a alíquota máxima em 8%.	
• Lançamento por declaração.	
• Aplica-se a lei vigente na data da sucessão, ou seja, na data do fato gerador no caso de sucessão *causa mortis*.	
• O adiantamento da herança se equipara a uma doação, então, incide o ITCMD, porque há transmissão gratuita.	
• **Renúncia translativa.** Nessa modalidade de renúncia, o herdeiro abre mão de seu quinhão hereditário em benefício de outrem. Sendo assim, haverá incidência do imposto na transmissão do *de cujus* para o herdeiro e na transmissão para o beneficiário da renúncia.	

> - **Renúncia abdicativa.** Nessa hipótese de renúncia, não há incidência do imposto porque não ocorre a transmissão. Em outras palavras, quando o herdeiro renuncia seu quinhão sem indicar beneficiário, sua parte não se destaca do monte, não caracterizando, assim, o fato gerador do ITCMD.
> - **Doação com encargo.** Trata-se de um contrato bilateral e oneroso que tem como característica a presença de encargos, ônus ou obrigações do beneficiário. Na doação com encargo o beneficiário fica condicionado a uma contraprestação para receber a doação. Ainda assim, trata-se de uma operação gratuita, caracterizada pela liberalidade, tributada, então, pelo ITCMD.
> - **Usufrutuário.** O usufrutuário não transmite por sucessão hereditária ou testamentária o direito ao usufruto, e por isso não incide o ITCMD sobre a reserva do usufruto.
> - Art. 42 do CTN: Sujeito Passivo do ITCMD. O ente tributante poderá escolher quem é o contribuinte; a lei estadual que deverá determinar o contribuinte e o responsável.
> - **Local onde é devido o ITCMD.** Se incidente sobre bem imóvel: cabe ao estado da localização do bem.
> - No entanto, se estiver incidindo sobre bens móveis, títulos e créditos: compete ao estado onde se processar o inventário ou arrolamento, ou tiver domicílio o doador. Se o doador morar no exterior e o *de cujus* possuía bens no exterior ou teve o seu inventário processado no exterior, cabe à lei complementar definir. Como não existe tal lei complementar no Brasil, cada estado poderá estipular e regulamentar a incidência, na forma dos arts. 24, § 3º e 34, § 3º, da CRFB.
> - Base de cálculo é o valor venal dos bens transmitidos. Súmula 113, STF. O STF permite a fixação da base de cálculo no momento da transmissão dos bens.
> - No arrolamento, não pode ocorrer o questionamento acerca do pagamento de tributos relativos à transmissão.

14.2.2. Imposto sobre Circulação de Mercadorias e Prestação de Serviços de Comunicação e Transporte Interestadual e Intermunicipal – ICMS

a) Legislação e súmulas aplicáveis

- CRFB, art. 155, II e §§ 2º, 3º, 4º e 5º
- Leis Complementares 24/1975; 87/1996; 160/2017
- Súmulas: STF, Súmulas Vinculantes 32 e 48; Súmulas 323, 536, 541, 573, 575, 576, 579, 615, 660, 661, 662; STJ, 20, 49, 68, 71, 80, 87, 94, 95, 129, 135, 155, 163, 166, 198, 237, 334, 350, 391, 395, 431, 432, 433, 457, 509

b) Fato gerador

O **ICMS** é um imposto de competência estadual, previsto no art. 155, II, da CRFB e regulamentado pelas LC 24/1975 e 87/1996, e possui diversos fatos geradores, quais sejam, a circulação de mercadorias e os serviços de transporte interestadual e intermunicipal, e de comunicação. Para Roque Antonio Carrazza,

> A sigla "ICMS" alberga pelo menos cinco impostos diferentes, a saber: a) o imposto sobre operações mercantis, que, de algum modo, compreende o que nasce da entrada, na Unidade Federada, de mercadorias importadas do exterior; b) o imposto sobre serviços de transportes interestadual e intermunicipal; c) o imposto sobre serviços de comunicação; d) o impostos sobre produção, importação, circulação, distribuição ou consumo de lubrificantes e combustíveis líquidos e gasosos, e de energia elétrica; e e) o imposto sobre extração, circulação, distribuição, ou consumo de minerais. Dizemos diferentes, porque estes tributos

têm hipóteses de incidência e bases de cálculo diferentes. Há, pois, pelo menos cinco núcleos distintos de incidência do ICMS.[8]

Passemos à análise de cada uma das situações que caracterizam a incidência do ICMS.

I – Circulação de mercadorias

A operação de **circulação de mercadorias** é o principal fato gerador do ICMS. Tanto é assim que o ICMS foi concebido historicamente como ICM, para incidir somente sobre a operação mercantil. Foi na Constituição de 1988 que os serviços de comunicação e transporte foram inseridos na hipótese de incidência do imposto em análise.

Assim, toda operação mercantil será considerada para fins de incidência do ICMS e, para tal, somente será considerada mercantil, a operação praticada com habitualidade, volume e finalidade de lucro, conforme previsto no art. 4º da LC 87/1996.

O fato gerador do ICMS somente se realiza, então, com a saída jurídica da mercadoria do estabelecimento do contribuinte, e não com a mera saída física, isso porque a caracterização da incidência do tributo se dá com a troca de titularidade, caso contrário, não poderá ser caracterizada a circulação.

Nesse sentido, o STJ editou a Súmula 166, segundo a qual não há incidência do ICMS quando a mercadoria sair de um estabelecimento para outro do mesmo contribuinte, pois, nesse caso, há saída física e não jurídica, não havendo efetivamente circulação da mercadoria, pela ausência da troca de titularidade.

Tal entendimento foi consolidado pelo STF no julgamento da ADC nº 49, nos seguintes termos:

 JURISPRUDÊNCIA

> DIREITO CONSTITUCIONAL E TRIBUTÁRIO. AÇÃO DECLARATÓRIA DE CONSTITUCIONALIDADE. ICMS. DESLOCAMENTO FÍSICO DE BENS DE UM ESTABELECIMENTO PARA OUTRO DE MESMA TITULARIDADE. INEXISTÊNCIA DE FATO GERADOR. PRECEDENTES DA CORTE. NECESSIDADE DE OPERAÇÃO JURÍDICA COM TRAMITAÇÃO DE POSSE E PROPRIDADE DE BENS. AÇÃO JULGADA IMPROCEDENTE.
>
> 1. Enquanto o diploma em análise dispõe que incide o ICMS na saída de mercadoria para estabelecimento localizado em outro Estado, pertencente ao mesmo titular, o Judiciário possui entendimento no sentido de não incidência, situação esta que exemplifica, de pronto, evidente insegurança jurídica na seara tributária. Estão cumpridas, portanto, as exigências previstas pela Lei n. 9.868/1999 para processamento e julgamento da presente ADC.
>
> 2. O deslocamento de mercadorias entre estabelecimentos do mesmo titular não configura fato gerador da incidência de ICMS, ainda que se trate de circulação interestadual. Precedentes.

---

[8] CARRAZZA, Roque Antonio. *ICMS*. 16. ed. São Paulo: Malheiros. 2012. p. 40-41.

> 3. A hipótese de incidência do tributo é a operação jurídica praticada por comerciante que acarrete circulação de mercadoria e transmissão de sua titularidade ao consumidor final.
>
> 4. Ação declaratória julgada improcedente, declarando a inconstitucionalidade dos artigos 11, § 3.º, II, 12, I, no trecho "ainda que para outro estabelecimento do mesmo titular", e 13, § 4.º, da Lei Complementar Federal n. 87, de 13 de setembro de 1996.

Assim, não há que se falar na incidência do ICMS ainda que a operação seja realizada por matriz e filial de uma mesma empresa localizadas em estados diversos, pois não ocorrerá o fato gerador do imposto pela ausência de troca de titularidade, requisito essencial para que se caracterize a incidência do ICMS. Tal entendimento foi endossado pelo STF no julgamento da ADC 49, em 2023, sendo também alterada a lei complementar nº 87/96 pela LC 204/2023 para regulamentar a não incidência e a transferência de créditos entre os estabelecimentos de mesma titularidade.[9]

Entretanto, se a operação for realizada entre empresas do mesmo grupo econômico, o ICMS incidirá normalmente, já que, apesar de possuírem a mesma controladora, são de titularidades diferentes, caracterizando-se a circulação da mercadoria no deslocamento entre as empresas.

Seguindo na mesma linha de raciocínio, não incidirá o ICMS também sobre os contratos de comodato, pois não se caracteriza a troca de titularidade. Assim entendeu o STF quando da edição da Súmula 573, que prevê que "não constitui fato gerador do imposto de circulação de mercadorias a saída física de máquinas, utensílios e implementos a título de comodato".

Ademais, indispensável na análise do fato gerador do ICMS o conceito de mercadoria que, de acordo com o Ministro Marco Aurélio, "consubstancia mercadoria coisa móvel destinada a comercialização, que geralmente é adquirida por pessoa do comércio para revenda (...)" (trecho do voto no AgReg 131941/SC).

---

[9] Art. 1º O art. 12 da Lei Complementar 87, de 13 de setembro de 1996 (Lei Kandir), passa a vigorar com as seguintes alterações:

"Art. 12. (...)

I – da saída de mercadoria de estabelecimento de contribuinte;

(...)

§ 4º Não se considera ocorrido o fato gerador do imposto na saída de mercadoria de estabelecimento para outro de mesma titularidade, mantendo-se o crédito relativo às operações e prestações anteriores em favor do contribuinte, inclusive nas hipóteses de transferências interestaduais em que os créditos serão assegurados:

I – pela unidade federada de destino, por meio de transferência de crédito, limitados aos percentuais estabelecidos nos termos do inciso IV do § 2º do art. 155 da Constituição Federal, aplicados sobre o valor atribuído à operação de transferência realizada;

II – pela unidade federada de origem, em caso de diferença positiva entre os créditos pertinentes às operações e prestações anteriores e o transferido na forma do inciso I deste parágrafo."

Dessa forma, não há que se falar na incidência do ICMS no caso em que a empresa decide por alienar seu ativo fixo, tendo em vista que tal operação não se caracteriza como operação mercantil, e os bens alienados sequer têm natureza de mercadoria. Vejamos a jurisprudência já consolidada.

 JURISPRUDÊNCIA

> A venda de bens do ativo fixo da empresa não se enquadra na hipótese de incidência determinada pelo art. 155, II, da Carta Federal, tendo em vista que, em tal situação, inexiste circulação no sentido jurídico-tributário: os bens não se ajustam ao conceito de mercadorias e as operações não são efetuadas com habitualidade. Recurso extraordinário não conhecido (RE 194300/SP, *DJ* 24.04.1997).

Como se pode ver, o conceito de mercancia é fundamental para a incidência do ICMS, de modo que não incide quando não ocorrer operação de natureza mercantil.

O STF foi instado a se manifestar sobre as operações com bens salvados de sinistro em que seguradoras foram cobradas pela incidência do ICMS na alienação de bens. Como não poderia ser diferente, o STF rechaçou a incidência do imposto, ao passo que tal operação não se caracteriza como mercantil, e bens salvados de sinistro não têm natureza de mercadoria. Foi, então, editada a Súmula Vinculante 32 pelo STF, de modo que "o ICMS não incide sobre alienação de salvados de sinistro pelas seguradoras".

Da mesma forma, não incidirá o ICMS sobre fusão e aquisição de empresas, por não serem tais hipóteses caracterizadas como operações mercantis. Vejamos:

 JURISPRUDÊNCIA

> I – Transformação, incorporação, fusão e cisão constituem várias facetas de um só instituto: a transformação das sociedades. Todos eles são fenômenos de natureza civil, envolvendo apenas as sociedades objeto da metamorfose e os respectivos donos de cotas ou ações. Em todo o encadeamento da transformação não ocorre qualquer operação comercial. II – A sociedade comercial – pessoa jurídica corporativa pode ser considerada um condomínio de patrimônios ao qual a ordem jurídica confere direitos e obrigações diferentes daqueles relativos aos condôminos (Kelsen). III – Os cotistas de sociedade comercial não são, necessariamente, comerciantes. Por igual, o relacionamento entre a sociedade e seus cotistas é de natureza civil. IV – A transformação em qualquer de suas facetas das sociedades não é fato gerador de ICMS (REsp. 242721/SC).

O conceito de mercadoria é o fator determinante para a incidência ou não do ICMS. Em razão dessa importância, muitos debates surgiram para diferenciar a incidência do ICMS a do ISS, posto que aquele incide sobre o ato de comércio e esse, sobre a obrigação de fazer.

Uma discussão relevante se deu com relação ao fornecimento de água, em que ficou caracterizada a incidência do ISSQN, no fornecimento de água encanada, e do ICMS sobre a venda de água engarrafada. Vejamos:

JURISPRUDÊNCIA

> SERVIÇO PÚBLICO ESSENCIAL – REMUNERADO POR TARIFA (PREÇO PÚBLICO) – NÃO INCIDÊNCIA DO ICMS.
>
> 1. É intributável, por meio do ICMS, o fornecimento de água potável por empresas concessionárias desse serviço público.
>
> 2. As águas em estado natural são bens públicos e só podem ser explorados por particulares, mediante concessão, permissão ou autorização.
>
> 3. A água, portanto, fornecida à população, após ser tratada pelas empresas concessionárias, permissionárias ou autorizadas, não caracteriza mercadoria.
>
> 4. Esse entendimento não se aplica à água mineral engarrafada e vendida por comerciante. No caso, tributa-se a operação mercantil. (...) (REsp. 794984/RJ, DJ 02.10.2006).

Outro ponto relevante é o fornecimento de comida e bebida em bares e restaurantes, que é fato gerador do ICMS, e não do ISS, a teor da Súmula 163 do STJ. Tal entendimento é de fácil visualização, uma vez que a função dos atendentes é entregar ao cliente um bem da vida que é comercializado, não sendo caracterizada qualquer prestação de serviço ao cliente.

Uma discussão relevante que ocorreu em nossos tribunais foi a incidência do ICMS ou do ISS sobre comercialização de *software*. Vejamos a conclusão adotada pelos tribunais:

JURISPRUDÊNCIA

> PROGRAMA DE COMPUTADOR ("SOFTWARE"): TRATAMENTO TRIBUTÁRIO: DISTINÇÃO NECESSÁRIA. Não tendo por objeto uma mercadoria, mas um bem incorpóreo, sobre as operações de "licenciamento ou cessão do direito de uso de programas de computador" "matéria exclusiva da lide", efetivamente não podem os Estados instituir ICMS: dessa impossibilidade, entretanto, não resulta que, de logo, se esteja também a subtrair do campo constitucional de incidência do ICMS a circulação de cópias ou exemplares dos programas de computador produzidos em série e comercializados no varejo – como a do chamado "software de prateleira" (*off the shelf*) – os quais, materializando o *corpus mechanicum* da criação intelectual do programa, constituem mercadorias postas no comércio (RE 176626/SP; 285870/SP).

Não restam dúvidas de que o conceito de mercadoria, que é o bem móvel adquirido para revenda com finalidade de lucro, foi determinante para a diferenciação adotada pela jurisprudência, de modo que a obrigação de fazer, específica e personalizada, permaneceu sob o manto do ISS, enquanto o produto comercializado na prateleira foi considerado hipótese de incidência do ICMS, por ser caracterizado como mercadoria.

Tal entendimento foi consolidado pelo STF no julgamento das ADIs 1945 e 5659.

Todavia, essa distinção já não é mais atual, tendo em vista a evolução da internet e da tecnologia, de modo que poucos programas são adquiridos, mas muitas vezes são utilizados na nuvem pelo usuário. Por não se caracterizar como mercadoria, uma vez que não são bens móveis adquiridos para a revenda com fim de lucro, não há falar na incidência do ICMS.

Também incide o ICMS, e não o ISS, sobre energia elétrica, conforme determinação do art. 155, § 3º, da CRFB, sendo a energia elétrica caracterizada como mercadoria, gerando inclusive crédito quando da aplicação do princípio da não cumulatividade, que será analisado em breve.

O conceito para diferenciar a incidência do ISS e a do ICMS é simples: se há ou não obrigação de fazer. O ICMS não incidirá na obrigação de fazer, mas tão somente na operação mercantil. Tomemos como exemplo a aquisição de um terno pelo consumidor. Caso seja contratado um alfaiate para costura do terno de acordo com o cliente e suas medidas, incidirá o ISS. Por outro lado, caso seja adquirido em uma loja um terno padrão, sem qualquer personificação, incidirá o ICMS.

Outro critério, mais técnico, que deve ser adotado para diferenciar a incidência do imposto estadual e a do municipal está na previsão da LC 116/2003. Sempre que houver o fornecimento de mercadorias com prestação de serviços não compreendidos na competência tributária dos municípios, incidirá o ICMS sobre a circulação. Caso contrário, incidirá o ISS sobre o montante global, incluídos os insumos necessários à prestação de serviços, conforme determinação do anexo da Lei Complementar 116/2003.

 JURISPRUDÊNCIA

> 1. A Primeira Seção do STJ, no julgamento do REsp 1.092.206/SP, de relatoria do Min. Teori Albino Zavascki, submetido ao rito dos recursos repetitivos nos termos do art. 543-C do CPC e da Resolução 8/2008 do STJ, consolidou entendimento segundo o qual sobre operações mistas, assim entendidas as que agregam mercadorias e serviços, incide o ISS sempre que o serviço agregado estiver compreendido na lista de que trata a LC 116/03, e incide ICMS sempre que o serviço agregado não estiver previsto na referida lista. (...) (REsp. 1239018/PR, *DJe* 12.05.2011).

Existem situações também em que a própria LC 116/2003, ora citada, prevê a incidência do imposto estadual, adicionalmente ao ISS. Nesses casos, incidirá o ISS sobre a obrigação de fazer assumida, ou seja, sobre a mão de obra, e o ICMS sobre as mercadorias utilizadas.

 JURISPRUDÊNCIA

> 2. Trata-se de empresa de prestação de serviço de conserto e manutenção de refrigeradores com fornecimento das peças empregadas. 3. Hipótese prevista nos itens 69 do Decreto-Lei nº 406/68 e no item 14.1 da Lei Complementar nº 116/2003, com expressa exceção quanto ao fornecimento de peças, no qual incidirá ICMS. 4. Incidência de ISS sobre os serviços de conserto e manutenção de refrigeradores e de ICMS sobre o fornecimento de peças, (...) (REsp. 1239018/PR, *DJe* 12.05.2011).

Como se pode ver, haverá situações em que poderá incidir tanto o ICMS quanto o ISS, sobre os fatos geradores distintos que ocorrerão no caso concreto.

Outrossim, muito se discutiu acerca da incidência do ICMS nas operações de importação. Com base na redação original do art. 155, § 2º, IX, da CRFB, o STF, por meio da edição da **Súmula 660**, adotou um posicionamento no qual não incidia ICMS na importação de bens, por pessoa física ou jurídica que não seja contribuinte do imposto (sem habitualidade, volume, finalidade de lucro e natureza mercantil), para uso próprio. Todavia, a EC 33/2001 modificou a CRFB e permitiu a incidência do ICMS na importação, ainda que para uso próprio, conforme redação dada ao art. 155, § 2º, IX, *a*, da CRFB. Nesse sentido, atualmente, a citada súmula **perdeu a eficácia**.

É, então, legítima a cobrança do ICMS na entrada da mercadoria importada, por ocasião do desembaraço aduaneiro, conforme previsto nas Súmulas 661 do STF, e 198 do STJ.

Como se não bastasse, o STF editou a Súmula Vinculante 48, que dispõe que: "Na entrada de mercadoria importada do exterior, é legítima a cobrança do ICMS por ocasião do desembaraço aduaneiro". Ademais, é devido o recolhimento do imposto a teor do art. 155, § 2º, IX, *a*, da CRFB, para o estado de destino da mercadoria. O STF consolidou o entendimento no julgamento da tese 520 da repercussão geral no seguinte sentido: "O sujeito ativo da obrigação tributária de ICMS incidente sobre mercadoria importada é o Estado-membro no qual está domiciliado ou estabelecido o destinatário legal da operação que deu causa à circulação da mercadoria, com a transferência de domínio".

Em suma, o ICMS pressupõe para sua incidência a operação mercantil e, por isso, ainda cabe uma importante discussão que consiste na incidência do ICMS nos contratos de *leasing*.

No direito brasileiro, a definição de *leasing* está prevista na Lei 6.099/1974, que, em seu art. 1º, define operação de arrendamento mercantil como "o negócio jurídico realizado entre pessoa jurídica, na qualidade de arrendadora, e pessoa física ou jurídica, na qualidade de arrendatária, e que tenha por objeto o arrendamento de bens adquiridos pela arrendadora, segundo especificações da arrendatária e para uso próprio desta".

Trata-se de um contrato complexo que não se caracteriza como simples locação. Arnaldo Rizzardo aborda o assunto:

> Não se trata de uma simples locação com promessa de venda, como à primeira vista pode parecer. Mas cuida-se de uma locação com uma consignação de promessa de compra, trazendo, porém, um elemento novo, que é o financiamento, numa operação específica que consiste na simbiose da locação, do financiamento e da venda.[10]

O instituto jurídico do contrato de *leasing*, cria uma alternativa para o financiamento simples, visto que a aquisição do bem somente ocorrerá ao término do contrato, se assim for desejo do arrendatário, e cria também uma forma de amortização do valor do bem arrendado com as parcelas pagas ao longo do contrato, diferenciando-se da locação na qual o bem nunca será de propriedade do locatário.

---

[10] RIZZARDO, Arnaldo. *Leasing*: Arrendamento Mercantil no Direito Brasileiro. 6. ed., rev., atual. e ampl., São Paulo: Revista dos Tribunais, 2012. p. 20.

Quanto às partes, no contrato de *leasing*, Silvio de Salvo Venosa aborda o assunto com maestria:

> O contrato de *leasing* tradicional envolve três agentes: o arrendante ou arrendador, o arrendatário e o fornecedor do bem. Existe modalidade de arrendamento, no entanto, no qual a figura do fornecedor desaparece e outro, ademais, no qual o arrendante é o próprio arrendatário, como examinaremos. No *leasing*, a coisa locada fica sempre na posse direta do arrendatário: essa a particularidade essencial para sua utilidade.[11]

No Brasil, há três modalidades de contratos de *leasing*: o operacional, o financeiro e o *lease back*.

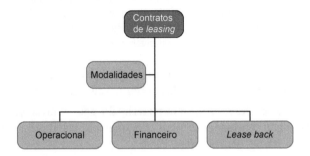

O *leasing* **operacional** foi a primeira modalidade que surgiu no direito. Segundo Arnaldo Rizzardo, esta modalidade se assemelhava muito a uma espécie de locação com possibilidade de compra ao final, nem por isso se descaracterizava por completo a figura do *leasing*:

> Ao que parece foi a primeira forma de *leasing* que surgiu, nos idos de 1920, quando indústrias norte-americanas alugavam seus produtos, a fim de assegurar o escoamento, e comprometendo-se a fornecer uma prestação de serviços de conservação das máquinas. Cuidava-se mais de um contrato de locação com promessa de venda do bem locado. Participavam duas figuras na relação jurídica: o locador, que era o promitente vendedor e fabricante ou produtor do bem; e o locatário, titular da opção de compra, a quem era entregue a posse. Não intervinha nenhum intermediário.[12]

Já o **leasing financeiro** é a modalidade mais conhecida dos contratos de *leasing*, como assevera Arnoldo Wald, pois possuía um terreno fértil para o seu desenvolvimento:

> Os motivos do sucesso do *leasing* nos Estados Unidos foram a ausência no país de um mercado de capitais para o crédito a médio prazo, uma tributação muito severa no tocante às depreciações, uma economia geralmente próspera com altas

---

[11] VENOSA, Silvio de Salvo. *Direito Civil*: Contratos em Espécie, 9. ed. 2. reimpr. São Paulo: Atlas, 2009 (Coleção de Direito Civil, v. 3).
[12] RIZZARDO. Ob. cit., p. 36.

percentagens de lucro e a existência de empresas obrigadas a uma renovação contínua e rápida dos seus equipamentos diante do progresso tecnológico.[13]

Nessa modalidade, uma instituição financeira adquire o bem conforme as especificações do arrendatário para o seu uso, logo, é possível identificar três pessoas envolvidas na operação: o fabricante do bem; a instituição arrendadora; e o arrendatário.

O arrendatário fornece as especificações do bem e de quem o produz, contratando então, com a instituição arrendadora para que ela compre aquele bem e o disponibilize para o arrendatário mediante o pagamento de contraprestações, que irão corresponder ao valor pago pela arrendadora, mais um acréscimo a título de lucro pelo investimento realizado. Conforme bem elucida Arnaldo Rizzardo em síntese perfeita da operação:

> Traz embutido em si um financiamento de um bem a que o arrendatário quer ter acesso sem imobilizar o capital, ou que não dispõe de capital para adquirir. Essa a razão que leva a justificar o direito de o arrendatário escolher o bem que melhor atenda suas necessidades, com a determinação das características e a indicação do fornecedor.[14]

Nessa modalidade de *leasing*, há uma clara operação de financiamento no contrato, com a amortização dos valores das parcelas sobre o valor do bem.

Por fim, o contrato de **lease back** é caracterizado pela contratação de arrendamento mercantil com o próprio vendedor do bem, no qual ele irá figurar como arrendatário, conforme previsto no art. 9º da Lei 6.099/1974:

> Art. 9º As operações de arrendamento mercantil contratadas com o próprio vendedor do bem ou com pessoas jurídicas a ele vinculadas, mediante quaisquer das relações previstas no art. 2º desta Lei, poderão também ser realizadas por instituições financeiras expressamente autorizadas pelo Conselho Monetário Nacional, que estabelecerá as condições para a realização das operações previstas neste artigo.
>
> Parágrafo único. Nos casos deste artigo, o prejuízo decorrente da venda do bem não será dedutível na determinação do lucro real.

Difere-se do *leasing* operacional, pois, naquela modalidade, o fabricante era também o arrendador, negociando diretamente com o arrendatário, e nesta o fabricante é o arrendatário, ou seja, ele produz o bem e o vende para a instituição financeira, aumentando assim o seu capital de giro; a instituição financeira por sua vez, entrega ao fabricante o bem agora como arrendatário, pois, necessitando utilizar o bem, o arrenda após a sua venda.

Assim, resta claro que nos contratos de leasing não há falar na incidência do ICMS, tendo em vista que não ocorre o seu fato gerador, qual seja, a transferência de titularidade da mercadoria. Tal posicionamento está positivado no art. 3º, VIII, da LC 87/1996, não havendo quaisquer dúvidas quanto à não incidência. Frise-se que, caso seja praticado o fato gerador, o imposto será devido.

---

[13] WALD, Arnoldo. Histórico e Desenvolvimento do *Leasing*, *RDM* 10/28, 2012.

[14] RIZZARDO. Ob. cit., p. 41.

Tal posicionamento se aplica também nos contratos de *leasing* internacional. Vejamos:

JURISPRUDÊNCIA

> RECURSO EXTRAORDINÁRIO – TRIBUTÁRIO – IMPOSTO SOBRE CIRCULAÇÃO DE MERCADORIAS E SERVIÇOS – ICMS – ENTRADA DE MERCADORIA IMPORTADA DO EXTERIOR –. ARRENDAMENTO MERCANTIL INTERNACIONAL – *LEASING* – CONTRATO DE NATUREZA COMPLEXA – NÃO EXERCÍCIO DA OPÇÃO DE COMPRA – BEM SUSCETÍVEL DE DEVOLUÇÃO AO ARRENDADOR – INEXISTÊNCIA DE CIRCULAÇÃO ECONÔMICA DA MERCADORIA IMPORTADA – NÃO INCIDÊNCIA DO IMPOSTO – INTERPRETAÇÃO CONJUNTA DO INC. II E DO § 2º, INC. IX, AL. *A*, DO ART. 155 DA CONSTITUIÇÃO DA REPÚBLICA – RECURSO AO QUAL SE NEGA PROVIMENTO (STF – RE 226899 SP, Rel. Min. Rosa Weber, j. 01.10.2014, Tribunal Pleno, *DJe*-244, divulg. 11.12.2014, Data da Publicação: 12.12.2014, Ement. Vol.-02761-01, p. 00001).

O ICMS, então, somente incidirá quando ocorrer uma operação mercantil, caracterizada pela circulação de mercadoria.

Ainda devemos destacar as hipóteses constitucionais de não incidência do ICMS, previstas no art. 155, § 2º, X, da CRFB, como é o caso da exportação de bens e serviços.

Art. 155. Compete aos Estados e ao Distrito Federal instituir impostos sobre: (Redação dada pela Emenda Constitucional nº 3, de 1993.)

(...)

§ 2º O imposto previsto no inciso II atenderá ao seguinte: (Redação dada pela Emenda Constitucional nº 3, de 1993.)

(...)

X – não incidirá:

a) sobre operações que destinem mercadorias para o exterior, nem sobre serviços prestados a destinatários no exterior, assegurada a manutenção e o aproveitamento do montante do imposto cobrado nas operações e prestações anteriores; (Redação dada pela Emenda Constitucional nº 42, de 19.12.2003.)

b) sobre operações que destinem a outros Estados petróleo, inclusive lubrificantes, combustíveis líquidos e gasosos dele derivados, e energia elétrica;

c) sobre o ouro, nas hipóteses definidas no art. 153, § 5º;

d) nas prestações de serviço de comunicação nas modalidades de radiodifusão sonora e de sons e imagens de recepção livre e gratuita; (Incluído pela Emenda Constitucional nº 42, de 19.12.2003.)

Como se pode ver, não incide ICMS na exportação. Tal modalidade de imunidade é clara e tem como objetivo desonerar as exportações, favorecendo o comércio exterior, além disso, resta evidente o interesse em não exportar tributos. Assim, quando uma mercadoria é exportada, não há falar na incidência do ICMS.

Ponto importante que deve ser analisado é a extensão ou não dessa imunidade ao transporte interno anterior à exportação. O STF firmou posicionamento no sentido da não aplicação da imunidade no julgamento do AgR no RE 340855/MG, com o seguinte fundamento:

 JURISPRUDÊNCIA

É pacífico o entendimento de ambas as Turmas desta Corte no sentido de que a imunidade tributária prevista no artigo 155, § 2º, X, "a", da Constituição Federal, excludente da incidência do ICMS às operações que destinem ao exterior produtos industrializados, não é aplicável às prestações de serviço de transporte interestadual de produtos industrializados destinados à exportação.

Apesar do posicionamento firmado no STF, posteriormente o STJ adotou posicionamento divergente. Vejamos:

 JURISPRUDÊNCIA

PROCESSUAL CIVIL E TRIBUTÁRIO – ICMS – TRANSPORTE DE MERCADORIA DESTINADA AO EXTERIOR – ISENÇÃO.

1. A orientação da Primeira Seção do STJ pacificou-se no sentido de que "o art. 3º, II da LC 87/96 dispôs que não incide ICMS sobre operações e prestações que destinem ao exterior mercadorias, de modo que está acobertado pela isenção tributária o transporte interestadual dessas mercadorias", sendo que "sob o aspecto teleológico, a finalidade da exoneração tributária é tornar o produto brasileiro mais competitivo no mercado internacional". Assim, "se o transporte pago pelo exportador integra o preço do bem exportado, tributar o transporte no território nacional equivale a tributar a própria operação de exportação, o que contraria o espírito da LC 87/96 e da própria Constituição Federal" (EREsp 710.260/RO, Primeira Seção, Rel. Min. Eliana Calmon, *DJe* de 14.4.2008). (...) (AgRg no REsp 1379148/SC, Min. Herman Benjamin, *DJe* 16.09.2013).

O professor Roque Antonio Carrazza não pensa de forma diversa:

Também não incide ICMS quando o serviço de transporte internacional (do Brasil, para o exterior) é efetuado por uma ou mais empresas, com transbordo. Expliquemo-nos melhor.

Não raro, a empresa contratada realiza o serviço de transporte internacional por etapas. Do local da origem da mercadoria até a divisa com o país vizinho o transporte é feito com o mesmo veículo. Na fronteira, a mercadoria é trasladada para um veículo apropriado e levada até o local de destino, no exterior.[15]

Pelos fundamentos do julgado, filiamo-nos à corrente da não incidência do ICMS, mesmo porque o art. 3º, II, da lei de regência do ICMS prevê de forma clara que tal exigência é indevida e, em maio de 2021, o STJ editou a Súmula 649, adotando o entendimento

---

[15] CARRAZZA, Roque Antonio. *ICMS*. 16. ed. São Paulo: Malheiros, 2012. p. 217.

CAP. 14 • IMPOSTOS EM ESPÉCIE | **525**

no sentido da não incidência do ICMS, nos seguintes termos: "Não incide ICMS sobre o serviço de transporte interestadual de mercadorias destinadas ao exterior".

Por fim, outro assunto importante é a não incidência do ICMS sobre mercadorias adquiridas como insumos em operações interestaduais, a teor da Súmula 432 do STJ.

II – Transporte interestadual e intermunicipal

O ICMS também incidirá sobre os serviços de transporte interestadual e intermunicipal. Assim, somente incide o ICMS caso o transporte seja interestadual ou intermunicipal (art. 155, II, da CRFB c/c o art. 4º da LC 87/1996), sendo o transporte intramunicipal fato gerador de ISS, de competência dos municípios.

Nos serviços prestados no território nacional, o ICMS é devido no início da prestação, conforme previsto no art. 12, V, da LC 87/1996, mas, na importação de bens ou serviços, o ICMS é devido no destino do serviço ou mercadoria, conforme o art. 12, VI, da LC 87/1996 c/c o art. 155, § 2º, IX, *a*, da CRFB, pois o início é no exterior, e o ato final é no Brasil. Importante destacar que, na forma do art. 155, § 2º, X, *a*, da CRFB, não incide ICMS na exportação de mercadoria e serviços.

Quanto ao transporte aéreo, não há previsão na LC 87/1996 sobre a tributação de tal serviço, sobretudo, no transporte de passageiros, pois o transporte de carga é tributado pelo ICMS. O STF pronunciou-se no sentido de que não incide ICMS sobre o transporte aéreo de pessoas, por ausência de regulamentação legal, conforme posicionamento firmado no julgamento da ADI 1600 pelo STF. Destaque-se que, na decisão da Suprema Corte, não houve pronunciamento acerca do transporte marítimo.

Entretanto, no julgamento da ADI 2.779, o STF firmou o entendimento no sentido de que incide o ICMS no transporte marítimo, interestadual e intermunicipal de pessoas, bens, mercadorias ou valores. Vejamos:

AÇÃO DIRETA DE INCONSTITUCIONALIDADE. ARTIGO 2º, II, LC 87/1996. ICMS. INCIDÊNCIA SOBRE OPERAÇÕES DE TRANSPORTE MARÍTIMO, AFRETAMENTO E NAVEGAÇÃO DE APOIO MARÍTIMO. CONSTITUCIONALIDADE DA LEI COMPLEMENTAR FEDERAL 87/1996. IMPOSSIBILIDADE DE INTERPRETAÇÃO CONFORME RELATIVAMENTE AO ICMS SOBRE TRANSPORTE MARÍTIMO. NECESSIDADE DE ANÁLISE DE LEGISLAÇÃO INFRACONSTITUCIONAL NÃO IMPUGNADA (LEI 9.432/1997) NESTA ADI. 1. O art. 2º, II, da Lei Complementar federal 87/1996 é constitucional. 2. Referida norma possui eficácia técnica para regular a instituição e a cobrança do ICMS sobre o transporte marítimo, uma vez que contém os elementos necessários para a definição de todos os critérios da regra-matriz de incidência tributária. Precedentes. 3. O pedido interpretação conforme à Constituição para estabelecer que "serviços de transporte" não abrangem o afretamento para transporte aquaviário nem a navegação de apoio logístico às unidades de extração de petróleo instaladas nas águas territoriais pressupõe a análise de legislação infraconstitucional não impugnada nesta ADI, notadamente a Lei 9.432/1997, que dispõe sobre a ordenação do transporte aquaviário e dá outras providências. 4. Ação direta de inconstitucionalidade CONHECIDA e JULGADA a demanda IMPROCEDENTE, assentando a constitucionalidade do artigo 2º, II, da Lei Complementar federal 87/1996. (ADI 2.779/DF, P, Rel. Min. Luiz Fux, j. 20.5.2024, *DJe* 22.5.2024).

Ademais, deve-se destacar que não incide ICMS no transporte que tenha início no Brasil com destino ao exterior, em razão da imunidade prevista no art. 155, § 2º, X, *a*, da CRFB. Isso porque, ao tributar tal operação, o Brasil estaria exportando o tributo, o que não se admite no ordenamento jurídico brasileiro.

III – Comunicação

Quanto aos serviços de **comunicação,** o ICMS incide sobre todo e qualquer serviço desse gênero. Deve-se salientar que, na forma do art. 155, § 2º, X, *d*, da CRFB, o ICMS não incide nas prestações de serviço de comunicação nas modalidades de radiodifusão sonora e de sons e imagem de recepção livre e gratuita, como é o caso da TV aberta. Trata-se de **imunidade** concedida pelo constituinte derivado, por meio da EC 42/2003, com a finalidade de garantir o direito fundamental à informação. Todavia, o ICMS incide normalmente sobre os serviços de comunicação por meio de TV fechada, como a TV a cabo, por exemplo.

O fato gerador do ICMS na comunicação é a emissão do sinal, de modo que não incidirá o ICMS sobre os serviços de *streaming*, incidindo o ISS.

Ademais, o STJ firmou posicionamento no sentido de que o ICMS não incide sobre os serviços preparatórios, anteriores à comunicação, como, por exemplo, o serviço dos provedores de acesso à internet (Súmula 334 do STJ), bem como não incide sobre o serviço de habilitação de telefonia celular (Súmula 350 do STJ), por não serem caracterizados como comunicação em si, mas anteriores à comunicação. No mesmo sentido, o STJ firmou posicionamento, ao julgar os REsps 1.474.142/RJ e 1.473.550/RJ, no sentido da não incidência do ICMS sobre a cessão de capacidade de satélites, sob o entendimento de que se trata de uma atividade meio para a efetiva prestação do serviço de comunicação.

Por fim, o STF finalizou o julgamento do tema 705 da repercussão geral, no julgamento do RE 1.003.758/RO, em que consolidou o entendimento no sentido de que *"A inadimplência do usuário não afasta a incidência ou a exigibilidade do ICMS sobre serviços de telecomunicações."* Em outras palavras, no tocante à prestação de serviço de comunicação, a inadimplência do contribuinte não afasta a incidência do imposto. Trata-se de uma decisão acertada, porque de fato o ICMS é do contribuinte de direito e não do contribuinte de fato, sendo a repercussão econômica uma mera expectativa que poderá ocorrer na operação comercial.

IV – Combustíveis

Há também a hipótese de incidência do ICMS sobre combustíveis, prevista no art. 155, § 4º, da CRFB. Tal ICMS submete-se ao recolhimento monofásico, incidindo uma única vez na cadeia produtiva e sobre todas as circulações do produto até o consumidor final.

Conforme previsto no art. 155, § 4º, I, da CRFB, a totalidade do imposto nas operações com os lubrificantes e combustíveis derivados de petróleo é devida ao estado onde ocorrerá o consumo. No entanto, caso a venda seja realizada a não contribuinte, o imposto será devido ao estado de origem, de acordo com o previsto no caso de operações inte-restaduais destinadas a não contribuinte no inciso III do § 4º do art. 155. Dessa forma, deverá ser respeitada a imposição do art. 155, § 2º, VII e VIII, da CRFB.

Além disso, as alíquotas desse ICMS também recebem um tratamento diferenciado, conforme previsto no inciso IV do parágrafo em análise:

IV – as alíquotas do imposto serão definidas mediante deliberação dos Estados e Distrito Federal, nos termos do § 2º, XII, *g*, observando-se o seguinte: (Incluído pela Emenda Constitucional nº 33, de 2001.)

a) serão uniformes em todo o território nacional, podendo ser diferenciadas por produto; (Incluído pela Emenda Constitucional nº 33, de 2001.)

b) poderão ser específicas, por unidade de medida adotada, ou ad valorem, incidindo sobre o valor da operação ou sobre o preço que o produto ou seu similar alcançaria em uma venda em condições de livre concorrência; (Incluído pela Emenda Constitucional nº 33, de 2001.)

(...)

c) poderão ser reduzidas e restabelecidas, não se lhes aplicando o disposto no art. 150, III, *b*. (Incluído pela Emenda Constitucional nº 33, de 2001.)

Como se pode ver, o ICMS sobre combustíveis submete-se a um tratamento bastante diferente do ICMS comum, de modo que poderia ser tratado inclusive como um imposto diverso, pois gera muito debate entre os Estados, com enormes discrepâncias de cobrança.

c) Base de cálculo

A base de cálculo do ICMS é o valor da operação, na forma do art. 13, I e II, da LC 87/1996. Assim, **integra a base de cálculo do imposto** o montante do próprio imposto, constituindo o respectivo destaque mera indicação para fins de controle, carac-terizando sua incidência por dentro; o valor dos **seguros, juros e demais importâncias** pagas, recebidas ou debitadas, bem como descontos concedidos sob condição; e o **frete**, caso o transporte seja efetuado pelo próprio remetente ou por sua conta e ordem, e seja cobrado em separado.

Por ser um tributo **plurifásico**, incidindo em todas as fases da cadeia produtiva, assim como o IPI, o ICMS submete-se obrigatoriamente ao princípio na não cumulatividade.

Com isso, toda vez que houver circulação da mercadoria, incidirá o ICMS. Como o ICMS é um imposto que incide sobre o valor agregado, para evitar a incidência sobre ele mesmo na cadeia produtiva, o ICMS também obedece obrigatoriamente, assim como o IPI, ao princípio da não cumulatividade (art. 155, § 2º, I, da CRFB). Tal princípio permite que o ICMS seja **compensado** na operação seguinte com o ICMS recolhido na operação anterior. Logo, em cada fase da cadeia produtiva, haverá crédito de ICMS a ser usado na operação subsequente.

Importante destacar que a Constituição veda o direito ao creditamento no art. 155, § 2º, II, da seguinte forma:

II – a isenção ou não incidência, salvo determinação em contrário da legislação:

a) não implicará crédito para compensação com o montante devido nas operações ou prestações seguintes;

b) acarretará a anulação do crédito relativo às operações anteriores;

Sem a exigência do imposto, não há lógica no creditamento, uma vez que o efeito prático será o mesmo. Todavia, nos casos de exportação, a Carta garante o direito ao creditamento no art. 155, § 2º, X, *a*, de modo que, mesmo que haja uma hipótese de imunidade, o direito ao crédito está resguardado.

Como se pode ver, o ICMS incide na saída da mercadoria (fato gerador), mas o crédito é gerado na entrada desta para usar na circulação seguinte (saída jurídica). Daí surge a grande pergunta: digamos que a fábrica seja a primeira da cadeia produtiva. Se o crédito é gerado na entrada da mercadoria, ela não aproveitará tal crédito? Nesse sentido, ela não ficará em desvantagem, pois a fábrica toma crédito de todos os insumos que se perdem na produção (art. 33, II, *b*, da LC 87/1996). Como exemplo, podemos citar a energia elétrica, que somente irá gerar crédito quando consumida na produção.

Ainda no tocante à base de cálculo, o STJ editou a Súmula 457 no sentido de que "Os descontos incondicionais nas operações mercantis não se incluem na base de cálculo do ICMS". Dessa forma, caso o contribuinte do ICMS conceda o desconto sem qualquer restrição, o valor abatido não será incluído na base de cálculo do imposto. É o que acontece quando a loja determina desconto de 10% sobre todos os itens, sem qualquer requisito.

No entanto, caso a concessão do desconto esteja condicionada ao preenchimento de qualquer requisito, como a compra de pelo menos três itens para a sua aplicação, a base de cálculo do ICMS irá abranger o valor do desconto.

Outra súmula relevante acerca da base de cálculo do ICMS é a 395 do STJ, que determina que "O ICMS incide sobre o valor da venda a prazo constante da nota fiscal". Tal súmula é relevante porque venda a prazo não se confunde com venda financiada. Na venda a prazo, o pagamento é parcelado, mediante cobrança de um valor a maior pela dilação do prazo para pagamento, enquanto na venda financiada há financiamento intermediado por instituição financeira. Tal distinção fica clara no julgamento do REsp. 1106462/SP. Vejamos:

JURISPRUDÊNCIA

> A "venda a prazo" revela modalidade de negócio jurídico único, cognominado compra e venda, no qual o vendedor oferece ao comprador o pagamento parcelado do produto, acrescendo-lhe um *plus* ao preço final, razão pela qual o valor desta operação integra a base de cálculo do ICMS, na qual se incorpora, assim, o preço "normal" da mercadoria (preço à vista) e o acréscimo decorrente do parcelamento. (...) A venda financiada, ao revés, depende de duas operações distintas para a efetiva "saída da mercadoria" do estabelecimento (...), uma compra e venda e outra de financiamento, em que há a intermediação de instituição financeira, aplicando-se-lhe (...) a Súmula 237 do STJ: "Nas operações com cartão de crédito, os encargos relativos ao financiamento não são considerados no cálculo do ICMS" (REsp. 1106462/SP, *DJ* 13.10.2009).

Por óbvio, na venda a prazo a base de cálculo do ICMS será o valor global, por ser o valor real da venda, o que não ocorre na venda financiada.

Ademais, outra discussão relevante que foi solucionada pelo STJ foi a base de cálculo do ICMS sobre os contratos de demanda de energia elétrica. O STJ firmou posicionamento no sentido de que "o ICMS incide sobre o valor da tarifa de energia elétrica correspondente à demanda de potência efetivamente utilizada". A solução jurisprudencial não poderia ser diferente, ao passo que a circulação da mercadoria somente se concretiza com relação à energia elétrica efetivamente entregue ao consumidor, e não com relação ao valor do contrato celebrado entre concessionária e consumidor final. Em vista disso, o imposto em análise somente poderá incidir sobre o montante em que efetivamente ocorreu a troca de titularidade, ou seja, e demanda efetivamente utilizada, e não a demanda contratada.

Quando a operação também constituir fato gerador do IPI, o art. 155, § 2º, XI, da CRFB determina que "XI – não compreenderá, em sua base de cálculo, o montante do imposto sobre produtos industrializados, quando a operação, realizada entre contribuintes e relativa a produto destinado à industrialização ou à comercialização, configure fato gerador dos dois impostos".

Assim, se a operação for entre contribuintes dos dois impostos, o ICMS será apurado sem considerar o IPI em sua base de cálculo. Por outro lado, caso a operação não seja fato gerador de ambos, o IPI integrará a base de cálculo do ICMS.

No tocante à energia elétrica o ICMS somente incidirá sobre a demanda efetivamente consumida, e não sobre a demanda contratada, conforme o tema 176 da repercussão geral, com base na seguinte tese: "A demanda de potência elétrica não é passível, por si só, de tributação via ICMS, porquanto somente integram a base de cálculo desse imposto os valores referentes àquelas operações em que haja efetivo consumo de energia elétrica pelo consumidor", confirmando a Súmula 391 do STJ.

d) Alíquotas

O ICMS possui duas alíquotas: a alíquota aplicável às operações internas, dentro do território do estado (art. 155, § 2º, V, da CRFB) e a interestadual (art. 155, § 2º, IV, da CRFB).

A **alíquota interna** não pode ser inferior à **alíquota interestadual**, sendo esta última fixada por resolução do Senado (22/1989), que trata das alíquotas interestaduais de ICMS, e estabeleceu que em toda circulação de mercadoria de um estado rico para um estado pobre será aplicada uma alíquota de 7%, enquanto, de um estado pobre para um rico, será aplicada uma alíquota de 12%. Os estados ricos correspondem às Regiões Sul e Sudeste (exceto o Espírito Santo), e os estados pobres correspondem às regiões Norte, Nordeste, Centro-Oeste e ao Espírito Santo.

Antes da edição da EC 87/2015, a redação do art. 155, § 2º, VII e VIII, da CRFB previa uma forma de tributação do ICMS nas operações interestaduais que fomentava a guerra fiscal entre os estados. Isso porque, na redação originária, nos casos de venda de mercadoria de forma não presencial a consumidor final, entre estados distintos, o ICMS era devido no estado de origem. Assim, se um consumidor final em São Paulo adquirisse uma mercadoria originária do estado do Ceará, o ICMS era devido ao estado do Ceará, de acordo com a alíquota interna do estado onde foi circulada a mercadoria.

Com isso, muitas empresas especializadas em comércio não presencial optavam por se instalar em estados com o ICMS reduzido, fomentando ainda mais a guerra fiscal entre os entes federados.

Após a EC 87/2015, que alterou a redação dos arts. 155, § 2º, VII e VIII, da CRFB, passou a vigorar uma nova regra nas operações interestaduais. Pelas regras previstas, nas operações e prestações que destinem bens e serviços a consumidor final, contribuinte ou não do imposto, localizado em outro estado, adotar-se-á a alíquota interestadual e caberá ao estado de localização do destinatário o imposto correspondente à diferença entre sua alíquota interna e a alíquota interestadual. Vejamos:

Art. 155. (...)

§ 2º (...)

VII – nas operações e prestações que destinem bens e serviços a consumidor final, contribuinte ou não do imposto, localizado em outro Estado, adotar-se-á a alíquota interestadual e caberá ao Estado de localização do destinatário o imposto correspondente à diferença entre a alíquota interna do Estado destinatário e a alíquota interestadual;

a) (revogada);

b) (revogada);

VIII – a responsabilidade pelo recolhimento do imposto correspondente à diferença entre a alíquota interna e a interestadual de que trata o inciso VII será atribuída:

a) ao destinatário, quando este for contribuinte do imposto;

b) ao remetente, quando o destinatário não for contribuinte do imposto;

Com isso, caso um indivíduo residente no Rio de Janeiro adquira um bem pela *internet* e o comerciante esteja em São Paulo, deverá ser recolhida a alíquota interestadual para o estado de origem da mercadoria, pelo comerciante. Em outras palavras, na operação interestadual, quem pratica o ato de comércio deverá recolher o ICMS para o estado de origem da mercadoria, no montante referente à alíquota interestadual.

Ao estado de destino caberá a diferença entre a sua alíquota interna e a interestadual que já foi recolhida para o estado de origem, ou seja, de onde saiu a mercadoria.

Importante destacar que a responsabilidade pelo recolhimento do imposto correspondente ao diferencial de alíquota cabe ao destinatário, quando este for contribuinte do imposto, ou ao remetente, quando o destinatário não for contribuinte do imposto, e o STF entendeu que tal assunto deve ser regulamentado por lei complementar, conforme julgamento do tema 1.093 da repercussão geral.[16] Tal lei complementar foi publicada em

---

[16] Recurso extraordinário. Repercussão geral. Direito tributário. Emenda Constitucional nº 87/2015. ICMS. Operações e prestações em que haja a destinação de bens e serviços a consumidor final não contribuinte do ICMS localizado em estado distinto daquele do remetente. Inovação constitucional. Matéria reservada a lei complementar (art. 146, I e III, *a* e *b*; e art. 155, § 2º, XII, *a*, *b*, *c*, *d* e *i*, da CF/88). Cláusulas primeira, segunda, terceira e sexta do Convênio ICMS nº 93/15. Inconstitucionalidade. Tratamento tributário diferenciado e favorecido destinado a microempresas e empresas de pequeno porte. Simples Nacional. Matéria reservada a lei complementar (art. 146, III, *d*, e parágrafo único, da CF/88). Cláusula nona do Convênio ICMS nº 93/15. Inconstitucionalidade. 1. A EC nº 87/15 criou nova relação jurídico-tributária entre o remetente do bem ou serviço (contribuinte) e o estado de destino nas operações com bens e serviços destinados a consumidor

CAP. 14 • IMPOSTOS EM ESPÉCIE | **531**

04 de janeiro de 2022 para atender à disposição constitucional em consonância com a jurisprudência do STF.

Assim, caso um *e-commerce* situado em São Paulo esteja remetendo uma mercadoria para uma pessoa física, não contribuinte do imposto no estado do Rio de Janeiro, deverá recolher a alíquota interestadual para o estado de origem (São Paulo) e será responsável pelo recolhimento do diferencial de alíquota para o estado de destino (Rio de Janeiro), desde que haja previsão em lei complementar.

Frise-se que o STF declarou constitucional a cobrança do diferencial de alíquota para empresas optantes pelo regime do Simples Nacional nos seguintes termos:

> É constitucional a imposição tributária de diferencial de alíquota do ICMS pelo estado de destino na entrada de mercadoria em seu território devido por sociedade empresária aderente ao Simples Nacional, independentemente da posição desta na cadeia produtiva ou da possibilidade de compensação dos créditos.

O entendimento foi pacificado no tema 517 da repercussão geral, RE 970.821/RS.

A alíquota do ICMS para as operações de importação interestadual é de 4% e foi fixada pela Resolução do Senado 13/2012, com a finalidade de coibir a guerra fiscal entre os estados. Lembrando que o ICMS é devido no destino, nas operações de importação de bens ou serviços.

---

final não contribuinte do ICMS. O imposto incidente nessas operações e prestações, que antes era devido totalmente ao estado de origem, passou a ser dividido entre dois sujeitos ativos, cabendo ao estado de origem o ICMS calculado com base na alíquota interestadual e ao estado de destino, o diferencial entre a alíquota interestadual e sua alíquota interna. 2. Convênio interestadual não pode suprir a ausência de lei complementar dispondo sobre obrigação tributária, contribuintes, bases de cálculo/alíquotas e créditos de ICMS nas operações ou prestações interestaduais com consumidor final não contribuinte do imposto, como fizeram as cláusulas primeira, segunda, terceira e sexta do Convênio ICMS nº 93/15. 3. A cláusula nona do Convênio ICMS nº 93/15, ao determinar a extensão da sistemática da EC nº 87/2015 aos optantes do Simples Nacional, adentra no campo material de incidência da LC nº 123/06, que estabelece normas gerais relativas ao tratamento diferenciado e favorecido a ser dispensado às microempresas e às empresas de pequeno porte, à luz do art. 146, inciso III, *d*, e parágrafo único, da Constituição Federal. 4. Tese fixada para o Tema nº 1.093: "A cobrança do diferencial de alíquota alusivo ao ICMS, conforme introduzido pela Emenda Constitucional nº 87/2015, pressupõe edição de lei complementar veiculando normas gerais". 5. Recurso extraordinário provido, assentando-se a invalidade da cobrança do diferencial de alíquota do ICMS, na forma do Convênio nº 93/1, em operação interestadual envolvendo mercadoria destinada a consumidor final não contribuinte. 6. Modulação dos efeitos da declaração de inconstitucionalidade das cláusulas primeira, segunda, terceira, sexta e nona do convênio questionado, de modo que a decisão produza efeitos, quanto à cláusula nona, desde a data da concessão da medida cautelar nos autos da ADI nº 5.464/DF e, quanto às cláusulas primeira, segunda, terceira e sexta, a partir do exercício financeiro seguinte à conclusão deste julgamento (2022), aplicando-se a mesma solução em relação às respectivas leis dos estados e do Distrito Federal, para as quais a decisão deverá produzir efeitos a partir do exercício financeiro seguinte à conclusão deste julgamento (2022), exceto no que diz respeito às normas legais que versarem sobre a cláusula nona do Convênio ICMS nº 93/15, cujos efeitos deverão retroagir à data da concessão da medida cautelar nos autos da ADI nº 5.464/DF. Ficam ressalvadas da modulação as ações judiciais em curso. (STF – RE: 1287019/DF, 0707644-97.2018.8.07.0018, Rel. Min. Marco Aurélio, j. 24.02.2021, Tribunal Pleno, Data de Publicação: 25.05.2021).

Já com relação ao princípio da seletividade em razão da essencialidade, enquanto ele é obrigatório para o IPI, na forma do art. 153, § 3º, I, da CRFB, é facultativo no ICMS, conforme o art. 155, § 2º, III, da CRFB.

No entanto, o STF tem entendido pela aplicação da seletividade também ao ICMS. Vejamos:

JURISPRUDÊNCIA

Recurso extraordinário – Repercussão geral – Tema 745 – ICMS – Arts. 150, II, e 155, § 2º, III, da Constituição Federal – **Seletividade** e **essencialidade** – Energia elétrica e telecomunicações – Alíquota específica superior à alíquota geral – Inconstitucionalidade – Provimento – Modulação de efeitos recomendável.
1. É inconstitucional o art. 19, inciso II, alíneas "a" e "c", da Lei estadual 10.297/1996 de Santa Catarina no que prevê alíquotas do ICMS superiores à geral a incidirem sobre energia elétrica e serviços de telecomunicações, por incompatibilidade com o princípio da **seletividade/essencialidade**.
2. Eliminada a regra especial que estipula alíquota majorada para energia elétrica e telecomunicações, tem-se que o ICMS de ambas cairá automaticamente na regra geral do Estado-membro e o contribuinte terá direito de pleitear a restituição dos valores pagos nos últimos cinco anos, nos termos do art. 168 do Código Tributário Nacional, não havendo falar em ofensa à separação de poderes por ativismo judicial.
3. Concretiza o princípio da igualdade tributária a instituição, a partir de níveis reduzidos de consumo, de alíquotas progressivas na energia fornecida à população economicamente mais vulnerável, ao contrário do que sugere o recorrente, não havendo falar em ofensa ao art. 150, II, da Constituição.
3. Parecer pelo provimento parcial do recurso extraordinário.
4. Por colocar em risco a segurança jurídica e veicular matéria de excepcional interesse social, recomenda-se a **modulação dos efeitos** *pro futuro*, com estipulação de prazo razoável para adaptação da legislação do ICMS pelo Legislativo catarinense (RE 714.139/SC).

Assim, deve ser reduzido o ICMS sobre serviços essenciais como energia elétrica e telefonia, em razão da sua imprescindibilidade.

Após a consolidação da jurisprudência pelo STF, foi editada a Lei Complementar 194/2022, que passou a determinar como sendo essenciais os combustíveis, gás natural, energia elétrica, comunicações e transportes coletivos de passageiros, determinando a aplicação da alíquota base de cada Estado para o ICMS incidente sobre tais produtos ou serviços.

Ademais, apesar de o ICMS ser um imposto estadual, não podem os estados e o Distrito Federal conceder isenção ou qualquer outro benefício fiscal de ICMS sem que haja prévia autorização pelo convênio. Tal posicionamento está expresso no art. 150, § 6º, da CRFB, e tem como objetivo evitar a guerra fiscal.

Para que a concessão de benefício fiscal seja constitucional, ele deverá ser submetido ao convênio e autorizado, conforme previsto nos arts. 1º a 7º da LC 24/1975, que regula o art. 155, § 2º, VII, *g*, da CRFB.

Em suma, conforme previsto na LC 24/1975, as isenções do ICMS serão concedidas ou revogadas nos termos de convênios celebrados e ratificados pelos estados e pelo Distrito Federal, aplicando-se suas disposições a quaisquer outros incentivos ou benefícios fiscais relativos a este tributo, tais como **redução de base de cálculo** ou **concessão de créditos presumidos**. Vejamos:

> Art. 1º As isenções do imposto sobre operações relativas à circulação de mercadorias serão concedidas ou revogadas nos termos de convênios celebrados e ratificados pelos Estados e pelo Distrito Federal, segundo esta Lei.
>
> Parágrafo único. O disposto neste artigo também se aplica:
>
> I – à redução da base de cálculo;
>
> II – à devolução total ou parcial, direta ou indireta, condicionada ou não, do tributo, ao contribuinte, a responsável ou a terceiros;
>
> III – à concessão de créditos presumidos;
>
> IV – a quaisquer outros incentivos ou favores fiscais ou financeiro-fiscais, concedidos com base no Imposto de Circulação de Mercadorias, dos quais resulte redução ou eliminação, direta ou indireta, do respectivo ônus;
>
> V – às prorrogações e às extensões das isenções vigentes nesta data.

A concessão de benefícios dependerá sempre de **decisão unânime** das unidades federadas representadas, e a sua revogação total ou parcial dependerá de aprovação de **quatro quintos**, pelo menos, dos **representantes presentes**, a teor do § 2º do art. 2º da citada lei:

> § 2º A concessão de benefícios dependerá sempre de decisão unânime dos Estados representados; a sua revogação total ou parcial dependerá de aprovação de quatro quintos, pelo menos, dos representantes presentes.

Importante destacar que o convênio é meramente autorizativo, cabendo aos estados a concessão do benefício por lei própria, conforme posicionamento consolidado no julgamento da ADI 5929:

> CONCESSÃO DE INCENTIVO FISCAL DE ICMS – NATUREZA AUTORIZATIVA DO CONVÊNIO CONFAZ – 1. PRINCÍPIO DA LEGALIDADE ESPECÍFICA EM MATÉRIA TRIBUTÁRIA – 2. TRANSPARÊNCIA FISCAL E FISCALIZAÇÃO FINANCEIRA-ORÇAMENTÁRIA.
>
> 1. O poder de isentar submete-se às idênticas balizas do poder de tributar com destaque para o princípio da legalidade tributária que a partir da EC n. 03/1993 adquiriu destaque ao prever lei específica para veiculação de quaisquer desonerações tributárias (art. 150, § 6º, *in fine*).
>
> 2. Os convênios CONFAZ têm natureza meramente autorizativa ao que imprescindível a submissão do ato normativo que veicule quaisquer benefícios e incentivos fiscais à apreciação da Casa Legislativa.
>
> 3. A exigência de submissão do convênio à Câmara Legislativa do Distrito Federal evidencia observância não apenas ao princípio da legalidade tributária, quando é exigida lei específica, mas também à transparência fiscal que, por sua vez, é pressuposto para o exercício de controle fiscal-orçamentário dos incentivos fiscais de ICMS.
>
> 4. Ação Direta de Inconstitucionalidade julgada improcedente.

Tal medida visa evitar a guerra fiscal entre os entes federados, pois os estados poderiam reduzir suas alíquotas, conceder isenção ou mesmo crédito presumido, com o objetivo de atrair empresas para o seu território. Tomemos como exemplo uma hipótese de operação interestadual em que haja crédito presumido. Veremos sua prejudicialidade ao regime federativo.

Por exemplo:

* alíquota aplicada: 12%;

* valor da operação: R$ 10.000,00

5.000,00 × 12% = 1.200,00 (ICMS sem benefício)

crédito presumido: 20% sobre o ICMS devido: 240,00

valor efetivamente recolhido = 960,00 (1.200,00 – 240,00)

Como se pode ver, o crédito presumido é a ferramenta mais utilizada na guerra fiscal. Isso porque, no estado de origem da mercadoria, o valor da operação é apurado normalmente (alíquota interestadual × base de cálculo), mas o valor efetivamente cobrado é reduzido em razão do crédito presumido.

Assim, o crédito destacado no documento fiscal não corresponde ao valor efetivamente cobrado pelo estado de origem, mas é repassado para o estado de destino.

O resultado dessa operação é que o custo do benefício fiscal concedido no estado de origem é suportado pelo estado de destino.

e) Sujeito passivo

O sujeito passivo do ICMS poderá ser tanto o contribuinte quanto o responsável. O contribuinte é tratado no art. 4º da Lei Kandir:

Art. 4º Contribuinte é qualquer pessoa, física ou jurídica, que realize, com habitualidade ou em volume que caracterize intuito comercial, operações de circulação de mercadoria ou prestações de serviços de transporte interestadual e intermunicipal e de comunicação, ainda que as operações e as prestações se iniciem no exterior.

§ 1º É também contribuinte a pessoa física ou jurídica que, mesmo sem habitualidade ou intuito comercial:

I – importe mercadorias ou bens do exterior, qualquer que seja a sua finalidade; (Redação dada pela Lcp 114, de 16.12.2002)

II – seja destinatária de serviço prestado no exterior ou cuja prestação se tenha iniciado no exterior;

III – adquira em licitação mercadorias ou bens apreendidos ou abandonados; (Redação dada pela Lcp 114, de 16.12.2002)

IV – adquira lubrificantes e combustíveis líquidos e gasosos derivados de petróleo e energia elétrica oriundos de outro Estado, quando não destinados à comercialização ou à industrialização. (Redação dada pela LCP nº 102, de 11.7.2000)

Como se pode ver, contribuinte é aquele que circule ou importe a mercadoria, o prestador do serviço de transporte interestadual e intermunicipal, e aquele que pratica a comunicação, ou seja, o emissor do sinal.

Também será considerado contribuinte o adquirente de lubrificantes e combustíveis líquidos e gasosos, derivados de petróleo e energia elétrica oriundos de outro estado, quando não destinados à comercialização ou à industrialização.

Já o responsável é tratado no art. 6º da mesma lei:

Art. 6º Lei estadual poderá atribuir a contribuinte do imposto ou a depositário a qualquer título a responsabilidade pelo seu pagamento, hipótese em que assumirá a condição de substituto tributário. (Redação dada pela LCP 114, de 16.12.2002.)

§ 1º A responsabilidade poderá ser atribuída em relação ao imposto incidente sobre uma ou mais operações ou prestações, sejam antecedentes, concomitantes ou subsequentes, inclusive ao valor decorrente da diferença entre alíquotas interna e interestadual nas operações e prestações que destinem bens e serviços a consumidor final localizado em outro Estado, que seja contribuinte do imposto.

§ 2º A atribuição de responsabilidade dar-se-á em relação a mercadorias, bens ou serviços previstos em lei de cada Estado.

Aqui surge a figura da **substituição tributária**, autorizada constitucionalmente no art. 150, § 7º, da Carta. Na substituição tributária, a obrigação de recolher o tributo nasce para o substituto, sendo o contribuinte afastado da relação jurídica tributária. Tal assunto já foi abordado no capítulo em que foram tratadas a responsabilidade tributária e suas modalidades.

Além disso, o STF entendeu que caracteriza crime o não recolhimento do ICMS próprio do contribuinte no julgamento do RHC 163334. Com o placar fixado em 7 votos a 3, ministros firmaram o posicionamento no sentido de que o contribuinte que deixa de recolher o ICMS pratica crime desde que haja dolo, e sua conduta seja contumaz.

Em outras palavras, a tese fixada foi a seguinte: "o contribuinte que de forma contumaz e com dolo de apropriação deixa de recolher o ICMS cobrado do adquirente da mercadoria ou serviço incide no tipo penal do artigo 2º inciso II da lei 8137/1990".

Por fim, mas não menos importante, com a aprovação da Reforma Tributária, pela Emenda Constitucional nº 132/2023 o ICMS deixará de existir assim que findar a transição para o IBS, em 2033.

Considerações sobre ICMS
1. Incide sobre a circulação de mercadorias que caracterizem intuito de mercancia, bem como a prestação de serviços de transporte e de comunicação.
2. Só incide ICMS no caso de transporte interestadual e intermunicipal.
3. Trata-se de tributo plurifásico, pois incide em todas as fases da cadeia produtiva.
4. ICMS monofásico – incide sobre o petróleo no momento de seu refino.

 PARA REFORÇAR

ICMS	
Fiscal	Trata-se de um imposto com finalidade meramente arrecadatória, não possuindo função interventiva ou de arrecadação para fomento de terceiros.

Indireto	O ICMS é o principal exemplo de imposto indireto. Em outras palavras, o ICMS admite a transmissão do ônus financeiro ao elo seguinte da cadeia produtiva até atingir o consumidor final. Com isso, o contribuinte de direito é aquele que tem a obrigação legal de recolher o imposto, ou seja, aquele que pratica o fato gerador, enquanto o contribuinte de fato é o consumidor final, que é quem de fato suporta o ônus financeiro.
Proporcional	O ICMS é um imposto proporcional, ao passo que sua alíquota é fixa, sendo variável somente a sua base de cálculo. Todavia, a CRFB autoriza que os estados adotem a seletividade em razão da essencialidade do produto, no art. 155, § 2º, III, da Carta. Assim, o ICMS é um imposto proporcional, podendo ser seletivo de acordo com a legislação de cada estado.
Real	É um tributo real cobrado em razão do fato gerador objetivamente praticado. Não leva em conta a capacidade econômica e nem características pessoais do contribuinte.
Não vinculado	Art. 16, CTN. Por ser um imposto, o ICMS é uma espécie tributária não vinculada, cujo fato gerador é uma atividade do contribuinte e não uma atividade estatal, não cabendo aos estados e ao Distrito Federal a obrigação de entregar uma contraprestação específica ao contribuinte.
Plurifásico	O ICMS é plurifásico, pois incide em todas as etapas da cadeia produtiva. Sempre que houver uma circulação de mercadorias, incidirá o ICMS. Excepcionalmente o ICMS combustíveis (art. 155, § 4º, IV, CRFB) é uma exceção à regra de o ICMS ser plurifásico. Nesse caso, a tributação será monofásica, incidindo uma única vez, e não em toda a cadeia produtiva.
Não cumulativo	O art. 155, § 2º, I, CRFB determina que o ICMS será não cumulativo. Tal determinação significa que, por ser o ICMS um imposto plurifásico, deve ser aplicado o sistema que impede que ele acumule na cadeia produtiva. Assim, deverá ocorrer a compensação do que for devido em cada operação relativa à circulação de mercadorias ou prestação de serviços.
	O sujeito passivo pode creditar-se do imposto recolhido no elo anterior da cadeia produtiva, em operações de que tenha resultado na entrada da mercadoria, real ou simbólica, no estabelecimento, inclusive a destinada ao seu uso ou consumo ao ativo permanente, ou o recebimento de serviços de transporte interestadual e intermunicipal ou de comunicação. Porém não dão direito ao crédito as entradas de mercadorias ou a utilização de serviços resultantes de operações ou prestações isentas ou não tributadas, ou que se refiram a mercadorias ou serviços alheios à atividade do estabelecimento.
Legislação	LC 87/1996. Arts. 155, II, e 147, §§ 2º, 3º, 4º, 5º, CRFB. Os arts. 52 a 58 do CTN foram revogados. Cabe à lei ordinária de cada estado regulamentar a matéria. A edição dos Convênios CONFAZ que concedem benefícios fiscais. Art. 155, § 2º, XII, g, CRFB. Art. 147, CRFB. Súmulas 660, 661, 662, STF, Súmulas 20, 49, Súmula 68 STJ, 71, 80, 87, Súmula 94 STJ, 95, 135, Súmula 152 STJ, 155, 163, 166, 198, 237, 350, 391, 395, 431, 432, 433, STJ, Súmula Vinculante 48 do STF.

- O ICMS incide na circulação de mercadorias, caracterizada pela operação mercantil, ou seja, pela troca de titularidade de um bem móvel, adquirido para a revenda, com finalidade de lucro.

- No fornecimento de bebidas em bares e restaurantes incidirá o ICMS, conforme previsto na Súmula 163 do STJ, pois é caracterizada uma operação mercantil, e não uma prestação de serviços.

- Pelo princípio da não cumulatividade, o ICMS somente incidirá sobre o valor adicionado em cada fase da cadeia produtiva. No Brasil aplica-se o sistema de compensação de débitos e créditos. A não cumulatividade permite que o contribuinte abata do débito dele o crédito que ele adquire decorrente de outras operações anteriores.

- **Tributação dos Contratos Híbridos:** venda de serviço + venda de mercadoria. LC 116/2003: arts. 1º § 2º, 7º, item 7.02, 7.05, 14.01, 14.03, 17.11. Nessa hipótese, Estados e Municípios podem tributar, sendo a mão de obra tributada pelo ISS e a mercadoria pelo ICMS.

- Recondicionamento de motor. Incide também o ICMS e o ISS. Item 14.3 da LC 116/2003.

- *Leasing* **financeiro:** Não incide o ICMS sobre o leasing, pois não há circulação de mercadoria, e o ICMS só será devido, nesse caso, se houver a efetivação da opção de compra, quando ocorrerá a operação mercantil.

CAP. 14 • IMPOSTOS EM ESPÉCIE | **537**

- Transporte de carga de mercadoria, no trecho interno, que vai ser posteriormente exportada. O art. 3º, II, da LC 87/1996 diz que não incide ICMS nas operações destinadas ao exterior. Com isso, não será devido o recolhimento de ICMS no transporte intermunicipal ou interestadual imediatamente anterior à exportação. Isso porque, quando o art. 155, § 2º, X, a, da CRFB imuniza as exportações de bens e serviços, o que se busca com isso é evitar que o Brasil exporte tributos. Assim, não devem restar dúvidas de que não é devida a cobrança do ICMS sobre o serviço de transporte anterior à exportação.

- **ICMS e importação.** Conforme previsto no art. 155, § 2º, IX, a, da CRFB, com redação dada pela EC 33/2001, o ICMS é devido na importação de bens e serviços, por pessoa física ou jurídica, para uso próprio ou para revenda, conforme sumula vinculante 48 do STF.

- ***Súmula 660 do STF.*** A Súmula 660 do STF demonstra entendimento no sentido de que não deverá incidir ICMS na importação para uso próprio por não contribuinte do imposto. Tal súmula tomava como base a redação original do art. 155, § 2º, IX, a, da CRFB, estando, portanto, ultrapassada.

- ***Súmula 661 do STF.*** Segundo a Súmula 661, "é legítima a incidência do ICMS no momento do desembaraço aduaneiro". Como se pode ver, não devem restar dúvidas de que é devido o ICMS em qualquer importação, seja por pessoa física ou jurídica, para uso próprio ou não. O novo posicionamento foi adotado pelo STJ quando da adoção da Súmula 198 e pelo STF, quando da edição da Súmula Vinculante 48 do STF.

- ***Na importação***, *o ICMS é devido para o estado da destinação da mercadoria*, sendo irrelevante por qual estado a mercadoria foi nacionalizada.

- **ICMS nos serviços de comunicação.** Para o STJ o ICMS somente incidirá sobre a comunicação em si, não incidindo sobre serviços preparatórios. Assim, habilitação, manutenção e conserto de telefonia celular não são caracterizados como serviços de comunicação, pois são serviço de preparação da peça para que possa ocorrer a comunicação. Assim, não incide ICMS sobre o serviço de provedor de internet, Súmula 334 do STJ e nem sobre habilitação de celular, conforme previsto na Súmula 350 também do STJ.

- **ICMS nos serviços de radiodifusão e de sons e imóveis com recepção livre e gratuita.** A radiodifusão gratuita de sons e imagens é imune ao ICMS, conforme o art. 155, § 2º, X, *d*, da CRFB. Somente a tv aberta está beneficiada, não se estendendo à tv à cabo, que é tributada pelo ICMS.

- **Transferência de mercadoria entre estabelecimentos de um mesmo titular.** Não incide ICMS. Não há circulação jurídica nem econômica. Assim, por não haver a transmissão do patrimônio, aplica-se a Súmula 166 do STJ. Frise-se que o art. 12, I, da LC 87, ao determinar que ocorre fato gerador mesmo que o deslocamento da mercadoria entre estabelecimentos da mesma titularidade, não se aplica em nosso ordenamento jurídico.

- **Comodato de máquinas (bem infungível).** Não cabe ICMS, pois não há transferência de domínio. Súmula 573, STF.

- **Contratos de reserva de potência.** É a chamada "demanda contratada". Nessa hipótese aplica-se a Súmula 391 do STJ.

- **Alienação de salvados de sinistros por/para companhias segurados.** Não incide ICMS na alienação de bens salvados de sinistro, conforme o teor da Súmula Vinculante 32 do STF. Isso porque tal alienação não caracteriza ato de comércio, ao passo que não é praticada com habitualidade e finalidade de lucro.

14.2.3. *Imposto sobre Propriedade de Veículo Automotor – IPVA*

a) Legislação e súmulas

- CRFB, art. 155, III e § 6º

b) Fato gerador

O **IPVA** é o imposto de competência dos estados e do Distrito Federal que foi introduzido em nosso ordenamento jurídico pela EC 27/1985, com o objetivo de substituir a Taxa Rodoviária Única (TRU).

Apesar da previsão constitucional no art. 155, III, ainda não foi editada a lei complementar trazendo suas regras gerais, de modo que os estados podem exercer a competência plena, conforme autorizado pelos arts. 24, § 3º, da CRFB, e 34, § 3º, do ADCT. O STF já firmou posicionamento nesse sentido. Vejamos:

 JURISPRUDÊNCIA

> (...) IMPOSTO SOBRE PROPRIEDADE DE VEÍCULOS AUTOMOTORES – DISCIPLINA. Mostra-se constitucional a disciplina do Imposto sobre Propriedade de Veículos Automotores mediante norma local. Deixando a União de editar normas gerais, exerce a unidade da federação a competência legislativa plena – § 3º do artigo 24, do corpo permanente da Carta de 1988 –, sendo que, com a entrada em vigor do Sistema Tributário Nacional, se abriu à União, aos Estados, ao Distrito Federal e aos Municípios, a via da edição de leis necessárias à respectiva aplicação – § 3º do artigo 34 do Ato das Disposições Constitucionais Transitórias da Carta de 1988 (STF – AI-AgR 167.777/SP, 2ª Turma, Rel. Marco Aurélio, j. 04.03.1997, *DJ* 09.05.1997, p. 18134, Ement. vol-01868-04, p. 00796).

Assim, não devem restar dúvidas quanto à possibilidade de exercício da competência tributária pelos estados, na ausência da lei complementar federal.

O fato gerador do IPVA era, até a Emenda Constitucional nº 132/2023, a propriedade de veículo automotor terrestre, não incidindo até então sobre embarcações e aeronaves. Tal posicionamento foi adotado pelo STF, tendo em vista o regramento próprio para tais meios de transporte.

 JURISPRUDÊNCIA

> (...) IPVA – EMBARCAÇÃO – PRETENDIDA COBRANÇA DO IMPOSTO SOBRE PROPRIEDADE DE VEÍCULO AUTOMOTOR – PROIBIÇÃO À LEI TRIBUTÁRIA ESTADUAL ALARGAR COMPETÊNCIA PARA ALTERAR DEFINIÇÃO E CONCEITOS – ILEGALIDADE DA COBRANÇA. "É defeso à Lei Tributária do Estado definir como veículo automotor qualquer embarcação, objetivando sujeitá-la ao pagamento do IPVA – art. 110 do Cód. Trib. Nacional. Competindo à União privativamente legislar sobre direito marítimo – C. Fed. art. 22, I –, é manifesta a impossibilidade do Estado em legislar sobre embarcações, não obstante serem fluviais ou lacustres, já que o direito marítimo engloba todas as espécies." (fl. 95) Dessa decisão interpõe RE, alegando ofensa ao art. 155, I, *c* da CF. Decido. Não assiste razão o recorrente. O STF firmou a seguinte orientação: "IPVA – Imposto sobre Propriedade de Veículos Automotores (CF, art. 155, III; CF 69, art. 23, III e § 13, cf. EC 27/85): campo de incidência que não inclui embarcações e aeronaves" (RE 134509, Rel. Acórdão Min. Sepúlveda Pertence, *DJ* 13.09.2002).

Entretanto, com a reforma tributária, o IPVA passou a incidir sobre embarcações e aeronaves, sendo resguardada a imunidade para veículos de transporte coletivo de passageiros, embarcações de pesca e veículos agrícolas.[17]

---

[17] Art. 155. (...)

   6º (...)

Assim, em razão do fundamento do julgado, o IPVA também não deve incidir sobre tratores e retroescavadeiras, por se tratar de ferramentas de trabalho, e não veículos de transporte.

O IPVA também será devido na importação de veículos novos, no momento do desembaraço aduaneiro.

Ponto relevante é a não incidência do IPVA sobre veículos roubados, furtados ou sinistrados. Tendo em vista que o fato gerador do imposto é a propriedade do veículo, ao ocorrer qualquer dos fatos *supra*, o indivíduo perde a propriedade plena, não acontecendo então o fato gerador do imposto. Uma vez que o proprietário não poderá usar e gozar do bem, a propriedade já está mitigada, sendo afastada a ocorrência do fato gerador. Vejamos:

JURISPRUDÊNCIA

> APELAÇÃO CÍVEL – TRIBUTÁRIO – IPVA – MANDADO DE SEGURANÇA CONTRA PROTESTO DE CDA E COBRANÇAS DE IPVA RELATIVOS A VEÍCULO ROUBADO E TRANSFERIDO À SEGURADORA – SENTENÇA QUE DENEGA A SEGURANÇA – RECURSO DA EMPRESA IMPETRANTE – PROVIMENTO DE RIGOR. 1. Direitos inerentes à propriedade do veículo não exercidos pela impetrante nos períodos da cobrança de IPVA porque foi vítima de roubo, comunicado à polícia – Fatos confirmados através de prova documental – Inexigível o IPVA de períodos posteriores – Precedentes – Ordem concedida. Sentença reformada – Recurso voluntário provido (TJ-SP – 1000682-51.2015.8.26.0053, 10ª Câmara Extraordinária de Direito Público, Rel. Sidney Romano dos Reis, j. 23.10.2017, Data de Publicação: 24.10.2017).

Há outro debate relevante que ocorre quando o veículo sofre penhora judicial com restrição de circulação. Nessas hipóteses, os elementos caracterizadores da propriedade também não estão presentes, ao passo que o veículo não poderá ser gozado pelo contribuinte, de modo que não deverá incidir o IPVA enquanto tal restrição persistir.

Quanto ao local do fato gerador, entendemos que o imposto deverá ser recolhido no local do licenciamento do veículo, sendo irrelevante o domicílio do proprietário, seguindo a lógica constitucional. Afinal, o texto da Carta prevê expressamente que parcela da arrecadação (50%) pertence ao município onde foi licenciado o veículo, e não ao domicílio do proprietário. Assim, a própria Constituição orienta a aplicação da norma acerca do local de licenciamento.

III – incidirá sobre a propriedade de veículos automotores terrestres, aquáticos e aéreos, excetuados:

a) aeronaves agrícolas e de operador certificado para prestar serviços aéreos a terceiros;

b) embarcações de pessoa jurídica que detenha outorga para prestar serviços de transporte aquaviário ou de pessoa física ou jurídica que pratique pesca industrial, artesanal, científica ou de subsistência;

c) plataformas suscetíveis de se locomoverem na água por meios próprios, inclusive aquelas cuja finalidade principal seja a exploração de atividades econômicas em águas territoriais e na zona econômica exclusiva e embarcações que tenham essa mesma finalidade principal;

d) tratores e máquinas agrícolas."

No julgamento do RE 1.016605, os Ministros Marco Aurélio, Luiz Fux, Celso de Mello, Ricardo Levandowski e Edson Fachin entenderam que o IPVA é devido no local do licenciamento do veículo, e não no local onde reside seu proprietário, estando vencidos os Ministros Alexandre de Moraes, Cármen Lúcia e Rosa Weber.

A consolidação do entendimento se deu com o julgamento da ADI 4612 pelo STF:

AÇÃO DIRETA DE INCONSTITUCIONALIDADE – PERTINÊNCIA TEMÁTICA – PRESENÇA – DIREITO TRIBUTÁRIO – IPVA – FATO GERADOR – PROPRIEDADE, PLENA OU NÃO, DE VEÍCULO AUTOMOTOR – CAPACIDADE ATIVA – PONDERAÇÕES – HIPÓTESES DE RESPONSABILIDADE – NECESSIDADE DE OBSERVÂNCIA DAS NORMAS GERAIS – AÇÃO DIRETA JULGADA PARCIALMENTE PROCEDENTE. 1. Encontra-se presente o requisito da pertinência temática, tendo em vista a existência de correlação entre os objetivos institucionais da requerente e o objeto da ação direta. 2. A Constituição Federal não fixou o conceito de propriedade para fins de tributação por meio do IPVA, deixando espaço para o legislador tratar do assunto. Nesse sentido, é constitucional lei que prevê como fato gerador do imposto a propriedade, plena ou não, de veículos automotores. 3. Como regra, a capacidade ativa concernente ao imposto pertence ao estado onde está efetivamente licenciado o veículo. Não obstante, a disciplina pode sofrer ponderações, para o respeito do télos e da materialidade do tributo, bem como do pacto federativo. Daí a fixação da tese de que "a capacidade ativa referente ao IPVA pertence ao estado onde deve o veículo automotor ser licenciado, considerando-se a residência ou o domicílio – assim entendido, no caso de pessoa jurídica, o estabelecimento – a que estiver ele vinculado. 4. De acordo com a orientação firmada no RE no 562.276/PR, Tribunal Pleno, Rel. Min. Ellen Gracie, *DJe* 10.2.2011, as leis que instituem cláusula de responsabilidade tributária devem observar as normas gerais de direito tributário previstas em lei complementar, em especial as regras matrizes de responsabilidade estabelecidas pelo CTN, como, v.g., a do art. 135, e as diretrizes fixadas em seu art. 128, sob pena de incidirem em inconstitucionalidade formal. 6. Ação direta julgada parcialmente procedente, tão somente para se declarar a inconstitucionalidade formal da expressão "bem como o sócio, diretor, gerente ou administrador", constante do inciso I do § 3º do art. 3º da Lei nº 7.543/88, incluído pela Lei nº 15.242/10, ambas do Estado de Santa Catarina.

Assim, não restam dúvidas de que o IPVA é devido no estado onde o veículo deve ser licenciado.

c) Base de cálculo

A **base de cálculo** do IPVA é o **valor do veículo**, que deve ser atualizada anualmente para evitar o enriquecimento sem causa do estado, uma vez que veículos sofrem desvalorização importante durante sua vida útil.

Muitos estados adotam a tabela elaborada pela Fundação Instituto de Pesquisas Econômicas (FIPE), que traz os valores médios dos veículos.

Ademais, o IPVA se submeterá ao princípio da anterioridade de exercício em qualquer hipótese, mas não se submeterá ao princípio da anterioridade nonagesimal, ou noventena, quando sofrer alteração da sua base de cálculo.

d) Alíquota

Na forma da CRFB (art. 155, § 2º, I), a alíquota mínima de IPVA deverá ser prevista em resolução do Senado Federal. O objetivo dessa norma é evitar a guerra fiscal de IPVA, que ocorre quando os estados reduzem alíquotas do imposto para atrair licenciamentos de veículos para seu território. No entanto, a referida alíquota mínima não foi instituída, de modo que há uma forte diferença entre as alíquotas aplicáveis pelos estados.

Outrossim, o IPVA poderá ser diferenciado com base no tipo ou utilização do veículo, sendo essa uma discricionariedade de cada estado. Assim, como forma de estímulo a veículos menos poluentes, por exemplo, pode ser determinado o IPVA diferenciado de acordo com o grau de emissão de gases poluentes do veículo ou mesmo de acordo com o combustível adotado. Tal conceito foi efetivado pela Emenda Constitucional 132/2023 e agora, está expressa na Constituição a possibilidade de o IPVA ser diferenciado em razão da sustentabilidade ambiental.

Com a aprovação da Reforma Tributária, o IPVA poderá ainda ser progressivo em razão do valor do veículo e do grau de nocividade ao meio ambiente. Assim, percebe-se que mais um imposto se submeterá à progressividade, além do IPTU, ITR, IR e ITCMD.

Entretanto, não cabe a previsão de alíquota diferenciada pelo fato de o veículo ser importado do exterior, ao passo que é vedado o tratamento diferenciado com base da origem do produto, na forma do art. 152 da CRFB:

> Art. 152. É vedado aos Estados, ao Distrito Federal e aos Municípios estabelecer diferença tributária entre bens e serviços, de qualquer natureza, em razão de sua procedência ou destino.

Com base nesse dispositivo, o STF afastou o IPVA diferenciado para carros importados no julgamento do Ag no RE 367785/RJ, pois tal tratamento tinha como base a origem do veículo, violando o dispositivo constitucional.

Também é possível o IPVA diferenciado para pessoas portadoras de determinadas doenças ou deficiências, como forma de entrega do mínimo existencial.

O IPVA é um imposto proporcional, com alíquotas fixas e base de cálculo variável, não havendo na Constituição autorização para aplicação da progressividade.

e) Sujeito passivo

O contribuinte do IPVA é o proprietário de veículo automotor terrestre, caracterizando-se como tal pelo licenciamento junto ao Detran estadual.

Também será contribuinte o importador, que deverá recolher o imposto no momento do desembaraço aduaneiro.

Será responsável pelo recolhimento do imposto do adquirente do veículo sobre o qual recaiam dívidas tributadas, na forma do art. 131, I, do CTN, não sendo devida a negativa de licenciamento pela falta de pagamento do imposto, por se caracterizar como sanção política, vedada em nosso ordenamento.

Muito já se discutiu acerca da responsabilidade tributária da instituição financeira nos contratos de *leasing*. Não devem restar dúvidas de que, como possuidora indireta, é responsável solidária pelo pagamento dos impostos incidentes sobre o bem. Vejamos:

 ## JURISPRUDÊNCIA

> APELAÇÃO CÍVEL – ARRENDAMENTO MERCANTIL (*LEASING*) – RESPONSABILIDADE TRIBUTÁRIA. Como possuidora indireta do veículo arrendado, a instituição financeira é responsável solidária pelo pagamento de quaisquer tributos e taxas incidentes sobre o bem, até mesmo nos casos em que não há a comunicação da finalização do contrato perante o órgão encarregado do registro do veículo – Jurisprudência do STJ – Sentença mantida. Recurso desprovido (TJ-SP – APL 1001891-12.2014.8.26.0014/SP, 3ª Câmara de Direito Público, Rel. Marrey Uint, j. 29.01.2019, p. 31.01.2019).

Ademais, importante lembrar que os contratos particulares não poderão ser opostos ao fisco, a teor do art. 123 do CTN, de modo que qualquer previsão contratual limitando a responsabilidade tributária somente produzirá efeitos *inter partes*.

Considerações sobre IPVA
1. Tem como fato gerador a propriedade de veículo automotor terrestre.
2. Segundo o STF, o IPVA não incide sobre embarcações e aeronaves, que possuem regulamentação própria.
3. Também não incide sobre tratores e retroescavadeiras, uma vez que se trata de ferramentas de trabalho, e não veículo de transporte.
4. O IPVA poderá ser diferenciado com base no tipo ou na utilização do veículo.

 ## PARA REFORÇAR

IPVA	
Fiscal	É um tributo meramente arrecadatório.
Direto	O ônus econômico recai diretamente sobre o contribuinte, que é o proprietário do veículo, não cabendo a transmissão do ônus financeiro.
Real	É um tributo cobrado em razão do fato gerador objetivamente considerado. Não leva em conta a capacidade econômica e nem as características pessoais do contribuinte. Leva em consideração a coisa objeto da tributação, e não as características do seu titular.
Não vinculado	Art. 16, CTN. Seu fato gerador não depende de uma atuação ou contraprestação estatal específica. Ademais, nem mesmo a receita do IPVA poderá ser vinculada, ao passo que é vedada a vinculação da receita de impostos na forma do art. 167, IV, CRFB.

Incidência monofásica	O fato gerador recai sobre a propriedade do veículo, incidindo uma única vez.
Imposto sobre o patrimônio	Dada a base econômica do seu fato gerador, é um imposto sobre o patrimônio e é alcançado pela imunidade recíproca do art. 150, VI, CRFB.
Legislação	Art. 155, III, CRFB. Art. 147, § 6º, CRFB. O IPVA não tem previsão no CTN, pois foi instituído em 1985. Não há lei complementar geral regulamentando normas gerais do IPVA. Art. 34, § 3º, ADCT c/c o art. 24, § 3º, CRFB. Art. 146, III, CRFB. Art. 155, § 6º, CRFB.
• O IPVA terá as suas alíquotas mínimas fixadas pelo Senado Federal e II – poderá ter alíquotas diferenciadas em função do tipo, do valor, da utilização e do impacto ambiental. Art. 155, § 6º, I e II, da CRFB.	
• Competência dos estados e do Distrito Federal para instituir o IPVA.	
• Lançamento direto ou de ofício. Art. 149, CTN.	
• O IPVA é objeto de repartição de receita tributária, cabendo 50% da arrecadação ao município onde o veículo foi emplacado e registrado.	
• Alguns veículos automotores que não são utilizados como transporte de pessoas ou bens não são tributados pelo IPVA. É o caso de máquinas do tipo retroescavadeira e guindaste, que são caracterizados como ferramentas de trabalho.	
• **Embarcações e aeronaves.** Não incide o IPVA, pois não são veículos automotores terrestres. De acordo com o STF, o IPVA não incide sobre embarcações e aeronaves, pois elas possuem regramentos próprios.	
• **Veículo objeto de furto ou roubo.** O proprietário que teve o seu veículo roubado ou furtado tem a impossibilidade do exercício dos direitos inerentes à propriedade. Assim, o IPVA não é devido, cabendo, inclusive, a restituição total ou parcial dos valores já recolhidos.	
• **Contribuinte.** É o proprietário do veículo, podendo ser pessoa física ou jurídica. Também será considerado contribuinte o importador.	

14.3. Impostos municipais

Na forma do art. 156 da CRFB, cabe aos municípios a instituição de três impostos, quais sejam, IPTU, ITBI e ISSQN, que serão analisados isoladamente a seguir.

 DICA

IPTU, ITBI e ISS são impostos de competência dos municípios.

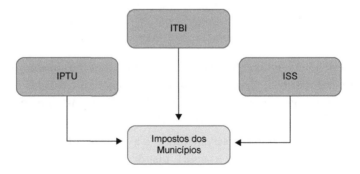

14.3.1. Imposto Predial e Territorial Urbano – IPTU

a) Legislação e súmulas

- CRFB, arts. 156, I e § 1º, e 182, § 4º, II
- CTN, arts. 32 a 34
- Lei 10.257/2001
- Súmulas: STF, Súmula Vinculante 52, Súmulas 539, 583, 589, 668 e 724; STJ, 160, 397 e 399

b) Fato gerador

O **IPTU** é o imposto de competência municipal que tem como fato gerador a propriedade, o domínio ou a posse de **bens imóveis** por natureza ou acessão física, situados em **área urbana**, cabendo à lei ordinária de cada município regulamentar o IPTU em seu território.

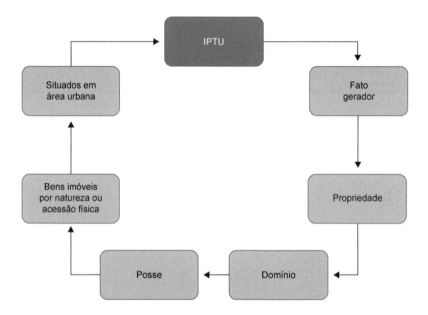

Para um perfeito entendimento do seu fato gerador, devemos buscar os elementos que fazem surgir a obrigação tributária no direito privado, com os conceitos que envolvem os direitos reais, uma vez que, na forma do art. 110 do CTN, os institutos de direito privado não poderão ser alterados pelo Direito Tributário.

Assim, o primeiro elemento a ser analisado é a propriedade, que consiste nos direitos de **usar** (*ius utendi*), **gozar** (*ius fruendi*), **dispor** (*ius abutendi*) e **reivindicar** o bem (direito de sequela), cuja previsão se encontra no art. 1.228 do CC. A incidência do IPTU **pressupõe** *animus domini*, ou seja, a **intenção** do sujeito de ser proprietário. Vejamos:

"Art. 1.228. O proprietário tem a faculdade de usar, gozar e dispor da coisa, e o direito de reavê-la do poder de quem quer que injustamente a possua ou detenha".

Importante frisar que a propriedade a ensejar a incidência do IPTU é a conjugação dos quatro elementos supracitados. Caso o imóvel esteja invadido, a propriedade exercida não será plena, de modo a afastar a incidência do IPTU por ausência do fato gerador. Tal posicionamento já foi adotado pelo STJ.

 JURISPRUDÊNCIA

> (...) IPTU – IMÓVEL HÁ ANOS NA POSSE DE TERCEIROS – INEXISTÊNCIA DE VALOR ECONÔMICO AO FORMAL PROPRIETÁRIO – IMPOSSIBILIDADE DO PROPRIETÁRIO SER O DEVEDOR DO TRIBUTO – RECURSOS IMPROVIDOS. (...) O agravante sustenta que ocorreu, além de divergência jurisprudencial, violação (fl. 134) dos arts. 1.100 do CTN e do art. 1.245 § 1º, do CC/2002, sob os argumentos: a) legitimidade passiva da agravada para a cobrança do IPTU, pois é imputável como contribuinte o titular constante no Registro de Imóveis; (...) No tocante à legitimidade da agravada para a cobrança do IPTU, o Tribunal *a quo* consignou: Com efeito, é incontroverso que a área já não se encontrava na posse do recorrente desde 1983, não tendo ele sucesso na recuperação de sua posse sobre o imóvel. Ora, em se tratando de imóvel invadido, onde se estabeleceu uma favela, depois urbanizada pelo Poder Público, não se pode deixar de reconhecer a inexistência de qualquer valor econômico para aquele que era, formalmente, proprietário, o que é diferente daqueles que lá estão instalados como posseiros ou invasores, detendo-a com *animus rem sibi habendi* (para estes a porção de terras possui valor econômico). Nesse diapasão, o legitimado passivo do IPTU seria aquele que possui o imóvel ou parte dele, pois a posse exteriorizada como propriedade pode caracterizar-se como passível de fato gerador do IPTU. Nesse sentido, ver precedente do TJRJ – 10ª Câmara Cível; AC 20416/2000-RJ. Assim, há evidente impossibilidade de o proprietário ser responsabilizado pelo débito tributário, porquanto não detém mais a posse do imóvel, cabendo à municipalidade lançar o IPTU em nome dos ocupantes da área que lá edificaram suas moradias. Aliás, a responsabilidade tributária do possuidor vem estampada no art. 34 do CTN, de modo que a zelosa magistrada agiu com o costumeiro acerto ao acolher os embargos. Dessa forma, verifica-se que o acórdão objurgado está em conformidade com o entendimento do Superior Tribunal de Justiça, no sentido de que não é possível imputar a exação de IPTU a proprietário prejudicado por invasão de terceiros em seu imóvel, pois, mesmo tendo procedido com todos os meios adequados à defesa de sua propriedade, não obteve êxito nessas tentativas. Confira-se o precedente: Processual civil. Administrativo. Tributário. Embargos à execução fiscal. Art. 535, II, do CPC. Omissão. Não ocorrência. IPTU. Cobrança. Sujeito passivo. Proprietário do imóvel. Invasão da propriedade por terceiros. Desapropriação. Imissão na posse pelo poder público após o fato gerador. Artigo 34 do CTN. Exação indevida. Posse do município expropriante exercida antes da autorização judicial de imissão provisória. Loteamento e benfeitorias na área. *Animus apropriandi*. 7. (...) Não se pode exigir do proprietário o pagamento do IPTU quando sofreu invasão de sua propriedade por terceiros, defendeu-se através dos meios jurídicos apropriados e foi expropriado pela municipalidade, sendo

que esta, antes de receber a autorização judicial para imissão provisória, ingressou na área com o ânimo de desapropriante. Dessume-se que o acórdão recorrido está em sintonia com o atual entendimento deste Tribunal Superior, razão pela qual não merece prosperar a irresignação. Incide, *in casu*, o princípio estabelecido na Súmula 83/STJ: "Não se conhece do Recurso Especial pela divergência, quando a orientação do Tribunal se firmou no mesmo sentido da decisão recorrida". Por tudo isso, nego provimento ao agravo de instrumento (STJ – Ag 1211094, Rel. Min. Herman Benjamin, *DJe* 10.12.2009).

Como se vê, não se pode imputar o IPTU caso os elementos da propriedade estejam mitigados. O Tribunal de Justiça do Estado do Rio de Janeiro (TJRJ) adotou posicionamento similar em julgado bastante didático.

JURISPRUDÊNCIA

DIREITO PROCESSUAL CIVIL – EXECUÇÃO FISCAL – MUNICÍPIO DO RIO DE JANEIRO – IPTU – IMÓVEL INVADIDO POR TERCEIROS – AÇÃO DE EXECUÇÃO FISCAL, RELATIVA A IMPOSTO PREDIAL E TERRITORIAL URBANO (IPTU) E À TAXA DE COLETA DOMICILIAR DE LIXO (TCDL). Sentença que, ao extinguir o processo, o fez sem análise do mérito, em razão da impossibilidade de alteração do sujeito passivo da Certidão de Dívida Ativa, na forma do verbete nº 392, da súmula do Superior Tribunal de Justiça. Irresignação do ente municipal, fundada na alegada possibilidade de o exequente exigir o pagamento do imposto de qualquer um dos sujeitos passivos. Certidão emitida pelo Sr. Oficial de Justiça, no sentido da invasão do imóvel por populares e de a vizinhança desconhecer o proprietário. Direito de domínio sobre o bem, que se encontra tolhido de, praticamente, todos os seus elementos, já que não há mais posse, possibilidade de uso ou fruição do bem, assim como a possibilidade de qualquer tipo de geração de renda ou de benefícios ao proprietário. Desarrazoada a exigência de pagamento do respectivo imposto, diante do desaparecimento da base material do fato gerador e da violação do princípio da propriedade. Execução fiscal, que deve ser direcionada aos atuais possuidores, que lá se encontram e possuem o bem com *animus domini*, qualidade que o apelado não ostenta. Precedentes jurisprudenciais. A inclusão e/ou retificação de contribuinte não identificado na CDA consiste em modificar o sujeito passivo da execução, o que é vedado, vez que tal alteração importa, igualmente, alteração do próprio processo tributário administrativo e do lançamento anterior, afastando, por conseguinte, a certeza e a liquidez do título executivo. Incidência do verbete nº 392, da súmula do Superior Tribunal de Justiça. Recurso a que se nega provimento (TJ-RJ – APL 01325180520078190001, Cartório Eletrônico da 12ª Vara Faz. Pública, 21ª Câmara Cível, Rel. Denise Levy Tredler, j. 14.2.2017, Data de Publicação: 20.02.2017).

Assim, sem a propriedade não há o fato gerador, sendo, então, afastada a incidência do imposto.

No entanto, entendeu o STJ que, se o imóvel estiver localizado em área de preservação ambiental, deverá incidir o IPTU, pois se trata de uma restrição administrativa que não mitiga o fato gerador do imposto.

JURISPRUDÊNCIA

PROCESSUAL CIVIL – TRIBUTÁRIO – RECURSO ESPECIAL – VIOLAÇÃO DE DISPOSITIVOS CONSTITUCIONAIS – ANÁLISE – IMPOSSIBILIDADE – IPTU – LOTEAMENTO – INCIDÊNCIA SOBRE ÁREA DE IMÓVEL URBANO DENOMINADA ÁREA DE PRESERVAÇÃO PERMANENTE – LEGALIDADE – RESTRIÇÃO À UTILIZAÇÃO DE PARTE DO IMÓVEL QUE NÃO DESNATURA A OCORRÊNCIA DO FATO GERADOR DO TRIBUTO – PROPRIEDADE – LIMITAÇÃO DE NATUREZA RELATIVA – AUSÊNCIA DE LEI ISENTIVA. 1. Hipótese em que se questiona a violação do artigo 32, I e II, do CTN, e dos artigos 5º, I, II, XXII, 156, § 1º, II, da Constituição Federal, ao argumento de que não deve incidir IPTU sobre área de preservação permanente interna a empreendimento imobiliário urbano. 2. Não se conhece do recurso especial por violação a dispositivos constitucionais, sob pena de se usurpar a competência do Supremo Tribunal Federal, nos termos do que dispõe o artigo 102, III, da Constituição Federal. 3. A restrição à utilização da propriedade referente à área de preservação permanente em parte de imóvel urbano (loteamento) não afasta a incidência do Imposto Predial e Territorial Urbano, uma vez que o fato gerador da exação permanece íntegro, qual seja, a propriedade localizada na zona urbana do município. Cuida-se de um ônus a ser suportado, o que não gera o cerceamento total da disposição, utilização ou alienação da propriedade, como ocorre, por exemplo, nas desapropriações. Aliás, no caso dos autos, a limitação não tem caráter absoluto, pois poderá haver exploração da área mediante prévia autorização da Secretaria do Meio Ambiente do município. 4. Na verdade, a limitação de fração da propriedade urbana por força do reconhecimento de área de preservação permanente, por si só, não conduz à violação do artigo 32 do CTN, que trata do fato gerador do tributo. O não pagamento da exação sobre certa fração da propriedade urbana é questão a ser dirimida também à luz da isenção e da base de cálculo do tributo, a exemplo do que se tem feito no tema envolvendo o ITR sobre áreas de preservação permanente, pois, para esta situação, por exemplo, há lei federal permitindo a exclusão de áreas da sua base de cálculo (artigo 10, § 1º, II, *a* e *b*, da Lei 9.393/96). 5. Segundo o acórdão recorrido, não há lei prevendo o favor legal para a situação dos autos, fundamento bastante para manter o *decisum*, pois o artigo 150, § 6º, da Constituição Federal, bem como o artigo 176 do Código Tributário Nacional exigem lei específica para a concessão de isenção tributária (STJ – REsp. 1128981/SP, 2009/0141025-4, 1ª Turma, Rel. Min. Benedito Gonçalves, j. 18.03.2010, DJe 25.03.2010).

Outro elemento a ensejar a incidência do IPTU é o **domínio útil**, que consiste em um direito real no qual o indivíduo poderá exercer a posse plena sobre o bem imóvel, mas se trata de uma situação de "quase propriedade". Bons exemplos são as enfiteuses, mantidas por força do art. 2.038, CC, e o usufruto (art. 1.390, CC).

O usufrutuário "tem direito a posse, uso, administração e percepção dos frutos", conforme disposto no art. 1.394 do CC, de modo que estará caracterizado o fato gerador do IPTU.

A **posse** também será considerada fato gerador do IPTU e está regulamentada no art. 1.196 do CC. No entanto, a posse somente será fato gerador do imposto se for com o intuito de usucapir o bem, ou seja, a posse a ensejar a cobrança do IPTU é somente aquela exercida como se dono fosse (posse *ad usucapionem*).

JURISPRUDÊNCIA

> AGRAVO DE INSTRUMENTO – DIREITO TRIBUTÁRIO – EXECUÇÃO FISCAL – IPTU – IMÓVEL NÃO REGISTRADO – PRECEDENTES DESTA CORTE. A posse é fato gerador do IPTU e o possuidor é o contribuinte deste imposto, nos termos dos arts. 32 e 34 do CTN. Em que pese a posse ser fato, os direitos possessórios dela decorrentes possuem valor econômico e servem para que neles recaia a constrição judicial, a fim de se assegurar o juízo. O só fato de o devedor não ser proprietário do bem, pois este não se encontra registrado, não afasta a incidência do imposto, cabendo a penhora sobre a posse que o executado exerce sobre o bem com *animus* definitivo (TJ-RS – AI 70078965522 RS, 22ª Câmara Cível, Rel. Luiz Felipe Silveira Difini, j. 28.09.2018, *DJe* 8.10.2018)

Como se pode ver, a posse ensejará a incidência do imposto de modo que o possuidor que exerce a propriedade como se dono fosse deverá ser considerado contribuinte do imposto.

Ademais, a posse do locatário não enseja a cobrança do IPTU, uma vez que os contratos particulares não podem ser opostos ao fisco, na forma do art. 123 do CTN, não sendo o locatário contribuinte ou mesmo responsável pelo pagamento do IPTU.

Outrossim, no caso de arrematação do imóvel em hasta pública, a imissão na posse é um indiferente tributário, uma vez que, com a realização da hasta, o arrematante já terá os direitos da propriedade, podendo exercê-los. Assim, é atraída a incidência do IPTU. Vejamos:

 ## JURISPRUDÊNCIA

> AGRAVO DE INSTRUMENTO – DIREITO TRIBUTÁRIO – EXCEÇÃO DE PRÉ-EXECUTIVIDADE – IPTU – ARREMATAÇÃO DO IMÓVEL – RESPONSABILIDADE TRIBUTÁRIA – IMISSÃO NA POSSE – IRRELEVANTE – FATO GERADOR DO IPTU – PROPRIEDADE. Tratando-se a arrematação de modo originário de aquisição da propriedade, assim como os débitos pretéritos subrogam-se no preço (art. 130, parágrafo único, do CTN), os futuros passam a ser, imediatamente, de responsabilidade dos arrematantes, independentemente de qual tenha sido o momento da imissão na posse do imóvel e do registro da carta de arrematação. Caso concreto em que a arrematação ocorreu em 2009 e os débitos são referentes aos exercícios fiscais de 2014 e 2015. Responsabilidade do arrematante, haja vista a data da hasta, não havendo que se falar em necessária imissão na posse, porquanto o fato gerador do IPTU, precipuamente, é a propriedade, forte no artigo 34 do Código Tributário Nacional. Ademais, eventuais discussões judiciais acerca da posse ou propriedade do bem, ao largo da verdade documental, não são oponíveis ao fisco (TJRGS – AI 70074065962/RS, 2ª Câmara Cível, Rel. Laura Louzada Jaccottet, j. 29.11.2017, *DJe* 11.12.2017).

No entanto, é importante frisar que, na forma do art. 130, parágrafo único, do CTN, a dívida anterior à arrematação não se transfere ao adquirente no caso de hasta pública, de modo que o imóvel será transferido sem que ocorra a transmissão das dívidas tributárias constituídas anteriormente à arrematação.

O fato gerador do IPTU abrange os bens imóveis por natureza e por acessão física, incidindo sobre o solo e sobre a área construída, diferentemente do ITR, que incidirá somente sobre o bem imóvel por natureza. Assim, é possível à municipalidade instituir diferentes inscrições imobiliárias para distintas áreas construídas.

JURISPRUDÊNCIA

> DIREITO TRIBUTÁRIO – DESNECESSIDADE DE PRÉVIA INSCRIÇÃO DE UNIDADES AUTÔNOMAS NO REGISTRO DE IMÓVEIS PARA A COBRANÇA DE IPTU INDIVIDUALIZADO.
>
> O fisco, verificando a divisão de imóvel preexistente em unidades autônomas, pode proceder às novas inscrições de IPTU, ainda que não haja prévio registro das novas unidades em cartório de imóveis. Conforme o art. 32 do CTN, o fato gerador do IPTU é a propriedade, o domínio útil ou a posse. O art. 34 do referido diploma, por sua vez, preconiza que o "contribuinte do imposto é o proprietário do imóvel, o titular do seu domínio útil, ou o seu possuidor a qualquer título". Observa-se, portanto, que é absolutamente dispensável o prévio registro imobiliário das novas unidades para proceder ao lançamento do IPTU individualizado. Basta a configuração da posse do bem imóvel para dar ensejo à exação. Assim, verificando-se a superveniência de unidades autônomas, é devida a cobrança do IPTU de forma individualizada, uma vez que é pacífico o entendimento de que os impostos reais – IPTU e ITBI, em especial – referem-se aos bens autonomamente considerados. Desse modo, seria incabível tratar diversos imóveis como universalidade para fins de tributação (REsp. 1347693/RS, Rel. Min. Benedito Gonçalves, j. 11.04.2013, *Informativo 520*).

Para que a área seja considerada **urbana para fins de incidência do IPTU**, devem ser preenchidos os requisitos do art. 32, § 1º, do CTN, como, por exemplo, o serviço de iluminação, com ou sem posteamento, abastecimento de água, colégio ou posto de saúde em um raio de três quilômetros do imóvel, entre outros.

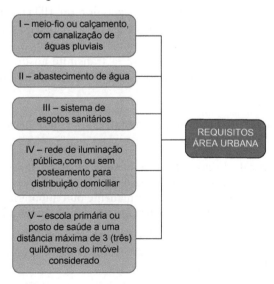

Caso não estejam previstos pelo menos dois elementos do art. 32, § 1º, do CTN, a área será considerada rural, atraindo a incidência do ITR, e não a do IPTU.

Existe ainda a possibilidade de uma área que não tenha nenhuma benfeitoria ser tributada pelo IPTU, conforme determinação do art. 32, § 2º, do CTN. Se a lei municipal prever que a área é de expansão urbana ou **urbanizável**, incidirá o IPTU, ainda que não haja nenhum dos requisitos do § 1º do artigo em análise. Nesse sentido, se a lei determinar que uma área rural pode passar a ser de expansão urbana, incidirá o IPTU. Tal posicionamento foi sumulado pelo STJ ao editar a Súmula 626:

A incidência do IPTU sobre imóvel situado em área considerada pela lei local como urbanizável ou de expansão urbana não está condicionada à existência dos melhoramentos elencados no art. 32, § 1º, do CTN.

Ademais, há uma outra peculiaridade importante acerca da incidência do IPTU. Se o imóvel estiver em área urbana com destinação rural, será afastada a incidência do IPTU e incidirá o ITR, conforme mandamento do art. 15 do Decreto-lei 57/1996, pois a destinação econômica prevalece sobre a localização.

JURISPRUDÊNCIA

> TRIBUTÁRIO – IMÓVEL NA ÁREA URBANA – DESTINAÇÃO RURAL – IPTU – NÃO INCIDÊNCIA – ART. 15 DO DL 57/1966 – RECURSO REPETITIVO – ART. 543-C DO CPC. 1. Não incide IPTU, mas ITR, sobre imóvel localizado na área urbana do Município, desde que comprovadamente utilizado em exploração extrativa, vegetal, agrícola, pecuária ou agroindustrial (art. 15 do DL 57/1966) (STJ – Resp. 1.112.646/SP, 2009/0051088-6, 1ª Seção, Rel. Min. Herman Benjamin, j. 26.08.2009, *DJe* 28.08.2009, *RDDT*, vol. 171, p. 195; *RT*, vol. 889, p. 248).

A destinação rural é caracterizada pela efetiva produção ou atividade rural para sustento do proprietário do imóvel.

Por fim, também será considerada fato gerador do IPTU a posse exercida pelo promitente comprador, ainda que não esteja registrado o imóvel em seu nome, porque já terá direitos sobre o bem a ensejar a cobrança do imposto. Ademais, o STF, ao editar a Súmula 583, deixa claro que a promessa já transmite ao promitente comprador a obrigação do recolhimento do imposto, na condição de contribuinte.

c) Base de cálculo

A base de cálculo do IPTU é o **valor venal**, conforme determinado no art. 33 do CTN. Vejamos:

Art. 33. A base do cálculo do imposto é o valor venal do imóvel.
Parágrafo único. Na determinação da base de cálculo, não se considera o valor dos bens móveis mantidos, em caráter permanente ou temporário, no imóvel, para efeito de sua utilização, exploração, aformoseamento ou comodidade.

Como se pode ver, serão considerados no valor venal a área construída, as benfeitorias, a localização do bem, e sua previsão deverá estar em lei em sentido formal, e não em decretos do Poder Executivo.

CAP. 14 • IMPOSTOS EM ESPÉCIE | **551**

Outrossim, é plenamente possível que a base de cálculo do IPTU seja atualizada por ato do Poder Executivo, não havendo necessidade de lei, por não representar uma majoração, e sim uma recomposição de perda pela inflação do período. O CTN prevê tal possibilidade no seu art. 97, § 2º:

Art. 97. Somente a lei pode estabelecer:

(...)

§ 2º Não constitui majoração de tributo, para os fins do disposto no inciso II deste artigo, a atualização do valor monetário da respectiva base de cálculo.

Assim, a base de cálculo do imóvel pode ser atualizada por **ato administrativo**, não havendo necessidade de lei em sentido formal, desde que a atualização esteja de acordo com os índices oficiais, na forma do art. 97, § 2º, do CTN. Tal autorização já foi sumulada pelo STJ ao editar a Súmula 160, segundo a qual "é defeso, ao Município, atualizar o IPTU, mediante decreto, em percentual superior ao índice oficial de correção monetária".

Percebe-se que não se trata de majoração, que deverá ser por meio de lei, mas, sim, uma recomposição de perda que deverá acontecer de acordo com os índices oficiais de correção.

d) Alíquotas

Não há no CTN qualquer previsão específica acerca das alíquotas aplicáveis ao IPTU, ficando seu tratamento ao encargo da municipalidade. No entanto, a Constituição autoriza que o IPTU seja progressivo em seus arts. 156, § 1º, e 182, § 4º, II.

A **progressividade** do IPTU é **facultativa**, o que a diferencia do ITR, cuja aplicação da progressividade é obrigatória. Com isso, o IPTU poderá ser progressivo com base no valor, na utilização e na localização do bem, além da possibilidade de aplicação da progressividade em razão da função social da propriedade urbana.

A progressividade está relacionada com o princípio da **capacidade contributiva**, previsto no art. 145, § 1º, da CRFB, de modo que aquele contribuinte que externalize maior riqueza deve suportar uma maior carga tributária.

A primeira hipótese de progressividade a ser analisada é a prevista no art. 156, § 1º, da CRFB, com redação dada pela EC 29/2000, que permite que o IPTU seja progressivo com base no valor do imóvel, sua localização ou utilização:

Art. 156. Compete aos Municípios instituir impostos sobre:

(...)

§ 1º Sem prejuízo da progressividade no tempo a que se refere o art. 182, § 4º, inciso II, o imposto previsto no inciso I poderá: (Redação dada pela Emenda Constitucional nº 29, de 2000.)

Somente após a EC 29/2000 foi possível a aplicação do IPTU progressivo com base nos critérios adotados citados, tendo o STF reconhecido a inconstitucionalidade de diversas leis municipais.

Com isso, após a emenda constitucional, o STF editou a Súmula 668, que entende inconstitucional a lei municipal que tenha estabelecido, antes da EC 29/2000, alíquotas progressivas para o IPTU, salvo se destinada a assegurar o cumprimento da função social da propriedade urbana, de modo que a progressividade do IPTU somente passou a ser possível após a referida emenda. O assunto foi julgado no tema 523 da repercussão geral com o seguinte entendimento: "São constitucionais as leis municipais anteriores à Emenda Constitucional nº 29/2000, que instituíram alíquotas diferenciadas de IPTU para imóveis edificados e não edificados, residenciais e não residenciais".

A Carta Magna trouxe também a previsão do IPTU progressivo no tempo, disposto no art. 182, § 4º, II, com o objetivo de obrigar o particular a atender a função social da propriedade. Tal progressividade somente existe para o IPTU e se dará na forma dos arts. 7º e 8º da Lei 10.257/2001 (Estatuto da Cidade):

> Art. 7º Em caso de descumprimento das condições e dos prazos previstos na forma do *caput* do art. 5º desta Lei, ou não sendo cumpridas as etapas previstas no § 5º do art. 5º desta Lei, o Município procederá à aplicação do imposto sobre a propriedade predial e territorial urbana (IPTU) progressivo no tempo, mediante a majoração da alíquota pelo prazo de cinco anos consecutivos.
>
> § 1º O valor da alíquota a ser aplicado a cada ano será fixado na lei específica a que se refere o *caput* do art. 5º desta Lei e não excederá a duas vezes o valor referente ao ano anterior, respeitada a alíquota máxima de quinze por cento.
>
> § 2º Caso a obrigação de parcelar, edificar ou utilizar não esteja atendida em cinco anos, o Município manterá a cobrança pela alíquota máxima, até que se cumpra a referida obrigação, garantida a prerrogativa prevista no art. 8º.
>
> § 3º É vedada a concessão de isenções ou de anistia relativas à tributação progressiva de que trata este artigo.

Tal progressividade ocorre com o aumento da alíquota durante cinco anos até chegar ao máximo de 15% (art. 7º). Se ainda assim o particular não cumprir a função social, o Poder Público poderá desapropriar o imóvel (art. 8º).

Vale salientar que o STF editou a Súmula 589 no sentido de que é inconstitucional a fixação de adicional progressivo do IPTU em função do número de imóveis do contribuinte. Logo, a progressividade no IPTU apenas pode ocorrer em razão do valor ou localização do imóvel (art. 156, § 1º, CRFB) ou do aproveitamento do mesmo conforme a função social (art. 182, § 4º, II, CRFB), mas nunca em função da quantidade de imóveis do contribuinte.

A Emenda Constitucional 132/2023 passou a prever que o executivo municipal poderá atualizar o IPTU de acordo com critérios definidos por lei. Assim, resta claro que se editada uma lei municipal definindo como será a atualização do IPTU, caberá ao executivo aplicar a norma e atualizar o tributo por ato próprio, não sendo possível tal alteração antes da edição da lei prevendo os critérios a serem adotados.

e) Sujeito passivo

O sujeito passivo do IPTU será determinado pela legislação municipal, conforme disposto na Súmula 399 do STJ. No entanto, o art. 34 do CTN, ao trazer as normas gerais, reconhece como contribuinte do imposto o proprietário, o titular do domínio útil ou o detentor da posse com *animus domini*.

Já o responsável deverá ser determinado pela lei municipal, lembrando sempre que contratos particulares não poderão ser opostos ao Fisco, de modo que a transferência da obrigação de recolher o IPTU por meio de contrato de locação não produzirá nenhum efeito ou influência na determinação do sujeito passivo tributário, na forma do art. 123 do CTN.

Importante lembrar que, nos casos de alienação de imóveis, os tributos incidentes sobre o bem, como é o caso do IPTU, serão transferidos ao adquirente, ressalvadas as hipóteses em que haja prova de quitação ou que a arrematação ocorra por meio de hasta pública.

Considerações sobre IPTU
1. Tem como fato gerador a propriedade, o domínio ou a posse de bem imóvel situado em área urbana.
2. Sua base de cálculo é o valor venal do imóvel, cabendo atualização administrativa.
3. Regra: incidência em área urbana. Exceção: incidência em área urbanizável.
4. A progressividade no IPTU apenas pode ocorrer em razão do valor ou localização do imóvel, e não em função do número de imóveis do contribuinte.

PARA REFORÇAR

IPTU	
Fiscal	Por essência, a finalidade do IPTU é meramente arrecadatória, podendo ganhar contornos extrafiscais quando o município faz a opção pela aplicação da progressividade como instrumento de reorganização urbana.
Direto	O ônus econômico recai diretamente sobre o contribuinte, que é o proprietário, titular do domínio útil ou possuidor com *animus domini* em relação ao imóvel.
Real	É um tributo *propter rem* e é cobrado em razão do fato gerador objetivamente considerado. Não leva em conta, via de regra, a capacidade econômica e nem as características pessoais do contribuinte. Leva em consideração a coisa objeto da tributação, e não as características do seu titular.
Não vinculado	Art. 16, CTN. Seu fato gerador não depende de uma atuação ou contraprestação específica da atividade estatal, não cabendo sequer a vinculação de sua receita, conforme disposto no art. 167, IV, da CRFB.
Imposto sobre o patrimônio	Seu fato gerador é a propriedade, o domínio útil e a posse de bem imóvel por natureza e por acessão física. Assim sendo, resta claro que incide sobre o patrimônio. Portanto, é alcançado pela imunidade (art. 150, VI, CRFB).
Legislação	Art. 156, I, CRFB c/c o art. 147, CRFB. Arts. 32, 33, 34, CTN. Lei 10257/2001. Art. 182, § 4º, II, CRFB. Lei 8.245/1991 (arts. 22 e 25). Súmulas 397, 399, STJ. Súmulas 539, 724, STF. Súmula Vinculante 52 do STF. Súmula 160, STJ. Súmulas 583, 539, 589, 668, 669, STF. Súmula 626, STJ.
	Art. 16, CTN. Art. 150, VI, CRFB. Art. 144, § 2º, CTN. Súmula 397, STJ. Art. 1.225, I, CC. Art. 15 do Decreto-Lei 57/1966 (em vigor, pois a Lei 5868/1972 foi declarada inconstitucional).

• Cabe à lei ordinária de cada município regulamentar o IPTU. A base de cálculo é o *valor venal* do imóvel.

> - O contrato de locação do imóvel não altera o sujeito passivo da relação tributária, ao passo que contratos particulares não podem ser opostos ao fisco. Assim, é o proprietário do imóvel que é o contribuinte do IPTU, e não o locatário.
> - Lançamento direto ou de ofício.
> - Locatário e comodatário NÃO possuem legitimidade passiva para impugnação do lançamento, pois não são contribuintes e nem exercem a posse *animus domini*. Não podem figurar no polo passivo de uma execução fiscal. Mas o promitente comprador que na escritura da promessa de compra e venda em caráter irrevogável passa a ser o titular do domínio útil do imóvel é o corresponsável pelo pagamento dos tributos.
> - Art. 174, CTN (prescrição – a partir do envio do carnê à residência do proprietário).
> - **Fato gerador:** bem imóvel por natureza (art. 79, CC), por acessão física (art. 79, CC) e localizado na zona urbana do município. A zona urbana estabelecida no Plano Diretor do Município será objeto de IPTU.
> - Área de expansão urbana ou área urbanizável serão fato gerador do IPTU, ainda que não estejam previstos os requisitos do art. 32, § 1º do CTN, conforme a Súmula 626 do STJ.

14.3.2. *Imposto sobre Transmissão Onerosa de Bens Imóveis – ITBI*

a) **Legislação e súmulas**

- CRFB, arts. 156, II e § 2º, e 184, § 5º
- CTN, arts. 35 a 42
- Súmulas: STF, 108, 110, 111, 326, 656

b) **Fato gerador**

O **ITBI** é o imposto de **competência municipal** que tem como fato gerador a **transmissão onerosa** de bens imóveis, sendo caracterizada a sua ocorrência somente quando do registro de transmissão.[18] Assim, esse imposto não incide, na aquisição por usucapião, por ser modalidade de aquisição gratuita e originária da propriedade, tampouco incide na alienação de veículos, lanchas, barcos, uma vez que são considerados bens móveis. Seu fato gerador limita-se à transmissão onerosa de bens imóveis.

Não há lei geral sobre o ITBI, além do disposto no CTN, que também se aplica ao ITCMD, de competência estadual. Aliás, ambos eram um único imposto somente, ocorrendo a sua divisão de competência com a Constituição de 1988.

Por óbvio, o imposto somente incidirá na transmissão *inter vivos*, ao passo que pressupõe uma operação onerosa. Assim, ele incidirá na compra e venda de bens imóveis, na transmissão de direitos reais sobre bens imóveis, com exceção da garantia, e sobre as cessões de direitos.

Em outras palavras, o imposto em análise também incidirá sobre os atos onerosos que envolvam direitos reais sobre bens imóveis, como é o caso da enfiteuse, do usufruto, do direito de servidão etc. No entanto, não incidirá sobre anticrese e hipoteca que são direitos reais de garantia. Destaque-se que o requisito para a exigência do tributo é a onerosidade da operação.

O imposto também incidirá na dação em pagamento de bens imóveis, por ser uma operação onerosa envolvendo bem imóvel, assim como na permuta de bens, em que a onerosidade

---

[18] Está pendente de análise no STF o tema 1.124 da repercussão geral, que analisará a possibilidade de incidência do ITBI sobre a cessão de direitos decorrente do compromisso de compra e venda.

reside no fato de que o pagamento do imóvel se dá com outro imóvel, não havendo falar em ausência de onerosidade.

Assim caracteriza o fato gerador do imposto a permuta de bens imóveis no momento em que ocorre a transmissão, impactando em sua base de cálculo, pois o imposto será devido sobre o valor do terreno, no caso de permuta para construção de unidades habitacionais, sendo indiferentes as construções posteriores.

 JURISPRUDÊNCIA

> APELAÇÃO CÍVEL – DIREITO TRIBUTÁRIO – AÇÃO ORDINÁRIA – IMPOSTOS – ITBI – FATO GERADOR – TERRENO OBJETO DE PROMESSA DE PERMUTA – ESCRITURA PÚBLICA DE DAÇÃO EM PAGAMENTO DE FUTURAS UNIDADES – NÃO INCIDÊNCIA DO IMPOSTO SOBRE A CONSTRUÇÃO EDIFICADA APÓS A CELEBRAÇÃO DO CONTRATO – SÚMULAS 110 E 470 DO STF – HONORÁRIOS SUCUMBENCIAIS RECURSAIS. 1. O fato gerador do Imposto de Transmissão de Bens Imóveis (ITBI) é a transmissão da propriedade imobiliária e de direitos a ela relativos, e sua base de cálculo é o valor venal do imóvel. Exegese dos artigos 35 e 38 do Código Tributário Nacional. 2. Para a declaração da base de cálculo do ITBI será considerado o valor terreno sem benfeitorias, excluída construção realizada após sua alienação. Súmulas nºs 110 e 470 do Supremo Tribunal Federal. 3. Hipótese em que a edificação realizada no terreno ocorreu após a efetiva alienação do mesmo, mediante contrato particular de promessa, permuta e escritura pública de dação em pagamento (TJRGS – AC 70076787100/RS, 1ª Câmara Cível, Rel. Sergio Luiz Grassi Beck, j. 20.06.2018, *DJ* 04.07.2018).

Na transmissão gratuita de quaisquer bens não incidirá o ITBI, mas o ITCMD de competência dos estados. Todavia, se o contrato de doação estipular um encargo de valor semelhante ao do bem transferido, haverá a incidência do imposto, pois caracterizada a onerosidade.

Já no tocante à promessa de compra e venda, o STF firmou posicionamento no sentido da não incidência do ITBI, tendo em vista que não se caracteriza a prática do fato gerador, que somente ocorrerá com a efetiva transmissão.

 JURISPRUDÊNCIA

> AGRAVO REGIMENTAL EM RECURSO EXTRAORDINÁRIO COM AGRAVO – DIREITO TRIBUTÁRIO – DIREITO PROCESSUAL CIVIL – DEVIDO PROCESSO LEGAL – ITBI – FATO GERADOR – PROMESSA DE COMPRA E VENDA. (...) A transferência do domínio sobre o bem torna-se eficaz a partir do registro público, momento em que incide o Imposto Sobre Transferência de Bens Imóveis (ITBI), de acordo com a jurisprudência do Supremo Tribunal Federal. Logo, a promessa de compra e venda não representa fato gerador idôneo para propiciar o surgimento de obrigação tributária (ARE 807255 AgR, 1ª Turma, Rel. Min. Edson Fachin, j. 06.10.2015, *DJe*-218, Data de Divulgação: 29.10.2015, Data de Publicação: 03.11.2015).

Outrossim, a exigência do comprovante de recolhimento do ITBI para celebração de escritura de compra e venda é ilegal e deve ser rechaçada, tendo em vista que o imposto somente será devido no momento do registro do imóvel, quando efetivamente ocorre a transmissão do bem.

JURISPRUDÊNCIA

> DIREITO TRIBUTÁRIO – APELAÇÃO E REMESSA NECESSÁRIA – MANDADO DE SEGURANÇA – COBRANÇA ANTECIPADA DE ITIV/ITBI – PROMESSA DE COMPRA E VENDA – IMPOSSIBILIDADE DE COBRANÇA ANTECIPADA DO IMPOSTO DE TRANSMISSÃO *INTER VIVOS* ANTES DO REGISTROTRANSLATIVO NO CARTÓRIO DE REGISTRO DE IMÓVEIS – MANUTENÇÃO DA SENTENÇA – ENTENDIMENTO STF – RECURSO IMPROVIDO (TJ-BA, APL 05075158920158050001, 2ª Câmara Cível, Rel. Regina Helena Ramos Reis, 12.07.2018).

Assim, não incide o ITBI na promessa de compra e venda, por se caracterizar a transmissão do bem. No entanto, se da promessa constar a quitação do bem e for transmitida a posse ao promitente comprador, deve ser investigada pela Fazenda Municipal eventual simulação e, caso caracterizada, ser lançado o tributo com juros e correção monetária, além da respectiva multa.

Ainda acerca da incidência do ITBI na cessão de direitos, não podemos deixar de abordar a incidência do ITBI na cessão de **direitos hereditários**. Desde que seja onerosa, o imposto será devido, tendo em vista a determinação do art. 80 do CC, que considera bens imóveis para os efeitos legais os direitos reais sobre imóveis e as ações que os asseguram, bem como o direito à sucessão aberta.

Também incidirá o ITBI nos casos em que a partilha for desigual envolvendo bens imóveis, ao passo que uma parte deverá compensar a outra pela diferença, caracterizando uma operação onerosa a ensejar a incidência do ITBI.

Conforme previsto na Súmula 111 do STF, "É legítima a incidência do imposto de transmissão *intervivos* sobre a restituição, ao antigo proprietário, de imóvel que deixou de servir à finalidade da sua desapropriação". Trata-se do instituto da **retrocessão** que ocorre quando o estado restitui ao antigo proprietário, mediante a devolução do valor por ele recebido, um bem imóvel, pelo fato de não ter sido utilizado para a finalidade determinada.

O ITBI não incidirá na usucapião, por não ser caracterizada como operação onerosa nem sobre a arrematação em hasta pública, pois ambas têm natureza de aquisição originária de propriedade. Assim, no caso de arrematação judicial, o imposto somente será devido quando do registro do imóvel.

JURISPRUDÊNCIA

> MANDADO DE SEGURANÇA – DIREITO TRIBUTÁRIO – BEM IMÓVEL ARREMATADO EM HASTA PÚBLICA – ITBI – COMPETÊNCIA MUNICIPAL – ARTIGO 156, INCISO II, DA CONSTITUIÇÃO FEDERAL – FATO GERADOR – MOMENTO DE INCIDÊNCIA – TRANSFERÊNCIA EFETIVA DA PROPRIEDADE COM O REGISTRO NO CARTÓRIO IMOBILIÁRIO – NÃO OCORRÊNCIA NO CASO CONCRETO – EXIGÊNCIA

> DE RECOLHIMENTO DO TRIBUTO DENTRO DE TRINTA DIAS DA LAVRATURA DO AUTO DE ARREMATAÇÃO, CONFORME ART. 9º, INCISO II, DA LEI Nº 1.569/89, DO MUNICÍPIO DE SÃO BORJA – DESCABIMENTO – FATO GERADOR NÃO CONFIGURADO – INTELIGÊNCIA DOS ARTIGOS 35 E 110 DO CTN E 1.227 E 1.245 DO CC/2202 – CONCESSÃO DA SEGURANÇA – SENTENÇA MANTIDA – APELO DESPROVIDO (Apelação e reexame necessário 70025420225/RS, Rel. Des. Sandra Brisolara Medeiros, j. 17.09.2008).

Além disso, a CRFB, em seu art. 156, § 2º, atribuiu ao ITBI uma **imunidade específica**, na qual não incidirá o referido imposto na **integralização de capital** e na **dissolução da sociedade**. Nesse sentido, é possível integralizar o capital com imóvel e, no momento da dissolução da sociedade, retomar novamente o imóvel sem a incidência do ITBI.

> Art. 156. Compete aos Municípios instituir impostos sobre:
>
> (...)
>
> § 2º O imposto previsto no inciso II:
>
> I – não incide sobre a transmissão de bens ou direitos incorporados ao patrimônio de pessoa jurídica em realização de capital, nem sobre a transmissão de bens ou direitos decorrente de fusão, incorporação, cisão ou extinção de pessoa jurídica, salvo se, nesses casos, a atividade preponderante do adquirente for a compra e venda desses bens ou direitos, locação de bens imóveis ou arrendamento mercantil; (...)

Cumpre ressaltar que o dispositivo em comento contém uma **ressalva**, segundo a qual a imunidade não deve ser aplicada se a atividade preponderante do adquirente do imóvel for **compra e venda**, **locação** ou **arrendamento mercantil**, como ocorre com as imobiliárias, por exemplo.

Acerca dessa imunidade, o STF reconheceu a repercussão geral no RE 1.495.108, Tema 1.348, em que se discute à luz do art. 156, § 2º; I, da CFRB, se a imunidade do ITBI, prevista no inciso I do § 2º do art. 156 da CFRB, para a transferência de bens e direitos em integralização de capital social, é assegurada para empresas cuja atividade preponderante é compra e venda ou locação de bens imóveis.

Ademais, no julgamento do tema 796 da repercussão geral, o STF firmou o posicionamento no sentido de que a imunidade somente abrange o valor do capital integralizado, não abrangendo o valor excedente. Vejamos:

⚖ JURISPRUDÊNCIA

CONSTITUCIONAL E TRIBUTÁRIO. IMPOSTO DE TRANSMISSÃO DE BENS IMÓVEIS – ITBI. IMUNIDADE PREVISTA NO ART. 156, § 2º, I DA CONSTITUIÇÃO. APLICABILIDADE ATÉ O LIMITE DO CAPITAL SOCIAL A SER INTEGRALIZADO. RECURSO EXTRAORDINÁRIO IMPROVIDO.

> 1. A Constituição de 1988 imunizou a integralização do capital por meio de bens imóveis, não incidindo o ITBI sobre o valor do bem dado em pagamento do capital subscrito pelo sócio ou acionista da pessoa jurídica (art. 156, § 2º).
> 2. A norma não imuniza qualquer incorporação de bens ou direitos ao patrimônio da pessoa jurídica, mas exclusivamente o pagamento, em bens ou direitos, que o sócio faz para integralização do capital social subscrito. Portanto, sobre a diferença do valor dos bens imóveis que superar o capital subscrito a ser integralizado, incidirá a tributação pelo ITBI.
> 3. Recurso Extraordinário a que se nega provimento. Tema 796, fixada a seguinte tese de repercussão geral: *"A imunidade em relação ao ITBI, prevista no inciso I do § 2º do art. 156 da Constituição Federal, não alcança o valor dos bens que exceder o limite do capital social a ser integralizado"* (RE 796.376/SC, Rel. Min. Marco Aurélio, j. 05.08.2020, Tribunal Pleno, *DJe* 25.08.2020).

Outro ponto a ser destacado é a transmissão do domínio útil. O **domínio útil** consiste em um direito real no qual o indivíduo tem o direito de exercer a posse plena sobre o bem imóvel, mas se trata de uma situação de "quase propriedade". Nesse sentido, por força da Súmula 326 do STF, incide ITBI na transmissão de domínio útil, desde que onerosa. Para a Súmula 326 do STF, valem as mesmas interpretações anteriores da Súmula 328 quanto a sua recepção ou não pelo constituinte de 1988. De qualquer modo, independentemente da interpretação a ser utilizada, a **cessão de direitos reais** é fato gerador do ITBI, **exceto**, como já dito, os direitos reais de garantia (penhor, hipoteca, por exemplo), desde que caracterizada a onerosidade.

Por fim, o STF, o STJ no Informativo 765, ao analisar a incidência do ITBI sobre a composição de fundos imobiliários, entendeu pela sua incidência por se tratar de operação onerosa, nos seguintes termos: "a aquisição de imóvel para a composição do patrimônio do Fundo de Investimento Imobiliário, efetivada diretamente pela administradora do fundo e paga por meio de emissão de novas quotas do fundo aos alienantes, configura transferência a título oneroso de propriedade de imóvel para fins de incidência do ITBI, na forma do art. 35 do Código Tributário Nacional e 156, II, da Constituição Federal, ocorrendo o fato gerador no momento da averbação da propriedade fiduciária em nome da administradora no cartório de registro imobiliário".

c) Base de cálculo

A base de cálculo do ITBI está prevista no art. 38 do CTN, segundo o qual será o valor venal do bem. Para o STJ, a base de cálculo do ITBI é o **valor real** de aquisição do bem, ou seja, o valor que conste do contrato de compra e venda, na operação, e não o valor venal, conforme previsto no art. 38 do CTN.

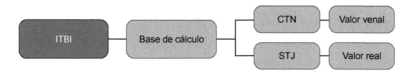

Em outras palavras, apesar de o dispositivo em comento dispor que a base de cálculo do ITBI é o valor venal dos bens ou direitos adquiridos, o STJ entende que sua base de cálculo é o valor real de aquisição do bem, ou seja, o valor que conste do contrato de compra e venda na operação.

 JURISPRUDÊNCIA

> TRIBUTÁRIO – ITBI – BASE DE CÁLCULO – **VALOR VENAL** DO IMÓVEL – APURAÇÃO POR ARBITRAMENTO – POSSIBILIDADE.
>
> 1. A jurisprudência desta Corte Superior de Justiça aponta no sentido de que o valor da base de cálculo do ITBI é o **valor real** da venda do imóvel ou de mercado, sendo que nos casos de divergência quanto ao valor declarado pelo contribuinte se pode arbitrar o valor do imposto, por meio de procedimento administrativo fiscal, com posterior lançamento de ofício, desde que atendidos os termos do art. 148 do CTN.
>
> 2. A análise dos requisitos para o arbitramento do valor venal do imóvel encontra óbice na Súmula 7 desta Corte. (...) (AgRg no AREsp. 263685/RS, *DJe* 25.04.2013).

O entendimento em questão foi reforçado pelo STJ no julgamento do tema 1.113 dos recursos repetitivos, que firmou o seguinte entendimento:

a) a base de cálculo do ITBI é o valor do imóvel transmitido em condições normais de mercado, não estando vinculada à base de cálculo do IPTU, que nem sequer pode ser utilizada como piso de tributação;

b) o valor da transação declarado pelo contribuinte goza da presunção de que é condizente com o valor de mercado, que somente pode ser afastada pelo fisco mediante a regular instauração de processo administrativo próprio (art. 148 do CTN);

c) o Município não pode arbitrar previamente a base de cálculo do ITBI com respaldo em valor de referência por ele estabelecido unilateralmente.

Por ser lançado por declaração, o ITBI pode ser objeto de fraude por parte do contribuinte, que poderá atribuir valor inferior àquele que foi efetivamente praticado na operação de compra e venda do imóvel. Nesse caso, é legítimo que o município desconsidere a declaração efetivada pelo contribuinte e arbitre o valor de mercado do bem. Frise-se que tal arbitramento será devido somente quando o valor declarado não tiver relação com o valor efetivamente praticado, e houver um processo administrativo próprio em que seja garantido o contraditório ao contribuinte.

Já nos casos de arrematação em **hasta pública** a base de cálculo do ITBI será o **valor da arrematação**, e não o valor da avaliação do bem.

 JURISPRUDÊNCIA

> PROCESSUAL CIVIL – RECURSO ORDINÁRIO EM MANDADO DE SEGURANÇA – TRIBUTÁRIO – ITBI – ARREMATAÇÃO DE IMÓVEL – BASE DE CÁLCULO – VALOR ALCANÇADO NA HASTA PÚBLICA – PRECEDENTES.
>
> **1. A orientação das Turmas que integram a Primeira Seção/STJ firmou-se no sentido de que a arrematação corresponde à aquisição do bem alienado**

> **judicialmente, razão pela qual se deve considerar, como base de cálculo do ITBI, o valor alcançado na hasta pública** (RMS 36293/RS, *DJe* 11.10.2012).

O que se deve buscar como base de cálculo do ITBI é o valor efetivo da operação de transmissão, ao passo que não pode incidir o imposto sobre um fato gerador fictício.

d) Alíquotas

Caberá à lei municipal determinar a alíquota aplicável ao ITBI, que será um imposto proporcional de acordo com o posicionamento adotado pelo STF, que entendeu pela não aplicação da progressividade ao ITBI.

O STF, ao editar a Súmula 656, entendeu que, por ausência de previsão constitucional, não poderá o município instituir alíquotas progressivas para o ITBI de acordo com o aumento da base de cálculo. Data *maxima venia*, entendemos que a capacidade contributiva está presente na aquisição de bens imóveis, cabendo a aplicação do princípio previsto no art. 145, § 1º, da CRFB.

Como se não bastasse, o STF entendeu que o ITCMD poderá ser progressivo apesar da ausência de previsão constitucional, no julgamento do RE 562045/RS, aplicando o princípio da igualdade material tributária. Assim, nada mais justo que tal posicionamento se estenda ao ITBI.

e) Sujeito passivo

O sujeito passivo do ITBI será determinado pela lei municipal, podendo ser "qualquer das partes na operação tributada", na forma do art. 42 do CTN.

Em geral, o contribuinte é o adquirente do bem imóvel, pois é quem tem o interesse no registro em seu nome, mas nada impede que a legislação municipal atribua essa obrigação ao alienante.

A criatividade do legislador municipal é posta à prova na atribuição de responsabilidade. Muitos códigos tributários municipais atribuem a responsabilidade aos tabeliães, por exemplo, como forma de obrigá-los a fiscalizar as operações das quais participam.

Assim, deverá ser analisada, no caso concreto, a legislação municipal acerca da atribuição da sujeição passiva tributária do ITBI.

Considerações sobre ITBI
1. Incide sobre a transmissão onerosa de bens imóveis.
2. Possui imunidade específica, a qual não incidirá na integralização de capital e na dissolução da sociedade.
3. A imunidade específica não deve ser aplicada se a atividade preponderante do adquirente do imóvel for a compra e venda, locação ou arrendamento mercantil. Ex.: imobiliária.
4. Regra: incidência em área urbana. Exceção: incidência em área urbanizável.
5. A cessão de direitos reais, desde que onerosa, é fato gerador do ITBI, exceto os direitos reais de garantia.
6. Para o STJ, a base de cálculo desse imposto deve ser o valor real de aquisição do bem (aquele que constar do contrato de compra e venda), e não o valor venal.

CAP. 14 • IMPOSTOS EM ESPÉCIE | **561**

✍ PARA REFORÇAR

ITBI	
Fiscal	Finalidade meramente arrecadatória, não possui o objetivo de interferir no domínio econômico ou arrecadar para o fomento de terceiros.
Direto	O ônus econômico recai diretamente sobre o contribuinte.
Real	É um tributo *propter rem*, cobrado em razão do fato gerador objetivamente considerado. Não leva em conta a capacidade econômica e nem as características pessoais do contribuinte. Leva em consideração a coisa objeto da tributação, e não as características do seu titular. É um imposto sobre o patrimônio.
Não vinculado	Art. 16, CTN. Seu fato gerador não depende de uma atuação ou contraprestação específica da atividade estatal, não cabendo sequer a vinculação de sua receita, conforme disposto no art. 167, IV, da CRFB.
Proporcional	A alíquota do ITBI não pode variar em razão da base de cálculo. A CRFB não autoriza a adoção de alíquotas progressivas para o ITBI, e o STF adotou o mesmo posicionamento quando da edição da Súmula 656.
Legislação	Art. 156, II, CRFB. Art. 156, § 2º, CRFB. Art. 184, § 5º, CRFB. Art. 35, CTN. Art. 38, CTN. Art. 42, CTN. Súmulas 108, 110, 111, 326, 470, 656, STF. Art. 1.245, CC. Art. 37, CTN c/c o art. 151, III, CRFB. Art. 146, CTN. Art. 43, I (imóveis por natureza) e II (imóveis por acessão física), do CC.

- O fato gerador é a transmissão *inter vivos*, por *ato oneroso*, de bens *imóveis*.

- O fato gerador ocorre no momento do registro imobiliário, pelo qual se adquire a propriedade (art. 1.245, CC).

- A base de cálculo é o valor venal dos bens ou direitos transmitidos.

- *Hasta pública:* O cálculo do ITBI é feito com base no valor alcançado pelos bens na arrematação. O valor que o imóvel atinge em hasta pública, mesmo sendo inferior ao da avaliação (jurisprudência do STJ e art. 38, CTN).

- **Incide** o ITBI sobre a transmissão de direitos reais imóveis: enfiteuse, servidão, superfície, habitação e uso.

- *NÃO INCIDE* sobre o penhor, anticrese, alienação fiduciária em garantia e hipoteca. Não incide sobre transmissão de bens ou direitos incorporados ao patrimônio de pessoa jurídica em realização de capital. Nem sobre a transmissão de bens ou direitos de fusão, incorporação, cisão ou extinção de pessoa jurídica, SALVO se a atividade preponderante da empresa for a compra e venda de imóveis, locação de bens ou arrendamento mercantil. Assim, em regra, não haverá a incidência do ITBI na transformação das sociedades.

- *NÃO INCIDE* sobre a venda de ações de sociedades anônimas proprietárias de imóveis. Isso porque a transferência das ações ou quotas transfere apenas a titularidade da pessoa jurídica, e não os bens imóveis que integram o patrimônio desta.

- *NÃO INCIDE* na extinção de fideicomisso porque não há transferência de propriedade.

- *NÃO INCIDE* na doação com encargo, pois é um contrato bilateral e oneroso que tem como característica a presença de encargos, ônus ou obrigações do beneficiário.

- *INCIDE* sobre a transferência de imóvel para a constituição de fundos de investimento imobiliário, porque esses fundos não possuem personalidade jurídica. O imóvel transmitido para a sua constituição é transferido para a instituição administradora, por alienação fiduciária.

- *Na extinção da pessoa jurídica não incide ITBI.*

- *Desapropriação para fins de reforma agrária:* Imunidade ao ITBI, na forma do art. 184, § 5º, da CRFB.

- *Lançamento por declaração*, mas o fisco pode realizar o lançamento de ofício ou por arbitramento, quando ocorreu o fato gerador mas o contribuinte não pagou o imposto.

- Somente incide sobre a transmissão onerosa *inter vivos* de bens ou direitos. O ITBI não incide sobre bens MÓVEIS.

- O ITBI é devido ao município onde está situado o imóvel. Se ocupar mais de dois municípios, a tributação é devida proporcionalmente às benfeitorias situadas em cada um deles.

14.3.3. *Imposto sobre Serviços de Qualquer Natureza – ISSQN*

a) Legislação e súmulas aplicáveis

- CRFB, art. 156, III e § 3º
- LC 116/2003
- Decreto 406/1968
- Súmulas: STF, Súmulas Vinculantes 31, 138, 156, 167, 274, 424, 663

b) Fato gerador

O **ISSQN** é um imposto de competência municipal, previsto no art. 156, III, da CRFB, e regulamentado pela LC 116/2003.

O fato gerador do ISSQN é a prestação de serviços de qualquer natureza, definidos na LC 116/2003 e não compreendidos entre os serviços tributados pelo ICMS, previsto no art. 155, II, da CRFB, quais sejam, os serviços de transporte interestadual e intermunicipal, e de comunicação.

Como se pode ver, a definição de serviços a ensejar a incidência do imposto ficou a encargo da lei complementar supracitada que em seu anexo traz o rol de serviços e congêneres a serem tributados pelo ISSQN. Importante frisar que a ausência de previsão da hipótese de incidência na lei complementar não autoriza que os municípios exijam o imposto.

Em outras palavras, como os serviços a serem tributados pelo ISSQN devem estar definidos em lei complementar, é descabido que municípios criem hipóteses de incidência além daquelas já delimitadas na lei geral do ISSQN. Assim, caso uma lei municipal exija ISSQN sobre um serviço não previsto na LC 116/2003, a exigência será inconstitucional.

Ainda acerca do anexo da LC 116/2003, restam presentes os serviços e os subserviços, ou seja, os congêneres dos itens. Muito se discute com relação à taxatividade do rol em questão.

Ao prever serviços genéricos e congêneres desses serviços, não devem restar dúvidas de que deve ser aplicada a taxatividade vertical, ou seja, no tocante aos serviços, cuja previsão é *numerus clausus. Assim, caso o serviço não esteja previsto na lei complementar, não será cabível a cobrança do ISSQN.*

Em contrapartida, horizontalmente, o rol de subserviços ou congêneres é *numerus apertus*, trazendo exemplos de situações que poderão ensejar a incidência do tributo.

Assim, no tocante aos serviços genéricos, o **rol** é **taxativo**, não cabendo a cobrança do ISSQN caso não haja previsão do serviço na lei complementar. Já nos subserviços ou congêneres, pode haver a cobrança desde que o respectivo serviço genérico esteja previsto. Tomemos como exemplo o caso dos serviços bancários, assunto que foi objeto de súmula pelo STJ: "Súmula 424. É legítima a incidência de ISS sobre os serviços bancários congêneres da lista anexa ao Decreto-lei 406/68 e à Lei Complementar 56/87".

Tal súmula explicita com clareza o posicionamento acerca da incidência do ISS sobre os serviços congêneres, mas somente na hipótese em que o serviço genérico esteja previsto na lei complementar, e esse posicionamento é adotado pelo STJ desde 2004.

JURISPRUDÊNCIA

Embora taxativa, em sua enumeração, a lista de serviços admite interpretação extensiva, dentro de cada item, para permitir a incidência do ISS sobre serviços correlatos àqueles previstos expressamente (REsp. 121428/RJ, 2ª Turma, 16.08.2004).

Importante destacar o STF que, no julgamento do tema 296 da sistemática da repercussão geral, firmou o entendimento no sentido de que é constitucional a taxatividade do rol de serviços. Vejamos:

 JURISPRUDÊNCIA

RECURSO EXTRAORDINÁRIO COM REPERCUSSÃO GERAL. TRIBUTÁRIO. IMPOSTO SOBRE SERVIÇOS DE QUALQUER NATUREZA - ISS. ART. 156, III, DA CARTA POLÍTICA. OPÇÃO CONSTITUCIONAL PELA LIMITAÇÃO DA CAPACIDADE TRIBUTÁRIA DOS MUNICÍPIOS POR MEIO DA ATRIBUIÇÃO À LEI COMPLEMENTAR DA FUNÇÃO DE DEFINIR OS SERVIÇOS TRIBUTÁVEIS PELO ISS. LISTAS DE SERVIÇOS ANEXAS AO DECRETO-LEI 406/1968 E LEI COMPLEMENTAR 116/2003. CARÁTER TAXATIVO COMPATÍVEL COM A CONSTITUIÇÃO DA REPÚBLICA. 1. Recursos extraordinários interpostos contra acórdãos do Tribunal de Justiça de Alagoas e do Superior Tribunal de Justiça relativos à exigência do ISS sobre determinadas atividades realizadas por instituição financeira. Processo selecionado, em caráter substitutivo, para dirimir a controvérsia constitucional definida no Tema 296 da repercussão geral. 2. O recurso extraordinário interposto contra o acórdão proferido pelo Superior Tribunal de Justiça é inadmissível, porquanto as alegadas violações da Constituição Federal não se referem ao decidido neste acórdão, mas sim no julgamento efetuado pelo Tribunal de Justiça de Alagoas. 3. O argumento de suposta afronta ao art. 5º, LV, da Constituição Federal, ou seja, a pretensão de reconhecimento da violação dos direitos fundamentais processuais ao contraditório e à ampla defesa por não ter sido realizada prova pericial requerida não tem pertinência jurídica no caso. O acórdão do Tribunal de Justiça do Estado do Alagoas decidiu que os documentos juntados foram suficientes para a valoração adequado dos fatos arguidos, bastante, portanto, para a formação do convencimento judicial. Entendimento contrário ao certificado no acórdão do Tribunal de Justiça local demandaria reexame da prova dos autos. Aplicação da Súmula 279/STF que afirma o não cabimento de recurso extraordinário quando necessária nova valoração das provas. 4. O acórdão recorrido excluiu parte da autuação fiscal por dizer respeito à atividades já tributadas pelo IOF. Fê-lo com exame apenas de dispositivos do Decreto 6.306/2007, não tendo havido exame do tratamento constitucional deste imposto da União. Ausente o prequestionamento do art. 153, III, da Constituição Federal, o recurso não pode ser conhecido quanto ao ponto. 5. Ao determinar que compete à lei complementar definir os serviços tributáveis pelo ISS, a Constituição fez escolha pragmática para evitar que, a todo momento, houvesse dúvida se determinada operação econômica seria tributada como prestação de serviços ou de circulação de mercadorias, especialmente tendo em conta o caráter economicamente misto de muitas operações. 6. Os precedentes judiciais formados por este Supremo Tribunal definiram interpretação jurídica no sentido do caráter taxativo das listas de serviços. Nesse sentido: RE 361.829, Rel. Ministro Carlos Velloso, Segunda Turma, DJ de 24.2.2006; RE 464.844 AgR, Rel. Ministro Eros Grau, Segunda Turma, *DJe* de 09.5.2008; RE 450.342 AgR, Rel. Ministro Celso de Mello, Segunda Turma, DJ 03.8.2007. 7. As listas de serviços preveem ser irrelevante a nomenclatura dada ao serviço e trazem expressões para permitir a interpretação extensiva de alguns de seus itens, notadamente se socorrendo da fórmula "e congêneres". Não existe obstáculo constitucional contra esta sistemática legislativa. Excessos interpretativos que venham a ocorrer serão dirimíveis pelo Poder Judiciário. 8. Embora a lei complementar não tenha plena liberdade de qualificar como serviços tudo aquilo que queira, a jurisprudência do Supremo Tribunal Federal não exige que ela inclua apenas aquelas atividades que o Direito Privado qualificaria como tais. Precedentes nesse sentido julgados em regime de repercussão geral, a saber: RE 592.905, Rel. Ministro Eros Grau, e RE 651.703, Rel. Ministro Luiz Fux, em que examinadas as incidências do ISS, respectivamente, sobre as operações de arrendamento mercantil e sobre aquelas das empresas de planos privados de assistência à saúde. 9. O enquadramento feito pelo Tribunal local de determinadas atividades em itens da lista anexa ao DL 406/1968 não pode ser revisto pelo Supremo Tribunal Federal. Eventual violação da Constituição Federal apresenta-se como ofensa reflexa e a análise do recurso extraordinário demanda a revaloração das provas produzidas no processo. 10. Recurso extraordinário interposto contra o acórdão proferido pelo Superior Tribunal de Justiça não conhecido. Recurso extraordinário contra o acórdão do Tribunal de Justiça de Alagoas parcialmente conhecido e, no mérito, não provido. 11. Tese de repercussão geral: "É taxativa a lista de serviços sujeitos ao ISS a que se refere o art. 156, III, da Constituição Federal, admitindo-se, contudo, a incidência do tributo sobre as atividades inerentes aos serviços elencados em lei em razão da interpretação extensiva" (STF - RE: 784439 DF, Rel. Min. Rosa Weber, Data de Julgamento: 29.06.2020, Tribunal Pleno, Data de Publicação: 15.09.2020).

Ressalte-se aqui a importância da lista anexa, pois cabe a ela a definição dos fatos geradores do ISSQN, de modo que, ausente a previsão em lei complementar geral, não há falar na possibilidade de exigência do tributo.

Para sua incidência, o ISSQN pressupõe uma obrigação de fazer. É nesse aspecto que ele se diferencia do ICMS, pois este pressupõe uma obrigação de dar, com intuito de mercancia. Por óbvio, não incidirá o ISSQN sobre os serviços gratuitos e sobre os serviços prestados para si próprio, bem como não incide ISSQN sobre o contrato de trabalho e sobre o trabalhador avulso.

Desse modo, o ISSQN incidirá apenas nas situações em que haja uma obrigação de fazer. Com base nesse posicionamento, o STF editou a Súmula Vinculante 31, segundo a qual não incide o referido imposto sobre locação de bens móveis por não caracterizar uma obrigação de fazer, firmando o entendimento da não incidência do ISSQN sobre as obrigações de dar.

No entanto, com a edição da LC 157, em 2016, foram introduzidos no anexo da referida lei serviços e congêneres que não são caracterizados como obrigação de fazer, mas como obrigação de dar. Tomemos como exemplo o item 1.09 do anexo da LC 116/2003:

1.09 – Disponibilização, sem cessão definitiva, de conteúdos de áudio, vídeo, imagem e texto por meio da internet, respeitada a imunidade de livros, jornais e periódicos (exceto a distribuição de conteúdos pelas prestadoras de Serviço de Acesso Condicionado, de que trata a Lei nº 12.485, de 12 de setembro de 2011, sujeita ao ICMS). (Incluído pela Lei Complementar nº 157, de 2016).

Com essa previsão, o ISSQN passa a incidir sobre situações independentes de um esforço humano, que caracteriza a obrigação de fazer, mas tal posicionamento já havia sido parcialmente endossado pelo STF, quando julgou a incidência do ISSQN sobre os contratos de *leasing*. Vejamos:

JURISPRUDÊNCIA

> RECURSO EXTRAORDINÁRIO – DIREITO TRIBUTÁRIO – ISS – ARRENDAMENTO MERCANTIL – OPERAÇÃO DE *LEASING* FINANCEIRO – ARTIGO 156, III, DA CONSTITUIÇÃO DO BRASIL. O arrendamento mercantil compreende três modalidades, [i] o *leasing* operacional, [ii] o *leasing* financeiro e [iii] o chamado *lease-back*. No primeiro caso há locação, nos outros dois, serviço. A lei complementar não define o que é serviço, apenas o declara, para os fins do inciso III do artigo 156 da Constituição. Não o inventa, simplesmente descobre o que é serviço para os efeitos do inciso III do artigo 156 da Constituição. No arrendamento mercantil (*leasing* financeiro), contrato autônomo que não é misto, o núcleo é o financiamento, não uma prestação de dar. E financiamento é serviço, sobre o qual o ISS pode incidir, resultando irrelevante a existência de uma compra nas hipóteses do *leasing* financeiro e do *lease-back*. Recurso extraordinário a que se dá provimento (RE 592905, Rel. Min. Eros Grau, Tribunal Pleno, j. 02.12.2009, DJe 05.03.2010).

De acordo com o posicionamento adotado, cabe à lei complementar definir o fato gerador, e sempre haverá um fazer que envolva uma obrigação de dar, estando o produto, nesse caso, abrangido pelo ISSQN.

Como se não bastasse, o STF também entendeu que incidiria o ISSQN sobre os **contratos de cessão de uso de marca**, quando do julgamento do **Rcl 8623 AgR:**

JURISPRUDÊNCIA

> Por fim, ressalte-se que há alterações significativas no contexto legal e prático acerca da exigência de ISS, sobretudo após a edição da Lei Complementar 116/2003, que adota nova disciplina sobre o mencionado tributo, prevendo a cessão de direito de uso de marcas e sinais na lista de serviços tributados, no item 3.02 do Anexo. Essas circunstâncias afastam a incidência da súmula vinculante 31 sobre o caso, uma vez que a cessão do direito de uso de marca não pode ser considerada locação de bem móvel, mas serviço autônomo especificamente previsto na Lei Complementar 116/2003 (Rcl 8623 AgR, 2ª Turma, Rel. Min. Gilmar Mendes, j. 22.02.2011, DJe 10.03.2011).

Esse posicionamento é no mínimo inusitado, considerando a construção da jurisprudência do Supremo, ao passo que não há força humana na cessão de uso de marca, ou seja, não há obrigação de fazer, mas somente uma autorização para um terceiro.

Outro caso interessante foi o posicionamento adotado pelo STJ quando reconheceu a incidência do ISS sobre armazenagem em terminal portuário alfandegado. O Tribunal entendeu que como há previsão no item 20.01 da lista anexa, o imposto é devido pois há obrigações de fazer que a empresa deve adotar para posicionar os contêineres e armazená-los. Vejamos:

JURISPRUDÊNCIA

TRIBUTÁRIO. IMPOSTO SOBRE SERVIÇOS DE QUALQUER NATUREZA – ISSQN. ARMAZENAGEM EM TERMINAL PORTUÁRIO ALFANDEGADO. INCIDÊNCIA.

1. "O Imposto Sobre Serviços de Qualquer Natureza (...) tem como fato gerador a prestação de serviços constantes da lista anexa, ainda que esses não se constituam como atividade preponderante do prestador" (art. 1º da LC n. 116/2003).

2. O subitem 20.01 da referida lista elenca expressamente a prestação de serviços portuários, especificando, entre eles, os de armazenagem de qualquer natureza.

3. Para o adequado desempenho da atividade de armazenamento em instalação portuária alfandegada, a empresa autorizada para explorar o terminal portuário (art. 4º, § 2º, II, "b", da Lei n. 8.630/1993 e Portaria RFB n. 3.518/2011) deve organizar as cargas recebidas em razão de sua natureza, conservar o seu estado em conformidade com os cuidados que elas exigem e guardar as mesmas sob sua vigilância, controlando por meio de monitoramento obrigatório o acesso de pessoas à área destinada para essa finalidade, sendo certo que todas essas ações encerram o cumprimento de obrigações de fazer, estando, assim, bem caracterizada a prestação de serviço tributável pelo imposto municipal.

4. Essa espécie de armazenamento não se confunde com instituto da locação, pois não há transferência da posse direta da área alfandegada ao importador/exportador, para que esse a utilize por sua conta e risco, sendo certo que a área alfandegada segregada para fins de armazenamento é de acesso restrito, o que impede a cessão de seu espaço físico, competindo exclusivamente ao terminal portuário o manejo dos contêineres recebidos.

5. A distinção entre esses negócios jurídicos também se dá no campo da responsabilidade civil: na locação de espaço físico, ainda que cedido com instalações próprias para o uso almejado, eventuais danos em razão do exercício da posse direta devem ser suportados pelo próprio locatário que lhe deu causa; já no armazenamento em questão, salvo os casos de força maior, caberá à empresa que explora o terminal portuário o dever de indenizar os prejuízos causados aos proprietários por falha na prestação do serviço de armazenagem.

6. Hipótese em que o acordão recorrido deve ser reformado, porquanto afastou a incidência do ISS mediante indevida equiparação dessa atividade de armazenamento com a locação de bem móvel (cessão de espaço físico).

7. Recurso especial provido (REsp 1.805.317/AM (2019/0083053-0), Rel. Min. Gurgel de Faria, j. 09.02.2021, 1ª Turma, *DJe* 18.02.2021).

Ainda no sentido da incidência do ISSQN sobre operações mistas, o STF no julgamento da ADI 5.869/DF, entendeu que "é constitucional a incidência de ISS sobre a cessão de direito de uso de espaços em cemitérios para sepultamento, pois configura operação mista que, como tal, engloba a prestação de serviço consistente na guarda e conservação de restos mortais inumados".

Na mesma linha de posicionamento, envolvendo a residualidade do ISSQN, ou seja, sua incidência é devida quando a situação não for considerada fato gerador do ICMS e do IOF, o STF entendeu, em sede de repercussão geral, no julgamento do RE 651703/PR, que o ISS incide sobre as operadoras de planos de saúde e de seguro saúde. Tal julgado demonstra que o conceito de serviço do Direito Tributário seria diverso do conceito utilizado pelo direito privado, não se limitando às obrigações de fazer.

Assim, considerando o posicionamento adotado pelo STF, bem como a previsão constitucional no sentido de que o fato gerador do ISSQN estará definido em lei complementar, não devem restar dúvidas de que, caso uma situação fática envolva uma obrigação de fazer e uma obrigação de dar, que não estejam previstas no campo de incidência de outros impostos e haja previsão da lei complementar, deverá incidir o imposto municipal em análise.

Então, com relação às novas tecnologias, a incidência do ISSQN será possível desde que haja previsão na lei complementar e já estejam sob a égide de outro imposto, como no caso dos serviços de *streaming*, sobre os quais deverá incidir o ISSQN, após a alteração trazida pela LC 157/2016.

Tal situação também é observada no fornecimento de mercadorias com a simultânea prestação de serviços em bares, restaurantes e estabelecimentos similares. Aqui, sendo a atividade preponderante o fornecimento de mercadoria (obrigação de dar), e a prestação de serviços apenas uma atividade acessória, incide apenas o ICMS sobre o valor total da operação, posicionamento pacificado pelo STJ na Súmula 163.

Todavia, o contrário também é possível. Havendo preponderância de uma obrigação de fazer, o ISSQN incidirá sobre toda a operação, como é o caso do serviço odontológico, previsto no item 4.12 do anexo da LC 116/2003. Mesmo que o profissional utilize insumos para a prestação dos serviços, como anestesia e agulhas, por exemplo, o imposto incidirá sobre o valor total do serviço prestado.

Logo, fácil concluir que, se o serviço estiver na lista anexa da LC 116/2003 e, ainda assim, houver o fornecimento de material, a regra é apenas a incidência do ISSQN, como é o caso do supracitado serviço odontológico. Tal situação também é a mesma do serviço gráfico ao qual, ainda que haja fornecimento de material, incide o ISSQN, conforme verbete da Súmula 156 do STJ.

O assunto é deveras pantanoso, pois municípios e estados buscam a satisfação do crédito tributário e o aumento da arrecadação. Vejamos o caso das farmácias de manipulação.

JURISPRUDÊNCIA

> APELAÇÃO CÍVEL – TRIBUTÁRIO. Ação consignatória c/ declaratória fundamentada no art. 164, III, do CTN, ajuizada por MC Gomes Saburi ME, Empresa que tem como objeto a manipulação de produtos homeopáticos e alopáticos e o comércio varejista de produtos químicos e farmacêuticos. Ação em face do Município de Barra Mansa

e do Estado do Rio de Janeiro. Empresa pede para consignar eis que tem dúvida se paga ISSQN ao município ou ICMS ao estado relativamente ao fornecimento de medicamento por ela manipulados. Operação mista, agregando mercadoria e serviço. O município, em contestação, sustenta ser devido ISSQN, pois os serviços farmacêuticos estão no item 4.07 da lista anexa à Lei Complementar 116/2003, pelo que, consoante previsto no seu art. 1º, § 2º, incide aquele tributo municipal, ainda que o serviço de manipulação não se constitua em atividade preponderante. Já o estado sustenta ser devido o ICMS, ao argumento de que o art. 156, III, da CF não deixa dúvida quanto ao caráter remanescente do ISS em relação ao ICMS, e acrescenta que a atividade de fornecimento de medicamentos (seja manipulado ou não) se insere no art. 155, II, CF, ou seja, operações relativas à circulação de mercadorias, pelo que não se trata de competência residual, o que afasta a tributação pelo município. o juiz, entendendo que: (...) em uma interpretação sistemática do artigo 156, inciso 111, da CF, c/c artigo 1º, *caput*, § 2º, e item 4.07, da Lista de Serviços anexa à LC nº 11612003, não restam dúvidas no sentido de que a competência para tributar as atividades realizadas pelas farmácias de manipulação pertence aos Municípios, mediante a instituição do ISSQN, e não ao Estado através do ICMS. ASSIM FINALIZOU A PARTE DISPOSITIVA DA SENTENÇA (ÍNDICE 00566): Pelo exposto DECLARO O MUNICÍPIO DE BARRA MANSA como sujeito ativo da obrigação tributária, ficando a atividade empresarial da demandante, especificamente no que tange à manipulação e comercialização dos medicamentos manipulados, sujeita à incidência do ISSQN, excluídas e ainda sujeitas ao ICMS as atividades relacionadas à comercialização de produtos não manipulados. Declaro, ainda, suspensa a exigibilidade do crédito tributário na forma do disposto no inciso II do artigo 151 do Código Tributário Nacional, desde que o demandante continue a proceder ao depósito judicial do valor apurado, até o trânsito em julgado da presente decisão. Por fim, JULGO PROCEDENTE O PEDIDO CONSIGNATÓRIO e determino seja levantado o valor depositado a título de ISS pelo ente municipal. Condeno o Estado do Rio de Janeiro em honorários advocatícios, que ora arbitro em R$ 1.500,00, na forma do enunciado 27 do TJRJ, isento do pagamento de custas processuais por força dos artigos 39 da Lei 6.830/80 e 17, IX, da Lei Estadual 3.350/99, sendo extinto o processo com resolução do mérito, na forma do artigo 487, I, do NCPC. No mais, permanece tal como foi lançada. Apelação do Estado do Rio de Janeiro. Pretende a reforma do julgado. Alega que as atividades de comercialização e circulação dos medicamentos manipulados preponderam sobre o serviço de manipulação em si, devendo incidir, portanto, o ICMS sobre o fato gerador de acordo com a CRFB. Apelação da Microempresa. Preliminarmente, requer o sobrestamento do feito, até o julgamento final do tema 379, pelo STF. Alega que sempre foi contribuinte do ICMS desde a sua fundação e, assim, parte do tributo (25%) já foi recebida pelo ESTADO DO RIO DE JANEIRO tal qual leciona o inciso IV do artigo 158 da Carta de Outubro, não sendo possível receber por 2 (duas) vezes pelo mesmo fato gerador. Afirma que a Lei Complementar Federal nº 147/13, que modificou o artigo 18 da Lei Complementar Federal nº 123/06, considera que apenas a partir de sua vigência é que a manipulação de medicamentos será tributada pelo ISSQN, isto é, antes de sua vigência a manipulação de medicamentos não era tributada pelo ISSQN, mas pelo ICMS. Requer a reforma da sentença, reconhecendo. O ESTADO DO RIO DE JANEIRO como seu credor tributário e, por conseguinte, reconhecendo como tributo devido pela manipulação de medicamentos o ICMS, e não o ISSQN. NÃO ASSISTE RAZÃO AOS APELANTES. (...) QUANTO AO MÉRITO, APRECIANDO OS DOIS APELOS, RESSALTO QUE A TEMÁTICA ATINENTE A QUAL IMPOSTO DEVE INCIDIR SOBRE OPERAÇÕES

MISTAS DE MANIPULAÇÃO E FORNECIMENTO DE MEDICAMENTOS POR FARMÁCIAS DE MANIPULAÇÃO, SE O ICMS OU O ISSQN, AINDA NÃO ESTÁ PACIFICADA, JÁ QUE PENDENTE DE JULGAMENTO NO STF, SOB O REGIME DE REPERCUSSÃO GERAL, O RE Nº 605552, TEMA 379, DATADO DE 31/03/2011, NO QUAL SE DISCUTE O MESMO TEMA, À LUZ DOS ARTIGOS 155, II, § 2º, IX, B E 156, III, DA CR. No entanto, a jurisprudência do STJ é pacífica no sentido de que a manipulação de medicamento é fato gerador do ISS, de competência municipal. Consignou o colendo STJ que, a partir da inclusão no item 4.7 da lista anexa à LC nº 116/03, a atividade de manipulação de medicamento constitui fato gerador de ISS, enquadrada como serviço farmacêutico. Isso porque a prestação de serviço previsto na lista do ISS, ainda que envolva o fornecimento de mercadoria, afasta a incidência do ICMS, a favor do ISS, não havendo que se falar em preponderância da atividade. Em regra, o fornecimento de medicamentos manipulados, operação mista que agrega mercadoria e serviço, está sujeito a ISSQN e, não, o ICMS, tendo em vista que é atividade equiparada aos "serviços farmacêuticos" (TJRJ – APL 0016614112018190007, 19ª Câmara Cível, Rel. Des. Juarez Fernandes Folhes, j. 18.12.2018).

No caso das farmácias de manipulação, apesar do fornecimento de mercadorias, deverá incidir o ISSQN, pois, para manipulação dos medicamentos, os insumos são necessários, incidindo o ISS sobre o valor global.

Nos casos de *software* de prateleira resta caracterizada a **obrigação de dar**, incidindo, portanto, o ICMS. No entanto, se um prestador de serviços é contratado para elaborar um *software*, caracteriza a **obrigação de fazer**, atraindo a incidência do ISS. Tal distinção resta bastante fora do usual pois atualmente praticamente não mais é comercializado *software* de prateleira.

Mesmo raciocínio deve ser aplicado com relação à fabricação de concreto (obrigação de fazer), sendo fato gerador de ISSQN (Súmula 167 do STJ), enquanto a compra de blocos de concreto (material de construção civil) é fato gerador de ICMS (Súmula 432, STJ), por se tratar de uma obrigação de dar, operação mercantil.

Com relação aos contratos empresariais, pode haver a incidência do ISSQN ou não. O STJ editou a Súmula 138 dispondo que o contrato de *leasing* financeiro, ou arrendamento mercantil, é fato gerador de ISSQN, conforme abordado anteriormente. Já o contrato de *factoring* é fato gerador de IOF, não incidindo o ISSQN.

Debate interessante se deu acerca da incidência ou não do ISSQN sobre o contrato de *franchising* (franquia). Historicamente o STJ firmou o posicionamento no sentido da não incidência do imposto sobre os contratos de franquia, por se tratar de um contrato complexo, não sendo possível apurar o *quantum* do serviço prestado ou mesmo a base de cálculo do imposto. Vejamos:

JURISPRUDÊNCIA

TRIBUTÁRIO – ISS – CONTRATO DE FRANQUIA – ANÁLISE DE CLÁUSULAS CONTRATUAIS – SÚMULA 05/STJ – INCIDÊNCIA DE ISS – IMPOSSIBILIDADE – RECURSO ESPECIAL PARCIALMENTE CONHECIDO E IMPROVIDO – PRECEDENTES. 1. A verificação da natureza dos contratos celebrados pela franqueadora, para efeitos de incidência do ISS, enseja a análise apurada de suas cláusulas, providência inviável no âmbito do recurso especial, conforme dispõe a Súmula 05/STJ. 2. "Esta Corte Superior já assentou o entendimento de que não incide o ISS em contrato de franquia, visto não se tratar de simples prestação de serviço, ao revés, cuida-se de contrato de natureza complexa, que não consta do rol das atividades especificadas pela Lei nº 8.955/94 (STJ – REsp. 739500/DF, 2005/0055274-9, 1ª Turma, Rel. Min. Teori Albino Zavascki, j. 05.06.2007, *DJe* 18.09.2008).

Todavia, o STF alterou tal posicionamento em 2020, no julgamento do tema 300 da repercussão geral referente à incidência do ISSQN sobre os contratos de franquia.

JURISPRUDÊNCIA

RECURSO EXTRAORDINÁRIO COM REPERCUSSÃO GERAL – TEMA 300 – 2. TRIBUTÁRIO IMPOSTO SOBRE SERVIÇOS DE QUALQUER NATUREZA – 3. INCIDÊNCIA SOBRE CONTRATO DE FRANQUIA – POSSIBILIDADE – NATUREZA HÍBRIDA DO CONTRATO DE FRANQUIA – REAFIRMAÇÃO DE JURISPRUDÊNCIA – 4. RECURSO EXTRAORDINÁRIO IMPROVIDO.

O relator, Ministro Gilmar Mendes, assim discorreu em seu voto:

O contrato de franquia inclui, sim, uma prestação de serviço passível de sofrer incidência do imposto municipal. Há, nesse liame contratual, inegável aplicação de esforço humano destinado a gerar utilidade em favor de outrem (o franqueado). O vínculo contratual, nesse caso, não se limita a uma mera obrigação de dar, nem à mera obrigação de fazer.

Portanto, resta clara a alteração de jurisprudência para a consolidação da incidência do ISS sobre os contratos de franquia.

Outrossim, a despeito do entendimento adotado pelo STF acerca dos contratos de franquia, entendemos que os serviços complexos não podem ser considerados fatos geradores do ISSQN, uma vez que não se trata de um serviço único, mas há vários serviços e, eventualmente mercadorias envolvidas no contrato, não sendo possível a incidência do ISSQN. Nosso entendimento se pauta no fato de que sequer é possível, nessa hipótese, a identificação da base de cálculo do imposto, de modo que, data máxima vênia o posicionamento adotado pelo STF, não deveria incidir o ISS sobre contratos complexos como é o caso do contrato de franquia.

O STJ também abordou os contratos de afretamento de embarcações e, em um julgado bastante didático, diferenciou os contratos e afastou a incidência do imposto.

JURISPRUDÊNCIA

PROCESSUAL CIVIL – RECURSO ESPECIAL – TRIBUTÁRIO – ISS – AFRETAMENTO DE EMBARCAÇÃO – ILEGITIMIDADE DA COBRANÇA. 1. Nos termos do art. 2º da Lei 9.432/97, **afretamento a casco nu** é o "contrato em virtude do qual o afretador tem a posse, o uso e o controle da embarcação, por tempo determinado, incluindo o direito de designar o comandante e a tripulação". **Afretamento por tempo** é o "contrato em virtude do qual o afretador recebe a embarcação

CAP. 14 • IMPOSTOS EM ESPÉCIE | **571**

armada e tripulada, ou parte dela, para operá-la por tempo determinado", e **afretamento por viagem** é o "contrato em virtude do qual o fretador se obriga a colocar o todo ou parte de uma embarcação, com tripulação, à disposição do afretador para efetuar transporte em uma ou mais viagens". 2. No que se refere à primeira espécie – afretamento a caso nu –, na qual se cede apenas o uso da embarcação, a Segunda Turma/STJ, ao apreciar o REsp 792.444/RJ, entendeu que, "para efeitos tributários, os navios devem ser considerados como bens móveis, sob pena de desvirtuarem-se institutos de Direito Privado, o que é expressamente vedado pelo art. 110 do CTN". E, levando em consideração a orientação do STF no sentido de que é inconstitucional a incidência do ISS sobre a locação de bens móveis (RE 116.121/SP, Tribunal Pleno, Rel. Min. Octavio Gallotti, Rel. p/ acórdão Min. Marco Aurélio, DJ de 25.5.2001), concluiu no sentido de que é ilegítima a incidência do ISS em relação ao afretamento a casco nu. De fato, no contrato em comento há mera locação da embarcação sem prestação de serviço, o que não constitui fato gerador do ISS. 3. No que tange às demais espécies, consignou-se no precedente citado que: "Os contratos de afretamento por tempo ou por viagem são complexos porque, além da locação da embarcação, com a transferência do bem, há a prestação de uma diversidade de serviços, dentre os quais se inclui a cessão de mão de obra", de modo que "não podem ser desmembrados para efeitos fiscais (Precedentes desta Corte) e não são passíveis de tributação pelo ISS porquanto a específica atividade de afretamento não consta da lista anexa ao DL 406/68". Assim, pode-se afirmar que em tais espécies contratuais (afretamento por tempo e afretamento por viagem) há um misto de locação de bem móvel e prestação de serviço. Contudo, como bem observado no precedente citado, a jurisprudência desta Corte – em hipóteses em que se discutia a incidência do ISS sobre os contratos de franquia, no período anterior à vigência da LC 116/2003 – firmou-se no sentido de que não é possível o desmembramento de contratos complexos para efeitos fiscais (...) 4. Por tais razões, mostra-se **ilegítima** a **incidência do ISS** sobre o contrato de afretamento de embarcação, em relação às três espécies examinadas. 5. Recurso especial provido (STJ – REsp. 1054144/RJ, 2008/0097797-8, 1ª Turma, Rel. Min. Denise Arruda, j. 17.11.2009, *DJe* 09.12.2009).

Não devem restar dúvidas de que não incidirá o ISSQN sobre os contratos complexos, apesar do entendimento adotado pelo STF no caso dos contratos de franquia.

O ISSQN também incide sobre o valor do serviço de assistência médica (Súmula 274 do STJ) e sobre os serviços bancários congêneres (Súmula 424 do STJ). A prestação de serviço de composição gráfica, personalizada e sob encomenda, ainda que envolva fornecimento de mercadoria, está sujeita apenas ao ISS (Súmula 156 do STJ). Note-se que a expressão "personalizada e sob encomenda" é extremamente relevante, e sua utilização não é em vão na súmula, pois, se o serviço não for personalizado, haverá a incidência do IPI, uma vez que há industrialização.

O STF também já se manifestou acerca dos **serviços notariais**. Segundo a Suprema Corte, tais serviços estão abrangidos pela incidência do ISSQN, e não por isenção ou imunidade. Não menos importante, cabe ressaltar que, como o serviço de transporte interestadual e intermunicipal é fato gerador de ICMS, os serviços de transporte intramunicipal, dentro do território da municipalidade, são fatos geradores do ISS.

Ademais, no julgamento do tema 700 da repercussão geral o STF entendeu que "É constitucional a incidência de ISS sobre serviços de distribuição e venda de bilhetes e demais produtos de loteria, bingos, cartões, pules ou cupons de apostas, sorteios e prêmios (item 19 da Lista de Serviços Anexa à Lei Complementar 116/2003). Nesta situação, a base de cálculo do ISS é o valor a ser remunerado pela prestação do serviço, independentemente da cobrança de ingresso, não podendo corresponder ao valor total da aposta".

Por fim, há que se analisar alguns **serviços públicos** fundamentais prestados. A **energia elétrica**, por exemplo, é equiparada a mercadoria, de modo que caracteriza o fato gerador do ICMS a sua circulação, na forma do art. 153, § 3º, da CRFB, e não do ISS.

Por outro lado, a **água encanada**, quando fornecida, é serviço prestado, caracterizando uma obrigação de fazer e, portanto, fato gerador de ISS. Já a **água engarrafada**, vendida nos mercados, é mercadoria, sendo sua circulação o fato gerador do ICMS.

Cumpre ressaltar que, como os serviços de energia elétrica e água encanada são prestados por concessionárias (pessoas jurídicas de direito privado), a incidência de ICMS e ISS ocorre normalmente. Se, no entanto, os próprios entes federativos que delegaram tais serviços às concessionárias prestassem diretamente tais serviços, a operação seria imune e não incidiria nenhum dos impostos, pois estaria acobertada pela imunidade recíproca prevista no art. 150, VI, *a*, da CRFB, desde que a prestação de tais serviços se desse por meio de monopólio.

Por força do art. 2º da LC 116/2003, fica claro que não incide ISS na exportação de serviços, ressalvada a hipótese em que o resultado seja produzido no Brasil, o que atrairá a incidência do imposto. Assim, por exemplo, se um advogado é contratado para uma empresa estrangeira para elaborar um parecer, o resultado do serviço é produzido no Brasil, devendo ser recolhido o ISS. Vejamos:

JURISPRUDÊNCIA

AGRAVO DE INSTRUMENTO – DIREITO TRIBUTÁRIO – ISS – MANDADO DE SEGURANÇA – CONSERTO DE AERONAVES – EMPRESA NO EXTERIOR – EXPORTAÇÃO DE SERVIÇOS NÃO CARACTERIZADA – SERVIÇO EXECUTADO DENTRO DO TERRITÓRIO NACIONAL – APLICAÇÃO DO ART. 2º, PARÁGRAFO ÚNICO, DA LEI Nº LC 116/03. A Lei Complementar 116/03 estabelece como condição para que haja exportação de serviços desenvolvidos no Brasil que o resultado da atividade contratada não se verifique dentro do nosso País, sendo de suma importância, por conseguinte, a compreensão do termo "resultado" como disposto no parágrafo único do art. 2º do referido diploma. Na acepção semântica, "resultado" é consequência, efeito, seguimento. Assim, para que haja efetiva exportação do serviço desenvolvido no Brasil, ele não poderá aqui ter consequências ou produzir efeitos. *A contrario senso*, os efeitos decorrentes dos serviços exportados devem-se produzir em qualquer outro País. É necessário, pois, ter-se em mente que os verdadeiros resultados do serviço prestado, os objetivos da contratação e da prestação. O trabalho desenvolvido pela recorrente não configura exportação de serviço, pois o objetivo da contratação, o resultado, que é o efetivo conserto do equipamento, é totalmente concluído no nosso território... Inquestionável, pois, a incidência do ISS no presente caso, tendo incidência o disposto no parágrafo único, do art. 2º, da LC 116/03: "Não se enquadram no disposto no inciso I os serviços desenvolvidos no Brasil, cujo resultado aqui se verifique, ainda que o pagamento seja feito por residente no exterior." NEGARAM PROVIMENTO AO AGRAVO DE INSTRUMENTO. UNÂNIME (TJRGS – AI 70073916314/RS, 2ª Câmara Cível, Rel. Laura Louzada Jaccottet, j. 27.09.2017, *DJe* 03.10.2017).

Ainda sobre a exportação de serviços, o STJ entendeu que gestora de fundos de investimento deve recolher ISS sobre serviços prestados à empresa no exterior.

JURISPRUDÊNCIA

> PROCESSUAL CIVIL E TRIBUTÁRIO. NEGATIVA DE PRESTAÇÃO JURISDICIONAL. INOCORRÊNCIA. ISS. GESTÃO DE FUNDO DE INVESTIMENTO ESTRANGEIRO. RESULTADO PRODUZIDO NO ÂMBITO DO TERRITÓRIO NACIONAL. EXPORTAÇÃO DE SERVIÇO. DESCARACTERIZAÇÃO. 1. O Plenário do STJ decidiu que "aos recursos interpostos com fundamento no CPC/1973 (relativos a decisões publicadas até 17 de março de 2016) devem ser exigidos os requisitos de admissibilidade na forma nele prevista, com as interpretações dadas até então pela jurisprudência do Superior Tribunal de Justiça" (Enunciado Administrativo n. 2, sessão de 09/03/2016). 2. O acolhimento de recurso especial por violação ao art. 535 do CPC/1973 pressupõe a demonstração de que a Corte de origem, mesmo depois de provocada mediante embargos de declaração, deixou de sanar vício de integração contido em seu julgado acerca de questão relevante para a solução do litígio, o que não ocorreu na espécie. 3. Não incide ISS sobre serviços exportados, assim considerados aqueles cujos resultados não ocorrem no âmbito do território nacional. Inteligência do art. 2º, I e parágrafo único, da LC n. 116/2003. 4. O resultado do serviço prestado por empresa sediada no Brasil de gestão de carteira de fundo de investimento, ainda que constituído no exterior, realiza-se no lugar onde está situado seu estabelecimento prestador, pois é nele que são apurados os rendimentos (ou prejuízos) decorrentes das ordens de compra e venda de ativos tomadas pelo gestor e que, desde logo, refletem materialmente na variação patrimonial do fundo. 5. Hipótese em que deve ser mantida a conclusão adotada pela Corte estadual, de que, no caso concreto, a atividade exercida pela recorrente não caracteriza exportação de serviço, de modo que é exigível o ISS sobre os valores que recebe do fundo estrangeiro para gerir os seus ativos. 6. Agravo conhecido para negar provimento ao recurso especial (STJ – AREsp: 1150353/SP, 2017/0197942-5, Rel. Min. Gurgel de Faria, j. 04.05.2021, 1ª Turma, *DJe* 13.05.2021).

No caso em tela, percebe-se que não há uma exportação de serviços, mas sim a prestação no Brasil, onde são produzidos os resultados da obrigação de fazer assumida. Assim, como os efeitos da prestação de serviço são em território brasileiro, o imposto deverá ser devido aqui, não se aplicando a regra do art. 2º da LC nº 116/03.

Ademais, o fato gerador se caracteriza com a prestação do serviço, sendo irrelevante o inadimplemento ou não por parte do contratante. Assim, o imposto será devido ainda que ausente o pagamento. Frise-se que não se trata da hipótese do serviço gratuito, mas, sim, da hipótese em que o serviço foi prestado, mas foi inadimplido.

Por fim, outro ponto que merece atenção é o local onde é devido o ISS nos casos em que a empresa prestadora de serviços esteja sediada em um município e efetue o pagamento em outro. O art. 3º da LC 116/2003 determina o seguinte:

Art. 3º O serviço considera-se prestado, e o imposto, devido, no local do estabelecimento prestador ou, na falta do estabelecimento, no local do domicílio do prestador, exceto nas hipóteses previstas nos incisos I a XXV, quando o imposto será devido no local: (Redação dada pela Lei Complementar nº 157, de 2016).

Assim o serviço será considerado prestado e o imposto devido no local do estabelecimento ou do domicílio do prestador, sendo que o conceito de estabelecimento foi ampliado pelo art. 4º:

Art. 4º Considera-se estabelecimento prestador o local onde o contribuinte desenvolva a atividade de prestar serviços, de modo permanente ou temporário, e que configure unidade econômica ou profissional, sendo irrelevantes para caracterizá-lo as denominações de sede, filial, agência, posto de atendimento, sucursal, escritório de representação ou contato ou quaisquer outras que venham a ser utilizadas.

Com isso, ocorrem muitos casos de bitributação, pois municípios entendem que o ISS é devido tanto no local da prestação de serviço quanto no local do estabelecimento, isso porque, com a inclusão da expressão "unidade econômica" no citado art. 4º, atrai o ISS. Um dos casos mais emblemáticos sobre esse debate foi a análise pelo STJ acerca do local de recolhimento do ISS sobre o serviço de análises clínicas. Vejamos:

JURISPRUDÊNCIA

TRIBUTÁRIO – RECURSO ESPECIAL – ISS – LABORATÓRIO DE ANÁLISES CLÍNICAS – COLETA DE MATERIAL – UNIDADES DIVERSAS – LOCAL DO ESTABELECIMENTO PRESTADOR – RECURSO ESPECIAL CONHECIDO E NÃO PROVIDO.

1. Discussão a respeito da definição do sujeito ativo do ISS quando a coleta do material biológico dá-se em unidade do laboratório estabelecida em município distinto daquele onde ocorre a efetiva análise clínica.

2. "A municipalidade competente para realizar a cobrança do ISS é a do local do estabelecimento prestador dos serviços. Considera-se como tal a localidade em que há uma unidade econômica ou profissional, isto é, onde a atividade é desenvolvida, independentemente de ser formalmente considerada com sede ou filial da pessoa jurídica" (REsp 1.160.253/MG, Rel. Min. CASTRO MEIRA, Segunda Turma, DJe de 19.08.2010).

3. Na clássica lição de Geraldo Ataliba, "cada fato imponível é um todo uno (unitário) e incindível e determina o nascimento de uma obrigação tributária" (Hipótese de Incidência Tributária. 14ª ed. São Paulo: Malheiros, 2013, p. 73).

4. O ISS recai sobre a prestação de serviços de qualquer natureza realizada de forma onerosa a terceiros. Se o contribuinte colhe material do cliente em unidade situada em determinado município e realiza a análise clínica em outro, o ISS é devido ao primeiro município, em que estabelecida a relação jurídico-tributária, e incide sobre a totalidade do preço do serviço pago, não havendo falar em fracionamento, à míngua da impossibilidade técnica de se dividir ou decompor o fato imponível.

5. A remessa do material biológico entre unidades do mesmo contribuinte não constitui fato gerador do tributo, à míngua de relação jurídico-tributária com terceiros

ou onerosidade. A hipótese se assemelha, no que lhe for cabível, ao enunciado da Súmula 166/STJ, *verbis*: "Não constitui fato gerador do ICMS o simples deslocamento de mercadoria de uma para outro estabelecimento do mesmo contribuinte".
6. Recurso especial conhecido e não provido (Resp. 1439753/PE, Rel. p/ Ac. Min. Benedito Gonçalves).

Assim, a regra é a incidência do ISS no local onde há a unidade econômica. Com base nisso, o STJ julgou o caso em que uma empresa de avaliação e acompanhamento na perfuração e inspeção de dutos de petróleo e gás natural pleiteou a restituição do ICMS recolhido no município onde está a sua sede, tendo em vista que deslocou seus funcionários e materiais para outro município, local onde seria devido o ICMS. O julgamento foi no sentido de que o deslocamento de funcionários e insumos não caracteriza unidade produtiva. Vejamos:

 JURISPRUDÊNCIA

> TRIBUTÁRIO E PROCESSUAL CIVIL. AGRAVO INTERNO NO AGRAVO EM RECURSO ESPECIAL. AÇÃO DECLARATÓRIA C/C REPETIÇÃO DE INDÉBITO. MENÇÃO GENÉRICA AOS ARTS. 11, 141, 371, 489, 1.022 E 1025 DO CPC/2015. INCIDÊNCIA DA SÚMULA 284/STF. ALEGADA VIOLAÇÃO AOS ARTS. 3º E 4º DA LEI COMPLEMENTAR 116/2003 E 165 DO CTN. FUNDAMENTOS DA CORTE DE ORIGEM INATACADOS, NAS RAZÕES DO RECURSO ESPECIAL. INCIDÊNCIA DA SÚMULA 283/STF. ACÓRDÃO RECORRIDO, ADEMAIS, EM CONSONÂNCIA COM A ORIENTAÇÃO FIRMADA PELO STJ, INCLUSIVE SOB O RITO DOS RECURSOS REPETITIVOS, NO TOCANTE À SUJEIÇÃO ATIVA DA RELAÇÃO JURÍDICA TRIBUTÁRIA REFERENTE AO ISSQN. AGRAVO INTERNO IMPROVIDO. I. Agravo interno aviado contra decisão que julgara recurso interposto contra *decisum* publicado na vigência do CPC/2015. II. Trata-se, na origem, de ação declaratória c/c repetição de indébito, na qual a parte autora, ora agravante, pessoa jurídica dedicada "às atividades de avaliação, desenvolvimento e execução de projetos de engenharia especializada para indústria de exploração de petróleo e gás natural", com estabelecimento filial no Município de Macaé/RJ, em face do qual propôs a ação, pretende seja "i) declarada a inexistência de relação jurídica entre a autora e o réu a justificar os valores que foram recolhidos a título de ISSQN, além de reconhecido os pagamentos a maior e em duplicidade; e ii) por conseguinte, determinada a restituição dos valores indevidamente pagos a este título, respeitado o prazo prescricional". Na sentença o Juízo de 1º Grau julgou improcedente a demanda, o que restou mantido pelo Tribunal de origem. Opostos Embargos Declaratórios, restaram eles rejeitados. No Recurso Especial a parte autora apontou contrariedade aos arts. 11, 141, 371, 489, 1.022 e 1025 do CPC/2015, 3º e 4º da Lei Complementar 116/2003 e 165 do CTN, argumentando que, "caso prevaleça o entendimento de que a matéria não está suficientemente prequestionada, o v. acórdão que julgou os Embargos de Declaração (fls.) deverá ser anulado, a fim de que outro seja proferido, no qual haja a efetiva apreciação dos fundamentos trazidos pela Recorrente, nos termos dos artigos 11, 141, 371, 489, 1.022 e 1025 do CPC/2015 e artigos 5º, XXXV, LIV e LV e 93, IX, da CFRB/1988", bem como que "o ISSQN, mesmo quando aplicável a regra geral do *caput* do artigo 3º da LC 116/2003, é devido ao local onde situada a unidade econômica do

contribuinte que realizou o serviço, por força do que determina o artigo 4º do mesmo diploma legal". III. Quanto à alegação de negativa de prestação jurisdicional, feita sob a égide do CPC/2015, verifica-se que, apesar de mencionar os arts. 11, 141, 371, 489, 1.022 e 1025, a recorrente não evidencia qualquer vício, no acórdão recorrido, deixando de demonstrar no que consistiu a alegada ofensa aos citados dispositivos processuais, atraindo, por analogia, a incidência da Súmula 284 do STF ("É inadmissível o recurso extraordinário, quando a deficiência na sua fundamentação não permitir a exata compreensão da controvérsia"). Nesse sentido: STJ, AgInt no AREsp 1.229.647/MG, Rel. Ministro MOURA RIBEIRO, TERCEIRA TURMA, *DJe* de 15.06.2018; AgInt no AREsp 1.173.123/MA, Rel. Ministro RICARDO VILLAS BÔAS CUEVA, TERCEIRA TURMA, *DJe* de 29.06.2018. IV. Em relação à alegada violação aos arts. 3º e 4º da Lei Complementar 116/2003 e 165 do CTN, o Recurso Especial é inadmissível, por incidência analógica da Súmula 283 do STF ("É inadmissível o recurso extraordinário, quando a decisão recorrida assenta em mais de um fundamento suficiente e o recurso não abrange todos eles"), porquanto restaram inatacados, nas razões recursais, os fundamentos do acórdão recorrido no sentido de que "o autor sequer alega possuir estabelecimento prestador (sede, filial, agência, etc.) no município onde afirma que o serviço foi efetivamente prestado. O argumento de que pela natureza de suas atividades e pela ausência de manifestação do apelado em sentido contrário à existência de estrutura do apelante no local da prestação do serviço sequer possui fundamento jurídico, pois o ônus da prova cabe a quem alega. Na lição de Cássio Scarpinella Bueno, "o exame de ambos os incisos do art. 333, quando feito no seu devido contexto, acaba por revelar o que lhes é mais importante e fundamental: o ônus de cada alegação das partes compete a elas próprias: quem alega, tem o ônus de provar o que alegou" (in Curso Sistematizado de Direito Processual Civil. 3 ed. revista e atualizada. São Paulo: Saraiva, 2010, p.275). IV. Ademais, ainda que assim não fosse, a Primeira Seção do STJ, ao julgar, sob o rito dos recursos repetitivos, o REsp 1.117.121/SP, acerca da sujeição ativa da relação jurídica tributária referente ao ISSQN, firmou o entendimento de que, "a partir da LC 116/2003, temos as seguintes regras: 1ª) como regra geral, o imposto é devido no local do estabelecimento prestador, compreendendo-se como tal o local onde a empresa que é o contribuinte desenvolve a atividade de prestar serviços, de modo permanente ou temporário, sendo irrelevantes para caracterizá-lo as denominações de sede, filial, agência, posto de atendimento, sucursal, escritório de representação, contato ou quaisquer outras que venham a ser utilizadas; 2ª) na falta de estabelecimento do prestador, no local do domicílio do prestador. Assim, o imposto somente será devido no domicílio do prestador se no local onde o serviço for prestado não houver estabelecimento do prestador (sede, filial, agência, posto de atendimento, sucursal, escritório de representação); 3ª) nas hipóteses previstas nos incisos [do art. 3º da LC 116/2003] (...), mesmo que não haja local do estabelecimento prestador, ou local do domicílio do prestador, o imposto será devido nos locais indicados nas regras de exceção" (STJ, REsp 1.117.121/SP, Rel. Ministra ELIANA CALMON, PRIMEIRA SEÇÃO, *DJe* de 29.10.2009). V. Também a Primeira Seção desta Corte, no julgamento do REsp 1.060.210/SC, igualmente sob o rito dos recursos repetitivos, deixou assentado que, após a vigência da LC 116/2003, "existindo unidade econômica ou profissional do estabelecimento prestador no Município onde o serviço é perfectibilizado, ou seja, onde ocorrido o fato gerador tributário, ali deverá ser recolhido o tributo". Concluiu-se que "(...) o sujeito ativo da relação tributária, (...) a partir da LC 116/03, é aquele onde o serviço é efetivamente prestado, onde a relação é perfectibilizada, assim entendido o local onde se comprove haver unidade econômica ou profissional" (STJ, REsp 1.060.210/SC, Rel. Ministro NAPOLEÃO NUNES MAIA FILHO, PRIMEIRA SEÇÃO, DJe de 05.03.2013). VI. Da leitura do acórdão do aludido REsp 1.060.210/SC, conclui-se que, na vigência da Lei Complementar 116/2003, o ISSQN é devido ao Município em que prestado o serviço, desde que haja ali um estabelecimento no qual o contribuinte desenvolva a atividade de prestar serviços, de modo permanente ou temporário, e que configure unidade econômica ou profissional, sendo irrelevante a denominação de sede, filial, agência, posto de atendimento, sucursal, escritório ou contato. Esse é o entendimento consolidado, em sede de recurso especial representativo de controvérsia repetitiva, no tocante à incidência de ISSQN sobre o serviço de leasing mercantil, o qual, todavia, é extensível aos demais serviços sujeitos à incidência do tributo. VII. É firme a jurisprudência do STJ no sentido de que "o simples deslocamento de recursos humanos (mão de obra) e materiais (equipamentos) para a prestação de serviços não impõe sujeição ativa à municipalidade de destino para a cobrança do tributo" (STJ, AgRg no AREsp 299.489/MS, Rel. Ministro HERMAN BENJAMIN, SEGUNDA TURMA, DJe de 18.06.2014). Em igual sentido: STJ, EDcl no AgRg nos EDcl no REsp 1.298.917/MG, SEGUNDA TURMA, DJe de 06.04.2015; AgRg no REsp 1.498.822/MG, Rel. Ministro HERMAN BENJAMIN, SEGUNDA TURMA, DJe de 05.08.2015. VIII. Na hipótese dos autos, cuidando-se de fato gerador ocorrido na vigência da Lei Complementar 116/2003 e não se tratando de serviços de construção civil ou das exceções previstas nos incisos do art. 3º do referido diploma legal, mostra-se correto o acórdão do Tribunal de origem, que, em consonância com a orientação firmada pelo STJ, inclusive sob o rito dos recursos repetitivos, adotou o critério do local do estabelecimento prestador do serviço, esse definido na própria Lei Complementar (art. 4º). IX. Agravo interno improvido (STJ – AgInt no AREsp 1718563/RJ, 2020/0150411-0, Rel. Min. Assusete Magalhães, 2ª Turma, j. 1.º.03.2021, DJe 08.03.2021).

Como se pode ver, o STJ entendeu que o ISS é devido para o local da sede/filial da empresa e não no local onde o serviço é prestado, adotando um posicionamento bastante legalista com relação ao teor da LC nº 116/03.

Todavia, é importante lembrar que estão previstas 25 exceções no próprio art. 3º, com alterações trazidas pela LC 157/2016, que incluiu os incisos XXIII, XXIV e XXV. Ocorre que o STF, por meio de decisão proferida pelo Min. Alexandre de Moraes na ADI 5835 MC/DF, suspendeu "a eficácia do art. 1º da LC 157/2016, na parte que modificou o art. 3º, XXIII, XXIV e XXV, e os §§ 3º e 4º do art. 6º da LC 116/2003; bem como, por arrastamento, para suspender a eficácia de toda legislação local editada para sua direta complementação".

O fundamento da decisão é a dificuldade de aplicação da norma, que poderá fomentar a guerra fiscal e gerar profundas dificuldades para prestadores de serviços:

JURISPRUDÊNCIA

Diferentemente do modelo anterior, que estipulava, para os serviços em análise, a incidência tributária no local do estabelecimento prestador do serviço, a nova sistemática legislativa prevê a incidência do tributo no domicílio do tomador de serviços. Essa alteração exigiria que a nova disciplina normativa apontasse com clareza o conceito de "tomador de serviços", sob pena de grave insegurança jurídica e eventual possibilidade de dupla tributação, ou mesmo inocorrência de correta incidência tributária.

A ausência dessa definição e a existência de diversas leis, decretos e atos normativos municipais antagônicos já vigentes ou prestes a entrar em vigência acabarão por gerar dificuldade na aplicação da Lei Complementar Federal, ampliando os conflitos de competência entre unidades federadas e gerando forte abalo no princípio constitucional da segurança jurídica, comprometendo, inclusive, a regularidade da atividade econômica, com consequente desrespeito à própria razão de existência do artigo 146 da Constituição Federal.

Em hipótese assemelhada, esta SUPREMA CORTE teve a oportunidade de invalidar norma geral de direito tributário, com fundamento na dificuldade de sua aplicação, que teria fomentado conflitos de competência entre unidades federadas (ADI 1600, Rel. Sydney Sanches, Rel. p/ Ac. Min. Nelson Jobim, Tribunal Pleno, *DJ* 26.06.2003).

Andou bem o STF na concessão da medida cautelar, tendo em vista a inexequibilidade da norma. Tomemos como exemplo a exceção prevista no novel inciso XXIV, que passou a prever o recolhimento do ISS no local da prestação de serviços para operadoras de cartões de créditos. Uma pessoa que efetue o pagamento com o seu cartão em 15 municípios diferentes, poderá gerar para a operadora obrigações acessórias em 15 municípios distintos, que poderá encarecer a obrigação de modo a inviabilizá-la.

No entanto, foi publicada a LC 175/2020 regulamentando a forma como deverá incidir o ISS com relação às alterações trazidas pela LC 157/2016, e, como continuou sem uma solução factível, o STF, no julgamento das ADI 5.835/DF, ADI 5.862/DF e ADPF 499/DF, firmou o entendimento no sentido de que:

São inconstitucionais – por violarem o princípio da segurança jurídica e representarem ameaça à estabilidade do pacto federativo fiscal – dispositivos de leis complementares federais que, ao alterar a Lei Complementar 116/2003 (que dispõe sobre o Imposto Sobre Serviços de Qualquer Natureza – ISSQN, de competência dos municípios e do Distrito Federal, e dá outras providências), fixaram o recolhimento do tributo no domicílio do tomador de serviços, em hipóteses específicas.

Essa modificação – promovida pela Lei Complementar 157/2016 e, posteriormente, pela Lei Complementar 175/2020 – exigiria que a nova disciplina normativa apontasse com clareza e confiabilidade o conceito de 'tomador de serviços', o que não ocorreu.

A ausência dessa definição e a existência de diversas leis municipais que tratam do tema, em suas respectivas localidades, geram forte abalo no princípio da segurança jurídica, apto a potencializar os conflitos de competência entre unidades federadas e um retrocesso nas relações, comprometendo a regularidade da atividade econômica, com consequente desrespeito à própria razão de existência do artigo 146 da Constituição Federal.

Assim, resta claro que o ISS continuará sendo devido no local da sede da empresa em razão do respeito a segurança jurídica.

c) Base de cálculo

Na forma do art. 7º da LC 116/2003, a base de cálculo do ISS é o valor do serviço, não havendo muitas celeumas para a aplicação da norma.

Questão interessante é o caso das **sociedades uniprofissionais,** que não se confundem com as **pluriprofissionais**. As primeiras recolhem o ISS fixo, com base em um valor determinado, considerando o número de profissionais da sociedade, enquanto as sociedades pluriprofissionais recolhem o ISS variável, incidindo a alíquota sobre o valor dos serviços prestados.

O ISS fixo, aplicável à sociedade uniprofissional, está previsto nos §§ 1º e 3º do art. 9º do Decreto-Lei 406/1968, recepcionado pela CRFB, segundo a Súmula 663 do STF. Mas o STJ foi instado a se manifestar sobre o conceito de sociedade uniprofissional e seu enquadramento, pacificando o entendimento no sentido de que, se a sociedade for empresária, organizando-se como uma sociedade limitada, por exemplo, o ISS deve ser recolhido pelo valor variável, sobre o preço do serviço, ainda que da sociedade somente constem profissionais de mesma profissão. Assim, de acordo com o STJ, a caracterização da prestação de serviço pessoal é relevante para a adoção do ISS fixo, o que não ocorreria nas sociedades empresárias, uma vez que a reponsabilidade do prestador de serviço é limitada ao capital social integralizado.

Dessa feita, somente poderia recolher o ISS fixo, a sociedade simples pura, em que não há limitação da responsabilidade dos sócios ao capital integralizado. Tal posicionamento nos parece absurdo, ao passo que em profissões como a medicina, a responsabilidade do médico será sempre pessoal no caso de erro, não importando a forma de organização, empresarial ou não. Vejamos a jurisprudência que fora consolidada pelo STJ.

 JURISPRUDÊNCIA

> PROCESSUAL CIVIL E TRIBUTÁRIO – AGRAVO REGIMENTAL NOS EMBARGOS DE DECLARAÇÃO NO RECURSO ESPECIAL – ART. 535, I E II, DO CPC – OMISSÃO, CONTRADIÇÃO OU OBSCURIDADE – AUSÊNCIA – NULIDADE DA CDA – SÚMULA 7/STJ – ISS – **SOCIEDADE LIMITADA** – CARÁTER EMPRESARIAL – NÃO INCIDÊNCIA DO ART. 9º, §§ 1º E 3º, DO DECRETO-LEI Nº 406/68 – TRATAMENTO TRIBUTÁRIO PRIVILEGIADO – REVISÃO – IMPOSSIBILIDADE – INCIDÊNCIA DAS SÚMULAS 5 E 7/STJ.
> (...)
> 4. A jurisprudência da Primeira Seção desta Corte Superior é uniforme no sentido de que o benefício da alíquota fixa do ISS a que se refere o art. 9º, §§ 1º e 3º, do Decreto-lei nº 406/68, somente é devido às **sociedades uniprofissionais** que tenham por objeto a prestação de serviço especializado, com responsabilidade pessoal dos sócios e sem caráter empresarial (AgRg nos EREsp 1.182.817/RJ, 1ª Seção, Rel. Min. Mauro Campbell Marques, j. 22.08.2012, DJe 29.08.2012).
> 5. A análise quanto à natureza jurídica da sociedade formada pela empresa recorrente pressupõe o reexame de seus atos constitutivos e das demais provas dos autos, o que é vedado na via do recurso especial, ante os óbices das Súmulas 5 e 7 do STJ (AgRg nos EDcl no REsp. 1445260/MG, Min. Diva Malerbi, Des. Conv.,TRF 3ª Região, *DJe* 28.03.2016).

No entanto, no julgamento do EAREsp 31.084, o STJ alterou o entendimento para fixar a jurisprudência no sentido de que não importa a forma societária adotada, mas sim se a prestação de serviços é ou não pessoal. Dessa forma, uma clínica médica, organizada como sociedade empresária em que os médicos/sócios prestem serviços pessoalmente e não por meio de terceiros, terá direito ao recolhimento do ISS fixo, conforme posicionamento adotado pela primeira sessão do STJ.

Além disso, é evidente que a sociedade de advogados sempre recolherá o ISS pelo valor fixo, pois, além de invariavelmente ser uma sociedade uniprofissional, conforme determinação do art. 16 da Lei 8.906/1994 (EOAB), também será obrigatoriamente uma sociedade simples, ou seja, não empresária, por vedação prevista no art. 15 do Estatuto do Advogado.

Por fim, mas não menos importante, o STJ entendeu que as bancas com atuação em arbitragem têm direito de recolher o ISS fixo. Tal entendimento foi adotado no julgamento do REsp 1.891.277. Para o desenquadramento do regime em questão, a municipalidade deve comprovar que a banca violou o Estatuto da OAB, deixando de existir a prestação de serviços pessoais, sem característica empresarial.

d) Alíquotas

O art. 156, § 3º, I, da CRFB dispõe que cabe à lei complementar fixar as alíquotas máximas e mínimas para o ISS. A LC 116/2003, em seu art. 8º, II, fixou a alíquota máxima no patamar de 5%. Todavia, a lei complementar foi silente quanto às alíquotas mínimas, tendo sido introduzida a alíquota mínima de 2% pela LC 157/2016, de modo que não pode ser a alíquota do ISS inferior a 2%.

A determinação de alíquota mínima tem como objetivo coibir a guerra fiscal entre os municípios, evitando que sejam previstas alíquotas muito baixas a ponto de atrair empresas de prestação de serviços para seus territórios.

Com isso, a LC 157/2016 passou a prever que será nula a concessão de benefício fiscal, crédito presumido, ou qualquer tipo de redução que tenha como efeito um montante de ISS inferior à alíquota mínima, nos parágrafos do art. 8º-A.

> § 1º O imposto não será objeto de concessão de isenções, incentivos ou benefícios tributários ou financeiros, inclusive de redução de base de cálculo ou de crédito presumido ou outorgado, ou sob qualquer outra forma que resulte, direta ou indiretamente, em carga tributária menor que a decorrente da aplicação da alíquota mínima estabelecida no *caput*, exceto para os serviços a que se referem os subitens 7.02, 7.05 e 16.01 da lista anexa a esta Lei Complementar. (Incluído pela Lei Complementar nº 157, de 2016.)
>
> § 2º É nula a lei ou o ato do Município ou do Distrito Federal que não respeite as disposições relativas à alíquota mínima previstas neste artigo no caso de serviço prestado a tomador ou intermediário localizado em Município diverso daquele onde está localizado o prestador do serviço. (Incluído pela Lei Complementar nº 157, de 2016.)
>
> § 3º A nulidade a que se refere o § 2º deste artigo gera, para o prestador do serviço, perante o Município ou o Distrito Federal que não respeitar as disposições deste artigo, o direito à restituição do valor efetivamente pago do Imposto sobre Serviços de Qualquer Natureza calculado sob a égide da lei nula. (Incluído pela Lei Complementar nº 157, de 2016.)

A referida lei complementar também alterou a Lei de Improbidade Administrativa – LIA (Lei 8.429/1992), passando a prever no art. 10-A que "constitui ato de improbidade administrativa qualquer ação ou omissão para conceder, aplicar ou manter benefício financeiro ou tributário contrário ao que dispõem o caput e o § 1º do art. 8º-A da LC 116, de 31 de julho de 2003".

Ocorre que, em 2021, a lei de improbidade foi atualizada pela Lei nº 14.230, revogando o citado dispositivo. No entanto, ele não foi retirado do ordenamento jurídico em sua totalidade, constando no art. 10, XXII, com a nova redação. Agora, é exigida a conduta dolosa para caracterização da improbidade administrativa na concessão de benefício fiscal de ISS, de modo que, ausente o elemento subjetivo não mais será caracterizada a improbidade do agente.

Cabe ressaltar que é possível que a alíquota mínima seja inferior a 2% somente para os serviços locais, que não estão sujeitos à guerra fiscal. Ou seja, os serviços que são prestados somente nos limites territoriais dos municípios, como é o caso do transporte intramunicipal, podem ter alíquota inferior à mínima de 2%. Não há falar em aplicação da alíquota mínima sobre serviços não sujeitos à guerra fiscal entre os municípios, nem em improbidade, também nesses casos, tendo em vista o objetivo da norma.

e) Sujeito passivo

O prestador de serviço é o contribuinte do ISS, conforme previsto no art. 5º da LC 116/2003, podendo a lei indicar um responsável tributário, conforme mandamento do art. 6º da citada lei.

Nos casos de serviços provenientes do exterior ou cuja prestação tenha se iniciado no exterior, o responsável tributário é o tomador de serviço, na forma do art. 6º, § 2º, I, da LC 116/2003.

A lei poderá ainda atribuir a figura da **substituição tributária**, imputando ao tomador do serviço a obrigação de reter o ISS, no momento do pagamento pelo serviço prestado.

Frise-se que o ISSQN deixará de existir após o término da transição da reforma tributária, que ocorrerá em 2033, sendo substituído pelo IBS.

Considerações sobre o ISS
1. Tem como fato gerador a prestação de serviço de qualquer natureza.
2. Os serviços de transporte intramunicipal são fatos geradores do ISS.
3. Sociedades uniprofissionais recolhem o ISS fixo; já as pluriprofissionais recolhem o ISS variável.

 PARA REFORÇAR

	ISS
Fiscal	Finalidade meramente arrecadatória, não possui o objetivo de interferir no domínio econômico ou arrecadar para o fomento de terceiros.
Indireto	É um imposto que admite a repercussão do ônus financeiro, sendo possível a transferência do montante do tributo para o contribuinte de fato. Em suma, o contribuinte de direito é aquele que pratica o fato gerador da obrigação tributária, e o contribuinte de fato é aquele que efetivamente suporta o pagamento do imposto.

582 | Manual de Direito Tributário – Volume Único – *Quintanilha*

Real	É um tributo cobrado em razão do fato gerador objetivamente considerado. Não leva em conta a capacidade econômica e nem características pessoais do contribuinte.
Não vinculado	Art. 16, CTN. Seu fato gerador não depende de uma atuação ou contraprestação específica da atividade estatal, não cabendo sequer a vinculação de sua receita, conforme disposto no art. 167, IV, da CRFB.
Proporcional	As alíquotas são fixas e aplicáveis à base de cálculo, que é o valor da prestação de serviço.
Legislação	Art. 156, III e § 3º, CRFB. LC 116/2003. Súmula 69, STF. Súmula Vinculante 31, Súmula 138, STJ, Súmula 663, STF, Súmula 156, STJ, Súmula 167, STJ, Súmula 274, STJ. Art. 150, CTN. Súmula 360, STJ. Súmula 424, STJ. DL 406/1968 (foi recepcionado pela CRFB). Art. 61 da Lei 9.472/1997. Art. 88, ADCT. LC 116/2003.

- Competência dos municípios e do DF.

- **A lista de serviços anexa à LC 116/2003 é** *taxativa verticalmente* e *exemplificativa horizontalmente*. Assim, no tocante aos serviços congêneres, é admitida a *interpretação extensiva*. Isso não ofende o art. 108, § 1º, do CTN, segundo o STJ, porque não é utilizada a analogia, e, sim, a interpretação extensiva. A analogia é técnica de integração, que ocorre na presença de uma lacuna no ordenamento jurídico. Já a interpretação, seja ela extensiva ou analógica, tem como objetivo extrair da norma o seu alcance ou sentido, para então definir a sua extensão. Todavia, no tocante aos serviços propriamente ditos, na ausência de previsão no anexo da LC 116/2003, a exigência do ISS é indevida.

- **Obrigações Mistas.** Fornecimento de alimentação e bebidas em bares e restaurantes: a LC 87/1996 diz que só incidirá o ICMS, o que a jurisprudência aplica, conforme a Súmula 163 do STJ. Todavia, há hipóteses na LC116/2003 em que incidirá o ISS sobre a mão de obra e o ICMS sobre mercadorias utilizadas, como é o caso do item 14.01 da lista anexa.

- Lançamento por homologação (art. 150, CTN).

- São responsáveis o tomador do serviço e o intermediário. A LC 116/2003, em seu art. 6º, autoriza os municípios a atribuírem à terceira pessoa vinculada ao fato gerador a responsabilidade pelo crédito tributário.

- O ISS e o IPI são excludentes entre si sob pena de bitributação. Na industrialização por encomenda incidirá o IPI, via de regra. No entanto, caso a industrialização seja personalizada, será fato gerador do ISS.

- **Sociedades Uniprofissionais.** Somente será considerada sociedade uniprofissional para fins de enquadramento no art. 9º do Decreto 406/1968 aquela que possuir sócios da mesma profissão e exercer atividade por meio de uma sociedade simples e pura. Ao exercer atividade empresarial, a sociedade, ainda que em seu quadro societário somente tenha sócios da mesma área, terá de recolher o ISS variável.

- **Locação de Bens Móveis.** O STF já declarou que não incide ISS, e declarou a inconstitucionalidade do item 79 da lista de serviços do DL 406/1968. Súmula Vinculante 31, STF.

- **Súmula 156, STJ.** Incide ISS e não ICMS sobre as embalagens e afins de produtos feitos sob encomenda. Isso porque, mesmo sendo considerada uma operação mista por envolver tanto a prestação de serviços como o fornecimento de mercadoria acabada, essa atividade está na Lista Anexa do DL 406/1968. Pedro explicou mais essa questão. Veja explicação a seguir.

- Cabe à lei complementar fixar alíquotas mínimas e máximas para o ISS, que estão previstas na LC 116/2003 e são de 2% e 5%, respectivamente.

- **Tributação de** *software*. Contratos feitos entre programadores de *software* e adquirente. Não se vende o *software*, mas tão somente o direito de usar. A natureza do contrato é cessão onerosa de direito de uso, pois não se compra o *software*, mas a licença de uso. Existem dois tipos de *software*: 1. *software* de prateleira, destinado a qualquer pessoa. Não é feito sob encomenda do cliente: incide ICMS; 2. *software* feito sob encomenda: incide ISS. Ex.: encomenda de *software* por um cliente. O *software* é específico para as funções do tomador do serviço.

- **Remédios feitos por manipulação.** O remédio é manipulado sob encomenda. Há efetiva prestação de serviço. Em regra, afora casos de manipulação, incidiria ICMS.

15. IMPOSTO DE COMPETÊNCIA COMPARTILHADA: IMPOSTO SOBRE BENS E SERVIÇOS – IBS

A Emenda Constitucional 132/2023 inovou com a criação do imposto sobre valor agregado dual – IVA dual. Esse imposto será divido em dois tributos distintos, sendo eles a Contribuição de Bens e Serviços – CBS, que é o IVA nacional[19] de competência da União Federal e o Imposto sobre Bens e Serviços – IBS, que é o IVA subnacional de competência compartilhada entre Estados, Distrito Federal e Municípios.

Assim, o IBS terá competência compartilhada entre os entes federados.[20] Importante frisar que competência é o poder de criar o tributo e não se confunde com capacidade que abrange a fiscalização e a arrecadação.

Na forma do art. 156-B da Carta, os entes federados exercerão a capacidade de forma integrada, exclusivamente por meio do Comitê Gestor do Imposto sobre Bens e Serviços, nos termos e limites estabelecidos na Constituição e em lei complementar.

A Emenda Constitucional 132/2023 determina que o IBS será uniforme em todo o território nacional, com legislação e regulamentação única,[21] ressalvada a hipótese em que cada ente subnacional fixará sua alíquota própria por lei específica.[22]

A citada alíquota será a mesma para todas as operações com bens materiais ou imateriais, inclusive direitos, ou com serviços.[23]

Caso o ente federado não institua sua alíquota, deverá ser adotada a alíquota de referência que será determinada pelo Senado Federal para cada esfera federativa.

Assim, o IBS será cobrado pelo somatório das alíquotas do Estado e do Município de destino da operação, restando clara a aplicação do princípio do destino.[24] Ou seja, as alíquotas aplicáveis em operações interestaduais ou intermunicipais serão aquelas dos entes destinatários da mercadoria ou serviço, local onde será devido o imposto.

O comitê gestor, responsável pela gestão e capacidade tributária do IBS terá a seguinte composição, na forma no novel art. 156-B, § 3º:

I – 27 (vinte e sete) membros, representando cada Estado e o Distrito Federal;

II – 27 (vinte e sete) membros, representando o conjunto dos Municípios e do Distrito Federal, que serão eleitos nos seguintes termos:

---

[19] É impropriedade técnica nomear a CBS como IVA, pois não se trata de um imposto e sim de uma contribuição, espécies tributárias distintas e que não se confundem.

[20] Art. 156-A. Lei complementar instituirá imposto sobre bens e serviços de competência compartilhada entre Estados, Distrito Federal e Municípios.

[21] Art. 156-A, IV, da CF, do art. 1º da EC.

[22] Art. 156-A, V, da PEC, do art. 1º da EC.

[23] Art. 156-A, VI, da PEC, do art. 1º da EC.

[24] Art. 156-A, VII, da CF, do art. 1º da EC. Ressalta-se que o Senado acatou a Emenda 67, de autoria do Senador Otto Alencar, a qual restabelece, até 31 de dezembro de 2032, a concessão de créditos presumidos previstos na Lei 9.440/1997, relativos ao IPI, a título de ressarcimento de PIS/Pasep e COFINS sobre o faturamento de empresas instaladas ou que venham a se instalar nas regiões Norte, Nordeste e Centro-Oeste e que sejam montadoras e fabricantes de peças, componentes, conjuntos, carrocerias ou pneus, bem como de veículos terrestres, tratores, máquinas agrícolas, rodoviárias ou reboques. Na prática, a medida alcança a indústria automotiva instalada no Nordeste.

a) 14 (quatorze) representantes, com base nos votos de cada Município, com valor igual para todos; e

b) 13 (treze) representantes, com base nos votos de cada Município ponderados pelas respectivas populações.

Sua lógica é manter a representatividade dos entes federados.

O IBS incidirá por fora e seguirá o princípio da neutralidade, de modo a não interferir na economia e na tomada de decisões empresariais.

Seu fato gerador abrange as operações com bens e serviços, substituindo o ICMS e o ISS e não incidirá sobre as exportações e nas prestações de serviço de comunicação nas modalidades de radiodifusão sonora e de sons e imagens de recepção livre e gratuita.

A Constituição passou a prever diversos setores que terão alíquotas reduzidas em 60%,[25] 30%[26] e até 100%,[27] com a redação conferida pela Emenda Constitucional 132/2023.

O IBS será não cumulativo, resguardado o direito ao crédito na operação seguinte relativo ao imposto recolhido na operação anterior. Frise-se que somente haverá direito ao crédito se houver recolhimento do imposto, caso contrário o crédito é vedado. Também não caberá o direito ao creditamento sobre bens e serviços de uso e consumo.

---

[25] I – serviços de educação;

II – serviços de saúde;

III – dispositivos médicos;

IV – dispositivos de acessibilidade para pessoas com deficiência;

V – medicamentos;

VI – produtos de cuidados básicos à saúde menstrual;

VII – serviços de transporte público coletivo de passageiros rodoviário e metroviário de caráter urbano, semiurbano e metropolitano;

VIII – alimentos destinados ao consumo humano;

IX – produtos de higiene pessoal e limpeza majoritariamente consumidos por famílias de baixa renda;

X – produtos agropecuários, aquícolas, pesqueiros, florestais e extrativistas vegetais **in natura**;

XI – insumos agropecuários e aquícolas;

XII – produções artísticas, culturais, de eventos, jornalísticas e audiovisuais nacionais, atividades desportivas e comunicação institucional;

XIII – bens e serviços relacionados a soberania e segurança nacional, segurança da informação e segurança cibernética.

[26] Prestação de serviços de profissão intelectual, de natureza científica, literária ou artística, desde que sejam submetidas a fiscalização por conselho profissional.

[27] Comercialização de dispositivos médicos, dispositivos de acessibilidade para pessoas com deficiência, medicamentos e produtos de cuidados básicos à saúde menstrual, os produtos hortícolas, frutas e ovos, os serviços prestados por Instituição Científica, Tecnológica e de Inovação (ICT) sem fins lucrativos, os automóveis de passageiros, conforme critérios e requisitos estabelecidos em lei complementar, quando adquiridos por pessoas com deficiência e pessoas com transtorno do espectro autista, diretamente ou por intermédio de seu representante legal ou por motoristas profissionais, que destinem o automóvel à utilização na categoria de aluguel (táxi) e atividades de reabilitação urbana de zonas históricas e de áreas críticas de recuperação e reconversão urbanística.

O IBS não será objeto de benefícios fiscais, ressalvada a manutenção do benefício do setor automobilístico mantido pela Reforma, com o objetivo de afastar a guerra fiscal e estabilizar o sistema tributário.

Por fim, o IBS somente será efetivado completamente com o fim da transição em 2033, sendo cobrado concomitantemente com o ICMS e o ISS até então e suas regras deverão estar previstas em lei complementar.

A Lei Complementar nº 214/2025 foi a primeira regulamentação da Reforma Tributária produzida no Brasil e define as regras gerais sobre o imposto seletivo, o IBS e a CBS.

De acordo com o texto aprovado, o IBS incidirá sobre as operações onerosas com bens ou com serviços; e operações não onerosas com bens ou com serviços expressamente previstas na referida norma.

De acordo com o projeto, o imposto incidirá também sobre a alienação, inclusive compra e venda, troca ou permuta e dação em pagamento, locação, licenciamento, concessão, cessão, empréstimo, doação onerosa, instituição onerosa de direitos reais, arrendamento, inclusive mercantil e prestação de serviços.

Como se pode ver, a hipótese de incidência do IBS é bastante ampla, incidindo sobre operações gratuitas ou onerosas, com bens móveis ou imóveis. Assim, hipóteses que até então não eram tributadas passam a ser consideradas para fins de incidência do IBS, como é o caso da locação e compra e venda de imóveis, que, por mais que tenham um regime especial, a oneração desses fatos da vida terá impacto econômico na sociedade.

Não incidirá o IBS sobre o fornecimento de serviços por pessoas físicas em função de relação de emprego com o contribuinte ou sua atuação como administradores ou membros de conselhos de administração e fiscal e comitês de assessoramento do conselho de administração; sobre a transferência de bens entre estabelecimentos pertencentes ao mesmo contribuinte, observada a obrigatoriedade de emissão de documento fiscal eletrônico; a transmissão de participação societária, incluindo alienação; a transmissão de bens em decorrência de fusão, cisão e incorporação e de integralização e devolução de capital; rendimentos financeiros e operações com títulos ou valores mobiliários, desde que não resultem em qualquer fornecimento de bens ou serviços e recebimento de dividendos e demais resultados de participações societárias, desde que não resultem em qualquer fornecimento de bens ou serviços.

A base de cálculo do IBS será o valor da operação que compreende o valor integral cobrado pelo fornecedor a qualquer título, não incluindo em sua base de cálculo o montante do próprio imposto, já que a sistemática da Reforma Tributária é a incidência por fora. Frise-se que a base é ampla, seguindo o que ocorre atualmente com o ICMS, abrangendo todos os insumos e custos da operação.

Já o contribuinte do IBS será o fornecedor que realizar operações no desenvolvimento de atividade econômica, de modo habitual ou em volume que caracterize atividade econômica ou de forma profissional, ainda que a profissão não seja regulamentada.

Frise-se que, com o objetivo de minimizar o impacto da nova tributação, diversos setores foram beneficiados com regimes especiais, com redução da alíquota-base, como é o caso da cesta básica, serviços de saúde e prestação de serviços pelas profissões regulamentadas.

Importante frisar que o IBS não incidirá na exportação e se sujeita ao princípio da não cumulatividade, nos temos do art. 47 da LC 214/2025.

QUESTÕES DE PROVA

1. **(Auditor Fiscal de Tributos I – Geral – 2018 – FCC – Prefeitura de São Luís-MA) Relativamente ao Imposto sobre a Propriedade Territorial Rural (ITR), compete à União instituí-lo (art. 153, *caput*, inciso VI). De acordo com a Constituição Federal, ainda, e desde que não implique redução deste imposto ou qualquer outra forma de renúncia fiscal, o ITR poderá ser, na forma da lei,**

    (A)   instituído, fiscalizado e cobrado pelos Municípios que assim optarem.

    (B)   instituído pelos Municípios que assim optarem.

    (C)   fiscalizado e cobrado pelos Municípios que assim optarem.

    (D)   cobrado pelos Estados e pelos Municípios que assim optarem, de forma proporcional.

    (E)   fiscalizado, concorrentemente, pela União, pelos Estados e pelos Municípios que assim optarem.

2. **(Titular de Serviços de Notas e de Registros – Provimento – 2018 – IESES – TJCE) Acerca do IPI – Imposto sobre Produtos Industrializados e sua previsão na Constituição Federal é possível afirmar, EXCETO que:**

    (A)   Terá reduzido seu impacto sobre a aquisição de bens de capital pelo contribuinte do imposto, na forma da lei.

    (B)   Incidirá sobre produtos industrializados destinados ao exterior.

    (C)   Será não cumulativo, compensando-se o que for devido em cada operação com o montante cobrado nas anteriores.

    (D)   Será seletivo, em função da essencialidade do produto.

3. **(Procurador Jurídico – 2018 – VUNESP – Prefeitura de Bauru-SP) A prestação de serviço de transporte coletivo intramunicipal de passageiros por empresa pública constitui, em tese, hipótese de incidência do seguinte tributo:**

    (A)   ISS – Imposto sobre Serviços de Qualquer Natureza.

    (B)   ICMS – Imposto sobre Circulação de Mercadorias e Serviços.

    (C)   contribuição de melhoria.

    (D)   CIDE – Contribuição de Intervenção no Domínio Econômico.

    (E)   contribuição para o custeio de serviço de transporte público.

4. **(Juiz Substituto – 2018 – CESPE – TJCE) Segundo a CF, a isenção do ICMS, salvo previsão legal específica,**

    (A)   implicará crédito, que será compensado em operações posteriores nas situações em que o imposto seja cumulativo.

    (B)   acarretará a anulação do crédito relativo às operações anteriores e não implicará crédito para compensação com o montante devido nas operações seguintes.

    (C)   não implicará crédito a ser compensado nas operações anteriores nem nas posteriores, salvo se o contribuinte optar pelo sistema de não cumulatividade.

    (D)   será aplicada apenas nas situações em que o imposto for cumulativo, mas será vedada a compensação em relação ao imposto cobrado nas operações anteriores.

CAP. 14 • IMPOSTOS EM ESPÉCIE | **587**

(E)   acarretará crédito a ser compensado nas operações seguintes, desde que o contribuinte recolha o tributo com base no lucro real.

5.   (Analista Portuário – Área Jurídica – 2018 – CESPE – EMAP) No que se refere ao imposto sobre a importação de produtos estrangeiros e ao ICMS, julgue o item subsequente.

Incide ICMS sobre os contratos de afretamento de embarcações.

( ) Certo ( )Errado

6.   (Defensor Público – 2018 – FCC – DPE-RS) Quanto ao entendimento jurispruden-cial do Superior Tribunal de Justiça e do Supremo Tribunal Federal sobre o imposto incidente sobre a circulação de mercadorias e serviços (ICMS), analise as assertivas abaixo:

I – Constitui fato gerador do ICMS o deslocamento de mercadorias de um para outro estabelecimento do mesmo contribuinte.

II – O ICMS incide no serviço dos provedores de acesso à internet.

III – O ICMS não incide sobre o serviço de habilitação de telefone celular.

IV – O ICMS não incide sobre o fornecimento de água tratada por concessionária de serviço público.

V – É devida a cobrança de ICMS nas operações ou prestações de serviço de transporte terrestre interestadual e intermunicipal de passageiros e de cargas.

Está correto o que consta APENAS de:

(A)   II, III e IV.

(B)   I, IV e V.

(C)   III, IV e V.

(D)   I, II e III.

(E)   II e V.

7.   (Procurador – 2018 – VUNESP – FAPESP) A respeito dos impostos estaduais, é correto afirmar que

(A)   o imposto sobre transmissão *causa mortis* de bens móveis e imóveis e de quaisquer bens e direitos é da competência do Estado onde tiver domicílio o doador.

(B)   o ICMS será não cumulativo e é vedado ao poder público estabelecer distinção para fins de tributação em função da essencialidade das mercadorias e dos serviços.

(C)   o Congresso Nacional deverá estabelecer alíquotas mínimas nas operações internas do ICMS, mediante resolução de iniciativa de um terço e aprovada pela maioria absoluta de seus membros.

(D)   é uma hipótese de incidência do ICMS a entrada de bem importado do exterior por pessoa física, ainda que não seja contribuinte habitual do imposto, cabendo este ao Estado onde estiver situado o domicílio do destinatário do bem.

(E)   o ICMS incidirá sobre operações que destinem a outros Estados petróleo, inclusive lubrificantes, combustíveis líquidos e gasosos dele derivados, e energia elétrica, asse-gurada a manutenção e o aproveitamento do montante do imposto cobrado nas ope-rações e prestações anteriores.

588 | Manual de Direito Tributário – Volume Único – *Quintanilha*

8. (Procurador do Município – 2018 – CESPE – PGM – Manaus-AM) Considerando o que dispõe a CF, julgue o item a seguir, a respeito das limitações do poder de tributar, da competência tributária e das normas constitucionais aplicáveis aos tributos.
Compete aos Municípios instituir o ITCMD.

( ) Certo ( ) Errado

9. (Titular de Serviços de Notas e de Registros – Remoção – 2018 – IESES – TJAM) O tributo, de competência dos Estados, que incide sobre a transmissão de bens imóveis e de direitos a eles relativos é denominado:

(A) ITBI.

(B) IPI.

(C) IPVA.

(D) IPTU.

10. (Auditor do Estado – Bloco II – 2018 – CESPE – SEFAZ-RS) Considerando o disposto no Decreto nº 3.000/1999 e na Instrução Normativa RFB nº 971/2009, julgue os itens a seguir.
I – Incide IR na fonte nos rendimentos de serviços profissionais creditados ou pagos de pessoa jurídica a pessoa jurídica que realize consultoria ou serviços médicos.
II – Os serviços de propaganda e publicidade prestados por pessoa jurídica para pessoa jurídica não estão sujeitos à retenção de IR na fonte.
III – A intermitência do serviço prestado descaracteriza a continuidade da cessão de mão de obra necessária para a retenção previdenciária sobre a fatura de prestação de serviço.
IV – A retenção previdenciária não é necessária na prestação exclusiva de serviço profissional regulamentado por lei federal, desde que prestado diretamente pelos sócios, sem a utilização de empregados.

Estão certos apenas os itens

(A) I e II.

(B) I e IV.

(C) III e IV.

(D) I, II e III.

(E) II, III e IV.

Gabarito	
1	C
2	B
3	A
4	B
5	Errado
6	C
7	D
8	Errado
9	A
10	B

15

A REFORMA TRIBUTÁRIA

Há décadas, foi discutida a reforma tributária no Brasil, que finalmente foi concretizada com a edição da Emenda Constitucional 132/2023. O objetivo da reforma é simplificar e modernizar o Sistema Tributário Brasileiro, com a extinção de cinco tributos e a reorganização da distribuição da competência tributária.

Que o nosso sistema tributário é caótico é indiscutível, sendo a reforma tributária fundamental para o crescimento do país.

Como já dito, a reforma aprovada teve como objetivo simplificar o sistema tributário, com a redução da quantidade de tributos e, portanto, de obrigações acessórias.

Seu objetivo é solucionar problemas endêmicos do nosso sistema, como a sobreposição de tributos e excesso de obrigações acessórias. Em uma venda, por exemplo, incide ICMS, PIS e COFINS e, se for um produto industrializado, também incidirá o IPI. Tal condição encarece o preço dos bens e serviços, pois encarece também a produção. Isso sem falar que o ICMS incide por dentro, complicando o entendimento e a sua apuração.

Como se não bastasse, temos milhares de legislações sobre o ISS, que é um imposto municipal, 27 legislações de ICMS e o próprio IPI tem diversas alíquotas para diversos produtos distintos. Por esse motivo, a reforma tributária é tão importante.

Assim, foi aprovada a Emenda Constitucional 132/2023, que trouxe a reforma tributária e instituiu o Imposto Sobre Valor Agregado Dual, ou seja, o IVA nacional e o subnacional.

O IVA nacional é a Contribuição de Bens e Serviços – CBS, de competência da União Federal, que substituirá as contribuições para o PIS, a COFINS e o IPI. Já o IVA subnacional é o Imposto sobre Bens e Serviços – IBS, que substituiu o ICMS e o ISS e terá competência compartilhada entre Estados, Distrito Federal e Municípios. Entretanto, a capacidade será exercida pelo Comitê Gestor que será composto pelos representantes dos entes federados.

O IVA incidirá sobre as operações de seguros que deixarão de ser hipótese do IOF em 2027.

Tal medida é interessante no tocante à simplificação, pois caberá à lei complementar regular o IVA, deixando de existir uma norma para cada estado ou município, como ocorre atualmente no caso do ICMS e do ISS, respectivamente.

Além disso, a Emenda Constitucional 132/2023, trouxe para competência da União a possibilidade de instituição de mais um imposto que é o imposto seletivo – IS, que incidirá sobre os bens e serviços nocivos à saúde e ao meio ambiente, nos termos da lei complementar.

Tal imposto incidirá também sobre a importação desses bens e serviços, mas será imune na exportação, com exceção da atividade de extração em que ele será devido em qualquer hipótese e a alíquota será de 1%.

Ademais, o IPVA passará a incidir sobre embarcações e aeronaves, ressalvadas as imunidades previstas na emenda e poderá também ser progressivo ou variar de acordo com o grau de poluição causado pelo veículo.

No tocante ao ITCMD, foi regulada a incidência do imposto quando o doador se encontra no exterior ou quando o inventário é processado no exterior, resolvendo o Tema 825 da repercussão geral até que seja editada a lei complementar respectiva e o referido imposto passa a ser obrigatoriamente progressivo.

No tocante às limitações ao poder de tributar, a reforma ampliou a imunidade dos templos religiosos, que agora abrange as entidades beneficentes a eles relacionadas e também passou a prever a não incidência do ITCMD quando a doação ocorrer para entidade beneficente sem fins de lucro.

Outrossim, novos princípios foram inseridos na Carta, como a necessidade de estímulo à sustentabilidade ambiental, redução da emissão de gás carbônico, transparência, simplicidade e cooperação.

Como se pode ver, trata-se de uma reforma ampla, cujo impacto foi prorrogado no tempo, ao passo que somente se efetivará em 2033, quando se finda o seu prazo de transição.

Assim, seu impacto econômico ainda não pode ser mensurado e é necessário que sejam editadas as respectivas leis complementares para efetivação das regras da reforma.

BIBLIOGRAFIA

ABRAHAM, Marcus. *Curso de Direito Tributário Brasileiro*. Rio de Janeiro: Forense, 2018.
ALEXANDRE, Ricardo. *Direito Tributário Esquematizado*. São Paulo: Método, 2007.
AMARO, Luciano. *Direito Tributário Brasileiro*. 2. ed. São Paulo: Saraiva, 1998.
AMARO, Luciano. *Direito Tributário Brasileiro*. 7. ed. atual. São Paulo: Saraiva, 2001.
AMARO, Luciano. *Direito Tributário Brasileiro*. 9. ed. São Paulo: Saraiva, 2003.
AMARO, Luciano. *Direito Tributário Brasileiro*. 11. ed. São Paulo: Saraiva, 2005.
AMARO, Luciano. *Direito Tributário Brasileiro*. 12. ed. São Paulo: Saraiva, 2006.
AMARO, Luciano. *Direito Tributário Brasileiro*. 14. ed. São Paulo: Saraiva, 2008.
AMARO, Luciano. *Direito Tributário Brasileiro*. 15. ed. São Paulo: Saraiva, 2009.
AMARO, Luciano. *Direito Tributário Brasileiro*. 16. ed. São Paulo: Saraiva, 2010.
AMARO, Luciano. *Direito Tributário Brasileiro*. 17. ed. São Paulo: Saraiva, 2011.
AMARO, Luciano. *Direito Tributário Brasileiro*. 20. ed. São Paulo: Saraiva, 2014.
ATALIBA, Geraldo. Anterioridade da Lei Tributária, Segurança do Direito e Iniciativa Privada. *Revista de Direito Mercantil, Industrial, Econômico e Financeiro*. São Paulo: RT, n. 50, p. 16, 1983.
ATALIBA, Geraldo. *Hipótese de Incidência Tributária*. 6. ed. 3. tir. São Paulo: Malheiros, 2002.
ÁVILA, Alexandre Rossato da Silva. *Curso de Direito Tributário*. Porto Alegre: Verbo Jurídico, 2009.
ÁVILA, Humberto. *Sistema Constitucional Tributário*: de Acordo com a Emenda Constitucional n. 42, de 19.12.03. São Paulo: Saraiva, 2004.
BALEEIRO, Aliomar. *Direito Tributário Brasileiro*. 10. ed. rev. e atual. Por Flávio Bauer Novelli. Rio de Janeiro: Forense, 1992.
BALEEIRO, Aliomar. *Direito Tributário Brasileiro*. 11. ed. atualizada por Misabel Abreu Machado Derzi. Rio de Janeiro: Forense, 1999. p. 729.
BALEEIRO, Aliomar. *Direito Tributário Brasileiro*. 13. ed. Rio de Janeiro: Forense, 2015. p. 114.
BALEEIRO, Aliomar. *Limitações Constitucionais ao Poder de Tributar*. 8. ed. atual. por Misabel Abreu Machado Derzi. Rio de Janeiro: Forense, 2010.

BARBOSA, Rui. *Oração aos Moços*. Edição popular anotada por Adriano da Gama Kury. 5. ed. Rio de Janeiro: Fundação Casa de Rui Barbosa, 1997. p. 26.

BARRETO, Aires; BARRETO, Paulo. *Imunidades Tributárias*: Limitações Constitucionais ao Poder de Tributar. São Paulo: Dialética, 2001.

BATISTA JUNIOR, Onofre Alves. *Transações Administrativas*. São Paulo: Quartier Latin, 2007.

BECKER, Alfredo Augusto. *Teoria Geral do Direito Tributário*. 7. ed. São Paulo: Noeses, 2018.

BORGES, Humberto Bonavides. *Gerência de Impostos*: IPI, ICMS e ISS. 2. ed. São Paulo: Saraiva, 1998.

BULGARELLI, Waldirio. *Fusões, Incorporações e Cisões de Sociedades*. 2. ed. São Paulo: Atlas, 1996.

CARRAZZA, Roque Antonio. *Curso de Direito Constitucional Tributário*. 14. ed. São Paulo: Malheiros, 2000.

CARRAZZA, Roque Antonio. 16. ed. São Paulo: Malheiros, 2001.

CARRAZZA, Roque Antonio. 25. ed. São Paulo: Malheiros, 2009.

CARRAZZA, Roque Antonio. 27. ed. São Paulo: Malheiros, 2010.

CARRAZZA, Roque Antonio. *ICMS*. 16. ed. São Paulo: Malheiros. 2012.

CARVALHO, Paulo de Barros. *Curso de Direito Tributário*. 6. ed. São Paulo: Saraiva, 1993.

CARVALHO, Paulo de Barros. *Curso de Direito Tributário*. 8. ed. São Paulo: Saraiva, 1996.

CARVALHO, Paulo de Barros. *Curso de Direito Tributário*. 14. ed. São Paulo: Saraiva, 2002.

CARVALHO, Paulo de Barros. *Curso de Direito Tributário*. 16. ed. São Paulo: Saraiva, 2004.

CARVALHO, Paulo de Barros. *Curso de Direito Tributário*. 17. ed. São Paulo: Saraiva, 2005.

CARVALHO, Paulo de Barros. *Curso de Direito Tributário*. 21. ed. São Paulo: Saraiva, 2009.

CARVALHO, Paulo de Barros. *Curso de Direito Tributário*. 22. ed. São Paulo: Saraiva, 2010.

CARVALHO, Paulo de Barros. *Direito Tributário*: Fundamentos Jurídicos da Incidência. 2. ed. São Paulo: Saraiva, 1999.

CARVALHO, Paulo de Barros. *Direito Tributário*: Fundamentos Juríidicos da Incidêencia. 4. ed. São Paulo: Saraiva, 2006.

CASSONE, Vittorio. *Direito Tributário*. 11. ed. São Paulo: Atlas, 1999.

CHIMENTI, Ricardo Cunha. *Direito Tributário*. 14. ed. São Paulo: Saraiva, 2011.

COÊLHO, Sacha Calmon Navarro. *Comentários à Constituição de 1988*. Sistema Tributário. 4. ed. Rio de Janeiro: Forense, 1999.

COÊLHO, Sacha Calmon Navarro. *Curso de Direito Tributário Brasileiro*. Rio de Janeiro: Forense, 2005.

COÊLHO, Sacha Calmon Navarro. *Curso de Direito Tributário Brasileiro*. 9. ed. Rio de Janeiro: Forense, 2006.

COÊLHO, Sacha Calmon Navarro. *Curso de Direito Tributário Brasileiro*. 11. ed. Rio de Janeiro: Forense, 2011.

COSTA, Regina Helena. *Curso de Direito Tributário*. São Paulo: Saraiva, 2009.

BIBLIOGRAFIA | **593**

DERZI, Misabel de Abreu Machado. Tipo ou Conceito no Direito Tributário? In: *Revista da Faculdade de Direito da UFMG*. Belo Horizonte, n. 30/31, p. 213-260, p. 251-252, 1987-1988.

DIAS, Maria Berenice. *Manual de Direito das Sucessões*. 7. ed. rev., atual. e ampl. São Paulo: Revista dos Tribunais, 2010.

DIFINI, Luiz Felipe Silveira. *Manual de Direito Tributário*. 4. ed. São Paulo: Saraiva, 2008.

DINAMARCO, Cândido Rangel. *A Instrumentalidade do Processo*. São Paulo: Malheiros, 2001.

FABRETTI, Láudio Camargo. *Contabilidade Tributária*. São Paulo: Atlas, 2009.

FERNANDES, Milton. *Direito à Intimidade*. São Paulo: Saraiva, 1977.

GODOI, Marciano Seabra de. A Figura da "Fraude à Lei Tributária" Prevista no Art. 116, Parágrafo Único, do CTN. *RDDT*, n. 68 p. 101-123, maio 2001.

GOLDSCHMIDT, Fabio Brun. *O Princípio do não Confisco no Direito Tributário*. São Paulo: RT, 2003.

GRECO, Marco Aurélio. *Planejamento Tributário*. 3. ed. São Paulo: Dialética, 2011.

HARADA, Kiyoshi. *Direito Financeiro e Tributário*. 26. ed. rev., atual. e ampl. São Paulo: Atlas, 2017.

MACHADO, Hugo de Brito. *Comentários ao Código Tributário Nacional*. São Paulo: Atlas, 2005.

MACHADO, Hugo de Brito. *Curso de Direito Tributário*. 16. ed. São Paulo: Malheiros, 1999.

MACHADO, Hugo de Brito. *Curso de Direito Tributário*. 30. ed. São Paulo: Malheiros, 2009.

MACHADO, Hugo de Brito. *Curso de Direito Tributário*. 32. ed. São Paulo: Malheiros, 2011.

MACHADO, Hugo de Brito. *Curso de Direito Tributário*. 33. ed. São Paulo: Malheiros, 2012.

MACHADO, Hugo de Brito. Dívida Tributária e Recuperação Judicial da Empresa. *RDDT*, v. 120, p. 69, set. 2005.

MACHADO, Hugo de Brito. Inoponibilidade das Convenções Particulares à Fazenda Pública – Inteligência do Art. 123 do CTN. *RDDT*, 177/41, jun. 2010.

MACHADO, Hugo de Brito. O ISS e a Locação ou Cessão de Direito de Uso. *RDIT*, 1/151, jun. 2004.

MARTINS, Ives Gandra da Silva. *Comentários à Constituição do Brasil*. São Paulo: Saraiva, 1990. v. 6, t. I.

MARTINS, Ives Gandra da Silva. *Imunidades Tributárias*. São Paulo: Revista dos Tribunais: Centro de Extensão Universitária, 1998.

MARTINS, Ives Gandra da Silva; RODRIGUES, Marlene Talarico Martins. *Certidões Negativas e Direitos Fundamentais do Contribuinte*. Coord. Hugo de Brito Machado. São Paulo: Dialética, 2007.

MEIRELLES, Hely Lopes. *Direito Administrativo Brasileiro*. São Paulo: Malheiros, 2004.

MORAES, Alexandre de. *Direito Constitucional*. 32. ed. revista e atualizada até a EC 91, de 18 de fevereiro de 2016. São Paulo: Atlas, 2016.

NABAIS, José Casalta. *O Dever Fundamental de Pagar Impostos*. Coimbra: Almedina, 1998.

NOGUEIRA, Ruy Barbosa. *Curso de Direito Tributário*. 14. ed. São Paulo: Saraiva, 1995.

PAULSEN, Leandro. *Curso de Direito Tributário*. 2. ed. Porto Alegre: Livraria do Advogado, 2008.

PAULSEN, Leandro. *Curso de Direito Tributário*. 8. ed. São Paulo: Saraiva, 2017.

PAULSEN, Leandro. *Direito Tributário*. 6. ed. Porto Alegre: Livraria do Advogado, 2014.

PAULSEN, Leandro. *Direito Tributário* – Constituição e Código Tributário à Luz da Doutrina e Jurisprudência. 6. ed. Porto Alegre: Livraria do Advogado/ESMAFE, 2004.

PAULSEN, Leandro. *Curso de Direito Tributário* – Constituição e Código Tributário à Luz da Doutrina e Jurisprudência. 8. ed. Porto Alegre: Livraria do Advogado/ ESMAFE, 2006.

PAULSEN, Leandro. *Curso de Direito Tributário* – Constituição e Código Tributário à Luz da Doutrina e Jurisprudência. 15. ed. Porto Alegre: Livraria do Advogado, 2013.

PEREIRA JÚNIOR, Aécio. A Imunidade das Entidades Beneficentes de Assistência social. Disponível em: http://jus2.uol.com.br/doutrina/texto.asp?id=5649&p=2. Acesso em: 21 mar. 2021.

PONTES DE MIRANDA, Francisco Cavalcanti. *Comentários à Constituição de 1946*. Rio de Janeiro: Boffoni, 1947, t. I.b.

RIBEIRO DE MORAES, Bernardo. *Compêndio de Direito Tributário*. 3. ed. Rio de Janeiro: Forense, 1995. v. 2.

RIZZARDO, Arnaldo. *Leasing*: Arrendamento Mercantil no Direito Brasileiro. 6. ed., rev., atual. e ampl. São Paulo: Revista dos Tribunais, 2012.

ROCHA, Sérgio André. *Tributação Internacional*. São Paulo: Quartier Latin, 2013.

ROSA JUNIOR, Luiz Emygdio F. da. *Manual de Direito Tributário*. Rio de Janeiro: Renovar, 2009.

SANTI, Eurico Marcos Diniz de. Decadência e prescrição do direito do contribuinte e a LC nº 118: entre regras e princípios. In: CARVALHO, Aurora Tomazini de (Org.). *Decadência e Prescrição em Direito Tributário*. São Paulo: MP, 2008.

SCHOUERI, Luís Eduardo. *Direito Tributário*. São Paulo: Saraiva, 2011.

SCHOUERI, Luis Eduardo. *Direito Tributário*. 3. ed. São Paulo: Saraiva, 2013.

SCHOUERI, Luis Eduardo. *Direito Tributário*. 7. ed. São Paulo: Saraiva, 2017.

SCHOUERI, Luis Eduardo. Exigências das CIDE sobre *Royalties* e Assistência Técnica ao Exterior. *RET*, 37/144, jun. 2004.

SOUZA, Hamilton Dias. Contribuições Especiais. In: MARTINS, Ives Gandra da Silva. *Curso de Direito Tributário*. 9. ed. São Paulo: Saraiva, 2006.

TORRES, Ricardo Lobo. *Curso de Direito Financeiro e Tributário*. 12. ed. Rio de Janeiro: Renovar, 2005.

TORRES, Ricardo Lobo. *Curso de Direito Financeiro e Tributário*. 16. ed. Rio de Janeiro: Renovar, 2009.

TORRES, Ricardo Lobo. *Normas de Interpretação e Integração do Direito Tributário*. 4. ed. Rio de Janeiro: Renovar, 2006.

TORRES, Ricardo Lobo. *Planejamento Tributário*: Elisão Abusiva e Evasão Fiscal. 2. ed. Rio de Janeiro: Elsevier, 2013.

TORRES, Ricardo Lobo. *Tratado de Direito Constitucional Financeiro e Tributário*: Os Direitos Humanos e a Tributação: Imunidades e Isonomia. Rio de Janeiro: Renovar, 1999. v. III.

VASCONCELOS, Antonio Ramos de. Proteção Constitucional do Sigilo Bancário, Fiscal e Telefônico. *Jurisprudência do Supremo Tribunal Federal*, n. 214, p. 5, 1996.

VENOSA, Silvio de Salvo. *Direito Civil*: Contratos em Espécie. 9. ed. 2. reimpr. São Paulo: Atlas, 2009. (Coleção de Direito Civil, v. 3).

WALD, Arnoldo. Histórico e Desenvolvimento do *Leasing*, RDM 10/28, 2012.

XAVIER, Alberto. *Direito Tributário Internacional do Brasil*. 8. ed. Rio de Janeiro: Forense, 2015.

XAVIER, Alberto. Responsabilidade Tributária de Sucessores na Alienação de Estabelecimento. *RDDT*, v. 167, p. 7, ago. 2009.

XAVIER, Alberto. *Tipicidade da Tributação, Simulação e Norma Antielisiva*. São Paulo: Dialética, 2001.